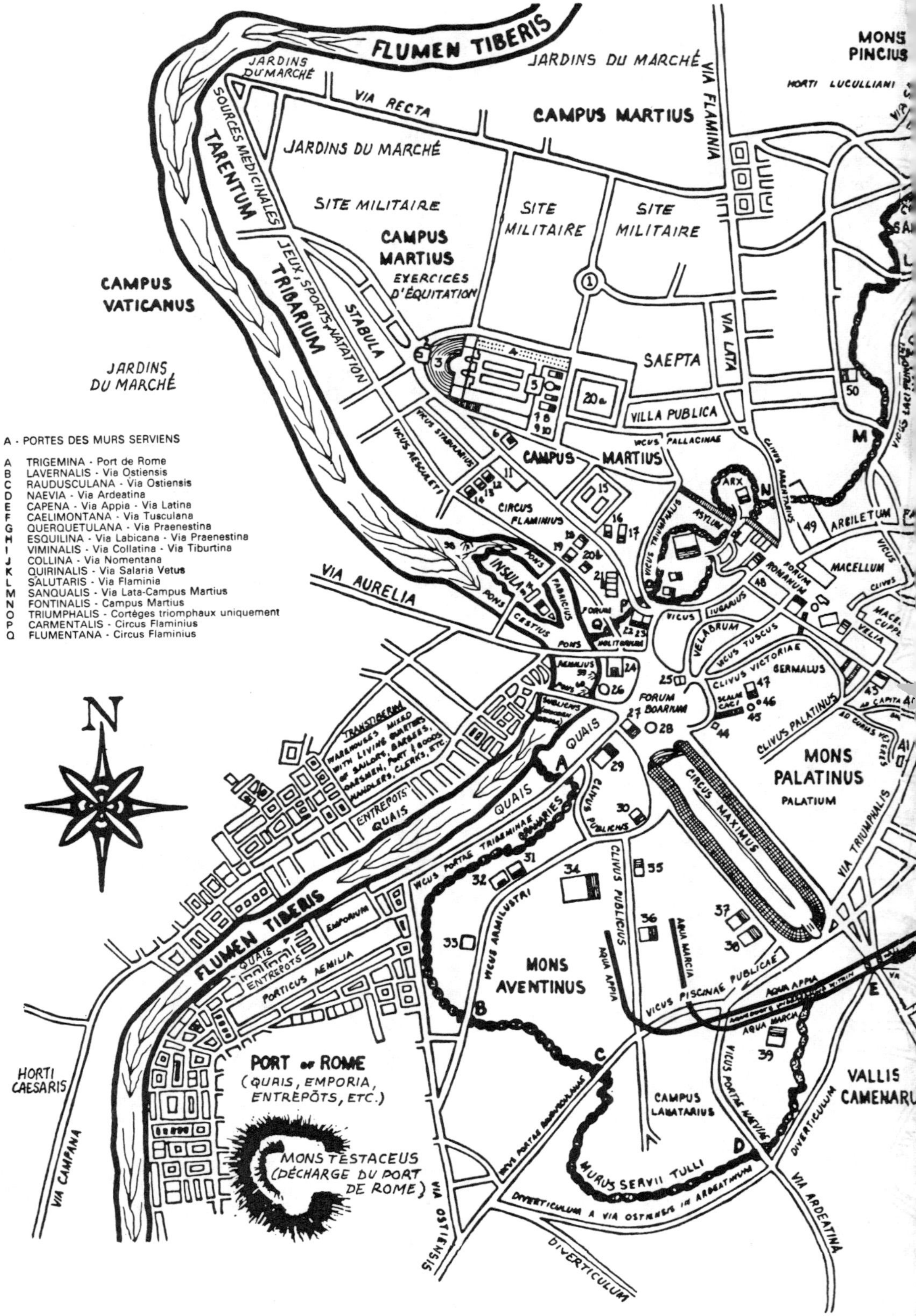
FLUMEN TIBERIS
JARDINS DU MARCHÉ
VIA RECTA
CAMPUS MARTIUS
VIA FLAMINIA
MONS PINCIUS
HORTI LUCULLIANI
JARDINS DU MARCHÉ
SOURCES MEDICINALES
TARENTUM
SITE MILITAIRE
SITE MILITAIRE
SITE MILITAIRE
CAMPUS MARTIUS
EXERCICES D'ÉQUITATION
JEUX, SPORTS, NATATION
TRIBARIUM
STABULA
CAMPUS VATICANUS
JARDINS DU MARCHÉ
VIA LATA
SAEPTA
VILLA PUBLICA
VICUS PALLACINAE
CAMPUS MARTIUS
VICUS STABULARIUS
VICUS AESCULETI
CIRCUS FLAMINIUS
CLIVUS ARGENTARIUS
ARX
ASYLUM
VICUS TRIUMPHALIS
ARGILETUM
MACELLUM
FORUM ROMANUM
INSULA
PONS FABRICIUS
PONS CESTIUS
VIA AURELIA
FORUM HOLITORIUM
VICUS IUGARIUS
VELABRUM
VICUS TUSCUS
CLIVUS VICTORIAE
GERMALUS
VELIA
SCALAE CACI
CLIVUS PALATINUS
PONS AEMILIUS
PONS SUBLICIUS
FORUM BOARIUM
A - PORTES DES MURS SERVIENS
A TRIGEMINA - Port de Rome
B LAVERNALIS - Via Ostiensis
C RAUDUSCULANA - Via Ostiensis
D NAEVIA - Via Ardeatina
E CAPENA - Via Appia - Via Latina
F CAELIMONTANA - Via Tusculana
G QUERQUETULANA - Via Praenestina
H ESQUILINA - Via Labicana - Via Praenestina
I VIMINALIS - Via Collatina - Via Tiburtina
J COLLINA - Via Nomentana
K QUIRINALIS - Via Salaria Vetus
L SALUTARIS - Via Flaminia
M SANQUALIS - Via Lata-Campus Martius
N FONTINALIS - Campus Martius
O TRIUMPHALIS - Cortèges triomphaux uniquement
P CARMENTALIS - Circus Flaminius
Q FLUMENTANA - Circus Flaminius
N
TRANSTIBERIM
WAREHOUSES MIXED WITH LIVING QUARTERS OF SAILORS, BARGEES, OARSMEN, PORT & GOODS HANDLERS, CLERKS, ETC.
ENTREPÔTS QUAIS
QUAIS
QUAIS
CLIVUS PUBLICIUS
CIRCUS MAXIMUS
MONS PALATINUS
PALATIUM
VIA TRIUMPHALIS
VICUS PORTAE TRIGEMINAE
FLUMEN TIBERIS
EMPORIUM
QUAIS ENTREPÔTS
PORTICUS AEMILIA
VICUS ARMILUSTRI
MONS AVENTINUS
AQUA APPIA
AQUA MARCIA
CLIVUS PUBLICIUS
VICUS PISCINAE PUBLICAE
AQUA APPIA
AQUA MARCIA
PORT OF ROME
(QUAIS, EMPORIA, ENTREPÔTS, ETC.)
HORTI CAESARIS
CAMPUS LANATARIUS
VICUS PORTAE NAEVIAE
VALLIS CAMENARUM
DIVERTICULUM
MONS TESTACEUS (DÉCHARGE DU PORT DE ROME)
VIA CAMPANA
VIA OSTIENSIS
MURUS SERVII TULLI
DIVERTICULUM A VIA OSTIENSI IN ARDEATINAM
VIA ARDEATINA
DIVERTICULUM

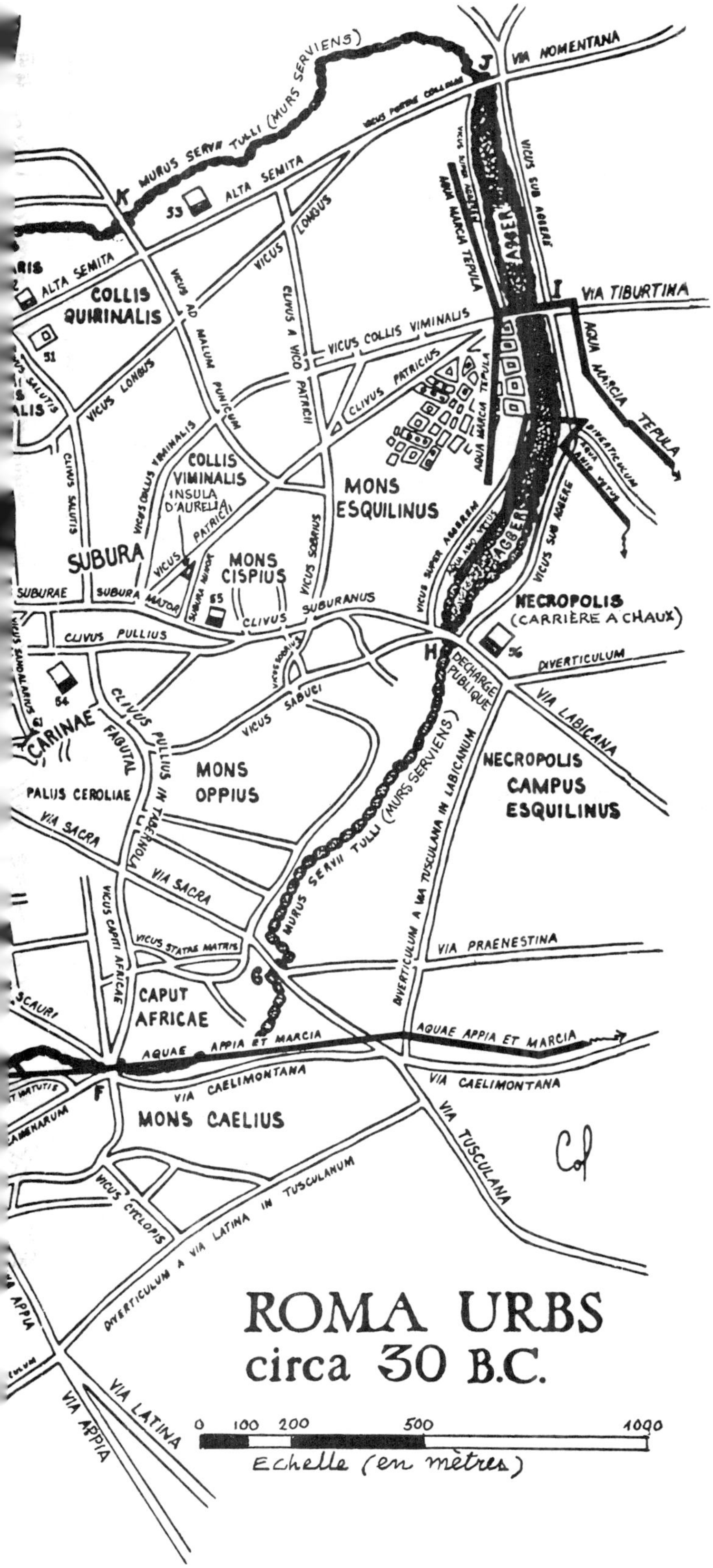

B - TRADUCTION DES TERMES LATINS
(tels qu'ils sont utilisés dans le présent ouvrage)

AGGER	Double rempart de l'Esquilin
AQUA	Canalisation d'eau
BASILICA	Hall couvert réservé au commerce et aux affaires d'État
CAMPUS	Étendue de terrain plat
CIRCUS	Enceinte réservée aux courses de char et aux jeux
CLIVUS	Rue en pente
CLOACA	Égout
COLLIS	Colline
DIVERTICULUM	Route avec de nombreux croisements
EMPORIUM	Bâtiment de commerce
FAUCES	Entrée ou sortie d'un défilé
FLUMEN	Fleuve
FORUM	Lieu de rassemblement à ciel ouvert
HORTI	Jardins
MACELLUM	Marché à ciel ouvert
MAIOR - MAJOR	Majeur
MAXIMUS - MAXIMA	Le (la) plus grand(e) ou le (la) plus imposant(e)
MINOR	Mineur
MONS	Hauteur ou corniche
NECROPOLIS	Lieu de crémation ou d'inhumation
NOVUS (A)	Neuf - Neuve
PALUS	Zone marécageuse
PONS	Pont
PORTICUS	Enceinte à colonnades
SAEPTA	Lieu de vote des comices centuriates
SCALAE	Escalier
VALLIS	Dépression de terrain
VETUS	Vieux
VIA	Rue ou route principale
VICUS	Allée ou petite rue

TEMPLES ET AUTRES LIEUX NOTABLES

1 Mausolée de Jules César (emplacement hypothétique)
2 T. VENUS VICTRIX (situé sur l'auditorium de Pompée)
3 Théâtre de Pompée
4 Portique de Pompée, avec une colonnade composée de 100 piliers
5 Hall de réunion dans le théâtre de Pompée (emplacement du meurtre de César)
6 T. HERCULIS MUSARUM (Hercule et les neuf muses)
7, 8, 9, 10 Quatre temples adjacents au théâtre et au portique de Pompée : ? JUNO CURITIS ; ? FORTUNAES HUIUSCE DIEI ; ? FERONIA ; ? LARES PERMARINI

11 Ancien PORTICUS MINUCIA du cirque FLAMINIUS
12, 13, 14 Temples du cirque FLAMINIUS : VULCAIN ; HERCULES CUSTOS ; MARS INVICTUS
15 PORTICUS des METELLI
16 T. APOLLO SOSIANUS (médecine et soins)
17 T. BELLONA et « territoire ennemi »
18 T. JUNO REGINA (Junon qui réglemente)
19 T. JUPITER STATOR
20a Nouveau PORTICUS MINUCIA - ou villa de Pompée ?
20b Nouveau PORTICUS MINUCIA - T. DIANA
21 Quatre temples
22, 23 Deux temples consacrés à des cultes proches : T. FORTUNA ; T. MATER MATUTA

24 T. PORTUNUS
25 T. JANUS
26, 27, 28 Trois centres consacrés au culte d'Hercule : HERCULES OLIVARIUS ; ARA MAXIMA HERCULIS ; HERCULES INVICTUS
29 T. CERES (abondance)
30 T. FLORA
31, 32 Deux temples (culte des citoyens libres) : JUNO REGINA ; JUPITER LIBERTAS

33 Enceinte sacrée de l'ARMILUSTRIUM
34 T. DIANA
35 T. LUNA
36 T. JUVENTAS
37 T. MERCURIUS
38 T. VENUS OBSEQUENS
39 T. BONA DEA et SAXUM SACRUM
40 T. HONOS ET VIRTUS
41 CURIAE VETERES
42 Lieu de naissance de CAIUS OCTAVIUS
43 T. JUPITER STATOR
44 LUPERCAL
45 Hutte ronde de Romulus
46 MUNDUS
47 T. MAGNA MATER
48 BASILICA JULIA
49 FORUM JULIUM
50 T. SEMO SANCUS
51 Maison de TITUS POMPONIUS ATTICUS
52 T. SALUS
53 T. QUIRINUS
54 T. TELLUS
55 T. JUNO LUCINA
56 T. VENUS LIBITINA
57 T. AESCULAPIUS
58 Évacuation des égouts pour le Quirinal et le Champ de Mars
59 CLOACA MAXIMA - évacuation des égouts pour la SUBURA, etc.
60 Évacuation des égouts pour l'Esquilin, le cirque, etc.
61 TIGILLUM, autels, JUNO SURORIA et JANUS CURIATUS

DU MÊME AUTEUR

Les oiseaux se cachent pour mourir

Tim

Un autre nom pour l'amour

La passion du Dr Christian

Les dames de Missalonghi

L'AMOUR ET LE POUVOIR

CAIUS MARIUS

COLLEEN McCULLOUGH

LES MAÎTRES DE ROME

L'AMOUR ET LE POUVOIR

Traduit de l'anglais par
Jean-Paul Mourlon

PIERRE BELFOND
216, boulevard Saint-Germain
75007 Paris

Cet ouvrage a été publié sous le titre original
THE FIRST MAN IN ROME
par William Morrow and Company Inc., New York

Si vous souhaitez recevoir notre catalogue
et être tenu au courant de nos publications,
envoyez vos nom et adresse, en citant ce livre,
aux Éditions Pierre Belfond,
216, bd Saint-Germain, 75007 Paris.
Et, pour le Canada, à
Edipresse Inc., 945, avenue Beaumont,
Montréal, Québec, H3N 1W3.

ISBN 2.7144.2608.5

Pour Frederick T. Mason,
ami très cher, merveilleux collègue,
honnête homme,
avec affection et gratitude

PRINCIPAUX PERSONNAGES

• Marcus Servilius Agelastus, chevalier, agent de Jugurtha.

• AHENOBARBUS
Cnaeus Domitius Ahenobarbus, sénateur, il a organisé l'administration romaine dans la province de Gaule Transalpine.
Cnaeus Domitius Ahenobarbus le jeune, son fils, il succédera à Dalmaticus comme Pontifex Maximus.

• ALBINUS
Spurius Postumius Albinus, consul en 110.
Aulus Postumius Albinus, son frère cadet.

• Manius Aquilius, sénateur, consul en 101 av. J.-C.

• Boiorix, roi des Cimbres.

• CAEPIO
Quintus Servilius Caepio, consul en 106 av. J.-C.
Quintus Servilius Caepio le jeune, son fils ; il épousera Livia Drusa.
Servilia Caepionis, sa fille ; elle épousera Marcus Livius Drusus.

• CÉSAR
Caius Julius César, sénateur[1].
Marcia, son épouse.
Sextus Julius César, son fils aîné.
Caius Julius César le jeune, son fils cadet. Il épousera Aurelia.
Julia, sa fille ; elle épousera Caius Marius.
Julilla, sa seconde fille ; elle épousera Lucius Cornelius Sylla.

1. Il s'agit du grand-père de Caius Julius César, le dictateur.

Trois autres personnages portent le nom de Sextus Julius César :
le père de Caius Julius ;
son frère aîné ;
le fils de son frère aîné. Donné en adoption, il deviendra consul sous le nom de **Quintus Lutatius Catulus César** en 102 av. J.-C.

• COTTA

Marcus Aurelius Cotta, préteur.

Rutilia, sa femme ; elle est la sœur de Publius Rutilius Rufus ; d'un premier mariage avec Lucius Aurelius Cotta, frère de Marcus Aurelius, elle a eu une fille : **Aurelia**, qui épousera Caius Julius César le jeune.

De son second mariage, Rutilia a eu trois fils : Caius Aurelius, Marcus Aurelius et Lucius Aurelius.

Lucius Aurelius Cotta le jeune ; il est le fils d'un premier mariage de Lucius Aurelius Cotta. Il est le demi-frère d'Aurelia.

Cardixa, esclave d'Aurelia.

• **Lucius Decumius**, gardien d'une association chargée de surveiller un autel consacré aux dieux des carrefours.

• DRUSUS

Marcus Livius Drusus le censeur, il a été consul en 112 av. J.-C. Elu censeur en 109, il meurt au cours de son mandat.

Cornelia Scipionis, sa femme, dont il est séparé.

Marcus Livius Drusus, son fils aîné. Il épousera Servilia Caepionis.

Livia Drusa, sa fille ; elle épousera Quintus Servilius Caepio.

Mamercus Aemilius Lepidus Livianus, second fils de Marcus Livius et de Cornelia ; il a été donné en adoption.

• **Caius Servilius Glaucia**, questeur en 109 av. J.-C., tribun de la plèbe en 102 av. J.-C., préteur en 100 av. J.-C.

• JUGURTHA

Jugurtha, fils bâtard de Mastanabal, petit-fils de Massinissa, il est roi de Numidie.

Gauda, fils légitime de Mastanabal, demi-frère de Jugurtha.

Bomilcar, baron numide, il est demi-frère de Jugurtha par leur mère.

Mastanabal, fils de Massinissa, père de Gauda et de Jugurtha.

Micipsa, fils de Massinissa, père d'Adherbal et Hiempsal, oncle de Jugurtha.

Adherbal, cousin de Jugurtha.

Hiempsal, cousin de Jugurtha.

Gulussa, fils de Massinissa, père de Massiva, oncle de Jugurtha.
Massiva, cousin de Jugurtha.
Oxyntas et Iampsas, fils de Jugurtha.
Nabdalasa, noble numide.
Bocchus, roi de Maurétanie, beau-père de Jugurtha.
Bogud, frère de Bocchus.
Volux, fils de Bocchus.

• Caius Mamilius Limetanus, tribun de la plèbe en 109 av. J.-C.

• LUCULLUS
Lucius Licinius Lucullus, préteur en 104 av. J.-C., gouverneur de Sicile, chargé de réprimer la révolte des esclaves.
Metella Calva, son épouse.
Lucius Licinius Lucullus, son fils aîné.
Marcus, son fils cadet. Il sera adopté et deviendra Marcus Terentius Varro Lucullus.

• Aulus Manlius, légat de Marius en Numidie.

• MARIUS
Caius Marius, ancien préteur. En second mariage, il épousera Julia, fille de Caius Julius César.
Grania, sa première femme.
Maria, sa sœur.
Marcus Marius, son frère.
Quintus Sertorius, petit cousin de Marius.
Ria, cousine de Marius, mère de Quintus Sertorius.

• Martha, prophétesse syrienne.

• Caius Memmius, tribun de la plèbe en 111 av. J.-C.

• METELLUS
Lucius Caecilius Metellus Dalmaticus Pontifex Maximus. Il a été consul en 119 av. J.-C.
Quintus Caecilius Metellus Numidicus, dit le Porcelet, consul en 109 av. J.-C., censeur en 102 av. J.-C., frère cadet de Dalmaticus.
Quintus Caecilius Metellus, dit le Goret, fils de Numidicus.
Caecilia Metella Dalmatica, fille de Dalmaticus, nièce de Numidicus qui est son tuteur. Elle épousera Marcus Aemilius Scaurus Princeps Senatus.

• RUFUS
Publius Rutilius Rufus, consul en 105 av. J.-C. Il est le veuf de Livia, sœur de Livius Drusus le censeur.

Rutilia, sa sœur. Elle est la veuve de Lucius Aurelius Cotta et a épousé en second mariage le frère de celui-ci, Marcus Aurelius Cotta.

• **Lucius Appuleius Saturninus**, tribun de la plèbe en 103 et en 100 av. J.-C.

• SCAURUS
Marcus Aemilius Scaurus Princeps Senatus, il a été consul, élu censeur en 109 av. J.-C. Il épousera en second mariage Caecilia Metella Dalmatica.
Marcus Aemilius Scaurus le jeune, son fils d'un premier mariage.
Aemilia Scaura, fille de Marcus Aemilius et de Caecilia Metella.

• Quintus Poppaedius Silo, notable marse, tribun militaire d'une légion italique à la bataille d'Arausio.

• SYLLA
Lucius Cornelius Sylla, il épousera Julilla, fille de Caius Julius César.
Cornelia, sa sœur aînée, elle a épousé un exploitant agricole, Lucius Nonius.
Clitumna, seconde femme et veuve du père de Sylla.
Lucius Gavius Stichus, neveu de Clitumna.
Nicopolis, affranchie grecque, maîtresse de Sylla.
Metrobios, adolescent, apprenti comédien.
Scylax, comédien.

• Teutobod, roi des Teutons.

• Publius Vagiennus, cavalier ligure.

• LES GRACQUES : La carrière politique et militaire de Caius Marius débute véritablement une douzaine d'années après la mort du second des deux frères Gracques. L'action politique et sociale, défendue d'abord par **Tiberius Sempronius Gracchus** (162-133 av. J.-C.) puis par **Caius Sempronius Gracchus** (154-121 av. J.-C.), a marqué durablement la vie politique de la République. Promoteur d'une loi agraire qui se heurta à l'opposition farouche de la noblesse sénatoriale, le tribun Tiberius fut tué au cours d'une émeute après avoir fait voter sa *lex Sempronia*. Douze ans plus tard, son frère, également tribun, mourut dans les mêmes conditions après avoir tenté de faire appliquer la loi de son frère et de faire accorder les Droits Latins à tous les Italiques. Leur mère, **Cornelia**, était la fille de Scipion l'Africain.

LES NOMS ROMAINS *: A la fin du* II*e siècle av. J.-C., les membres de la noblesse romaine ont le plus souvent trois noms. Dans l'ordre : le prénom* ((praenomen), *le nom de famille* (nomen gentilicium) *et le surnom* (cognomen). *Dès cette époque, l'usage du surnom* (cognomen) *se généralise dans toutes les classes. Il devient même héréditaire et permet de distinguer les multiples branches d'une lignée* (gens). *A l'origine, le* cognomen *souligne une particularité, souvent physique, d'un des représentants de cette lignée (par exemple,* Ahenobarbus *signifie « barbe de bronze »). Caius Marius, qui n'était pas de naissance noble, ne se vit jamais accorder de* cognomen. *Toutefois, il était possible d'ajouter à un premier* cognomen, *commun à une branche, un second qui rappelait une action d'éclat (militaire ou politique, le plus souvent) : ainsi Quintus Caecilius Metellus se fait-il appeler* Numidicus *après sa campagne contre Jugurtha en Numidie.*
Les femmes, d'une manière générale, n'ont pas de praenomen *à proprement parler : elles portent le* nomen *de leur père au féminin (par exemple : Julia, fille de Caius Julius César ou Aurelia, fille de Lucius Aurelius Cotta).*

LA PREMIÈRE ANNÉE
(110 avant J.-C.)

sous le consulat
de Marcus Minucius Rufus
et
de Spurius Postumius Albinus

LUCIUS CORNELIUS SYLLA

Caius Julius César et ses fils, n'étant personnellement liés à aucun des deux nouveaux consuls, se joignirent à celle des deux processions qui partait près de chez eux, celle de Marcus Minucius Rufus. Comme son collègue, celui-ci vivait sur le Palatin, mais la demeure de Spurius Postumius Albinus se trouvait dans un quartier plus chic. La rumeur voulait que ses dettes connaissent une croissance vertigineuse. Rien d'étonnant : tel était le prix à payer pour devenir consul.

Non d'ailleurs que Caius Julius César s'en inquiétât ; au demeurant, ses deux fils avaient toutes les chances de faire de même. Il s'était écoulé près de quatre siècles depuis qu'un Julius s'était assis pour la dernière fois sur la chaise curule d'ivoire des consuls, près de quatre siècles depuis qu'un Julius avait réussi à rassembler l'argent nécessaire. La lignée était d'origine si ancienne, si illustre que, de génération en génération, nul ne se serait abaissé à tenter de remplir les coffres. La richesse de cette famille, c'était son nom, et, à chaque fin de siècle, elle s'était retrouvée plus pauvre encore. Consul ? Impossible ! Préteur, la charge juste inférieure ? Impossible ! Non, un simple siège de sénateur était aujourd'hui l'héritage d'un Julius, y compris pour cette branche de la famille appelée César en raison, disait-on, de son abondante chevelure — *caesaries* veut dire « cheveux longs » en latin.

C'est pourquoi la toge, d'un blanc uni, que le serviteur de Caius Julius César lui passa était celle d'un homme qui jamais n'avait accédé aux plus hautes fonctions. Seuls ses chaussures, d'un rouge sombre, son anneau de sénateur, en fer, et, sur l'épaule droite de sa tunique, une bande pourpre large d'un doigt, distinguaient sa tenue de celle de ses fils, chaussés de façon ordinaire, porteurs d'un simple anneau qui leur servait de sceau, et dont la tunique s'ornait de la mince bande pourpre des chevaliers.

Bien que l'aube ne fût pas encore levée, il y avait peu de rites à observer. Une courte prière, l'offrande d'un gâteau salé sur l'autel des dieux lares dans l'atrium, puis, quand le serviteur dépêché à l'entrée annonça qu'il voyait les torches descendre la colline, une brève inclinaison du buste devant Janus Patulcius, le dieu aux deux visages, qui protégeait l'ouverture des portes.

Père et fils sortirent dans l'étroite allée pavée et se séparèrent. Les deux jeunes gens se joignirent aux chevaliers qui précédaient le consul, tandis que Caius Julius César attendit que Marcus Minucius Rufus, précédé de ses licteurs, soit passé devant lui, pour se glisser dans les rangs des sénateurs.

Il revint à Marcia de murmurer une courte prière à Janus Clusivius, le dieu qui présidait à la fermeture des portes. Où donc étaient ses filles ? Un rire venu de la petite pièce étroite qu'elles appelaient leur salon lui donna la réponse. Les deux Julia y étaient assises, déjeunant de pain couvert de miel. Comme elles étaient belles !

Julia l'aînée — qu'on appelait Julia — avait presque dix-huit ans. Grande, toute de gravité et de dignité, elle avait des cheveux clairs, d'un ton bronze et fauve, ramenés en chignon sur la nuque, et ses grands yeux gris contemplaient le monde avec sérieux.

Julia la jeune — qu'on appelait Julilla — avait seize ans et demi. Dernière venue, et donc mal accueillie, elle avait, en grandissant, fini, comme ses trois aînés, par ensorceler ses parents. De peau, de cheveux, d'yeux, elle était couleur de miel. Bien entendu, c'était elle qui avait ri. Julilla riait toujours.

— Etes-vous prêtes ? leur demanda Marcia.

Elles avalèrent le reste de leur pain, trempèrent avec délicatesse leurs doigts dans un bol d'eau avant de les sécher sur un linge, et suivirent leur mère.

— Il fait froid, leur dit-elle en prenant des bras d'un serviteur de chaudes capes de laine, lourdes et peu élégantes.

L'air déçu, mais sachant que mieux valait ne pas protester, les deux jeunes filles se laissèrent envelopper ; on ne vit plus que leurs visages perdus dans les plis du tissu. Vêtue de façon identique, Marcia rassembla ses enfants, les serviteurs qui formeraient leur escorte, et les conduisit dans la rue.

Cette modeste demeure, sur le Germalus du mont Palatin, était la leur depuis que Sextus Julius César, père de Caius, l'avait léguée à son fils, avec cinq cents jugères de bonne terre entre Bovillae et Aricia. De quoi s'assurer que Caius et sa famille auraient les revenus nécessaires pour conserver un siège au Sénat — mais pas de quoi gravir les échelons du *cursus honorum* menant au prétorat et au consulat.

Sextus avait eu deux fils, et pas le cœur de se séparer de l'un ou de l'autre. Décision plutôt égoïste, qui impliquait que son bien — déjà écorné, parce que lui aussi avait eu un géniteur sentimental, et un jeune frère qu'il fallait établir — serait divisé entre Caius et son aîné, qui s'appelait lui aussi Sextus. Aucun de ses deux fils ne pourrait donc entreprendre le parcours du *cursus honorum*, et encore moins parvenir au consulat.

Sextus — le frère — s'était montré moins sentimental que son père. Lui et son épouse, Popilla, avaient eu trois fils: fardeau intolérable pour une famille de sénateurs. Il avait donc rassemblé tout son courage pour se séparer de son aîné. Le vieux Quintus Lutatius Catulus était fabuleusement riche, et trop heureux de débourser une somme énorme pour adopter un fils de famille patricienne, qui avait fière allure, et suffisamment de cervelle. Prudemment, Sextus investit l'argent ainsi gagné en terres et en propriétés, en espérant que ces placements lui rapporteraient assez pour permettre à ses deux cadets d'accéder aux plus hautes magistratures.

Exception faite de ce frère avisé, les César avaient une fâcheuse tendance à avoir plusieurs fils et, surtout, à se refuser à faire adopter quelques-uns de leurs rejetons mâles, ou à veiller à ce qu'ils fassent de riches mariages. Pour cette raison leurs vastes domaines s'étaient réduits, au fil des siècles et des partages successifs, en parcelles de plus en plus petites, pour assurer l'avenir de deux et trois fils. Sans parler des ventes afin d'assurer la dot des filles.

De ce point de vue, l'époux de Marcia était un César typique — un père trop fier de ses fils, trop esclave de ses filles, pour se montrer raisonnable au sens romain du mot. Très tôt, l'aîné aurait dû être adopté, les deux Julia promises, chacune, en mariage à un homme riche, le cadet fiancé à une héritière. Seul l'argent rendait possible une carrière politique. Depuis longtemps déjà, avoir du sang patricien représentait un handicap.

Ce n'était pas un jour de nouvel an très prometteur: froid, venteux, marqué par une pluie fine qui rendait les pavés dangereusement glissants. L'aube s'était levée tardivement — le soleil n'avait pas encore fait son apparition —, et c'était une de ces journées de congé que les gens du peuple préfèrent passer chez eux, étendus sur leurs paillasses, à jouer à ce jeu sans âge qu'ils appellent Cacher la Saucisse.

Par beau temps, les rues auraient regorgé d'hommes de toutes conditions, en quête d'un point d'observation d'où contempler la pompe du Forum Romanum et du Capitole; ainsi Marcia et ses filles n'eurent-elles aucun mal à avancer, et leur escorte n'eut pas besoin de leur frayer un chemin.

La minuscule allée où se trouvait la demeure de Caius Julius César donnait sur le Clivus Victoriae, un peu au-dessus de la Porta Romulana, la vieille porte ouverte dans les murs du Palatin; de vastes blocs de pierre mis en place par Romulus lui-même, et désormais recouverts de végétation, de bâtiments, et d'inscriptions tracées depuis six siècles par des générations de visiteurs. Tournant à droite pour remonter la rue en direction de l'angle où le Germalus surplombait le Forum, les trois femmes parvinrent, quelques minutes plus tard, à leur destination : un espace vide d'où l'on avait une vue parfaite.

Douze ans plus tôt s'élevait là une des plus belles maisons de Rome. Aujourd'hui, il ne restait plus guère, de-ci de-là, que quelques pierres ensevelies qui affleuraient sous l'herbe. La vue était splendide; de l'endroit où leurs serviteurs installèrent des tabourets pour Marcia et les deux Julia, on dominait le Forum et le Capitole, tandis qu'au loin les courbes adoucies de la Subura venaient souligner les contours des collines, au nord de la ville.

— Tu as entendu? demanda Caecilia, la femme du banquier Titus Pomponius.

Enceinte de plusieurs mois, elle était assise à côté, avec sa tante Pilia; toutes deux habitaient dans une rue voisine.

— Non, quoi donc? demanda Marcia en se penchant vers elle.

— Les consuls, les prêtres et les augures ont commencé les cérémonies juste après minuit, pour être sûrs que les prières et les rites seraient achevés en temps voulu...

— C'est ce qu'ils font toujours! S'ils commettent une erreur, ils doivent tout recommencer.

— Je le sais bien, répondit Caecilia d'un ton sec, agacée d'être remise en place par une fille de préteur. Précisément, ils n'ont pas fait d'erreur! Les auspices étaient mauvais. Quatre éclairs sur la droite, et un hibou qui poussait des cris comme si on l'égorgeait. Et maintenant, la pluie! Ce sera une mauvaise année, ou de mauvais consuls.

— J'aurais pu te le dire, même sans éclairs ni hibou.

Le père de Marcia, s'il n'avait pas été consul, avait, en tant que préteur urbain, fait construire le grand aqueduc qui alimentait Rome en eau douce. Elle poursuivit :

— Des candidats extrêmement médiocres, pour commencer, et les électeurs n'ont même pas été capables de choisir les moins mauvais ! Je suppose que Marcus Minucius Rufus fera des efforts, mais Spurius Postumius Albinus ! Ils ont toujours été des incapables.

— Qui ? demanda Caecilia, pas très vive d'esprit.

— Les Postumius Albinus, dit Marcia, qui jeta un coup d'œil à ses filles pour s'assurer que tout allait bien : elles venaient en effet de repérer quatre adolescentes de la famille des Claudius Pulcher — ceux-ci étaient si nombreux, on ne s'y retrouvait jamais ! Mais toutes les jeunes filles réunies ici étaient allées à l'école ensemble, et il était impossible d'élever des barrières vis-à-vis d'une famille presque aussi aristocratique que celle des César. D'autant qu'elle aussi avait à combattre les ennemis de la vieille noblesse : trop d'enfants, pas assez de terres et d'argent. Et voilà que les deux Julia avaient déplacé leurs tabourets pour se rapprocher des autres, assises là sans surveillance. Où donc étaient leurs mères ? Oh ! Elles parlaient à Sylla. Louche ! Cela réglait la question.

— Venez ici ! Et sur-le-champ !

Elles obéirent.

— Mère, ne pourrions-nous pas rester avec nos amies ? demanda Julilla, le regard suppliant.

— Non, répondit sa mère d'un ton sans réplique.

En bas, sur le Forum, la procession se formait, à mesure que le long défilé venu en ondulant de chez Marcus Minucius Rufus se mêlait à celui, tout aussi long, parti de chez Spurius Postumius Albinus. Les chevaliers ouvraient la marche, moins nombreux sans doute qu'ils ne l'auraient été par une belle journée ensoleillée, le groupe comptait quand même près de sept cents personnes. Il faisait un peu plus clair, mais la pluie redoublait de violence. Ils gravirent les pentes du Clivus Capitolinus, la Montée Capitoline, où, au premier tournant, attendaient prêtres et exécuteurs, à côté de deux taureaux blancs sans défaut aux licous lamés d'or, aux cornes dorées, aux fanons ornés de guirlandes. Derrière les chevaliers s'avançaient les vingt-quatre licteurs des nouveaux consuls. Ceux-ci venaient juste derrière, suivis des membres du Sénat, tous en toge blanche — celle des anciens magistrats étant bordée de pourpre. En queue de cortège, s'étaient regroupés badauds, curieux et clients des consuls.

C'est joli, pensa Marcia. Un millier d'hommes remontaient lentement la rampe menant au temple de Jupiter Optimus Maximus, le grand Dieu de Rome, qui dressait sa masse impressionnante au sommet de l'une des deux collines formant le Capitole. A la différence des Grecs qui bâtissaient leurs temples au ras du sol, les Romains édifiaient les leurs sur de monumentales terrasses. C'est somptueux, se dit de nouveau Marcia tandis que les animaux destinés au sacrifice, et leur escorte, se joignaient au défilé. Tous s'entassèrent du mieux qu'ils purent sur l'esplanade devant le temple. Quelque part, dans cette foule, se trouvaient son mari et ses deux fils, trois représentants de la classe dirigeante de la plus puissante cité du monde.

Parmi eux, également, Caius Marius. Ancien préteur, il portait la toge bordée de pourpre et, sur ses chaussures rouge sombre, la boucle en forme de croissant. Il avait occupé sa charge cinq ans auparavant, et aurait dû être consul deux ans après. Mais il savait que jamais on ne lui permettrait de poser sa candidature. A cela, une seule raison : on l'en jugeait indigne. Qui avait jamais entendu parler de la famille des Marius? Personne.

Caius Marius était un parvenu sorti de la campagne, c'est-à-dire du néant, un militaire, dont on disait qu'il ignorait le grec ! Quant à son latin, sa langue natale, il était chargé d'inflexions rurales. Peu importait qu'il pût acheter ou vendre la moitié du Sénat; peu importait que, sur le champ de bataille, il les surpassât tous. Seul le sang comptait. Et le sien ne valait rien.

Caius Marius venait d'Arpinum. Cette ville, assez proche de Rome, certes, était dangereusement située près de la frontière entre le Latium et le Samnium, et par conséquent toujours un peu suspecte: de tous les peuples italiques, les Samnites avaient été les ennemis les plus acharnés des Romains. Les habitants de la ville n'avaient donc reçu que tardivement — soixante-dix-huit ans plus tôt — la pleine citoyenneté romaine.

Et pourtant, elle était si belle! Blottie dans les collines au pied de l'Apennin, dans une vallée prospère où coulaient à la fois le Liris et la Melfa, où poussait la vigne, où les récoltes étaient abondantes, les moutons bien gras et la laine étonnamment fine. Paisible. Verte. Endormie. Les cours d'eau regorgeaient de poissons; les épaisses forêts des montagnes alentour donnaient à profusion du bois de construction pour les maisons et les bateaux. Il y avait des pins, des chênes qui en automne couvraient le sol de glands pour les porcs, qui donneraient ces jambons et ce lard servis sur les tables aristocratiques de Rome.

La famille de Caius Marius était établie à Arpinum depuis des siècles, et se flattait d'être authentiquement latine. Etait-ce un nom volsque? Samnite? Non. Lui, Caius Marius, valait n'importe lequel de ces aristocrates trop fiers, qui se plaisaient à le rabaisser. En fait, il leur était supérieur : quelque chose en lui le lui disait. Et c'était cela qui le faisait souffrir.

Chasser un tel sentiment? Il y avait très, très longtemps que cette certitude lui était venue. Le temps, les événements lui en avaient montré la futilité. Et pourtant, elle vivait en lui, aussi forte, aussi indomptable qu'au début. La moitié d'une vie, déjà.

Comme le monde est étrange! songea Caius Marius, en observant de près les visages luisants des hommes vêtus de toges bordées de pourpre, sous la lumière mouillée de l'aube. Non, pas de Gracques parmi eux! Supprimons Marcus Aemilius Scaurus et Publius Rutilius Rufus, et il ne restait plus qu'un troupeau de médiocres. Et pourtant, tous le regardaient avec mépris, ne voyaient en lui qu'un parvenu présomptueux et aigri. Et cela parce que du sang patricien coulait dans leurs veines. Chacun d'eux savait que, si les circonstances se révélaient favorables, il aurait le droit de se faire appeler le Premier des Romains, comme Scipion l'Africain, Paul-Emile, Scipion Emilien, et cinq ou six autres encore au cours des quatre siècles de la République.

Le Premier des Romains n'était qu'un homme parmi d'autres qui demeuraient ses égaux. Il devait son titre à sa supériorité personnelle, mais ne devait jamais oublier qu'il était entouré de gens avides de le supplanter, et qui le pouvaient, légalement et sans verser le sang, en se montrant meilleurs que lui. C'était bien autre chose que d'être consul ; les consuls allaient et venaient, à raison de deux par an.

Pour le moment, il n'y avait pas de Premier des Romains. Il n'y en avait plus depuis la mort de Scipion Emilien, dix-neuf ans auparavant. Marcus Aemilius Scaurus était le candidat le plus plausible, mais il n'avait pas suffisamment d'*auctoritas* — ce mélange de pouvoir, d'autorité et de renommée si typique de Rome — pour mériter ce titre.

Soudain, des murmures s'élevèrent parmi la foule des sénateurs; Marcus Minucius Rufus allait offrir son taureau blanc en sacrifice au Dieu. Mais la bête renâclait; elle devait avoir eu la présence d'esprit de refuser sa dernière pitance, lourdement droguée. Tout le monde le disait déjà, ce serait une mauvaise année. Des présages défavorables pendant la nuit de veille, un temps déplorable, et voilà que la première des bêtes promises au sacrifice se débattait, tandis qu'une demi-douzaine d'assistants sacerdotaux s'accrochaient à ses cornes et à ses oreilles. Pitoyables crétins! Ils auraient dû penser à lui passer un anneau dans le nez. Nu jusqu'à la taille, comme les autres desservants, l'acolyte armé du merlin n'attendit pas que l'animal lève la tête vers le ciel, avant de l'abaisser vers le sol, comme le stipulaient les rites. Il frappa, et le bruit sec du coup fut aussitôt suivi d'un autre, puis du choc des genoux du taureau qui s'effondrait sur le sol de tout son poids Alors un homme armé d'une hache lui trancha le cou, et le sang se mit à jaillir en tous sens. Il en tomba un peu dans les coupes sacrificielles, tandis que le reste s'écoulait en un ruisseau fumant qui vint se perdre sur le sol détrempé.

On en apprend beaucoup sur les hommes confrontés à la vue du sang qui coule, pensa Caius Marius avec détachement. Un demi-sourire releva ses lèvres épaisses. Un tel battait précipitamment en retraite, un autre ne paraissait pas remarquer que sa chaussure gauche se trempait de sang, un troisième feignait d'ignorer sa propre nausée.

Ah! Il y avait là quelqu'un à observer! Un jeune homme en toge, à côté des chevaliers, dont pourtant il ne portait pas la bande pourpre. Il n'était pas là depuis très longtemps, et se dirigeait déjà vers la Montée Capitoline pour reprendre le chemin du Forum. Caius Marius eut toutefois le temps de voir ses yeux, d'un extraordinaire gris pâle, flamboyer et boire, avidement, le spectacle du sang. Certain de ne jamais l'avoir aperçu, Caius Marius se demanda qui il était. Sans doute pas le premier venu. Une beauté androgyne, un teint fabuleux, une peau blanche comme le lait, des cheveux semblables au soleil levant. L'incarnation même d'Apollon. Mais jamais le dieu n'aurait pu avoir de tels yeux, ceux d'un homme qui a souffert.

Le second taureau avait été mieux drogué; mais il se débattit plus farouchement encore que le premier. Cette fois, le tueur ne réussit pas à l'abattre du premier coup, et la pauvre bête, rendue folle, voulut charger. C'est alors qu'un homme avisé la saisit par le scrotum, ce qui permit aux deux acolytes de frapper en même temps. Le taureau s'abattit, et le sang aspergea tous ceux qui se trouvaient à moins de dix pas, y compris les deux consuls. Spurius Postumius Albinus en fut couvert, comme son frère cadet, Aulus, qui se tenait juste à côté de lui. Caius Marius les observa de biais, se demandant si ce présage confirmait ses propres pensées. De mauvaises nouvelles pour Rome, en tout cas.

Et cette idée fixe qui lui taraudait l'esprit; en fait, elle le hantait depuis quelque temps avec toujours plus de force. Comme si le moment approchait. Le moment où lui, Caius Marius, deviendrait le Premier des Romains. La moindre parcelle de bon sens en lui — et il n'en manquait pas — lui hurlait que ce sentiment était une folie, un piège qui le mènerait à l'ignominie et à la mort. Et pourtant il l'éprouvait toujours. Ridicule! répondait l'homme désabusé en lui. Il avait quarante-sept ans. Lors des élections, cinq ans auparavant, il avait été élu en sixième et dernière position comme préteur. Il était désormais trop vieux pour tenter de parvenir au consulat sans s'être fait un nom et une clientèle. Son temps avait passé.

Les consuls étaient enfin intronisés : Lucius Caecilius Metellus Dalmaticus, ce pompeux crétin qui se prévalait de son titre de Pontifex Maximus, expédia les dernières prières, et bientôt Minucius Rufus ordonnerait au héraut d'appeler le Sénat à se réunir dans le temple de Jupiter. Là, tous fixeraient la date des Fêtes Latines tenues sur le mont Albin, discuteraient pour savoir quelles provinces changeraient ou non de gouverneur. L'un ou l'autre des tribuns de la plèbe se mettrait à délirer sur le peuple ; Scaurus écraserait l'insolent comme un insecte sous le talon ; et l'un des innombrables Caecilius Metellus bafouillerait interminablement sur le déclin de la moralité chez les jeunes Romains, jusqu'à ce qu'autour de lui des dizaines de voix lui enjoignent de se taire. Le même Sénat, les mêmes gens, la même Rome, le même Caius Marius. Aujourd'hui âgé de quarante-sept ans. Un jour il en aurait cinquante-sept, puis soixante-sept, on le jetterait sur un bûcher, et il disparaîtrait dans un nuage de fumée. Adieu, Caius Marius, parvenu sorti des porcheries d'Arpinum, adieu, barbare.

Le héraut s'était mis à hurler. Soupirant, Caius Marius s'avança, levant la tête pour voir s'il y avait là quelqu'un sur les pieds duquel il aurait plaisir à marcher. Non. Evidemment. C'est à ce moment que son regard croisa celui de Caius Julius César, qui souriait comme s'il lisait les pensées de Caius Marius.

Surpris, celui-ci le suivit des yeux. L'aîné des César — maintenant que son frère, Sextus, était mort — siégeait désormais au Sénat : un simple figurant, qui, pour autant, n'appartenait à aucune coterie. Grand, aussi droit qu'un soldat, encore large d'épaules, avec un visage avenant, sillonné de rides, auquel une chevelure argentée faisait comme une couronne. Il devait avoir dans les cinquante-cinq ans, mais paraissait promis à devenir un de ces vénérables vieillards décharnés que la noblesse romaine produisait avec une régularité monotone, toujours présents à toutes les séances du Sénat à quatre-vingt-dix ans passés, sans cesser de faire preuve du plus vif bon sens. Le genre d'homme qu'on ne peut abattre à coups de hache. Le genre d'homme qui faisait que Rome était Rome, en dépit de la pléthore de Caecilius Metellus.

— Quel Metellus va nous haranguer aujourd'hui ? demanda César en venant à sa hauteur, tandis que tous deux entreprenaient de gravir les marches menant au temple.

Les énormes sourcils de Caius Marius bondirent comme des chenilles sur des braises

— Un qui doit encore se faire un nom. Quintus Caecilius Metellus, frère cadet de notre bien-aimé Pontifex Maximus.

— Et pourquoi lui?

— Parce qu'il va se porter candidat au consulat, je le sens. Il faut donc qu'il se mette à éructer comme il convient, répondit Caius Marius en s'effaçant pour permettre à son interlocuteur, plus âgé, de le précéder dans le temple.

— Je suis persuadé que tu as raison, dit César.

Le bâtiment était plongé dans une demi-obscurité, mais le visage rouge brique du dieu luisait, comme illuminé de l'intérieur. La statue de terre cuite, due à Vulca, le célèbre sculpteur étrusque, datait de plusieurs siècles; mais la divinité s'était vu offrir tour à tour une tunique d'ivoire, une chevelure d'or, des sandales d'or, un foudre d'or, et même une peau d'argent sur les membres, ainsi que des ongles d'ivoire. Seul son visage avait gardé la couleur de l'argile. Il était glabre, comme le voulait la coutume étrusque, dont Rome avai+ hérité.

De chaque côté, la salle du dieu donnait sur une autre pièce, celle de gauche consacrée à sa fille Minerve, celle de droite à son épouse, Junon. Chacune était représentée par une merveilleuse statue d'ivoire et d'or, et supportait avec résignation la présence de visiteurs indésirables; car, lors de la construction du temple, deux des anciens dieux avaient refusé de céder la place. Les Romains, fidèles à eux-mêmes, les avaient simplement laissés cohabiter avec les divinités nouvelles.

— Caius Marius, dit César, je me demandais si tu accepterais de venir partager mon repas demain après-midi.

Caius Marius cligna les yeux, pour gagner un peu de temps. L'autre avait une idée en tête, cela ne faisait pas de doute. Mais rien d'ambigu. D'autre part, il était impossible de dire des César qu'ils étaient des mondains. Quand on peut faire remonter ses origines à Enée, à Anchise, et même à la déesse Vénus, on est assez sûr de soi pour ne pas déchoir en frayant avec qui que ce soit, des portefaix aux Caecilius Metellus.

— Merci infiniment, Caius Julius, répondit-il. J'en serai très heureux.

Lucius Cornelius Sylla se réveilla, l'esprit presque clair, peu avant l'aube du nouvel an. Il était étendu là où il ne se souvenait pas de s'être couché, mais conformément à ses habitudes : très exactement entre sa belle-mère, sur la droite, et sa maîtresse, sur la gauche. Mais chacune, entièrement vêtue, lui tournait le dos. Il se souvint alors qu'il n'avait pas eu à les satisfaire. Au demeurant ce qui l'avait éveillé n'était autre qu'une érection exquisément douloureuse. L'espace d'un instant, il s'efforça de lutter, et, comme toujours, n'y parvint pas. Une seule solution, satisfaire son désir. Des deux mains, il retroussa donc le bas de la robe des deux femmes, qui, ayant feint le sommeil, se dressèrent et se mirent à le rosser à coups de poing, le frappant sans pitié.

— Qu'ai-je fait? hurla-t-il en se roulant en boule, tout en se protégeant le bas-ventre, où son érection s'était déjà effondrée.

Elles n'étaient que trop empressées à lui répondre — toutes deux en même temps. Cependant, la mémoire lui revenait, à présent : Metrobios ! Qu'il soit maudit ! Mais quels yeux ! Liquides et sombres, comme du jais poli, bordés de cils noirs si longs qu'on aurait presque pu les enrouler autour d'un doigt. Une peau comme de la crème, des boucles noires ondulant sur ses épaules minces, et le plus joli petit cul du monde. Quatorze ans, apprenti du vieux Scylax, l'acteur.

Ces temps-ci, Sylla préférait plutôt les femmes, mais Metrobios, c'était autre chose. Le garçon était venu à la soirée habillé en Cupidon, accompagnant la Vénus grossièrement fardée de Scylax, une ridicule petite paire d'ailes dans le dos. La teinture, du safran à bon marché, de sa minuscule jupe de soie avait quelque peu coulé — il faisait horriblement chaud dans la pièce —, laissant sur l'intérieur des cuisses des taches orange mettant indiscrètement en valeur ce qui s'y dissimulait tant bien que mal.

Dès le premier regard, chacun avait été fasciné par l'autre. Combien d'hommes pouvaient se vanter d'avoir, comme Sylla, une peau aussi blanche que la neige, des cheveux couleur du soleil levant, et des yeux si pâles qu'ils paraissaient presque blancs ? Sans parler de son visage qui avait provoqué une émeute à Athènes, des années auparavant, quand un certain Aemilius avait jeté Sylla, alors âgé de seize ans et sans le sou, sur le bateau de Patrae, et joui de ses faveurs tout au long du chemin menant à Athènes.

Arrivé là, Sylla avait été congédié sans cérémonie ; cet Aemilius était un personnage trop important pour que sa virilité fût entachée du moindre soupçon. Les Romains méprisaient l'homosexualité ; les Grecs y voyaient la forme la plus élevée de l'amour. Pour les premiers, elle ne pouvait être que honteuse tandis que les seconds affichaient la leur. Du point de vue de Sylla, toutefois, aucune de ces attitudes ne valait mieux que l'autre. En effet, il ne faisait aucun doute pour lui que la peur et l'angoisse ajoutaient du piment à la chose, et davantage de bénéfices. Les Hellènes, il s'en rendit vite compte, rechignaient à payer ce qui leur était déjà offert gratuitement, même pour quelqu'un d'aussi exceptionnel que Sylla. Il avait donc, par un petit chantage, extorqué à Aemilius le prix du voyage de retour, et quitté Athènes pour de bon.

L'âge adulte avait changé tout cela. Une fois qu'il fut contraint de se raser tous les jours, l'attrait qu'il exerçait sur les hommes disparut, ainsi que les largesses qui l'accompagnaient. Les femmes, découvrit-il bientôt, étaient bien plus sottes, et avaient un besoin de se fixer qui se révélait facilement exploitable. Enfant, il n'avait pas eu l'occasion d'en connaître beaucoup ; sa mère était morte avant qu'il soit assez âgé pour en garder le souvenir, et son père, ivrogne sans le sou, se souciait assez peu de sa progéniture. Sylla avait une sœur, Cornelia, de deux ans son aînée ; aussi belle que lui, elle avait saisi l'occasion de se marier avec un riche paysan de Picenum, nommé Lucius Nonius, et l'avait accompagné dans le Nord.

Comme Sylla atteignait ses vingt-quatre ans, son père s'était remarié. Ce ne fut pas un très grand événement, mais il soulagea un peu le jeune homme, accoutumé, depuis des années, à devoir trouver de l'argent pour satisfaire la soif inépuisable de son géniteur. En effet, la nouvelle épouse de celui-ci — une paysanne ombrienne nommée Clitumna — était la veuve d'un marchand très riche. Elle avait hérité de lui en détruisant son testament, et en se débarrassant de leur fille unique par un mariage avec un vendeur d'huile calabrais.

D'abord Sylla ne comprit pas ce qu'elle pouvait bien trouver à son père ; puis Clitumna l'invita à partager sa demeure sur le Germalus du Palatin, et se hâta de quitter le lit de son époux pour entrer dans celui de son beau-fils. A ce moment, il découvrit que brûlait en lui une petite étincelle d'affection pour son fastidieux géniteur, car il repoussa Clitumna avec autant de tact que possible, et s'en fut aussitôt.

Ayant réussi à mettre quelques sous de côté, il loua deux chambres dans une énorme *insula* — un immeuble — sur l'Esquilin, non loin de l'Agger. Le loyer était énorme pour lui : trois mille sesterces par an. De quoi avoir une chambre pour lui, une autre où son serviteur pourrait dormir et faire la cuisine, et s'assurer les talents de blanchisseuse d'une jeune fille qui vivait deux étages au-dessus, et rendait divers services à différents locataires. Une fois par semaine, elle prenait son linge sale et l'emportait jusqu'à un carrefour minuscule, à la sortie du lacis de ruelles. Outre l'autel au dieu des carrefours, il y avait là une maison commune où se rencontrait la confrérie du voisinage, et une fontaine crachant, par la bouche d'un vieux Silène hideux, un jet d'eau dans une vasque de pierre offerte à la ville, comme bien d'autres, par le célèbre Caton le Censeur. Se frayant un chemin à coups de coude, la jeune fille lavait les tuniques de Sylla sur les pierres, et lui rapportait le tout, soigneusement plié. Le prix de ses services était peu élevé ; une brève et discrète étreinte, à l'insu de tous, surtout du vieux barbon avec lequel elle vivait.

C'est à cette même époque qu'il avait rencontré Nicopolis. La Ville de la Victoire, en grec — pays dont elle était originaire. C'était une veuve très aisée, qui tomba follement amoureuse de lui. Et, si elle était heureuse de l'entourer de luxe, elle était trop fine mouche pour lui donner de l'argent. Comme sa belle-mère Clitumna, se dit-il avec amertume. Les femmes étaient peut-être sottes, mais pas naïves. Ou alors, c'est qu'il était trop transparent.

Deux ans après son départ de chez son père, ce dernier mourut, emporté par une cirrhose qu'il avait entretenue avec un bonheur sans mélange. S'il avait été le prix que Clitumna avait été prête à payer pour s'emparer de son fils, la ruse avait réussi, car Sylla découvrit que la veuve n'était nullement opposée à l'idée de partager ses faveurs, et son lit, avec Nicopolis, la catin grecque. Tous trois s'installèrent dans la demeure du Palatin, et connurent d'heureuses relations que seules entachaient les faiblesses passagères de Sylla pour les jeunes garçons. Rien de grave, affirmait-il aux deux femmes; il n'avait pas le désir de séduire les fils de sénateurs qui faisaient des exercices sur le Champ de Mars, jouaient à l'escrime avec des épées de bois, et sautillaient sur des coussins rembourrés sellés comme de vrais chevaux. Non, il aimait les gitons, les professionnels de la séduction; il avait l'impression de se revoir à leur âge.

Mais les deux femmes détestant ces efféminés, et comme il était, en dépit de ses penchants, profondément viril, il résista à ses désirs au nom de l'harmonie domestique, ou du moins prenait-il soin de se donner du bon temps loin de Clitumna et de Nicopolis. Ainsi allèrent les choses jusqu'à la veille du nouvel an, lors des dernières heures du consulat de Publius Cornelius Scipio Nasica et de Lucius Calpurnius Bestia, avant que ne soit inauguré celui de Marcus Minucius Rufus et de Spurius Postumius Albinus.

Sylla et les deux femmes adoraient le théâtre, mais pas la tragédie grecque, tout en masques, voix grondantes et poésie absconse. Non, ils adoraient la comédie latine, celle de Plaute ou de Térence, et par-dessus tout la niaiserie sans prétention des spectacles de mimes, avec ses catins dévêtues, ses idiots balourds, ses pets sonores, ses mauvais tours, ses intrigues absurdes tirées d'un répertoire traditionnel exploité au gré de l'inspiration du moment. Des croupes frétillantes s'ornaient de grandes marguerites; un simple mouvement du doigt était plus éloquent que tous les discours; des beaux-pères à qui on avait bandé les yeux prenaient des seins pour des melons mûrs; les adultères étaient ridicules et les dieux pris de boisson: rien n'était sacré pour Mimus.

Le trio s'était lié d'amitié avec tous les comédiens et les dramaturges de Rome, et ne jugeait satisfaisante aucune de leurs soirées, si aucune célébrité n'était là. A leurs yeux, le théâtre tragique n'existait pas. En cela, ils étaient bien des Romains, pour qui rien ne valait un bon éclat de rire.

Pour la soirée donnée dans la demeure de Clitumna, la veille du nouvel an, ils avaient donc invité Scylax, Astéra, Lilo, Pédoclès, Daphné et Marsyas. C'était, bien entendu, une soirée costumée: Clitumna adorait cela, comme Nicopolis, et Sylla ne détestait pas se travestir.

Il avait choisi d'incarner Méduse la Gorgone, allant jusqu'à se coiffer d'une perruque de petits serpents bien vivants, ce qui faisait hurler de terreur l'assistance chaque fois qu'il agitait la tête. Sa belle-mère s'était déguisée en singe, et faisait des entrechats dans un costume velu, les fesses peintes en bleu. Nicopolis s'était attribué le rôle de Diane, faisant admirer ses longues jambes minces, ainsi qu'un sein parfait et, sous l'effet de ses cabrioles, les flèches de son carquois s'agitaient sur la musique des flûtes, des pipes, des clochettes, des lyres et des tambourins.

La soirée avait très bien commencé. Sylla fit grosse impression, mais Clitumna était la plus drôle. Le vin coulait à flots; rires et hurlements éclataient dans le jardin. Dernier à arriver, Scylax franchit péniblement la porte, monté sur des cothurnes à semelle de liège, coiffé d'une perruque blonde, muni d'énormes seins postiches et maquillé comme une vieille maquerelle. Pauvre Vénus! A sa suite venait Metrobios, déguisé en Cupidon.

La réaction de Sylla fut immédiate, et ne plut guère aux deux femmes — ni d'ailleurs à Scylax. Il s'ensuivit des scènes dignes des farces ou des spectacles de mime, qui s'achevèrent par un bref moment d'intimité entre Metrobios et Sylla, dans un coin discret, croyaient-ils.

Bien entendu, Sylla n'ignorait pas qu'il commettait une erreur grossière; mais le savoir n'empêchait rien. Dès qu'il vit la teinture orangée sur ces cuisses soyeuses, et les longs cils bordant ces yeux sombres et satinés, il fut conquis. Et dès qu'il eut levé la petite jupe ruchée du garçon, juste assez pour voir ce qu'elle dissimulait, rien au monde ne lui aurait interdit d'entraîner le jeune homme à l'abri des regards et de s'occuper de lui.

La farce avait failli tourner à la tragédie. Clitumna s'empara d'un précieux gobelet de verre d'Alexandrie, le brisa, et se jeta sur Sylla. Nicopolis se précipita vers elle, armée d'une jarre, tandis que Scylax faisait de même vers Metrobios en agitant un de ses cothurnes. Tous les autres, ravis, se figèrent pour contempler le spectacle. Fort heureusement, Sylla n'était pas ivre au point d'avoir perdu sa force physique exceptionnelle: il lança à Scylax un coup propre à le gratifier d'un œil au beurre noir, cingla les longues jambes de Nicopolis à grands coups de flèches arrachées à son carquois, et, s'étant emparé de Clitumna, l'allongea de force sur ses genoux et la fessa jusqu'à ce que sa croupe soit devenue aussi noire qu'elle avait été bleue. Cela fait, il donna au jeune garçon un ultime baiser, et partit se coucher accablé de dégoût.

Ce n'est qu'à l'aube qu'il prit vraiment la mesure de ce qui n'allait pas. Ce n'était pas une farce, ni même une comédie, mais une tragédie aussi bizarre et compliquée que tout ce que Sophocle avait pu imaginer dans ses pires moments de pessimisme. Aujourd'hui, jour de l'an, c'était son anniversaire : il avait trente ans.

Il se tourna vers les deux femmes, et les regarda avec une telle colère glacée, une telle souffrance, une telle répulsion, qu'elles se figèrent aussitôt. Il revêtit une tunique blanche et un esclave le drapa dans sa toge, vêtement qu'il ne portait plus depuis des années, sauf pour aller au théâtre. Lorsqu'il fut parti, elles trouvèrent la force de bouger, et elles se regardèrent en versant des larmes bruyantes, non à cause de leur chagrin, mais de celui de Sylla, qu'au demeurant elles ne comprenaient pas le moins du monde.

Pour dire la vérité, Lucius Cornelius Sylla vivait dans le mensonge. Depuis toujours. Le monde dans lequel il s'était installé depuis trente ans — un monde peuplé d'ivrognes, de mendiants, d'acteurs, de catins, de charlatans et d'affranchis — n'était pas le sien.

A Rome, très nombreux étaient les gens répondant au patronyme de Cornelius. Mais c'était parce que leur père, leur grand-père, ou un de leurs ancêtres, avait autrefois appartenu, comme esclave ou paysan, à un patricien portant ce nom. Ils avaient pris le même lors de leur émancipation, à l'occasion d'un mariage, d'un anniversaire ou d'un enterrement, ou parce qu'ils avaient réussi à économiser de quoi s'affranchir. Et, parce qu'ils lui devaient la citoyenneté qui accompagnait leur affranchissement, ils devenaient ses clients.

A l'exception de Clitumna et de Nicopolis, tous ceux qui connaissaient Sylla étaient persuadés, sans même y réfléchir, qu'il était dans ce cas, fils ou petit-fils d'un esclave ou d'un paysan. Après tout, il existait bel et bien des patriciens qui s'appelaient Cornelius Scipio, Cornelius Lentulus et Cornelius Merula, mais qui avait jamais entendu parler d'un noble nommé Cornelius Sylla? Qui savait que « Sylla » signifiait: « viande de porc »?

La vérité était pourtant que Lucius Cornelius Sylla, que les censeurs, au vu de ses revenus, avaient classé dans les *capite censi*

— tous ceux qui, à Rome, ne possédaient rien — était patricien, fils de patricien, petit-fils de patricien, en un mot sa lignée remontait aux temps de la fondation de Rome. Sa naissance lui permettait d'accéder à tous les échelons du *cursus honorum*, et même au consulat.

Sa tragédie, c'était le manque d'argent, la totale incapacité de son père de lui assurer les revenus nécessaires pour être enrôlé ne serait-ce que dans la dernière des cinq classes économiques ; il ne lui avait légué que la simple citoyenneté. Aussi la bande pourpre qui ornait la tunique des sénateurs lui était-elle interdite, comme celle, moins large, des chevaliers. Ceux qui le connaissaient avaient bien ri en l'entendant affirmer que sa tribu était celle des Cornelius : car c'était l'une des plus anciennes, parmi les trente-cinq que comptait Rome, et elle ne comprenait aucun membre appartenant aux *capite censi*. A l'occasion de son trentième anniversaire, Sylla aurait dû entrer au Sénat, soit comme questeur élu, approuvé par les censeurs, soit de par sa naissance. Et voilà qu'il servait de jouet à deux femmes vulgaires, sans aucun espoir de faire reconnaître jamais ses droits. Ah, pouvoir se présenter devant le tribunal des censeurs, sur le Forum, et leur montrer les preuves établissant qu'il avait un revenu d'un million de sesterces par an ! Car tel était le minimum nécessaire pour être sénateur. Ou même, quatre cent mille sesterces, de quoi être reconnu chevalier ! En réalité, il ne possédait rien, et ses revenus n'avaient jamais dépassé dix mille sesterces, même depuis qu'il était entretenu par Clitumna et Nicopolis. A Rome, on était pauvre quand on n'avait pas de quoi s'acheter un esclave, ce qui lui était déjà arrivé plus d'une fois. Lui, un patricien de la famille des Cornelius.

Au cours de ces années où il avait vécu dans son *insula*, sur l'Esquilin, il avait même travaillé sur le port de Rome. Il avait porté des jarres de vin, ou vidé des urnes de blé, afin de pouvoir conserver cet unique esclave qui montrait au monde qu'il n'était pas réduit à la pauvreté la plus noire. Car, à mesure qu'il avançait en âge, son orgueil croissait ou, plus exactement, la conscience de sa complète humiliation. Il n'avait jamais succombé à la tentation d'un emploi régulier : apprendre un métier dans une fonderie ou chez un charpentier, devenir scribe, servir de secrétaire à un marchand, copier des manuscrits pour un libraire ou une bibliothèque. Personne ne posait de question à un homme travaillant sur les quais, les marchés ou les chantiers de construction. En revanche, ce n'était pas le cas pour celui qui avait un emploi fixe. Sylla ne pouvait même pas s'enrôler comme soldat : il fallait pour cela être propriétaire. Sa naissance lui aurait donné le droit de commander une armée ; et pourtant Sylla n'était jamais monté à cheval, n'avait jamais tenu d'épée, jamais manié la lance, même sur les terrains d'exercice qui entouraient la Villa Publica sur le Champ de Mars. Lui, un patricien de la famille des Cornelius.

Peut-être, s'il était allé supplier un lointain parent, aurait-il pu arranger les choses grâce à un prêt. Mais son orgueil, s'il ne l'empêchait pas de se soumettre à deux femmes vulgaires, lui interdisait une telle démarche. Car il n'y avait plus de Cornelius de la lignée des Sylla. Mieux vaut n'être rien, et ne rien posséder, que d'être quelqu'un, mais de geindre sous le poids des obligations imposées par un emprunt. Lui, un patricien de la famille des Cornelius.

Quand il sortit à grands pas de la demeure de sa belle-mère, c'était sans but précis. Il voulait simplement dissiper son angoisse, renifler l'air humide. Clitumna, vu ses antécédents, avait choisi un lieu de résidence un peu surprenant: une rue peuplée d'avocats prospères, de sénateurs de second plan et de chevaliers ; l'endroit était trop bas sur le Palatin pour jouir d'une belle vue, mais tout près du cœur politique et économique de la cité, le Forum Romanum. Bien entendu, Clitumna appréciait surtout le caractère sûr de ce quartier, si loin de la Subura et de sa délinquance, mais ses bruyantes soirées, et des amis un peu spéciaux, lui avaient déjà valu de recevoir des délégations de voisins furieux qui tenaient à leur tranquillité. Un banquier très riche, Titus Pomponius, vivait à côté de chez elle; de l'autre, un sénateur nommé Caius Julius César. Au demeurant, ils ne se voyaient guère. C'était là l'un des avantages (ou des inconvénients, selon le point de vue) des demeures romaines; des murs aveugles entouraient une cour centrale.

L'aube s'était levée. Devant lui, Sylla aperçut les femmes de Caius Julius César oscillant sur les hautes semelles de liège de leurs chaussures d'hiver; de mignons petits pieds ainsi protégés des flaques et des ordures. Sans doute vont-elles assister aux cérémonies, songea-t-il, ralentissant le pas pour mieux détailler leurs formes drapées, en homme habitué à ne jamais refréner ses appétits. L'épouse de Caius Julius s'appelait Marcia, elle était la fille du préteur qui avait édifié l'Aqua Marcia; elle ne devait guère avoir plus de quarante ans, quarante-cinq au plus. Encore mince et soignée, grande, brune, ayant fière allure. Pourtant, elle ne pouvait rivaliser avec ses filles. Deux blondes, aussi belles l'une que l'autre, encore que pour Sylla ce fût la plus jeune qui l'emportât. Car il les avait vues, de temps à autre, s'en aller au marché, plus pour regarder que pour acheter, car, il le savait, leurs bourses étaient encore plus minces que leurs corps. C'était une famille qui se maintenait de justesse dans les rangs des sénateurs: Titus Pomponius, l'autre voisin de Clitumna et chevalier, était autrement plus riche.

L'argent. Il gouvernait le monde. Sans lui, on n'était rien. Comment s'étonner dès lors qu'un homme saisisse la moindre occasion de se hisser jusqu'à une position où il aurait une chance de s'enrichir ? Pour y parvenir en entrant dans la course politique, il fallait d'abord se faire élire préteur; dès lors, la fortune était au rendez-vous, et les années de débours finissaient par payer. S'en aller gouverner une province, où l'on a tout pouvoir, était tout à fait recommandé. Mieux encore : mener une petite guerre contre une tribu barbare installée aux frontières permettait de s'emparer de son or et de ses trésors sacrés, de vendre les captifs en esclavage, et d'empocher ainsi un joli magot. Si toutefois les perspectives militaires étaient bloquées, il restait bien d'autres moyens : le trafic des grains et autres marchandises de base, le prêt à des taux usuraires (quitte à envoyer des hommes de troupe récupérer l'argent), la falsification des livres de comptes relatifs aux impôts, la vente de la citoyenneté romaine, les pots-de-vin à propos de tout et de rien, des contrats d'Etat aux exemptions de tribut.

L'argent. Comment en trouver? Comment en avoir assez pour entrer au Sénat? Des rêves, Lucius Cornelius Sylla! Des rêves!

Quand la femme et les filles de César tournèrent à droite, dans le Clivus Victoriae, Sylla sut où elles se rendaient. A l'aera Flaccina, le site de l'ancienne demeure de Flaccus. Le temps qu'il fasse halte dans la rue, au-dessus de la pente très raide, couverte d'une herbe maigre, les femmes s'installaient sur des tabourets, et un homme trapu, qui ressemblait à un Thrace, s'affairait à dresser une tente ouverte pour les abriter de la pluie. Les deux filles, nota Sylla, ne restèrent que peu de temps assises sagement à côté de leur mère; comme celle-ci discutait avec la femme, visiblement enceinte, de Titus Pomponius, elles prirent leurs tabourets et se glissèrent vers l'endroit où se trouvaient quatre filles des Claudius Pulcher, séparées de leurs mères. Leurs mères? Ah! Licinia et Domitia. Des femmes qu'il connaissait bien pour avoir couché avec les deux. Sans regarder à droite ni à gauche, il descendit la pente et parvint à leur hauteur.

— Je vous salue, dit-il en inclinant la tête. Une bien médiocre journée.

Toutes les femmes de la colline savaient qui il était — et c'était là l'un des côtés les plus douloureux de sa situation. Ses amis, parmi la canaille, croyaient qu'il était l'un des leurs, mais la noblesse romaine ne commettait pas cette erreur. Elle connaissait son histoire et ses origines. Certains étaient tentés de le plaindre; quelques-unes, comme Licinia et Domitia, ne dédaignaient pas de rechercher ses faveurs; mais personne n'aurait eu l'idée de lui venir en aide.

Le vent soufflait du nord-est, apportant avec lui un aigre remugle d'incendie, où se mêlaient des odeurs de charbon mouillé, de chaux calcinée, et de milliers de cadavres pourrissants. L'été précédent, tout le Viminal et la partie supérieure de l'Esquilin étaient partis en fumée. Près d'un cinquième de la ville avait brûlé avant que la populace unisse ses efforts et parvienne à démolir une bande suffisamment large de bâtiments, pour empêcher les flammes de gagner la Subura et le bas de l'Esquilin, où se trouvaient de nombreux immeubles surpeuplés.

Bien que six mois se fussent écoulés depuis, la terrible cicatrice du sinistre couvrait encore les hauteurs, au-delà du marché Marcellum, sur plus d'un quart de lieue: sol noirci, maisons à demi écroulées et désolation. Combien de personnes avaient trouvé la mort ? Nul ne le savait. Assez, en tout cas, pour interdire toute crise du logement. Aussi ne se pressait-on pas de rebâtir; de rares échafaudages de bois se dressaient ici et là, indiquant qu'on édifiait une nouvelle *insula* qui permettrait à quelque propriétaire foncier de s'enrichir un peu plus.

Sylla nota, amusé, que Licinia et Domitia s'étaient crispées dès qu'elles avaient reconnu qui les saluait; pour rien au monde il ne comptait se montrer charitable et les laisser en paix. Qu'elles souffrent, ces truies stupides! Est-ce que chacune sait que j'ai couché avec l'autre? se demanda-t-il. Il finit par conclure que non. Ce qui donnait un piment supplémentaire à la rencontre. Il les vit échanger des regards à la dérobée, puis tenter d'échapper à sa conversation en cherchant à se replier vers Marcia. Il les en empêcha en évoquant le terrible incendie.

— Cette semaine fut abominable, répondit Licinia d'une voix un peu trop aiguë, contemplant sans les voir les collines brûlées.

— Oui, approuva Domitia en s'éclaircissant la gorge.

— J'étais terrifiée! balbutia Licinia. Nous vivions alors sur les Carinae, Lucius Cornelius, et le feu ne cessait de se rapprocher. Bien entendu, dès que ç'a été terminé, j'ai convaincu Appius Claudius de nous installer de ce côté de la ville.

— C'était pourtant magnifique, dit Sylla, qui était resté, tous les soirs de cette semaine-là, sur les marches Vestales pour mieux voir, en imaginant que ce spectacle, dans sa monstrueuse beauté, était le saccage d'une ville ennemie, et lui le général romain qui en avait donné l'ordre.

Il s'exprimait avec une telle exultation que Licinia leva les yeux vers lui malgré elle, avant de les détourner en toute hâte, en regrettant amèrement de s'être mise à la merci de cet homme. Sylla était trop dangereux, et sans doute un peu fou.

— En tout cas, c'est un vent mauvais qui n'a fait de bien à personne, reprit-elle. Mes cousins, Publius et Lucius Licinius, ont acheté une bonne part des terrains désertés. Ils disent que leur valeur va monter dans les années qui viennent.

C'était une Licinius Crassus, une famille parmi les plus riches. Pourquoi donc ne pouvait-il se trouver une épouse de ce genre, à l'instar d'Appius Claudius? Oh, c'était simple: parce que aucun père, ou frère, ou tuteur, d'une jeune aristocrate ne consentirait à une telle union.

Il perdit d'un coup toute envie de jouer avec les deux femmes; il tourna les talons et remonta la pente en direction du Clivus Victoriae. Les deux Julia, remarqua-t-il en passant, avaient été rappelées à l'ordre, et s'étaient rassises à côté de leur mère sous l'auvent de la tente. Il leur jeta un coup d'œil rapide, sans s'attarder sur Julia, mais sur sa petite sœur. Dieux, qu'elle était jolie! Un gâteau au miel arrosé de nectar, un mets digne de l'Olympe! Il ressentit à la poitrine une douleur aiguë. Il nota que Julilla s'était tournée sur son tabouret pour le suivre des yeux.

Il descendit les marches Vestales menant au Forum et remonta le Clivus Capitolinus jusqu'à ce qu'il parvienne derrière la foule stationnée devant le temple de Jupiter Optimus Maximus. L'un de ses talents particuliers était de pouvoir faire frissonner d'inquiétude les gens qui l'entouraient, si bien qu'ils s'éloignaient en hâte. En règle générale, il n'en usait guère que pour s'assurer une bonne place au théâtre, mais cette fois-là il s'en servit pour s'ouvrir un passage jusqu'au premier rang des chevaliers, d'où il pourrait parfaitement suivre la cérémonie. Bien qu'il n'eût aucun droit d'être là, personne ne le chasserait. Rares étaient ceux qui le connaissaient, et, même parmi les sénateurs, certains visages lui étaient peu familiers, mais suffisamment de gens savaient qui il était pour qu'il fût certain qu'on tolérerait sa présence.

Même déchu, un noble restait un noble. Et cela, rien ne pouvait l'effacer. A dessein, il n'avait jamais pris la peine de suivre de près les aléas politiques du Forum, mieux valait ignorer une vie à laquelle jamais il ne pourrait prendre part. Et pourtant, debout au premier rang de la foule des chevaliers, il sut que ce serait une très mauvaise année. Son sang le lui disait. Une année de plus dans la longue succession qui avait suivi le meurtre de Tiberius Sempronius Gracchus, et le suicide, dix ans plus tard, de son frère Caius.

C'était presque comme si Rome dépérissait, à bout de souffle politique. Un ramassis de médiocres et de nullités, pensa-t-il en parcourant des yeux la foule assemblée. En dépit de la bruine glacée, des hommes se tenaient là, à demi endormis, qui étaient responsables, depuis dix ans, de la mort de plus de trente mille soldats romains et italiques, et cela presque toujours pour assouvir leur avidité. Encore l'argent. L'argent, l'argent, l'argent. Encore que le pouvoir ait joué son rôle. Ne jamais l'oublier ni le sous-estimer. Lequel menait l'autre? Cela dépendait sans doute des individus. Mais, dans cette pitoyable bande, où étaient les grands, ceux qui sauraient rehausser Rome, et non l'abaisser?

Le taureau blanc ne se laissait pas faire. Pas étonnant, vu les consuls élus cette année. Moi, songea-t-il, je ne mettrais pour rien au monde mon cou blanc sous la hache pour des gens comme Spurius Postumius Albinus, si patricien qu'il soit. D'ailleurs, d'où tire-t-il son argent? Puis cela lui revint. Cette lignée épousait toujours la richesse. Qu'ils soient maudits.

Le sang se mit à couler. Il y en a tant dans un taureau adulte. Quel gâchis! Mais quelle couleur superbe, d'un vif écarlate, fluide et pourtant épais. Il était fasciné, et ne put détourner le regard. Ce qui était plein d'énergie n'était-il pas toujours rouge? Le feu. Le sang. La chevelure — la sienne, par exemple. Les pénis. Les chaussures de sénateurs. Les muscles. Le métal fondu. La lave.

Il était temps d'y aller. Mais où? Il leva les yeux, encore habités par le spectacle de tant de sang, et croisa le regard farouche d'un sénateur de haute taille, vêtu de la toge d'un magistrat de haut rang. Stupéfiant! Voilà un homme! Mais qui était-ce? Il n'appartenait certainement pas à une des grandes familles. Pour commencer, son nez trahissait des ascendances celtes; il était trop court, et trop droit, pour appartenir à un pur Romain. Picenum, peut-être? Et ces sourcils gigantesques! Encore le Celte. Il avait au visage deux cicatrices. Oui, un client redoutable, féroce, orgueilleux, très intelligent. Un aigle, un vrai. Mais *qui* ? Pas un ancien consul : Sylla les connaissait tous, jusqu'au plus âgé. Un préteur, alors. Pas l'un de ceux élus cette année, toutefois, car ils se pressaient derrière les consuls, l'air très grave, et à peu près aussi engageant qu'une vieille catin souffrant d'hémorroïdes.

Sylla fit brusquement demi-tour, et s'éloigna à pas lents, les plantant tous là, y compris l'ancien préteur qui avait l'air d'un aigle. Il était temps d'y aller. Mais où? Où, sinon dans son seul refuge, entre les corps de sa belle-mère et de sa maîtresse? Il haussa les épaules et ricana. Il y avait de pires destins et de pires endroits. Mais pas pour un homme qui aurait dû entrer au Sénat aujourd'hui, chuchota une voix en lui-même.

Pour un souverain en visite à Rome, il était impossible de franchir le *pomerium*, la limite sacrée. Aussi Jugurtha, roi de

Numidie, fut-il contraint de passer le jour de l'an à battre la semelle dans la villa qu'il louait scandaleusement cher sur les pentes de la colline pincienne, qui surplombait le coude du Tibre entourant le Champ de Mars. Rien de comparable avec le cher vieux père Tibre de Numidie ! avait babillé, d'un air présomptueux, l'agent qui lui avait loué cette résidence — en se gardant bien de lui dire qu'il agissait pour le compte d'un sénateur qui, tout en se proclamant le fidèle allié de Jugurtha, se préoccupait surtout de conclure un marché qui lui assurerait pour les mois à venir les anguilles les plus coûteuses. Pourquoi donc croyaient-ils que quiconque — à plus forte raison un roi ! — n'était pas romain devenait automatiquement un crétin ou une dupe ? Jugurtha savait parfaitement à qui appartenait la villa, et qu'on l'avait grugé ; mais il y a des lieux et des moments pour se montrer franc, et pour l'heure, à Rome, ce n'était pas le cas.

De la loggia où il était assis, il pouvait tout voir sans obstacle. Pour Jugurtha, cependant, c'était un bien médiocre panorama, et quand le vent soufflait, la puanteur du fumier des jardins en dehors du Champ de Mars, près de la Via Recta, était assez forte pour lui faire regretter de ne pas s'être installé plus à l'extérieur, autour de Bovillae ou de Tusculum. Accoutumé à parcourir, dans son pays, d'énormes distances, il aurait trouvé insignifiant le trajet jusqu'à Rome. De toute façon, comme il ne pouvait y entrer, à quoi bon être logé assez près pour pouvoir cracher sur leur maudite limite sacrée ?

En se déplaçant à angle droit, il pouvait voir l'arrière du Capitole et une partie du temple de Jupiter Optimus Maximus, dans lequel, à cet instant précis, lui juraient ses agents, les nouveaux consuls tenaient la première réunion de sénateurs de leur mandat.

Comment traiter avec les Romains ? Ah, si seulement il l'avait su..

Au début, cela paraissait assez simple. Son grand-père, le grand Massinissa, avait rebâti le royaume de Numidie sur les ruines de l'Afrique du Nord après la victoire romaine sur Carthage. Il avait d'abord agi avec la connivence des autorités romaines ; mais plus tard, quand il fut devenu trop puissant, Rome s'inquiéta de voir apparaître une nouvelle Carthage, et se retourna contre lui. Fort heureusement pour la Numidie, Massinissa était mort au bon moment. Sachant trop bien qu'à un monarque puissant succède toujours un faible, il avait laissé le pays à ses trois fils, le partage devant être effectué par Scipion Emilien. Un vieux renard ! Plutôt que de découper la Numidie en trois, il avait préféré répartir les responsabilités. L'aîné reçut la garde du trésor et les palais; le cadet fut nommé chef militaire; le plus jeune se vit confier la justice. Autrement dit le militaire n'avait pas les fonds nécessaires, celui qui avait l'argent n'avait pas l'armée, et celui qui avait la loi de son côté n'avait ni finances ni troupes. Aucun d'eux ne pourrait donc fomenter une rébellion.

Les deux plus jeunes étaient morts assez vite, avant que le temps et l'accumulation des rancœurs ne provoquent une révolte, permettant à l'aîné, Micipsa, de régner seul. Toutefois, ils laissaient derrière eux des descendants qui allaient compliquer l'avenir: deux fils légitimes, et un bâtard nommé Jugurtha. L'un d'eux monterait sur le trône à la mort de Micipsa, mais lequel? C'est alors que le souverain, bien que très âgé, eut deux enfants: Adherbal et Hiempsal. Cela suffit pour que la cour se mette à bouillonner de rivalités : il y avait désormais cinq prétendants et Jugurtha était le plus âgé.

Le grand-père de Jugurtha, Massinissa, le méprisait, non parce que c'était un bâtard, mais parce que sa mère, simple Berbère nomade, était de très basse origine. Micipsa hérita de lui ce dégoût, et quand il vit que, malgré tout, Jugurtha était devenu un jeune homme avenant et fort intelligent, il chercha un moyen de l'éliminer. Scipion Emilien avait exigé que la Numidie envoie des troupes auxiliaires pour lui venir en aide autour de Numance assiégée; Micipsa s'exécuta, et confia à Jugurtha le commandement des soldats, en espérant qu'il serait tué en Espagne.

Il n'en fut rien. Jugurtha prit part aux opérations en guerrier-né, et noua amitié avec des Romains parmi lesquels ses deux amis les plus chers, tribuns militaires attachés à l'état-major de Scipion Emilien, Caius Marius et Publius Rutilius Rufus. Tous trois avaient le même âge: vingt-trois ans. Quand la campagne eut pris fin, et que Scipion Emilien convoqua le prince sous sa tente pour lui infliger un discours consacré à la nécessité de traiter honorablement avec Rome, plutôt qu'avec tel ou tel Romain, Jugurtha réussit à garder son sérieux. Le long siège de Numance lui avait enseigné tout ce qu'il avait besoin de savoir; presque tous les Romains qui aspiraient aux plus hautes charges étaient sans cesse à court d'argent : on pouvait les acheter.

Quand il revint en Numidie, Jugurtha était porteur d'une lettre de Scipion Emilien à Micipsa. Elle exaltait à un tel point la bravoure, le bon sens et l'intelligence du jeune homme, que le souverain, renonçant au mépris qu'il tenait de son père, l'adopta et lui donna la prééminence parmi les prétendants au trône. Il prit soin, toutefois, de bien faire comprendre que Jugurtha ne serait jamais roi, et que son rôle serait d'assurer la garde de ses propres fils, qui entraient dans l'adolescence.

Le roi Micipsa mourut presque aussitôt après avoir, pensait-il, organisé sa succession en laissant deux héritiers au trône et Jugurtha au poste de régent. Moins d'un an plus tard, le plus jeune fils, Hiempsal, fut assassiné sur ordre de Jugurtha ; l'autre, Adherbal, s'enfuit à Rome, où il se présenta devant le Sénat et demanda que Rome, pour régler les affaires de Numidie, dépouille Jugurtha de toute autorité.

— Pourquoi avons-nous si peur d'eux ? demanda Jugurtha, se détournant de ses pensées.

Une pluie fine tombait comme un voile sur les terrains d'exercice et les jardins, obscurcissant tout à fait l'autre rive du Tibre.

Une vingtaine d'hommes se tenaient dans la loggia, tous, à une seule exception, étaient ses gardes du corps. Ce n'étaient pas des gladiateurs mercenaires, mais des Numides, ceux-là mêmes, en fait, qui, sept ans auparavant, avaient rapporté à Jugurtha la tête du prince Hiempsal — don suivi, cinq ans après, par celle du prince Adherbal.

Jugurtha s'adressait à un homme d'allure sémite, presque aussi grand que lui, assis à côté de son souverain dans un confortable fauteuil. Un seul coup d'œil suffisait pour se convaincre de leur parenté ; mais le roi préférait l'oublier. Sa mère était une nomade issue d'une tribu arriérée de Berbères Gétules ; mais un caprice du destin avait voulu qu'elle ait un corps et un visage dignes d'Hélène de Troie. Et le compagnon du roi, en cette morne journée du nouvel an, était son demi-frère. Il était le fils de la Berbère et d'un grand baron auquel, par souci de convenances, le père de Jugurtha l'avait mariée. Il s'appelait Bomilcar, et était tout dévoué à son souverain.

— Pourquoi avons-nous si peur d'eux ? répéta Jugurtha, d'un ton plus inquiet, proche du désespoir.

Bomilcar soupira.

— La réponse est simple, je crois. Elle porte un casque d'acier, une tunique d'un brun rougeâtre, et par-dessus une longue armure. Elle porte une petite épée ridicule, une dague presque aussi grande, et une ou deux lances. Ce n'est pas un mercenaire, ni même un pauvre. C'est un fantassin romain.

Jugurtha grommela et hocha la tête.

— Ce n'est qu'une partie de la réponse, Bomilcar. Les soldats romains meurent.

— Non sans se défendre.

— Non, ce n'est pas ce que je voulais dire. Je ne comprends pas ! On peut les acheter comme du pain dans une boulangerie, et cela devrait signifier qu'ils sont tendres comme la mie. Or ce n'est pas le cas.

— Tu veux parler de leurs chefs?

— De leurs chefs. Les éminents Pères Conscrits du Sénat. Ils sont corrompus jusqu'à la moelle! Ils devraient pourrir sur pied. Mais non. Ils sont durs comme le silex, froids comme la glace, et aussi subtils qu'un satrape perse. Ils ne renoncent jamais. Prenez-en un, apprivoisez-le jusqu'à ce qu'il soit parfaitement servile, et l'instant d'après il a disparu, et il faut faire face à des circonstances tout à fait différentes.

— Sans compter que l'on peut avoir soudain besoin de quelqu'un qui, lui, ne se laisse pas acheter.

— Je les méprise.

— Moi aussi. Ce qui ne nous en débarrasse pas pour autant, hélas.

— La Numidie est mienne! Ils n'en veulent même pas! Ils cherchent tout simplement à se mêler de tout!

— O mon roi, ne me pose pas la question, car je n'en connais pas la réponse. Je sais simplement que nous sommes ici, à Rome, et que le résultat est entre les mains des dieux.

Le roi de Numidie se replongea dans ses pensées.

Six ans plus tôt, quand Adherbal s'était échappé et avait gagné Rome, Jugurtha avait su faire face et agir sans perdre de temps. Ses ambassadeurs partirent pour Rome chargés d'or, d'argent, de bijoux, d'œuvres d'art, de tout ce qui était susceptible de séduire un noble romain. Il était intéressant de relever qu'on ne pouvait les tenter par des femmes ou des jeunes garçons, uniquement par des marchandises négociables. Etant donné les circonstances, cela avait donné des résultats assez satisfaisants.

Les Romains paraissaient obsédés par les comités et les commissions, et n'aimaient rien tant que d'envoyer à l'autre bout du monde un petit groupe d'officiels pour enquêter. A leur place, quiconque aurait marché à la tête d'une armée, mais eux faisaient leur apparition en toge, escortés par de simples licteurs, sans hommes en armes; ils donnaient des ordres, et entendaient être obéis. Ce qui était généralement le cas.

Cela le ramenait à sa première question : pourquoi avons-nous si peur d'eux? Pourquoi? Peut-être parce qu'il y a toujours un Marcus Aemilius Scaurus parmi eux?

Quand Adherbal était venu pleurnicher à Rome, c'est Scaurus qui avait empêché le Sénat de prendre une décision favorable à Jugurtha. Un seul homme, dans une assemblée de trois cents! Et pourtant, il l'avait emporté, n'avait cessé de les rabrouer jusqu'à les attirer tous de son côté. Scaurus avait imposé un compromis qui ne pouvait satisfaire ni Adherbal ni Jugurtha : un comité de dix sénateurs romains, conduit par l'ancien consul Lucius Opimius, se rendrait en Numidie, et là, après enquête, déciderait de la conduite à tenir. Et que fit-il? Il divisa le pays en deux. Adherbal reçut la moitié est, dont Cirta était la capitale; cette zone était plus peuplée, mieux intégrée aux circuits commerciaux que la moitié ouest, pourtant plus riche, qui fut accordée à Jugurtha. Celui-ci se retrouva donc pris entre son rival et le royaume de Maurétanie. Satisfaits, les Romains rentrèrent chez eux. Jugurtha attendit le moment propice pour fondre sur Adherbal et, pour protéger son flanc ouest, il épousa la fille du souverain de Maurétanie.

Il attendit, patiemment, quatre ans. Puis il attaqua Adherbal et son armée entre Cirta et le port qui lui était rattaché. Ecrasé, Adherbal se replia sur la ville et en organisa la défense, soutenu par une influente colonie de commerçants romains et italiques qui faisaient tourner toute l'économie de la Numidie. Leur présence dans le pays n'avait rien de surprenant; où qu'on aille, on les trouvait occupés à gérer les affaires locales, même dans des régions non liées à Rome où ils ne bénéficiaient d'aucune protection.

Bien entendu, la nouvelle d'une guerre entre Adherbal et Jugurtha était parvenue sans retard aux oreilles du Sénat. Celui-ci dépêcha, pour y mettre un terme, un comité composé de trois charmants jeunes gens, fils de sénateurs: cela donnerait un peu d'expérience à la nouvelle génération, et de toute façon le problème était sans gravité. Jugurtha les reçut en premier, parvint à les manœuvrer de façon qu'ils ne puissent contacter son adversaire, et les renvoya chargés de présents coûteux.

Adherbal réussit alors à faire parvenir à Rome une lettre réclamant de l'aide. Toujours prêt à le soutenir, Marcus Aemilius Scaurus partit aussitôt pour la Numidie, à la tête d'une nouvelle commission d'enquête. Mais la situation était telle dans toute l'Afrique du Nord que lui et ses collègues furent contraints de rester dans la province romaine d'Afrique, et finalement obligés de rentrer sans avoir rencontré aucun des deux prétendants au trône, ni avoir pu influencer le cours des opérations militaires. Jugurtha prit les devants et s'empara de Cirta. Comme on pouvait s'y attendre, Adherbal fut mis à mort sur-le-champ. Chose plus surprenante, son vainqueur donna libre cours à son ressentiment en faisant exécuter, jusqu'au dernier, les marchands italiques et romains de la ville: c'était outrager Rome sans espoir de conciliation.

Les nouvelles du massacre étaient parvenues à Rome quinze mois plus tôt, en automne. Et l'un des tribuns de la plèbe, Caius Memmius, avait provoqué un tel scandale au Forum que tous les pots-de-vin de Jugurtha ne purent empêcher la catastrophe. Le consul Lucius Calpurnius Bestia, à peine élu, se vit ordonner de partir en Numidie, pour bien montrer à Jugurtha qu'on ne pouvait impunément exécuter des citoyens romains.

Mais Bestia était un homme corruptible; le roi l'avait acheté. Ainsi, six mois avant de se retrouver à Rome, Jugurtha était-il parvenu à négocier la paix avec Rome. Il avait offert au consul trente éléphants de guerre, une somme symbolique destinée au Trésor public, et une autre beaucoup plus importante, qui disparut dans les coffres de Bestia. Rome avait paru satisfaite; Jugurtha était, enfin, le seul roi de Numidie.

Caius Memmius, sans se préoccuper du fait que son mandat de tribun de la plèbe ait pris fin, refusa cependant de se taire et, jour après jour, poursuivit une campagne visant à faire toute la lumière sur l'affaire numide, sans cesser d'accuser Bestia d'avoir reçu de l'argent pour maintenir Jugurtha sur le trône. Il finit par atteindre son objectif, qui était de pousser le Sénat à agir. Les sénateurs envoyèrent en Numidie le préteur Lucius Cassius Longinus, chargé de ramener le roi en personne à Rome, où il devrait bon gré mal gré donner à Caius Memmius les noms de tous ceux qui, au fil des années, avaient bénéficié de ses largesses. La situation n'aurait pas été à ce point périlleuse si Jugurtha avait dû répondre devant le Sénat; mais il lui faudrait se présenter devant l'Assemblée du Peuple.

Quand le préteur arriva à Cirta, Jugurtha ne put refuser de le suivre. Mais pourquoi? Pourquoi donc avait-il si peur? Que pouvait Rome? Envahir la Numidie? Il y a toujours plus de Bestia que de Caius Memmius en poste! Pourquoi donc avoir si peur? Etait-ce le sang-froid des Romains, leur façon d'envoyer un seul homme claquer des doigts devant le maître d'un grand pays, et le mettre aussitôt à genoux?

Jugurtha s'était exécuté. Il avait pris le bateau en compagnie du préteur. Il y avait deux mois, deux mois au cours desquels il ne s'était rien passé ou presque.

Oh, Caius Memmius avait tenu parole! Convoquant une assemblée de la plèbe dans le Circus Flaminius, en dehors des limites sacrées de la ville, ce qui permettrait donc à Jugurtha, souverain étranger, d'y apparaître en personne. Le but de la réunion était de permettre à tout Romain, du plus important au plus obscur, d'écouter le roi de Numidie répondre aux questions du tribun: qui avait-il acheté, combien d'argent avait-il versé? A Rome, tout le monde connaissait le genre de problèmes que cette affaire allait soulever. L'Assemblée du Circus Flaminius fut donc suivie de tous; l'arène était pleine à craquer.

Jugurtha savait toutefois comment se défendre: son séjour en Espagne et ses années de lutte pour le pouvoir lui avaient appris des choses qu'il n'oublierait plus. Il acheta donc un tribun de la plèbe.

En droit, celui-ci avait un statut inférieur aux magistrats et aux sénateurs. Il ne disposait pas non plus de l'*imperium*, cette sorte d'autorité qu'un dieu descendu sur terre pourrait posséder. C'était bien pourquoi un préteur pouvait obliger un grand roi à l'accompagner. Gouverneurs de province, consuls, préteurs, édiles curules disposaient de l'*imperium*. Même s'il était, chaque fois, d'un genre différent. Les licteurs en étaient la seule incarnation visible. C'étaient eux qui marchaient devant le détenteur de l'*imperium* pour lui ouvrir un chemin, et portaient, sur l'épaule, les *fasces*, les faisceaux de verges noués de cordelettes écarlates.

Les censeurs ne disposaient pas de l'*imperium*, non plus que les édiles plébéiens, les questeurs ou — ce qui était très important pour Jugurtha — les tribuns de la plèbe. Ceux-ci étaient les représentants élus de la plèbe, c'est-à-dire de tous ceux qui, à Rome, ne pouvaient se prévaloir du titre de patricien auquel seul pouvaient prétendre les anciens aristocrates dont les familles comptaient parmi les fondatrices de la cité. Quatre siècles auparavant, lors de la création de la République, seuls les patriciens avaient eu un rôle à jouer. Mais, à mesure que certains plébéiens acquirent argent et pouvoir, et se frayèrent un chemin vers le Sénat, ils voulurent, eux aussi, être considérés comme des aristocrates. Le *nobilis*, le noble, en était le résultat. Il venait se confondre avec le patricien au sein d'une double aristocratie. Pour être noble, il suffisait d'appartenir à une famille qui avait compté au moins un consul — et rien ne pouvait empêcher un plébéien de parvenir au consulat. La plèbe avait sa propre assemblée : aucun patricien ne pouvait y prendre part, ni voter. Et elle était devenue si puissante que presque toutes les lois sortaient de ses délibérations. Dix tribuns de la plèbe, élus, étaient chargés de défendre ses intérêts. Ils étaient renouvelés tous les ans. C'était là le pire défaut du système de représentation romain : les magistrats ne servaient que pour une année, et l'on ne pouvait en acheter un qui durât assez longtemps pour rendre vraiment service. Chaque année, il fallait recommencer, et ordinairement en acheter plusieurs.

Non, un tribun de la plèbe ne disposait pas de l'*imperium*, ce n'était pas un magistrat de haut rang et, en apparence, il ne semblait pas avoir beaucoup d'importance. Et pourtant, c'est entre ses mains que reposait le véritable pouvoir, car lui seul avait droit de *veto*. Un tel privilège touchait tout le monde ; personne n'en était exempt, à la seule exception d'un dictateur — et il n'y avait plus eu de dictateur depuis un siècle. Un tribun de la plèbe pouvait faire usage de ce droit contre un censeur, un consul, un préteur, le Sénat, ses neuf collègues, les assemblées, les élections, tout ce qu'on voulait. Sa personne était par ailleurs considérée comme sacrée, c'est-à-dire qu'on ne pouvait physiquement l'empêcher de remplir ses fonctions. De surcroît, il rédigeait les lois, ce que même le Sénat n'était pas en mesure de faire ; il ne pouvait qu'en recommander le vote.

Bien entendu, tout cela visait, à l'origine, à créer un contre-pouvoir destiné à contrebalancer les éventuels abus de telle ou telle classe, de tel ou tel individu. Le système aurait fonctionné, si les Romains avaient été de grands animaux politiques ; mais ce n'était pas le cas. En effet, de tous les peuples apparus au cours de l'Histoire, ils étaient les plus habiles à contourner les lois.

Jugurtha s'acheta donc un tribun de la plèbe. Un tribun sans importance, à vrai dire, ni membre des Grandes Familles, ni même riche. Toutefois, Caius Baebius avait été élu régulièrement, et quand on versa, sur la table devant lui, un flot de deniers d'argent, il les entassa en silence dans de grands sacs et devint la chose du roi de Numidie.

L'année arrivait à son terme. Caius Memmius avait convoqué sa grande réunion du Circus Flaminius, et cité Jugurtha à comparaître. Puis, comme le souverain, l'air soumis, et la foule de plusieurs milliers de personnes restaient silencieux, Caius Memmius posa sa première question :

— As-tu acheté Lucius Opimius ?

Avant que Jugurtha puisse dire un mot, Caius Baebius se dressa :

— Roi Jugurtha, je te défends de répondre !

Ce fut tout. Cela suffisait. C'était un *veto*. Un tribun de la plèbe lui ayant enjoint de se taire, Jugurtha ne pouvait plus, légalement, être contraint de répondre. L'assemblée se dispersa, et les spectateurs, déçus, se dispersèrent. Caius Memmius était à ce point furieux que ses amis durent l'emmener de force ; et Caius Baebius s'éclipsa en arborant une expression profondément vertueuse qui ne trompa personne.

Pour autant, le Sénat n'avait toujours pas donné au souverain la permission de rentrer chez lui. Aussi, en cette journée du nouvel an, se retrouvait-il là, dans la loggia de cette villa ruineuse, à maudire Rome et les Romains. Aucun des deux nouveaux consuls n'avait laissé entendre qu'il accepterait une donation privée ; aucun des nouveaux préteurs ne valait la peine qu'on s'épuise à le corrompre, et les tribuns de la plèbe n'inspiraient pas confiance.

La corruption est un genre de pêche particulier où l'on ne doit pas jeter un filet au hasard. Non, le poisson devait d'abord venir à la surface, pour bien vous faire comprendre qu'avaler un appât doré pourrait l'intéresser. S'il ne s'en présentait pas, il fallait laisser flotter sa ligne, s'asseoir et attendre, avec beaucoup de patience.

Et Jugurtha ne pouvait se résoudre à perdre un temps précieux alors que son royaume faisait déjà l'objet des convoitises de plusieurs prétendants. Gauda, fils légitime de Mastanabal, et Massiva, fils de Gulussa, avaient des droits au trône — et ils n'étaient pas les seuls ! Pour lui, il était vital de rentrer. Et il restait là, impuissant. Partir sans la permission du Sénat aurait pu être interprété comme un acte de guerre. Pour autant qu'il sût, personne à Rome ne voulait en arriver là, mais il n'avait pas assez d'éléments pour savoir ce que décideraient les sénateurs. S'ils ne pouvaient voter les lois, ils contrôlaient la politique étrangère, de la déclaration de guerre au gouvernement des provinces. Les agents de Jugurtha lui avaient appris que Marcus Aemilius Scaurus était furieux du *veto* de Caius Baebius. Et non seulement Scaurus avait beaucoup d'influence au Sénat, mais il était aussi d'avis que Rome n'avait rien de bon à attendre de Jugurtha.

Bomilcar gardait son calme, attendant que le souverain cesse de ruminer. Il avait des nouvelles à lui apprendre, mais il connaissait suffisamment Jugurtha pour ne pas les dévoiler alors que les symptômes avant-coureurs de la colère se devinaient aisément. Un homme extraordinaire que Jugurtha. Que de talents ! Pourquoi diable l'hérédité avait-elle tant d'importance ? Les origines carthaginoises étaient très marquées chez le souverain, comme dans toute la noblesse numide, mais ni plus ni moins que le sang berbère de sa mère. Il s'agissait d'ailleurs de deux peuples sémites, et, chez Jugurtha, ils se mariaient parfaitement. Il avait hérité des yeux gris clair de sa mère, de son nez droit, de son long visage aux pommettes saillantes, de sa haute taille. Mais de son père, Mastanabal, venaient ses mèches noires et bouclées, sa pilosité, sa peau basanée, sa forte musculature. Après des siècles d'hellénisation, les classes dominantes numides s'habillaient à la grecque, ce qui n'allait pas à Jugurtha, qui avait meilleure allure en casque et cuirasse, l'épée au côté, monté sur son cheval. Dommage, se dit Bomilcar, qu'ici les Romains n'aient jamais vu le souverain en pareil équipage... Simultanément, il frémit à cette pensée, horrifié. C'était tenter le destin ! Mieux vaudrait offrir demain un sacrifice à la déesse de la Fortune pour que cela n'arrive jamais.

— Mon Seigneur ? demanda Bomilcar d'un ton hésitant.

Les yeux gris se tournèrent aussitôt vers lui :

— Oui ?

— Hier, chez Quintus Caecilius Metellus, on m'a fait part d'une rumeur.

C'était raviver la plaie, évidemment : n'étant pas roi, Bomilcar pouvait aller et venir comme il l'entendait. C'était lui, et non Jugurtha, qu'on invitait à dîner.

— Et quoi donc ?

— Massiva est arrivé à Rome. Qui plus est, il a réussi à intéresser le consul Spurius Postumius Albinus à son cas, et cherche à le faire intervenir auprès du Sénat.

Jugurtha se leva aussitôt, et déplaça son fauteuil pour être en face de Bomilcar.

— Je me demandais où ce misérable vermisseau avait bien pu se cacher. Je le sais, maintenant ! Mais pourquoi lui ? Albinus doit pourtant savoir que je paierai bien mieux que Massiva.

— Pas selon mes sources. Je soupçonne qu'ils ont conclu un accord aux termes duquel Albinus devrait se voir nommer gouverneur de la province d'Afrique. Tu es coincé ici à Rome ; Albinus se rend là-bas avec une armée, traverse la frontière et marche sur Cirta, et voilà que tout le monde acclame le roi Massiva de Numidie ! J'imagine qu'il paiera à Albinus tout ce que l'autre voudra.

— Il faut que je rentre ! hurla le souverain.

— Je sais ! Mais comment ?

— Crois-tu qu'on ait une chance de retourner Albinus ? J'ai de l'argent !

— Le nouveau consul ne t'aime pas. Tu as négligé de lui envoyer un présent lors de son anniversaire, le mois dernier. Massiva n'a pas commis cette erreur. En fait, il lui en avait déjà envoyé un lors de son élection !

— C'est la faute de mes agents ! Qu'ils soient maudits ! Ils pensent déjà que je vais perdre, et ne tentent plus rien. Est-ce vrai ?

— Toi ? Jamais ! répondit Bomilcar en souriant.

— Massiva ! Te rends-tu compte que je l'avais complètement oublié ? Je le croyais en Cyrénaïque, avec Ptolémée Apion. Ta rumeur est sans doute vraie. Qui te l'a confiée ?

— Metellus lui-même. Il savait. Il a l'oreille collée au sol, ces temps-ci, il voudrait être réélu consul. Il n'est sans doute pas partisan de l'accord conclu par Albinus ; si c'était le cas, il ne m'en aurait pas dit un mot. Mais tu sais qui il est : un de ces Romains vertueux, qui jamais ne se laisseraient corrompre. Et voir des rois camper aux portes de Rome ne lui plaît guère.

— Metellus peut se payer le luxe d'être incorruptible ! Tous les Caecilius Metellus sont riches comme Crésus ! Ils se sont partagé l'Espagne et l'Asie ! Ils ne se partageront pas la Numidie, en tout cas ! Pas avec Spurius Postumius Albinus, si j'ai mon mot à dire. Massiva est-il vraiment à Rome ?

— Selon Metellus, oui.
— Il faut attendre pour savoir quel consul va gouverner l'Afrique, et lequel la Macédoine.
— Ne me dis pas que tu crois au tirage au sort!
— Je ne sais plus que croire, s'agissant des Romains. Peut-être est-ce déjà décidé, peut-être est-ce la seule occasion où ils ne se moquent pas de nous et laissent le hasard choisir. J'attendrai donc, Bomilcar. Quand je saurai, je déciderai de ce que je dois faire.
Puis Jugurtha tourna de nouveau son fauteuil et, de nouveau se perdit dans la contemplation de la pluie.

La vieille ferme près d'Arpinum avait vu naître trois enfants. Caius Marius l'aîné, suivi de sa sœur Maria et d'un second fils, Marcus Marius. Les Marius étaient des membres de la petite noblesse rurale conservatrice, et semblaient devoir, pour l'éternité, n'être des gens importants que dans les limites d'Arpinum. Que l'un d'entre eux pût entrer au Sénat était inconcevable; les origines paysannes de Caton avaient déjà suffisamment fait scandale, et pourtant il venait de Tusculum, à cinq lieues à peine des murs Serviens.
Ce n'était pas une question d'argent; la famille était à l'aise. Arpinum était une localité de grande étendue, très riche, et trois familles détenaient l'essentiel des terres; les Marius, les Gratidius et les Tullius Cicero. Quand l'une ou l'autre avait besoin d'un mari ou d'une épouse, il suffisait d'aller à Puteoli, où vivaient les Granius, clan prospère de marchands originaire d'Arpinum.
Caius Marius était enfant quand on lui avait choisi une épouse; elle grandit à Puteoli, dans la demeure des Granius, car elle était encore plus jeune que son promis. Toutefois, quand il tomba amoureux, ce ne fut pas d'une femme, ni même d'un homme. Il tomba amoureux de l'armée. Enrôlé à l'âge de dix-sept ans, et bien que se lamentant qu'il n'y eût pas de guerre en cours, il réussit néanmoins à servir dans les rangs des officiers des légions consulaires jusqu'à ce que, dans sa vingt-troisième année, il fût nommé à l'état-major de Scipion Emilien, devant Numance, en Espagne.
Il ne lui avait pas fallu longtemps pour se lier d'amitié avec Publius Rutilius Rufus et le prince Jugurtha de Numidie, car ils avaient le même âge, et tous trois jouissaient de la vive estime de Scipion Emilien, qui les surnommait le Terrible Trio. Aucun d'eux n'était issu des cercles dirigeants de Rome. Jugurtha était un étranger, la famille de Publius Rutilius Rufus était au Sénat depuis moins d'un siècle et n'avait toujours pas atteint le consulat, les

Marius, donc, étaient de petits hobereaux. A cette époque, aucun ne s'intéressait le moins du monde à la vie politique romaine; seule l'armée les retenait.

Caius Marius était cependant un cas à part. Il était né pour être soldat — et, mieux encore, pour commander. « Il sait toujours quoi faire, et comment », disait Scipion Emilien, avec ce qui était peut-être un soupir d'envie. Non que lui-même eût beaucoup à craindre en ce domaine, mais il avait fréquenté des généraux depuis sa petite enfance, et lui seul aurait pu dire ce que son goût des armes avait de réellement spontané. Fort peu de chose, à parler franc. Ses plus grands talents étaient ceux d'organisateur. Il était fermement persuadé que, si une campagne avait été pensée dans ses moindres détails avant même qu'on enrôlât le premier légionnaire, peu importait la valeur militaire.

Ayant toujours été un enfant souffreteux, dorloté par sa mère et secrètement méprisé de son père, Caius Marius, à dix-sept ans, était encore petit et maigre. Puis il enfila sa première paire de brodequins militaires, et fixa les plaques d'une cuirasse de bronze sur sa tenue de cuir. Et il se développa jusqu'à devenir plus fort que tout le monde, physiquement, intellectuellement, par la puissance, le courage et l'indépendance. C'est à ce moment que sa mère s'éloigna de lui, et que son père se mit à gonfler d'orgueil.

Pour Caius Marius, il n'y avait pas plus noble destin que de faire partie de la plus grande machine de guerre que le monde ait jamais connue : une légion romaine. Aucune marche forcée n'était trop ardue, aucune leçon d'escrime trop longue ou trop féroce, aucune basse besogne assez humiliante, pour venir à bout de son enthousiasme. C'est à Numance qu'il rencontra un jeune homme de dix-sept ans, venu de Rome, à la demande expresse de Scipion Emilien, pour faire partie de ses conseillers privés. Il s'agissait de Quintus Caecilius Metellus, frère cadet de ce Caecilius Metellus qui, après une campagne contre les tribus des collines dalmates de l'Illyrie, avait adopté le surnom de Dalmaticus et s'était fait nommer Pontifex Maximus, le grand prêtre de la religion d'Etat.

Le jeune homme était un digne représentant de sa famille : un bûcheur, sans le moindre flair pour le travail qui lui était confié, et pourtant décidé à en venir à bout, et persuadé d'y parvenir admirablement bien. Fidèle à sa classe, Scipion Emilien n'en souffla mot à quiconque mais il se peut que voir arriver un expert en tout, âgé de dix-sept ans à peine, l'ait irrité car, peu de temps après, il avait confié le garçon aux bons soins du Terrible Trio. Trop jeunes pour être accessibles à la pitié, les trois jeunes gens furent aussi mécontents qu'agacés de se voir confier ce boulet; et le lui firent comprendre — sans cruauté, mais de façon un peu rude.

Tant que Numance tint bon et que Scipion Emilien fut occupé, le jeune homme fit bonne figure. Puis la ville tomba. Et tout le monde, du plus haut officier au soldat du rang, se vit accorder le droit de s'enivrer. Le Terrible Trio se soûla tout comme le jeune Quintus Caecilius Metellus, dont c'était justement le dix-huitième anniversaire. Et les trois autres trouvèrent extrêmement drôle, pour célébrer l'événement, de le jeter dans une auge au milieu d'un enclos à cochons.

— Espèce de... de... pitoyables parvenus! Pour qui vous prenez-vous? Jugurtha, tu ne seras jamais qu'un barbare puant! Même pas digne de lécher les semelles d'un Romain! Et toi, Rutilius, tu n'es qu'un lèche-bottes et un parvenu! Et toi, Caius Marius, un rustaud italique, qui ne parle même pas le grec! Comment osez-vous? Comment *osez*-vous! Vous ne savez donc pas qui je suis? Vous ne savez pas qui est ma famille? Je suis un Caecilius Metellus, et nous étions rois d'Etrurie avant même que Rome soit fondée! Cela fait des mois que je supporte vos insultes, mais cela suffit! Me traiter comme un sous-ordre, comme si j'étais votre inférieur! Comment osez-vous? Comment *osez*-vous!

Les trois autres clignaient les yeux comme des hiboux. Puis Publius Rutilius Rufus — homme rare, d'une érudition aussi profonde que ses talents militaires étaient grands — posa le pied sur le bord de l'auge, un immense sourire aux lèvres.

— Quintus Caecilius, ne te méprends pas, j'apprécie grandement tout ce que tu dis mais, vois-tu, en ce moment une grosse bouse te tient lieu de couronne, ô roi d'Etrurie! Va prendre un bain et tu viendras nous répéter tout cela. Nous parviendrons sans doute à ne pas éclater de rire.

Metellus leva une main et se brossa la tête avec frénésie, trop furieux pour écouter la voix de la raison, surtout quand elle lui parlait avec tant d'ironie.

— Rutilius! cracha-t-il. Qu'est-ce que c'est que ce nom! Des paysans osques, voilà ce que vous êtes!

— Allons, allons! Mon étrusque est assez bon pour savoir ce que veut dire « Metellus » en latin. « Libéré du service en tant que mercenaire », ajouta Publius Rufus en se retournant vers ses deux amis.

C'en était trop. Le jeune homme se jeta sur lui, et le fit tomber dans le bourbier nauséabond, où tous deux roulèrent en se battant jusqu'à ce que Jugurtha et Marius estiment qu'il devait faire bon là-dedans, et plongent à leur tour. Hurlant de rire, ils s'assirent dans le purin, au milieu des porcs. Après ce bain forcé au cours duquel les trois autres le badigeonnèrent consciencieusement de boue, Metellus se releva péniblement et s'enfuit.

— Vous me le paierez!

Caius Marius se souvenait avec précision de cet épisode. La rancune formulée jadis par un prétentieux à peine adulte était hargneuse, mais tenace. Qui étaient donc, en réalité, les membres du Terrible Trio? Un barbare puant, un lèche-bottes parvenu, et un rustaud italique qui ne parlait même pas le grec. Rome le leur avait bien montré !

Jugurtha aurait dû être reconnu roi de Numidie voilà des années, ramené fermement, mais doucement, parmi la clientèle romaine, où il aurait eu droit à un traitement équitable et de bons conseils. Et voilà qu'il avait enduré l'implacable hostilité de tout le clan Metellus, et se retrouvait à Rome dos au mur, à tenter une lutte de la dernière chance contre un groupe de prétendants, et contraint d'acheter ce que sa valeur et ses capacités auraient dû lui valoir de droit.

Et le cher petit Publius Rutilius Rufus, l'élève favori du philosophe Panaetius, admiré par tous les membres du Cercle Scipionien — auteur, soldat, homme d'esprit, politicien exceptionnel — avait été grugé de son consulat l'année même où Marius était à grand-peine parvenu au prétorat. Non seulement Rutilius n'avait pas d'origines suffisamment reluisantes, mais de surcroît il s'était attiré l'inimitié de tous les Caecilius Metellus, ce qui voulait dire que, comme Jugurtha, il était automatiquement devenu un adversaire de Marcus Aemilius Scaurus, qui était leur plus proche allié, et l'homme le plus prestigieux de leur faction.

Quant à Caius Marius... Ah, comme le disait Quintus Caecilius Metellus Porcelet, pour un rustaud italique qui ne parlait même pas le grec, il avait plutôt réussi. Pourquoi avait-il un jour décidé de venir à Rome et de se lancer dans la vie politique? Simplement parce que Scipion Emilien pensait qu'il le devait. « Il serait dommage qu'un homme comme toi ne dépasse jamais le rang de notable de village », avait-il dit. Plus important, s'il ne devenait pas préteur, jamais il ne pourrait commander une armée romaine.

Marius se présenta donc à l'élection du tribun des soldats, qu'il remporta aisément, puis à celle de questeur, fut approuvé par les censeurs, et se retrouva membre du Sénat de Rome, lui, le rustaud italique qui ne parlait même pas le grec ! Assez bizarrement, c'était l'appui de Caecilius Metellus qui lui avait ensuite permis d'être élu tribun de la plèbe lors de la terrible période de réaction qui suivit la mort de Caius Gracchus. Puis Lucius Caecilius Metellus Dalmaticus tenta de faire passer une loi qui aurait limité le droit de l'Assemblée plébéienne à légiférer, et Caius Marius y opposa son *veto*. Et rien ne put le décider à le retirer.

Mais cela lui avait coûté très cher. Après avoir accompli son mandat annuel de tribun de la plèbe, il tenta de se porter candidat aux deux postes d'édiles plébéiens, mais se heurta aux partisans des Metellus. Ensuite, il avait fait campagne pour le prétorat, et s'était de nouveau heurté à eux. Toujours dirigés par Metellus Dalmaticus, ils avaient eu recours aux procédés diffamatoires habituels — il était impuissant, il violait des petits garçons, il se nourrissait d'excréments, il appartenait à des sociétés secrètes d'inspiration bachique ou orphique, il acceptait tous les pots-de-vin, il couchait avec sa mère et sa sœur. Ils avaient toutefois, de façon plus efficace, fait vibrer une corde sensible : ils affirmèrent que Caius Marius n'était pas romain, qu'il était un paysan parvenu, que Rome avait assez de fils pour ne pas avoir à voter pour lui.

Paradoxalement, ce qui l'exaspérait le plus, c'étaient les calomnies selon lesquelles il était inculte au point de ne pas savoir le grec. C'était faux. Il est vrai que ses précepteurs en ce domaine avaient été des Grecs d'Asie qui parlaient avec un fort accent. C'est pourquoi Caius Marius avait appris l'idiome avec des inflexions qui accréditaient la thèse de son ignorance. S'avouant vaincu, il refusa désormais de parler la langue qui désignait un homme ayant reçu une bonne éducation.

Qu'importe. Il était arrivé dernier des préteurs, mais il y était arrivé. Et il avait survécu, par la même occasion, à une accusation de corruption portée contre lui juste après les élections. Corruption ! Comme s'il en avait eu les moyens ! Non, à cette époque il n'avait pas encore l'argent nécessaire. Mais, fort heureusement, il y avait parmi les électeurs assez de gens qui connaissaient ses talents militaires, ou qui en avaient entendu parler.

Le Sénat l'avait éloigné en le désignant comme gouverneur d'Ibérie Ultérieure. Mais, étant militaire jusqu'à la moelle des os, il sut en tirer parti.

Les Ibères — en particulier les tribus à demi rebelles de l'ouest lusitanien et du nord-ouest cantabrique — excellaient à une forme de guerre qui déplaisait autant aux généraux romains qu'à leurs légions. Les indigènes ne se déployaient jamais pour la bataille. Ils ne partageaient pas la croyance universellement répandue selon laquelle il est préférable de tout parier sur un coup de dés, plutôt que de supporter les horreurs d'une guerre prolongée. Les Ibères avaient compris qu'ils seraient contraints à un conflit qui durerait tant qu'ils entendraient défendre leur identité ; pour eux il s'agissait d'une lutte pour l'indépendance.

Mais n'ayant évidemment pas les ressources de mener un conflit prolongé, ils préféraient recourir à la guérilla. Ils ne livraient jamais bataille, mais tendaient des embuscades, lançaient des raids, commettaient des assassinats, pillaient les biens de l'ennemi. Donc des Romains. Ils n'apparaissaient jamais là où on les attendait, ne marchaient jamais en colonnes, ne se regroupaient jamais en bandes importantes, et ne portaient pas d'uniformes. Ils fondaient sur l'ennemi, surgis de nulle part, puis disparaissaient sans laisser de trace dans leurs montagnes, comme s'ils n'avaient jamais existé.

L'Ibérie était un pays fabuleusement riche. Aussi chacun était-il tenté de s'en assurer la propriété. Les Ibères s'étaient depuis un millénaire mêlés aux envahisseurs celtes venus d'au-delà des Pyrénées; des incursions berbères et maures, en provenance de la côte africaine, avaient encore enrichi les métissages locaux.

Voilà près de mille ans, les Phéniciens étaient venus de Tyr, Sidon et Berytus, sur la côte de Syrie, bientôt suivis des Grecs. Il y a deux siècles étaient arrivés les Carthaginois, eux-mêmes descendants des Phéniciens et fondateurs d'un empire maritime; et le relatif isolement de l'Ibérie avait pris fin. Car les Carthaginois venaient là pour exploiter les minerais. L'or, l'argent, le plomb, le cuivre, le fer. Les montagnes en étaient pleines, et la demande ne cessait de croître. Le pouvoir de la Carthage punique reposait sur les minerais ibères. Même l'étain venait d'Espagne, bien qu'il n'y fût pas extrait : exploité en Cassitéride, à la limite du monde habité, il parvenait dans de petits ports cantabriques et traversait le pays jusqu'aux rives de la Méditerranée.

Les Carthaginois s'étaient emparés de la Sicile, de la Sardaigne, et de la Corse, ce qui signifiait qu'un jour où l'autre ils seraient amenés à se dresser contre Rome — destin qui les avait foudroyés un siècle et demi auparavant. Trois guerres, et un siècle plus tard, Carthage n'était plus, et Rome avait acquis ses premières possessions outre-mer — dont les mines espagnoles.

Pragmatiques, les Romains avaient vu aussitôt que mieux valait gouverner le pays de deux endroits différents; la péninsule fut divisée en deux provinces, l'Ibérie Citérieure, la plus proche, et l'Ibérie Ultérieure. Le gouverneur de celle-ci contrôlait le sud et l'ouest de la contrée depuis une base installée sur les bords fabuleusement fertiles du fleuve Betis, dont la vieille cité phénicienne de Gadès occupait l'embouchure. Son collègue contrôlait le nord et l'est de la péninsule, depuis la plaine côtière qui faisait face aux Baléares, et déménageait sa capitale avec lui, selon la nécessité politique du moment, ou son simple caprice. La Lusitanie, à l'extrême ouest, comme la Cantabrie, au nord-ouest, restait largement indépendante.

En dépit de la réputation de Scipion Emilien, réputation

acquise lors de sa campagne contre Numance, les tribus locales résistaient toujours à l'occupation romaine par les bons vieux moyens de l'embuscade, du raid, de l'assassinat et du saccage. Quand il arriva dans la province comme gouverneur, Caius Marius décida d'employer les mêmes procédés. Ce qu'il fit, avec un succès complet : les frontières romaines furent repoussées plus avant en Lusitanie, comme dans la puissante chaîne de montagnes, si riche en minerais, où le Betis, l'Anas et le Tage prenaient leur source.

A mesure qu'ils avançaient, les nouveaux conquérants ne cessaient de tomber sur des filons, de plus en plus riches, de fer, de cuivre et d'argent. Et, bien entendu, le gouverneur de la province était au premier rang de ceux qui acquéraient le droit de les exploiter. Le Trésor romain prenait sa part, mais la propriété et l'exploitation des mines étaient concédées à des individus privés, qui savaient se montrer plus efficaces, et plus impitoyables encore.

Caius Marius devint riche. Toujours plus riche. Chaque mine nouvelle était à lui, en totalité ou en partie ; ce qui lui valut de prendre des participations dans les grandes compagnies qui dirigeaient toutes sortes d'opérations commerciales — de l'achat, la vente et le transport du grain à la banque et aux travaux publics — dans tout le monde romain, aussi bien qu'à Rome même.

Quand il revint d'Ibérie, il venait de se voir proclamé *imperator* par ses troupes, ce qui lui permettait de demander au Sénat le droit au triomphe : eu égard à tout ce qu'il avait versé à l'Etat, les sénateurs ne purent qu'accepter de satisfaire les vœux de la troupe. Il monta donc à bord de l'antique char de cérémonie et suivit le trajet traditionnel des défilés de triomphe. Il se prit à rêver d'être élu consul dans les deux ans. Lui, Caius Marius, d'Arpinum, méprisable rustaud qui ne savait pas le grec, serait magistrat suprême de la plus grande ville du monde. Et il retournerait en Ibérie y achever sa conquête, dont il ferait, pour de bon, une province romaine, paisible et prospère. Mais c'était cinq ans plus tôt. *Cinq ans !* La faction de Caecilius Metellus l'avait finalement emporté : jamais il ne serait consul.

« Je crois que je vais mettre la soie de Chio », dit-il à son serviteur, qui attendait ses ordres. A quarante-sept ans, Marius avait encore fière allure. Ses cheveux s'éclaircissaient un peu au sommet du crâne, mais il lui restait suffisamment de boucles brunes à ramener en avant pour y remédier. Il n'avait jamais été beau. Un bon visage — impressionnant, même —, mais pas de quoi concurrencer Caius Julius César !

Intéressant. Pourquoi se préoccupait-il tant de sa mise pour ce qui promettait d'être un simple repas familial chez un modeste sénateur ? Un homme qui n'avait jamais été édile, et encore moins préteur. Et il allait porter la soie de Chio, rien de moins ! Il l'avait achetée plusieurs années auparavant, rêvant des dîners qu'il donnerait quand il serait consul, puis ancien consul, l'un de ceux qu'on appelait les consulaires.

Il était permis de se vêtir comme on l'entendait pour un simple dîner privé, et dans des tenues moins austères que la toge et la tunique blanche, uniquement ornées d'une bande de couleur ; et la longue tunique de Chio était un déferlement d'or et de pourpre.

Fort heureusement, aucune loi n'interdisait, pour le moment du moins, à quiconque de s'habiller aussi somptueusement. Seule la *lex Licinia* limitait les raretés culinaires. Mais personne n'en tenait le moindre compte. Au demeurant, Caius Marius doutait que la table de César fût chargée d'huîtres et de poissons de choix.

Il ne vint pas à l'idée de Caius Marius de chercher son épouse avant de s'en aller. A dire vrai, il l'avait oubliée depuis des années, à supposer qu'il se soit jamais souvenu d'elle. Le mariage, arrangé pendant l'enfance, tenait depuis vingt-cinq ans, sans enfants, sans amour véritable, et même sans affinités. Un homme aussi actif, d'inclinations aussi martiales, que Caius Marius, ne cherchait un peu de réconfort dans le sexe qu'au hasard d'une rencontre avec une femme attirante — ce qui ne lui était pas arrivé souvent — de temps à autre, avec une servante ou, en campagne, une captive.

Mais Grania, son épouse ? Il l'avait oubliée, même quand elle était là, à côté de lui, et lui rappelait qu'elle aimerait concevoir un enfant. Cohabiter avec Grania, c'était comme de mener une colonne militaire dans un brouillard impénétrable. Il ne la plaignait pas le moins du monde, et n'essayait pas de la comprendre. C'était sa femme, tout simplement, et ce qu'elle faisait de ses jours — ou de ses nuits —, il l'ignorait et ne cherchait pas à le savoir. Grania menait-elle une double vie ? Si quelqu'un le lui avait laissé entendre, il aurait éclaté de rire. Il n'aurait pas eu tort. Grania était aussi chaste que terne.

C'est à ses mines d'argent qu'il devait la maison sur l'Arx du Capitole, entre le Champ de Mars et les murs Serviens ; le quartier le plus cher de Rome. Ses mines de cuivre lui avaient permis d'acheter les marbres de couleur dont les colonnes de pierre et de ciment et les sols étaient couverts ; grâce à ses mines de fer, il avait acquis les services du meilleur peintre à fresque de Rome, qui avait couvert les murs de scènes de chasse, de jardins fleuris, de paysages en trompe l'œil ; à ses associations avec les grandes compagnies, il devait les statues et les bustes, les fabuleuses tables de citronnier sur leurs piédestaux d'ivoire incrustés d'or, les fauteuils et les sofas dorés, les tapisseries, les portes de bronze. Hymettus lui-même avait dessiné le grand jardin à péristyle, accordant autant de soin à la subtile combinaison des parfums qu'à l'harmonie des couleurs; et le célèbre Dolichus avait créé la grande pièce d'eau centrale, avec ses fontaines, ses poissons, ses lys, ses lotus, sans compter de superbes sculptures : tritons, néréides, nymphes et serpents de mer moustachus.

Autant de choses auxquelles, pour être franc, Marius ne s'intéressait pas le moins du monde. Il dormait sur un lit de camp dans la plus petite pièce, à peine meublée, de la demeure, où il n'avait accroché, sur un mur, que son épée dans son fourreau et sa vieille cape militaire. La seule tache de couleur était une bannière plutôt crasseuse et déchirée que sa légion favorite lui avait offerte une fois achevée la campagne en Ibérie. Ah, c'était cela, vivre! Pour Caius Marius, la seule valeur du prétorat et du consulat était de mener aux commandements militaires. Mais il savait désormais que jamais il ne serait consul. Ils ne voteraient pas pour un moins-que-rien, si riche fût-il.

Quand il sortit, le temps était le même que la veille: une bruine fine et pénible, et une humidité envahissante. Par-dessus sa précieuse tenue, il avait heureusement jeté sa vieille saie, lourde cape graisseuse et malodorante qui l'avait protégé des vents mortels des cols alpins comme des interminables averses d'Epire.

— Entre, entre! dit Caius Julius César, venu en personne accueillir son hôte à l'entrée, et tendant les mains pour recevoir le grossier vêtement. L'ayant pris, pourtant, il ne le jeta pas aussitôt à un esclave. Mieux, il le toucha avec respect du bout des doigts. « Elle a dû te suivre dans bien des campagnes », dit-il, sans ciller devant le spectacle de Caius Marius affublé avec ostentation de soie de Chio pourpre et or.

— C'est la seule que j'aie jamais eue.

— Ligure?

— Bien sûr. Elle était neuve quand mon père me l'a donnée , je venais d'avoir dix-sept ans et partais faire mon service. Quand est venu mon tour d'équiper les légions, je me suis assuré que tous mes hommes auraient la même; il est inutile d'espérer qu'ils resteront en bonne santé s'ils sont à la merci de la pluie et du froid.

Puis il ajouta en hâte:

— Bien entendu, je ne leur ai demandé que le tarif militaire habituel! Tout chef digne de ce nom doit être capable de récupérer la différence grâce au butin.

— Et tu en es digne, je le sais, répondit César en s'asseyant, sur la gauche, sur un sofa, indiquant ainsi à son hôte qu'il pouvait prendre la place de droite, la place d'honneur.

Des serviteurs leur ôtèrent leurs chaussures, et, Caius Marius ayant décliné de s'exposer aux fumées d'un brasero, leur proposèrent des chaussettes. Les deux hommes acceptèrent, non sans changer de position et ajuster des coussins sous le coude. L'échanson s'avança, suivi d'un porteur de coupes.

— Mes fils seront bientôt là, et les femmes arriveront juste avant le dîner, dit César. Caius Marius, j'espère que tu ne me traiteras pas d'avare si je te demande respectueusement de boire comme je le fais, c'est-à-dire bien allongé d'eau. J'ai une raison pour cela, mais je ne crois pas pouvoir la donner tout de suite. Pour le moment, il vaut mieux que tous deux nous gardions l'esprit clair.

— M'enivrer n'est pas une de mes faiblesses, dit Caius Marius, mais je suis toutefois extrêmement intrigué!

— En temps voulu, tu sauras tout.

Il y eut un silence. Les deux hommes burent leur vin coupé d'eau, un peu mal à l'aise. Comme ils ne se connaissaient que pour se faire un signe de tête en passant, de sénateur à sénateur, il n'y avait aucune relation amicale et la glace n'était pas simple à rompre.

César s'éclaircit la gorge, posa sa coupe sur une table étroite.

— Caius Marius, j'ai cru comprendre que tu n'étais guère content des magistrats de cette année.

— Grands dieux, non! Pas plus que toi, sans doute.

— Des médiocres, en effet. Parfois je me demande si nous n'avons pas tort de fixer à un an la durée des magistratures. Si nous avions la chance d'avoir en place un homme de talent, peut-être devrions-nous l'y laisser, lui donner le temps d'en faire davantage.

— C'est tentant et cela pourrait marcher, si les hommes n'étaient pas ce qu'ils sont.

— J'ai cru que Caius Gracchus était un exemple d'homme de talent. Quand il a fait campagne pour être élu une seconde fois tribun de la plèbe, je l'ai soutenu à fond — ce qui, comme je suis patricien, ne devait d'ailleurs pas avoir beaucoup d'importance.

— Nous y voilà, Caius Julius. Chaque fois que Rome réussit à produire un homme de talent, elle le détruit. Et pourquoi? Parce qu'il se soucie davantage de Rome que de sa famille, de sa faction ou de ses finances.

— Je ne crois pas que ce soit propre aux Romains. Je vois peu de différences entre les Romains, les Grecs, les Carthaginois, les Syriens, du moins sur le chapitre de l'envie et de la cupidité. Le seul moyen, pour un homme qui veut se maintenir en place et accomplir ce qu'il a promis, c'est d'être roi. De fait, sinon de droit.

— Rome n'accepterait jamais.

— Nous n'avons plus de roi depuis quatre cents ans, c'est

étrange, non ? Le monde préfère les souverains absolus. Sauf nous, et les Grecs.

— Parce que Rome et la Grèce regorgent de gens qui se prennent tous pour des rois. Et Rome n'est pas devenue une démocratie sous prétexte que avons chassé les nôtres.

— Bien sûr que non ! La démocratie n'est qu'un idéal philosophique grec. Regarde où cela les a menés, et dis-moi si cela aurait une chance de marcher ici ! Rome est le gouvernement de tous par quelques-uns. Les Grandes Familles.

— Et un Homme Nouveau de loin en loin, dit Marius, Homme Nouveau.

— Et un Homme Nouveau de loin en loin.

Les deux fils de Caius Julius César entrèrent. Sextus Julius César, l'aîné, allait avoir vingt-cinq ans. Grand, les yeux gris, les cheveux fauves. Habitué à juger des hommes, Caius Marius décela en lui quelque chose de bizarre : on discernait, sous ses paupières, comme d'imperceptibles signes d'épuisement, et ses lèvres étaient anormalement serrées.

Caius Julius César le jeune approchait de ses vingt-deux ans. Plus trapu que son frère, et plus grand, des cheveux d'un blond doré, des yeux d'un bleu vif. Très intelligent, songea Marius, mais ni énergique ni résolu.

— Caius Julius, tu as de la chance d'avoir des fils, dit Marius tandis que les deux jeunes gens prenaient place sur le sofa installé à angle droit par rapport à celui de leur père.

— Je crois que oui, répondit César, leur souriant, avec autant de respect que d'amour dans le regard. Tu n'as pas d'enfants, n'est-ce pas ?

— Non, dit Marius sans regret.

— Mais tu es marié ?

— Je crois. Nous autres militaires, nous sommes tous les mêmes, notre seule femme c'est l'armée !

Les conversations d'avant-dîner se poursuivirent sur un mode courtois et bon enfant, nota Marius. Dans cette demeure, personne ne semblait avoir besoin de rabaisser ceux qui l'entouraient, chacun était en excellents termes avec les autres. Marius devint curieux de savoir à quoi ressemblaient les femmes. Puis Marcia et les deux Julia arrivèrent. Ravissantes ! Absolument ravissantes, mère comprise. Les serviteurs installèrent des chaises au centre du U formé par les trois sofas et les tables étroites qui les entouraient, et Marcia s'assit en face de son époux, Julia en face de Caius Marius, et Julilla en face de ses deux frères.

Malgré l'absence de poissons ou d'huîtres, malgré le vin largement coupé, ce fut un dîner délicieux, servi par des esclaves qui paraissaient heureux. La cuisine était banale, mais excellemment préparée, et la saveur naturelle des viandes, des légumes et des fruits n'était jamais cachée sous des essences de *garum* et de bizarres mixtures d'épices exotiques venues d'Orient; c'était là la cuisine que le soldat Marius appréciait le plus.

Des oiseaux rôtis fourrés de pain, d'oignons, d'herbes du jardin, des petits pains légers, des olives, des beignets faits d'une farine d'épeautre cuite avec des œufs et du fromage, des saucisses grillées sur un brasero, et enduites d'une mince couche d'ail et de miel, deux excellentes salades de laitues, de concombres, d'échalotes et de céleris (chacun avec sa sauce), et un merveilleux mélange, légèrement passé à la vapeur, de brocolis, de courges et d'artichauts généreusement arrosés d'huile et de noisettes grillées. Le repas prit fin par de petites tartes aux fruits, des carrés gluants de graines de sésame enduites de miel, des pâtés remplis de raisins secs hachés sur lesquels on avait versé du sirop de figues, et deux fromages splendides.

Au moment même où on débarrassait les derniers plats, les femmes se levèrent pour prendre congé. Ce faisant, Julia lui avait souri, nota Marius; elle avait poliment conversé avec lui chaque fois qu'il en avait pris l'initiative, mais sans tenter de s'ingérer dans la discussion entre lui et son père. Pourtant, elle semblait avoir suivi ce dont parlaient Marius et Caius Julius César avec un vif intérêt. Une jeune fille charmante, d'humeur paisible, qui, pour le moment, ne paraissait pas destinée à devenir une matrone.

Sa jeune sœur, Julilla, était une petite peste — délicieuse, certes, mais une petite peste. Gâtée, décidée, sachant parfaitement manipuler sa famille. Mais il y avait aussi en elle quelque chose de plus inquiétant. Marius décelait chez la jeune fille comme un défaut, une faille. Ce n'était pas un manque d'intelligence, bien qu'elle soit moins cultivée que sa sœur et ses deux frères, et manifestement peu gênée de l'être. Ce n'était pas non plus de la vanité, bien qu'elle sût être belle. Puis Marius oublia bientôt ces réflexions sur les filles de son hôte : jamais il n'aurait à se soucier de l'une ou de l'autre.

Les jeunes gens s'attardèrent encore quelques instants, puis prirent congé. La nuit était tombée; les clepsydres se mirent à indiquer les heures nocturnes, deux fois plus longues que celles de la journée. On était en plein hiver, et pour une fois le calendrier était en accord avec les saisons, grâce aux bons soins de Lucius Caecilius Metellus Dalmaticus, Pontifex Maximus, pour qui ils devaient coïncider. C'était bien une idée grecque. Quelle importance, du moment que les yeux et le corps disent la saison, et le calendrier officiel affiché au Forum le mois et le jour?

Quand les serviteurs vinrent allumer les lampes, Marius remarqua que l'huile était de première qualité, et les mèches, non d'étoupe grossière, mais de lin tissé.

— Je suis grand lecteur, dit César, suivant le regard de Marius et déchiffrant ses pensées avec l'inquiétante précision dont il avait déjà fait preuve lors de leur rencontre impromptue de la veille. Et je ne dors pas bien, hélas ! Il y a des années, alors que les enfants venaient d'avoir l'âge de prendre part aux conseils de famille, nous avons décidé que chacun se verrait accorder un luxe que nous pouvions nous permettre. Je me souviens que Marcia avait choisi d'avoir un cuisinier de première classe, mais comme en fait nous en étions tous bénéficiaires, nous avons voté pour qu'elle ait un métier à tisser neuf, un modèle venu de Patavium, et toujours le fil de meilleure qualité, même si c'est cher. Sextus a choisi de visiter les Champs de Feu près de Puteoli plusieurs fois par an.

César soupira profondément, et son visage trahit un instant une certaine angoisse.

— Les César ont certaines caractéristiques héréditaires, dont le plus célèbre — à part leur teint clair — est le mythe qui veut que toute Julia vienne au monde en possédant le don de rendre les hommes heureux. C'est un don de Vénus, fondatrice de la lignée. Mais il y en a d'autres, moins bénéfiques, et notre pauvre Sextus a hérité de l'un d'eux. Je suis sûr que tu as remarqué: il est asthmatique. Quand il a une crise, on l'entend siffler dans toute la maison, et dans les pires moments son visage devient presque noir. Nous avons déjà failli le perdre plusieurs fois.

Marius était fasciné; il n'y avait pas autant de démocratie en Grèce! Ces César, quels gens bizarres! En apparence, des patriciens piliers de leur communauté! En réalité, scandaleusement peu orthodoxes!

— Sextus a choisi de se rendre régulièrement aux Champs de Feu, les vapeurs de soufre semblaient lui faire du bien. Il y va toujours.

— Et ton cadet?

— Caius a dit qu'il ne voulait qu'une chose au monde, bien qu'à proprement parler ce ne soit pas un luxe: le droit de choisir son épouse.

— Grands dieux! Et tu le lui as accordé?

— Mais oui.

— Et si, comme tous les jeunes gens, il tombe amoureux d'une catin ou d'une vieille truie!

— Il l'épousera, si tel est son désir. Mais je ne pense pas que Caius soit sot à ce point. Il a la tête sur les épaules.

— T'es-tu marié comme les patriciens autrefois, *confarreatio* — pour la vie?

— Oui.

— Grands dieux !

— Ma fille aînée, Julia, a elle aussi la tête sur les épaules, poursuivit César. Elle a choisi de devenir membre de la bibliothèque de Fannius. J'avais pensé demander la même chose, mais comme il paraissait inutile que nous y soyons inscrits tous les deux, je lui en ai cédé le droit. La plus jeune, Julilla, est hélas ! loin d'être aussi sage, mais sans doute les papillons n'ont-ils pas besoin de sagesse : il leur suffit d'embellir le monde.

— Qu'a-t-elle demandé ?

— Oh, ce à quoi nous nous attendions. Gâteries et vêtements.

— Et toi, privé que tu étais de ton inscription à la bibliothèque ?

— J'ai choisi la meilleure huile de lampe et les meilleures mèches, et conclu un marché avec Julia. Si je pouvais lire les livres qu'elle empruntait, alors elle pourrait se servir de mes lampes.

Marius sourit. Ce petit conte moral l'amusait fort, et l'homme qui venait de le lui narrer lui plaisait. Comme il menait une existence heureuse, simple et dépourvue d'envie ! Entouré d'une femme et d'enfants auxquels il cherchait à faire plaisir, qu'il traitait en individus libres d'être eux-mêmes. Ce qu'il avait dit de ses fils devait être exact, et sans doute le jeune Caius ne trouverait-il pas son épouse sur les trottoirs de la Subura.

Caius Marius s'éclaircit la voix.

— Caius Julius, c'était une soirée absolument délicieuse. Mais je crois qu'il est temps maintenant que tu me dises pourquoi j'ai dû rester sobre.

— Je vais d'abord renvoyer les serviteurs, si tu le permets, répondit César. Nous pouvons nous servir du vin nous-mêmes, et maintenant, nous pouvons laisser la sobriété de côté.

Un tel scrupule surprit Marius, habitué à la totale indifférence dont les hautes classes romaines faisaient preuve vis-à-vis de leurs esclaves. Non qu'ils fussent tourmentés — de manière générale, on les traitait bien —, mais leurs maîtres semblaient parfois les croire empaillés, ou inanimés, et penser que jamais ils ne pouvaient surprendre ce qui aurait dû rester privé. C'était là un usage auquel Marius n'avait jamais pu s'habituer entièrement : au demeurant, son propre père agissait comme César en ce domaine. Quand ils furent seuls, derrière une porte bien close, ce dernier dit :

— Ils bavardent abominablement, et nous avons des voisins très indiscrets des deux côtés. Rome est peut-être une grande cité, mais c'est un village pour ce qui est des ragots ! Marcia m'a dit que plusieurs de ses amies s'abaissent à rétribuer leurs serviteurs pour qu'ils leur en rapportent, avec un supplément s'ils sont exacts !

D'ailleurs, les domestiques ont des pensées et des sentiments, eux aussi, et il vaut donc mieux ne pas les mêler à tout cela.

— Caius Julius, tu aurais dû être consul, devenir notre plus éminent consulaire, et être élu censeur, dit Marius sincèrement.

— J'en suis d'accord, Caius Marius ! Mais je n'avais pas l'argent pour cela.

— Je l'ai. C'est pour cela que je suis ici? Sans avoir bu?

César parut choqué.

— Bien sûr que non, Caius Marius! Je suis plus près de soixante ans que de cinquante! A cet âge, ma carrière publique est terminée. Non, c'est pour mes fils que je m'inquiète et, au-delà, pour mes petits-fils.

Marius se redressa et fit face à son hôte.

— Caius Julius, que veux-tu de moi?

— De l'aide. En retour, je t'aiderai.

— Et comment?

— Rien de plus simple. En faisant de toi un membre de la famille.

— Que veux-tu dire?

— Je t'offre celle de mes deux filles que tu préfères, dit César d'un ton patient.

— En *mariage*?

— En effet.

— En voilà une idée!

Marius vit en un instant les possibilités qui s'offraient à lui. Il but une gorgée du vin de Falerne, si parfumé, et ne dit rien de plus.

— Si ta femme est une Julia, tout le monde devra tenir compte de toi. Fort heureusement, tu n'as ni fils, ni filles. Il faut donc que tu prennes une épouse jeune, et fertile. Personne ne sera surpris de t'en voir chercher une, c'est parfaitement compréhensible. Mais une Julia appartient à une haute lignée patricienne, et son sang coulera dans les veines de vos enfants. En épouser une, c'est te faire anoblir, Caius Marius. Tout le monde sera contraint de te regarder autrement. Ton nom bénéficiera de la *dignitas* de la plus auguste famille de Rome. Nous n'en manquons pas, si nous n'avons pas d'argent. Les César descendent de Vénus par Iulus, fils d'Enée.

César posa sa coupe et eut un soupir amusé.

— Caius Marius, c'est vrai, je te l'assure! Je ne suis pas, hélas, l'aîné de ma génération, mais nous avons les images de cire de nos ancêtres, et l'histoire de notre famille remonte à plus d'un millénaire. L'autre nom de la mère de Romulus et Rémus, celle qu'on appelle Rhea Silvia, n'est autre que Julia! Nous avons été rois d'Albe, la plus grande de toutes les cités latines, car c'est notre ancêtre Iulus qui l'a fondée, et, quand elle a été pillée par Rome, on nous a amenés ici pour nous y élever dans l'ordre social romain, afin d'ajouter du poids aux prétentions de la cité. Et si Albe n'a jamais été reconstruite, le prêtre du mont Albin est un Julius.

Marius eut un soupir d'angoisse. Mais il ne dit rien.

— A mon niveau, poursuivit César, je ne suis moi-même pas dépourvu d'influence, même si je n'ai jamais eu les moyens de briguer les plus hautes fonctions. Mon nom me rend fameux parmi les électeurs. Je suis courtisé par les arrivistes — et les Centuries qui votent lors des élections consulaires en sont pleines, tu le sais — et respecté par la noblesse. Ma *dignitas* est au-dessus de tout reproche, comme celle de mon père avant moi.

De nouvelles perspectives s'ouvrirent devant Caius Marius, qui ne pouvait détacher ses yeux du visage de son interlocuteur. Ils descendaient bien de Vénus, pas de doute là-dessus ! Tous aussi beaux. Après tout, dans toute l'histoire de l'humanité, il a toujours mieux valu être blond. Les enfants que j'aurais d'une Julia pourraient l'être, et avoir aussi ce long nez bosselé typiquement romain ! C'était là toute la différence entre les César d'Albe, et les Pompée de Picenum. Aussi blonds, mais les premiers avaient l'air romains, et les seconds celtes.

— Tu veux être consul, poursuivit César, tout le monde s'en rend compte. Avoir été préteur en Ibérie Ultérieure t'a valu des clients. Malheureusement, il se dit que tu es toi-même client de quelqu'un, ce qui fait des tiens ceux de ton patron.

Marius montra les dents, qu'il avait grandes, blanches et féroces.

— C'est un mensonge ! lança-t-il d'un ton furieux. Je ne suis le client de personne !

— Je te crois, mais ce n'est pas ce qu'on pense, et ce qu'on pense est plus important que la vérité. Quiconque a un peu de bon sens sait que la famille des Herennius se vante quand elle le prétend. Mais les Caecilius Metellus s'en targuent également. Et on les croit. Et pourquoi ? Pour commencer, parce que la famille de ta mère est étrusque, et que le clan Marius possède des terres en Etrurie. C'est le fief traditionnel des Metellus.

— Aucun Marius n'a jamais été client d'un Caecilius Metellus ! Ils sont trop rusés pour le prétendre en une occasion où ils pourraient avoir à le prouver !

— Cela va sans dire. Pourtant, ils te détestent, ce qui donne du poids à leurs affirmations. Les gens disent que c'est une aversion trop personnelle pour ne pas venir simplement du temps où tu t'opposais à eux en tant que tribun de la plèbe.

— Oh, c'est une rivalité personnelle et qui remonte à longtemps, dit Marius, qui eut un rire sans joie.

— Raconte-moi.

— Autrefois, j'ai jeté le petit frère de Dalmaticus — celui qui sera sans aucun doute élu consul l'année prochaine — dans une auge à cochons, à Numance. A dire vrai, nous étions trois, et il est exact qu'aucun de nous n'a jamais su se concilier les Romains de poids.

— Qui étaient les deux autres?

— Publius Rutilius Rufus et le prince numide Jugurtha.

— Ah! le mystère est éclairci! Mais les accusations d'avoir failli à tes obligations de client ne sont pas les pires, Caius Marius. Il y en a d'autres, qu'il est plus difficile d'évoquer.

— Avant d'aller plus loin, Caius Julius, que me suggères-tu pour mettre un terme à ces rumeurs de trahison?

— Epouser une de mes filles. Si j'accepte, cela fera comprendre au monde que je n'ai rien trouvé de vrai dans cet épisode. Et raconte partout l'histoire de l'auge à cochons! Si possible, fais-la confirmer par Publius Rutilius Rufus. Tout le monde aura ainsi l'explication de la haine des Caecilius Metellus. Cela devrait être très drôle: un membre de la famille rabaissé au niveau des porcs — et des porcs même pas romains!

— Oui, c'était drôle, dit Caius Marius, qui voulait aller plus avant. Quelle est l'autre accusation?

— Sans doute la connais-tu déjà, Caius Marius.

— Je ne vois pas, Caius Julius.

— On dit que tu es dans le commerce.

Stupéfait, Marius resta bouche bée.

— Mais... mais en quoi suis-je différent de la plupart des sénateurs? Je ne dispose, dans aucune compagnie, de part de capital me permettant d'influencer la marche des affaires! Je possède le capital, rien de plus! On dit que je prends une part active au commerce?

— Pas du tout. Mon cher Caius Marius, on te condamne d'un ricanement, d'un simple: « Il est dans le commerce. » Cela peut signifier beaucoup de choses, sans avoir à justifier quoi que ce soit ! Ceux qui n'ont pas la sagesse de se renseigner davantage croient donc que ta famille est dans le commerce depuis des générations, et que toi-même tu diriges des compagnies, et t'enrichis en vendant du grain.

— Je ne fais rien de plus en affaires que n'importe quel Caecilius Metellus!

— J'en suis bien d'accord. Mais si je t'avais conseillé depuis le début, Caius Marius, j'aurais tenté de te pousser à éviter toute entreprise commerciale qui mette en jeu terre et biens immobiliers. Tes mines sont un excellent placement. Mais pour un Homme

Nouveau... il n'est pas très judicieux d'être mêlé à des discussions de marchands.

— Tu veux dire qu'elles montrent que je ne suis pas et ne serai jamais un aristocrate romain, lança Caius Marius, amer.

Puis il redressa les épaules : il n'avait pas de temps à perdre en tentant de démentir de pures calomnies. Il préféra penser à autre chose.

— Caius Julius, crois-tu vraiment qu'épouser une de tes filles améliorera ma situation à ce point ?

— C'est une évidence.

— Une Julia... Mais dans ce cas, pourquoi ne pourrais-je pas épouser une Sulpicia, ou une Claudia, une Cornelia ? N'importe quelle fille issue d'une vieille famille patricienne ferait l'affaire, et largement ! J'aurais le nom, et beaucoup plus de surface politique.

César hocha la tête et sourit.

— Caius Marius, pas de provocation ! Oui, tu pourrais. Mais chacun saurait que tu n'aurais eu qu'à acheter la promise. Il est plus avantageux d'épouser une Julia, parce que les César n'ont jamais vendu leurs filles à de riches parvenus désireux de faire carrière et de laisser un noble héritage à leurs rejetons. Le fait même qu'on t'ait permis d'épouser une Julia fera savoir au monde que tu mérites tous les honneurs politiques, et que tout ce qu'on raconte sur toi est pure calomnie. Et n'oublie pas : je conseillerai vivement à mes fils de marier leurs filles à de riches parvenus !

— Caius Julius, pourquoi m'offres-tu cette chance ?

— Pour deux raisons, répondit César. La première n'est peut-être pas très rationnelle, mais elle m'a fait renoncer à l'attitude familiale traditionnelle : ne pas tirer profit financier de nos enfants. Vois-tu, quand je t'ai remarqué, hier, à la cérémonie, j'ai eu comme une prémonition. Je n'y suis pas très porté, tu t'en doutes. Mais, Caius Marius, je te jure par tous les dieux que, d'un seul coup, j'ai su que je regardais l'homme qui — s'il en avait l'occasion — sauverait Rome d'un terrible danger. Et j'ai compris aussi que si tu n'en avais pas l'occasion, Rome cesserait d'être.

Il haussa les épaules et frissonna.

— Tout bon Romain est superstitieux, et c'est un sentiment encore plus répandu dans les très vieilles familles. J'ai cru à ce que j'ai ressenti, et j'y crois toujours. Et ne serait-il pas agréable à un humble sénateur, me suis-je dit, de donner à Rome l'homme dont elle va tant avoir besoin ?

— Je le sens aussi, dit Marius d'un ton brusque. Depuis que je suis allé à Numance.

— Tu vois ! Nous sommes deux.

— Et ta seconde raison, Caius Julius ?

— J'ai atteint un âge où je suis bien forcé de reconnaître que je n'ai pas réussi à assurer l'avenir de mes enfants. Ils n'ont manqué ni d'affection, ni de confort, ni d'éducation. Mais cette maison est tout ce que je possède, avec cinq cents jugères de terre dans les collines albanes. J'ai deux fils et deux filles. Ce que je possède n'assurera pas la carrière publique des deux premiers, même comme simples sénateurs. Si je divise entre eux ce que j'ai, aucun ne pourra prétendre à ce titre. Si je laisse tout à mon aîné, Sextus, il pourra s'en tirer après ma mort. Mais Caius sera si pauvre qu'il ne pourra même pas être classé parmi les chevaliers. En fait, j'en ferais un Lucius Cornelius Sylla. Tu le connais?

— Non.

— Sa belle-mère est ma voisine. Une femme abominable, de basse naissance et sans aucune cervelle, mais très riche. Mais elle a un parent qui doit hériter d'elle, un neveu, je crois. Comment ai-je appris tout cela, me demanderas-tu? C'est l'inconvénient d'être sénateur. Elle m'a importuné pour que je rédige son testament, et parlait sans arrêt. Son beau-fils, Lucius Cornelius Sylla, vit avec elle, parce qu'il n'a nulle part où aller. Imagine un peu: c'est un patricien, un Cornelius, désormais en âge d'entrer au Sénat, mais qui n'a absolument aucun espoir d'y arriver. Il est sans le sou! Ma voisine avait épousé le père, précisément. Elle a gardé le fils sous son toit après la mort de son époux : pour autant elle n'est pas prête à faire n'importe quoi pour lui. Caius Marius, tu as beaucoup plus de chance que Lucius Cornelius Sylla, car au moins ta famille était assez riche pour que tu deviennes sénateur quand l'occasion s'est présentée, en dépit de ton statut d'Homme Nouveau. Par sa naissance, Sylla aurait pu y prétendre, mais sa pauvreté l'en empêche. Et j'aime trop mon fils cadet pour les réduire, lui, ses enfants et les enfants de ses enfants, à la triste situation d'un Lucius Cornelius Sylla.

— La naissance est simple accident! Pourquoi aurait-elle le pouvoir de dicter le cours d'une vie?

— Et l'argent, alors? Caius Marius, reconnais-le, partout les gens chérissent la naissance et l'argent. A dire vrai, la société romaine me paraît plus souple que presque toutes les autres. Ici, beaucoup d'hommes ont réussi en partant de rien. Mais je le reconnais volontiers, Caius Marius, être un Homme Nouveau t'a valu un sort injuste. Dans le même temps j'appartiens suffisamment à ma classe pour déplorer le destin qu'elle se prépare! Toutefois, c'est celui de mes enfants qui me préoccupe en ce moment. Mes filles n'ont pas de dot! Je ne peux même pas mettre de côté quelque chose pour elles, parce que ce serait appauvrir mes fils. Cela signifie qu'elles n'ont aucune chance d'épouser quelqu'un de leur classe — j'espère que tu ne seras pas choqué de ce que je viens de dire. Je ne voudrais pas être contraint de les marier à des hommes que je n'aime ou n'admire pas. Pour autant, je ne souhaite pas qu'elles épousent des hommes de leur classe que je n'aime pas! Un homme droit et honorable, voilà ce qui me plairait. Mais je n'aurai pas l'occasion de le découvrir. Je suis un peu dans le cas d'une riche veuve: les hommes honnêtes ne voudront pas d'elle, pour ne pas être accusés d'être des chasseurs de dot, aussi ne lui reste-t-il, précisément, que des chasseurs de dot. Caius Marius, n'aimerais-tu pas faire quelques pas dans le jardin? Il fait froid dehors, je le sais, mais je te donnerai de quoi te couvrir. La soirée a été longue, et pas facile pour moi. Je sens mes os frémir.

Sans mot dire, Marius se leva, prit les chaussures de César et les lui passa aux pieds, puis les lui laça avec la précision sans défaut d'un esprit organisé. Puis il répéta l'opération pour lui-même, se leva et passa la main sous le coude de son hôte

Le péristyle était petit, et pourtant il avait un charme que peu de jardins pouvaient revendiquer. En dépit de la saison, des herbes aromatiques exhalaient des parfums délicieux. Marius nota que les César semblaient conserver certaines habitudes campagnardes: le long des gouttières, où ils pourraient prendre le soleil sans être trempés, des centaines de petits tas de pulicaire étaient accrochés à sécher, comme à Arpinum, dans la demeure de son père. Fin janvier, ils seraient serrés dans tous les coffres à vêtements de la demeure pour chasser puces et vermine. La pulicaire était coupée au solstice d'hiver; Marius ne s'attendait pas à en trouver dans un foyer romain.

Les deux hommes arrivèrent bientôt près de la fontaine, au milieu du jardin: quatre dryades de pierre tenant des torches. Comme on était en hiver, la pièce d'eau était vide, et la fontaine à sec.

— Ma proposition d'épouser une de mes filles t'intéresse-t-elle? demanda César.

— En effet, Caius Julius.

— Souffriras-tu de devoir divorcer de ton épouse?

— En aucune façon, répondit Marius en s'éclaircissant la voix. Caius Julius, que veux-tu de moi en échange de ta fille et de ton nom?

— Beaucoup de choses, à vrai dire. Comme tu seras admis dans la famille à titre de second père, plutôt que de gendre — c'est le privilège de l'âge! —, je te demanderai de doter mon autre fille, et d'aider à établir mes deux fils. Il faudra que tu mettes tout ton poids dans la balance quand ils entreront au Sénat et commenceront le trajet qui les mènera au consulat. Je veux que tous deux soient consuls, vois-tu. Sextus a un an de plus que l'aîné des deux enfants de mon frère, qui s'appelait aussi Sextus, et il sera donc le premier de sa génération à se présenter aux élections consulaires. Je veux qu'il soit consul l'année qui convient, douze ans après son entrée au Sénat, soit à quarante-deux ans. Je le veux! Sinon, Lucius, le fils de mon frère Sextus, le supplantera l'année suivante. Oh, il n'y a jamais eu de querelles entre lui et moi, ni entre moi et ses fils, maintenant qu'il est mort, mais il faut être consul l'année prévue. C'est mieux.

— Ton frère Sextus a bien fait adopter son fils aîné? demanda Marius, cherchant à se souvenir de ce qu'un vrai Romain aurait su sans même chercher à se le rappeler.

— Oui, il y a très longtemps. L'enfant s'appelait Sextus aussi, c'est le nom que nous donnons à nos aînés.

— Bien sûr! Quintus Lutatius Catulus! Il sera sans doute le premier César à parvenir au consulat, il est beaucoup plus âgé que les autres.

— Non. Ce n'est plus un César, c'est un Lutatius Catulus.

— J'ai cru comprendre que le vieux Catulus avait payé cher le droit d'adopter un fils. Il semble y avoir beaucoup d'argent dans la famille de feu ton frère.

— Oui, ça lui a coûté cher. Comme à toi si tu acceptes de prendre une de mes filles pour nouvelle épouse, Caius Marius.

— Julia! C'est Julia que je veux!

— Pas la plus jeune? s'enquit César, surpris. Je reconnais que j'en suis heureux, parce que je pense qu'aucune fille ne devrait se marier avant d'avoir atteint dix-huit ans, et Julilla n'en est pas encore là. A vrai dire, je pense que tu as bien choisi. Pourtant, j'ai toujours cru que Julilla était la plus attirante des deux.

— Non, Caius Julius, ta fille cadette ne me tente pas. Si elle n'est pas folle de l'homme qu'elle épousera, elle lui en fera voir de belles! Je suis trop vieux pour subir des caprices de petite fille. Alors que Julia me paraît aussi belle que sensée. Tout en elle m'a plu.

— Elle fera une excellente femme de consul.

— Crois-tu honnêtement que j'y parviendrai?

— Certainement! dit César en hochant la tête. Mais pas directement. Epouse Julia d'abord, puis laisse faire le temps. Essaie de te trouver une campagne qui t'occupera deux ans, un succès militaire t'aidera de façon extraordinaire. Offre tes services de légat à quelqu'un. Puis, au bout de deux ou trois ans, présente-toi aux élections consulaires.

— Mais j'aurai cinquante ans, répondit Marius, accablé. Ils n'aiment guère élire des gens qui ont à ce point dépassé l'âge normal.

— Tu es déjà trop vieux, de toute façon. Et tu ne fais pas ton âge, ce qui est important. Si tu étais chétif et desséché, ce ne serait pas la même chose, mais tu es l'incarnation de la santé et de la vigueur, et tu es de grande taille, ce qui impressionne toujours les électeurs des Centuries. En fait, Homme Nouveau ou pas, si tu n'avais pas encouru la colère des Caecilius Metellus, tu aurais déjà été un candidat très dangereux au consulat, il y a deux ou trois ans. Si tu étais un petit homme insignifiant, même une Julia ne pourrait t'aider. Mais tu seras consul, n'aie crainte.

— Que veux-tu exactement que je fasse pour tes fils?

— En termes de propriété?

— Oui.

Marius s'assit sur un banc de marbre blanc. Celui-ci était humide, et l'ancien préteur y laissa, en se levant, une tache d'un rose foncé d'allure étrange. La teinture tyrienne de son vêtement s'était fixée dans la pierre poreuse, et le banc devait devenir, au bout d'une ou deux générations, une relique admirée qu'un autre Caius Julius César apporterait à la Domus Publica du Grand Pontife. A la mémoire de cet homonyme qui avait conclu un marché avec Caius Marius. A dire vrai, c'était un présage, un merveilleux présage. Quand, le lendemain, prévenu par un esclave (plus inquiet qu'horrifié: tout le monde savait que la couleur pourpre avait une signification royale), César eut contemplé le miracle de ses propres yeux, il eut un soupir de pure satisfaction. Son étrange prémonition se trouvait confirmée: oui, Caius Marius avait sa place dans les destinées de Rome, même si celle-ci n'en savait rien encore. César fit placer le banc dans son atrium, mais sans dire à quiconque comment, en l'espace d'une nuit, il avait pu se veiner de rose-poupre.

— Pour mon fils Caius, j'ai besoin d'assez de bonne terre pour lui assurer un siège au Sénat. Il se trouve qu'en ce moment il y a six cents jugères d'excellente terre à vendre, proches des cinq cents que je possède dans les collines albaines.

— A quel prix?

— Très élevé vu la qualité, et la proximité de Rome. Le marché est malheureusement à la hausse. Quatre millions de sesterces, ajouta-t-il après avoir repris son souffle. Un million de deniers.

— Marché conclu, répondit Marius, comme si la somme était dérisoire. Cependant, il me paraît plus prudent, pour le moment, de garder secrets nos accords.

— Absolument!

— Alors je te ferai parvenir l'argent moi-même dès demain. Quoi d'autre?

— J'espère qu'avant que mon fils entre au Sénat, tu seras

toi-même consulaire. Tu auras du pouvoir et de l'influence, d'autant plus que tu seras marié à une Julia. Je veux que tu en fasses usage pour favoriser mes fils lorsqu'ils prétendront aux hautes charges. A dire vrai, si tu reçois une légation militaire pendant les deux ou trois ans qui viennent, je voudrais que tu les emmènes à la guerre avec toi. Ils ne sont pas dépourvus d'expérience en ce domaine, mais ils ont besoin d'états de service qui seront profitables à leur carrière, et tu seras le meilleur chef qu'ils puissent avoir.

En lui-même, Marius ne pensait pas qu'aucun des deux jeunes gens fût de la trempe des grands chefs, mais sans doute feraient-ils d'excellents officiers. Il se borna donc à répondre :

— Je serai heureux de les avoir à mon service, Caius Julius.

— S'agissant de leur carrière politique, ils ont le gros inconvénient d'être patriciens. Comme tu le sais, cela signifie qu'ils ne peuvent être élus tribuns de la plèbe, charge qui est, et de loin, le meilleur moyen de se faire une réputation. Ils devront se présenter à l'édilat curule, ce qui est ruineux ! Je tiens donc à ce que Caius et Sextus soient élus édiles, avec assez d'argent en poche pour donner les jeux et les spectacles dont le peuple se souviendra quand il ira voter pour élire les préteurs. Et si besoin était, à un stade quelconque de l'élection, d'acheter les votes, tu fourniras l'argent nécessaire.

— D'accord, dit Marius.

Il s'engageait là dans une aventure qui lui coûterait au moins dix millions de sesterces.

Caius Julius César prit la main de Marius, la serra fermement, avec chaleur.

— C'est bien ! dit-il, et il éclata de rire.

Ils se dirigèrent vers la demeure, où César envoya un serviteur à demi endormi chercher la vieille cape militaire de Marius.

— Quand pourrai-je voir Julia, lui parler ? demanda celui-ci.

— Demain après-midi, répondit César en ouvrant lui-même la porte d'entrée. Bonne nuit, Caius Marius.

— Bonne nuit, Caius Julius.

Marius sortit dans le froid perçant d'un vent venu du nord, et rentra chez lui sans rien sentir. En fait, il n'avait pas eu aussi chaud depuis longtemps. Etait-il possible que sa vieille certitude, cette hôtesse indélicate, ait eu raison de s'accrocher à lui ? Etre consul ! Etablir sa famille dans le cercle sacro-saint de la noblesse romaine ! S'il le pouvait, ce serait merveilleux d'avoir un fils — un autre Caius Marius.

Les deux Julia se partageaient un petit salon, dans lequel elles se rencontrèrent le lendemain pour prendre leur première collation de la journée. Julilla était plus agitée que d'habitude, et sautait d'un pied sur l'autre, incapable de rester en place.

— J'avais promis à Clodilla d'aller l'accompagner au marché aux fleurs ce matin, mais il va sans doute falloir rester à la maison pour je ne sais quelle réunion familiale !

Une silhouette obscurcit alors l'entrée ; les deux jeunes filles levèrent les yeux et restèrent bouche bée. Leur père ! Ici !

— Julia, je veux te parler, dit-il sans paraître remarquer la cadette, qui était pourtant sa favorite.

— Père ! Même pas un baiser ? interrogea celle-ci d'un ton boudeur.

Il lui jeta un regard absent, l'embrassa rapidement sur la joue, puis se reprit suffisamment pour lui lancer un sourire.

— Tu n'aurais pas quelque chose à faire, mon papillon ?

— Oh, père, est-ce que je peux aller au marché aux fleurs ? Au Porticus Margaritaria ?

— Combien de perles vas-tu acheter aujourd'hui ? demanda-t-il en souriant.

— Des milliers ! s'écria-t-elle avant de s'éclipser.

Comme elle passait à sa hauteur, César lui glissa un denier d'argent dans la main gauche.

— Assieds-toi, Julia, dit-il tendrement.

Elle s'exécuta, mais il ne dit rien de plus avant que Marcia ne vienne rejoindre sa fille sur le sofa.

— Que se passe-t-il, Caius Julius ? questionna-t-elle d'un ton plus curieux qu'inquiet.

Il avait préféré rester debout et se balançait d'un pied sur l'autre. Puis, tournant vers elle ses admirables yeux bleus, il dit à sa fille :

— Chérie, quelle impression t'a faite Caius Marius ?

— Oh, excellente, père.

— Pour quelles raisons ?

Elle réfléchit avec soin.

— Je crois que c'était sa façon de s'exprimer, simple mais honnête. Et son manque d'affectation. Il m'a confirmé ce que j'avais toujours soupçonné.

— Ah ?

— Oui. Sur tout ce qu'on raconte toujours — il ne sait pas le grec, c'est un rustaud sorti de sa campagne, qui a acquis sa réputation militaire aux dépens des autres, grâce au caprice de Scipion Emilien. Les gens parlent trop pour que ce soit vrai. Après l'avoir rencontré, je suis certaine d'avoir raison. Ce n'est pas un lourdaud, et il ne se comporte pas en paysan. Il est très intelligent, et très cultivé. Son grec n'est pas très agréable à l'oreille, mais seul son accent est déficient. Sa syntaxe et son vocabulaire sont excellents. Comme son latin, en fait ! J'ai trouvé ses sourcils terriblement distingués, pas toi ? Il a des goûts vestimentaires un peu ostentatoires, mais je suppose que c'est la faute de sa femme.

A ces mots, elle s'interrompit et parut brusquement se troubler.

— Julia ! Il t'a vraiment plu !

— Oui, père, bien sûr.

— Je suis heureux de l'entendre, car tu vas l'épouser, balbutia César, que son tact et sa diplomatie venaient d'abandonner.

— Que dis-tu ? demanda-t-elle en clignant les yeux.

— Que dis-tu ? demanda sa mère en se raidissant.

— Oui, souffla le père, qui jugea préférable de s'asseoir.

— Et quand as-tu pris cette décision ? lança Marcia, avec dans la voix une nette intonation d'agacement. Où a-t-il pu voir Julia, pour venir faire sa demande ?

— Il n'a rien demandé, répondit César, sur la défensive. Je lui ai offert Julia. Ou Julilla. C'est pourquoi je l'ai invité à dîner hier soir.

Marcia le regarda fixement comme si elle le croyait devenu fou.

— Tu as offert à un Homme Nouveau, dont l'âge est plus proche du tien que du leur, d'épouser une de nos filles ?

— En effet.

— Et pourquoi ?

— Tu sais qui c'est.

— Bien sûr que oui !

— Tu dois donc savoir que c'est l'un des hommes les plus riches de Rome !

— Oui !

— Ecoutez-moi. Vous savez ce qui nous attend. Quatre enfants, et pas assez de biens pour qu'aucun des quatre puisse tenir son rang. Deux garçons qui ont la naissance et l'intelligence suffisantes pour aller jusqu'au sommet, et deux filles qui ont la naissance et la beauté nécessaires pour n'épouser que les meilleurs. Mais... pas d'argent ! Pas d'argent pour le *cursus honorum*, pas d'argent pour les dots.

— Oui, répondit platement Marcia.

Le père de Marcia étant mort avant qu'elle ne fût en âge de se marier, les enfants de la première épouse s'étaient entendus avec les exécuteurs testamentaires pour qu'il ne lui revînt rien ou presque. Caius Julius César l'avait épousée par amour, et sa dot étant minuscule, la famille de Marcia n'avait été que trop heureuse de bénir cette union. Par amour, et cela leur avait valu bonheur, tranquillité, trois enfants parfaits et un superbe papillon. Mais Marcia avait toujours été humiliée de penser qu'en se mariant avec elle César avait porté tort à ses propres intérêts.

— Caius Marius a besoin d'une épouse de souche patricienne, d'une famille dont l'intégrité et la *dignitas* soient aussi irréprochables que le rang, dit-il. Il aurait dû être élu consul il y a trois ans, mais les Caecilius Metellus l'en ont empêché, et un Homme Nouveau, marié à une Campanienne, n'avait pas les relations familiales nécessaires pour se dresser contre eux. Notre Julia contraindra Rome à le prendre au sérieux. En retour, Caius Marius remédiera à nos difficultés financières.

— Caius! dit Marcia, dont les yeux s'emplirent de larmes.

— Père! s'écria Julia, dont le regard s'adoucit.

Voyant que la colère de sa femme se dissipait, et que sa fille rayonnait déjà, César se détendit.

— Je l'ai remarqué lors des cérémonies d'intronisation des nouveaux consuls, avant-hier. Ce qui est étrange, c'est que je n'avais jamais porté attention à lui, même quand il était préteur. Mais, le jour de l'an, je n'exagère pas en disant que les écailles me sont tombées des yeux. J'ai su que c'était un grand homme! J'ai su que Rome allait avoir besoin de lui. J'ignore comment j'ai eu l'idée de m'aider en l'aidant. Mais, quand nous sommes entrés dans le temple l'un à côté de l'autre, j'avais déjà tout en tête. Alors j'ai pris le risque, et je l'ai invité à dîner.

— Et c'est vraiment toi qui as fait la proposition, pas l'inverse?

— Oui.

— Nos problèmes prennent fin?

— Oui. Caius Marius n'est peut-être pas un pur Romain, mais je suis convaincu que c'est un homme d'honneur. Je crois qu'il tiendra ses engagements dans l'accord que nous avons conclu.

— Et de quoi s'agit-il?

— Aujourd'hui même, il me donne quatre millions de sesterces pour acheter ces terres voisines des nôtres à Bovillae. Ce qui veut dire que Caius aura des revenus suffisants pour siéger au Sénat, sans que j'aie besoin d'écorner l'héritage de Sextus. Il aidera nos deux garçons à devenir édiles curules, puis à être élus consuls, quand le temps sera venu. Et il dotera Julilla très généreusement, bien que nous n'ayons pas parlé de cela en détail.

— Et que fera-t-il pour Julia?

— Pour Julia? répéta César, le regard vide. L'épouser, quoi de plus? Après tout, elle n'a pas de dot, et en faire sa femme va lui coûter une fortune.

— En temps normal, une jeune fille a toujours une dot, pour être sûre de conserver une certaine indépendance financière après son mariage, au cas où elle divorcerait. Si certaines femmes sont assez sottes pour confier la leur à leur époux, d'autres sont loin d'en faire autant, et elle doit être intacte même si le mari en a l'usufruit. Je tiens à ce que Caius Marius dote Julia.

— Marcia, je ne peux vraiment pas lui demander cela!

— J'ai bien peur que si, lança Marcia, exaspérée. Mon cher époux, tu es encore moins doué en affaires que la plupart des hommes! Julia est la cause de notre changement de fortune, nous devons donc garantir son avenir.

— Je sais bien que tu as raison, Marcia, mais je ne peux quand même pas en réclamer davantage!

Julia regarda son père, puis sa mère. Elle les avait déjà vus d'avis différents, surtout sur des questions d'argent, mais c'était la première fois qu'elle en était la cause, ce qui la désolait. Elle intervint:

— Tout va bien, vraiment! Je demanderai moi-même à Caius Marius de m'assurer une dot. Cela ne m'effraie pas. Il comprendra.

— Julia! Tu veux l'épouser? s'écria Marcia, bouche bée.

— Bien sûr, maman. Je le trouve merveilleux!

— Ma fille, il a près de trente ans de plus que toi! Tu seras veuve avant même de t'en être rendu compte!

— Les jeunes gens m'ennuient, ils me rappellent mes frères. Je préfère épouser quelqu'un comme Caius Marius. Je serai une bonne épouse, je te le promets. Il m'aimera et ne regrettera jamais la dépense.

— Personne n'a dit cela, balbutia César sans s'adresser à quelqu'un en particulier.

— Ne sois pas surpris, père. J'aurai bientôt dix-huit ans, et je me doutais que tu arrangerais mon mariage cette année. Et j'étais un peu anxieuse de connaître le nom de l'homme que j'épouserais. Hier soir, quand j'ai rencontré Caius Marius, j'ai souhaité aussitôt que ce soit un homme comme lui, ajouta-t-elle en rougissant.

Caius Julius regarda son épouse et ne répondit rien.

Deux rencontres avec des femmes, et le même jour, préoccupaient Caius Marius davantage que la perspective de devoir affronter une armée ennemie dix fois supérieure en nombre. La première serait avec sa future épouse et la mère de celle-ci: la seconde marquerait la fin de ses relations avec sa femme, Grania.

La prudence exigeait qu'il s'entretînt avec Julia avant de voir Grania, pour être certain qu'il n'y aurait pas d'imprévu. C'est pourquoi, à la huitième heure, c'est-à-dire en milieu d'après-midi, il arriva devant la demeure de Caius Julius César, vêtu cette fois d'une toge bordée de pourpre, seul, sans s'être chargé du poids d'un million de deniers d'argent : cela représentait plusieurs tonnes de métal, ou encore 160 talents, soit 160 hommes portant chacun pleine charge. Caius Marius apportait avec lui un effet bancaire.

Une fois dans le cabinet de travail de Caius Julius César, il lui tendit un petit rouleau de parchemin de Pergame.

— J'ai procédé aussi discrètement que possible, dit-il pendant que son hôte prenait connaissance du billet. Comme tu vois, j'ai arrangé avec tes banquiers le versement de deux cents talents d'argent à ton nom. Il serait impossible à quiconque de retracer l'origine de ces fonds sans y consacrer beaucoup de temps, en tout cas trop de temps pour qu'une banque en prenne la peine, simplement pour satisfaire sa curiosité.

— Ce qui est tout aussi bien. J'aurais l'air d'avoir accepté un pot-de-vin ! Si j'étais un sénateur plus en vue, quelqu'un de ma banque ne manquerait pas de prévenir le préteur urbain.

— Je doute que quiconque ait jamais proposé autant d'argent, même à un consul très puissant, dit Marius en souriant.

— Je n'avais pas pensé à calculer la somme en talents, répondit César en lui serrant la main. Grands dieux, je t'ai demandé la terre entière ! Es-tu certain de ne pas en être gêné ?

— Pas du tout, dit Marius, cherchant sans y parvenir à se libérer de l'étreinte de son hôte. Si la terre que tu veux acheter est au prix que tu m'as indiqué, alors je t'ai donné quarante talents de trop. Cela représente la dot de ta fille cadette.

— Je ne sais comment te remercier, Caius Marius, dit César, relâchant enfin la main de son interlocuteur, et paraissant de plus en plus mal à l'aise. Je ne cesse de me répéter que je ne suis pas en train de vendre ma fille, mais ça y ressemble beaucoup ! Franchement, Caius Marius, je n'en serais pas capable ! Je sais vraiment que son avenir avec toi et la position de vos enfants seront illustres. Je crois que tu veilleras sur elle, et que tu la chériras comme je veux qu'on la chérisse.

Il avait parlé d'un ton bourru ; pour rien au monde, il n'aurait pu, comme Marcia le voulait, réclamer une dot pour Julia. Alors il glissa le parchemin sous sa toge, là où les plis du vêtement formaient une poche sous son bras droit.

— Je ne serai pas tranquille tant qu'il ne sera pas à la banque, dit-il. Puis après avoir hésité : Julia n'aura dix-huit ans que début mai, mais je ne souhaite pas retarder votre mariage jusqu'à la mi-juin, aussi, si vous en êtes d'accord, nous pouvons fixer la cérémonie courant avril.

— Ce sera parfait.

— Il est mauvais qu'une fille soit née au début de la seule période de l'année où on juge plus prudent de ne pas se marier. Même si je ne vois pas pourquoi la fin du printemps et le début de l'été devraient vous porter malheur ! Attends-moi ici, Caius Marius. Je vais t'envoyer Julia.

Ce fut au tour de l'ancien préteur de se sentir mal à l'aise ; il attendit dans la petite pièce avec anxiété. Prions le ciel que la jeune fille ne soit pas trop rétive ! Rien, dans le comportement de César, ne l'avait laissé penser, mais il savait qu'il existait des choses que personne ne lui confierait jamais, et il souhaita une Julia réellement consentante. Et pourtant ! Comment pourrait-elle accueillir favorablement une union si peu en harmonie avec ses origines, sa beauté, sa jeunesse ? Que de larmes avait-elle dû verser quand on lui avait fait part de la nouvelle !

La porte s'ouvrit, et le soleil entra dans le cabinet de travail. Julia était là, immobile, main droite tendue, souriante.

— Caius Marius ? dit-elle d'un ton heureux.

— Julia, répondit-il en s'approchant pour prendre sa main, qu'il tint comme s'il ne savait qu'en faire. Ton père t'a-t-il dit ?

— Oui.

Le sourire se fit plus vif encore, et la jeune fille paraissait parfaitement maîtresse d'elle-même.

— Cela ne t'ennuie pas ?

— J'en suis ravie, répliqua-t-elle, et ses beaux yeux gris semblaient toujours sourire.

Comme pour le rassurer, elle replia le bout de ses doigts sur la paume de Marius, et serra très fort.

— Caius Marius, Caius Marius, n'aie pas l'air aussi inquiet ! Je suis authentiquement ravie !

Il leva la main gauche, prise dans les plis de sa toge, s'empara de celle de la jeune fille, et en contempla les ongles parfaitement ovales et les doigts effilés.

— Je suis un vieillard !

— Alors je dois aimer les vieillards, parce que je t'aime.

— Tu m'aimes ?

— Bien sûr ! Je n'aurais jamais accepté de t'épouser, sinon. Mon père est le plus doux des hommes, pas un tyran. Il pouvait espérer que j'accepterais, mais jamais, jamais, il ne m'y aurait contrainte.

— Mais es-tu bien sûre de ne pas t'être contrainte toi-même ?

— Ce n'était pas nécessaire.

— Il doit sans doute y avoir un jeune homme que tu préfères !

— Pas du tout. Les jeunes gens ressemblent trop à mes frères.

Marius était frénétiquement à la recherche d'une objection :

— Mais... mais... mes sourcils ?

— Ils ne me déplaisent pas, à moi. Je crois même qu'ils contribuent à souligner ta personnalité.

Il rougit, ce qui le désorienta encore plus ; puis il comprit que, aussi calme et maîtresse d'elle-même qu'elle parût, Julia n'en était pas moins une parfaite innocente, et ne comprenait rien à ce qu'il endurait.

— Ton père dit que nous pourrions nous marier en avril, avant ton anniversaire. Est-ce possible ?

— Je suppose que oui, s'il le dit. Mais je préférerais que ce soit avancé à mars, si lui et toi en êtes d'accord, j'aimerais me marier lors de la fête d'Anna Perenna.

Un jour approprié — et pourtant peu favorable. La fête en question, qui se déroulait lors de la première pleine lune suivant le début de mars, était liée à la Lune, et au nouvel an. En lui-même, le jour de fête était bénéfique, mais le lendemain ne l'était pas.

— Ne crains-tu pas que le mariage s'accompagne de présages défavorables ?

— T'épouser ne peut me valoir que des présages favorables.

Elle le regarda d'un air grave.

— Ma mère n'a accepté de me laisser seule avec toi que peu de temps, et il y a une question que nous devons régler avant qu'elle ne revienne. Celle de ma dot.

Son sourire disparut, et son visage prit une expression de gravité distante.

— Caius Marius, je ne m'attends pas à ce que nos rapports finissent mal, car je ne vois rien, en toi, qui puisse me faire douter de ton caractère ou de ton intégrité, ni toi des miens. Si nous nous respectons mutuellement, nous serons heureux. Mais ma mère ne veut pas transiger sur la dot, et mon père est très ennuyé. Elle dit qu'il m'en faut une, au cas où tu déciderais de divorcer. Lui est déjà stupéfait de ta générosité, et t'en réclamer davantage lui répugne. Alors j'ai dit que je te le demanderais, et je dois m'y prendre avant que mère arrive, parce qu'elle fera forcément des commentaires. Serait-il possible de mettre une certaine somme de côté, et de prévoir que si, comme je m'y attends, nous n'avons aucune raison de divorcer, elle sera à toi autant qu'à moi ? Elle ne me reviendrait que dans le cas contraire.

Quelle avocate ! Une vraie Romaine ! Le propos avait été tenu dans des termes choisis dont l'innocence pleine de grâce n'avait d'égale que la netteté.

— Ce doit être possible.

— Il faut que tu sois sûr que je ne peux y toucher tant que nous serons mariés. De cette façon, tu sauras que tu peux me faire confiance.

— Si c'est ce que tu veux, il en sera ainsi. Mais il n'est pas nécessaire de nous ligoter. Je serai très heureux de te donner une somme dont tu useras comme tu le voudras.

Elle eut un petit rire.

— Heureusement que tu m'as choisie moi, et non Julilla ! Non, Caius Marius, merci. Je préfère suivre un chemin plus honorable, poursuivit-elle avec douceur, et elle leva les yeux. Maintenant, embrasse-moi avant que ma mère n'arrive !

Entendre la jeune fille lui réclamer une dot ne l'avait pas déconcerté ; il en allait autrement de cette exigence inattendue. Il comprit brusquement combien il était crucial de ne rien faire qui pût la décevoir — ou, pire encore, qui pût lui inspirer du dégoût. Et pourtant, que savait-il de l'amour, des baisers ? Il n'avait jamais éprouvé le besoin d'être rassuré sur ses talents d'amant par des maîtresses au demeurant rares ; il n'attachait guère d'importance à ce qu'elles pouvaient en penser. Et il n'avait pas la moindre idée de ce que les très jeunes filles peuvent attendre de leur premier amant. Devait-il la serrer dans ses bras et l'embrasser passionnément, ou s'en tenir à un baiser chaste ?

En définitive, il se rapprocha d'elle sans cesser de lui tenir les mains, puis pencha la tête. Les lèvres de Julia étaient fraîches, douces et soyeuses ; une intuition naturelle se chargea de dissiper tous les doutes de Caius Marius, qui ferma les yeux et posa la bouche sur la sienne. Pour elle, c'était une expérience toute nouvelle, qu'elle désirait sans savoir ce qu'elle lui apporterait. César et Marcia avaient tenu leurs filles à l'abri dans une bienheureuse ignorance, sans pour autant leur interdire quoi que ce soit. Et Julia, si elle différait de sa sœur, était cependant susceptible de sentiments passionnés.

C'est pourquoi, quand la jeune fille se débattit pour qu'il libère ses mains, il s'exécuta aussitôt, et se serait éloigné si elle n'avait pas levé les bras à l'instant pour les passer autour de son cou. Toutefois les nombreux plis de la toge de Caius Marius empêchaient tout contact trop intime.

Marcia, entrée sans bruit, ne put les prendre en faute car, s'ils étaient dans les bras l'un de l'autre, les lèvres de Caius Marius étaient contre la joue de la jeune fille, et, paupières baissées, celle-ci semblait heureuse.

Sans paraître aucunement confus, ils se séparèrent et se tournèrent vers la mère de Julia, qui avait l'air bien sombre, constata Marius. Il sentit en elle une certaine rancœur, et comprit qu'elle aurait préféré que Julia épouse quelqu'un de sa propre classe, même si cela impliquait que la famille restât sans argent. Pourtant, il se sentit parfaitement heureux : il pouvait se permettre de supporter le mécontentement de sa future belle-mère, qui n'avait d'ailleurs que deux ans de moins que lui. Au demeurant, elle avait raison: la jeune fille méritait quelqu'un de plus jeune, et de plus avenant, qu'un rustaud italique qui ne savait pas le grec. Ce qui ne signifiait pas pour autant qu'il avait la moindre intention de renoncer à elle! Il lui faudrait plutôt démontrer à Marcia que Julia allait au meilleur de tous.

— Mère, dit la jeune fille, j'ai demandé ma dot, et tout est arrangé.

Sa mère eut l'élégance de ne pas paraître mal à l'aise:

— C'était mon idée, pas celle de mon mari ni de ma fille.

— Je comprends, répondit Marius.

— Caius Marius, tu as été extrêmement généreux et nous t'en remercions.

— Marcia, je ne suis pas d'accord. C'est vous qui avez été généreux. Julia est une perle sans prix.

Lorsqu'il quitta la demeure, il tourna à droite, et non à gauche au pied des marches Vestales et, contournant le temple de Vesta, remonta l'étroit boyau entre la Regia et la Domus Publica, ce qui le mena sur la Via Sacra, au pied de cette petite pente qu'on appelait le Clivus Sacer.

Il l'emprunta d'un air décidé, soucieux de parvenir au Porticus Margaritaria avant que tous les commerçants ne soient partis. Ce marché accueillait les meilleurs bijoutiers de Rome. Il tirait son nom des vendeurs de perles, qui y avaient établi leurs quartiers au moment de sa création; à cette époque, la défaite d'Hannibal avait indirectement provoqué l'abolition de toutes les lois somptuaires interdisant aux femmes de porter des perles et elles s'étaient empressées de profiter de ce changement législatif.

Marius voulait en acheter une à Julia, et savait exactement où aller : dans la boutique de Fabricius Margarita. Le premier Marcus Fabricius avait été le premier vendeur de perles ; à l'époque, elles étaient extraites de moules d'eau douce, ou d'huîtres communes; de petites dimensions, elles avaient généralement une couleur sombre. Mais Marcus Fabricius voyagea jusqu'en Egypte et en Arabie Nabatéenne à la recherche de perles sorties de l'océan — et finit par en découvrir : elles venaient du Sinus Arabicus, tout près de l'Ethiopie. Puis il découvrit celles des mers entourant l'Inde et l'île en forme de poire, située juste à côté. Il s'en assura le monopole et prit le nom de Margarita. Aujourd'hui, son petit-fils, qui portait le même nom que lui, était si bien approvisionné qu'un homme riche était certain de trouver chez lui les perles qui lui convenaient.

Cependant, Marius rentra sans avoir fait l'acquisition de la perle qu'il avait choisie Il avait préféré voir sa rondeur et sa couleur de lune parfaites montées sur un lourd collier d'or, puis entourées de perles plus petites, ce qui demanderait quelques jours. Offrir à une femme des cadeaux de prix était pour lui chose nouvelle, et occupait toutes ses pensées, pensées auxquelles se mêlaient le souvenir de son baiser et le désir qu'elle avait d'être sa femme. Sans être un grand expert, il en savait assez sur les femmes pour comprendre que Julia ne donnait pas l'impression d'être prête à une union dans laquelle elle ne donnerait pas son cœur; et la simple idée de posséder un cœur aussi pur, aussi jeune, aussi aristocratique, remplissait Marius d'une gratitude qui le poussait à l'inonder de cadeaux précieux. Il voyait dans l'empressement de la jeune fille comme une justification, un présage pour l'avenir; elle était son joyau sans prix, et méritait ces larmes d'une lointaine lune tropicale, tombées dans les profondeurs de l'océan où elles s'étaient cristallisées. Et il lui trouverait une pierre *adamas* indienne, d'une dureté sans pareille, de la grosseur d'une noisette, ou une de ces merveilleuses *smaragdus* vertes, dans le cœur desquelles luisaient des étincelles bleues, et qui venaient du nord de la Scythie, et un *carbunculus*, d'une couleur aussi vive et chatoyante qu'une ampoule de sang frais...

Bien entendu, Grania était là. Sortait-elle jamais? Attendant chaque jour, dès la neuvième heure, de voir si son mari rentrerait dîner, annulant le repas quelques minutes avant qu'il soit servi. Elle rendait fou le cuisinier, et, souvent se voyait contrainte de venir à bout en reniflant d'un souper solitaire.

Les chefs-d'œuvre dus à l'artiste qui officiait aux cuisines étaient toujours, toujours, gaspillés, que Marius dînât ou non à la maison. Dans le premier cas, il se voyait accablé de mets raffinés, du genre lérot farci au foie gras ou oisillons minuscules préparés avec une accablante subtilité, de légumes exotiques, et de sauces trop riches pour sa langue et son estomac — mais, il est vrai, pas pour sa bourse. Comme tous les militaires, il était ravi d'un simple quignon de pain et d'un bol de soupe aux pois cassés avec du lard, et se préoccupait peu, de toute façon, de sauter un repas ou deux. Manger était pour lui un moyen d'entretenir le corps, non un plaisir. Qu'au bout de tant d'années de mariage Grania ne s'en soit pas encore rendu compte était symptomatique de la distance qui les séparait.

Ce que Marius s'apprêtait à lui dire ne le mettait pas très à l'aise, bien que l'affection qu'il avait pour elle fût des plus mesurées. Dans leurs relations, il avait toujours fait preuve d'une certaine culpabilité, car il savait fort bien qu'en se mariant elle avait espéré avoir plusieurs enfants et rêvé d'une vie familiale centrée sur Arpinum.

Mais, dès leur première rencontre, puis leur première nuit, elle l'avait à ce point laissé de marbre qu'il n'avait même pas songé à feindre le désir. Elle n'était pas laide, bien au contraire ; son visage rond n'était pas sans charme, avec ses grands yeux et sa jolie bouche pleine. Ce n'était pas non plus une mégère ; en fait, toute sa conduite avait pour but de plaire à son mari. La vérité, c'est que cela lui était impossible, même si elle avait rempli sa coupe de poudre de cantharide, et pris des cours de danses lascives. Bien entendu, elle n'avait jamais saisi les raisons qui la rendaient incapable de satisfaire son époux. Et si lui éprouvait un sentiment de culpabilité, c'était pour n'avoir jamais été en mesure de les formuler : à dire vrai, il les ignorait lui-même !

Les quinze premières années, elle avait fait de louables efforts pour préserver sa silhouette — poitrine opulente, taille fine, rondeur des hanches —, et faisait sécher au soleil, après l'avoir lavée, sa chevelure noire, pour la charger de reflets roux ; elle soulignait ses yeux bruns d'une ligne noire de *stibium*, et prenait soin de ne jamais sentir la sueur.

Quand il rentra, ce soir de janvier, Caius Marius n'avait pas changé. Il avait simplement rencontré une femme qui lui plaisait, avec laquelle il allait se marier. Peut-être, en comparant Grania et Julia, trouverait-il enfin les réponses qui lui avaient si longtemps échappé ? Et il sut aussitôt. Grania était terre à terre, sans culture, d'un seul bloc ; une ménagère idéale pour un hobereau latin. Julia était aristocratique, cultivée, majestueuse : une parfaite épouse de consul. En le fiançant à Grania, la famille de Marius avait pensé qu'il mènerait la vie d'un notable provincial. Mais Caius Marius était un aigle. Et Julia était l'épouse qu'il voulait — qu'il lui fallait.

— Grania ! lança-t-il en jetant sur le magnifique sol de mosaïque l'énorme masse de sa toge.

Elle arriva en courant. Elle s'était empâtée ces derniers temps, car elle avait appris à consoler sa solitude de trop de confiseries et de figues au sirop.

— Viens dans le *tablinum*, dit-il en se dirigeant vers la pièce.

A petits pas rapides, elle entra derrière lui.

— Ferme la porte, dit-il en marchant vers son fauteuil préféré, derrière son large bureau. Il s'y assit, l'obligeant à faire de même, comme une cliente, de l'autre côté de la grande étendue de malachite polie bordée d'or ouvragé.

— Qu'y a-t-il ? demanda-t-elle, sans éprouver la moindre crainte, car il ne s'était jamais montré volontairement brutal, pas plus qu'il ne l'avait jamais maltraitée autrement que par son indifférence.

Il fronça les sourcils tout en tournant entre ses mains un abaque d'ivoire. Des mains qu'elle avait toujours adorées, aussi fortes que fines, avec de longs doigts et des paumes carrées. Tête légèrement inclinée, elle contempla l'étranger auquel elle était mariée depuis vingt-cinq ans et se dit, une fois de plus, qu'il était bel homme. L'aimait-elle encore ? Comment savoir ? Après tout ce temps, ses sentiments ressemblaient à un tissu compliqué sans aucun motif, si mince par endroits qu'on voyait à travers, si dense à d'autres qu'il tombait comme un rideau entre ses pensées et la vague idée qu'elle se faisait d'elle-même. La fureur, la souffrance, la perplexité, le ressentiment, le chagrin, l'apitoiement sur soi — tant d'émotions ! Certaines très anciennes ; d'autres très récentes. Si l'une d'elles dominait, c'était la déception : simple, ordinaire, déprimante.

Marius allait parler, et ses lèvres s'ouvrirent. Pleines, sensuelles. Elle se pencha un peu en avant pour écouter ce qu'il allait dire, chaque fibre de son être tendue.

— Je vais divorcer, annonça-t-il en lui tendant le parchemin sur lequel, le matin même, il avait rédigé la déclaration nécessaire.

Elle l'entendit à peine; elle examina sur le bureau l'épais rectangle de peau desséchée, jusqu'à ce que le texte finisse par prendre un sens. Puis, levant les yeux, elle regarda Caius Marius.

— Je n'ai rien fait pour mériter cela, dit-elle d'une voix blanche.

— Je n'en suis pas d'accord.

— Mais *quoi* ?

— Tu n'as jamais été une véritable épouse.

— Et il t'a fallu vingt-cinq ans pour parvenir à cette conclusion ?

— Non, je l'ai su depuis le début.

— Alors, pourquoi n'avoir pas divorcé plus tôt ?

— Parce qu'à l'époque cela ne me paraissait pas important.

Une insulte après l'autre, une injure après l'autre ! Le parchemin se mit à trembler entre ses mains, elle le jeta au loin et crispa les poings.

— Oui, ça résume bien la situation ! dit-elle, proche de la colère. Je n'ai jamais eu aucune importance pour toi. A tel point qu'il était inutile de divorcer. Et que vas-tu faire ?

— Me remarier.

L'incrédulité succéda à la fureur, et Grania écarquilla les yeux :

— *Toi ?*

— Oui. On m'a offert d'épouser une jeune fille issue d'une vieille lignée patricienne.

— Dieux ! Marius, le grand contempteur, change de camp...

— Je ne crois pas, répondit-il d'un ton froid, dissimulant son malaise avec autant de succès que sa culpabilité. Simplement, une telle union signifie qu'enfin je serai consul.

Le feu de l'indignation s'éteignit en Grania sous le vent glacé de la logique. Que dire contre cela ? Qui accuser ? Comment combattre l'inévitable ? Bien qu'il n'eût jamais discuté avec elle de son isolement politique, ne se fût jamais plaint du peu de cas qu'on faisait de lui, elle le savait, et en avait pleuré, souhaitant qu'il existât un moyen grâce auquel elle pourrait venir à bout de l'indifférence de ces aristocrates qui avaient confisqué à leur profit la vie politique romaine. Et pourtant, qu'aurait-elle pu faire, elle, la paysanne de Puteoli ? Riche, respectable, irréprochable, certes. Mais manquant totalement de poids, dépourvue des relations qui auraient permis de triompher de l'injustice faite à son mari. S'il était un hobereau latin, elle-même n'était que la fille d'un marchand campanien, rebut des rebuts aux yeux d'un patricien. Sa famille ne s'était vu accorder la citoyenneté romaine que peu de temps auparavant.

— J'ai compris, dit-elle.

Et il fut assez charitable pour ne pas insister, ne pas lui laisser voir son enthousiasme. Laissons-lui croire que c'est une union imposée par les nécessités politiques.

— Grania, répondit-il doucement, je suis navré.

— Tu ne le seras jamais autant que moi.

De nouveau elle frémit, mais cette fois elle pensait à la perspective de son demi-veuvage — solitude plus grande encore, plus intolérable, que celle à laquelle elle était accoutumée. La vie sans Caius Marius ? Impensable.

— Si cela peut te consoler, l'alliance m'a été proposée, je ne l'ai pas cherchée.

— Qui est-ce ?

— La fille aînée de Caius Julius César.

— Une Julia ! C'est viser haut ! Tu seras certainement consul, Caius Marius.

— Oui, je le crois. Bien entendu, tu as ta dot, et c'est plus que suffisant pour répondre à tes besoins. Je l'ai investie dans diverses entreprises plus rentables que celles de ton père, et comme tu n'y as jamais touché, elle est aujourd'hui très importante. Je suppose, ajouta-t-il en se raclant la gorge, que tu voudras sans doute te rapprocher de ta famille, mais je me demande si, à ton âge, il ne serait pas plus judicieux d'avoir une demeure à toi, surtout maintenant que ton père est mort, et que ton frère est devenu *pater familias*.

— Tu ne m'as pas approchée assez souvent pour me donner un enfant, dit-elle. Oh, si seulement j'en avais eu un!

— Heureusement que non! Notre fils serait mon héritier, et le mariage avec Julia n'aurait guère de sens.

Il se hâta d'ajouter:

— Grania, sois raisonnable! Nos enfants seraient adultes et vivraient leur vie. Cela ne te servirait de rien.

— Il y aurait au moins les petits-enfants, dit-elle en retenant ses larmes. Je ne serais pas aussi horriblement seule!

— En fait, ce que tu devrais faire, c'est te remarier.

— Jamais!

Il haussa les épaules.

— Comme tu veux. Pour en revenir à l'endroit où tu vivras, j'ai l'intention d'acheter une villa à Cumes, au bord de la mer, et de t'y installer. Ce n'est pas très loin de Puteoli, du moins assez près pour que tu puisses rendre visite à ta famille, mais aussi assez loin pour avoir la paix.

— Merci, Caius Marius.

Il se leva et fit le tour du bureau pour l'aider à se redresser.

— Ne me remercie pas. Tu ferais mieux de prévenir mon intendant et choisir les esclaves que tu veux emmener avec toi. Dès demain, je chargerai un de mes agents de trouver une villa à Cumes. Bien entendu, elle restera ma propriété, mais je t'en garantirai l'usufruit jusqu'à ta mort, ou jusqu'à ce que tu te remaries. Je préférerais que tu sois partie d'ici à après-demain. Le matin, si possible. J'imagine que Julia voudra faire des changements dans la demeure avant de s'y installer, et comme nous nous marions dans huit semaines, cela ne me laisse pas beaucoup de temps. Disons donc après-demain dans la matinée; je ne peux l'amener ici pour lui faire visiter les lieux tant que tu es là, ce ne serait pas convenable.

Elle voulut lui poser une question — n'importe laquelle — mais il s'éloignait déjà.

— Ne m'attends pas pour dîner, lança-t-il en traversant l'immense atrium. Je vais rendre visite à Publius Rutilius, et je ne serai pas rentré avant que tu sois couchée.

Elle n'aurait pas le cœur brisé de devoir quitter cette demeure si semblable à une grange; elle l'avait toujours détestée, comme elle détestait le chaos qui régnait à Rome. Elle n'avait jamais compris pourquoi Caius Marius avait choisi de vivre sur la pente nord, humide et sinistre, de l'Arx capitolin, mais le caractère très fermé du lieu avait manifestement eu sur lui des effets puissants. Il y avait si peu d'habitations dans les environs qu'il fallait faire de longues marches pour rendre visite à des amis, et les voisins étaient tous de gros marchands qui ne se souciaient guère de politique.

Elle eut un signe de tête en direction du serviteur qui attendait devant son salon :

— Va me chercher l'intendant, et sur-le-champ !

Celui-ci arriva. C'était un Grec corinthien instruit, qui s'était délibérément vendu comme esclave, en vue de faire fortune, et de finir citoyen romain.

— Strophantés, le maître va divorcer, lui apprit-elle. Il faut que je sois partie d'ici à après-demain dans la matinée. Veille à ce qu'on prépare mes affaires.

— Maîtresse, as-tu l'intention d'emmener avec toi une partie des esclaves ? demanda-t-il, certain de demeurer maître de la gestion des lieux, car il appartenait à Caius Marius, non à Grania.

— Le cuisinier, bien sûr. Toutes les servantes des cuisines, sinon il sera malheureux ! Mes servantes, ma couturière, ma coiffeuse, et les deux petits valets, dit-elle, incapable de penser à quelqu'un d'autre.

— Certainement, maîtresse.

Et il partit aussitôt, mourant d'impatience à l'idée d'apprendre cette fabuleuse nouvelle aux autres, en particulier au cuisinier, qui n'apprécierait guère de devoir échanger Rome contre Puteoli !

Grania erra dans son grand salon, et jeta autour d'elle un regard circulaire à ses peintures, à sa boîte à ouvrage, à son coffre clouté dans lequel reposait tout un trousseau de layette qui n'avait jamais servi.

Aucune épouse romaine ne choisissant ou n'achetant les meubles, Caius Marius ne lui en laisserait aucun ; les yeux de Grania brillèrent, ses larmes se tarirent. Elle n'avait que la journée du lendemain pour quitter Rome, et Cumes n'était pas l'endroit le mieux approvisionné du monde. Dès demain, elle visiterait les boutiques pour acquérir les meubles de sa nouvelle villa ! Tout compte fait, ce serait une journée très remplie, qui ne lui laisserait le temps ni de penser ni de geindre. Une bonne part de sa souffrance se dissipa aussitôt ; elle pouvait affronter la nuit qui s'approchait...

— Bérénice ! Je dîne dès maintenant, préviens les cuisines.

L'euphorie de Grania dura à peu près jusqu'à la fin de son repas solitaire : elle plongea alors dans le chagrin. Sa bouche s'ouvrit en un cri plaintif, ses larmes coulèrent à flots. Tous les serviteurs se dispersèrent, la laissant seule à hurler sur la tapisserie pourpre et or qui couvrait son sofa.

— Ecoutez-la ! lança amèrement le maître queux, tandis que les cris de sa maîtresse parvenaient jusqu'à la cuisine. Et pourquoi pleure-t-elle ? C'est moi qui pars en exil ! Elle a déjà vécu des années là-bas, la vieille truie !

Le tirage au sort attribuant à Spurius Postumius Albinus la province romaine d'Afrique se déroula le jour de l'an; moins de vingt-quatre heures plus tard, le nouveau consul cloua au mât ses couleurs, qui étaient celles du prince numide Massiva.

Spurius Albinus avait un frère nommé Aulus, de dix ans son cadet, qui venait d'entrer au Sénat, et brûlait de se faire un nom. C'est ainsi que, pendant que l'aîné, en coulisses, menait campagne en faveur de son nouveau client, il revint à Aulus Albinus d'escorter le prince Massiva dans les lieux publics les plus importants de la cité, et de lui présenter tous ceux qui comptaient à Rome, tout en indiquant aux agents du prince quels cadeaux seraient les plus appréciés. Comme presque tous les membres de la maison royale de Numidie, Massiva était un homme cultivé, de fière apparence, ne manquant ni d'intelligence, ni de charme, et qui savait se montrer très généreux. Sa principale qualité était moins la légitimité de ses prétentions, que le ravissement des Romains à l'idée d'un conflit; un Sénat uni, des votes unanimes, un consensus général ne permettaient guère de se bâtir une réputation.

A la fin de la semaine suivant le nouvel an, Aulus Albinus présenta officiellement le cas du prince Massiva devant le Sénat, et, en son nom, réclama que le trône de Numidie revienne à la branche légitime. C'était son premier discours; il se révéla fort bon. Tous les Caecilius Metellus l'écoutèrent avec attention, l'applaudirent quand il en eut terminé, et Marcus Aemilius Scaurus fut ravi de prendre la défense du prince. C'était là, expliqua-t-il, l'occasion de résoudre la question numide : remettre le pays dans le droit chemin en en laissant les rênes à un roi respectueux des lois, non un aventurier à bout de ressources, qui s'était emparé du pouvoir par le meurtre et la corruption. Avant même que Spurius Albinus ne déclare la réunion terminée, le Sénat montra qu'il était prêt à voter la mise à l'écart de l'actuel souverain, et son remplacement par Massiva.

— Nous sommes dans l'eau bouillante jusqu'au cou, dit Bomilcar à Jugurtha. Voilà que tout d'un coup on ne m'invite plus à dîner nulle part, et nos agents ne trouvent plus d'oreilles complaisantes.

— Quand le Sénat doit-il voter? demanda le souverain.

— La prochaine réunion du Sénat est prévue pour le quatorzième jour suivant les calendes de février, c'est-à-dire dans huit jours.

— Et le vote me sera défavorable?

— Oui.

— Dans ce cas, rien ne sert d'agir à la façon des Romains. A partir de maintenant, je jouerai à ma manière — en Numide.

La pluie s'était dissipée, un soleil froid brillait. Les os de Jugurtha regrettaient les vents tièdes de Numidie, son corps regrettait son harem. Il était temps de rentrer! Il était temps de recruter et d'entraîner une armée, car jamais les Romains ne lâcheraient prise.

Il marcha de long en large sous les colonnades de l'immense péristyle, puis fit signe à Bomilcar, et tous deux s'arrêtèrent à côté de la fontaine.

— Personne ne peut nous entendre, dit-il.

Bomilcar se raidit en attendant ce qui allait suivre.

— Il faut que Massiva disparaisse, dit Jugurtha.

— *Ici?* A Rome?

— Oui, et d'ici à sept jours. Si Massiva n'est pas mort avant que le Sénat vote, notre tâche sera infiniment plus difficile. S'il n'est plus, le vote n'aura aucune raison d'être. Cela nous permettra de gagner du temps.

— Je le tuerai moi-même.

— Non! Non! L'assassin doit être romain. Ta tâche sera d'en trouver un.

— Nous sommes dans un pays étranger!

— Demande à un de nos agents. Il doit bien exister quelqu'un à qui on puisse faire confiance.

Bomilcar réfléchit un moment, en tirant sur les courtes mèches de sa barbe noire.

— Agelastus, finit-il par dire. Marcus Servilius Agelastus, celui qui ne sourit jamais. Son père est romain, il est né et a été élevé ici. Mais son cœur est avec sa mère numide, cela j'en suis sûr.

— Je te laisse agir, dit Jugurtha en s'éloignant.

Agelastus parut stupéfait.

— *Ici?* A Rome?

— Et non seulement ici, mais dans les sept jours qui viennent, dit Bomilcar. Une fois que le Sénat aura voté en faveur de Massiva, et c'est ce qu'il fera, nous nous retrouverons avec une guerre civile en Numidie. Jugurtha ne cédera pas, tu le sais. D'ailleurs, même s'il le voulait, les Gétules ne le laisseraient pas faire.

— Mais je n'ai pas la moindre idée de la façon de trouver un homme prêt à assassiner Massiva!

— Alors charge-t'en toi-même.

— Impossible!

— Il le faut! Après tout, dans une aussi grande ville, il doit y avoir beaucoup de gens prêts à tuer pourvu qu'on y mette un bon prix.

— Bien sûr que oui ! La moitié des prolétaires, pour être exact. Mais ce ne sont pas des milieux que je fréquente. Je ne peux tout de même pas prendre langue avec le premier venu d'allure patibulaire, lui jeter un sac d'or et lui demander de tuer un prince numide !

— Et pourquoi pas ?

— Parce qu'il pourrait signaler la chose au préteur urbain !

— Montre-lui l'or d'abord, et je te garantis qu'il n'en fera rien. Dans cette ville, tout s'achète.

— Peut-être, peut-être, mais je n'ai pas envie de mettre ta théorie à l'épreuve des faits.

Et il refusa d'en parler davantage.

Tout le monde l'affirmait, la Subura était l'égout de Rome. Aussi Bomilcar s'y rendit-il, sobrement vêtu et sans le moindre esclave pour l'accompagner. Comme tout visiteur de marque venu à Rome, il avait été prévenu de ne jamais s'aventurer dans la petite vallée au nord-est du Forum, et maintenant il comprenait pourquoi.

Ce qui distinguait avant tout la Subura, c'était la foule — plus de gens que Bomilcar n'en avait jamais vu. Ils se penchaient à des millions de fenêtres pour se hurler des injures, se frayaient un chemin à coups de coude dans une telle cohue que tout déplacement prenait une allure d'escargot, se comportaient de toutes les manières brutales et agressives connues de l'humanité, crachaient, pissaient, vidaient leurs pots de chambre là où l'envie leur en prenait, et se montraient prêts à se battre avec quiconque osait les regarder de travers.

La seconde impression était celle d'une saleté universelle, d'une puanteur insupportable. Les murs des bâtiments, pelés et décrépis, suintaient, comme si briques et poutres regorgeaient de crasse. Pourquoi donc, se demanda Bomilcar, ne pas avoir laissé le quartier brûler l'année précédente ? Rien, ni personne, dans la Subura, ne valait la peine d'être sauvé ! Puis, à mesure qu'il avançait, en prenant soin de ne pas quitter la Subura Major — tel était le nom de la rue principale —, le dégoût céda la place à l'étonnement. Car il commençait à percevoir la vitalité et la vigueur des habitants et à faire l'expérience d'une allégresse qui dépassait sa compréhension.

Les gens parlaient un argot sans doute incompréhensible à quiconque n'était pas de la Subura, mélange bizarre de latin, de grec, parfois d'araméen. Il n'avait jamais rien entendu de tel. Il y avait des boutiques partout, de petites gargotes fétides qui, apparemment, ne désemplissaient pas, des boulangeries, des charcuteries, des débits de boisson, et de minuscules échoppes où l'on vendait tout et n'importe quoi, du fil aux marmites, aux lampes et aux chandelles de suif. Deux tiers de ces boutiques, cependant, étaient consacrées à l'alimentation. Il y avait aussi des entreprises : il entendait le bruit sourd des presses, le ronflement des meules, ou le claquement des métiers à tisser, mais ces bruits venaient de couloirs étroits et de ruelles voisines. Comment survivait-on ici ?

Même les carrefours étaient bondés ; la façon dont les gens parvenaient à laver leur linge dans les fontaines, ou à rapporter des seaux d'eau chez eux, le surprenait. Cirta — la ville dont, Numide, il était si fier — n'était, il dut bien le reconnaître, qu'un gros village, comparée à Rome.

Il y avait toutefois des endroits où des hommes se rassemblaient pour s'asseoir, boire et passer le temps. Ils semblaient tous situés aux carrefours les plus importants, mais, ne voulant pas quitter la grande rue, il ne pouvait en être sûr. L'intérieur de ces tavernes — quel autre nom leur donner ? — était une oasis de paix relative. Bomilcar finit par se dire qu'il lui faudrait s'aventurer là, s'il espérait trouver celui qu'il cherchait.

Il quitta la Subura Major pour remonter le Vicus Patricii, une rue menant à la colline du Viminal, et trouva, à un carrefour, une taverne installée à l'endroit où le Vicus venait rejoindre la Subura Minor. La taille de l'autel et de la fontaine lui apprit qu'il s'agissait d'un *compitum* — une intersection très importante. Comme il baissait la tête pour passer sous le linteau de la porte, tous les visages — près d'une cinquantaine — se braquèrent littéralement sur lui avec des mines lugubres. Toutes les conversations cessèrent.

Bomilcar, impassible, chercha quelqu'un qui eût l'air d'un chef. Ah ! Là-bas, dans le coin sur la gauche ! Car c'est vers cet homme que se tournaient les autres. Un visage typiquement latin, appartenant à un homme de petite taille, d'environ trente-cinq ans. Bomilcar décida de s'adresser à lui.

— Je crains de déranger. Je cherchais une taverne où m'asseoir pour boire un peu de vin. Marcher donne soif.

— C'est une association privée, répondit l'autre dans un grec atroce, mais à peu près compréhensible.

— N'y a-t-il pas de tavernes publiques ?

— Pas dans la Subura, mon ami ; tu t'es égaré. Reprends la Via Nova.

— Oui, je la connais, mais je suis étranger.

L'autre le toisa, tout en paraissant se livrer à des calculs :

— Alors, tu as soif ?

Bomilcar saisit la perche qu'on lui tendait :

— Assez pour offrir à boire à tous ceux qui sont ici.

L'homme chassa son voisin, assis sur un tabouret, et, faisant signe à Bomilcar, dit :

— Eh bien, si mes amis en sont d'accord, nous pourrions faire de toi un membre honoraire de notre association. Que tous ceux qui sont d'accord disent oui ! ajouta-t-il en regardant les autres.

— Oui ! répondirent-ils en chœur.

Bomilcar chercha en vain un comptoir ou un serveur, et, retenant son souffle, posa une bourse sur la table, de façon qu'un ou deux deniers d'argent en tombent ; ou ils le tueraient pour le voler, ou il deviendrait bel et bien membre honoraire — mais de quoi ?

— Puis-je ? demanda-t-il au chef.

— Bromidus, apporte donc une amphore de vin à cet étranger et aux membres de la confrérie, dit l'autre à celui qu'il avait dérangé pour offrir la place à Bomilcar.

La bourse cracha encore quelques deniers.

— Cela suffira ?

— Pour une tournée, mon ami, c'est plus que suffisant.

Nouveau cliquetis de pièces.

— Plusieurs tournées, alors ?

Il y eut un soupir général d'approbation ; chacun se détendit. Bromidus ramassa l'argent et disparut, suivi par trois soiffards enthousiastes, tandis que Bomilcar tendait la main :

— Je m'appelle Juba.

— Lucius Decumius, dit l'autre, en la serrant vigoureusement. Juba ! Qu'est-ce que c'est que ce nom ?

— C'est un nom maure. Je viens de Maurétanie.

— Où est-ce ?

— En Afrique.

— En Afrique ?

Bomilcar aurait aussi bien pu citer le pays des Hyperboréens ; cela aurait évoqué aussi peu de chose à son interlocuteur.

— C'est très loin de Rome, expliqua-t-il. Un endroit très loin à l'ouest de Carthage.

— Ah ! Carthage ! Pourquoi n'as-tu pas commencé par là ?

Lucius Decumius examina le visiteur avec un vif intérêt.

— Je ne savais pas que Scipion Emilien avait laissé survivre beaucoup de Carthaginois !

— La Maurétanie n'est pas Carthage, elle est beaucoup plus à l'ouest, même si toutes deux sont en Afrique. Ce qui était territoire carthaginois constitue désormais la province romaine d'Afrique. C'est là que va se rendre le nouveau consul — tu sais bien, Spurius Postumius Albinus.

— Les consuls vont et viennent, répondit Lucius Decumius en haussant les épaules. Pour la Subura, ça n'a aucune importance. Ils ne vivent pas ici, tu comprends? Mais tant que tu seras prêt à reconnaître que Rome est la plus belle ville du monde, tu seras le bienvenu ici. Les consuls aussi, d'ailleurs.

— Je le sais, crois-moi, dit Bomilcar avec chaleur. Mon maître, le roi Bocchus de Maurétanie, m'a envoyé à Rome pour demander au Sénat de faire officiellement de lui un ami et un allié du peuple romain.

Bromidus revint en chancelant sous le poids d'une énorme amphore, suivi par les autres, pareillement chargés, et entreprit de verser à boire à tout le monde : il commença par Decumius, qui lui donna un coup violent sur la cuisse.

— Espèce d'idiot, tu n'as donc pas de manières? Sers d'abord notre hôte, sinon je t'étripe!

Bomilcar reçut un gobelet plein à ras bord, qu'il leva :

— Aux meilleurs amis que j'aie trouvés à Rome jusqu'ici! lança-t-il, avant de boire l'ignoble piquette en feignant l'enthousiasme. Ils devaient vraiment avoir des intestins solides!

Apparurent aussi des bols de nourriture, cornichons vinaigrés, oignons, noix, branches de céleri et rondelles de carottes, sans parler de minuscules poissons salés puants qui disparurent en un clin d'œil. Bomilcar ne put rien avaler de tout cela.

— A la tienne, Juba, vieil ami! lança Decumius.

— A Juba! s'écrièrent les autres, d'excellente humeur.

En moins d'une demi-heure, Bomilcar en savait plus sur l'homme du peuple romain qu'il n'avait jamais espéré en apprendre. Qu'il en sût beaucoup moins sur l'homme du peuple numide ne lui vint pas à l'idée. Tous les membres de l'association travaillaient, apprit-il, et chaque jour un groupe différent venait ici. Ils paraissaient disposer d'une journée de congé tous les huit jours. Un quart environ des présents portait les petits bonnets coniques qui signalaient leur condition d'affranchis. A sa grande surprise, Bomilcar jugea qu'un certain nombre d'entre eux devaient encore être esclaves, ce qui ne les empêchait pas d'être autant à leur place que les autres, de travailler pour le même salaire, aux mêmes horaires. Il comprit alors la véritable différence entre l'homme libre et l'esclave : le premier pouvait aller et venir, choisir à sa guise son lieu et son type de travail, tandis que le second appartenait à son employeur, dont il était la propriété. C'était très différent de ce qui se passait en Numidie.

Contrairement aux autres, Lucius Decumius était là en permanence.

— Je suis le gardien de l'association, expliqua-t-il, aussi lucide que lorsqu'il avait bu sa première gorgée.

— Et de quel genre est-elle? demanda Bomilcar, qui s'efforçait de faire durer son gobelet.

— Elle veille sur le carrefour, mon ami. Déclarée auprès des édiles et du préteur urbain, bénie par le Pontifex Maximus. Les associations de ce genre remontent au temps des rois. Il y a beaucoup de pouvoir dans les endroits où se croisent les chemins. Imagine que tu sois un dieu, que tu arrives à Rome. Tu serais un peu perplexe si tu voulais faire tomber la foudre ou provoquer une petite épidémie de peste, non ? Si tu montes sur le Capitole, tu comprendras ce que je veux dire : des toits de tuiles rouges aussi serrés que les carreaux d'une mosaïque. Mais si tu regardes bien, tu pourras toujours voir les fissures, là où se croisent les rues, les *compita*. Si tu es un dieu, c'est là que tu frapperas, non ? Seulement, mon ami, nous autres Romains sommes astucieux. Très astucieux. Les rois ont jugé qu'il fallait nous protéger aux carrefours. Aussi ceux-ci ont-ils été mis sous la protection des Lares, et l'on a installé des autels à chaque carrefour. Tu n'as pas remarqué celui contre le mur de l'association, dehors ?

— Si, dit Bomilcar, qui commençait à ne plus suivre. Qui sont exactement les Lares ? Plusieurs dieux ?

— Oh, ils sont partout. Des centaines, des milliers... Rome en est pleine. L'Italie aussi. Je ne connais pas de soldats, je ne peux donc te dire si les Lares accompagnent les légions outre-mer. Mais ils sont ici. Et il revient à des associations comme la nôtre de prendre soin d'eux. Nous veillons sur l'autel, sur les offrandes ; nous prenons garde à la propreté de la fontaine, nous nous occupons des chariots endommagés, des cadavres — essentiellement ceux d'animaux — et nous débarrassons les gravats quand un bâtiment s'écroule. Et aux environs du nouvel an, nous avons une grande fête qui s'appelle les Compitalia. Elle a eu lieu il y a deux jours, c'est pourquoi nous sommes à court d'argent pour nous acheter du vin. Nous avions tout dépensé !

— Je vois, dit Bomilcar. Ce qui n'était pas le cas : les anciens dieux romains étaient pour lui un mystère insondable. Vous devez entièrement financer la fête ?

— Oui et non. On peut obtenir un peu d'argent du préteur urbain, de quoi acheter quelques porcs à rôtir — cela dépend de celui qui est en place. Certains sont très généreux, d'autres si pingres que leur merde ne sent rien.

La conversation s'orienta ensuite vers Carthage. Il fut impossible à Bomilcar de leur faire comprendre que ce n'était pas la seule ville d'Afrique.

Le moment arriva enfin. Les autres étaient désormais bien trop ivres pour remarquer la présence de Bomilcar. Sauf Lucius Decumius, dont les yeux vifs ne quittaient jamais le visage du Numide. Il était exclu que ce mystérieux Juba soit là, perdu parmi des affranchis et des esclaves, pour le seul plaisir de parler des dieux lares ou de Carthage.

— Lucius Decumius, finit par dire Bomilcar, en se penchant si près que seul l'autre put entendre, j'ai un problème, et j'espère que tu pourras me dire comment le résoudre.

— Qu'y a-t-il, mon ami?

— Mon maître, le roi Bocchus, est un homme très riche.

— Rien d'étonnant, s'il est roi!

— Ce qui l'inquiète, c'est de le rester, ajouta Bomilcar. Il a un problème.

— Le même que le tien?

— Exactement.

— Et comment puis-je t'aider?

— En Afrique, la réponse serait simple. Le roi se contenterait de donner un ordre, et l'homme disparaîtrait.

Bomilcar s'interrompit, en se demandant combien de temps il faudrait à Decumius pour comprendre.

— Ah, ah! Ainsi le problème a un nom?

— En effet. Massiva.

— Ça sonne plus latin que Juba.

— Massiva est un Numide, pas un Maurétanien. La difficulté, c'est qu'il est ici, à Rome. Et qu'il nous cause bien des ennuis.

— Je vois que Rome complique les choses, répondit Decumius, d'un ton qui donnait à sa remarque plusieurs sens différents.

Bomilcar regarda le petit homme, stupéfait; il était bien plus subtil qu'on ne l'aurait cru.

— Ma part du problème, reprit-il après avoir respiré profondément, est rendue d'autant plus périlleuse que je suis étranger. Vois-tu, il me faut trouver un Romain qui accepte de tuer le prince Massiva. Ici. A Rome.

— Ça n'est pas très difficile, dit Lucius Decumius sans ciller.

— Ah bon?

— A Rome, l'argent peut tout acheter, mon ami.

— Alors, tu peux me dire à qui m'adresser?

— Ne cherche pas plus loin. Je trancherais la gorge de la moitié du Sénat, si cela me permettait de manger des huîtres, et non plus des oignons. Combien es-tu prêt à débourser?

— Combien de deniers y a-t-il dans cette bourse? dit Bomilcar en la vidant sur la table.

— Pas assez pour tuer quelqu'un.

— Et le même nombre de pièces, mais en or?

Lucius Decumius lui frappa la cuisse.

— Affaire conclue!

— La moitié demain, le reste après, déclara Bomilcar en remettant les pièces d'argent dans la bourse.

Une main sale, aux ongles en deuil, l'en empêcha.

— Laisse-la ici en signe de bonne foi, mon ami. Et reviens demain. Attends dehors, près de l'autel. Nous irons discuter chez moi.

Bomilcar se leva.

— Je serai là, Lucius Decumius.

Puis, comme tous deux se dirigeaient vers la porte, il s'arrêta pour examiner de plus près le visage mal rasé de son interlocuteur.

— Tu as déjà tué quelqu'un?

— Si l'on te pose la question, réponds que tu n'en sais rien, mon ami. Les bavards ne font pas de vieux os, dans la Subura.

Satisfait, Bomilcar lui sourit, avant de disparaître dans la foule de la Subura Minor.

Marcus Livius Drusus, qui avait été consul deux ans auparavant, célébra son triomphe au milieu de la deuxième semaine de janvier. S'étant vu assigner la province de Macédoine, l'année où il avait été en fonction, et ayant eu la chance de voir proroger son gouvernorat, il avait mené aux frontières la guerre contre les Scordisques, peuplade celte fort habile et organisée, qui ne cessait de harceler les Romains. Toutefois, Marcus Livius Drusus se révéla un homme aux talents exceptionnels, et les Scordisques furent battus. Il eut même la chance de capturer une des citadelles ennemies, où il découvrit un énorme trésor de guerre. Presque tous les gouverneurs de Macédoine avaient droit au triomphe à l'issue de leur mandat; mais chacun tombait d'accord pour dire que Marcus Livius Drusus méritait cet honneur plus que tout.

Le prince Massiva fut l'hôte du consul Spurius Postumius Albinus lors des festivités, et se vit donc offrir une place de choix dans le Circus Maximus, d'où il put voir le long défilé traverser le cirque, ce qui l'émerveilla: de tous les peuples du monde, les Romains étaient ceux qui avaient le plus grand sens du spectacle. Parlant parfaitement grec, il avait suivi sans effort le petit discours qu'on lui avait tenu avant la fête, et se levait déjà, prêt à partir, alors même que les légions défilaient encore. Les consuls et ceux qui les entouraient sortirent par une porte donnant sur le Forum Boarium, remontèrent en hâte les marches de Cacus menant au Palatin, puis accélérèrent l'allure. Douze licteurs, empruntant le chemin le plus court, les précédaient, et leurs souliers ferrés claquaient sur les pavés.

Dix minutes après avoir quitté le Circus Maximus, le groupe de Spurius Albinus descendit les marches Vestales, et se dirigea vers le temple de Castor et Pollux. Là, sur l'estrade installée au sommet des marches de l'imposant édifice, les deux consuls devaient s'asseoir, tandis que leurs invités pourraient suivre le défilé qui descendrait la Via Sacra en direction du Capitole. Ils devaient être en place avant son arrivée, faute de quoi ils auraient insulté le triomphateur. Spurius Albinus avait expliqué à Massiva :

— Tous les autres magistrats, et les membres du Sénat, marchent en tête du défilé, et les consuls de cette année y sont invités formellement, tout comme ils sont invités à la fête que le triomphateur donne ensuite pour le Sénat dans le temple de Jupiter Optimus Maximus. Mais, dans les deux cas, il n'est pas de bon ton d'accepter. C'est un grand jour pour le triomphateur, et il importe qu'il soit la personne la plus éminente des cérémonies. C'est pourquoi les consuls suivent toujours le défilé depuis une position élevée, et le triomphateur les salue quand il passe, sans qu'ils l'éclipsent pour autant.

A la différence de Jugurtha, le prince n'était jamais sorti d'Afrique et il était donc peu familiarisé avec les usages romains. Mais il avait pris un air entendu.

Quand le groupe des consuls arriva à la jonction des marches Vestales et de la Via Nova, il fut ralenti par une foule énorme. Les Romains étaient venus, par centaines de milliers, assister au triomphe de Drusus, la rumeur affirmant qu'il serait un des plus beaux qu'on ait jamais vus.

Les licteurs, quand ils portaient les faisceaux à l'intérieur des limites de Rome, étaient vêtus de simples toges blanches ; et aujourd'hui, cela les rendait moins repérables que d'habitude, car tous les habitants étaient habillés de même. Ils eurent du mal à frayer un chemin aux consuls. En arrivant près du temple de Castor et Pollux, le groupe était virtuellement désagrégé, et le prince Massiva avait pratiquement perdu le contact ; ses gardes du corps furent repoussés à coups de coude, et, l'espace d'un instant, il fut séparé d'eux.

C'était le moment qu'attendait Lucius Decumius. Il frappa avec une précision infaillible, d'une main rapide et sûre. Poussé contre le prince par la foule, il glissa sa dague sous le côté gauche du torse, la fit aussitôt remonter avec un violent mouvement du poignet, lâcha le manche une fois qu'il sut que la lame avait pénétré en profondeur. Il avait disparu dans la foule avant que Massiva eût ressenti la moindre douleur. A dire vrai, le prince n'eut même pas un cri ; il tomba, et quand les gardes du corps, ayant enfin réussi à repousser la foule, entourèrent leur maître poignardé, Lucius Decumius traversait déjà le bas du Forum en direction du refuge de l'Argiletum.

Dix minutes s'écoulèrent avant que quelqu'un aille informer Spurius Albinus et son frère Aulus, déjà installés sur le podium du temple. Ils ne s'étaient guère inquiétés de l'absence du prince. Les licteurs se précipitèrent pour interdire les lieux, la foule fut repoussée, et le consul, accompagné de son cadet, put contempler le cadavre d'un homme, et la ruine de leurs projets.

— Il va falloir attendre, finit par dire Spurius. Impossible d'offenser Marcus Livius Drusus en perturbant son triomphe.

Se tournant vers le chef des gardes du corps — des gladiateurs romains —, il lui dit, en grec :

— Ramène le prince Massiva chez lui, et attends là-bas que j'arrive.

L'autre hocha la tête. Le corps fut enveloppé dans une toge avant d'être emporté par six gladiateurs.

Aulus accueillit la catastrophe avec moins de flegme que son frère ; jusqu'à présent, il avait été le principal bénéficiaire des largesses de Massiva. En effet, Spurius avait estimé pouvoir attendre que sa campagne africaine ait placé le prétendant sur le trône. Au demeurant, Aulus était aussi impatient qu'ambitieux, et très désireux de surpasser son aîné.

— Jugurtha ! lança-t-il entre ses dents. C'est un coup de Jugurtha !

— Jamais tu ne pourras en faire la preuve, soupira Spurius.

Ils gravirent les marches du temple de Castor et Pollux, et se rassirent sur leurs sièges au moment même où magistrats et sénateurs apparaissaient. Spurius et Aulus Albinus suivirent le spectacle comme si de rien n'était.

Bomilcar et Lucius Decumius se retrouvèrent au milieu d'une foule aussi bruyante qu'anonyme et s'arrêtèrent côte à côte dans une gargote, à un bout du Grand Marché, où on leur servit à chacun un pâté brûlant, fourré d'une savoureuse saucisse au fort parfum d'ail. Puis ils s'éloignèrent.

— Une bien belle journée, mon ami, dit Lucius Decumius.

Bomilcar, vêtu d'une cape à capuchon qui dissimulait ses traits, eut un soupir de soulagement :

— J'espère qu'elle va continuer.

— Mon ami, je peux t'assurer qu'elle prendra fin à la perfection, répondit l'autre d'un ton un peu complaisant.

Fouillant sous sa cape, Bomilcar trouva la bourse qui contenait le reste de la somme promise à Decumius.

— Tu en es sûr ?

— Aussi sûr que d'avoir marché dans la merde quand mes chaussures puent.

L'or changea de mains discrètement. Bomilcar fit demi-tour, le cœur léger :

— Je te remercie, Lucius Decumius.

— De rien, mon ami.

Lucius Decumius resta sur place, mordant avec délices dans son pâté. « Plus d'oignons, des huîtres ! » s'écria-t-il en se dirigeant vers la Subura d'une démarche élastique, le sac d'or bien à l'abri contre sa peau.

Bomilcar quitta la ville par la porte Fontinalis, et parvint à l'entrée de la villa de Jugurtha sans avoir rencontré personne de connaissance. En ce jour, le roi avait donné à chaque esclave la permission d'assister au triomphe de Drusus, ainsi qu'un denier d'argent.

Jugurtha était, comme à l'accoutumée, dans la loggia au premier étage.

— C'est fait ! dit Bomilcar.

Le roi saisit le bras de son demi-frère.

— Tu es un homme merveilleux ! dit-il en souriant.

— Je suis heureux que tout se soit bien passé.

— Il est bien mort ?

— Mon assassin m'affirme que oui : aussi sûr que si mes chaussures puent, c'est parce que j'ai marché dans la merde ! répondit Bomilcar, secoué par un éclat de rire. Mon voyou romain est quelqu'un de très pittoresque. Mais il est aussi extraordinairement efficace, et d'un sang-froid parfait.

Jugurtha se détendit :

— Dès que nous serons certains que mon cher cousin Massiva n'est plus, il vaudra mieux convoquer tous nos agents. Il faut presser le Sénat de reconnaître mes droits au trône, et de nous laisser rentrer chez nous.

Il eut une grimace :

— Je ne dois jamais oublier qu'il me faut encore m'occuper de mon cher demi-frère, le bien-aimé Gauda, ce pitoyable infirme.

Il y eut pourtant quelqu'un qui déclina l'invitation de Jugurtha. Dès qu'il apprit le meurtre de Massiva, Marcus Servilius Agelastus demanda audience à Spurius Albinus. Le consul fit répondre qu'il était trop occupé, mais Agelastus insista jusqu'à ce que le secrétaire, débordé, finisse, en désespoir de cause, par lui présenter Aulus, qui fut galvanisé d'entendre ce que le visiteur avait à dire. Il fit appeler son frère aîné, qui écouta, impassible, Agelastus répéter son histoire, fit noter sa déposition par écrit, et le renvoya avec une courtoisie assez appuyée. Puis, dès qu'ils furent seuls, il dit à son cadet :

— Nous agirons par l'intermédiaire du préteur urbain, de façon aussi légale que possible. C'est une question trop importante pour laisser cet Agelastus porter plainte — je m'en occuperai moi-même —, mais il est précieux pour nous, dans la mesure où il est le seul citoyen romain du lot, à l'exception du tueur. Il reviendra au préteur urbain de décider de la façon dont Bomilcar sera poursuivi. Bien entendu, pour se couvrir, il va consulter tout le Sénat. Mais, si je le vois en tête à tête, si je lui dis que le statut d'étranger de Bomilcar a moins d'importance qu'un crime commis, dans Rome même, par un assassin romain, un jour de triomphe, je crois que je peux apaiser ses craintes. Et j'insisterai sur le fait que le prince Massiva était mon client, placé sous ma protection. Il est essentiel que Bomilcar soit jugé et condamné à Rome, par un tribunal romain. L'audace d'un tel crime réduira au silence les partisans de Jugurtha au Sénat. Toi, Aulus, prépare-toi à mener l'accusation, quelle que soit la cour choisie. Je m'assurerai que le préteur urbain a été consulté, puisque la règle est qu'il s'occupe des procès impliquant des non-citoyens. Il peut vouloir défendre Bomilcar, rien que pour préserver la légalité. Mais, d'une façon ou d'une autre, nous allons en finir avec Jugurtha et ses tentatives de gagner le Sénat à sa cause. Ensuite, nous verrons si nous pouvons dénicher un autre prétendant au trône.

— Comme le prince Gauda?

— Comme le prince Gauda — bien que ce soit loin d'être l'idéal... Après tout, il est un prétendant au trône plus légitime que son demi-frère Jugurtha. Il faudra simplement éviter qu'il vienne à Rome plaider lui-même sa cause. Nous allons faire fortune en Numidie cette année, je le jure! conclut Spurius en souriant.

Mais Jugurtha avait abandonné toute idée de se battre conformément aux règles édictées par Rome. Quand le préteur urbain et ses licteurs survinrent à la villa pour arrêter Bomilcar sous l'accusation de complicité de meurtre, le roi fut un instant tenté de refuser de le leur abandonner. Pour finir, il préféra temporiser, en faisant remarquer que, ni la victime ni l'accusé n'étant citoyens romains, il ne voyait pas en quoi cela concernait les autorités. Le préteur urbain répliqua que le Sénat avait décidé que l'inculpé devrait comparaître devant un tribunal, car des preuves montraient que l'assassin était citoyen de Rome. Un certain Marcus Servilius Agelastus, chevalier, avait fourni des précisions à ce sujet, et déclaré sous serment avoir été contacté en vue d'exécuter lui-même le meurtre.

— Dans ce cas, répondit Jugurtha, le préteur pérégrin est le seul magistrat qui ait le droit d'arrêter mon serviteur, lequel n'est pas citoyen romain. Au demeurant, ma demeure, qui est aussi la sienne, est en dehors de ta juridiction!

— On a dû mal te renseigner, dit le préteur urbain d'une voix suave. Le préteur pérégrin aura son rôle à jouer, bien entendu. Mais l'*imperium* dont je suis pourvu s'étend jusqu'à cinq lieues autour de Rome, donc ta villa est sous ma juridiction. C'est pourquoi je te demande de bien vouloir me livrer Bomilcar.

Celui-ci fut aussitôt conduit dans les cellules des Lautumiae, pour y être détenu en attendant sa comparution devant un tribunal. Quand Jugurtha envoya ses agents obtenir que Bomilcar fût libéré sous caution, ou du moins assigné à résidence dans la demeure d'un citoyen de bonne réputation, la requête fut repoussée. Bomilcar resterait dans la seule prison de Rome.

Les Lautumiae avaient été, quelques siècles auparavant, une simple carrière creusée à côté de l'Arx du Capitole. Désormais, elles pouvaient accueillir une cinquantaine de prisonniers, dans des cellules décrépies, sans véritable système de surveillance. Les prisonniers, dans la limite des murailles, allaient et venaient comme ils l'entendaient, et seuls les licteurs de garde les empêchaient d'en sortir ; dans certains cas exceptionnels, lorsqu'on avait affaire à quelqu'un de réellement dangereux, il était entravé. Le lieu étant d'ordinaire vide, la présence de licteurs constituait un événement ; grâce à eux, la nouvelle de l'incarcération de Bomilcar fut très vite connue dans tout Rome.

La médiocrité de Lucius Decumius était d'ordre purement social ; son cerveau, lui, fonctionnait remarquablement bien. Aussi, quand les rumeurs parvinrent jusqu'à la Subura, il comprit aussitôt que Bomilcar n'était autre que le prétendu Maurétanien Juba. Il partit sur l'heure pour les Lautumiae, où il entra le plus simplement du monde : il lui suffit de lancer un grand sourire aux deux licteurs de garde, puis de se frayer un passage entre eux à grands coups de coude.

Manquant de fonctionnaires, civils ou militaires, chargés de faire appliquer la loi, les autorités romaines avaient pour habitude d'exiger du Collège des licteurs qu'il leur fournisse des hommes pour toutes sortes de tâches spécifiques. Ils étaient près de trois cents en tout, très mal payés par l'Etat, et par conséquent tributaires de la générosité de ceux qu'ils servaient. Ils vivaient dans un bâtiment situé derrière le temple des Lares Praestites, sur la Via Sacra, et dont le seul avantage était de jouxter la meilleure auberge de Rome, où ils pouvaient toujours aller boire. Les licteurs escortaient tous les magistrats investis de l'*imperium*, et ils s'opposaient farouchement pour avoir l'occasion de servir un gouverneur en route pour l'étranger, ce qui leur permettrait d'avoir leur part de butin. Ils assuraient la garde des Lautumiae ou du Tullianum voisin, là où les condamnés à mort attendaient l'arrivée du bourreau. Etre de garde était la tâche la plus pénible qu'un licteur puisse se voir affecter : pas de pourboires, pas de pots-de-vin, rien. C'est bien pourquoi aucun des deux hommes rudoyés par Lucius Decumius ne prit la peine de se lancer à sa poursuite ; on leur avait dit de garder l'entrée, et c'est ce qu'ils faisaient. Rien de plus.

— Ohé, mon ami, où es-tu ? lança Decumius, d'une voix assez forte pour être entendue à l'autre bout de la ville.

Les cheveux de Bomilcar se dressèrent sur sa tête ; il se leva d'un bond. Ça y est, c'est la fin, se dit-il, attendant, comme assommé, que Decumius fasse son apparition, escorté par une troupe de magistrats.

Decumius se montra bel et bien, mais seul. Apercevant Bomilcar, il lui adressa un sourire désinvolte et entra dans la cellule — qui non seulement était dépourvue de porte, mais de surcroît comportait dans un mur une brèche assez vaste pour qu'un homme puisse la franchir en rampant. Décidément, l'idée même de prison était étrangère au mode de pensée des Romains...

— Eh bien, mon ami, qui t'a mouchardé ? demanda Decumius en perchant sa maigre carcasse sur un bloc de maçonnerie.

— Si ce n'était pas toi, crétin, c'est fait, à l'heure qu'il est ! répliqua Bomilcar en refrénant un tremblement.

Decumius le contempla, commençant à comprendre.

— Allons, allons, pas la peine de s'inquiéter pour ça, dit-il d'un ton apaisant. Il n'y a personne pour nous entendre, et les deux licteurs sont trop loin. J'ai entendu dire qu'on t'avait arrêté, et j'ai pensé que je ferais mieux de venir voir ce qui s'était passé.

— Agelastus. Marcus Servilius Agelastus.

— Tu veux que je m'en occupe comme du prince Massiva ?

— Disparais ! s'écria Bomilcar, désespéré. Ne comprends-tu pas qu'on va se demander pourquoi tu es venu ? Si quelqu'un t'a aperçu à côté de Massiva, tu es un homme mort !

— Allons, mon ami, allons, pas d'inquiétudes ! Personne ne sait qui je suis, et tout le monde se moque éperdument que je sois là. Nous ne sommes pas dans un donjon parthe ! On t'a jeté ici pour faire pression sur ton maître, et rien de plus. Ça leur est complètement égal que tu t'enfuies, ça prouvera simplement que tu es coupable, dit Decumius en désignant de la main l'ouverture dans la muraille.

— Je ne peux pas m'enfuir.

L'autre haussa les épaules.

— Comme tu voudras. Et cet Agelastus ? Tu veux qu'il disparaisse ? Je peux m'en charger, pour le même prix que la dernière fois. Tu me paieras après, j'ai confiance en toi.

Fasciné, Bomilcar parvint à la conclusion que Lucius Decumius parlait sérieusement. Il prit sa décision.

— Je crois que tu viens de gagner une nouvelle bourse pleine d'or.

— Où vit cet Agelastus ?

— Sur le Caelius, le long du Vicus Capiti Africae.

— Oh, un quartier neuf ! Agelastus a réussi, à ce que je vois ! Ça sera facile de le retrouver là-bas. Ne t'inquiète pas, je vais m'en charger immédiatement. Tu me paieras ensuite, quand ton patron te fera sortir de là. Fais-moi parvenir l'or là où tu m'as rencontré, je serai là pour en prendre livraison.

— Qu'est-ce qui te fait croire que mon maître va me faire libérer ?

— Parce que c'est évident, mon ami ! On ne t'a mis ici que pour lui faire peur. Encore un jour ou deux, et ils te laisseront sortir sous caution. A ce moment, suis mes conseils et rentre chez toi aussi vite que tu pourras. Surtout, ne reste pas à Rome, compris ?

— En laissant le roi à leur merci ? C'est impossible !

— Que crois-tu qu'ils pourront lui faire, ici ? L'assommer et le jeter dans le Tibre ? Jamais ! Ce n'est pas comme ça qu'ils s'y prennent. Ils ne tuent que pour une seule chose, leur précieuse République : la loi, la Constitution, tout ça. Ils peuvent tuer un tribun de la plèbe de temps à autre, comme les Gracques, mais jamais un étranger — pas à Rome, du moins. Ne t'inquiète pas pour ton maître, l'ami. Je parie que si tu t'enfuis, ils le laisseront rentrer aussi.

— Dire que tu ne sais même pas où est la Numidie ! dit Bomilcar, stupéfait. Tu n'es même jamais sorti de Rome ! Comment diable sais-tu ce que pensent les aristocrates romains ?

Lucius Decumius se leva.

— Ça, c'est autre chose. Comment un Romain ferait-il pour se donner un petit frisson quand il n'y a pas de jeux, sinon en allant au Forum ? Et ça n'est même pas la peine d'y aller, les nouvelles vous arrivent, comme ça.

Bomilcar lui tendit la main.

— Lucius Decumius, je te remercie. Tu es le seul homme honnête que j'aie rencontré à Rome. Tu auras ton argent.

— Et n'oublie pas : au siège de l'association ! Et si jamais des amis à toi ont besoin d'un coup de main, dis-leur que je suis toujours disponible !

Agelastus mourut, mais, Bomilcar étant emprisonné, et aucun des deux licteurs de garde n'ayant pensé à faire le rapprochement avec Decumius, le procès que Spurius et Aulus Albinus préparaient contre le Numide se trouva compromis. Certes, ils possédaient toujours la déposition, écrite et signée, d'Agelastus, mais son absence était un rude coup : il était leur unique témoin. Saisissant cette occasion, Jugurtha demanda au Sénat la libération sous caution de Bomilcar. Bien que Caius Memmius et Scaurus s'y soient farouchement opposés, le prisonnier finit par être relâché, en échange de cinquante personnes de la suite de son souverain, dont chacune fut confiée à la garde d'un sénateur. Jugurtha fit également don à l'Etat d'une importante somme d'argent, officiellement pour assurer les frais d'entretien de ces otages.

A peine libéré, Bomilcar s'enfuit vers Puteoli, et s'embarqua à bord du premier navire en partance pour l'Afrique. Le Sénat, de son côté, voulait en finir avec Jugurtha : rentre chez toi, lui dit-on en libérant les membres de sa suite — mais pas son argent. Sors de Rome, sors de l'Italie, sors de nos vies !

L'ultime vision que le roi de Numidie eut de la cité, ce fut depuis le sommet du Janiculum, où il avait fait grimper son cheval dans la seule intention de contempler l'image même de son destin. Sept collines, une mer de tuiles d'un rouge orangé, des murs de stuc aux couleurs vives. Une ville de terre cuite, vivante et animée. Jugurtha, bien qu'il ne vît rien qui lui parût digne d'admiration, la regarda longtemps, sachant que c'était la dernière fois.

— Une cité à vendre, finit-il par dire, et si elle trouve un acheteur, elle disparaîtra en un clin d'œil !

Et, faisant volte-face, il se dirigea vers la Via Ostiensis.

Clitumna avait un neveu. Etant le fils de sa sœur, il ne portait pas le nom de sa famille, Clitumnus ; son nom était Lucius Gavius Stichus — ce qui, pour Sylla, signifiait qu'un de ses ancêtres avait été esclave. Stichus était, par excellence, un nom d'esclave. L'intéressé, de son côté, prétendait qu'il venait du métier même exercé par sa famille depuis au moins son grand-père ; lui-même dirigeait une officine sur le Champ de Mars, qui procurait à sa clientèle de la main-d'œuvre servile. Pas de clientèle d'élite ; une affaire bien établie, qui se chargeait de satisfaire ceux à qui leur bourse ne permettait pas d'avoir plus de trois ou quatre esclaves.

Quand l'intendant l'informa que ledit neveu se trouvait dans le cabinet de travail, Sylla se dit qu'il était étrange que son chemin croisât celui de tant de Gavius. Trois en tout : Marcus Gavius Brocchus, compagnon de beuverie de son père, Quintus Gavius Myrto, le cher vieux *grammaticus* — et celui-là. Ce n'était pourtant pas un nom très répandu, ni particulièrement distingué.

L'ivrogne, pas plus que celui qui lui avait donné une excellente éducation, n'inspirait d'hostilité à Sylla ; il en allait autrement avec Stichus. S'il avait su que Clitumna devait recevoir la visite de son neveu, il se serait bien gardé de rentrer. Il passa donc un moment dans l'atrium à se demander ce qu'il allait faire : repartir, ou se cacher dans un coin où Stichus ne viendrait pas fourrer son nez crochu.

Le jardin. Après avoir lancé un sourire à l'intendant, pour le remercier de l'avoir prévenu, il passa devant le cabinet de travail et se rendit dans le péristyle, dénicha un banc un peu réchauffé par un faible soleil, et s'assit en regardant, sans la voir, une statue d'Apollon et Daphné que Clitumna adorait. Mais le dieu avait-il jamais été à ce point barbouillé ? La chevelure était d'un jaune agressif, les yeux d'un bleu grotesque, et la peau d'un rose ignoble.

— Qu'est-ce que je fais là ? demanda-t-il à la pauvre Daphné.

Elle ne répondit rien.

— Qu'est-ce que je fais là ? répéta-t-il à l'intention d'Apollon.

Le dieu resta silencieux.

Il posa les mains sur ses yeux, ferma les paupières et, une fois de plus, entreprit de se forcer, sinon à accepter Stichus, du moins à le supporter. Pense à un autre Gavius que lui. Pense à Quintus Gavius Myrto, à qui tu dois ton éducation.

Ils s'étaient rencontrés alors que Sylla venait d'avoir sept ans. Le jeune garçon, maigre mais déjà solide, aidait alors son père, comme d'habitude ivre, à rentrer dans l'unique pièce qu'ils occupaient alors, sur le Vicus Sandalarius. Sylla le père s'était effondré dans la rue, et Quintus Gavius avait aidé l'enfant : à eux deux, ils avaient ramené l'ivrogne chez lui, tandis que Myrto, fasciné par l'allure de Sylla, comme par l'excellent latin dans lequel il s'exprimait, ne cessait de le bombarder de questions.

Une fois le père déposé sur sa paillasse, le vieux *grammaticus* s'assit sur l'unique fauteuil et entreprit de soutirer à l'enfant tout ce qu'il pouvait savoir de l'histoire de sa famille. Il offrit au petit garçon de lui apprendre à lire et à écrire gratuitement. Le destin de Sylla l'accablait : un Cornelius si manifestement intelligent, contraint, pour le restant de ses jours, de vivre dans la pauvreté, perdu dans le plus misérable quartier de Rome ? Cette seule pensée lui était insupportable. Le garçon devrait au moins être en mesure de gagner sa vie comme scribe ! Et si, par miracle, la chance tournait et qu'il ait l'occasion de vivre la vie qu'il méritait par sa naissance, comment ferait-il s'il était analphabète ?

Sylla avait accepté, bien que choqué du caractère gratuit de l'enseignement. Chaque fois qu'il pouvait, il volait pour offrir au vieux Quintus Gavius Myrto un poulet bien gras, ou un denier d'argent; quand il fut un peu plus grand, il n'hésita pas à se prostituer. Si Myrto soupçonnait quelque chose à ce sujet, il n'en fit jamais état ; car il était assez avisé pour comprendre que le jeune garçon montrait ainsi à quel point il appréciait l'occasion inattendue qui lui était donnée d'apprendre.

Sylla savait que se voir enseigner la rhétorique et devenir un grand avocat resterait toujours un rêve, mais cela ne lui rendait que plus chers les efforts de Quintus Gavius Myrto. Car, grâce à lui, il sut parler le grec le plus pur, celui de l'Attique, et apprit au moins les rudiments de la rhétorique. La bibliothèque du vieillard était assez riche, et Sylla avait lu Homère, Pindare, Platon, Euclide, sans négliger les Latins : Ennius, Accius, Caton le Censeur. Dévorant tout ce sur quoi il pouvait mettre la main, il découvrit un monde qui lui faisait oublier, l'espace de quelques heures, sa propre situation, un monde de héros et de nobles actions, de faits scientifiques et de fantaisies philosophiques. Fort heureusement, la seule chose que son père n'eût pas perdue, c'était la pureté de son latin. Le jeune garçon n'avait donc rien à redouter de ce point de vue, bien qu'il parlât également à la perfection l'argot de la Subura.

Quintus Gavius Myrto officiait depuis toujours dans un coin tranquille du Macellum Cuppedinis, le marché aux fleurs et aux épices, installé à l'est du Forum. Il n'avait pas les moyens de disposer d'un local ; mais quelle meilleure façon, répétait-il, que de faire entrer la connaissance dans les crânes épais des jeunes Romains, au milieu du parfum des roses, des violettes, du poivre et de la cannelle ?

Myrto ne pouvait espérer devenir le précepteur de quelque jeune plébéien riche, ni même avoir une vraie salle de classe où se rassembleraient une douzaine de futurs chevaliers. Il enseignait la lecture, l'écriture et l'arithmétique en plein air, au milieu des cris, des injures et des appels à la clientèle. S'il n'avait pas été aimé de tous, et surtout s'il n'avait pas consenti un rabais aux garçons et aux fillettes dont les pères possédaient des étals dans le Cuppedinis, il aurait vite été délogé. Il exerça jusqu'à sa mort, qui survint alors que Sylla avait quinze ans.

Myrto demandait dix sesterces par élève et par semaine, et faisait cours à une quinzaine d'enfants. Il gagnait environ cinq mille sesterces par an ; il en prélevait deux mille pour une grande pièce très agréable dans une maison appartenant à l'un de ses anciens élèves ; il consacrait mille sesterces à se nourrir fort bien, lui et son esclave, et le reste passait en livres. Lorsqu'il ne faisait pas cours, on pouvait toujours le trouver dans les bibliothèques, les librairies et les maisons d'édition de l'Argiletum, large rue qui partait du Forum en longeant la Basilica Aemilia et le Sénat.

Quand, après la fin des cours, il retrouvait le jeune garçon, il ne manquait jamais de lui répéter :

— Ah, Lucius Cornelius, dire que, quelque part, quelqu'un a caché les œuvres d'Aristote ! Si seulement tu savais à quel point j'ai envie de les lire ! Une telle ampleur, un tel esprit — il a été le précepteur d'Alexandre le Grand ! On dit qu'il a écrit sur tous les sujets possibles : le bien, le mal, les étoiles, les atomes, les âmes, l'enfer, les chiens, les chats, les feuilles, les muscles, les dieux et les hommes ! Tant pis, tant pis, concluait-il, je ne devrais pas me plaindre, puisque j'ai Homère et Platon.

Il mourut pour avoir pris froid, et chacun put voir alors combien il était aimé. Quintus Gavius Myrto ne connut pas l'infamie des puits de chaux au-delà de l'Agger, sort réservé aux pauvres : il eut droit à une procession digne de ce nom, à des pleureuses professionnelles, à un éloge, à un bûcher parfumé de myrrhe, d'encens, de baume de Jéricho, et à une superbe pierre tombale pour abriter ses cendres. Les gardiens des registres des décès du temple de Vénus Libitina reçurent leur obole.

Sylla s'était mêlé, les yeux secs, à la foule qui escorta Quintus Gavius Myrto en dehors de la ville, jusqu'au lieu de la crémation, avait jeté dans les flammes un bouquet de roses, et payé sa part — un denier d'argent — à l'entrepreneur de pompes funèbres. Plus tard, cependant, tandis que son père gisait ivre mort, et que sa pauvre sœur s'efforçait tant bien que mal de mettre un peu d'ordre, il s'était assis dans un coin de la pièce où tous trois vivaient à l'époque, et avait médité avec une incrédulité douloureuse sur le trésor qui lui était revenu. Car Quintus Gavius Myrto avait réglé sa mort avec autant de soin que sa vie ; son testament, enregistré et archivé chez les Vestales — document au demeurant très simple, car il ne laissait pas d'argent liquide —, léguait au jeune homme tout ce qu'il possédait : ses livres, ainsi qu'un précieux modèle astronomique montrant le soleil, la lune et les étoiles gravitant autour de la Terre.

C'est seulement alors que Sylla avait pleuré : son meilleur ami — le seul, à vrai dire — n'était plus. Mais, chaque jour, il pourrait contempler la petite bibliothèque, et se souvenir.

— Un jour, Quintus Gavius, jura-t-il entre ses larmes, je retrouverai les œuvres perdues d'Aristote.

Bien entendu, il n'avait pas réussi longtemps à conserver les livres et la maquette. Un jour, il découvrit que le coin où il avait installé son matelas de paille était vide. Son père s'était emparé des pauvres trésors légués par Quintus Gavius Myrto, et les avait vendus pour boire. Sylla fut à deux doigts d'étrangler son géniteur ; fort heureusement, sa sœur s'était jetée entre eux pour les séparer. Peu de temps après, elle épousa son Nonius et partit avec lui à Picenum. Le jeune Sylla, lui, n'oublia ni ne pardonna jamais. A la fin de sa vie, alors qu'il possédait des milliers de livres et près de cinquante maquettes de l'univers, il songeait encore à la petite bibliothèque de son vieux maître, et à son chagrin.

Sylla revint au présent et au groupe violemment bariolé d'Apollon et de Daphné. Quand son regard croisa la statue, encore plus accablante, de Persée tenant la tête de la Gorgone, il faillit se lever d'un bond, se sentant enfin assez fort pour affronter Stichus. Il partit d'un pas lent en direction du cabinet de travail, pièce normalement réservée au seul usage du maître de maison; elle avait été attribuée, par défaut, à Sylla.

Quand celui-ci entra, le jeune crétin boutonneux se bourrait de figues confites, tout en passant des doigts collants et sales sur les rouleaux manuscrits qui s'accumulaient dans les casiers des murs.

— Oooh! hennit-il en voyant arriver Sylla, et il se hâta de retirer sa main.

— Je sais, fort heureusement, que tu es trop sot pour savoir lire, dit Sylla en claquant des doigts à l'adresse du serviteur resté à l'entrée — un joli Grec qui ne valait pas le dixième du prix que Clitumna avait payé pour lui.

— Apporte-nous un bol d'eau et un linge propre, et nettoie le gâchis de maître Stichus.

Puis, se tournant vers ce dernier:

— J'espère que tu ne crois pas que je conserve ici des livres illustrés obscènes, parce que ce n'est pas le cas! Je n'en ai pas besoin. C'est bon pour les gens qui n'ont pas assez de tripes pour faire quoi que ce soit. Des gens comme toi, Stichus.

— Un jour, répondit l'autre, cette maison et tout ce qu'elle contient m'appartiendront. Tu ne seras plus si arrogant, alors!

— Je te conseille d'offrir de nombreux sacrifices pour que ce jour ne se lève jamais, Lucius Gavius, parce qu'il a toutes les chances d'être le dernier de ton existence. Si Clitumna n'était pas là, je te découperais en morceaux et te jetterais aux chiens.

Stichus n'avait pas vraiment peur de Sylla: il le connaissait depuis trop longtemps. Il perçut toutefois le danger, et s'éloigna d'un air indécis — sachant de surcroît que sa vieille folle de tante ne pouvait être arrachée à la dévotion, proche de l'esclavage, qu'elle témoignait à cet individu. Lors de son arrivée, une heure plus tôt, il avait trouvé Clitumna et Nicopolis, sa compagne de débauche, dans un bien triste état, parce que leur cher Lucius Cornelius était parti on ne savait où, furieux. Quand Stichus eut enfin réussi à extorquer toute l'histoire à sa tante, de Metrobios au chahut qui avait suivi, il en fut révulsé.

Il se laissa donc tomber dans le fauteuil de Sylla, et dit:

— Grands dieux, grands dieux, avons-nous l'air d'un fier Romain, aujourd'hui! Ne serions-nous pas allé à la cérémonie d'intronisation des consuls? Quelle plaisanterie! Ta lignée est bien moins prestigieuse que la mienne.

Sylla l'arracha au fauteuil en plantant les doigts de la main droite d'un côté de la mâchoire de Stichus, et son pouce de l'autre. La prise était si atrocement douloureuse que la victime ne pouvait même pas hurler. Le temps, d'ailleurs, que le neveu ait retrouvé assez de souffle, il avait vu de près le visage de Sylla, et préféra se taire.

— Ma lignée ne te regarde pas. Et maintenant, sors d'ici.

— Tu ne seras pas toujours le maître! siffla Stichus, qui s'enfuit en direction de la porte, et manqua entrer en collision avec l'esclave, porteur d'un chiffon et d'un bol rempli d'eau.

— Mieux vaut n'y pas compter!

L'esclave entra dans la pièce en feignant de n'avoir rien remarqué. Sylla le toisa d'un air revêche.

— Nettoie-moi tout cela, ma fleur parfumée, dit-il avant de partir à la recherche des femmes.

Stichus était déjà chez Clitumna, qui s'était enfermée avec son cher neveu, et il valait mieux ne pas les déranger, lui apprit l'intendant, s'excusant presque. Sylla longea donc la colonnade du péristyle en direction de la suite de chambres où vivait Nicopolis.

— Tu sais, Lucius Cornelius, dit celle-ci en abandonnant ses travaux d'aiguille, si tu consentais, de temps en temps, à renoncer à tes grands airs, tu t'en tirerais beaucoup mieux.

Il s'assit en soupirant sur un sofa, s'enveloppant un peu plus chaudement dans sa toge, car il faisait froid dans la pièce, et laissa la servante, qu'on surnommait Bithye, lui ôter ses chaussures. C'était une gamine agréable, gaie, au nom imprononçable, venue du fin fond de la Bithynie. Clitumna l'avait achetée pour presque rien à son neveu, acquérant ainsi, sans l'avoir cherché, un véritable trésor. Quand elle en eut terminé, elle sortit de la pièce en toute hâte, et revint au bout de quelques instants avec une paire d'épaisses chaussettes de laine qu'elle enfila avec soin aux pieds, d'une blancheur de neige, de Sylla. Il passa négligemment la main dans les cheveux de la jeune esclave.

Elle rayonnait. Elle est gentille, songea-t-il avec une tendresse qui le surprit, avant qu'il ne se rende compte qu'elle lui rappelait la jeune fille d'à côté. Julilla...

— Que veux-tu dire? demanda-t-il à Nicopolis.

— Pourquoi diable ce petit crapaud avide de Stichus devrait-il hériter de tout quand Clitumna rejoindra ses ancêtres? Mon cher Lucius Cornelius, si tu changeais un rien de tactique, c'est à toi qu'elle laisserait tout. Et elle a beaucoup de biens, tu peux me croire!

— Qu'est-il en train de faire? Il se plaint que je l'ai frappé? s'enquit Sylla en prenant un bol de noix des mains de Bithye, qu'il gratifia d'un nouveau sourire.

— Evidemment! Et il en rajoute à plaisir. Je ne te blâme pas le moins du monde, c'est quelqu'un de détestable, mais il est son seul parent: elle l'aime et ne veut pas voir ses défauts. Mais elle t'aime encore davantage, arrogante fripouille que tu es! Alors, quand tu la verras, garde-toi de te montrer hautain, glacial, et de refuser de te justifier. Raconte-lui une histoire sur Stichus qui soit encore meilleure que celle qu'il est en train de lui raconter!

Intrigué, mais sceptique, il la regarda avec attention.

— Allons, elle ne sera jamais assez sotte pour me croire.

— Lucius, cher Lucius! Quand tu le veux, tu peux amener n'importe quelle femme à croire tout ce qu'il te passe par la tête. Essaie! Rien qu'une fois? Pour moi?

— Non. Je passerais pour un imbécile.

— Oh que non! Et tu le sais!

— Tout l'or du monde ne me ferait pas ramper devant les pareilles de Clitumna!

— Elle n'a pas tout l'or du monde, mais elle en a assez pour te faire entrer au Sénat, chuchota la tentatrice d'un air enjôleur.

— Non! Tu te trompes du tout au tout! Elle possède la maison, d'accord, mais elle dépense tout ce qu'elle gagne — et ce qu'elle peut conserver, c'est son neveu qui s'en charge.

— Hé non! Pourquoi crois-tu que ses banquiers boivent toutes ses paroles, comme si elle était Cornelia, la mère des Gracques? Elle a investi chez eux une véritable fortune, et ne dépense pas la moitié de ses revenus. D'ailleurs, reconnaissons-le, Stichus n'est pas à court non plus. Aussi longtemps que le comptable et le directeur de feu son père seront capables de travailler, ses affaires seront florissantes.

Sylla se redressa avec un sursaut.

— Nico, tu ne me racontes pas d'histoires, j'espère?

— D'habitude, si, mais pas cette fois, répondit-elle en faisant aller son aiguille au fil de laine pourpre mêlée d'or.

— Elle vivra centenaire, dit-il en s'étendant sur le sofa et en rendant le bol de noix à Bithye: il n'avait plus faim.

— C'est bien possible, j'en suis d'accord, commenta Nicopolis en plantant son aiguille dans la tapisserie et en y faisant glisser la laine avec un soin infini.

Ses grands yeux sombres contemplaient Sylla d'un air paisible.

— Mais peut-être ne sera-ce pas le cas. Elle n'est pas d'une famille où on vit très vieux, tu sais.

On entendit des bruits à l'extérieur; de toute évidence, Lucius Gavius Stichus prenait congé de sa tante.

Sylla se leva, laissa la servante chausser ses pieds de mules grecques, et ne parut pas remarquer que sa toge tombait sur le sol.

— D'accord, Nico, mais rien que pour cette fois-ci! dit-il en souriant. Souhaite-moi bonne chance!

Mais il partit avant même qu'elle en ait eu le temps.

La rencontre avec Clitumna se passa très mal; Stichus avait bien travaillé, et Sylla ne parvint pas à se montrer assez humble pour plaider sa cause, comme Nicopolis l'aurait voulu.

— Tout est ta faute, Lucius Cornelius, dit Clitumna d'un ton chagrin. Tu ne fais pas le moindre effort pour te montrer aimable avec mon pauvre garçon, alors que de son côté il essaie toujours de faire le premier pas!

— C'est un petit hypocrite crasseux, marmonna-t-il entre ses dents.

A ce moment, Nicopolis, qui écoutait aux portes, entra avec grâce et vint se blottir sur le sofa à côté de Clitumna, puis leva les yeux.

— Que se passe-t-il? demanda-t-elle d'un air innocent.

— Ce sont mes deux Lucius! Ils ne s'entendent pas, et je le voudrais tant!

Nicopolis prit la main de la veuve et la plaça contre sa propre joue:

— Oh, ma pauvre! Ce sont deux jeunes coqs, ils ne peuvent pas cohabiter.

— Eh bien, il faudra qu'ils apprennent, dit Clitumna, car la semaine prochaine, mon cher Lucius Gavius renonce à son appartement pour venir vivre avec nous.

— Alors, c'est moi qui m'en irai, dit Sylla.

Les deux femmes poussèrent des cris aigus.

— Ah, ça suffit! lança Sylla, qui vint placer son visage tout près de celui de la veuve. Il sait plus ou moins quelle est la situation ici, mais crois-tu qu'il va supporter de vivre dans la même maison qu'un homme qui couche avec deux femmes, dont sa propre tante?

Clitumna se mit à pleurer.

— Mais il veut venir ici! Comment dire non à mon propre neveu?

— Ne te donne pas cette peine! En partant d'ici, je résoudrai cette question!

Comme il s'apprêtait à sortir, Nicopolis le prit par le bras.

— Sylla, Sylla chéri, je t'en prie! Tu pourrais toujours coucher avec moi, et Clitumna nous rejoindrait chaque fois que Stichus ne serait pas là.

— Très habile! s'écria Clitumna en se raidissant. Tu le veux tout à toi, espèce de truie!

Nicopolis blêmit:

— Et que suggères-tu d'autre? C'est ta stupidité qui nous a mis dans une telle pagaille!

— *Taisez-vous, toutes les deux!* dit Sylla, avec ce chuchotement que tous ceux qui le connaissaient avaient appris à redouter bien davantage que ses cris. Vous allez aux spectacles de mime depuis si longtemps que vous finissez par y croire. Et essayez d'être un peu moins vulgaires! Toute cette situation est détestable, et je suis lassé de n'être qu'une moitié d'homme!

— Mais non! lança Clitumna, venimeuse. Tu es deux moitiés d'homme, l'une est à moi et l'autre à Nicopolis.

Impossible de dire ce qui faisait le plus mal, la fureur ou la souffrance. Sylla fixa les deux femmes d'un air mauvais, incapable de penser, incapable même de les voir.

— Je ne peux pas continuer ainsi!

— Absurde! Bien sûr que si, dit Nicopolis, qui savait parfaitement qu'il était là où elle voulait qu'il fût: à ses pieds. Maintenant, sors. Tu te sentiras mieux demain. Il en va toujours ainsi...

Il sortit, en route vers nulle part, et ses pas le menèrent, sans qu'il y prêtât attention, vers le Palatium, cette partie du Palatin qui dominait l'extrémité du Circus Maximus et la porte Capena.

Les demeures y étaient moins imposantes, et les espaces vides n'y manquaient pas: l'endroit n'était pas très recherché, parce que trop loin du Forum. Sans prendre garde au froid, vêtu de sa seule tunique d'intérieur, il s'assit sur une pierre. Il contempla ce qui l'attendait: il eut comme une vision de lui-même s'étendant à l'infini, jusqu'à un avenir terrifiant, un assemblage de chair et d'os qui ne servait absolument à rien. Il frémit jusqu'à s'entendre grincer des dents, et ne se rendit pas compte qu'il gémissait à voix haute.

— Es-tu malade? demanda une petite voix timide.

Levant les yeux il n'aperçut rien ; sa douleur l'empêchait de voir. Puis, lentement, elle apparut dans son champ visuel, du petit menton pointu aux cheveux d'or. Un visage en forme de cœur, aux yeux immenses, couleur de miel, et plein d'effroi. Elle s'agenouilla devant lui, vêtue de la même cape qu'elle portait lors des cérémonies.

— Julia! dit-il en frissonnant.

— Non, c'est ma sœur aînée. On m'appelle Julilla, répondit-elle en lui souriant. Lucius Cornelius, es-tu malade?

Il revenait peu à peu à lui-même; il perçut la fielleuse vérité de la remarque de Nicopolis: il se sentirait mieux demain. Ce qui lui était plus pénible que tout le reste.

— Ce n'est pas quelque chose qu'un médecin puisse guérir, répondit-il. J'aimerais tant devenir fou! Mais on dirait bien que je n'y arrive pas.

— Alors, c'est que les Furies ne veulent pas de toi.

— Tu es seule? s'enquit Sylla, d'un air désapprobateur. A quoi jouent tes parents pour te laisser errer dehors à une heure pareille?

— Ma suivante m'accompagne, dit-elle, tandis qu'une soudaine lueur espiègle passait dans ses yeux. C'est une bonne fille, fidèle et discrète.

— Tu veux dire qu'elle te laisse aller où tu veux et ne rapporte pas. Mais un de ces jours, tu te feras prendre.

— Jusque-là, pourquoi m'inquiéter?

Retombant dans le silence, elle étudia son visage avec une curiosité dont elle ne se rendait pas compte. De toute évidence, ce qu'elle voyait ne lui déplaisait pas.

— Rentre à la maison, Julilla, dit-il en soupirant. Si tu dois te faire prendre, mieux vaut que ce ne soit pas en ma compagnie.

— Parce que tu es un mauvais sujet?

Il eut un faible sourire.

— Si tu y tiens.

Quel dieu l'avait donc envoyée! Merci, ô divinité inconnue! Ses muscles se détendaient; il se sentit soudain plus léger. Etrange sensation pour quelqu'un comme lui.

— Je suis un mauvais sujet, Julilla.

— Absurde!

La voix de la jeune fille était pleine d'assurance. Il reconnut sans peine les symptômes d'une amourette de jeune fille, et ressentit le besoin d'y mettre fin de manière urgente, quitte à se montrer brutal. Mais cela lui était impossible. Elle ne le méritait pas. Pour elle, il fouillerait dans son sac à malice, et en sortirait le meilleur Lucius Cornelius Sylla, sans artifice, flagornerie ou souillure.

— Je te remercie de le croire, jeune Julilla, dit-il un peu platement, ne sachant trop ce qu'elle désirait entendre, et soucieux de se montrer à son avantage.

— J'ai un peu de temps. Si nous parlions?

Il se déplaça sur son rocher.

— D'accord. Mais assieds-toi là, le sol est trop humide.

— On dit que tu fais honte à ta lignée. Mais je ne vois pas

comment ce serait possible, puisque tu n'as pas eu l'occasion de faire tes preuves.

— Je suppose que c'est à ton père qu'on doit cette remarque.

— Laquelle?

— Que je fais honte à mon nom.

Elle fut choquée.

— Oh non! Pas mon père! C'est l'homme le plus sage du monde.

Elle avait entrepris d'arracher les longues herbes à la base du rocher, avant de les tresser, de ses doigts agiles, jusqu'à ce qu'elle en eût fait une couronne.

— Tiens, dit-elle en la lui tendant.

Il en eut le souffle coupé; il eut un pressentiment d'une terrible intensité, comme un spasme ; l'avenir s'ouvrit pour lui montrer quelque chose, mais se referma trop vite pour qu'il puisse voir quoi.

— Une couronne d'herbes! Pas pour moi?

— Bien sûr que si!

Comme il ne bougeait pas, elle se pencha et la lui déposa sur la tête:

— Ce devraient être des fleurs, mais à cette époque de l'année...

Elle n'avait pas compris! Ah, il ne lui révélerait rien.

— On ne donne de couronne qu'à celui qu'on aime, préféra-t-il dire.

— Mais c'est toi que j'aime!

— Ce n'est qu'une passade, ma petite, et, comme son nom l'indique, elle passera.

— Jamais!

Il se leva et éclata de rire.

— Allons! Tu as à peine quinze ans!

— Seize!

— Quinze, seize, quelle différence! Tu n'es qu'un bébé.

Le visage de la jeune fille, rouge d'indignation, se durcit.

— Je ne suis pas un bébé!

— Oh que si! Regarde-toi, toute bouffie! Un petit chiot obèse!

Voilà! C'était mieux! Cela la remettrait à sa place.

De fait, c'est ce qui arriva — et plus encore: elle en fut anéantie, toute lumière mourut en elle.

— Je ne suis pas jolie, peut-être! C'est pourtant ce que j'avais toujours cru!

— Grandir est chose difficile. Je suppose que tous les parents disent cela à leurs filles, mais le monde en juge autrement. Tu seras passable une fois que tu auras grandi, tu n'auras pas de peine à te trouver un époux.

— C'est toi que je veux!

— Pour le moment. De toute façon, il faudra bien que tu perdes tes illusions. Va-t'en. Allez, file!

Elle s'enfuit, laissant, loin derrière, sa servante, qui l'appela en vain. Sylla les suivit des yeux jusqu'à ce qu'elles disparaissent à sa vue.

La couronne d'herbes était toujours sur sa tête; levant la main, il la prit, mais, loin de la jeter, il resta là à la contempler, puis la glissa dans sa tunique et fit demi-tour.

Pauvre petite! Il lui avait fait du mal. Mais il fallait la décourager; il n'avait pas besoin de voir entrer dans sa vie la fille des voisins de Clitumna — dont le père, de surcroît, était sénateur.

A chaque pas, la couronne venait frotter contre sa peau. *Corona Graminea*. La couronne d'herbes. On la lui avait donnée *ici*, sur le Palatin, là où, des siècles auparavant, se dressait la cité de Romulus: un ensemble de huttes ovales aux toits couverts de chaume, assez semblables à celle dont on prenait tant de soin non loin des Marches de Cacus. Une couronne qui lui avait été offerte par une incarnation de Vénus — une Julia. C'était un présage.

— Si cela se réalise, je te bâtirai un temple, ô Vénus! lança-t-il à voix haute.

Car il voyait enfin quel chemin emprunter. Dangereux, presque désespéré. Mais néanmoins possible: rien à perdre, tout à gagner.

Le crépuscule était tombé quand il revint à la demeure de Clitumna. Les deux femmes, côte à côte, l'attendaient dans la salle à manger avant d'entamer le repas. C'était évident, il avait fait les frais de la conversation; car elles se séparèrent brusquement, et tentèrent de prendre un air innocent.

— Il me faut de l'argent! dit-il crûment.

— Lucius Cornelius... commença Clitumna, d'un ton indécis.

— Tais-toi donc, pitoyable vieille truie! Il me faut de l'argent!

— Lucius Cornelius!

— Je vais partir en voyage. C'est à vous de décider: si vous voulez que je revienne, donnez-moi mille deniers d'argent. Sinon, je quitte Rome à tout jamais.

— Nous t'en donnerons chacune la moitié, intervint Nicopolis.

— Maintenant!

- Il n'y a pas autant d'argent dans la maison! dit-elle.

— Je n'ai pas l'intention d'attendre.

Quand, un quart d'heure plus tard, Nicopolis se rendit dans sa chambre, il préparait déjà ses bagages. Se perchant sur son lit, elle le suivit des yeux en silence jusqu'à ce qu'il condescende à lui jeter un regard.

— Tu auras ton argent, Clitumna a envoyé l'intendant chez son banquier. Où comptes-tu aller?

— Je n'en sais rien, et cela m'est indifférent. Aussi loin que possible.

Chacun des mouvements de Sylla était aussi précis qu'efficace.

— Tu t'y prends comme un vrai soldat, dit-elle.

— Qu'en sais-tu?

— Oh, j'ai été la maîtresse d'un tribun militaire, autrefois. J'ai suivi l'appel du tambour. Tu te rends compte, ce qu'on peut faire par amour, quand on est jeune? Je l'adorais. Alors je l'ai suivi en Espagne, et de là en Asie, soupira-t-elle.

— Et que s'est-il passé? demanda-t-il tout en roulant sa meilleure tunique autour d'une culotte de cuir.

— Il a été tué en Macédoine, et je suis rentrée.

Elle se sentait le cœur envahi de pitié, mais pas pour son amant défunt, pour Lucius Cornelius: un lion pris au piège, condamné à une arène sordide. Pourquoi tombait-on amoureux? Cela faisait si mal. Elle eut un sourire contraint.

— Par testament, il me laissait tout ce qu'il possédait, et je suis devenue très riche. Le butin ne manquait pas, à cette époque.

— Mon cœur saigne, dit-il en enveloppant ses rasoirs dans leur fourreau de lin.

Le côté théâtral de ce propos échappa à Nicopolis dont le visage se crispa.

— C'est la faute de cette maison. Je la déteste! Nous sommes tous si malheureux! Combien de fois avons-nous eu l'occasion de nous dire des paroles aimables? Presque jamais. Des insultes, des injures, de la rancune. Pourquoi suis-je ici?

— Parce que tu te fais vieille, ma chère. Tu n'es plus la jeune fille qui faisait campagne en Espagne et en Asie.

— Et tu nous détestes. C'est peut-être de là que cela vient? De toi? Cela empire.

— Tu as raison. C'est précisément pourquoi je m'en vais pour un moment.

Il attacha les deux sacoches avec une courroie et les souleva sans effort.

— Je veux être libre. Je veux pouvoir dépenser à mon aise dans une petite ville de province où personne ne me connaît, boire et manger jusqu'à en vomir, mettre enceintes au moins une demi-douzaine de filles, me battre avec tous ceux qui croiront pouvoir m'affronter une main liée dans le dos, m'emparer de tous les gitons que je rencontrerai et m'occuper d'eux comme il faut.

Il eut un sourire mauvais.

— Et cela fait, mon ange, je te promets que je reviendrai

soumis, vers toi, Stichus et Clitumna, que nous serons heureux et que nous aurons beaucoup d'enfants.

Il ne lui dit pas qu'il emmenait Metrobios avec lui — pas plus, d'ailleurs, qu'il n'en avertit Scylax.

Par ailleurs, il ne confia à personne, même pas au jeune garçon, ce qu'il comptait faire. Car il ne s'agissait nullement de vacances. C'était une mission d'enquête. Sylla avait l'intention de s'intéresser à la botanique, aux simples, à la pharmacologie.

Il ne revint à Rome que vers la fin du mois d'avril. Il laissa Metrobios devant l'élégant appartement que Scylax occupait au rez-de-chaussée dans une demeure du Caelius, en dehors des murs Serviens. Il partit vers la Vallis Camenarum pour rendre le chariot et les mules qu'il avait loués. Puis, ayant payé son dû, il jeta ses sacoches sur son épaule et marcha vers la cité. Aucun serviteur n'avait voyagé avec lui; lui et Metrobios s'étaient contentés du personnel des auberges dans lesquels ils avaient séjourné, d'un bout à l'autre de la péninsule.

Remontant la Via Appia, il franchit la porte Capena, et la cité lui parut avenante. La légende voulait que le roi Servius Tullius eût édifié les murailles qui aujourd'hui portaient son nom. Comme tous les aristocrates, Sylla savait cependant qu'elles n'existaient pas voilà trois siècles, quand les Gaulois avaient mis la ville à sac. Ils étaient descendus des Alpes par hordes entières, se répandant dans l'immense vallée du Pô, avant de déferler dans toute la péninsule en longeant les côtes. Nombre d'entre eux s'étaient installés sur place, notamment en Ombrie et dans le Picenum. D'autres, ravageant l'Etrurie, s'étaient dirigés droit vers Rome et, l'ayant atteinte, avaient bien failli l'arracher à ses légitimes propriétaires. Ce n'est qu'après que les murs Serviens avaient été édifiés, tandis que les peuples italiques qui avaient mêlé leur sang à celui des Gaulois devenaient peu à peu des hors-caste méprisés. Rome n'avait plus jamais laissé ses remparts se délabrer; la leçon avait été amère, et la crainte d'une invasion barbare provoquait encore des frissons d'horreur chez tout Romain digne de ce nom.

Sur le seuil de la demeure de Clitumma, il respira profondément, puis frappa le heurtoir — et entra dans un monde de femmes hurlantes. Que Nicopolis et Clitumna soient ravies de le revoir était évident. Elles pleurèrent, gémirent, se jetèrent à son cou jusqu'à ce qu'il les repousse, puis ne cessèrent de lui tourner autour sans vouloir le laisser en paix.

— Avec qui dois-je coucher? demanda-t-il, tout en refusant de donner ses sacoches à un serviteur.

— Avec moi! dit Nicopolis, en jetant un regard de triomphe à la veuve, qui parut soudain accablée.

La porte du cabinet de travail était close, nota Sylla en suivant Nicopolis, laissant, dans l'atrium, Clitumna se tordre les mains.

— Je suppose que Stichus est bien installé, maintenant? demanda-t-il à Nicopolis comme ils atteignaient sa suite.

Elle ne répondit pas, tant elle brûlait d'envie de lui montrer l'endroit où il allait vivre. Elle lui avait abandonné son salon, très spacieux, ne conservant que la chambre à coucher et une pièce beaucoup plus petite. Il en fut rempli de gratitude et la regarda d'un air un peu triste; jamais il n'avait eu autant d'affection pour elle qu'en ce moment.

— Tout est à moi? interrogea-t-il.

— Tout, répondit-elle en souriant.

Il jeta les sacoches sur le sol et, impatient de connaître les mauvaises nouvelles, lança:

— Et Stichus?

Bien entendu, elle désirait par-dessus tout qu'il l'embrasse, lui fasse l'amour, mais elle le connaissait assez pour savoir qu'il ne chercherait pas un peu de réconfort sexuel simplement parce qu'il s'était absenté. Il faudrait attendre. Soupirant, Nicopolis dut tenir son rôle d'informatrice:

— Stichus est bien installé, en effet, dit-elle en se dirigeant vers les sacoches afin de les défaire pour lui.

Il l'écarta presque brutalement et les jeta derrière un coffre à vêtements. Puis il s'installa dans son fauteuil favori, placé derrière un bureau neuf. Nicopolis s'assit sur le lit.

— Je veux tout savoir.

— Ah, Stichus est là, et, bien entendu, il occupe la chambre du maître et le cabinet de travail. D'une certaine façon, ça s'est mieux passé qu'on aurait pu le supposer, car il est pénible à supporter en permanence, même pour Clitumna. Encore quelques mois, et je suis certaine qu'elle le jettera dehors. C'était très adroit de ta part de t'absenter, tu sais. Sur le moment, j'ai cru le contraire, c'est vrai, mais tu avais raison. Stichus est entré ici comme un général pendant son triomphe, et tu n'étais pas là pour faire de l'ombre à sa gloire. Les choses ont changé, c'est moi qui te le dis! Tes livres ont pris la direction des ordures, ainsi que tout ce que tu avais laissé. Mais ne t'en fais pas, rien n'a été perdu; les serviteurs t'adorent autant qu'ils le détestent, et ont tout récupéré — tout est quelque part ici.

— C'est bien. Continue.

— Clitumna a été consternée. Elle ne s'attendait pas à ça. A vrai dire, je ne crois pas qu'elle tenait tellement à ce qu'il vienne ici, mais elle n'a pas su refuser. Elle n'est peut-être pas très futée, mais elle savait parfaitement que, s'il l'exigeait, c'était avant tout pour te montrer la porte. Stichus n'est pas trop content non plus Que tu n'aies pas été là pour voir tes affaires jetées lui a un peu gâché le plaisir. Il n'y a eu ni querelles ni affrontements, rien que des serviteurs maussades et passifs, une tante en larmes, et moi, qui regarde à travers lui comme s'il n'existait pas.

La petite Bithye entra, portant un plateau de pâtisseries, le posa sur le bureau en lançant à Sylla un timide sourire, tout en regardant la courroie de cuir reliant les deux sacoches, qui dépassait derrière le coffre, et traversa la pièce pour les défaire, elle aussi. Il se déplaça si vite que Nicopolis ne le vit même pas intercepter la jeune fille; Sylla lui pinça la joue et la jeta dehors. Nicopolis le regarda en ouvrant de grands yeux.

— Tu t'inquiètes vraiment pour tes sacs! Qu'y a-t-il donc dedans? On dirait un chien avec un os.

— Verse-moi du vin, répondit-il en se rasseyant et en prenant un pâté sur le plateau.

Elle s'exécuta, mais n'entendait pas pour autant changer de sujet:

— Allons, Lucius Cornelius, qu'y a-t-il dedans que tu ne veuilles montrer?

Sylla plissa les lèvres et leva les bras au ciel pour témoigner de son exaspération.

— Qu'est-ce que tu crois? Cela fait presque quatre mois que je ne vous ai pas vues! J'ai pensé à vous, pas tout le temps, c'est vrai, mais j'y ai pensé! Surtout quand je découvrais telle ou telle petite chose qui pourrait plaire à l'une de vous.

Son visage rayonnait. En fait, Nicopolis ne se souvenait pas du moindre présent, même de peu de prix, à elle ou à Clitumna, de la part de Sylla. Elle était assez avisée pour savoir que cela trahissait une certaine pingrerie, et non sa pauvreté; car l'homme généreux donne toujours, même quand il n'a rien.

— Oh, Lucius Cornelius! C'est vrai? Je peux voir?

— Quand je serai prêt.

Il se leva, se dirigea vers le coffre à vêtements, ramassa les sacoches et les jeta sur son épaule.

— Je serai de retour à l'heure du dîner.

Bouche bée, elle le suivit des yeux.

— *Sylla!* Tu es l'individu le plus exaspérant du monde! Tu viens d'arriver, et voilà que tu repars! Ce n'est pourtant pas pour aller rendre visite à Metrobios, puisque tu l'avais emmené avec toi!

Il s'arrêta et la contempla en souriant:

— Ah, je vois! Scylax est venu pleurnicher?

— Tu peux le dire! Il est arrivé ici en tragédien jouant Antigone, et il est reparti en comédien jouant les eunuques! Clitumna lui a rabattu le caquet! répondit Nicopolis en riant.

— C'est bien fait pour ce vieux maquereau. Savais-tu qu'il avait délibérément empêché Metrobios d'apprendre à lire et à écrire ?

Mais elle pensait toujours aux sacoches.

— Tu ne nous fais pas assez confiance pour les laisser ici pendant que tu es sorti ?

— Je ne suis pas un imbécile, répondit-il en s'en allant.

Ah, la curiosité féminine ! Quel sot il était, de n'y avoir pas pensé ! Il partit donc pour le Grand Marché, et passa l'heure suivante à acheter frénétiquement avec ce qui lui restait de ses mille deniers. Les femmes ! Truies indiscrètes ! Pourquoi donc n'y avait-il pas songé ?

Ses deux sacoches chargées d'écharpes, de bracelets, de mules grecques, de colifichets pour les cheveux, il revint à la demeure de Clitumna, où le serviteur qui le fit entrer l'informa que les dames et maître Stichus étaient dans la salle à manger.

— Dis-leur que j'arrive tout de suite, lança-t-il en se dirigeant vers les appartements de Nicopolis.

Pour être tranquille, il ferma les volets de sa fenêtre et verrouilla la porte. Il jeta sur le bureau les cadeaux achetés en hâte, auxquels se mêlaient quelques nouveaux rouleaux. Délaissant la sacoche de gauche, il lança sur le lit les vêtements que contenait celle de droite. Puis il en tira deux paires de chaussettes roulées avec soin, dont il sortit deux petites fioles aux bouchons hermétiquement scellés à la cire, puis une simple boîte en bois, assez petite pour tenir au creux de sa paume, et dont il souleva le couvercle. Quelques onces de poudre blanchâtre. Il la referma et regarda autour de lui en fronçant les sourcils. Où ? Où ?

Il vit alors une rangée de coffres en bois plutôt décrépits, dont la forme était celle d'un temple : les reliques de la maison Cornelius Sylla. C'était là tout ce dont il avait hérité de son père ; si celui-ci ne les avait pas vendus pour boire, c'était sans doute faute d'avoir trouvé un acheteur. Cinq en tout, dont chacun avait la forme d'un cube de deux pieds de côté, des portes en bois peintes entre des colonnes, un fronton décoré de silhouettes gravées, et qui portait un nom. Le premier était celui de l'ancêtre commun aux sept lignées de la famille patricienne des Cornelius ; le deuxième, celui de Publius Cornelius Rufinus, consul et dictateur près de deux siècles plus tôt ; le troisième, celui de son fils, deux fois consul, une fois dictateur pendant les guerres samnites, avant d'être chassé du Sénat pour avoir thésaurisé des lingots d'argent ; le quatrième était celui du premier Rufinus à avoir été appelé Sylla, et qui était prêtre de Jupiter. Et le dernier était celui de son fils, le préteur Publius

Cornelius Sylla Rufinus, célèbre pour avoir fondé les *ludi Apollinares*, les jeux d'Apollon.

Sylla ouvrit le reliquaire de son premier homonyme — avec beaucoup de soin, car le bois était très fragile. Autrefois, les couleurs étaient vives, les minuscules figurines en relief bien nettes ; ce n'était plus le cas depuis longtemps. Un jour, il trouverait l'argent nécessaire pour les faire restaurer, et posséderait une demeure pourvue d'un atrium imposant, dans lequel il les exposerait avec fierté. Pour le moment, toutefois, il lui paraissait judicieux de dissimuler les deux fioles, et la boîte en bois dans celui de Sylla le *flamen dialis*, l'homme le plus sacré de Rome, parce qu'il servait Jupiter Optimus Maximus.

L'intérieur contenait un masque de cire grandeur nature, pourvu d'une perruque, et d'un parfait réalisme, tant il avait été coloré avec soin. Des yeux bleus fixèrent Sylla ; la peau de Rufinus était claire, mais moins que la sienne, et la chevelure, épaisse et bouclée, d'un roux carotte plus agressif que ses propres cheveux aux reflets dorés. Il y avait assez d'espace autour du masque pour qu'on puisse l'enlever, car il était fixé sur une âme de bois dont on pouvait le détacher. La dernière fois que Sylla l'avait sorti, c'était à l'occasion des funérailles de son père.

Sylla referma amoureusement les portes, puis tâta les marches du podium, qui paraissaient lisses et sans mystère. Mais, comme celui d'un véritable temple, ce podium était creux ; il trouva le bon endroit, et ouvrit le tiroir qui s'y dissimulait. Il n'était nullement conçu pour qu'on y cachât quelque chose, mais en vue d'abriter le relevé minutieux des hauts faits de l'ancêtre décédé, ainsi qu'une description physique détaillée — taille, allure, gestes familiers, caractéristiques corporelles. En effet, à la mort d'un Cornelius Sylla, on engageait un acteur qui se coiffait du masque et imitait l'ancêtre avec une telle exactitude qu'on avait l'impression que celui-ci était revenu sur terre pour voir son descendant quitter le monde.

Les documents relatifs à Publius Cornelius Sylla Rufinus étaient dans le tiroir, mais il y restait assez de place pour y glisser les bouteilles et la boîte ; Sylla s'assura que la cachette était indétectable. Rufinus saurait garder le secret.

Bien entendu, Lucius Gavius Stichus occupait la place d'honneur, à gauche, sur le sofa du milieu ; c'était l'une des rares salles à manger où les femmes préféraient s'étendre plutôt que de s'asseoir sur des chaises. Clitumna et Nicopolis n'étaient, ni l'une ni l'autre, portées à respecter les vieux usages.

— C'est pour vous ! dit Sylla en montrant les cadeaux aux deux femmes qui le suivaient des yeux depuis son entrée dans la pièce. Il avait choisi avec soin des objets qui auraient vraiment pu être achetés ailleurs qu'à Rome, et qu'aucune n'aurait honte de porter.

Mais, avant de se glisser avec aisance entre Clitumna et Nicopolis, il jeta devant Stichus un rouleau qu'il tenait en main.

— Un petit cadeau pour toi, Stichus!

Tandis que Sylla s'installait entre les deux femmes, qui l'accueillirent en gloussant, le jeune homme, fort surpris de se voir offrir un présent, dénoua les rubans maintenant l'ouvrage. Ses joues creuses, marquées d'acné, virèrent à l'écarlate; ses yeux exorbités contemplaient de superbes silhouettes masculines admirablement dessinées et peintes, dont on remarquait surtout les pénis en érection tandis que les personnages s'adonnaient avec ardeur à toutes sortes de prouesses athlétiques. Il réenroula le papyrus d'une main tremblante, puis dut, bien évidemment, trouver le courage de remercier son bienfaiteur — ce qui lui valut de croiser le terrifiant regard de Sylla, dans lequel on lisait un mépris sans fond.

— Merci, Lucius Cornelius, coassa Stichus.

— Ce n'est rien, Lucius Gavius.

A ce moment fut servi la *gustatio*, le premier plat — sans doute enrichi, songea-t-il, pour fêter mon retour: car aux olives, à la laitue et aux œufs durs venaient s'ajouter des saucisses de faisan et des morceaux de thon à l'huile. Sylla, qui s'amusait énormément, y fit honneur, jetant des regards en biais pleins de malice à Stichus, seul sur son sofa, tandis que sa tante se serrait d'aussi près que possible contre son amant, dont Nicopolis caressait sans pudeur le bas-ventre.

— Alors, quelles sont les nouvelles du front? demanda-t-il quand ils furent venus à bout de la nourriture.

— Pas grand-chose, répondit Nicopolis, trop occupée pour s'intéresser à la question.

Sylla se tourna vers Clitumna.

— Je ne la crois pas! dit-il tout en s'emparant de la main de la veuve, dont il entreprit de mordiller les doigts. Puis, surprenant l'expression de dégoût de Stichus, il se mit à les lécher avec volupté.

Fort heureusement, le *ferculum* — le plat principal — arriva. Clitumna, très gourmande, libéra sa main et s'empara de mouton rôti avec une sauce au thym.

— Nos voisins ont été très occupés, dit-elle entre deux bouchées. Sans doute pour compenser notre calme depuis que tu es parti! La femme de Titus Pomponius a eu un petit garçon en février.

— Grands dieux ! Encore un futur banquier ! Caecilia Pilia va bien, j'espère ?
— Tout à fait !
— Et chez Caius Julius César ? demanda-t-il en songeant à Julilla et à la couronne d'herbes.
— De grandes nouvelles ! Il y a eu un mariage ! Une grande affaire !
Le cœur de Sylla parut tomber, comme une pierre, jusqu'au fond de ses entrailles. Une sensation des plus bizarres.
— Ah bon ? dit-il d'un ton détaché.
— La fille aînée de Caius Julius s'est mariée, devine avec qui ? *Caius Marius !* Répugnant, non ?
— Caius Marius ?
— Tu ne sais pas qui c'est ?
— Je ne crois pas. Marius... ce doit être un Homme Nouveau.
— En effet. Il a été préteur il y a cinq ans, et, bien entendu, n'est jamais parvenu au consulat. Mais il a été gouverneur d'Ibérie Ultérieure, et y a fait fortune. Des mines, et tout ce qui va avec.
Pour une raison inconnue, Sylla se souvint de l'homme qui ressemblait à un aigle, lors des cérémonies d'intronisation des deux consuls ; il portait une toge bordée de pourpre.
— De quoi a-t-il l'air ?
— Il est grotesque ! Des sourcils énormes ! On dirait des chenilles poilues ! Il a au moins trente ans de plus que Julia, la pauvre !
Stichus eut le sentiment qu'il était temps de dire quelque chose :
— Qu'est-ce que ça a de surprenant ? A Rome, au moins la moitié des femmes épousent des hommes assez âgés pour être leurs pères.
Nicopolis fronça les sourcils.
— Je n'irais pas jusque-là, Stichus. Le quart, tout au plus.
— Répugnant ! dit l'autre.
Elle se redressa pour mieux le contempler avec mépris :
— Répugnant ? Laisse-moi te dire, face de pet, que du point de vue des jeunes filles, il y a beaucoup à dire en faveur des hommes mûrs ! Au moins ils ont appris à être raisonnables et attentionnés ! Les plus mauvais de mes amants avaient tous moins de vingt-cinq ans. Ils croyaient tout savoir et n'y connaissaient rien. C'était terminé avant même d'avoir commencé.
Stichus, seulement âgé de vingt-trois ans, prit la mouche :
— Ah bon ! Toi aussi tu crois tout savoir, on dirait !
Elle lui lança un regard froid.
— Plus que toi, en tout cas, face de pet !
— Allons, allons ! s'écria Clitumna. Il faut que nous soyons tous heureux, ce soir ! Notre cher Lucius Cornelius est de retour !

Le cher Lucius Cornelius s'empara de la veuve et la fit rouler sur le sofa, et la chatouilla jusqu'à ce qu'elle pousse des cris aigus et se mette à donner des coups de pied en l'air. Nicopolis se jeta à son tour sur Sylla, et l'on en vint vite à une véritable mêlée.

C'en était trop pour Stichus; prenant le rouleau qu'on lui avait offert, il se leva et sortit à grands pas, sans d'ailleurs que les autres s'en aperçoivent. Comment diable allait-il faire pour se débarrasser de cet homme? Sa tante en était folle! Même en l'absence de Sylla, il n'avait pas réussi à la convaincre de le chasser. Elle se mettait à pleurer et disait qu'il était dommage que tous deux, qu'elle aimait tant, ne pussent s'entendre.

Stichus avait à peine mangé, mais il ne s'en inquiétait guère ; en effet, le cabinet de travail abritait toutes sortes de gâteries — une jarre de figues au sirop, ses préférées, un petit plateau de pâtisseries au miel, des confitures parfumées venues tout droit de chez les Parthes, des raisins secs, des gâteaux, du vin au miel. Il pouvait se passer de mouton rôti et de brocolis: il avait, comme on dit, le bec sucré.

La main sous le menton, Lucius Gavius Stichus mâchonna des figues en étudiant avec attention les illustrations du rouleau qu'il avait reçu en cadeau, et lut le bref texte en grec qui les accompagnait. Bien entendu, il n'ignorait pas que ce présent était une façon de lui faire comprendre que Sylla, lui, n'avait nul besoin de ce genre d'ouvrages, mais cela n'empêchait pas le jeune homme d'éprouver le plus vif intérêt: Stichus n'était pas orgueilleux à ce point. Ah! Ah Ah! Il se passait quelque chose d'intéressant sous sa tunique brodée! Il y glissa furtivement la main vers son bas-ventre sans que la jarre de figues, seul témoin de la scène, s'en émeuve.

Le lendemain matin, cédant à une impulsion qu'il se méprisait d'éprouver, Lucius Cornelius Sylla traversa le Palatin pour se rendre à cet endroit du Palatium où il avait rencontré Julilla. On était désormais au printemps, et les fleurs étaient partout, pommiers et pêchers avaient fleuri; le rocher sur lequel il s'était assis en janvier disparaissait presque sous une herbe abondante.

Julilla était là, avec sa servante: elle paraissait avoir maigri. Quand elle le vit, une joie triomphante l'envahit. Qu'elle était belle! Jamais, dans toute l'histoire de l'humanité, une mortelle n'avait été si belle! Frissonnant, Sylla s'arrêta net, rempli d'une crainte proche de la terreur. Vénus! Elle était Vénus, celle qui gouvernait la vie et la mort. Car qu'était la vie, sinon l'instinct génésique, et la mort, sinon sa disparition? Tout le reste était superstitions inventées par les hommes pour se convaincre qu'il devait y avoir autre chose. Toutefois, si elle était Vénus, cela suffisait-il à faire de lui le dieu Mars, l'égal de la divinité — ou Anchise, le simple mortel vers lequel elle s'était penchée pour l'aimer, le temps d'un battement de cœur?

Non: il n'était pas Mars. Qui pouvait-il être, sinon Anchise, dont toute la gloire tenait à ce que Vénus avait consenti à baisser les yeux vers lui? Il frémit de rage, tourna vers la jeune fille sa frustration haineuse, possédé par un besoin irrépressible de frapper, de réduire Vénus à la simple Julilla.

— J'ai entendu dire que tu étais rentré hier, dit-elle sans bouger.

— Ah? Tu avais lâché tes espions? répondit-il sans se rapprocher.

— Ce n'est pas nécessaire, dans notre rue, Lucius Cornelius. Les serviteurs sont au courant de tout.

— Eh bien, j'espère que tu ne crois pas que je suis revenu pour toi, parce que ce n'est pas le cas. Je suis venu ici pour chercher un peu de paix.

— Tu veux dire que je te dérange? demanda-t-elle d'un ton bien assuré pour quelqu'un d'aussi jeune.

Il eut un petit rire.

— Grands dieux, il faut vraiment que tu grandisses! J'ai dit que je venais ici chercher un peu de paix, c'est que je savais l'y trouver, non? Il s'ensuit, logiquement, que tu ne me déranges pas le moins du monde.

— Pas du tout! Cela veut simplement dire que tu ne t'attendais pas à me trouver ici.

— Ce qui mène tout droit à l'indifférence.

Le combat était inégal, bien sûr. Le visage de la jeune fille se crispa, mais elle parvint à ne pas pleurer, et le contempla, ahurie, incapable de faire le lien entre ce qu'il disait, et ce que son propre cœur lui affirmait, à savoir qu'il était pris dans ses filets.

— Je t'aime! finit-elle par lancer, comme si cela suffisait à tout expliquer.

Nouveau rire:

— A quinze ans! Que sais-tu de l'amour?

— Seize!

— Ecoute, dit-il d'un ton acerbe, laisse-moi tranquille! Non seulement tu m'ennuies, mais de surcroît tu m'es insupportable.

Et, faisant demi-tour, il s'éloigna sans jeter un regard en arrière.

Julilla n'éclata pas en sanglots — ce qui aurait pourtant mieux valu. Car une bonne crise de larmes l'aurait convaincue qu'elle se trompait, qu'elle n'avait aucune chance de le capturer. Elle s'en alla retrouver Chryséis, sa servante.

— Ce sera difficile, dit-elle, mais ça ne fait rien. Tôt ou tard il sera à moi, Chryséis.

— Je ne crois pas qu'il soit amoureux de toi.

— Bien sûr que si ! dit la jeune fille d'un ton méprisant. Il est *follement* amoureux de moi !

Connaissant sa maîtresse depuis longtemps, la servante préféra tenir sa langue, et, au lieu de la raisonner, soupira et haussa les épaules :

— Fais comme tu veux.

Elles reprirent le chemin de la maison, séparées par un silence inhabituel, car elles étaient presque du même âge, et avaient été élevées ensemble. Toutefois, quand elles parvinrent à hauteur du grand temple de Magna Mater, Julilla dit, d'une voix résolue :

— Je refuserai de manger, désormais.

Chryséis s'arrêta net.

— Et pour quoi faire ?

— En janvier, il a dit que j'étais trop grosse. Et c'est vrai.

— Julilla, c'est faux !

— Si, c'est vrai. C'est bien pourquoi je n'ai plus mangé de sucreries depuis. Je suis un peu plus mince, mais pas assez. Il aime les femmes maigres. Regarde Nicopolis, elle a des bras qui ressemblent à des bâtons.

— Mais elle est vieille ! Ça n'a rien de comparable. Et d'ailleurs, tu vas inquiéter tes parents si tu ne veux plus manger : ils vont croire que tu es malade !

— Parfait ! Si c'est ce qu'ils croient, Lucius Cornelius le croira aussi. Et il va s'inquiéter.

Chryséis ne put lui opposer aucun argument plus convaincant. Aussi fondit-elle en larmes, ce dont Julilla fut ravie.

Quatre jours après le retour de Sylla, Lucius Gavius Stichus se mit à souffrir d'un désordre digestif qui le laissa prostré. Alarmée, Clitumna fit venir une bonne demi-douzaine des médecins les plus cotés du Palatin, qui tous diagnostiquèrent un début d'empoisonnement provoqué par la nourriture.

— Vomissements, coliques, diarrhée... le tableau est classique, dit leur porte-parole, le Romain Publius Popillius.

— Mais il a mangé la même chose que nous tous ! s'écria Clitumna. En fait, il mange beaucoup moins, et c'est d'ailleurs ce qui m'inquiète le plus.

— Ah, maîtresse, je crains que vous ne fassiez erreur, zézaya Athénodore de Sicile, qui, fidèle à la tradition grecque, avait enquêté en profondeur et fouiné dans toutes les pièces donnant sur l'atrium, puis dans celles entourant le jardin. Il ajouta :

— Vous savez sans doute que le cabinet de travail de Lucius Gavius est une vraie boutique de confiserie ?

— Une vraie boutique de confiserie ! Quelques figues et des pâtisseries, c'est tout ! D'ailleurs, il y touche à peine.

Les six hommes de l'art se regardèrent.

— Maîtresse, vos serviteurs m'ont dit qu'il en mangeait jour et nuit, dit Athénodore de Sicile. Je vous suggère de le convaincre d'y renoncer. S'il mangeait mieux, non seulement ses troubles digestifs prendraient fin, mais de surcroît sa santé serait bien meilleure.

Lucius Gavius Stichus assistait à la conversation, étendu sur son lit, trop faible, après une violente purge, pour se défendre, et ses yeux globuleux passaient d'un visage à l'autre à mesure que chacun prenait la parole.

— Il a des boutons, et sa peau a pris une bien vilaine couleur, dit un Grec athénien. Il prend de l'exercice ?

— Il n'en a pas besoin, répondit Clitumna, dont la voix trahit, pour la première fois, un certain doute. Il ne cesse de courir d'un endroit à l'autre pour ses affaires, il n'arrête jamais.

— Quelle est ta profession, Lucius Gavius ? demanda l'Ibère.

— Je suis marchand d'esclaves.

Tous les médecins, à l'exception de Publius Popillius, ayant été esclaves eux-mêmes, leurs regards se figèrent, et ils s'éloignèrent sous prétexte qu'il était temps de partir.

— S'il veut quelque chose de sucré, qu'il s'en tienne au vin au miel, dit Publius Popillius. Rien de solide pendant encore un jour ou deux, et puis, s'il a de nouveau faim, qu'il mange normalement. Mais j'ai bien dit normalement, maîtresse ! Des fèves, des salades, des collations froides, et pas de confiseries !

L'état de Stichus s'améliora au cours de la semaine suivante, mais il ne recouvra jamais complètement la santé. Il avait beau se contenter de plats nourrissants, il souffrait toujours périodiquement de nausées, de vomissements, de crampes et de dysenterie. Sans être aussi graves que la première fois, ces troubles suffisaient à l'affaiblir. Il se mit à perdre du poids, mais de manière imperceptible, et personne, dans la demeure, ne s'en rendit vraiment compte.

A la fin de l'été, il lui était devenu impossible de se traîner jusqu'à son bureau du Porticus Metelli. Il avait perdu tout intérêt pour le superbe cadeau que lui avait donné Sylla, et absorber la moindre nourriture était devenu un supplice. Il ne pouvait plus tolérer que le vin au miel — et encore, pas toujours.

Quand vint septembre, tous les médecins de Rome avaient été appelés à son chevet. Les diagnostics succédaient aux diagnostics, et les traitements aux traitements, surtout lorsque Clitumna eut décidé de recourir aux services des guérisseurs.

— Qu'il mange ce qu'il veut, disait l'un.

— Qu'il ne mange rien, jeûner le guérira, disait l'autre.

— Qu'il ne mange que des fèves, suggéra un pythagoricien.

— Consolez-vous en pensant que cela n'est pas contagieux, dit Athénodore de Sicile. J'ai tendance à croire que c'est une tumeur maligne dans l'intestin grêle. Assurez-vous cependant que tous ceux qui l'approchent se lavent les mains avec soin.

Deux jours plus tard, Lucius Gavius Stichus mourut. Folle de chagrin, Clitumna quitta Rome juste après les funérailles, en suppliant Sylla et Nicopolis de la suivre à Circei, où elle avait une villa. Mais tous deux refusèrent. Sylla l'accompagna pourtant jusqu'à la côte campanienne.

Une fois de retour, il embrassa Nicopolis et quitta ses appartements.

— Je m'en vais reprendre ma chambre et le cabinet de travail. Après tout, maintenant que Stichus est mort, elle n'a plus guère que moi pour lui tenir lieu de fils.

Il était occupé à brûler le magnifique rouleau illustré. Le visage tordu de dégoût, il lança à Nicopolis, qui suivait la scène depuis l'entrée:

— Regarde-moi ça! Toute la pièce est collante!

La carafe de vin au miel avait laissé une auréole sur la précieuse console de citronnier placée contre le mur. Sylla souleva le récipient, contempla la tache désormais indélébile, et siffla entre ses dents:

— Quel cafard! Enfin, adieu, Stichus!

Et, par la fenêtre ouverte, il jeta la carafe à travers le péristyle. Elle alla se briser contre le socle de la statue d'Apollon et Daphné. Une énorme tache de vin sirupeux souilla le marbre poli, et se mit à dégouliner en longs ruisseaux qui imbibèrent le sol. Nicopolis, qui avait couru à la fenêtre pour mieux voir, gloussa.

— Tu l'as dit: quel cafard!

Elle envoya Bithye nettoyer la catastrophe avec un chiffon et un peu d'eau.

Personne n'eut le temps de voir la poudre blanche adhérant au marbre — qui était de la même couleur. L'eau fit son œuvre: la poudre disparut. Bithye tordit son chiffon et vida sa bassine sur les pensées du jardin.

— Bithye! lança Sylla. Lave-toi les mains, et comme il faut! On ne sait pas de quoi Stichus est mort, et il aimait beaucoup trop le vin au miel. Allez, vas-y!

Bithye s'exécuta, rayonnante: il l'avait remarquée!

— Aujourd'hui, j'ai découvert un jeune homme exceptionnel, dit Caius Marius à Publius Rutilius Rufus.

Ils étaient dans l'enceinte du temple de Tellus, sur les Carinae, qui se trouvait à côté de la demeure de Rutilius Rufus et, en cette venteuse journée d'automne, offrait un peu de soleil. Ce sera parfait, avait-il expliqué en guidant son visiteur vers un banc de bois.

Le temple lui-même était vaste, mais en assez triste état.

— On néglige trop nos vieilles divinités, de nos jours, et surtout Tellus, avait-il poursuivi tandis qu'ils s'asseyaient. Tout le monde est bien trop occupé à se prosterner devant cette Magna Mater venue d'Asie, pour se souvenir que Rome est mieux servie par sa propre déesse de la Terre!

C'était pour dissiper le malaise que faisait naître la plus vieille et la plus mystérieuse des déesses du panthéon romain que Caius Marius avait choisi de faire allusion à sa rencontre avec le jeune homme. Sa ruse connut un succès complet:

— Et qui était-ce?

— Le jeune Marcus Livius Drusus, qui doit avoir.... oh, dix-sept, dix-huit ans?

— Mon neveu?

— *Ton neveu?* demanda Marius en le regardant fixement.

— Du moins si c'est le fils du Marcus Livius Drusus qui a eu droit au triomphe en janvier, et qui entend se faire élire censeur l'année prochaine.

Marius éclata de rire et hocha la tête.

— Pourquoi est-ce que j'oublie toujours ce genre de choses?

— Sans doute, répondit Rutilius Rufus d'un ton sec, parce que mon épouse Livia — la sœur du père de ton intéressant jeune homme, si cela peut te rafraîchir la mémoire — est morte depuis des années, ne sortait jamais, et ne dînait jamais en ma compagnie quand je recevais. Les Livius Drusus ont malheureusement tendance à briser leurs femmes. Enfin, elle m'a donné deux beaux enfants, mais jamais une occasion de me plaindre. Je la chérissais.

— Je sais, répondit Marius, mal à l'aise, et fort mécontent d'avoir commis un impair. Ne serait-il donc jamais capable de se souvenir de ce genre de choses ? Mais Rutilius Rufus avait beau être un vieil ami, il ne se souvenait pas d'avoir seulement rencontré sa timide petite épouse. Il crut bon d'ajouter:

— Tu devrais te remarier.

— Pourquoi diable? Non, merci! Je préfère donner libre cours à mes passions en écrivant des lettres. De toute façon, pourquoi as-tu si bonne opinion de mon neveu?

— Il y a quelques jours, j'ai rencontré plusieurs groupes d'alliés italiques, tous de nations différentes, et se plaignant amèrement que Rome fasse mauvais usage des troupes qu'elle lève chez eux. D'après moi, ils ont de bonnes raisons pour cela. Depuis plus de dix ans, tous les consuls ou presque ont gaspillé les vies de leurs soldats avec la même indifférence que si les hommes étaient des moineaux ! Et les troupes de nos alliés sont toujours les premières à périr : c'est devenu une coutume de les envoyer avant les Romains de souche, chaque fois qu'il y a des pertes à redouter. Il est rare qu'un consul se souvienne que les soldats des alliés italiques sont, dans leurs nations, des hommes de qualité, et qu'ils sont rétribués par elles, non par Rome.

Rutilius Rufus connaissait trop bien Marius pour croire que ce qu'il venait de dire était sans rapport aucun avec son neveu. Il choisit donc de le suivre dans ce qui semblait être une digression :

— Les alliés se sont placés sous la protection militaire pour unifier les défenses de la péninsule. En échange des soldats qu'ils nous fournissent, on leur accorde un statut particulier, et bien des avantages. De cette façon, nous combattons tous pour la même cause. Sinon, chaque nation italique en serait encore à combattre les autres, et y perdrait sans doute plus d'hommes qu'aucun consul n'en a jamais gaspillé !

— Ils auraient pu tout aussi bien former une seule nation italique, au contraire !

— Cher Caius Marius, l'alliance avec Rome est un fait, et dure depuis deux ou trois cents ans. J'avoue ne pas voir où tu veux en venir.

— Les députations qui sont venues me voir affirment que Rome emploie leurs troupes dans des guerres à l'étranger qui ne sont d'aucun intérêt pour l'Italie, prise dans son ensemble, répondit Marius. Au départ, nous avions appâté les nations voisines en leur promettant la citoyenneté romaine. Mais cela fait près de quatre-vingts ans qu'aucune communauté italique ou latine n'en a bénéficié, tu le sais aussi bien que moi. Il a fallu la révolte de Fregellae pour contraindre le Sénat à quelques concessions !

— C'est simplifier un peu les choses. Nous n'avons jamais promis à nos alliés une accession générale à la citoyenneté. Nous leur avons offert d'y parvenir graduellement, en échange de leur loyauté, et de leur accorder d'abord les droits latins.

— Publius Rutilius, ces droits ne signifient rien ! Il s'agit au mieux d'une citoyenneté de seconde classe, qui ne leur permet pas de voter lors de la moindre élection.

— Certes, mais tu dois bien reconnaître qu'en quinze ans, depuis la révolte de Fregellae, les choses se sont améliorées pour ceux qui en disposent. Tout magistrat d'une ville jouissant des droits latins se voit désormais accorder la pleine citoyenneté romaine pour lui et sa famille.

— Je sais, je sais, et cela signifie qu'il existe désormais, dans chacune de ces cités, une importante communauté de citoyens romains, qui d'ailleurs ne cesse de croître! Sans compter qu'il s'agit exactement des gens qu'il faut — des propriétaires très influents localement —, et dont on peut être certain qu'ils voteront bien à Rome.

— Et quel mal y a-t-il à cela?

— Tu sais, Publius Rutilius, tu as beau avoir l'esprit ouvert, à bien des égards tu restes un aristocrate romain aussi obtus que Cnaeus Domitius Ahenobarbus! lança Marius, qui perdait son calme. Pourquoi ne vois-tu pas que Rome et l'Italie bénéficieraient d'une union fondée sur l'égalité?

— Parce que ce n'est pas le cas, répondit l'autre. Caius Marius, franchement! Comment peux-tu, à Rome même, défendre l'égalité politique entre purs Romains et Italiques? Rome n'est pas l'Italie! Et ce n'est pas par accident qu'elle est devenue la première cité du monde — sans d'ailleurs s'en remettre pour cela aux troupes italiques! Rome est différente.

— Tu veux dire qu'elle est supérieure.

— Oui! Rome est Rome.

— Publius Rutilius, t'est-il jamais venu à l'idée que, si Rome admettait toute l'Italie — y compris la Gaule italique du Pô! — au sein de son hégémonie, elle en sortirait grandie?

— Absurde! Elle cesserait tout simplement d'être Rome.

— Mais la situation actuelle est absurde! L'Italie est une véritable mosaïque! Certaines régions jouissent de la pleine citoyenneté, d'autres des simples droits latins, d'autres encore n'ont que le statut d'alliées, et toutes sont mélangées les unes aux autres. Alba Fucentia et Aesernia, par exemple, qui ont les droits latins, sont encerclées par les Marses et les Samnites, des colonies de citoyens sont implantées en plein milieu des Gaulois de la plaine du Pô. Comment veux-tu qu'il y ait le moindre sentiment d'unité avec Rome?

— Cela permet de les tenir en lisière. Ceux qui jouissent de la pleine citoyenneté, ou même des droits latins, ne nous trahiront pas. Cela ne leur rapporterait rien, quand on pense à la seule alternative qui leur reste.

— Tu veux dire la guerre avec Rome.

— Je n'irais pas aussi loin. Cela leur vaudrait une perte de privilèges que les communautés latines et romaines trouveraient insupportable. Sans parler d'une perte de prestige social.

— La *dignitas* compte plus que tout.

— En effet.

— Tu crois donc que les hommes influents, au sein de ces communautés, s'opposeraient à la conclusion d'une alliance contre Rome entre les nations italiques?

Rutilius Rufus parut choqué.

— Caius Marius, pourquoi prends-tu de telles positions? Tu n'es pas Caius Gracchus, et certainement pas un réformateur!

Marius se leva, et se mit à marcher de long en large, puis fit volte-face pour plonger ses yeux dans ceux de Publius Rutilius — lequel, bien plus petit que lui, semblait sur la défensive:

— Tu as raison, Publius Rutilius, je ne suis pas un réformateur, et me comparer à Caius Gracchus ferait rire tout le monde. Mais je suis un homme pratique, et me flatte d'avoir plus que ma part d'intelligence. Au demeurant, je ne suis pas un pur Romain, ce que d'ailleurs tout pur Romain ne se fait jamais faute de me rappeler. Peut-être mes origines paysannes me permettent-elles d'avoir un point de vue plus détaché. Et je prévois de graves troubles dans toute l'Italie, crois-m'en, Publius Rutilius! J'ai discuté avec nos alliés, il y a quelques jours, et j'ai senti souffler le vent du changement. Pour le bien même de Rome, j'espère que les consuls qui se succéderont ces prochaines années feront des troupes italiques un usage plus judicieux que leurs prédécesseurs.

— Moi aussi, bien que pour des raisons un peu différentes. La nullité militaire est chose criminelle, surtout si elle entraîne la mort de nos soldats, qu'ils soient italiques ou romains. Assieds-toi, je t'en prie! Je vais attraper un torticolis!

— Tu es vraiment pénible! lança Marius, qui s'assit néanmoins, et étendit les jambes.

— Me trompé-je si je comprends, par ton discours, que tu es en train de te constituer une clientèle ?

— Non, tu ne te trompes pas...

Marius contempla son anneau de sénateur — en or, et non en fer, comme le voulait une tradition que seules les vieilles familles sénatoriales observaient encore —, et poursuivit:

— Et je ne suis pas le seul! Cnaeus Domitius Ahenobarbus a agi de même avec des villes entières, essentiellement en leur faisant accorder des délais pour le paiement de leurs impôts.

— Quand il ne leur en offre pas la rémission pure et simple.

— En effet. Et Marcus Aemilius Scaurus ne dédaigne pas de s'attacher la clientèle des Italiques du Nord.

— Certes, mais reconnais qu'il est moins brutal que Cnaeus Domitius, objecta Rutilius Rufus, lui-même partisan de Scaurus.

Au moins, son action bénéficie-t-elle aux villes qui appartiennent à sa clientèle ; il fait drainer les marais, ou bâtir des édifices publics.

— Je te l'accorde. Mais il ne faut pas oublier les Caecilius Metellus en Etrurie... ils sont très occupés.

Rutilius Rufus poussa un long soupir.

— Caius Marius, j'aimerais bien savoir ce qui t'incite à emprunter un aussi long détour pour t'exprimer !

— Je n'en sais trop rien moi-même. Mais je sens comme un frémissement parmi les Grandes Familles, une sorte de sentiment nouveau de l'importance de nos alliés. Je ne crois pas qu'elles en soient pleinement conscientes, elles agissent mues par un instinct qu'elles-mêmes ne comprennent pas. On dirait qu'elles... sentent le vent tourner.

— Comme toi. Caius Marius, tu es vraiment un homme remarquable. Et s'il se peut que je t'aie irrité, j'ai pris bonne note de ce que tu viens de me dire. A première vue, un client n'a pas grande importance. Il tire plus de profits de son association avec un protecteur que celui-ci. Du moins jusqu'à ce que survienne une élection, ou une catastrophe. L'instinct est chose importante, j'en suis d'accord avec toi. Il est comme un phare, qui illumine des faits inconnus, bien avant que la logique en soit capable. Alors, peut-être as-tu raison de parler de frémissement. Et peut-être qu'enrôler tous les alliés italiques comme clients d'une grande famille romaine est un moyen de conjurer le danger qui, à t'en croire, nous menace. J'avoue honnêtement n'en rien savoir.

— Moi non plus, mais, en attendant, je me constitue une clientèle.

— Cela dit, répliqua Rutilius Rufus en souriant, il me semble me souvenir que nous avions commencé à discuter de mon neveu Drusus.

— En effet, dit Marius en se levant d'un bond. Viens donc, Publius Rutilius, peut-être aurai-je le temps de te montrer un exemple de ce que les Grandes Familles pensent aujourd'hui de nos alliés !

Rufus obéit.

— J'arrive, j'arrive ! Mais où allons-nous ?

— Au Forum, évidemment, répondit Marius en descendant vers la rue. Il y a un procès en cours, et avec un peu de chance nous arriverons avant qu'il n'ait pris fin.

— Je suis surpris d'apprendre que tu t'y intéresses, dit Rutilius Rufus d'un ton un peu sec ; d'ordinaire, Marius n'était guère porté à suivre ce genre d'événements.

— Et moi, je suis surpris que tu ne l'aies pas suivi d'un bout à l'autre. Après tout, il marque les débuts d'avocat de ton neveu.

— Non! Cela fait des mois qu'il a débuté, quand il a poursuivi le principal tribun du Trésor, en l'accusant d'avoir empoché des fonds qui avaient mystérieusement disparu.

— Oh! dit Marius en haussant les épaules, avant d'accélérer l'allure. Alors, cela explique peut-être ce qui me paraissait être une erreur de ta part. Cela dit, Publius Rutilius, tu devrais vraiment suivre de plus près la carrière du jeune Drusus. Mes commentaires sur nos alliés italiques t'auraient peut-être paru plus pertinents.

— Eclaire ma lanterne, répondit Rutilius Rufus, qui commençait à s'essouffler; Marius oubliait toujours qu'il marchait plus vite que les autres.

— J'ai pris garde, parce que j'avais entendu parler le latin le plus pur, d'une voix magnifique. Un nouvel orateur, ai-je pensé, et je me suis arrêté pour voir de qui il s'agissait. Et c'était ton neveu! Et pourtant, il m'a fallu demander pour l'apprendre, et j'ai encore honte de ne pas l'avoir immédiatement associé à ta famille.

— Qui accuse-t-il, cette fois-ci?

— C'est là le plus intéressant: il défend quelqu'un, et devant le préteur pérégrin, s'il te plaît! L'affaire est importante; il y a un jury.

— Meurtre d'un citoyen romain?

— Non. Faillite.

— C'est très inhabituel!

— J'ai cru comprendre que c'était un peu pour faire un exemple. Le plaignant est le banquier Caius Oppius, l'accusé un homme d'affaires marse de Marruvium, nommé Lucius Fraucus. Selon mon informateur — un vieil habitué des prétoires —, Oppius est lassé des dettes trop lourdes de ses débiteurs italiques, et a décidé qu'il était temps de le leur montrer, et de défendre ce qui, je le soupçonne, constitue un taux d'intérêt exorbitant.

— Il est fixé à dix pour cent.

— Quand on est romain, et de préférence issu des classes élevées.

— Continue, Caius Marius, et tu finiras comme les Gracques.

— Absurde!

— Je crois que... je préférerais... rentrer...

— Tu vieillis! Une bonne campagne ferait merveille pour ta santé, Publius Rutilius.

— Un bon repos serait encore plus profitable, dit Rutilius Rufus en ralentissant l'allure. Je ne vois vraiment pas ce que nous allons faire là-bas.

— Quand j'ai quitté le Forum, ton neveu avait encore deux bonnes heures pour résumer l'affaire. C'est une sorte de procès expérimental, où l'on change les procédures coutumières. Les témoins ont été entendus en premier, puis l'accusation s'est vu accorder deux heures, et la défense trois. Ensuite, le préteur pérégrin demandera au jury de prononcer son verdict.

— Les vieilles méthodes ne font plus l'affaire?

— Je n'en sais rien. Je pense surtout que c'est un moyen de rendre le procès plus intéressant pour les spectateurs.

Ils arrivèrent enfin, et Marius constata que les acteurs étaient les mêmes qu'au moment de son départ.

— Très bien ! dit-il. Nous sommes à l'heure pour la péroraison.

Marcus Livius Drusus parlait toujours, et son public l'écoutait dans un silence parfait. L'avocat, qui, de toute évidence, avait à peine vingt ans, était de taille moyenne, plutôt corpulent, avait les cheveux noirs, le teint foncé, et un visage agréable, bien qu'il ne pût espérer convaincre par sa seule présence physique.

— Etonnant, non? chuchota Marius à l'oreille de son vieil ami. Il a le don de vous faire croire que c'est à vous qu'il s'adresse, et à personne d'autre.

En effet. Même de loin — car les deux hommes étaient au dernier rang d'une foule imposante —, les yeux très sombres du jeune homme semblaient plonger dans les leurs.

— Il n'est dit nulle part que le simple fait d'être romain vous donne automatiquement raison, disait le nouvel avocat. Je ne parle pas au nom de Lucius Fraucus, l'accusé, je parle au nom de Rome ! Je parle au nom de l'honneur ! Je parle au nom de l'intégrité et de la justice ! Non pas celle, purement formelle, qui interprète la loi dans son sens le plus littéral, mais celle qui l'interprète à la lumière de la logique ! Nous devons toujours nous souvenir que nous, citoyens romains, sommes un exemple pour le reste du monde, surtout par nos lois et nos tribunaux. Où a-t-on jamais vu pareille subtilité? Pareil souci de clarté? Pareille intelligence? Pareille minutie? Pareille sagesse? Les Athéniens eux-mêmes ne le reconnaissent-ils pas? Comme les Alexandrins? Comme les Pergamites?

Ses gestes étaient impressionnants, en dépit d'une taille et d'un physique peu adaptés au port de la toge. Pour cela, il fallait être de grande taille, large d'épaules, étroit de hanches, et se mouvoir avec une grâce extrême. Marcus Livius Drusus ne pouvait espérer convaincre en ce domaine. Pourtant, il faisait merveille avec son corps, d'un simple geste du doigt à un ample mouvement du bras. Il tournait la tête, changeait d'expression ou de démarche — et tout cela était excellent ! Il poursuivit :

— Lucius Fraucus, Italique de Marruvium, est une victime, et non un coupable. Personne — lui compris ! — ne conteste qu'il ne possède plus la très grosse somme d'argent avancée par Caius Oppius. Personne ne conteste non plus que cette même somme doive être remboursée, augmentée des intérêts prévus. D'une façon ou d'une autre, ce sera fait. Si nécessaire, Lucius Fraucus est prêt à vendre ses demeures, ses terres, ses esclaves, ses meubles — tout ce qu'il possède! Largement de quoi rembourser.

Il s'avança vers le jury et contempla ses membres d'un air sévère :

— Vous avez entendu les témoins. Vous avez entendu mon collègue, le procureur. Lucius Fraucus est débiteur; mais ce n'est pas un voleur. C'est pourquoi je dirai que c'est lui la victime, et non Caius Oppius. Si vous condamnez Lucius Fraucus, membres conscrits, vous le soumettrez à la loi qui s'applique à un homme qui n'est ni citoyen de notre grande cité, ni même bénéficiaire des droits latins. Tout ce qu'il possède sera vendu à l'encan, et vous savez ce que cela veut dire. Le produit sera loin d'atteindre la valeur réelle, et il se peut même qu'il ne puisse couvrir la somme avancée.

Cette dernière phrase s'accompagna d'un regard entendu en direction des travées, où Caius Oppius était assis sur une chaise pliante, entouré d'une cour de clients et de comptables.

— Bien loin d'atteindre la valeur réelle! Après quoi, membres conscrits, Lucius Fraucus sera vendu comme esclave pour compenser la différence entre ce qu'il devait, et le produit de la vente de ses biens. Il se peut qu'il soit médiocre juge des hommes, dès lors qu'il s'agit de choisir ses employés; mais c'est un homme remarquablement avisé, et un brasseur d'affaires prospère. Et pourtant! Comment rembourser sa dette si, privé de tout bien et jeté dans une condition honteuse, il est réduit à l'esclavage? Pourrait-il seulement servir de commis à Caius Oppius?

Le jeune homme tourna ensuite toute sa vigueur, toute sa volonté, vers le banquier romain, quinquagénaire d'allure paisible, qui paraissait fasciné par ce que disait l'avocat.

— Un homme qui n'est pas citoyen romain, condamné à l'issue d'un procès criminel, se voit, avant toute autre chose, flagellé. Non battu de verges, comme l'est un citoyen — lequel, pour douloureuse que soit l'épreuve, est surtout insulté dans sa dignité. Non! Il sera flagellé! Cinglé par le fouet jusqu'à ce qu'il ne lui reste ni peau ni chair, estropié pour la vie, plus couvert de cicatrices qu'un esclave travaillant dans les mines!

Les cheveux de Marius se dressèrent sur sa tête; car si le jeune homme ne le regardait pas bien en face — lui, l'un des plus gros propriétaires de mines de Rome —, c'est que ses yeux lui jouaient des tours. Et pourtant, comment le jeune Drusus aurait-il pu le repérer, au dernier rang d'une foule aussi importante?

— Nous sommes romains! s'écria l'orateur. L'Italie et ses

citoyens sont sous notre protection ! Devons-nous nous comporter comme des propriétaires de mines envers ceux qui nous considèrent comme un exemple ? Allons-nous condamner un innocent sur des questions purement formelles, simplement parce que sa signature figure en bas d'un document ? Nous faut-il ignorer qu'il est prêt à tout rembourser ? Nous faut-il lui refuser la justice que nous accordons aux citoyens romains ? Nous faut-il faire flageller un homme qui ne mérite guère que le bonnet d'âne, pour avoir eu la sottise de faire confiance à un voleur ? Nous faut-il faire de sa femme une veuve ? De ses enfants de pitoyables orphelins ? Non, membres conscrits ! Car nous sommes romains ! Nous sommes au-dessus de tout cela !

Puis, dans un grand tourbillon de laine blanche, l'orateur fit volte-face, et s'éloigna du banquier, que tous quittèrent du regard pour, éblouis, suivre des yeux l'avocat ; tous — à l'exception de quelques membres du jury installés au premier rang, qui ne paraissaient guère différents des cinquante et un membres qui le composaient. L'un des jurés jeta à Oppius un regard vide, et se passa l'index à la base du cou, comme s'il avait envie de se gratter. La réaction du banquier ne se fit pas attendre : il eut un léger mouvement de tête. Caius Marius sourit.

— Merci, préteur pérégrin, dit le jeune homme en s'inclinant devant le magistrat, qui, tout d'un coup, paraissait raide et mal à l'aise, et semblait avoir perdu la fougue avec laquelle il avait plaidé tout à l'heure.

— Merci, Marcus Livius, répondit le préteur, qui, se tournant vers le jury, ajouta : Citoyens de Rome, veuillez inscrire sur vos tablettes le verdict que vous proposez à la cour.

Il y eut dans tout le tribunal comme une vive agitation ; les jurés sortirent tous de petits carrés d'argile pâle, et des mines. Mais ils n'écrivirent rien, et restèrent là, à regarder les nuques de leurs collègues du premier rang. L'homme qui avait fait un signe à Caius Oppius traça une lettre sur sa tablette, puis bâilla avec ostentation en étendant les bras. Les autres jurés se mirent à griffonner d'un air affairé, puis tendirent leurs tablettes aux licteurs qui passaient parmi eux.

Le préteur pérégrin fit lui-même le décompte ; tout le monde attendit le verdict, en osant à peine respirer. Jetant un coup d'œil à chaque tablette, il les laissait tomber dans l'un des deux paniers posés devant lui. Quand la tâche fut achevée — il y en avait cinquante et une —, il leva les yeux :

— *ABSOLVO!* dit-il. Quarante-trois pour, huit contre. Lucius Fraucus de Marruvium, citoyen marse d'une nation alliée, tu es acquitté par le tribunal, mais à la condition expresse que tu rembourseras intégralement la somme due, comme tu t'y es engagé. Je te laisse le soin d'en régler les conditions avec ton créancier, Caius Oppius, avant la fin de la journée.

Marius et Rutilius Rufus attendirent que la foule ait fini de congratuler le jeune Marcus Livius Drusus. Bientôt, il ne fut plus entouré que de quelques amis très excités. Toutefois, quand un homme de haute taille, aux épais sourcils, et un petit bonhomme, dont chacun savait qu'il était l'oncle de Drusus, se dirigèrent vers le petit groupe, celui-ci se dispersa en toute hâte.

— Félicitations, Marcus Livius! dit Marius.

— Merci, Caius Marius.

— Bien joué! s'écria Rutilius Rufus.

Ils prirent la direction de la Velia, à l'extrémité du Forum. Rutilius Rufus laissa Marius et Drusus assurer l'essentiel de la conversation, heureux de constater que son jeune neveu avait atteint une telle maturité, mais conscient des lacunes que dissimulait son apparence flegmatique. Le jeune Drusus manquait d'humour, et n'aurait jamais cette légèreté d'esprit qui vous rend sensible aux absurdités de l'existence, ce qui l'empêcherait de surmonter les souffrances de la vie. Honnête. Opiniâtre. Ambitieux. Incapable de lâcher prise une fois qu'il avait planté les dents quelque part. Oui. Mais c'est cependant quelqu'un d'honorable, pensa son oncle.

— Il aurait été très mauvais pour Rome que ton client soit condamné, disait Marius.

— En effet! Fraucus est l'un des hommes les plus importants de Marruvium, comme de la nation marse. Bien entendu, il perdra de sa superbe quand il aura remboursé à Caius Oppius l'argent qu'il lui doit, mais il saura en regagner! Remontez-vous le Palatin? ajouta Drusus en s'arrêtant devant le temple de Jupiter Stator.

Rutilius Rufus émergea de sa rêverie.

— Certainement pas! Caius Marius vient dîner chez moi.

Le jeune Drusus s'inclina solennellement devant ses aînés, puis s'engagea dans le Clivus Palatinus. De derrière Marius et Rutilius Rufus émergea la peu séduisante silhouette de Quintus Servilius Caepio le jeune, qui se mit à courir pour rattraper Drusus, dont il était le meilleur ami.

— C'est une amitié qui ne me plaît guère, dit Rutilius Rufus, qui suivait des yeux les deux jeunes gens.

— Ah bon?

— Les Servilius Caepio sont d'une noblesse au-dessus de tout soupçon, et d'une richesse terrifiante, mais ils ont plus de morgue que de cervelle! Ce n'est pas une amitié entre égaux. Mon neveu semble préférer la déférence et la flagornerie du jeune Caepio à la camaraderie plus stimulante, mais sans détours, de ses pairs. Quelle pitié ! Caius Marius, j'ai peur que la dévotion qu'il a pour Drusus ne donne à celui-ci une fausse idée de sa capacité de mener les hommes.

— A la guerre ?

Rutilius Rufus s'arrêta net.

— Caius Marius, il n'y a pas que la guerre et l'armée ! Non, je pensais aux luttes politiques du Forum.

La même semaine, Marius rendit de nouveau visite à son vieil ami, et le trouva occupé à faire ses bagages.

— Panaetius se meurt, dit Rutilius Rufus en retenant ses larmes.

— Oh, non ! Où est-il ? Tu arriveras à temps ?

— Je l'espère. Il est à Tarse, et m'a réclamé. Moi ! Avec tous les Romains qui ont été ses élèves !

— Et pourquoi pas ? Tu étais le meilleur d'entre eux.

— Non, non, répondit le petit homme, qui semblait penser à autre chose.

— Je vais rentrer et te laisser tranquille.

— Mais non !

Rutilius Rufus le conduisit jusqu'à son cabinet de travail, pièce où régnait un désordre abominable. Marius ne voyait pas comment s'installer au milieu d'un tel chaos — bien qu'il sût que Rutilius Rufus pouvait, en un clin d'œil, mettre la main sur n'importe quel ouvrage.

— Tu écris ? demanda-t-il en apercevant sur une table un long rouleau déjà à moitié recouvert de l'inimitable écriture de Rutilius Rufus, aussi nette et aisée que la pièce était désordonnée.

— Il faudra que je te consulte à ce sujet, répondit le petit homme en l'emmenant dehors. C'est un manuel de formation militaire. Après notre discussion de l'autre jour sur les pitoyables généraux que Rome a vus officier ces dernières années, j'ai pensé qu'il était temps que quelqu'un de compétent rédige un traité qui puisse être utile. J'ai déjà abordé les problèmes de logistique et d'organisation, mais maintenant je vais passer à la stratégie et à la tactique, deux domaines dans lesquels tu es bien plus compétent que moi. Il va donc falloir que tu me fasses profiter de tes talents.

— Considère que c'est fait.

Marius s'était assis sur un banc de bois du jardin — endroit minuscule, sans soleil, à l'abandon, envahi de mauvaises herbes, et dont la fontaine était hors d'usage.

— Aurais-tu reçu la visite de Metellus le Porcelet ? poursuivit-il.

— En effet, en début de journée, dit Rutilius Rufus en s'asseyant sur le banc qui faisait face à celui de Marius.

— Il est venu me voir aussi. Ce matin.

— Il est étonnant de constater à quel point notre Quintus Caecilius Metellus a peu changé, dit Rutilius Rufus en riant. Si j'avais eu une auge à cochons à portée de la main, je crois bien que je l'y aurais de nouveau jeté!

— Je sais ce que tu penses là-dessus, mais je ne crois pas que ç'aurait été une bonne idée. Qu'avait-il à te dire?

— Il va se présenter aux élections consulaires.

— Et il sera consul.

— Il est au courant de quelque chose, dit le petit homme en se penchant en avant.

— Tu ne te trompes pas, vieil ami. Il sait bel et bien quelque chose que nous ignorons. Quelle est ton idée là-dessus?

— Jugurtha. Il prépare la guerre contre Jugurtha.

— C'est ce que je pense aussi. Mais la déclenchera-t-il lui-même, ou bien est-ce que Spurius Albinus l'aura devancé dans cette entreprise?

— Je serais surpris qu'Albinus ait assez de tripes pour cela. Mais le temps nous le dira.

— En tout cas, Metellus m'a déjà offert le poste de légat en chef dans son armée.

— A moi aussi.

Ils se regardèrent et sourirent.

— Comptes-tu accepter l'offre de Metellus? demanda Rutilius Rufus.

— Oui, si tu fais de même, Caius Marius.

— Bien!

Rutilius Rufus lui ouvrit la porte.

— Comment va Julia? Je n'aurai pas l'occasion de la voir.

— Merveilleusement bien!

— Vieux brigand! s'écria le petit homme en le poussant dans la rue. Reste à l'écoute pendant que je serai absent, et écris-moi si tu entends le moindre bruit de bottes.

— Sans faute. Bon voyage.

— En automne? Ce sera un vrai calvaire, en bateau, et je risque de me noyer!

— Pas toi! dit Marius en souriant. Neptune n'oserait pas contrarier les plans de Metellus!

Julia était enceinte, et très heureuse de l'être; elle ne souffrait guère que de voir Marius tourner autour d'elle.

— Caius Marius, voyons, je me sens parfaitement bien! répéta-t-elle pour la millième fois.

On était en novembre, et le bébé devait venir au monde au mois de mars de l'année suivante.

— Tu es sûre? demanda-t-il d'un air inquiet.

— Allez, va-t-en! dit-elle en souriant.

Rassuré, son époux la laissa avec ses serviteurs, et se rendit dans son cabinet de travail. C'était, de toute l'énorme demeure, la seule pièce où l'on ne sentît pas la présence de Julia, où il pouvait l'oublier — ce qui d'ailleurs ne lui venait pas à l'esprit; mais il y avait des moments où il lui fallait penser à autre chose.

Comme ce qui se passait en Afrique. S'asseyant à son bureau, il se mit à écrire, de son style sans apprêts, à son vieil ami Publius Rutilius Rufus, arrivé sans encombre à Tarse.

> Comme tu le sais, les choses sont très calmes en Afrique, bien que nos espions nous aient appris que Jugurtha recrute et entraîne une très grosse armée — et à la romaine! Cependant, elles étaient loin d'être aussi paisibles ici, quand Spurius Albinus est rentré, il y a plus d'un mois, pour organiser les élections. Il a fait son rapport devant le Sénat, en précisant qu'il avait limité son armée à trois légions, l'une formée de supplétifs locaux, la deuxième de troupes romaines déjà stationnées en Afrique, et la troisième amenée avec lui au printemps dernier. Elles n'ont pas encore combattu. Il semble bien que Spurius Albinus n'a guère d'inclinations martiales. Je n'en dirais pas autant du Porcelet.
>
> Ce qui a cependant exaspéré nos vénérables collègues du Sénat, c'est que Spurius Albinus avait jugé bon de nommer, en son absence, son petit frère, Aulus, gouverneur de la province d'Afrique, et commandant en chef des armées! Imagine! Je suppose que si Aulus Albinus n'avait été que son questeur, le Sénat n'aurait pas posé trop de questions, mais, comme tu le sais, ce n'était pas un poste assez prestigieux pour lui, aussi son frère l'a-t-il nommé légat principal. Sans l'approbation des sénateurs! Voici donc la province romaine d'Afrique dirigée, en l'absence du gouverneur, par une tête chaude de trente ans, qui n'a ni l'expérience ni l'intelligence nécessaires. Marcus Scaurus était fou de rage, et a servi au consul une diatribe que l'autre n'oubliera pas de sitôt ! Mais ce qui est fait est fait. Nous ne pouvons qu'espérer qu'Aulus Albinus se montrera à la hauteur. Scaurus en doute — et moi aussi, Publius Rutilius!

La missive partit avant que les élections n'aient lieu; Marius pensait que ce serait la dernière qu'il lui faudrait écrire, espérant que Rutilius serait de retour à Rome pour le nouvel an. C'est alors qu'il reçut de lui une lettre l'informant que Panaetius était toujours en vie, et si ragaillardi, à la vue de son ancien élève, qu'il semblait pouvoir survivre plusieurs mois. « Attends-toi à me voir au printemps, juste avant que le Porcelet ne s'embarque pour l'Afrique », concluait Rutilius.

Marius se rassit donc à son bureau, alors que l'année touchait à sa fin, et écrivit une nouvelle missive à destination de Tarse.

De toute évidence, tu étais persuadé que le Porcelet serait élu consul, et tu avais raison. Le Peuple et la Plèbe ont eu droit, eux aussi, à des élections, avant que les Centuries fassent de même, si bien que les questeurs ont pris leurs fonctions le cinquième jour de décembre, et les nouveaux tribuns de la plèbe le dixième — Caius Mamilius Limetanus est le seul d'entre eux qui paraisse intéressant. Ah, il y a aussi trois questeurs qui promettent — nos fameux jeunes orateurs, Lucius Licinius Crassus, et son meilleur ami, Quintus Mucius Scaevola, font partie du lot, mais je trouve le troisième encore mieux : c'est un nommé Caius Servilius Glaucia, issu d'une famille plébéienne, très agressif et plein d'énergie, que, j'en suis sûr, tu avais remarqué du temps où il hantait les prétoires — on dit ces temps-ci que c'est le meilleur rédacteur de lois qu'on ait jamais vu à Rome. Je ne l'aime guère, cependant. Le Porcelet est arrivé premier aux élections consulaires, mais Marcus Junius Silanus n'était pas loin derrière. Les conservateurs l'ont emporté partout. Aucun Homme Nouveau parmi les préteurs. Au contraire, sur six, on comptait deux patriciens, et un troisième adopté par une famille plébéienne — et ce n'est autre que Quintus Lutatius Catulus César ! Du point de vue du Sénat, c'était donc un vote excellent, qui augure bien de la nouvelle année.

Et puis, mon cher Publius Rutilius, la foudre est tombée. Il semble bien qu'Aulus Albinus n'ait pu résister aux rumeurs selon lesquelles un énorme trésor était caché dans la ville numide de Suthul. Aussi a-t-il attendu un peu, le temps que son frère le consul soit en route pour Rome, et il a envahi la Numidie ! A la tête de trois misérables légions sans aucune expérience ! Bien entendu, il a fait le siège de Suthul sans réussir à la prendre. Mais au lieu d'admettre qu'il n'était pas capable de s'emparer d'une ville, encore moins de mener campagne, et qu'il devait se replier dans la province d'Afrique, il a levé le camp et s'est avancé plus loin encore en Numidie ! Jugurtha l'a attaqué en pleine nuit, quelque part près de la ville de Calama, et lui a infligé une telle défaite que le petit frère de notre consul s'est rendu sans conditions. Et Jugurtha a contraint tous les Romains, Aulus Albinus compris, à passer sous le joug. Après quoi, il a extorqué à Aulus sa signature en bas d'un traité qui lui accorde tout ce que le Sénat lui avait refusé !

Nous avons appris la nouvelle de Jugurtha lui-même, qui a envoyé au Sénat une copie du traité, accompagnée d'une lettre où il dénonce la duplicité romaine : envahir un pays aux intentions pacifiques, qui jamais n'avait levé le petit doigt sur Rome ! Jugurtha a écrit en fait à son plus vieil ennemi, Marcus Aemilius Scaurus, en sa qualité de Princeps Senatus. Bien entendu, c'était une insulte calculée au Sénat : Scaurus en a été furieux ! Il a aussitôt convoqué une réunion de tous les sénateurs, et obligé Spurius Albinus à avouer qu'il n'ignorait pas tout à fait les projets de son petit frère, comme il l'avait tout d'abord juré. Les membres de la faction Albinus ont changé de camp en toute hâte, abandonnant un Spurius forcé de reconnaître qu'il avait appris la nouvelle de la défaite quelques jours auparavant, par une lettre de son frère. Il nous a également avoué que Jugurtha avait ordonné à Aulus de rentrer en Afrique romaine. C'est là-bas que le jeune Aulus ronge son frein, attendant les directives de son frère.

Naturellement, ce qui est le plus pénible, c'est que Jugurtha ait contraint l'armée romaine à passer sous le joug. Cela se produit rarement, mais chaque fois toute la ville en est remuée jusqu'au fond d'elle-même. C'est la première fois que j'ai à subir cela, et j'en suis aussi bouleversé, aussi humilié, que le plus Romain des Romains. Je sais que tu aurais réagi de même, et je suis heureux que tu n'aies pas été là pour voir les gens, en vêtements de deuil, pleurer et s'arracher les cheveux. La Fortune a offert au Porcelet une bien belle campagne pour l'année qui vient, et toi et moi allons beaucoup nous amuser — à condition, évidemment, que nous parvenions à le supporter !

Caius Mamilius, le nouveau tribun de la plèbe, est fou furieux contre les Albinus — il veut qu'Aulus soit exécuté pour trahison, et que son frère Spurius passe en jugement. En fait, Mamilius réclame la création d'un tribunal d'exception, et veut faire juger tout Romain ayant eu des rapports louches avec Jugurtha, et ce dès l'époque de Lucius Opimius ! Les Pères Conscrits du Sénat sont d'une telle humeur qu'il a des chances d'y arriver. C'est à cause du passage sous le joug. Tout le monde aurait préféré que l'armée tout entière et son chef se fassent tuer sur place plutôt que d'imposer à Rome une telle humiliation. Je ne suis pas d'accord — comme toi, sans doute.

Après tout, une armée ne vaut que ce que vaut celui qui la dirige.

Le Sénat a envoyé une lettre très sèche à Jugurtha, en l'informant que Rome n'avait aucune intention de reconnaître un traité arraché à un homme qui ne disposait pas de l'*imperium*, et qui n'avait pas reçu des sénateurs ou du Peuple le droit de commander une armée, de gouverner une province ou de signer quelque accord que ce soit.

Et voici un post-scriptum, que j'ajoute en ce dernier jour de l'année. Caius Mamilius a bel et bien réussi à obtenir de l'Assemblée de la Plèbe un mandat lui permettant de créer un tribunal d'exception devant lequel seront jugés pour trahison tous ceux qui sont suspectés de s'être laissé corrompre par Jugurtha. Pour une fois, le Sénat a appuyé avec enthousiasme une loi d'origine plébéienne, et Scaurus s'affaire à dresser la liste des accusés. Qui plus est, devant ce tribunal mamilien, les chances de les voir condamner sont bien plus grandes que s'ils étaient passés en jugement devant l'assemblée centuriate. On a jusqu'à présent cité les noms de Lucius Opimius, Lucius Calpurnius Bestia, Caius Porcius Cato, Caius Sulpicius Galba, Spurius Postumius Albinus et son frère. Spurius a rassemblé une armée d'avocats pour dire que quoi que son frère ait ou n'ait pas fait, il ne peut légalement passer devant un tribunal, n'ayant jamais disposé officiellement de l'*imperium*. Il entend ainsi prendre sa part de responsabilité, et sera sans doute condamné. Si les choses se déroulent comme je le pense, il est très probable que le responsable de tout, à savoir Aulus Postumius Albinus, émergera de son passage sous le joug sans que sa carrière en souffre !

Scaurus sera l'un des trois présidents de la commission mamilienne, comme on l'appelle maintenant. Il a accepté avec enthousiasme.

Voilà pour l'année qui vient de s'écouler, vieil ami. Une année dont on se souviendra ! Alors que tout espoir était perdu, voilà que j'ai de nouveau la tête au-dessus de l'eau, politiquement parlant, grâce à mon mariage avec Julia. Le Porcelet me courtise, des hommes qui n'avaient jamais fait attention à moi me parlent en égal. Prends bien soin de toi pendant le voyage de retour, et surtout ne tarde pas !

LA DEUXIÈME ANNÉE
(109 avant J.-C.)

sous le consulat
de Quintus Caecilius Metellus
et
de Marcus Junius Silanus

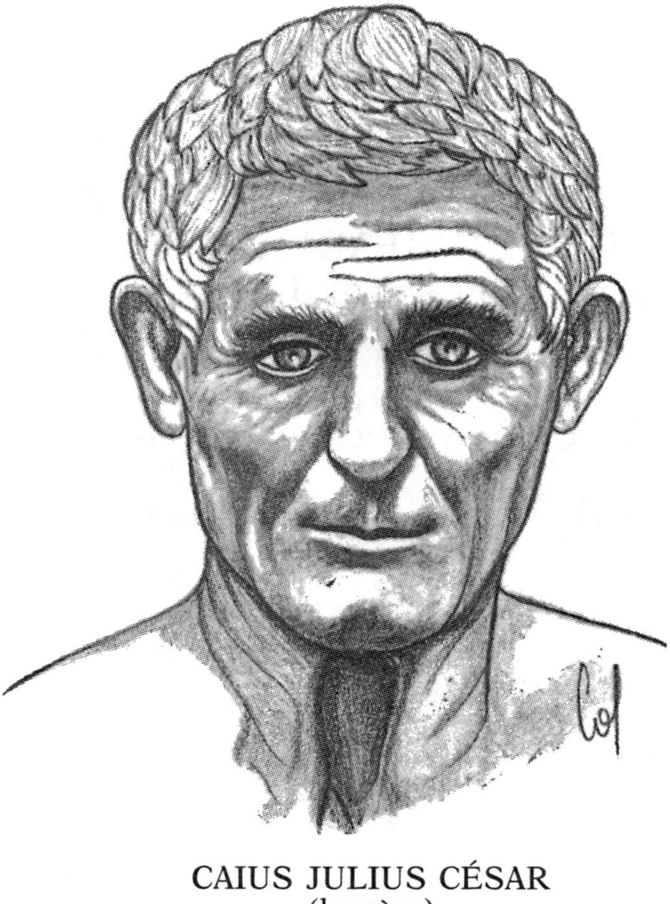

CAIUS JULIUS CÉSAR
(le père)

Panaetius mourut à Tarse milieu février, ce qui laissait à Publius Rutilius Rufus bien peu de temps pour regagner Rome avant que ne commence la campagne militaire; il avait primitivement prévu de faire le trajet par voie de terre, mais l'urgence le contraignit à courir le risque d'une traversée en bateau.

— Et j'ai eu de la chance! dit-il à Caius Marius, le lendemain de son retour, juste avant les ides de Mars. Les vents soufflaient dans la bonne direction!

— Je te l'ai dit, Publius Rutilius, Neptune lui-même n'oserait pas contrecarrer les plans du Porcelet! répondit Marius en souriant. En fait, tu as eu encore plus de chance que tu ne le crois! Si tu avais été là, tu aurais eu la tâche peu enviable d'aller convaincre nos alliés de nous envoyer des troupes!

— Ce dont tu t'es chargé, je suppose?

— Depuis début janvier, quand le tirage au sort a attribué à Metellus le commandement de la guerre contre Jugurtha. Oh, recruter n'était pas difficile, toute l'Italie brûlait de se venger du passage sous le joug. Mais il est de plus en plus difficile de trouver des hommes à la hauteur.

— Alors, espérons que l'avenir ne nous réserve pas de nouveaux désastres militaires.

— En effet!

— Comment le Porcelet s'est-il comporté envers toi?

— De façon fort civile. Il est venu me voir le lendemain de son intronisation. Je lui ai demandé pourquoi il tenait à moi — et à toi, d'ailleurs — alors que nous nous étions tant moqués de lui autrefois à Numance. Il m'a répondu qu'il se préoccupait avant tout de gagner la guerre en Numidie, et que, pour cela, il n'y avait pas de meilleur moyen que de s'assurer les services des deux hommes qui sont le mieux placés pour comprendre la stratégie de Jugurtha.

— C'est astucieux, en effet. Etant commandant en chef, c'est lui qui récoltera toute la gloire. Peu importe qui mène la guerre pour lui, du moment qu'il aura droit au triomphe ! Ce n'est pas à toi, ni à moi, que le Sénat accordera le nom de Numidicus, mais à lui.

— Ah, il en a plus besoin que nous. C'est un Caecilius, vieil ami ! Ce qui veut dire que sa tête commande à son cœur, surtout quand sa peau est en jeu.

— Bien dit !

— Il fait déjà pression sur le Sénat pour que son commandement en Afrique soit prorogé jusqu'à l'année suivante.

— Ce qui montre qu'il a suffisamment pris la mesure de Jugurtha, autrefois, pour savoir que le soumettre ne sera pas facile. Combien de légions emmène-t-il ?

— Quatre : deux romaines, deux italiques.

— Plus les troupes déjà stationnées en Afrique... disons deux de plus. Oui, nous devrions y arriver, Caius Marius.

Marius se leva et versa du vin.

— Il paraît qu'on raconte des choses sur Cnaeus Cornelius Scipio ? demanda Rutilius Rufus en prenant de justesse la coupe que Marius lui tendait, car celui-ci venait d'éclater de rire, et faillit bien renverser la sienne.

— Ah, Publius Rutilius, c'est fabuleux ! Les pitreries des aristocrates romains ne cesseront jamais de m'enchanter ! Voilà donc Scipio, honorablement élu préteur, et à qui on offre le gouvernorat d'Ibérie Ultérieure à l'issue du tirage au sort. Et que fait-il ? Il se lève en plein Sénat et décline solennellement l'honneur qui lui est fait. « Et pourquoi ? » demande Scaurus, stupéfait. « Parce que », répond Scipio avec une honnêteté attendrissante, « je mettrais l'endroit au pillage ». Le Sénat explose : cris, hurlements de joie, pieds qui battent, applaudissements... Quand le tumulte s'est un peu calmé, Scaurus dit simplement : « C'est vrai, Cnaeus Cornelius, tu mettrais vraiment l'endroit au pillage. » Ils vont donc envoyer Quintus Servilius Caepio à la place.

— Il fera de même !

— Bien sûr ! Tout le monde le sait, et Scaurus mieux que personne. Mais Caepio a eu au moins la décence de dire que non, ainsi Rome pourra faire semblant de ne rien voir, et la vie continuera comme avant. J'adore cette cité, Publius Rutilius, vraiment !

— Je suis heureux de penser que Silanus reste ici.

— Il faut bien que quelqu'un gouverne Rome ! Le Sénat n'a pas perdu de temps pour proroger le gouvernorat de Minucius Rufus en Macédoine, je peux t'en assurer ! Et cela fait, il ne restait plus que Rome pour Silanus. Mars lui-même blêmirait, rien qu'à l'imaginer à la tête d'une armée.

— Absolument !

— En fait, jusqu'à présent, c'est une bonne année. Non seulement l'Espagne a échappé aux tendresses de Scipio, et la Macédoine à celles de Silanus, mais Rome elle-même n'est gouvernée que par des voyous sans méchanceté, si toutefois j'ose qualifier ainsi certains de nos consulaires.

— Tu veux parler de la commission mamilienne ?

— Précisément. Bestia, Galba, Opimius, Caius Cato et Spurius Albinus ont été condamnés, et on prépare encore d'autres procès. Caius Memmius s'est donné le plus grand mal pour aider Mamilius à rassembler les preuves de collusion avec Jugurtha, et Scaurus est un président de tribunal impitoyable. Ce qui ne l'a pas empêché de prendre la défense de Bestia, avant de tourner casaque et de le condamner.

— Il faut savoir faire preuve de souplesse. Scaurus était contraint de s'acquitter de son devoir de solidarité envers un de ses collègues en prenant la parole en sa faveur, mais cela ne doit pas le détourner de ses obligations vis-à-vis le tribunal. Où sont partis les condamnés ?

— Une bonne partie semble avoir choisi Massilia pour lieu d'exil, bien que Lucius Opimius ait préféré la Macédoine.

— Mais Aulus Albinus s'en est tiré.

— Oui, son frère a tout pris sur lui, le Sénat le lui a permis à l'issue d'un vote, dit Marius en soupirant. C'était une très belle astuce légale.

Les premières douleurs de l'enfantement saisirent Julia le jour des ides de Mars, et quand les sages-femmes annoncèrent à Marius que la naissance ne serait pas facile, il fit aussitôt appeler les parents de sa femme.

— Notre sang est trop vieux, trop faible, dit César, très agité, tandis que Marius et lui s'asseyaient dans le cabinet de travail — époux et père liés par une angoisse et un amour communs.

— Pas le mien !

— Mais ce n'est pas ce qui va l'aider ! Cela sera utile à sa fille, si elle en a une, et nous devons t'en être reconnaissants.

Incapable de rester en place, Marius se leva et se mit à marcher de long en large.

— En tout cas, elle a eu droit aux meilleurs soins possibles, dit-il en direction de la pièce où devait avoir lieu la naissance.

— Les médecins n'ont pas pu sauver le neveu de Clitumna, l'automne dernier.

— C'est ta voisine, non ?

— Oui, oui, c'est bien elle. Son neveu est mort en septembre, à l'issue d'une maladie qui a traîné en longueur. C'était un jeune homme, qui paraissait en bonne santé. Les médecins ont fait tout ce qu'ils ont pu, mais il est mort quand même. Depuis, je ne cesse d'y penser.

Marius contempla son beau-père sans comprendre.

— Et pourquoi diable? Quel est le rapport?

— Les choses arrivent toujours par trois, répondit César d'un ton morne. La mort du neveu de Clitumna s'est produite tout près de chez moi et des miens. Il y en aura deux autres.

— Pas forcément! Il y aura trois morts, reliées d'une façon ou d'une autre. Mais tant que la deuxième ne s'est pas produite, je défie qui que ce soit de prédire quel est le point commun. Caius Julius, Caius Julius, je t'en supplie! Personne ne nous a encore prévenus que Julia courait le moindre danger. C'est pourquoi j'ai souhaité ta présence, pour que tu m'aides à supporter cette attente.

Honteux de lui-même, César fit un effort pour se dominer.

— En fait, dit-il d'un ton plus ferme, je suis heureux que le moment soit arrivé pour Julia. Ces derniers temps, je n'ai pas voulu l'ennuyer, mais une fois qu'elle aura donné le jour à son enfant, j'espère qu'elle trouvera le temps de venir parler à Julilla.

En lui-même, Marius estimait que la jeune fille avait surtout besoin d'une sévère correction, mais il parvint à prendre un air intéressé; après tout, lui-même n'avait jamais été père, et maintenant que, si tout se passait bien, il allait l'être, il devait admettre qu'il serait fort capable d'avoir le cœur aussi tendre que Caius Julius César.

— Qu'arrive-t-il à ta fille cadette?

— Elle ne mange presque rien, répondit César en soupirant. Depuis quatre mois, les choses vont mal. Elle a perdu énormément de poids! Et maintenant, voilà qu'elle a des évanouissements, et elle tombe comme une pierre. Les médecins ne trouvent rien.

Deviendrai-je vraiment comme lui? se demanda Marius. Cette enfant gâtée n'a rien qu'une bonne cure d'indifférence ne puisse guérir!

— Si je comprends bien, tu aimerais que Julia cherche à savoir ce qui provoque tout cela?

— Oh que oui!

— Elle est sans doute amoureuse de quelqu'un qui n'est pas digne d'elle, dit Marius sans savoir — mais touchant juste.

— Absurde! lança César d'un ton sec.

— Comment le sais-tu?

— Parce que les médecins y ont pensé, et que j'ai fait ma petite enquête.

— A qui as-tu demandé? A elle?

— Evidemment!

— Il aurait peut-être été plus judicieux de questionner sa servante.

— Caius Marius, vraiment!

— Elle n'est pas enceinte?

— Caius Marius, vraiment!

— Ecoute, je fais partie de la famille, je ne suis plus un étranger. Si, malgré une expérience très limitée des jeunes personnes de seize ans, je suis capable d'envisager toutes ces possibilités, tu devrais le pouvoir aussi ! Enferme la servante dans ton cabinet de travail et rosse-la jusqu'à ce qu'elle te dise la vérité. Je suis certain qu'elle est dans la confidence, et je te garantis qu'elle cédera si tu la questionnes comme il faut : menace-la de la torture, de la mort au besoin!

— Caius Marius, je ne peux faire une chose pareille! s'exclama César, que la simple pensée de mesures aussi draconiennes suffisait à épouvanter.

— Comme tu voudras, dit Marius en soupirant. Mais ne crois pas que tu connais la vérité simplement parce que tu as demandé à Julilla.

— Nous ne nous sommes jamais menti.

Marius ne répondit rien, mais parut sceptique.

On frappa à la porte.

— Entrez! lança-t-il, heureux de cette interruption.

C'était Athénodore de Sicile, le petit médecin grec.

— Maître, ta femme te demande, dit-il à Marius, et je crois que cela lui ferait du bien de te voir.

Il sembla à Marius que le cœur lui tombait dans le ventre; César s'était levé d'un bond, et fixait l'homme de l'art d'un air douloureux.

— Est-ce que... est-ce... balbutia-t-il sans pouvoir achever.

— Non, non! Soyez tranquilles, elle va bien, répondit le petit Grec d'un ton apaisant.

Caius Marius ne s'était jamais trouvé en présence d'une femme sur le point d'accoucher, et cette idée le terrifiait. Il n'était pas difficile de faire face à ceux qui avaient été tués ou blessés pendant la bataille; c'étaient des camarades de combat. S'agissant de Julia, la « victime » était tendrement aimée; il fallait la protéger, lui épargner toute souffrance inutile. Et pourtant, à cette heure, si Julia était sur un lit de douleurs, c'était sa faute à lui. Cette pensée était très déplaisante.

Toutefois, quand il entra dans la chambre, tout paraissait normal. Julia était étendue sur un lit. Le tabouret sur lequel elle s'assoirait au moment de la naissance avait été placé dans un coin et pudiquement recouvert d'un linge, aussi Marius ne le remarqua-t-il même pas. A son grand soulagement, elle ne semblait ni mal en point, ni épuisée. Elle eut un sourire radieux en le voyant, et tendit les bras vers lui.

Il lui prit les mains, les embrassa, sans trouver autre chose à bégayer que :

— Tu vas bien ?

— Bien sûr que oui ! On me dit simplement que cela va prendre beaucoup de temps. Mais il n'y a pas de quoi t'inquiéter.

Un spasme de douleur lui crispa la face ; ses mains se refermèrent sur celles de son mari avec une force dont il fut surpris, et une bonne minute s'écoula avant qu'elle ne lâche prise et se détende un peu.

— Je voulais te voir, c'est tout, dit-elle comme si de rien n'était. Est-ce que tu peux revenir de temps en temps, ou bien est-ce trop pénible pour toi ?

— Je veux te voir, mon amour, répondit-il en se penchant pour l'embrasser sur le front.

— Tout ira bien, Caius Marius, dit-elle en se libérant. Essaie de ne pas trop t'inquiéter. Je sais que tout ira bien ! Mon père est encore là ?

— Oui.

Faisant demi-tour, il croisa le regard farouche de Marcia, qui attendait, dans un coin, en compagnie des sages-femmes. Grands dieux ! Elle ne lui pardonnerait pas de sitôt d'être responsable de ce qui arrivait à sa fille !

— Caius Marius ! s'écria Julia comme il allait sortir.

Il se retourna.

— L'astrologue est là ?

— Pas encore, mais on l'a envoyé chercher.

Elle parut soulagée :

— C'est bien !

Le fils de Marius naquit vingt-quatre heures plus tard, au milieu d'un flot de sang. Il faillit coûter la vie à sa mère, mais celle-ci voulait vivre, et les médecins parvinrent finalement à ralentir, puis à arrêter l'hémorragie.

— Ce sera un homme célèbre, maître, et sa vie sera pleine de grands événements et de grandes aventures, lui dit l'astrologue, dissimulant avec soin ces aspects déplaisants dont les parents d'un fils nouveau-né ne veulent jamais entendre parler.

— Alors, il vivra ? intervint César.

— Sans aucun doute, maître, répondit l'homme de l'art, en camouflant ses calculs d'un long doigt crasseux pour ne pas leur laisser voir une opposition dans son signe astral.

— Mon fils sera consul ! dit Marius, envahi par une satisfaction sans limites.

— Assurément, dit l'astrologue, qui ajouta : Mais les présages indiquent que ce ne sera pas un aussi grand homme que son père.

Ce qui plut encore davantage à Marius.

César remplit deux coupes du meilleur vin de Falerne, et en tendit une à son gendre. Il rayonnait de fierté :

— A ton fils et à mon petit-fils, Caius Marius. Je vous salue tous deux !

A la fin de mars, quand le consul Quintus Caecilius Metellus fit voile vers l'Afrique, avec Caius Marius, Publius Rutilius Rufus, Sextus Julius César et son jeune frère Caius, et quatre légions, Marius savait sa femme hors de danger, et son fils en pleine santé. Sa belle-mère elle-même avait daigné lui adresser de nouveau la parole !

— Il faudrait que tu parles à Julilla, dit-il à son épouse juste avant son départ. Ton père est très inquiet pour elle.

Julia se sentait plus forte, et rayonnait de joie, car son fils était un bébé magnifique et parfaitement bien portant. Elle ne regrettait qu'une chose : n'être pas encore suffisamment rétablie pour accompagner Marius en Campanie, et passer quelques jours avec lui avant qu'il ne s'embarque pour l'Afrique.

— Je suppose que tu veux parler de cette histoire ridicule ? Elle ne veut plus manger ?

— Ah, je ne sais rien de plus que ce que ton père m'a dit, mais j'ai cru comprendre qu'en effet c'est de cela qu'il s'agissait. Il faut me pardonner, je ne sais trop comment parler aux très jeunes filles.

Julia sourit intérieurement : elle savait que jamais Marius ne l'avait considérée, elle, comme une adolescente, mais plutôt comme une personne de son âge, aussi mûre, aussi intelligente que lui.

— Je lui parlerai, dit-elle en levant la tête pour qu'il l'embrasse.

Mais avant que Julia ait eu l'occasion de discuter avec sa cadette, la nouvelle d'une incursion des Barbares germains avait atteint Rome, et la cité fut prise de panique. Trois siècles plus tôt, les Gaulois avaient envahi l'Italie, et manqué de peu d'abattre l'Etat romain. Depuis lors, toute la péninsule vivait dans la terreur des invasions barbares. C'était pour s'en protéger que les nations italiques avaient choisi de lier leur destin à celui de Rome, que celle-ci et ses alliés menaient des guerres perpétuelles le long de l'interminable frontière qui, en Macédoine, allait de l'Adriatique à l'Hellespont. C'était pour s'en protéger que Cnaeus Domitius Ahenobarbus avait, quelque dix années auparavant, tracé une route entre la Gaule italique et les Pyrénées, et soumis les tribus qui vivaient le long du Rhône, en les exposant à dessein, pour mieux les affaiblir, aux mœurs et aux coutumes romaines, et en les plaçant sous la protection militaire de Rome.

Il y a cinq ans encore, c'était des Barbares gaulois et des Celtes que la cité avait le plus peur ; mais alors les Germains étaient entrés en scène, et tout d'un coup les adversaires de la veille étaient apparus, par comparaison, civilisés, paisibles, soumis. Comme toujours en pareil cas, ces craintes ne venaient pas de ce qu'on savait d'eux, mais de ce qu'on ignorait. Les Germains avaient surgi de nulle part (sous le consulat de Marcus Aemilius Scaurus), et, après avoir infligé une épouvantable défaite à une immense armée romaine supérieurement entraînée (sous le consulat de Cnaeus Papirius Carbo), ils avaient disparu sans laisser de traces. Mystérieux. Imprévisibles. Indifférents aux règles de conduite acceptées par tous les peuples installés sur les rivages de la Méditerranée. Car, quand ce désastre militaire sans précédent leur avait ouvert les portes de l'Italie, pourquoi diable avaient-ils fait demi-tour avant de s'évanouir on ne sait où ? C'était absurde ! Et pourtant, ils avaient bel et bien fait demi-tour ! Puis, à mesure que les années passèrent, la peur qu'ils inspiraient perdit peu à peu son importance et la vieille crainte des invasions barbares revint à son niveau habituel.

Et maintenant, de nouveau sortis de nulle part, voilà que les Germains étaient revenus, et déferlaient, par milliers, sur la Gaule Transalpine, là où le Rhône sortait du lac Léman. Les terres gauloises, dont les habitants — Eduens et Ambarres — payaient tribut à Rome, avaient été submergées par des barbares de plus de deux mètres de haut, d'une pâleur mortelle ; des géants sortis tout droit des légendes, des fantômes échappés de quelque enfer nordique. Ils se répandirent dans la vallée du Rhône, écrasant tout sur leur passage, des hommes aux souris, des forêts aux fougères.

La nouvelle parvint à Rome quelques jours trop tard pour rappeler le consul Quintus Caecilius Metellus et son armée, qui avaient déjà débarqué en Afrique. C'est ainsi que le consul Marcus Junius Silanus, au demeurant parfait crétin, qu'on avait pris soin de laisser à Rome parce qu'il n'y ferait pas trop de dégâts, fut le seul chef militaire que le Sénat put trouver, sous les poids jumeaux de la coutume et de la loi. En effet, un consul entré en fonction ne pouvait être supplanté par personne s'il se déclarait prêt à entreprendre les opérations de guerre. Et Silanus jubilait à l'idée de partir en campagne contre les Germains. Comme Cnaeus Papirius Carbo cinq ans avant lui, il croyait voir les chariots ennemis chargés d'or, et cette vision l'enchantait.

Carbo avait poussé les Germains à l'attaquer, et subi une écrasante défaite. Et pourtant, les vainqueurs avaient négligé de s'emparer des armes que les Romains avaient laissées derrière eux. Les Romains envoyèrent donc des hommes les récupérer. Ce véritable trésor militaire était toujours entreposé dans la ville, en attendant de servir. Metellus et son expédition africaine avaient épuisé toutes les ressources, plutôt limitées, des ateliers spécialisés. Les légions de Silanus, levées en toute hâte, furent équipées grâce à ces réserves. Bien entendu, ces nouvelles troupes manquaient quand même d'équipement, et durent acheter leurs armures à l'Etat, qui fit ainsi — rien ne se perd — un léger profit.

Trouver des troupes se révéla beaucoup plus difficile. Les recruteurs n'épargnèrent aucun effort. On oublia plus d'une fois que, pour être soldat, il fallait être propriétaire : des hommes qui n'avaient pas les ressources nécessaires, mais qui voulaient servir, furent précipitamment enrôlés. Des vétérans furent tirés de leur retraite — ce qui ne fut pas très difficile, car souvent cet état ne convenait guère à des hommes qui avaient passé dix saisons sous les drapeaux, même si, au regard de la loi, ils ne pouvaient plus être rappelés.

Finalement, Marcus Junius Silanus partit pour la Gaule Transalpine à la tête d'une véritable armée, forte de sept légions complètes, ainsi que d'une puissante cavalerie, composée de Thraces mêlés à des Celtes venus des régions les plus sûres de la province romaine de Gaule. On était fin mai. En huit semaines, Rome avait recruté, armé, et commencé d'entraîner une armée de cinquante mille hommes, cavaliers et non-combattants compris. Seul un adversaire aussi terrifiant que les Germains avait pu stimuler un effort aussi héroïque.

— C'est quand même une preuve de ce que nous autres Romains sommes capables de faire quand nous le voulons, dit Caius Julius César à sa femme, après avoir assisté au départ des légions.

— Oui. Pourvu que Silanus soit à la hauteur de la tâche ! dit Marcia qui, en bonne épouse de sénateur, se passionnait pour la politique.

— Tu n'en as pas l'air persuadée.

— Toi non plus. Enfin, voir tant de soldats traverser le pont Mulvius m'a rendue heureuse à la pensée que nous avions maintenant des censeurs tels que Marcus Aemilius Scaurus et Marcus Livius Drusus, dit Marcia avec un soupir de satisfaction. Marcus Scaurus a raison ; le pont Mulvius est branlant, et ne survivra pas à une nouvelle crue du fleuve. Que ferions-nous, alors, si toutes nos troupes se trouvaient au sud du Tibre, et qu'il leur faille marcher en toute hâte vers le nord ? Je suis donc ravie qu'il ait été élu, car il a juré de le reconstruire. C'est un homme de grande valeur !

César eut un petit sourire un peu contraint mais, en s'efforçant d'être juste, il répondit :

— Scaurus devient une institution ! C'est un homme de spectacle, un prestidigitateur exceptionnel, et un parfait filou. Pourtant, il y a du bon en lui, de l'excellent même, et sans doute dois-je, pour cette raison, lui pardonner tout le reste. D'ailleurs, il a raison : nous avons vraiment besoin d'un nouveau programme de travaux publics. Tous ces éplucheurs de dépenses publiques qu'il nous a fallu supporter ces dernières années comme censeurs valent à peine le papier sur lequel ils gribouillent ! Scaurus, lui, entend bien s'occuper de choses qui auraient dû être faites depuis longtemps. Pour autant, je ne suis pas d'accord avec sa volonté de drainer les marais autour de Ravenne, ni avec ses projets de créer un système de canaux et de digues entre Parme et Mutina.

— Caius Julius, tu es trop injuste ! dit Marcia d'un ton assez sec. Il est extraordinaire qu'il veuille dompter le Pô ! Les Germains envahissent la Gaule Transalpine, et mieux vaut que nos armées ne soient pas coupées des cols alpins par une crue du fleuve !

— C'est une bonne idée en soi, je te l'ai déjà dit. Mais ce n'est pas un hasard s'il a réussi à faire en sorte que son programme de travaux publics ne touche que des régions où il a des clients — et il en aura sextuplé le nombre quand il en aura terminé !

— Serais-tu jaloux ?

— Serais-tu aveugle ?

— Il y a vraiment des moments où je voudrais ne pas t'aimer autant que je t'aime.

— Il y a des moments où je pourrais en dire autant !

A ce moment, Julilla entra. Elle était désormais extrêmement mince, sans être encore franchement squelettique. La jeune fille avait atteint une sorte de point d'équilibre : elle faisait pitié sans pour autant donner le sentiment que sa vie était vraiment menacée.

Elle avait deux objectifs en tête. Le premier : contraindre Lucius Cornelius Sylla à reconnaître qu'il l'aimait ; le second : attendrir ses parents jusqu'à ce qu'ils cèdent. Alors, et elle ne l'ignorait pas, elle aurait une minuscule chance d'obtenir de son père la permission d'épouser Sylla. Si jeune et si gâtée qu'elle fût, elle n'avait pas pour autant commis l'erreur de surestimer ses propres pouvoirs, qui n'étaient rien à côté de ceux de Caius Julius César. Il pouvait l'aimer à la folie, lui passer tous ses caprices au point d'épuiser ses propres ressources financières ; et pourtant, quand il déciderait qui elle épouserait, il ne tiendrait aucun compte des désirs de Julilla. Bien sûr, si elle était assez malléable pour approuver le choix de son père, il en serait heureux ; et elle savait qu'il prendrait soin de lui trouver un époux dont il serait sûr qu'il aimerait Julilla, la traiterait toujours avec respect. Mais imaginer Sylla dans ce rôle? Jamais, jamais, jamais son père n'y consentirait, et aucune bonne raison ne le ferait changer d'avis. Elle aurait beau pleurer, supplier, proclamer son amour, il refuserait toujours de donner son consentement. Surtout maintenant qu'elle disposait à la banque d'une dot de quarante talents, soit un million de sesterces, ce qui ôtait à Sylla toute chance de convaincre César qu'il voulait épouser Julilla par amour. A supposer, bien entendu, qu'il en ait la moindre intention.

Julilla possédait une patience phénoménale, dont elle allait maintenant pouvoir faire bon usage. Elle savait parfaitement que, si elle voulait parvenir à ses fins — épouser Sylla —, il lui faudrait se montrer plus forte que tous les autres, de sa victime — Lucius Cornelius — à son propre père. Elle n'ignorait pas non plus les pièges qui l'attendaient: Sylla pouvait par exemple épouser quelqu'un d'autre, quitter Rome, ou tomber malade et mourir. Elle fit tout son possible pour surmonter ces périls, essentiellement en se servant de son apparente maladie comme d'une arme pointée vers le cœur d'un homme qui jamais ne consentirait à la voir. Elle avait essayé, plus d'une fois, d'approcher Sylla et de le fléchir sans jamais y gagner autre chose que des rebuffades. Pire, alors qu'ils étaient tous deux dissimulés derrière un pilier du Porticus Margaritaria, il avait menacé de quitter Rome à tout jamais si elle ne le laissait pas tranquille.

Son plan s'était donc peu à peu modifié. Dès après leur première rencontre, lorsqu'il l'avait traitée de petit chiot grassouillet, elle avait cessé de se bourrer de sucreries, et perdu un peu de poids, sans en être le moins du monde récompensée. Puis, lors de son retour à Rome, il s'était montré encore plus grossier. La résolution de la jeune fille s'était renforcée, et elle avait donc commencé à refuser de manger. Au début, cela avait été très dur, puis elle avait découvert que si on s'obstinait assez longtemps, on pouvait perdre toute envie de se nourrir.

A la mort de Lucius Gavius Stichus, huit mois auparavant, le plan de Julilla avait pris sa forme à peu près définitive ; ne restaient à résoudre que des problèmes mineurs, mais très irritants. D'abord se rappeler sans cesse au souvenir de Sylla. Ensuite, perdre du poids, mais pas la vie. Pour répondre au premier point, elle s'était résolue à écrire à l'homme qu'elle aimait depuis le premier jour.

Je t'aime, je ne me lasserai jamais de te le répéter, et si, pour que tu m'écoutes, il n'y a pas d'autre moyen que de t'écrire, je t'enverrai des lettres. Des dizaines. Des centaines. Des milliers. Je t'étoufferai sous les lettres, je te noierai sous les lettres, je t'écraserai sous les lettres. A quoi bon manger, quand tu me refuses la nourriture dont mon cœur a tant besoin? Bien-aimé cruel, sans pitié, sans merci! Comment peux-tu vouloir t'éloigner de moi? Abats le mur qui sépare nos deux demeures, glisse-toi dans ma chambre, et embrasse-moi, embrasse-moi! Mais tu n'en feras rien. Je te l'entends dire, alors même que je suis étendue là, trop faible pour quitter ce lit que je déteste. Qu'ai-je donc fait pour mériter ton indifférence, ta froideur? Et pourtant, quelque part sous ta peau si blanche, se cache le plus petit des homoncules, qui n'est autre que mon essence, confiée à tes bons soins, si bien que la Julilla qui vit dans la demeure d'à côté, trop faible pour quitter le lit qu'elle déteste, n'est plus qu'un simulacre desséché, qui chaque jour devient plus pâle. Un jour, je disparaîtrai, et il ne restera plus de moi que cet homoncule sous ta peau si blanche. Viens donc voir ce que tu as fait! Et embrasse-moi, embrasse-moi, car je t'aime.

Perdre du poids, mais pas la vie, avait été plus difficile. Elle ne cessait de maigrir alors qu'elle aurait voulu rester au même point. Et puis, un jour, tous les médecins qui défilaient à son chevet, s'efforçant en vain de la guérir, étaient allés trouver son père pour lui dire qu'il fallait la nourrir de force — en laissant toutefois ce soin à la famille. Toute la maison avait donc rassemblé assez de courage et s'était préparée à appliquer cette thérapie. Ce fut une épreuve horrible dont chacun tenta ensuite d'oublier jusqu'au souvenir: Julilla avait hurlé comme si on l'égorgeait, s'était faiblement débattue, avait vomi aussitôt le moindre aliment qu'on avait réussi à lui faire avaler. César avait ordonné qu'on en reste là, et le conseil de famille, réuni en toute hâte, avait décidé à l'unanimité que, quoi qu'il pût arriver à Julilla dans l'avenir, il ne serait jamais plus question de la nourrir de force.

L'ennui était que désormais tous les voisins étaient au courant. Et ce fut Clitumna qui vint à la rescousse, affirmant qu'elle connaissait une nourriture que Julilla avalerait de son propre gré. César et Marcia l'accueillirent avec ferveur, et l'écoutèrent avec la plus vive attention.

— Il vous faut trouver du lait de vache, dit la veuve d'un air important: être au centre de l'attention générale chez les César était pour elle une expérience toute nouvelle. Je sais que cela n'est pas facile, mais je crois qu'il y a dans la Vallis Camenarum un ou deux bouviers qui en traient. Ensuite, on brise un œuf dans chaque coupe de lait, avec trois cuillerées de miel. Vous battez le tout jusqu'à ce qu'il y ait de l'écume au sommet, et ajoutez enfin la moitié d'une coupe de vin fort. Tout à la fin, attention! Si vous le versez au début, il n'y aura pas d'écume. Si vous disposez de gobelets de verre, prenez-en un pour y verser le mélange, car il a une jolie couleur, un rose très riche, avec une jolie teinte jaune au-dessus. Si elle parvient à garder cela dans l'estomac, elle sera sauvée.

Clitumna rapporta qu'on avait utilisé cette recette lorsque sa propre sœur avait été victime des mêmes troubles que Julilla.

— Nous allons essayer, dit Marcia, les yeux pleins de larmes.

César se leva.

— Je vais immédiatement envoyer quelqu'un dans la Vallis Camenarum! dit-il en disparaissant.

— Oh, si seulement elle pouvait le tolérer! s'écria Marcia d'une voix tremblante. Nous sommes à bout de ressources!

— Je m'en doute. Mais n'en laissez rien paraître, surtout si Julilla peut vous entendre, conseilla Clitumna, qui savait se montrer très raisonnable quand son cœur n'avait pas son mot à dire — et qui aurait gaiement laissé mourir la jeune fille, si elle avait eu connaissance des lettres qui s'entassaient dans la chambre de Sylla.

Puis son visage se crispa.

— Nous ne voudrions pas qu'un second décès se produise dans nos demeures! dit-elle en reniflant douloureusement.

— Certainement pas! s'exclama Marcia, qui ajouta avec douceur: J'espère que tu as un peu surmonté la peine que t'a causée la mort de ton neveu, Clitumna?

— Oh, j'y arrive peu à peu, répondit la veuve, qui certes pleurait sincèrement Stichus, même si elle avait la vie beaucoup plus facile depuis qu'avaient pris fin les frictions entre le regretté défunt et son cher, cher Sylla. Elle poussa un énorme soupir.

Cette rencontre fut suivie de beaucoup d'autres, car le mélange eut bel et bien les effets promis, et les César avaient désormais une énorme dette envers leur voisine, si vulgaire fût-elle.

— La gratitude est un fardeau parfois bien lourd à porter! dit un jour Caius Julius César, qui avait pris l'habitude de se cacher dans son cabinet de travail chaque fois qu'il entendait la voix de la veuve dans l'atrium.

— Caius Julius, voyons, ne sois pas de si mauvaise humeur! dit Marcia, sur la défensive. Clitumna est vraiment très gentille, et il nous est impossible de lui causer de la peine, ce que tu es bien près de faire en l'évitant aussi ostensiblement.

— Je sais qu'elle est très gentille ! s'écria-t-il. C'est bien ce que je lui reproche !

Le plan de Julilla avait compliqué la vie de Sylla à un point qui, l'aurait-elle su, eût ravi la jeune fille. Mais ce ne fut pas le cas, car il savait cacher ses tourments à tout autre que lui-même. Et son apparente indifférence trompait jusqu'à Clitumna qui, depuis qu'elle avait pris le rôle de faiseuse de miracles, le renseignait continuellement sur ce qui se passait à côté.

— J'aimerais que tu ailles rendre visite à cette pauvre fille, dit la veuve un peu agitée. Elle demande souvent de tes nouvelles, Lucius Cornelius.

On était à peu près à l'époque du départ des sept légions de Marcus Junius Silanus.

— J'ai mieux à faire que de servir de nourrice à une César ! répondit Sylla d'un ton acerbe.

— Quelle absurdité ! intervint Nicopolis. Personne n'est plus oisif que toi.

Sylla fit volte-face, avec une brutalité qui la mena à battre en retraite :

— Et c'est ma faute ? Je pourrais avoir quelque chose à faire ! Je pourrais marcher avec Silanus pour combattre les Germains !

— Dans ce cas, pourquoi n'es-tu pas parti ? Ils ont réduit à si peu de chose les exigences de propriété, qu'avec ton nom tu aurais pu t'enrôler.

Il retroussa les lèvres, découvrant des canines longues et pointues qui donnaient à son sourire une cruauté féline :

— Moi, un Cornelius, un patricien, homme du rang ? Je préférerais être vendu comme esclave par les Germains !

— Et c'est bien ce qui se passera, si personne ne les arrête. Lucius Cornelius, il y a des moments où tu ne fais que trop bien la preuve que tu es ton pire ennemi. Tout ce que te demande Clitumna, c'est d'accorder une petite faveur à une jeune fille mourante, et tu grognes que tu n'as pas le temps ! Après tout, Lucius Cornelius, tu devras bien reconnaître que ta vie ici est plus agréable depuis la mort si opportune de Lucius Gavius Stichus.

Et elle se mit à fredonner à voix basse une mélodie qui racontait l'histoire d'un homme qui avait tué son rival et s'en était sorti sans ennuis : « Si-op-portune ! » psalmodia-t-elle.

Le visage de Sylla se durcit.

— Chère, chère Nicopolis, pourquoi ne pas me faire l'énorme faveur de marcher jusqu'au Tibre et de t'y jeter ?

Les deux femmes décidèrent prudemment de changer de sujet. Mais Sylla se savait vulnérable. Un de ces jours, la pauvre idiote à qui Julilla confiait ses lettres se ferait prendre, ou on surprendrait la jeune fille pendant qu'elle en rédigerait une. Qui donc croirait qu'il n'y était pour rien? Et si les censeurs le reconnaissaient coupable d'avoir corrompu la fille d'un sénateur, jamais, jamais, il ne pourrait entrer au Sénat. Ce à quoi il était bien résolu.

Il mourait d'envie de quitter Rome, mais n'osait pas: qui sait ce dont elle serait capable en son absence? Au demeurant, et bien qu'il lui fût très pénible de le reconnaître, il ne pouvait se décider à l'abandonner alors qu'elle était si malade. Son état paraissait grave. L'esprit de Sylla tournait en rond, incapable de se fixer, incapable de se contraindre à suivre un chemin logique. Sortant de l'un des coffres contenant les effigies de ses ancêtres la couronne d'herbes désormais desséchée, il restait assis à la tourner entre ses mains, dévoré d'anxiété, pleurant presque; car il savait où il comptait aller, comme ce qu'il prévoyait d'entreprendre, et la maladie de cette maudite gamine représentait de ce point de vue une insupportable complication. Pourtant, c'est d'elle, et d'elle seule, que tout était parti, avec sa couronne d'herbes. Que faire?

Il songea même au suicide, bien qu'il fût la dernière personne au monde capable de s'y résoudre. Puis ses pensées revenaient à Julilla, toujours à Julilla. Pourquoi? Il ne l'aimait pas; il était incapable d'aimer. Et pourtant, il y avait des moments où il brûlait de l'embrasser, de la mordre, de lui faire l'amour jusqu'à ce qu'elle hurle d'extase. Il y en avait d'autres — généralement quand il était étendu entre ses deux maîtresses —, où il la haïssait, où il aurait voulu sentir sous ses mains la peau si douce de son cou, voir son visage virer au noir et ses yeux s'exorbiter pendant qu'il chasserait de ses poumons le dernier souffle d'air. Après quoi arrivait une nouvelle lettre. Pourquoi ne les jetait-il pas? Pourquoi n'allait-il pas les donner à Caius Julius César, en exigeant que ce harcèlement prenne fin? Il lisait pourtant ces missives où la passion le disputait au désespoir, et que la servante parvenait toujours à glisser dans le pli de sa toge, dans des lieux où il y avait assez de monde pour qu'on ne remarquât pas son geste; il lisait chacune d'elles à plusieurs reprises, avant de la dissimuler dans l'un des coffres contenant les effigies de ses ancêtres.

Mais il respecta son vœu de ne jamais la voir.

Le printemps céda la place à l'été, l'été aux redoutables jours de Sextilis, quand Sirius, l'étoile du Chien, s'en vient luire d'un air maussade au-dessus de Rome paralysée par la chaleur. Puis, alors que Silanus remontait le Rhône sans méfiance, pour se diriger vers les hordes de Germains, il se mit à pleuvoir sur tout le centre de l'Italie. Sans discontinuer. Destin bien pire, pour les citoyens de Rome habitués à jouir du soleil, que les jours du Chien. Un temps déprimant, ennuyeux au possible, inquiétant en cas d'inondation, et qui posait toutes sortes de problèmes. Les marchés ne pouvaient ouvrir, toute vie politique devenait impossible, il fallait repousser les procès, la délinquance augmentait à toute allure. Des hommes tuaient leurs épouses qu'ils avaient surprises en flagrant délit d'adultère, dans les greniers à blé le grain pourrissait, le Tibre débordait pour envahir les latrines publiques et une odeur pestilentielle stagnait sur la ville, on ne trouvait plus de légumes parce que le Champ de Mars et le Campus Vaticanus étaient ensevelis sous plusieurs centimètres d'eau, et les *insulae* à plusieurs étages, hâtivement bâties, s'effondraient ou se lézardaient de larges crevasses. Des vieux et des infirmes moururent de pneumonie, des jeunes du croup et d'angine, ou encore d'une maladie mystérieuse qui paralysait le corps et qui, si on y survivait, vous laissait une jambe ou un bras desséché, inutile.

Clitumna et Nicopolis se mirent à se quereller chaque jour, et chaque jour Nicopolis rappelait en chuchotant à Sylla à quel point la mort de Stichus avait été opportune.

Puis, après deux semaines entières, les nuages bas déversèrent sur la cité ce qu'il leur restait de pluie, et le soleil revint. Rome se mit à fumer ; d'épaisses bouffées de vapeur montèrent des pavés et des tuiles ; pour échapper aux moisissures, il fallut racler le cuir des chaussures, dérouler et inspecter avec soin les rouleaux de papyrus, aérer les coffres et les armoires.

Cette humidité fétide avait pourtant son bon côté : la saison des champignons fut d'une richesse exceptionnelle. Toute la cité s'en empiffra, riches et pauvres mêlés.

Et Sylla se retrouva accablé de lettres, après deux merveilleuses semaines de répit au cours desquelles la servante de Julilla n'avait pas eu l'occasion d'en glisser dans sa toge. Son désir de quitter Rome grandit jusqu'à ce qu'il comprenne que s'il ne partait pas, ne serait-ce que pour une journée, il deviendrait fou. Metrobios et son protecteur, Scylax, étaient en villégiature à Cumes, et Sylla ne voulait pas passer seul ce jour béni. Il résolut d'emmener Clitumna et Nicopolis en pique-nique dans un endroit qu'il aimait entre tous, un peu en dehors de la ville.

— Allons, leur dit-il à l'aube de la troisième journée ensoleillée, faites-vous belles, et je vous conduirai là-bas !

Toutes deux le regardèrent avec l'amère dérision de celles qui n'entendent pas qu'on les arrache à leur bouderie, et refusèrent de quitter le lit commun.

— Vous avez besoin d'un peu d'air frais ! insista-t-il.

— Nous sommes précisément sur le Palatin parce que l'air y est meilleur, rétorqua Clitumna en lui tournant le dos.

— En ce moment, ce n'est pas le cas, il est plein de la puanteur des égouts. Allons! J'ai loué une charrette, nous nous dirigerons vers Tibur, nous déjeunerons dans les bois, nous verrons si nous pouvons attraper — ou acheter! — un ou deux poissons, un bon gros lièvre à peine arraché au collet, et nous rentrerons avant la nuit en nous sentant beaucoup mieux.

— Non, dit la veuve d'un ton aigre.

Nicopolis hésita:

— Eh bien...

— Préparez-vous, coupa Sylla, je reviens dans quelques minutes.

Puis il s'étira voluptueusement:

— Je suis si las d'être enfermé ici!

— Moi aussi, dit Nicopolis en sortant du lit.

Clitumna resta le visage tourné contre le mur, tandis qu'il se dirigeait vers les cuisines pour ordonner qu'on lui prépare un repas.

— Viens, lança-t-il en revenant, après avoir revêtu une tunique propre.

Elle ne répondit rien.

— Comme tu voudras, dit-il en sortant. Nicopolis et moi te retrouverons ce soir.

C'est ainsi que Nicopolis et Sylla partirent seuls, avec un plein panier de nourriture rassemblée en hâte par le cuisinier, qui aurait bien voulu les accompagner. Une charrette attendait au pied des marches de Cacus; Sylla aida sa maîtresse à monter, puis s'installa à son tour et prit les rênes.

— En avant, s'écria-t-il, éprouvant un sentiment de liberté qui lui donnait le cœur léger. En lui-même, il n'était pas mécontent que la veuve eût refusé de les suivre. La compagnie de Nicopolis suffisait amplement.

La charrette quitta la ville par la porte Capena. Le paysage n'était pas très gai, car la route vers l'est que Sylla emprunta traversait en effet tous les grands cimetières de Rome.

Une fois que la charrette eut franchi les deux aqueducs qui apportaient de l'eau aux collines situées au nord-est de la ville, le paysage changea. Dans toutes les directions se voyaient désormais des jardins de légumes, des prairies, des champs de blé.

A quelque distance de Rome se trouvait une forêt qui s'étendait jusqu'aux hauteurs menant au Grand Rocher, la plus haute montagne d'Italie.

Mais le terrain y était plus difficile, et c'est là que Sylla quitta la route, guidant les mules vers un chemin de terre qui plongeait entre les arbres avant de prendre fin brusquement.

— Nous y voilà! dit-il en aidant Nicopolis, un peu endolorie par le trajet, à descendre. Je sais que ça n'a pas l'air très prometteur, mais marchons un peu et je te montrerai un endroit magnifique.

Puis il ôta leurs harnais aux mules et les attacha, tira la charrette pour la mettre à l'abri dans les fourrés, et, s'emparant du panier contenant les provisions, se le jeta sur l'épaule.

— Où as-tu appris à conduire des mules? lui demanda Nicopolis en le suivant sous les arbres.

— Sur le port de Rome. Attention, vas-y doucement! Nous n'allons pas très loin, et il n'y a aucune raison de nous presser.

De fait, ils n'avaient pas perdu de temps. Comme on était début septembre, les douze heures de la journée comptaient soixante-cinq minutes; il en fallait encore deux avant midi quand Nicopolis et Sylla pénétrèrent dans les bois.

— Autrefois, dit-il, la terre ici était consacrée au blé, mais depuis qu'on le fait venir de Sicile, de Sardaigne et d'Afrique, les fermiers ont abandonné l'endroit, et laissé la forêt l'envahir, car le sol est pauvre.

— Lucius Cornelius, tu es étonnant, répondit-elle en essayant de suivre son rythme. Comment sais-tu tant de choses?

— J'ai beaucoup de chance: je retiens tout ce que je lis et tout ce que j'entends.

Ils émergèrent alors dans une clairière enchanteresse. Un ruisseau gonflé par les récentes pluies descendait en cascades bouillonnantes. Et le soleil jetait des flaques de lumière, au milieu des libellules et des oiseaux.

— J'ai découvert cet endroit l'année dernière, dit Sylla en déposant le panier à l'ombre d'un buisson. Une roue de ma charrette s'est brisée, et il m'a fallu envoyer Metrobios à Tibur, monté sur une mule, pour aller chercher de l'aide. En attendant son retour, j'ai exploré les environs.

Nicopolis ne fut pas très heureuse d'apprendre que le jeune garçon avait eu droit le premier aux honneurs du lieu. Elle se laissa tomber dans l'herbe, suivit des yeux Sylla qui sortait du panier une outre de vin qu'il plongea dans l'eau après l'avoir accrochée à des pierres. Puis il ôta sa tunique et ses sandales — il ne portait rien d'autre.

Il s'étira en souriant, et regarda autour de lui avec un attendrissement qui n'avait rien à voir avec Nicopolis ou Metrobios. Son plaisir venait simplement du sentiment d'être pour un moment libéré du fardeau de sa propre vie, en un lieu où il pourrait se dire que le temps était arrêté, la politique chose inconnue, les gens libérés du carcan de la naissance, et l'argent une invention encore à venir. De tels moments de bonheur avaient été si rares au long de sa vie qu'il se souvenait de chacun avec une netteté extrême. Le jour où les indéchiffrables gribouillis griffonnés sur un bout de papier avaient enfin pris un sens; celui où un homme lui avait révélé l'amour; l'extraordinaire sensation de liberté qu'il avait éprouvée à la mort de son père. Et aussi la découverte que cette clairière perdue dans la forêt était en réalité la première terre qui lui eût jamais appartenu, puisque personne, avant lui, ne l'avait explorée. Cela suffisait. Savoir lire, accéder au plaisir érotique, échapper à l'autorité, posséder. Telles étaient les choses auxquelles Sylla attachait de la valeur, les seules qu'il désirât.

Fascinée, Nicopolis l'observa, sans rien comprendre du bonheur qu'il ressentait, s'émerveillant de la parfaite blancheur de sa peau sous le soleil, de l'or sur sa tête et son torse. Impossible de résister: elle se débarrassa de sa robe, et s'abandonna, nue, aux caresses du soleil.

Ils plongèrent dans l'eau, plutôt froide, et s'y ébattirent, Sylla caressant les seins de sa maîtresse, puis, reprenant pied sur la rive, ils se laissèrent tomber dans le pré et firent l'amour. Ensuite, ils dévorèrent le contenu du panier en buvant de longues rasades de vin glacé. Elle tressa une couronne de fleurs pour Sylla, puis une autre pour elle.

— C'est merveilleux! soupira-t-elle. Clitumna ignore ce qu'elle rate.

— Comme d'habitude.

— Oh, je ne sais pas... Stichus lui manque.

Elle se sentait d'humeur taquine et se mit à fredonner la chanson qui parlait du meurtre par amour; puis elle surprit dans le regard de Sylla une étincelle : la fureur couvait. Il était temps de changer de sujet. Sautant sur ses pieds, elle tendit la main vers Sylla, toujours allongé:

— Viens! Je veux me promener sous les arbres pour me rafraîchir.

Il s'exécuta, et tous deux s'avancèrent à pas lents vers la forêt. Marcher pieds nus était un délice.

Et qu'aperçut-elle! Une véritable armée miniature des champignons les plus exquis que Nicopolis eût jamais vus, sans la moindre piqûre d'insecte, d'un blanc immaculé, la coiffe épaisse et charnue, le pied mince et tendre, et dont émanait une agréable odeur de terre.

— Oh, c'est merveilleux! s'écria-t-elle en se mettant à genoux.

— Viens! dit Sylla en faisant la grimace.

— Ne sois pas mesquin simplement parce que tu n'aimes pas les champignons! Lucius Cornelius, s'il te plaît, retourne fouiller dans le sac et rapporte-moi un linge, je vais en cueillir quelques-uns.

— Je ne crois pas qu'ils soient bons.

— Bien sûr que si! Regarde! Aucune membrane ne recouvre les lamelles; pas de taches, pas de couleur rouge. Et l'odeur est superbe! Ce n'est pas un chêne, non? ajouta-t-elle en levant les yeux vers l'arbre au pied duquel poussaient les champignons.

Sylla en contempla longuement les feuilles dentelées et y lut le caractère implacable du destin, comme si la déesse qui lui portait bonheur lui avait fait signe du doigt.

— Non, répondit-il.

— Alors! S'il te plaît! S'il te plaît?

— D'accord, fais comme tu veux.

Nicopolis enveloppa les champignons dans la serviette que Sylla lui avait apportée, avant de les déposer avec soin au fond du panier.

— Je ne sais vraiment pas pourquoi Clitumna et toi n'aimez pas les champignons, dit-elle une fois qu'ils furent remontés dans la charrette.

— Qu'ont-ils de particulier? demanda-t-il. En ce moment, tu peux en acheter par pleins paniers au marché.

— Ils sont *à moi*, tenta-t-elle d'expliquer. *Je* les ai trouvés, *j*'ai vu aussitôt qu'ils étaient parfaits, *je* les ai cueillis. Ceux du marché sont pleins de trous, d'araignées, les dieux savent quoi. Les miens seront bien meilleurs, je te le promets.

Quand Nicopolis les apporta au cuisinier, celui-ci les prit d'un air soupçonneux, mais dut bien admettre qu'on ne pouvait, à les regarder et à les sentir, leur reprocher quoi que ce soit.

— Fais-les frire légèrement dans un peu d'huile, lui dit-elle.

L'esclave chargé de se rendre au marché avait rapporté ce matin-là un énorme panier de champignons, vendus à si bon marché que tous les serviteurs avaient eu le droit de s'en gorger, ce qu'ils avaient fait tout l'après-midi. Aucun d'eux ne fut donc tenté de dérober ceux de Nicopolis. Elle dévora le fruit de sa cueillette avec un appétit creusé par leur excursion — et aussi par la monumentale bouderie de Clitumna.

Car, bien entendu, dès qu'il avait été trop tard pour les rattraper, la veuve avait regretté de ne pas avoir accompagné Sylla et Nicopolis; lassée d'entendre parler du pique-nique tout au long de la soirée, elle réagit mal et prit congé en disant qu'elle dormirait seule.

Dix-huit heures plus tard, Nicopolis ressentit les premières douleurs abdominales. Elle eut des nausées, une vague envie de vomir, mais pas la diarrhée, et elle devait bien reconnaître qu'elle avait connu pire. Puis elle urina du sang, et fut prise de panique.

Les médecins furent convoqués sur-le-champ; la maison fut mise sens dessus dessous; Clitumna envoya des serviteurs à la recherche de Sylla, qui était parti très tôt dans la matinée sans dire où il allait.

Quand le cœur de Nicopolis se mit à battre de plus en plus vite, alors que son pouls faiblissait, les médecins parurent soucieux. Elle eut des convulsions, sa respiration se fit lente, son cœur eut des fibrillations, et elle plongea dans un coma définitif. Personne ne pensa aux champignons.

— Déficience rénale, dit Athénodore de Sicile, qui était devenu l'homme de l'art le plus prospère du Palatin.

Tous les autres approuvèrent.

Le temps que Sylla revienne à la maison en courant, Nicopolis était morte d'une hémorragie interne.

— Nous devrions pratiquer une autopsie, dit Athénodore.

— J'en suis d'accord, répondit Sylla.

— C'est contagieux ? demanda Clitumna d'un ton pathétique; elle paraissait soudain vieille, malade, désespérément seule.

Tout le monde lui assura que non.

L'autopsie confirma le diagnostic : les reins et le foie étaient congestionnés, gonflés et hémorragiques ; l'enveloppe autour du cœur de Nicopolis avait saigné, comme les muqueuses de l'estomac, des intestins et du côlon. Une fois de plus, ce petit champignon, d'allure innocente, qu'on appelait le Destructeur, avait fait son œuvre.

Sylla se chargea d'organiser les funérailles — Clitumna était trop prostrée —, et conduisit le défilé funèbre, où se montrèrent toutes les vedettes de la comédie et des spectacles de mime de la cité.

Quand il rentra après la cérémonie, Sylla trouva Caius Julius César qui l'attendait. Se débarrassant de sa toge de deuil, il suivit la veuve et le visiteur dans le salon. Il n'avait jamais croisé le sénateur que par accident, et ne le connaissait pas du tout ; que son voisin daigne se déplacer à l'occasion du décès d'une putain grecque lui parut très bizarre, aussi Sylla demeura-t-il sur ses gardes, respectant avec soin toutes les règles de l'étiquette.

— Caius Julius, dit-il en s'inclinant.

— Lucius Cornelius, répondit l'autre en l'imitant.

Sylla s'assit ; César reprit son siège sans témoigner d'une quelconque agitation, puis, se tournant vers Clitumna en larmes, lui dit avec douceur :

— Ma chère, pourquoi rester ? Marcia t'attend chez nous. Dis à ton intendant de t'accompagner là-bas. En un temps de douleur, les femmes ont besoin de la compagnie des femmes.

Sans un mot, la veuve se leva et se dirigea vers la porte en chancelant, tandis que le visiteur, plongeant la main sous sa toge, en sortait un rouleau de papier, qu'il posa sur la table.

— Lucius Cornelius, Nicopolis, il y a longtemps, m'avait demandé de rédiger son testament et de le confier aux Vestales. Clitumna en connaît les termes, et c'est pourquoi il était inutile qu'elle reste là pour m'entendre en faire la lecture.

— Comment? dit Sylla, qui n'y comprenait rien.

Ne trouvant rien à répondre, il resta assis, en jetant à César un regard vide.

— Lucius Cornelius, Nicopolis a fait de toi son unique héritier.

Sylla demeura impassible.

— Ah bon?

— En effet.

— Ah... je suppose que si j'y avais réfléchi, j'aurais su qu'elle le ferait... Ce qui n'a pas grande importance, d'ailleurs... Elle dépensait tout ce qu'elle avait.

— Oh non. Nicopolis était très riche.

— C'est impossible!

— Lucius Cornelius, c'est vrai! Elle ne possédait pas de biens meubles, mais elle était la veuve d'un tribun militaire, et avait investi tout ce qu'il lui avait laissé. Ses avoirs dépassent deux cent mille deniers.

On ne pouvait s'y tromper: la stupéfaction de Sylla n'avait rien de factice. Quoi que César eût pu penser de lui jusqu'à aujourd'hui, il savait qu'il avait devant lui un homme qui jamais n'avait eu vent de cette information.

Sylla se rencogna dans son fauteuil, passa sur son visage des mains tremblantes, et frissonna avant de s'écrier:

— Tant que ça? Nicopolis?

— En effet. Deux cent mille deniers. Ou huit cent mille sesterces, si tu préfères.

— Nicopolis!

César se leva et tendit une main que Sylla prit d'un air absent.

— Non, Lucius Cornelius, ne te lève pas. Je ne peux te dire à quel point je suis content pour toi. Je sais que pour le moment il t'est difficile de t'arracher à ton chagrin, mais j'aimerais te dire que j'ai souvent souhaité qu'un jour tu puisses connaître un meilleur sort. Ce matin, j'irai faire valider le testament. Mieux vaut que tu me retrouves au Forum à la deuxième heure.

Une fois César parti, Sylla resta longtemps immobile. La demeure était aussi silencieuse que la tombe de Nicopolis; Clitumna devait se trouver chez Marcia, et les serviteurs allaient sans faire le moindre bruit.

Six heures peut-être s'écoulèrent avant qu'il ne se lève ; le corps complètement ankylosé, il s'étira. Son sang se remit à couler, son cœur se remplit de feu.

— Lucius Cornelius, tu t'es enfin mis en route, dit-il, et il éclata d'un rire qui s'enfla peu à peu pour devenir un hurlement.

Clitumna vieillit en l'espace d'une nuit. Bien qu'elle n'eût encore que cinquante ans, la mort de sa meilleure amie — qui avait aussi été sa maîtresse —, après celle de son neveu, eut des effets dévastateurs. Sylla lui-même fut incapable de l'arracher à son chagrin. Aucun mime ne pouvait plus la faire sortir de sa demeure. Pas même Scylax et Marsyas, qui venaient la voir régulièrement, ne lui arrachaient un sourire. Ce qui l'épouvantait le plus, c'était de savoir que Sylla, maintenant héritier de Nicopolis et donc indépendant financièrement, pouvait l'abandonner, et qu'alors elle serait seule — perspective qu'elle redoutait plus que tout.

Quelques jours après la mort de Nicopolis, elle s'en fut voir César:

— On ne peut tout laisser aux morts, lui dit-elle, et je dois modifier mon testament.

Le document fut revu en conséquence, et confié aux bons soins des Vestales.

Elle pleurait sans cesse. Tout le monde s'inquiétait, tout en sachant qu'il n'y avait rien à faire, sinon attendre que le temps guérisse ses blessures.

Pour Sylla, c'était le moment.

La dernière lettre de Julilla disait:

> Je t'aime, bien que les mois, et maintenant les années, m'aient montré à quel point mon amour n'est pas payé de retour, à quel point mon destin te retient peu. En juin dernier, j'ai eu dix-huit ans; je devrais déjà être mariée, mais j'ai réussi jusqu'à présent à me soustraire à cette horrible nécessité en tombant malade. Je veux t'épouser, toi et personne d'autre, mon bien-aimé Lucius Cornelius. Mon père n'ose me présenter à personne. Et je me chargerai de laisser les choses en l'état jusqu'à ce que tu viennes me voir et me dises que tu consens. Tu as dit une fois que j'étais un bébé, que mon amour pour toi était un enfantillage qui prendrait fin un jour, mais je t'ai prouvé le contraire depuis bientôt deux ans! Je t'ai prouvé que mon amour pour toi était aussi constant que le retour du soleil chaque printemps. La vieille Grecque que je détestais tant, que j'aurais voulu voir morte, n'est plus. Vois-tu à quel point je suis puissante, Lucius Cornelius? Pourquoi ne veux-tu pas comprendre que tu ne peux m'échapper? Aucun cœur ne peut

être aussi rempli d'amour que le mien sans se voir récompenser. Je sais que tu m'aimes. Renonce à résister, et viens me voir, pour t'agenouiller près de mon lit de souffrances, te pencher vers moi et m'embrasser. Ne me condamne pas à mourir! Choisis plutôt de me laisser vivre, et de m'épouser.

Oui, pour Sylla il était temps de mettre un terme à bien des choses. Temps de se débarrasser de Clitumna, et aussi de Julilla, de tous ces liens éprouvants qui enchaînaient son esprit et y jetaient des ombres si inquiétantes. Même Metrobios devrait disparaître.

C'est ainsi que vers le milieu d'octobre il alla frapper à la porte de Caius Julius César, à une heure à laquelle il pouvait être à peu près sûr de le trouver — tandis que les femmes de la maison seraient confinées dans leurs appartements. Caius Julius César n'était pas le genre d'époux et de père à les laisser se mêler à ses amis ou à ses clients. En effet, en faisant cette visite, Sylla espérait bien se débarrasser de Julilla, il n'avait aucune envie de la voir. Tout en lui, toutes les fibres de son être, toute son énergie étaient concentrés sur Caius Julius César et ce qu'il aurait à lui dire. Et il ne devait éveiller ni méfiance ni soupçon.

Il était déjà allé avec le sénateur faire valider le testament, et il était entré en possession de son héritage sans la moindre difficulté. Tout s'était presque trop bien passé. Même quand il s'était présenté devant les censeurs, Scaurus et Drusus, tout s'était déroulé aussi facilement que possible, car César avait tenu à l'accompagner, et à se porter garant de l'authenticité de tous les documents soumis à l'examen des censeurs. Et cela fait, Marcus Livius Drusus, comme Marcus Aemilius Scaurus, s'était levé pour lui serrer la main et le féliciter. C'était un rêve... Ne devrait-il pas s'éveiller un jour ou l'autre?

C'est ainsi que peu à peu, sans avoir à se contraindre le moins du monde, il entreprit de faire un peu mieux connaissance avec Caius Julius César, qui se mit à faire preuve envers lui d'une tolérance amicale quoique distante. Sylla ne se rendait jamais chez lui, et préférait le rencontrer sur le Forum. Les deux fils de César étaient en Afrique, avec leur beau-frère, Caius Marius, mais Sylla avait eu l'occasion de croiser Marcia au cours des semaines qui avaient suivi la mort de Nicopolis, car elle rendait régulièrement visite à Clitumna. Et il n'avait pas été difficile de voir qu'elle le regardait d'un œil soupçonneux; il se doutait que la veuve ne se montrait pas aussi discrète qu'elle aurait dû, s'agissant des relations très particulières qui l'unissaient à Sylla et à Nicopolis. Il savait cependant qu'elle le trouvait attirant, mais dangereux, et devait le classer quelque part entre le serpent et le scorpion.

C'est ainsi que Sylla, au milieu d'octobre, vint frapper à la porte de Caius Julius César, non sans angoisse, car il ne lui était plus possible de retarder davantage ses plans. Il lui fallait agir avant que Clitumna ne reprenne le dessus. Et pour cela, il lui fallait être sûr du sénateur.

Le jeune garçon à l'entrée lui ouvrit aussitôt, et le fit entrer sans hésiter. Sylla découvrit ainsi qu'il appartenait à cette catégorie de gens que César était prêt à recevoir à tout moment.

— Caius Julius reçoit-il?

— Oui, Lucius Cornelius. Aie la bonté d'attendre, dit l'adolescent, qui partit vers le cabinet de travail de son maître.

Sylla marcha à pas lents dans le modeste atrium, notant que l'endroit, si simple et si nu, faisait par comparaison passer celui de Clitumna pour le vestibule d'un potentat oriental. C'est alors que Julilla entra.

Depuis combien de temps avait-elle prévenu les serviteurs qu'elle devait être informée aussitôt de l'arrivée de Lucius Cornelius dans leur demeure? Et combien de temps se passerait-il avant que le garçon se décide à courir là où il aurait dû dès l'abord: chez César ?

Ces deux questions jaillirent dans l'esprit de Sylla plus vite encore que les réactions de son propre corps à l'arrivée de la jeune fille.

Ses genoux se dérobèrent sous lui; il tendit la main pour se raccrocher au premier objet venu, qui se trouva être un vieux pot à eau d'argent posé sur une table et qui tomba sur le sol à grand bruit, au moment même où Julilla, se couvrant le visage de ses mains, sortait de la pièce en courant.

Le fracas se répercuta dans la demeure avec autant de puissance que dans la grotte de la Sibylle de Cumes, ce qui fit accourir tout le monde. Conscient d'être pâle comme un mort, et envahi par une sueur glacée qui trahissait son angoisse, Sylla décida de se laisser aller tout à fait, glissa sur le sol et resta là, la tête entre les genoux, les yeux bien clos, pour tenter de chasser l'image de ce squelette enveloppé dans la peau dorée de Julilla.

César et Marcia l'aidèrent à se relever, à marcher jusqu'au cabinet de travail; une coupe de vin lui rendit un semblant de contenance, et il se redressa sur le sofa en soupirant, puis s'essuya le front d'une main. Avaient-ils vu? Où Julilla s'était-elle enfuie? Que dire? Que faire?

César avait l'air lugubre. Comme Marcia, d'ailleurs.

— Je suis désolé, Caius Julius, dit Sylla en reprenant un peu de vin. Je me suis évanoui... je ne comprends pas ce qui m'est arrivé...

— Prends ton temps, Lucius Cornelius. Je sais ce qui s'est passé. Tu as vu un fantôme.

Non, ce n'était pas homme à mentir — du moins, pas de façon trop voyante. Il était bien trop intelligent pour cela.

— C'était la jeune fille?

— Oui, dit César, qui congédia sa femme d'un signe de tête. Elle obéit sans un murmure.

— Il y a quelques années, je la croisais souvent près du Porticus Margaritaria, avec ses amies, dit Sylla. Je croyais que c'était... ah, tout ce que peut être une jeune Romaine, toujours à rire, sans jamais être vulgaire... Je ne sais pas... Et puis une fois sur le Palatin... Je souffrais... une souffrance de l'âme, vois-tu...

— Oui, je crois.

— Elle a pensé que j'étais malade, et m'a demandé si elle pouvait m'aider. Je n'ai pas été très gentil avec elle — je jugeais que vous n'aimeriez guère qu'elle fréquente des gens comme moi. Mais elle n'a pas voulu se décourager, et je ne suis pas parvenu à me montrer suffisamment grossier. Sais-tu ce qu'elle a fait?

Les yeux de Sylla paraissaient plus étranges encore que d'habitude ; ses pupilles s'étaient dilatées jusqu'à devenir énormes, et n'étaient plus entourées que de deux minces anneaux d'un gris-blanc très pâle, eux-mêmes cernés de deux autres plus sombres. Ce regard qui vint se poser sur César sans le voir vraiment n'avait rien d'humain.

— Non, quoi donc?

— Elle m'a tressé une couronne d'herbes! Elle a tressé une couronne d'herbes et me l'a posée sur la tête! Moi! Et j'ai vu... j'ai vu... quelque chose!

Un lourd silence se prolongea. Aucun des deux hommes ne trouvant le moyen de le rompre, il persista, longtemps, très longtemps, tandis que chacun rassemblait ses pensées, se demandant si l'autre était un allié ou un adversaire.

— Eh bien... finit par dire César en soupirant. Pourquoi es-tu venu me voir, Lucius Cornelius?

C'était sa façon de faire comprendre qu'il reconnaissait l'innocence de Sylla, quoi qu'il eût pu penser de la conduite de sa fille; et qu'il ne tenait pas à en entendre davantage sur ce sujet. Sylla, qui avait songé à produire les lettres de Julilla, décida de n'en rien faire.

La véritable raison qu'il avait d'être venu lui paraissait désormais bien lointaine, tout à fait irréelle. Mais il bomba le torse, se leva du sofa, vint s'asseoir, de façon plus virile, sur la chaise qui faisait face au bureau de César, et dit:

— Clitumna. Je voulais te parler d'elle. Ou peut-être devrais-je en parler à ta femme. Mais il est évident que c'est toi qui dois d'abord en être informé. Elle n'est plus elle-même. Elle est déprimée, elle pleure, elle ne s'intéresse à rien. Ce n'est pas une conduite normale, même avec du chagrin. Le problème, c'est que je ne sais pas ce qu'il faut faire. Caius Julius, j'ai une dette envers elle. Elle est un peu sotte, très vulgaire, et on ne peut pas dire qu'elle fasse honneur au voisinage, mais j'ai une dette envers elle. Elle a été bonne pour mon père et pour moi. Et je n'ai pas la moindre idée de ce que je pourrais tenter pour qu'elle aille mieux.

César se redressa sur sa chaise, conscient que cette déclaration sonnait faux. Il ne mettait rien en doute dans l'histoire de Sylla, car il avait vu la veuve lui-même, et sa femme lui en avait suffisamment parlé! Non, il était surpris que Sylla vînt lui demander conseil, ce qui ne lui ressemblait guère. Caius Julius doutait fort qu'il hésitât sur ce qu'il convenait de faire, s'agissant de sa belle-mère — qui était aussi sa maîtresse, disait la rumeur. En ce domaine, César n'était pas disposé à jouer aux devinettes; la visite de Sylla lui semblait être un démenti pur et simple, à ce genre de ragots typiquement palatins, comme cette histoire selon laquelle Clitumna avait été la maîtresse de la morte, Nicopolis, comme celle qui voulait qu'elles se soient partagé les faveurs de Sylla, et en même temps! Marcia avait bien dit qu'elle pensait qu'il y avait anguille sous roche, mais, pressée de questions, elle n'avait pu en fournir la moindre preuve. Si César était réticent à prêter l'oreille à ces bruits, ce n'était pas par naïveté, mais plutôt par souci de rigueur. Les certitudes sont une chose, les rumeurs en sont une autre. Ce qui n'empêchait pas le comportement de Sylla de paraître suspect.

C'est à ce moment que César eut l'impression de connaître la réponse. Il n'avait pas cru un seul instant qu'il se fût passé quoi que ce soit entre Sylla et sa fille cadette — mais un homme de la trempe de Lucius Cornelius, s'évanouir en apercevant une adolescente mourant de faim! Invraisemblable! Ensuite était venue l'histoire de la couronne d'herbes. Bien entendu, Caius Julius en comprenait parfaitement la signification. Peut-être leurs rencontres avaient-elles été rares, mais il y avait bel et bien quelque chose entre eux, il en était convaincu. Rien de malsain, certes. Mais quelque chose. Qui valait la peine qu'on y regarde de près. Il ne pouvait évidemment encourager la moindre relation entre eux. Et si jamais certaines affinités les rapprochaient, ce serait épouvantable. Julilla devait épouser un homme qui pût faire bonne figure dans les milieux que fréquentaient les César.

Pendant que César réfléchissait, Sylla se demandait ce que son hôte pensait. A cause de Julilla, l'entretien ne s'était pas, et de très loin, déroulé conformément à ses plans. Comment pouvait-il être dépourvu à ce point de contrôle sur soi! S'évanouir! Lui, Lucius

Cornelius Sylla! Après s'être trahi de cette façon, il ne lui restait qu'à s'expliquer devant ce père vigilant, ce qui signifiait lui avouer une partie de la vérité; si cela avait pu aider Julilla, il lui aurait tout dit, mais il ne pensait pas que César eût aimé examiner ces lettres de près. Je suis désormais vulnérable, songea Sylla, à qui cela ne plut guère

— As-tu la moindre idée, s'agissant de Clitumna? demanda Caius Julius.

— Elle a une villa à Circei, et je me suis demandé si ce ne serait pas bon de la convaincre d'aller là-bas et d'y séjourner un moment.

— Et pourquoi me le demander?

Sylla fronça les sourcils, vit le gouffre qui s'ouvrait sous ses pieds, et entreprit de le franchir d'un bond:

— Tu as tout à fait raison, Caius Julius: pourquoi? La vérité est que je suis pris entre Charybde et Scylla, et que j'espérais que tu tendrais la main pour me sauver.

— Comment cela? Que veux-tu dire?

— Je crois que Clitumna est prête à se suicider.

— Ah !

— Et comment pourrais-je intervenir? Je suis un homme, et depuis la mort de Nicopolis, il n'y a plus de femme dans la maison de Clitumna. Caius Julius, Rome n'est pas un endroit pour elle, en ce moment! Mais comment l'envoyer à Circei sans une femme sur laquelle je puisse compter? Je ne suis pas certain qu'elle veuille me voir en ce moment, et d'ailleurs je... je... j'ai des choses à faire ici. Je me demandais si ton épouse serait désireuse de l'accompagner pour quelques semaines? Ses envies de suicide ne dureront pas, j'en suis certain, mais actuellement je suis très inquiet. La villa est très confortable, et même s'il se met déjà à faire un peu froid, Circei est excellent pour la santé à n'importe quelle époque de l'année. Ce serait bon pour ta femme de respirer un peu l'air marin.

César se détendit, et eut l'air d'avoir été brusquement débarrassé d'un pesant fardeau.

— Je vois, Lucius Cornelius, je vois. Et je comprends mieux que tu ne pourrais le croire. Clitumna en est effectivement venue à beaucoup dépendre de mon épouse. Malheureusement, c'est impossible. Tu as vu Julilla, je n'ai donc pas besoin de te dire à quel point la situation est désespérée. J'ai besoin de Marcia ici. Et bien qu'elle ait beaucoup d'affection pour Clitumna, jamais elle ne voudra partir.

— Mais Julilla ne pourrait-elle pas les accompagner? Un tel changement, qui sait, pourrait avoir des effets salutaires sur sa santé !

— Non, Lucius Cornelius, j'ai peur que ce ne soit hors de

question. Je suis moi-même prisonnier à Rome jusqu'au printemps. Je ne pourrais me résoudre à endurer l'absence de ma femme et de ma fille, non parce que je suis trop égoïste pour leur refuser un petit plaisir, mais parce que je ne cesserais de me faire du souci. Si Julilla allait bien, tout serait différent. Mais...

— Je comprends, Caius Julius, et je t'assure de toute ma sympathie, répondit Sylla en se levant.

— Envoie Clitumna à Circei, Lucius Cornelius, cela lui fera du bien.

Caius Julius César conduisit son hôte à la porte, qu'il ouvrit lui-même.

— Je te remercie d'avoir supporté ma sottise, dit Sylla.

— Ce n'était rien. En fait, je suis heureux que tu sois venu. Je crois que maintenant je vais pouvoir parler à ma fille. Et je confesse que les événements font que j'ai une meilleure opinion de toi, Lucius Cornelius. Donne-moi des nouvelles de Clitumna.

Il sourit et tendit la main, mais, dès que la porte fut refermée sur Sylla, il se mit aussitôt en quête de Julilla. Elle était dans le salon de sa mère, et pleurait à chaudes larmes, la tête dans ses mains, le front appuyé contre le rebord d'une table. Un doigt sur les lèvres, Marcia se leva comme César apparaissait sur le seuil; ils sortirent tous deux en silence, la laissant sangloter.

— Caius Julius, c'est horrible!

— Ils se sont vus?

Marcia rougit violemment, et secoua la tête avec tant de violence que les épingles de sa coiffure se défirent; son chignon, à demi déroulé, vint lui flotter sur la nuque:

— Non! Non! Oh, quelle honte! Quelle humiliation!

— Calme-toi, calme-toi! Rien n'est grave au point de t'en rendre malade. Raconte-moi tout.

— Une telle tromperie! Une telle indélicatesse!

— Calme-toi et commence par le commencement.

— Il n'y est pour rien, c'est elle qui a tout fait! Caius Julius, notre fille a passé ces deux dernières années à se couvrir de honte, et nous avec, en se jetant à la tête d'un homme qui non seulement n'est pas digne de défaire le cordon de ses souliers, mais qui ne la désire même pas! Et il y a plus, Caius Julius, il y a plus! Elle a essayé de faire pression sur lui en se laissant mourir de faim, pour qu'il en éprouve un remords qu'il n'a nullement mérité! Et des lettres! Des centaines de lettres que la servante est allée lui porter, des lettres où elle l'accuse d'être indifférent et froid, d'être responsable de son état, et lui quémande son amour, avec une impudeur!

— Calme-toi, répéta César. Viens, Marcia, tu sangloteras plus tard. Il faut que je m'occupe de Julilla, et il faut que tu voies comment.

Marcia s'apaisa et se sécha les yeux; ensemble ils revinrent dans le salon.

La jeune fille pleurait toujours, et n'avait pas remarqué qu'elle n'était plus seule. Son père s'assit.

— Julilla, les pleurs ne servent à rien. Il est temps de discuter.

Les sanglots de Julilla venaient avant tout de la terreur d'être percée à jour; aussi obéit-elle en entendant la voix ferme, mais posée, de César. Les larmes se tarirent; elle resta là, tête basse, secouée par d'incoercibles hoquets.

— Tu te laisses mourir de faim à cause de Lucius Cornelius Sylla, c'est bien cela?

Elle ne répondit rien.

— Julilla, je veux que tu répondes à ma question, et ce n'est pas en gardant le silence que tu y échapperas. Lucius Cornelius est la cause de tout cela?

— Oui, chuchota-t-elle.

La voix de son père était toujours aussi forte, aussi neutre, mais elle prononçait des mots qui brûlaient d'autant plus vivement en Julilla que le ton demeurait calme; c'est ainsi qu'il s'adressait à un esclave qui avait commis une faute. Jamais il ne lui avait parlé de cette façon.

— Comprends-tu, même de loin, la souffrance, l'inquiétude, la fatigue que tu as imposées à toute la famille depuis l'année dernière et même plus? A moi, à ta mère, à tes frères et à ta sœur, mais aussi à tous nos serviteurs, nos amis, nos voisins. Tu as failli nous rendre fous, et pourquoi? Peux-tu me le dire?

— Non.

— Bien sûr que tu le peux! Tu nous as joués, Julilla, de façon cruelle, égoïste. Un jeu mené avec une patience et une intelligence dignes d'un meilleur emploi. Tu tombes amoureuse — à seize ans! — de quelqu'un qui, tu le savais, n'en était pas digne, et que jamais je n'aurais accepté. Il l'a compris et s'est refusé à te donner le moindre signe d'encouragement. Et pourtant, tu as essayé d'agir par la ruse, de le manipuler! Julilla, les mots me manquent! poursuivit César d'un ton dépourvu d'émotion.

Elle frémit.

Marcia frémit.

— Je crains de devoir te rappeler certains principes dont tu as fait peu de cas. Sais-tu qui je suis?

Tête baissée, elle ne répondit pas.

— Regarde-moi!

Elle obéit: des yeux noyés d'eau, terrifiés, vinrent se fixer sur lui.

— Non, je vois que tu l'ignores, reprit-il sur le ton de la

conversation. Je suis le *pater familias*, le chef absolu de cette maison. Ma parole a force de loi. Je n'ai pas à rendre compte de mes actions. Je peux dire ou faire ce que bon me semble dans les limites de ce foyer. Aucune loi du Sénat, du Peuple de Rome, ne se dresse entre moi et mon autorité sur ma maisonnée, ma famille. Car les Romains ont conçu leurs lois de telle façon que la lignée soit au-dessus de toutes, exception faite de celle du *pater familias.* Si mon épouse est adultère, Julilla, je peux la tuer ou la faire tuer. Si mon fils se rend coupable de turpitude morale, de lâcheté, de tout acte infamant, je peux le tuer ou le faire tuer. Si ma fille attente à la chasteté, Julilla, je peux la tuer ou la faire tuer. Si l'un quelconque des membres de ma maison — de mon épouse à mes enfants en passant par ma mère et mes domestiques — transgresse les limites de ce qui me paraît être une conduite décente, je peux le tuer ou le faire tuer. Me comprends-tu ?

— Oui, dit-elle sans que son regard frémît.

— C'est avec autant de chagrin que de honte qu'il me faut t'avertir que tu as dépassé les limites de ce que je considère comme une conduite décente. Ta famille, tes serviteurs, et le *pater familias*, ont été tes victimes, tes pantins. Et pourquoi ? Par simple égoïsme, pour le plus abominable des motifs, pour toi seule !

— Mais père, je l'aime !

César se leva, scandalisé.

— Tu l'aimes ? Que sais-tu d'un tel sentiment, Julilla ? Est-ce de l'amour que de transformer en enfer l'existence de celui que tu aimes ? Est-ce de l'amour que de le contraindre à accepter une relation dont il ne veut pas, et qu'il ne t'a pas demandée ? Est-ce de l'amour, Julilla ?

— Je ne sais pas, chuchota-t-elle avant d'ajouter : mais je le pensais.

— Crois-moi, Julilla, si ce que tu ressentais t'a poussée à agir de façon aussi honteuse, ce ne pouvait être de l'amour, dit César en se levant. Plus de lait de vache, plus d'œufs, plus de miel. Tu mangeras ce que mange la famille. Ou tu ne mangeras pas, cela m'est indifférent. Je t'ai traitée, depuis ta naissance, avec honneur, respect, douceur, considération et tolérance. Il ne me semble pas que tu m'aies rendu la pareille. Je ne te rejette pas ; je ne te tuerai pas, ni ne te ferai tuer. Mais à partir de maintenant, tout ce que tu pourras faire sera entièrement sous ta responsabilité. Julilla, tu nous as blessés, moi et les miens. Plus impardonnable encore, tu as blessé un homme qui ne te devait rien. Plus tard, quand tu seras moins épouvantable à regarder, j'exigerai de toi que tu t'excuses auprès de Lucius Cornelius. Je m'abstiendrai d'en réclamer autant pour nous, car tu as perdu notre affection et notre respect, ce qui rend le pardon inutile.

Puis il sortit de la pièce.

Le visage de Julilla se crispa; instinctivement, elle se tourna vers sa mère, et voulut se jeter dans ses bras. Mais Marcia recula comme si la tunique de sa fille était empoisonnée.

— Répugnant! siffla-t-elle. Tout cela pour un homme qui ne mérite pas de baiser les pas d'un César!

— Mère...

— Cela suffit! Tu voulais être adulte, Julilla, tu voulais être assez femme pour te marier! A toi d'en prendre la responsabilité!

Et Marcia, elle aussi, quitta la pièce.

Quelques jours plus tard, Caius Julius César écrivit à son gendre Caius Marius:

Et c'est ainsi que cette pénible affaire prend fin. Je voudrais pouvoir dire que c'est une bonne leçon pour Julilla, mais j'avoue en douter. Plus tard, Caius Marius, toi aussi tu devras faire face aux tourments d'un père, et je voudrais pouvoir t'offrir le réconfort de penser que tu as tiré profit de mes erreurs, mais ce ne sera pas le cas. Car aucun enfant n'est identique à un autre, et il doit donc être élevé différemment. Quelle faute avons-nous donc commise avec Julilla? Je ne sais même si nous en avons commis une. Peut-être est-ce de naissance. Je suis profondément blessé, comme Marcia, qui a repoussé toutes les tentatives de Julilla pour faire la paix. Julilla souffre horriblement, mais, m'étant demandé si nous devions pour le moment la tenir à distance, j'ai estimé que oui. Nous lui avons toujours donné notre affection, mais jamais la moindre occasion de se dominer. Si elle peut tirer le moindre bénéfice de tout cela, il faut qu'elle souffre.

La justice m'a contraint à me rendre chez Lucius Cornelius Sylla, et à lui présenter les excuses de toute la famille, en attendant que Julilla reprenne meilleure allure et puisse s'en charger elle-même. Bien qu'il n'ait guère été enthousiaste, j'ai insisté pour qu'il nous rende toutes ses lettres: ce fut bien l'une des rares fois où être *pater familias* m'a servi à quelque chose. J'ai contraint Julilla à les brûler, après les avoir toutes lues à voix haute, à Marcia et à moi. Il est horrible de devoir se montrer si dur envers sa propre chair! Mais j'ai bien peur qu'elle n'en retienne pas grand-chose.

Bien. Il se passe des événements autrement importants. Il se peut d'ailleurs que je sois le premier à en porter la nouvelle jusque sur les côtes d'Afrique, car on m'a fait la promesse que ma lettre partirait dès demain de Puteoli. Marcus Junius

Silanus a été écrasé par les Germains. Plus de trente mille hommes ont été tués, et les autres, à ce point démoralisés et mal commandés, se sont dispersés dans toutes les directions. Au demeurant, Silanus ne semble pas s'en soucier, ou plutôt il semble accorder plus de valeur à sa propre survie qu'à celle de ses troupes. Il est venu lui-même apprendre la nouvelle à Rome, mais de façon si adoucie qu'il a presque totalement échappé à l'indignation populaire. Le temps que la vérité soit connue, il avait réussi à la dépouiller d'une bonne part de son caractère scandaleux. Bien entendu, il cherche avant tout à échapper aux accusations de trahison, et je crois qu'il y réussira. Si la commission mamilienne en avait le pouvoir, il serait possible de le juger. Mais un procès devant l'Assemblée centuriate, avec tant de règles surannées, et tant de jurés? Mieux vaut, c'est du moins ce que tous pensent, ne pas prendre cette peine.

Et les Germains? Se ruent-ils vers les côtes de la Méditerranée? Les habitants de Massilia se préparent-ils à fuir? Non. Car, vas-tu le croire, après avoir annihilé l'armée de Silanus, ils ont rebroussé chemin en direction du nord! Comment affronter un ennemi aussi énigmatique, aussi déroutant? Je te le dis, Caius Marius, nous avons tout à craindre. Car ils viendront. Un jour ou l'autre, mais ils viendront. Et si nous n'avons pas de meilleurs chefs que Marcus Junius Silanus à leur opposer... Comme c'est devenu la règle, les légions italiques ont subi les plus lourdes pertes, bien que de nombreux soldats romains soient également tombés. Et le Sénat doit faire face aux plaintes des Marses et des Samnites, comme de plusieurs autres nations italiques.

Pour finir, toutefois, sur une note plus légère: il se livre actuellement une bataille hilarante entre nous et notre estimé censeur, Marcus Aemilius Scaurus. L'autre censeur, Marcus Livius Drusus, est mort brusquement il y a trois semaines, ce qui fait que le *lustrum* de cette fonction prenait fin. Scaurus aurait dû démissionner. Mais il n'en a nullement l'intention! C'est là que réside le burlesque de la chose. Dès la fin des funérailles de Drusus, le Sénat a réclamé que Scaurus renonce à sa charge, pour que le *lustrum* puisse être officiellement déclaré clos après la cérémonie officielle. Il a refusé.

— Je suis censeur élu, je suis en pleine signature de contrats pour mon programme de travaux publics, et je ne peux renoncer pour le moment! a-t-il dit.

— Marcus Aemilius, Marcus Aemilius, cela ne dépend pas de toi! a lancé notre Pontifex Maximus. La loi dit que, lorsqu'un censeur meurt alors qu'il est en fonction, le *lustrum* prend fin, et que son collègue doit démissionner aussitôt.

— Je me moque de ce que dit la loi ! Cela m'est impossible, et je n'en ferai rien !

Ils l'ont supplié, ils ont hurlé, en pure perte. Scaurus était bien décidé à créer un précédent en bafouant la loi et en restant censeur. Ils ont donc recommencé, et là il a perdu son calme.

— Je vous pisse tous dessus ! a-t-il lancé avant de repartir vers ses projets.

Aussi Metellus Dalmaticus, notre estimé Pontifex Maximus, a-t-il aussitôt convoqué une autre réunion du Sénat, qu'il a contraint à voter un *consultum* exigeant la démission immédiate de Scaurus. Une députation s'est rendue au Champ de Mars pour discuter avec lui, car il s'est installé au pied du temple de Jupiter Stator, édifice qu'il a choisi parce qu'il est juste à côté du Porticus Metelli, où presque tous les entrepreneurs en travaux publics ont leur siège.

Tu sais que je ne suis pas grand partisan de Scaurus. Il est aussi ingénieux qu'Ulysse, aussi menteur que Pâris. Mais j'aurais voulu que tu le voies se débarrasser d'eux ! Comment quelqu'un d'aussi chétif, d'aussi maigre, d'aussi chauve — il n'a plus un cheveu sur la tête ! — y est-il parvenu, je n'en sais rien. Marcia dit que ce sont ses superbes yeux verts, sa voix et son humour. Sur ce dernier point, je suis d'accord, mais son charisme m'échappe complètement. Marcia dit qu'en cela je suis bien un homme, bien que je ne voie pas le rapport. J'ai remarqué que les femmes, quand on leur oppose la logique, tendent à se réfugier derrière des remarques de ce genre. Mais le succès de Scaurus doit obéir à une obscure logique et, qui sait ? peut-être Marcia a-t-elle vu clair.

Quand Scaurus a vu arriver la députation, il a repoussé les entrepreneurs en bâtiment, et est allé s'asseoir sur sa chaise curule, parfaitement drapé dans sa toge, un pied en avant.

— Eh bien ? a-t-il demandé au Pontifex Maximus, qui était le porte-parole.

— Marcus Aemilius, le Sénat vient d'approuver un *consultum* exigeant que tu renonces sur l'heure à ton censorat !

— Non !

— Il le faut !

— Jamais de la vie ! a rétorqué Scaurus, qui leur a tourné le dos avant de reprendre ses conversations avec les entrepreneurs. « Qu'est-ce que je disais avant d'être si grossièrement interrompu ? »

Le Sénat étant à court de munitions, le problème a été abandonné à l'Assemblée de la Plèbe, ainsi amenée à traiter d'une question qui n'était pas de son ressort, si l'on tient compte du fait que les censeurs sont élus par l'Assemblée centuriate, qui est autrement exclusive! Toutefois la Plèbe a bel et bien discuté du cas Scaurus, et chargé son collège de tribuns d'une dernière mission avant la fin de l'année. Ils ont reçu l'ordre de faire renoncer Marcus Aemilius Scaurus à ses fonctions, et ce par tous les moyens.

Hier, neuvième jour de décembre, les dix tribuns de la plèbe sont donc allés jusqu'au temple de Jupiter Stator, conduits par Caius Mamilius Limetanus.

— Marcus Aemilius, a-t-il dit, le Peuple de Rome m'enjoint de te déposer de ton poste de censeur.

— Caius Mamilius, le Peuple ne m'a pas élu, il ne peut pas me déposer.

— Néanmoins, Marcus Aemilius, le Peuple est souverain, et il veut que tu démissionnes!

— Je n'en ferai rien!

— Dans ce cas, Marcus Aemilius, je suis autorisé par le Peuple à t'arrêter et à te jeter en prison jusqu'à ce que tu t'exécutes.

— Pose la main sur moi, Caius Mamilius, et tu retrouveras la voix aiguë de ton enfance!

Sur quoi Mamilius s'est tourné vers la foule qui s'était rassemblée, et s'est écrié : « Peuple de Rome, sois témoin du fait que je mets conséquemment mon *veto* à toutes les activités censoriales de Marcus Aemilius Scaurus! »

Et, bien entendu, on en est resté là. Scaurus a réenroulé ses contrats, confié le reste à ses assistants, a fait replier sa chaise par son esclave, et s'est incliné dans toutes les directions pour répondre aux acclamations; la populace n'aime rien tant qu'un bon affrontement entre magistrats, et adore Scaurus parce qu'il a du panache. Ensuite, il a descendu les marches du temple, et est parti bras dessus bras dessous avec Mamilius, après avoir remporté tous les lauriers.

César soupira, se redressa dans son fauteuil, et estima qu'il ferait mieux de commenter les nouvelles que Marius — correspondant infiniment moins prolixe que son beau-père — lui avait envoyées de la province d'Afrique. Il semblait bien que Metellus eût réussi dès le début à embourber les opérations contre Jugurtha, qui se réduisaient à presque rien. Du moins était-ce la version de

Marius, qui ne correspondait en rien aux rapports que Metellus ne cessait d'envoyer au Sénat.

Tu apprendras sous peu — si ce n'est déjà fait — que le Sénat a prorogé le commandement de Quintus Caecilius en Afrique, pour mener la guerre jugurthine. Je suis certain que tu n'en seras pas surpris. Et j'ose espérer que Quintus Caecilius va s'empresser d'activer ses opérations militaires, car pour une fois que le Sénat a voté ce genre de mesures, il peut être à peu près sûr de conserver son poste jusqu'à ce que sa province soit pacifiée. C'est une tactique avisée que de ne pas bouger jusqu'à ce que l'année consulaire touche à sa fin, et que l'*imperium* proconsulaire soit près d'être accordé.

Cela dit, je suis tout à fait d'accord avec toi, ton chef a retardé les choses de façon choquante en ne se mettant en campagne que vers la fin de l'été, surtout si l'on tient compte du fait qu'il est arrivé au début du printemps. Mais, selon ses rapports, ses troupes ont besoin d'être entraînées, et le Sénat l'a cru. Par ailleurs, oui, j'avoue ne pas comprendre pourquoi il t'a nommé, toi le fantassin, commandant de sa cavalerie, ni pourquoi il gaspille les talents de Publius Rutilius Rufus comme *praefectus fabrum*, et le charge de faire réparer les remparts ou de fournir du ravitaillement. Cependant, il est de la prérogative du général d'employer ses hommes à sa guise, de ses légats au dernier des soldats du rang.

Rome a été ravie d'apprendre que Vaga avait été prise, bien que je note que selon ta lettre elle s'est rendue. A propos, et si tu me pardonnes de me faire l'avocat de Quintus Metellus, je ne vois pas pourquoi tu t'indignes qu'il ait confié le commandement de la garnison à son ami Turpillius. Est-ce si important ?

Je suis bien davantage impressionné par ton récit de la bataille près de la rivière Muthul, que par la version qu'en donne Metellus dans son rapport au Sénat. Cela devrait te consoler de ce que tu as pu prendre pour du scepticisme, et te convaincre que je suis toujours de ton côté. Et je suis sûr que tu as raison de dire à Metellus que le meilleur moyen de gagner la guerre est de capturer Jugurtha lui-même. Comme toi, je crois qu'il inspire toute la résistance numide.

Je suis navré que cette première année ait été aussi frustrante, et que Quintus Caecilius ait apparemment décidé qu'il pouvait l'emporter sans vous employer selon vos talents, Publius Rutilius et toi. Cela rendra difficile ta candidature aux élections consulaires, dans deux ans, si tu n'as pas l'occasion de briller lors des campagnes numides. Mais je suis certain que tu y arriveras, en dépit de tout ce que pourront faire tous les Caecilius Metellus du monde.

J'en terminerai par une autre nouvelle du Forum. En raison des pertes militaires en Gaule Transalpine, après l'écrasement des troupes de Silanus, le Sénat a annulé l'une des dernières lois des Gracques, à savoir celle qui limitait à dix le nombre de fois qu'un homme pouvait s'enrôler. Il n'est plus nécessaire d'avoir au moins dix-sept ans. De même dix ans sous les drapeaux ou six campagnes successives ne suffisent plus pour être dispensé. Signe des temps : Rome et l'Italie sont de plus en plus dépourvues d'hommes.

C'était là une lettre importante, songea Caius Julius César. Riche en nouvelles et en conseils, Caius Marius la recevrait avant la fin de l'année.

Ce ne fut pas avant la mi-décembre que Sylla, tout de sollicitude et de gentillesse, accompagna Clitumna jusqu'à Circei. Il avait craint que ses plans n'en souffrent : le temps finirait par faire son œuvre sur le moral de la veuve. Pourtant, sa chance le favorisait toujours; sa belle-mère était toujours aussi déprimée, comme Marcia l'apprenait chaque semaine à César.

La villa que Clitumna possédait sur la côte campanienne n'était pas immense, mais cependant beaucoup plus vaste que sa demeure du Palatin; les riches Romains qui pouvaient s'offrir ce luxe aimaient à s'entourer d'espace. Le bâtiment, qui donnait directement sur la plage, se trouvait au sud de Circei, à quelque distance de la ville, et les voisins étaient assez loin.

Le soir de leur arrivée, Sylla et elle allèrent se coucher dans des chambres différentes. Il resta à Circei les deux jours qui suivirent, et les consacra entièrement à Clitumna, toujours aussi morne, bien qu'elle ne voulût pas le voir partir.

— J'ai une surprise pour toi, lui dit-il le matin de son départ, alors que tous deux marchaient aux alentours de la villa.

— Ah bon? répondit-elle, sans témoigner un grand intérêt.

— A la première nuit de la pleine lune, je te la donnerai, ajouta-t-il d'une voix tentatrice.

— La nuit? demanda-t-elle, comme si elle paraissait s'éveiller.

— A la première nuit de la pleine lune! Enfin, pourvu qu'il fasse clair et qu'on puisse la voir.

Ils se tenaient devant la grande façade de la villa, bâtie, comme tant d'autres, sur un terrain en déclivité, avec une loggia sur le devant, d'où le propriétaire pouvait admirer le paysage. Derrière se trouvait un jardin-péristyle, puis la villa elle-même. Les étables étaient situées à l'avant, au rez-de-chaussée de la façade ; c'est là que vivaient aussi les palefreniers.

Devant la villa de Clitumna, la pente se perdait dans l'herbe et les roses sauvages avant de s'interrompre au sommet d'une falaise ; de chaque côté du terrain, on avait planté un bosquet d'arbres artistement disposés.

Sylla désigna du doigt les pins et les cyprès sur leur gauche.

— Il est très important, Clitumna, que tu gardes le secret le plus absolu sur tout cela, dit-il de cette voix rauque qu'elle connaissait si bien, et qui préludait toujours à des étreintes prolongées.

— Je le jure.

— Il faudra que tu te glisses hors de la maison au début de la troisième heure de la nuit, huit jours entiers après hier soir, et que tu viennes ici, absolument seule, pour te cacher au milieu des arbres.

— Ooooh ! C'est une surprise agréable ?

— La plus grande de toute ta vie ! Mais je te demanderai de respecter certaines conditions.

Elle plissa le nez comme une petite fille, et se mit à minauder ; elle avait l'air très sotte.

— Lesquelles ?

— Avant tout, personne ne doit être au courant, même pas la petite Bithye. Si tu mets qui que ce soit dans la confidence, tu seras très déçue. Et je serai très, très, très mécontent. Tu n'aimes pas que je sois très, très, très mécontent, n'est-ce pas, Clitumna ?

— Non, Lucius Cornelius, répondit-elle en frémissant.

— Alors, garde le secret. Tu en seras récompensée d'une manière que tu n'aurais jamais crue possible. En fait, si tu parviens à avoir l'air encore plus abattue que d'habitude, la surprise sera encore plus belle, je te le promets.

— Je le ferai, Lucius Cornelius, s'écria-t-elle avec ferveur.

Il voyait bien comment elle réfléchissait, et savait qu'elle pensait que la surprise en question serait une nouvelle compagne — attirante, sexuellement bien disposée, et avec laquelle elle pourrait échanger des ragots pendant les longues journées qui sépareraient leurs nuits. Mais elle connaissait assez Sylla pour savoir qu'elle devrait se soumettre à ses conditions, sinon il était capable, par exemple, d'installer la nouvelle venue dans un appartement bien à elle, maintenant qu'il disposait de l'argent de Nicopolis. Au demeurant, personne ne se risquait à défier Sylla quand il parlait sérieusement. C'est pourquoi d'ailleurs les serviteurs de Clitumna avaient toujours tenu leur langue sur ce qui s'était passé entre eux trois.

— Et il y a une seconde condition, ajouta-t-il.
— Oui, cher Sylla? demanda-t-elle en se serrant contre lui.
— Si la nuit n'est pas claire, il n'y aura pas de surprise. Il te faudra donc tenir compte du temps. S'il pleut la première nuit, attends-en une où il fera beau.
— Je comprends, Lucius Cornelius.

Sylla repartit pour Rome, laissant une Clitumna qui s'efforçait avec assiduité de donner l'image d'une femme en pleine dépression. Bithye elle-même, avec qui la veuve avait pris l'habitude de dormir, croyait sa maîtresse au comble du désespoir.

En arrivant, Sylla convoqua l'intendant de la demeure palatine de Clitumna.

— Combien de serviteurs la maîtresse a-t-elle laissés ici, Iamus? interrogea Sylla, assis à son bureau.

De toute évidence, il était en train de préparer une liste.

— Moi, deux jeunes garçons, deux fillettes, le jeune qui va faire les courses au marché, et le cuisinier en second, Lucius Cornelius.

— Eh bien, il va te falloir engager du personnel, Iamus, car d'ici à quatre jours je donne une réception.

Il jeta une liste à l'intendant stupéfait, qui ne savait s'il fallait lui dire que Clitumna n'avait parlé de rien de tel, ou laisser faire et prier les dieux qu'il n'y ait pas d'ennuis quand viendraient les factures.

— C'est moi qui finance, dit Sylla, le soulageant de ses craintes. Il y aura gros à gagner pour toi, à deux conditions: d'abord tu coopères pleinement avec moi pour les préparatifs, ensuite tu ne dis rien à Clitumna quand elle sera de retour. Est-ce clair?

— Très clair, Lucius Cornelius, dit Iamus en s'inclinant profondément.

Les largesses étaient choses qu'un esclave parvenu à la position d'intendant savait accueillir avec discernement.

Sylla s'en alla engager danseurs, musiciens, acrobates, chanteuses, magiciens, pitres et autres. Car ce devrait être une soirée dont on se souviendrait sur tout le Palatin! Il s'arrêta enfin chez Scylax, l'acteur.

— Je viens t'emprunter Metrobios, dit-il en faisant irruption dans la pièce que Scylax avait transformée en salon, plutôt qu'en cabinet de travail.

Scylax se redressa, indigné, au moment même où son visiteur s'enfonçait dans l'un des sofas couvert de coussins.

— Scylax, tu es aussi décadent qu'un potentat syrien! Pourquoi ne te contentes-tu pas de crin de cheval ? A glisser là-dedans, on a l'impression d'être prisonnier des bras d'une énorme putain !

— Je pisse sur tes goûts !

— Du moment que tu me laisses Metrobios, tu peux pisser sur ce que tu veux.

— Et pourquoi le ferais-je, espèce de... de... sauvage ? lança Scylax en passant la main dans sa chevelure, coiffée avec soin et teinte en blond doré ; il battit des cils, maquillés de *stibium*, et roula des yeux.

— Parce que le gamin ne t'appartient pas, dit Sylla.

— Oh que si ! Il est à moi corps et âme ! Et il n'est plus le même depuis que tu me l'as volé et que tu as parcouru toute l'Italie avec lui, Lucius Cornelius ! Je ne sais pas ce que tu lui as fait, mais je ne le reconnais plus !

— J'ai fait de lui un homme, hé ? On dirait qu'il ne se plie plus à tes caprices ! Metrobios ! rugit Sylla.

Le garçon arriva à toute allure et se jeta dans les bras du visiteur, dont il couvrit le visage de baisers.

Sylla ouvrit un œil pâle, et fit mouvoir un sourcil.

— N'insiste pas, Scylax, c'est moi que ton giton préfère, dit-il — affirmation dont il fit la preuve immédiate en soulevant la jupe de l'adolescent pour révéler son érection. Scylax éclata en sanglots, se maculant le visage de *stibium*.

— Viens, Metrobios, lança Sylla en se levant.

Sur le seuil, il se retourna pour dire à l'acteur effondré :

— Soirée dans quatre jours chez Clitumna ! Ce sera la plus belle qu'on ait jamais donnée, alors ravale ton orgueil et viens ! Tu pourras même récupérer Metrobios.

Sylla avait invité beaucoup de monde, y compris Hercule Atlas, que l'on disait être l'homme le plus fort du monde, et qui se louait dans les foires et les fêtes, du nord au sud de l'Italie. On ne le voyait jamais dehors sans sa peau de lion mangée aux mites et sa massue. C'était une sorte d'institution. Toutefois, il était rarement invité à des soirées privées, car quand le vin lui coulait dans le gosier, il avait tendance à devenir méchant.

— Tu es fou d'avoir demandé à cette brute de venir ! dit Metrobios en jouant avec les boucles de Sylla, tandis que celui-ci était penché sur une liste.

— Hercule Atlas est l'un de mes amis, répondit Sylla en embrassant un par un les doigts du jeune garçon.

— Mais il est complètement fou quand il a bu ! Il va tout détruire dans la maison, et sans doute aussi deux ou trois invités ! Engage-le pour faire son numéro, mais prends soin qu'il ne se mêle pas aux autres !

— Je ne peux pas, dit Sylla, que cet avertissement ne semblait guère inquiéter.

Tendant la main, il attira Metrobios qu'il fit asseoir sur ses genoux. Le garçon le prit par le cou et leva le visage: Sylla embrassa ses paupières, avec beaucoup de tendresse.

— Lucius Cornelius, pourquoi ne veux-tu pas me garder? demanda Metrobios en soupirant d'aise.

Les baisers cessèrent aussitôt, et Sylla fronça les sourcils.

— Tu es bien mieux avec Scylax, dit-il d'un ton sec.

Le garçon ouvrit de grands yeux humides d'amour.

— Mais non, non! Lucius Cornelius, l'argent, la comédie, ne sont rien pour moi! Je préférerais être avec toi, même si nous étions pauvres!

— Une offre bien tentante, et que j'accepterais sur-le-champ, si je comptais rester sans le sou. Mais ce n'est pas le cas. J'ai l'argent de Nicopolis, maintenant, et je m'emploie à l'investir. Un de ces jours j'en aurai assez pour entrer au Sénat.

— *Le Sénat!* s'exclama Metrobios, qui le regarda fixement. Mais tu ne peux pas, Lucius Cornelius! Tes ancêtres étaient des esclaves comme moi!

— Oh non! Je suis un patricien de la lignée des Cornelius!

— Je ne peux pas le croire!

— C'est pourtant la vérité. C'est pourquoi je ne peux accepter ta proposition, si tentante soit-elle. Quand je serai en mesure d'entrer au Sénat, il faudra que je sois un modèle de vertu: pas d'acteurs, pas de mimes, pas de gitons.

Puis il donna une claque dans le dos à Metrobios, qu'il serra contre lui.

— Maintenant, examine un peu la liste, et cesse de te tortiller! Cela porte tort à ma concentration. Hercule Atlas vient ici pour faire son numéro, mais aussi comme invité, un point c'est tout.

En fait, le colosse fut l'un des premiers à arriver. Bien entendu, toute la rue était au courant, et les voisins s'étaient déjà résignés à passer une nuit agitée. Comme d'habitude, ce fut un bal costumé. Sylla s'était déguisé en Clitumna, à grand renfort de châles à franges, de bagues, de perruque au henné, et émettait sans arrêt d'inquiétantes imitations de ses gloussements, de ses accès de fou rire. Tous les hôtes connaissant bien la veuve, sa performance eut beaucoup de succès.

Metrobios était de nouveau pourvu d'ailes, mais cette fois il incarnait Icare et non Cupidon. Scylax était en Minerve, réussissant à faire passer cette déesse, sévère et d'allure un peu garçonne, pour une vieille putain décatie. Quand il vit de quelle façon le jeune garçon suivait Sylla partout, il entreprit de s'enivrer, et en oublia bientôt son bouclier, sa lance, sa chouette empaillée; puis il finit par se réfugier dans un coin, où il sanglota jusqu'à ce qu'il sombre dans le sommeil.

Scylax ne put donc assister à la suite du spectacle. Les chanteurs commençaient par des mélodies raffinées, et terminaient par de vieux hymnes paillards, mieux accueillis du public qui, connaissant les paroles, pouvait les reprendre en chœur. Des danseuses se dévêtirent entièrement, avec un art exquis, faisant admirer des pubis parfaitement glabres ; d'autres numéros, tous plus osés les uns que les autres, mirent en éveil les sens des spectateurs qui, pourtant, en avaient vu d'autres.

Hercule Atlas passa en dernier, juste avant que l'assistance ne se divise en deux grands groupes, ceux trop ivres pour s'intéresser au sexe, et ceux qui l'étaient assez pour ne penser à rien d'autre. Ces derniers s'étaient rassemblés au pied des colonnades du jardin-péristyle, au milieu duquel le colosse avait dressé un dais. Après s'être échauffé en tordant quelques barres d'acier, ou en brisant des bûches comme autant de fétus, il s'empara de plusieurs filles gloussantes, qu'il empila sur ses épaules, sa tête, et sous ses bras. Puis il empoigna une ou deux enclumes et se mit à rugir de façon plus terrifiante encore que des lions dans l'arène. Il s'amusait énormément: le vin lui coulait dans le gosier comme l'eau dans l'Aqua Marcia, et sa capacité d'absorption était presque aussi phénoménale que sa force. Le malheur, c'est que plus il soulevait d'enclumes, plus les femmes se sentaient mal à l'aise, et leurs petits rires cédèrent bientôt la place à des cris de frayeur.

Sylla s'avança et donna à Hercule Atlas une petite tape sur le genou.

— Hé, l'ami, libère donc les filles, lui dit-il d'un ton amical. Tu les écrases sous tes bouts de ferraille.

Hercule Atlas obéit aussitôt; mais il s'empara de Sylla et lança d'un ton mauvais:

— Ne me dis pas comment je dois faire mon numéro!

Puis il se mit à faire tournoyer Lucius Cornelius, qui perdit dans l'affaire perruque, châles et draperies. Parmi l'assistance, certains paniquèrent; d'autres décidèrent d'intervenir en allant dans le jardin négocier avec le colosse pris de folie. Mais celui-ci, jetant négligemment Sylla sous son bras gauche, quitta les lieux. Il fut impossible de l'arrêter. Se débarrassant des invités qui tentaient de s'interposer comme s'il traversait un nuage de moucherons, il donna au serviteur de garde à l'entrée une bourrade qui l'expédia au milieu de l'atrium, puis disparut, sans avoir lâché sa proie.

Il ne s'arrêta qu'en haut des marches Vestales.

— Alors? Ai-je fait comme il fallait, Lucius Cornelius? demanda-t-il en déposant Sylla avec beaucoup de douceur.

— Parfaitement bien. Viens, je vais te raccompagner.

— Ce n'est pas nécessaire, répondit Hercule Atlas en s'apprêtant à redescendre les marches. Ce n'est qu'à deux pas d'ici, et la lune est pleine.

— Je préfère te payer chez toi qu'en plein milieu du Forum...

— C'est vrai! s'écria l'athlète, j'avais oublié! Viens, alors.

Il vivait dans quatre pièces, au troisième étage d'une *insula*, au-delà du Clivus Orbius, pas très loin de la Subura, mais le quartier était autrement cossu. Sylla constata que les esclaves avaient saisi l'occasion de passer la nuit dehors, sachant que leur maître, quand il rentrerait, serait hors d'état de faire un décompte. Il ne semblait pas non plus y avoir de femme, mais Sylla préféra s'en assurer.

— Et ton épouse?

— Les femmes! cracha Hercule Atlas. Je les déteste!

Les deux hommes s'assirent à une table et, tandis que l'athlète servait du vin, Sylla sortit une bourse, en ouvrit les cordons, et s'empara furtivement d'un petit sachet qui s'y trouvait. Retournant la bourse, il versa sur la table un flot de pièces d'argent — trop vite, sans doute, car trois ou quatre tombèrent sur le sol avec un tintement sec.

— Hé! s'écria Hercule Atlas en se mettant à quatre pattes pour les ramasser.

Tandis qu'Hercule Atlas rampait, Sylla ouvrit le sachet, qu'il avait dissimulé au creux de sa paume, et versa la poudre dans la coupe du colosse, lequel vint bientôt s'asseoir.

— A ta santé! dit Sylla en prenant la sienne pour la lever en l'honneur de son hôte.

— A ta santé, et merci pour cette soirée! répondit Hercule Atlas, en buvant d'un trait. Puis il se servit de nouveau et recommença.

Sylla se mit debout, repoussa sa propre coupe sous la main de l'athlète, s'empara de l'autre et la glissa sous sa tunique.

— Un petit souvenir. Bonsoir.

Puis il sortit sans bruit.

L'*insula* était endormie, et le chemin de ciment bordant la cour centrale, désert. Sylla descendit en toute hâte trois volées d'escaliers, sans bruit, et sortit dans la rue sans que nul l'ait remarqué. La coupe qu'il avait dérobée disparut entre les barreaux d'un égout; il attendit d'avoir entendu le bruit d'une chute dans l'eau, puis jeta le sachet à la suite. Il s'arrêta au puits de Juturna, au pied des marches Vestales, plongea les bras jusqu'aux coudes dans ses eaux tranquilles, et frotta, frotta, frotta. Et voilà. Cela devrait suffire à faire disparaître le peu de poudre blanche qui avait adhéré à sa peau pendant qu'il en versait dans le vin d'Hercule Atlas.

Puis, sans retourner à la soirée, il dépassa le Palatin, remontant la Via Nova en direction de la porte Capena. Une fois sorti de la ville, il entra dans l'une des nombreuses étables des environs, qui louaient des chevaux. Celle qu'il choisit avait bonne réputation, mais on n'y était pas très porté à la surveillance; le seul serviteur présent était profondément endormi sur un tas de paille. Sylla lui assura un sommeil encore plus profond d'un coup de poing derrière l'oreille. Il examina les bêtes en prenant son temps, jusqu'à ce qu'il découvre une mule d'allure solide. N'en ayant jamais sellé de sa vie, il lui fallut un certain temps pour deviner ce qu'il fallait faire, mais il y parvint, se jeta sur le dos de l'animal et lui donna un léger coup de pied dans les flancs.

Bien que cavalier novice, il faisait confiance à sa chance. Il descendit donc la Via Appia, éclairée par la lune, tout à fait certain de pouvoir parcourir un long chemin avant l'aube. Il était presque minuit.

Etant peu habitué à la monte, le trajet lui parut épuisant. Accompagner Clitumna en suivant sa litière était une chose; avancer à une telle allure en était une autre. Au bout de quelques lieues, ses jambes lui faisaient atrocement mal, comme ses fesses, parce qu'il cherchait sans arrêt à se maintenir en équilibre. Il parvint à Tripontium bien avant l'aube.

De là, il quitta la Via Appia, et coupa à travers la campagne en direction de la côte. D'anciens chemins traversaient les marais Pontins, et il était plus rapide, et beaucoup plus prudent, d'éviter la grande voie de communication qui passait par Tarracina avant d'arriver à Circei. Il s'arrêta, trois lieues plus loin, sous un bosquet d'arbres, car le sol était dur et très sec, et l'endroit paraissait dépourvu de moustiques. Attachant la mule, il posa la selle sur le sol pour lui tenir lieu d'oreiller, se coucha à l'ombre d'un pin et dormit d'un sommeil sans rêves.

Quelques heures plus tard, il reprit la route, après avoir bu, et fait boire la mule, dans un ruisseau voisin. A l'abri des regards grâce à une cape à capuchon qu'il avait prise dans l'étable, il avança bien plus aisément qu'auparavant, en dépit de douleurs atroces dans le dos et les fesses. Il n'avait rien mangé, mais n'avait pas faim. Au crépuscule, il parvint au promontoire sur lequel se dressait la villa de Clitumna, et mit pied à terre, soulagé. Une fois de plus, il attacha la bête, et lui ôta sa selle.

La chance le suivait toujours. C'était une nuit parfaite, calme et pleine d'étoiles, et l'on ne voyait aucun nuage dans un ciel glacé couleur indigo. Puis la pleine lune se leva par-dessus les collines, très loin à l'est, inondant peu à peu le paysage de son étrange lueur.

Sylla eut le sentiment d'être invulnérable, ce qui chassa en lui fatigue et souffrance, fouetta son sang et réjouit son esprit. La chance le servait : tout se passerait parfaitement bien. Il n'avait pas eu le temps de savourer l'occasion, si inattendue, de se débarrasser de Nicopolis ; il lui avait fallu prendre une décision sur-le-champ, et attendre. C'est au cours de ses errances avec Metrobios qu'il avait découvert le Destructeur, mais Nicopolis elle-même en avait fait l'instrument de sa propre mort ; lui n'avait été qu'un catalyseur. La chance, sa chance, avait tout arrangé. Et ce soir elle le sortirait de là. La peur ? Qu'y avait-il donc à craindre ?

Clitumna était là, attendant dans l'ombre des pins, pas encore impatiente, mais au bord de le devenir au cas où sa surprise aurait du retard. Sylla prit cependant soin de ne pas se montrer tout de suite ; il inspecta d'abord les environs pour être sûr qu'elle n'avait emmené personne. Elle était bien seule. Même les étables et les salles en dessous de la loggia paraissaient désertes.

En s'approchant, il fit assez de bruit pour la rassurer. C'est pourquoi elle tendit les bras en le voyant émerger de l'obscurité.

— Oh, c'est juste comme tu avais dit ! chuchota-t-elle en gloussant. Ma surprise ? Où est ma surprise ?

— Un baiser, d'abord ? demanda-t-il.

Ses dents semblaient pour une fois être plus blanches encore que sa peau, tant la lueur de la lune était étrange, tant était puissant le lien magique qui enserrait Sylla.

Clitumna tendit les lèvres avec avidité. Elle était debout, bouche collée contre la sienne, quand il lui brisa la nuque. C'était si facile. Un bruit sec. Elle ne s'en était sans doute pas rendu compte, car il ne lut rien dans ses grands yeux fixes en lui relevant la tête. Si facile. Un son bien net. Il la relâcha, s'attendant qu'elle s'effondre sur le sol. Mais elle se dressa sur ses orteils et se mit à danser, mains sur les hanches, tête penchée de façon obscène, avec des sursauts et des tressaillements, avant de tournoyer sur elle-même et de tomber d'un coup.

Il ne hurla pas. Il ne frémit pas. Tout cela lui plaisait plus que tout, et, tandis qu'elle dansait pour lui, il l'observa, fasciné, avant de se détourner avec dégoût.

— Ma pauvre Clitumna, tu ne seras jamais une dame.

Il lui était indispensable de la soulever. L'herbe mouillée de rosée ne devait garder aucune trace. On ne devait pas voir qu'un corps avait été traîné par terre. C'est pour cela qu'il avait exigé d'elle que ce fût une belle nuit. Il la porta donc dans ses bras, sur peu de distance, jusqu'au sommet de la falaise.

Il avait déjà choisi l'endroit exact, et s'y dirigea sans hésiter; quelques jours auparavant, il l'avait marqué d'un trait de craie. Il banda ses muscles, et projeta la veuve dans un grand envol de draperies, jusqu'aux rochers en bas. Elle s'y écrasa, informe débris que la mer aurait pu rejeter là, à l'abri des orages. Il était vital qu'on retrouvât son corps.

Avant de rejoindre la mule, au bord du ruisseau, il plongea dans l'eau tout habillé, pour se débarrasser des dernières traces qu'aurait pu laisser le corps de sa belle-mère. Après quoi, il ne restait plus qu'une chose à faire. Une petite dague dans son fourreau était accrochée à sa ceinture; il la prit, et, de la pointe, s'entailla le front du côté gauche, à moins d'un doigt des cheveux. La blessure se mit aussitôt à saigner en abondance, mais ce n'était qu'un début. Il tira sur les deux lèvres de la plaie, qu'il agrandit considérablement en déchirant la chair. Le sang se mit à couler encore plus fort, aspergeant ses vêtements. Parfait! Il sortit d'une bourse un carré de lin blanc qu'il posa sur la coupure, avant de le maintenir en place étroitement serré par un ruban. Du sang lui avait coulé dans l'œil gauche; il s'essuya d'une main en clignant les paupières, puis se dirigea enfin vers la mule.

Il chevaucha toute la nuit, frappant sans pitié la bête fatiguée, chaque fois qu'elle ralentissait l'allure. Mais elle savait qu'elle rentrait à l'écurie, et, comme ses pareilles, elle avait plus d'endurance qu'un cheval. Elle trotta donc, tandis que la sueur coulait de son poil hirsute en laissant derrière eux des petites rigoles dans la poussière. Elle ne savait rien de la femme qui gisait, nuque brisée, sur les rochers, en dessous de la grande villa blanche.

Peu avant l'écurie, Sylla mit pied à terre, donna à la mule une grande claque sur la croupe, et lui dit de rentrer, sachant qu'elle retrouverait toujours son chemin. Mais, comme il se dirigeait vers la porte Capena, la bête le suivit, et il fallut qu'il lui jette des pierres avant que l'animal comprenne et fasse demi-tour.

Dissimulé sous son capuchon, Sylla entra dans Rome au moment même où, à l'est, le ciel s'illuminait. Il avait fait le trajet de Circei à Rome en neuf heures de soixante-douze minutes chacune, ce qui était extraordinaire pour une mule épuisée, et un homme qui avait appris à monter à cette occasion.

Les marches de Cacus menaient du Circus Maximus au Germalus, et les environs étaient les plus sacrés qui soient. C'est là que vivait encore l'esprit de la cité fondée par Romulus; une petite cavité et un ruisseau jaillissant du rocher signalaient l'endroit où la louve les avait nourris, lui et son frère jumeau Remus, après leur abandon. Cela parut à Sylla un bon endroit pour se débarrasser du capuchon et du bandage, cachés avec soin dans un arbre creux derrière le monument au Génie du Lieu. Sa blessure se remit aussitôt à saigner, mais plus faiblement; et ceux qui, dans la rue de Clitumna, étaient déjà dehors virent avec stupéfaction apparaître en titubant un homme vêtu d'une tunique de femme ensanglantée et tachée.

La maison de la veuve était en plein désordre; personne n'avait dormi depuis que, trente-deux heures plus tôt, Hercule Atlas était parti, Sylla sous le bras. Des gens arrivèrent de partout pour lui porter secours. On lui fit prendre un bain, on l'épongea, on le mit au lit; Athénodore de Sicile en personne examina sa blessure à la tête, et Caius Julius César lui-même vint s'enquérir de ce qui s'était passé: tout le Palatin était à sa recherche.

— Dis-moi tout ce que tu pourras, ajouta-t-il en s'asseyant à côté du lit.

Sylla avait l'air tout à fait convaincant. Sa bouche paraissait lasse, sa peau encore plus pâle que d'habitude, et ses yeux étaient injectés de sang.

— C'était idiot de ma part, répondit-il d'une voix pâteuse, je n'aurais jamais dû m'en prendre à Hercule Atlas. Mais je peux me défendre, et je n'aurais jamais cru que quelqu'un puisse être aussi fort... je pensais simplement que c'était un bon numéro. Il était complètement ivre, et m'a... m'a... emmené avec lui! Je n'ai rien pu faire. Il a dû me déposer je ne sais où. J'ai tenté de lui échapper, et il m'a sans doute frappé, je n'en sais rien. Je me suis retrouvé dans une ruelle de la Subura, j'ai dû y rester plus d'une journée. Mais vous savez comment est l'endroit... personne n'est venu à mon secours. Quand j'ai réussi à me relever, je suis revenu ici. C'est tout, Caius Julius.

— Tu as beaucoup de chance, Lucius Cornelius, dit César, lèvres pincées. Si Hercule Atlas t'avait entraîné jusque chez lui, tu aurais peut-être partagé sa destinée.

— Sa destinée?

— Ton intendant est passé me voir hier, et, ne pouvant te joindre, m'a demandé ce qu'il fallait faire. Quand j'ai appris toute l'histoire, j'ai emmené des gladiateurs jusque chez le colosse, l'endroit était sens dessus dessous. Pour je ne sais quelle raison, il avait tout saccagé chez lui, détruit les meubles, creusé de grands trous dans les murs à coups de poing, et terrifié ses voisins, qui s'étaient tous enfuis. Il était étendu, mort. Je crois personnellement qu'il s'est rompu un vaisseau sanguin dans la tête et que la souffrance l'a rendu fou, ou bien que l'un de ses ennemis l'a empoisonné. Avant de mourir, il a créé un fier désordre! Ses serviteurs ont dû le découvrir avant moi, mais ils avaient disparu bien avant que j'arrive. Comme nous n'avons pas trouvé le moindre argent, je présume qu'ils se sont enfuis après avoir ramassé tout ce qui leur est tombé sous la main. Par exemple, l'avais-tu payé pour la soirée? Si c'est le cas, ça n'était plus là-bas.

Sylla ferma les yeux sans avoir à feindre l'épuisement:

— Je l'avais payé à l'avance, Caius Julius, je ne peux donc te dire ce qu'il en était là-bas.

— Enfin, j'ai fait ce que j'ai pu.

César se leva, et jeta à la silhouette étendue un regard sévère, tout en sachant que c'était peine perdue, Sylla n'ayant toujours pas rouvert les paupières.

— Lucius Cornelius, je ne puis que te plaindre, mais ce genre de conduite ne peut continuer ainsi et tu le sais. Ma fille a failli se laisser mourir de faim parce qu'elle s'était amourachée de toi, et elle n'est toujours pas remise à l'heure qu'il est. Cela pour te dire qu'en tant que voisin tu me causes de gros ennuis, bien qu'il me faille reconnaître que tu n'as pas encouragé Julilla, et qu'elle t'a plongé dans le chagrin! Tout cela me laisse à penser qu'il serait mieux que tu ailles vivre ailleurs. J'ai fait prévenir ta belle-mère à Circei, en l'informant de ce qui s'était passé en son absence. Je l'ai également avertie qu'elle avait depuis longtemps lassé la patience du quartier et qu'elle serait beaucoup mieux sur les Carinae ou le Caelius. Nous sommes des gens très tranquilles, par ici. Je serais peiné de devoir déposer plainte devant le préteur urbain pour défendre notre droit au calme. Mais je suis pour autant bien décidé à le faire si j'y suis contraint, Lucius Cornelius. Comme tous nos voisins. J'en ai assez.

Sylla ne bougea pas, n'ouvrit pas les yeux. Comme César se demandait ce qu'il avait pu retenir de ce sermon, il entendit un léger ronflement. Il fit aussitôt volte-face et s'en alla.

Ce fut pourtant Sylla qui, le premier, eut des nouvelles de Circei. Le lendemain survint un messager porteur d'une lettre de l'intendant de la villa, l'informant que l'on avait retrouvé le corps de la veuve au pied de la falaise bordant sa propriété. Elle s'était brisé la nuque dans sa chute, sans que sa mort parût pour autant suspecte: Clitumna était très déprimée ces derniers temps.

Sylla sortit du lit.

— Fais-moi couler un bain, et prépare ma toge!

La blessure sur son front cicatrisait peu à peu, mais les bords de la plaie étaient encore gonflés; à part cela, rien ne trahissait son état de la veille.

— Va demander à César de venir ici, dit-il, une fois habillé, à Iamus l'intendant.

Sylla n'ignorait pas que tout son avenir dépendait de cet

entretien. Dieux merci, Scylax avait emmené Metrobios, bien que le garçon eût voulu savoir ce qui était arrivé à son bien-aimé. C'était la seule faille de son plan, avec l'arrivée de César très tôt sur les lieux. Sa chance suivait vraiment une ligne ascendante! Que Metrobios ait été chez Clitumna lors de la venue du sénateur eût fait perdre tout espoir à Sylla. Non, César ne le condamnerait pas sur de simples rumeurs, mais peut-être des preuves irréfutables l'amèneraient-elles à changer d'opinion. Et Metrobios n'était pas porté à dissimuler quoi que ce soit. Je marche sur des œufs, se dit Sylla, et il est grand temps que j'arrête. Il songea à Stichus, à Nicopolis, à Clitumna, et il sourit. Il pouvait bien s'arrêter, en effet.

Il reçut César en vrai patricien romain, vêtu de blanc immaculé, la mince bande pourpre des chevaliers ornant l'épaule droite de sa tunique, sa magnifique chevelure taillée et peignée avec soin, dans un style viril mais élégant.

— Excuse-moi de devoir te faire venir ici une fois de plus, Caius Julius, dit-il en tendant à César un petit rouleau. Cela m'arrive de Circei, et j'ai pensé que tu devrais le lire.

Impassible, César lut le texte avec lenteur, pesant — Sylla ne l'ignorait pas — chaque mot. Cela fait, il le reposa sur la table.

— C'est la troisième fois, dit-il, et il en paraissait soulagé. Ta maison a bien souffert, Lucius Cornelius. Permets-moi de te présenter mes condoléances.

— J'ai pensé que tu avais rédigé le testament de Clitumna pour elle, sinon je peux t'assurer que jamais je ne t'aurais importuné.

— Oui, j'en ai même fait plusieurs versions, la dernière après la mort de Nicopolis. Lucius Cornelius, j'aimerais savoir quels sont exactement les sentiments que tu avais pour ta belle-mère.

Il fallait jouer serré.

— Caius Julius, je me souviens de t'en avoir déjà parlé, mais je suis heureux d'avoir l'occasion d'en dire davantage. C'était une femme très sotte et très vulgaire, mais il se trouve que je l'aimais bien. Mon père — le visage de Sylla se crispa — était un ivrogne invétéré. La vie avec lui était un cauchemar. Caius Julius, nous ne faisions même plus partie de la noblesse désargentée. Nous étions si démunis que nous n'avions pas le moindre esclave. S'il n'y avait pas eu un vieux professeur pour me venir en aide, moi, patricien de la lignée des Cornelius, je ne saurais ni lire ni écrire. Je n'ai jamais suivi l'entraînement militaire sur le Champ de Mars, jamais appris à monter à cheval, jamais été l'élève d'un avocat de prétoire. Je ne connais rien de la vie publique, de la rhétorique, de la vie du soldat. C'est pourquoi... je l'aimais bien. Elle a épousé mon père, elle nous a installés chez elle, et qui sait? Si j'avais continué à vivre dans la

Subura avec lui, peut-être qu'un jour je serais devenu fou et l'aurais tué. Elle s'est occupée de lui jusqu'à sa mort, et j'ai été libéré. Oui, je l'aimais bien.

— Elle t'aimait bien aussi, Lucius Cornelius. Son testament est simple et sans complications. Elle te laisse tout ce qu'elle possédait.

Enfantin ! Ni trop de joie, ni trop de chagrin ! Le sénateur assis en face de lui était très intelligent, et devait avoir une grande expérience des hommes.

— Me laisse-t-elle assez pour entrer au Sénat ? demanda-t-il en regardant César droit dans les yeux.

— Plus qu'assez.

— Je... je ne peux y croire ! En es-tu certain ? Je sais qu'elle possédait cette demeure et la villa de Circei, mais je ne pense pas qu'il y ait grand-chose d'autre.

— Détrompe-toi, c'était une femme extrêmement riche — elle avait investi son argent, possédait des parts dans toutes sortes de compagnies, et même plusieurs navires de commerce. Je te conseille de t'en débarrasser, et d'utiliser les fonds que tu en retireras pour acheter des terres. Pour que les censeurs soient satisfaits, il faudra que tes affaires soient parfaitement en ordre.

— C'est un rêve !

— Je comprends que tu puisses avoir cette impression, Lucius Cornelius. Mais sois rassuré, tout cela est bien réel.

Le tout avait été prononcé d'un ton très tranquille. César ne parut pas choqué de la réaction de Sylla, et ne manifesta aucun soupçon devant le chagrin dont jamais un Lucius Cornelius Sylla n'eût dû témoigner à la mort d'une Clitumna, si bonne qu'elle ait été avec son époux...

— Elle était faite pour vivre longtemps. Après tout, mon destin est plus fortuné que le sien ! Caius Julius, jamais je n'aurais cru qu'elle me manquerait. Mais j'espère que, lors des années à venir, le monde dira qu'elle a bien fait. Car je compte désormais être l'honneur de ma classe et du Sénat.

Etait-ce réussi ? Avait-il dit les mots qu'un César était en droit d'attendre ?

— J'en suis bien d'accord, Lucius Cornelius, elle serait heureuse de savoir que tu feras bon usage de ce qu'elle te laisse. Je peux être certain qu'il n'y aura plus de folles soirées ? Plus d'amis douteux ?

— Caius Julius, quand un homme épouse la vie à laquelle sa naissance lui donne droit, folles soirées et amis douteux deviennent inutiles, soupira Sylla. C'était un moyen de passer le temps. Je crains que cela ne te paraisse incompréhensible, mais la vie que je mène depuis trente ans a toujours été comme une énorme pierre à mon cou.

— Oui, bien sûr.

Sylla eut une pensée terrifiante :

— Mais il n'y a pas de censeurs ! Que vais-je faire ?

— En théorie il n'est pas nécessaire d'en élire d'autres avant quatre ans, mais l'une des conditions mises par Marcus Scaurus à sa démission était qu'il y aurait des élections en ce sens en avril prochain. D'ici là, il te faudra simplement attendre.

Sylla respira profondément.

— Caius Julius, j'ai une autre requête à te soumettre.

Les yeux bleus prirent une expression que Sylla ne put déchiffrer, comme si César savait ce qui allait se passer — mais comment aurait-ce été possible, alors que lui-même venait d'avoir l'idée à l'instant ? La plus brillante de toutes, celle qui lui porterait le plus chance. Car si César donnait son accord, le passage de Sylla devant les censeurs aurait un poids bien supérieur à celui de l'argent, de la naissance, et ferait oublier quel genre de vie il avait mené jusque-là.

— Et de quoi s'agit-il, Lucius Cornelius ?

— Je voudrais que tu m'accordes la permission de devenir l'époux de ta fille Julilla.

— Après qu'elle t'a fait souffrir à ce point ?

— Je... je l'aime, dit Sylla, qui crut parler sincèrement.

— En ce moment, Julilla est hors d'état de réfléchir à la question. Mais je tiendrai le plus grand compte de ta requête, Lucius Cornelius, dit César, qui ajouta en souriant : Peut-être qu'après tant de péripéties, vous méritez d'être l'un à l'autre !

— Elle m'a donné une couronne d'herbes... et tu le sais, Caius Julius, ce n'est qu'ensuite que ma chance a tourné.

— Je te crois, répondit l'autre en se levant. Néanmoins, pour le moment, nous ne dirons rien à personne de ton désir d'épouser Julilla. De surcroît, je te demanderai de te tenir à distance. Quoi que tu puisses ressentir pour elle, elle n'est pas encore sortie de son malheur, et je ne veux pas qu'elle se voie offrir une solution trop facile.

Sylla le raccompagna jusqu'à la porte, et, arrivé là, lui tendit la main en souriant, lèvres closes ; car personne ne connaissait mieux que leur propriétaire l'effet de ses canines longues et pointues. Pas question de lancer à Caius Julius César un sourire à lui glacer le sang. Non, mieux valait le choyer et le courtiser. Ignorant tout de la proposition que le sénateur avait autrefois faite à Marius, Sylla en était arrivé aux mêmes conclusions : quel meilleur moyen d'impressionner les censeurs, et les électeurs, que d'avoir une Julia pour épouse ? Surtout quand il s'en trouvait une qui avait déjà bien failli mourir pour lui.

— Iamus ! lança Sylla après avoir refermé la porte.

— Lucius Cornelius ?

— Tant pis pour le dîner. Que toute la maison prenne le deuil de Clitumna. Veille à ce que ses serviteurs reviennent tous de Circei. Je m'en vais sur-le-champ pour préparer ses funérailles.

J'emmènerai Metrobios avec moi, se dit-il en rassemblant ses affaires à la hâte. Ensuite, je dirai adieu à Clitumna, à tout mon passé. Il ne me manquera guère, sauf pour Metrobios. Je le regretterai. Cruellement.

LA TROISIÈME ANNÉE
(108 avant J.-C.)

sous le consulat
de Servius Sulpicius Galba
et
Quintus Hortensius

QUINTUS CAECILIUS METELLUS NUMIDICUS

Quand vinrent les pluies d'hiver, la guerre contre la Numidie s'interrompit, aucun des deux camps n'étant en mesure de déployer ses troupes. Caius Marius reçut la lettre de son beau-père Caius Julius César, et se demanda si le consul Quintus Caecilius Metellus Porcelet savait déjà qu'il deviendrait proconsul au nouvel an, ayant réussi à faire proroger son commandement, et par là même à s'assurer du triomphe. Dans les quartiers généraux du gouverneur, à Utique, personne ne fit allusion à la défaite de Marcus Junius Silanus contre les Germains, ni à la perte de tous ses soldats.

Ce qui ne signifie pas, songea Marius, que Metellus n'est pas au courant; comme d'habitude, son principal légat, c'est-à-dire moi, en sera le dernier informé. Le pauvre Rutilius Rufus, lui, s'était vu confier la tâche de diriger les garnisons installées aux frontières, ce qui le mettait hors course, à moins que la guerre ne reprenne; et Caius Marius s'était retrouvé subordonné du fils de Metellus Porcelet! Ce jeune homme, à peine âgé de vingt ans, savourait le plaisir de commander la garnison et les défenses d'Utique; ainsi tous les aspects militaires n'étaient-ils plus du ressort du seul Marius, mais avant tout du Goret, comme on eut vite fait de l'appeler, et qui était d'une arrogance insupportable. Marius en était réduit à se charger de toutes les besognes dont le gouverneur ne voulait pas — et qui auraient dû revenir à un questeur, non à un légat.

Son humeur s'en ressentit, et il fut bientôt à bout de patience; Metellus Goret s'amusait d'autant plus à ses dépens que son père lui avait fait savoir que cela le réjouissait aussi. La quasi-défaite des bords de la rivière Muthul avait poussé Rutilius Rufus et Marius à émettre de violentes critiques du commandant en chef, à qui Marius finit par dire que le meilleur moyen de gagner la guerre était de capturer Jugurtha.

— Et comment? demanda Metellus, que le souvenir de cette bataille avait rendu assez humble pour qu'il consente à écouter.

— Par subterfuge, avait répondu Rutilius Rufus.

— Mais lequel?

— Cela, avait dit Marius, c'est à toi de le découvrir, Quintus Caecilius.

Mais maintenant que tout le monde était de retour, bien en sécurité derrière les frontières de la province d'Afrique, et subissait l'ennui des jours pluvieux et de la routine, Metellus semblait avoir tout oublié — jusqu'au jour où il entra en contact avec un noble numide appelé Nabdalsa. Il se sentit obligé d'appeler Marius pour qu'il assiste à leur entretien.

— Pourquoi diable? demanda ce dernier. Quintus Caecilius, ne peux-tu faire le sale travail toi-même?

— Crois-moi, Caius Marius, si Publius Rutilius était là, je ne viendrais pas te déranger! Mais tu connais Jugurtha et moi pas — ce qui veut d'ailleurs dire que tu sais beaucoup mieux comment les Numides réfléchissent! Tout ce que je veux, c'est que tu observes ce Nabdalsa, et que tu me dises ensuite ce que tu en penses.

— Je suis surpris que tu me fasses assez confiance pour croire que je te donnerai un avis sincère.

Metellus leva les sourcils, sincèrement perplexe:

— Caius Marius, tu es ici pour combattre les Numides, pourquoi me mentirais-tu?

— Alors, qu'il entre, et je ferai de mon mieux.

Il savait qui était Nabdalsa, sans d'ailleurs l'avoir rencontré. C'était un partisan du prétendant légitime au trône de Numidie, le prince Gauda. Celui-ci vivait tout près d'Utique, dans la ville prospère qui s'était élevée sur les ruines de Carthage. Nabdalsa était venu de sa part, et Metellus s'apprêtait à le recevoir pour une audience qui promettait d'être tendue.

Le Porcelet s'expliqua: le meilleur, et le plus rapide moyen de résoudre la question numide et de faire monter le prince Gauda sur le trône, était de capturer Jugurtha. Le prince ou Nabdalsa lui-même auraient-ils une idée à ce sujet?

— Grâce à Bomilcar, seigneur, certainement, dit le Numide.

— *Bomilcar?* Mais c'est le demi-frère de Jugurtha, son plus fidèle partisan!

— En ce moment leurs relations se sont détériorées.

— Et pourquoi?

— C'est un problème de succession, seigneur. Bomilcar veut être nommé régent au cas où il arriverait quelque chose à Jugurtha, et celui-ci refuse.

— Régent, pas héritier?

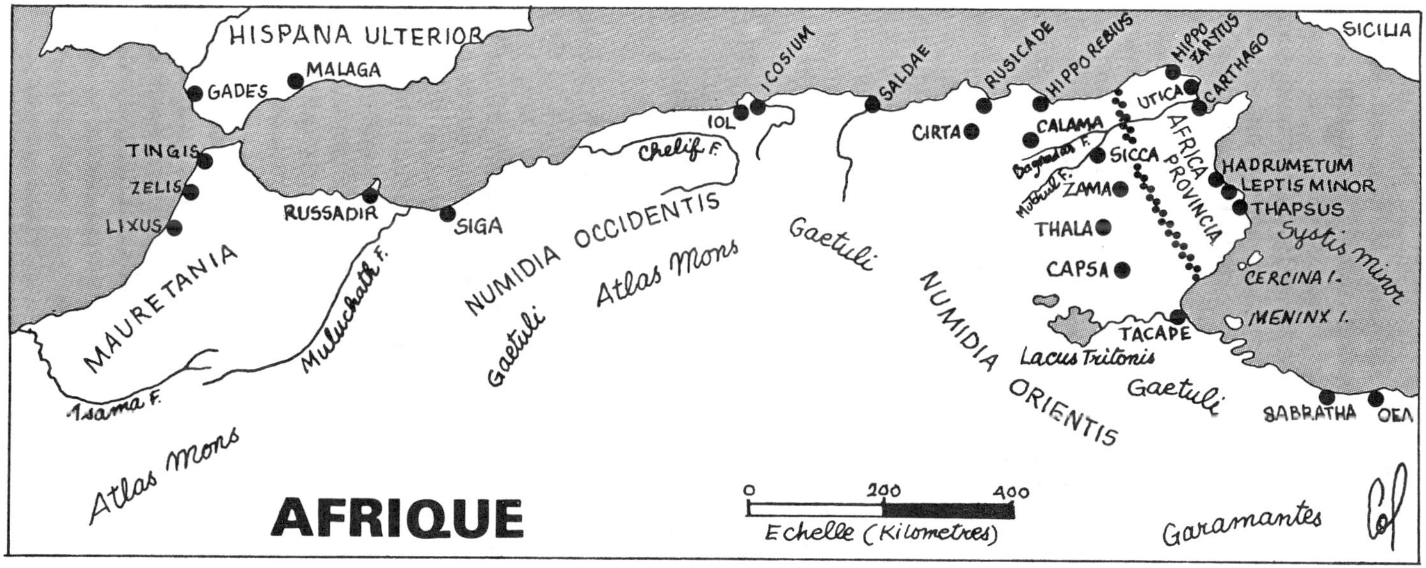
HISPANA ULTERIOR
GADES
MALAGA
SICILIA
TINGIS
ZELIS
LIXUS
MAURETANIA
RUSSADIR
SIGA
Mulucha F.
Asama F.
Atlas Mons
NUMIDIA OCCIDENTIS
Atlas Mons
Gaetuli
Chelif F.
IOL
ICOSIUM
SALDAE
CIRTA
RUSICADE
HIPPO REGIUS
HIPPO ZARYTUS
CALAMA
UTICA
CARTHAGO
SICCA
ZAMA
THALA
CAPSA
AFRICA PROVINCIA
HADRUMETUM
LEPTIS MINOR
THAPSUS
Syrtis minor
CERCINA I.
MENINX I.
TACAPE
Lacus Tritonis
Gaetuli
NUMIDIA ORIENTIS
SABRATHA
OEA
Garamantes
0
200
400
Echelle (Kilometres)

AFRIQUE

— Bomilcar sait que jamais il ne pourrait succéder au roi. Jugurtha a deux fils. Ils sont très jeunes, toutefois.

— Pourquoi Jugurtha refuse-t-il? Bomilcar aurait constitué un choix idéal.

— Le sang, seigneur, le sang. Bomilcar ne descend pas du roi Massinissa, et par conséquent n'appartient pas à la maison royale.

— Je vois. Très bien, vois ce que tu peux faire pour convaincre Bomilcar qu'il devrait s'allier à Rome.

Metellus se tourna vers Marius:

— Stupéfiant! Un homme qui n'est pas assez noble pour monter sur le trône ferait un régent parfait, non ?

— Pour Jugurtha, cela équivalait à signer l'arrêt de mort de ses fils. Comment Bomilcar pourrait-il devenir roi, autrement?

— Je te remercie, Nabdalsa, dit Metellus en se tournant de nouveau vers son hôte. Tu peux te retirer.

L'autre n'y était pas encore disposé.

— Seigneur, j'aimerais que tu m'accordes une faveur.

— Et laquelle?

— Le prince Gauda est très désireux de te rencontrer, et se demande pourquoi on ne lui en a pas encore offert l'occasion. Il attend toujours une invitation alors que ton année en Numidie touche à sa fin.

— S'il veut me voir, qu'est-ce qui l'en empêche?

— Il ne peut pas simplement se présenter à ta porte, Quintus Caecilius, intervint Marius. Il lui faut une invitation.

— Oh! S'il ne s'agit que de cela, ce sera bientôt fait, dit Metellus en riant sous cape.

Et l'invitation étant pour le lendemain, Nabdalsa put la rapporter personnellement au prince Gauda, lequel s'en vint voir le gouverneur.

Ce ne fut pas une réussite: il était difficile d'imaginer deux hommes plus différents que Metellus et l'aristocrate numide. Chétif, l'air souffreteux, et assez lent d'esprit, Gauda se comporta avec morgue, et le Porcelet le trouva horriblement hautain. Il avait cru que son visiteur se montrerait humble, voire obséquieux, puisqu'il ne pouvait venir sans y avoir été préalablement invité. Loin de là. Gauda commença par entrer en fureur parce que Metellus ne s'était pas levé pour l'accueillir. Il mit fin à l'audience quelques instants plus tard en se retirant.

— Je suis le roi! éructa-t-il plus tard devant Nabdalsa.

— Tout le monde le sait, ô prince, dit l'autre d'un ton apaisant. Mais les Romains ont des idées très bizarres sur la royauté. Ils se jugent supérieurs à elle parce qu'ils ont déposé leurs rois il y a des siècles, et ont choisi depuis de s'en passer.

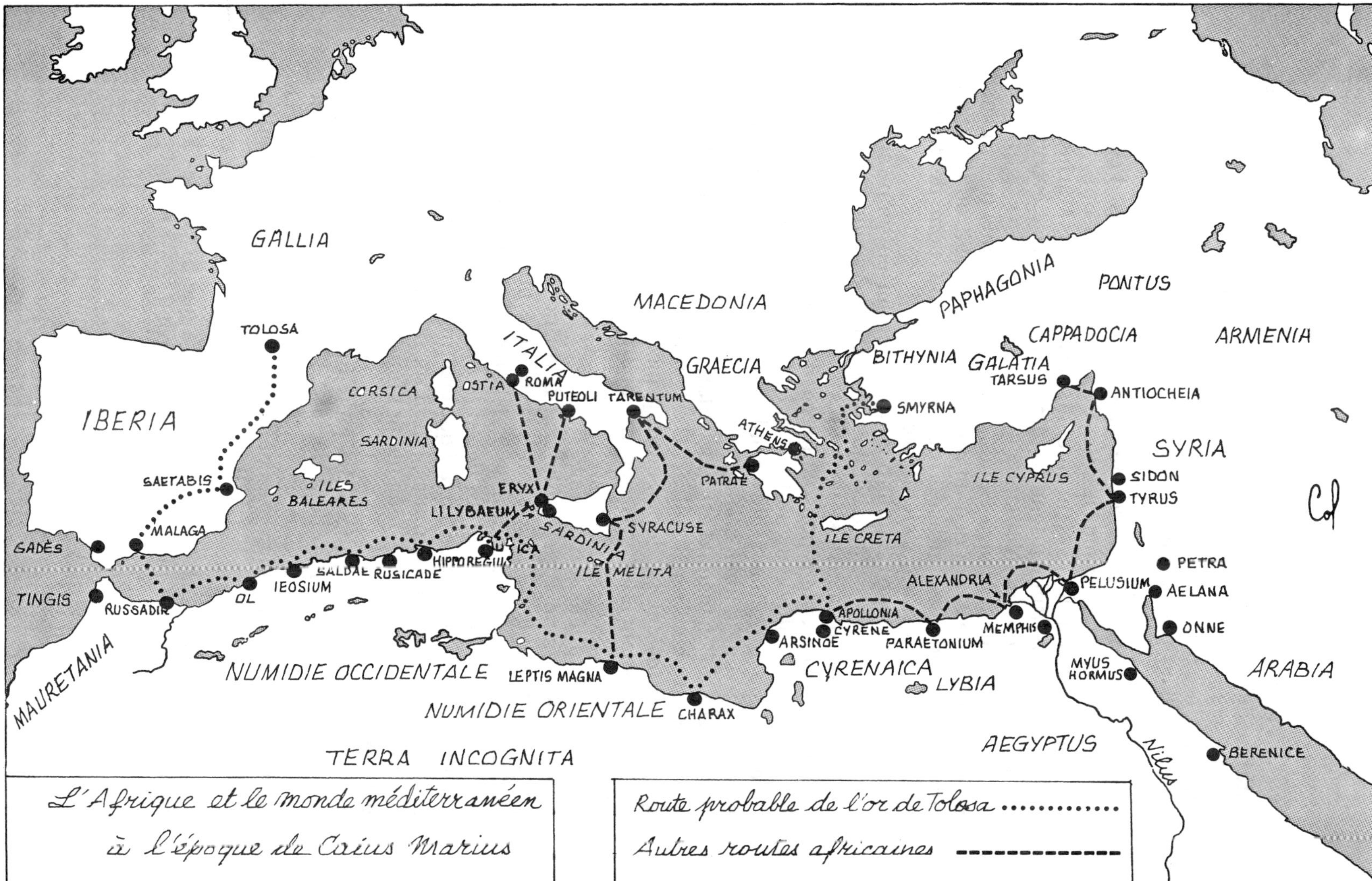

L'Afrique et le monde méditerranéen
à l'époque de Caïus Marius

— Qu'ils adorent la merde, s'ils le veulent! Je suis le fils légitime de mon père, Jugurtha n'est que son bâtard! Et, quand je me présente devant les Romains, ils devraient se lever pour me saluer, s'incliner devant moi, me donner un trône, et choisir les cent meilleurs parmi leurs soldats pour me servir de garde personnelle!

— C'est vrai, c'est vrai. Je verrai Caius Marius. Peut-être parviendra-t-il à ramener Quintus Caecilius à la raison.

Tous les Numides avaient entendu parler de Caius Marius et de Publius Rutilius Rufus, dont Jugurtha avait naguère évoqué les noms à son retour de Numance.

— Alors, fais-le, lança Gauda, qui se replia dans une monumentale bouderie avant de s'en retourner à Carthage, où il resta à ruminer les offenses infligées par Metellus au nom de Rome. Nabdalsa, quant à lui, s'en alla voir Marius.

— Cela est impossible, répondit ce dernier en soupirant.

— Je t'en serais très reconnaissant, Caius Marius.

— Ton royal maître se venge sur toi?

Il eut pour seule réponse un regard éloquent.

— La difficulté, mon ami, est que Quintus Caecilius se considère comme infiniment plus noble que n'importe quel prince numide. J'avoue douter que quiconque, et surtout moi, puisse le convaincre de changer d'attitude. Mais j'essaierai, parce que je veux que tu cherches Bomilcar. C'est infiniment plus important que des petites chamailleries entre princes et gouverneurs.

— La prophétesse syrienne dit que la lignée des Caecilius Metellus court vers sa chute.

— La prophétesse syrienne?

— Une femme appelée Martha. Le prince Gauda l'a découverte à Carthage, où elle semble avoir été abandonnée il y a quelques années par le capitaine d'un bateau qui l'accusait d'avoir jeté un sort à son navire. Au début, seuls les pauvres la consultaient, mais sa renommée n'a fait que croître, et le prince Gauda l'a amenée à la cour. Elle a annoncé qu'il serait roi de Numidie après la chute de Jugurtha — mais cette chute n'est pas encore pour demain.

— Que dit-elle à propos des Metellus?

— Que toute la famille a dépassé l'apogée de sa puissance, qu'elle deviendra de moins en moins nombreuse et de moins en moins riche, et sera surpassée par d'autres — toi, en particulier, seigneur.

— Je veux la voir.

— Cela peut s'arranger, mais il faudra que tu viennes à Carthage, elle ne quitte plus la demeure du roi.

Une audience avec Martha, la prophétesse syrienne, impliquait un entretien préalable avec le prince Gauda ; Marius écouta, résigné, toute la litanie des plaintes contre Metellus, et fit des promesses dont il ne voyait pas comment il les tiendrait.

— Sois assuré, ô Prince, que dès que je serai en position de le faire, je veillerai à ce que tu sois traité avec tout le respect et la déférence auxquels ta naissance te donne droit, dit-il en s'inclinant aussi bas qu'il le put.

— Ce jour viendra ! s'écria Gauda en souriant, ce qui révéla de très vilaines dents. Martha dit que tu seras le Premier des Romains, et avant longtemps. C'est pour cette raison, Caius Marius, que je veux compter au nombre de tes clients, et je m'assurerai que mes partisans de la province d'Afrique feront de même. Qui plus est, quand je serai roi de Numidie, tout le pays fera partie de ta clientèle.

Marius l'écouta, stupéfait : lui, simple préteur, se voyait faire des propositions qu'un Caecilius Metellus aurait sollicitées en vain ! Oh, il devait vraiment rencontrer cette prophétesse !

Peu de temps après, l'occasion lui en fut offerte, car elle avait demandé à le voir, et Gauda le fit mener aux appartements qu'elle occupait dans l'énorme villa où il s'était installé. Un simple regard lui suffit pour comprendre qu'on la tenait vraiment en très haute estime, car la pièce était superbement meublée, les murs peints de quelques-unes des plus belles fresques qu'il eût jamais vues, et le sol pavé de mosaïques de prix.

Quand elle entra, elle était vêtue de pourpre, honneur rarement accordé à ceux qui n'étaient pas membres de la famille royale. Une vieille femme toute menue, desséchée, qui empestait l'urine, et dont la chevelure n'avait pas dû être lavée depuis des années. Elle avait un grand nez mince et crochu, dominant un visage sillonné de mille rides, et des yeux noirs aussi farouches que ceux d'un aigle. Ses seins s'étaient effondrés sur sa poitrine, et oscillaient sous le mince caraco tyrien qu'elle portait au-dessus de la taille. Un châle était noué autour de ses hanches, ses mains et ses pieds étaient presque noirs de henné, et elle faisait sonner en marchant une myriade de clochettes, de bracelets, d'anneaux, tous d'or massif. Un voile de mousseline tyrienne, maintenu en place par un gros peigne d'or, lui tombait sur la nuque comme un drapeau un jour sans vent.

— Assieds-toi, Caius Marius, dit-elle en désignant une chaise d'un long doigt osseux où scintillaient plusieurs bagues.

Marius obéit, incapable de détacher son regard de ce visage sans âge.

— Le prince Gauda m'a dit que d'après toi je serais le Premier des Romains ; je voudrais en entendre davantage.

Elle se mit à glousser, laissant voir des gencives édentées, à la seule exception d'une incisive jaunie sur la mâchoire supérieure :

— Oh oui, bien sûr, j'en étais certaine.

Elle claqua des mains à l'adresse d'une servante :

— Apporte-nous une infusion de feuilles séchées et ces petits gâteaux que j'aime tant. Ça ne sera pas long, ajouta-t-elle à l'intention de Caius Marius. Ensuite, nous parlerons. D'ici là, nous garderons le silence.

Peu désireux de l'offenser, il obtempéra, puis, quand arriva le breuvage fumant, sirota une gorgée de la tasse qu'elle lui avait donnée, le nez soupçonneux, tous ses instincts en alerte. Cela n'était pas mauvais, mais, n'étant pas habitué aux boissons chaudes, il se brûla la langue et préféra en rester là. Elle but à petits coups rapides, avec chaque fois un grand bruit de gorge.

— C'est délicieux, mais peut-être préférerais-tu le vin ?

— Non, non, pas du tout.

— Prends donc un gâteau.

— Non, merci.

— D'accord, d'accord, je vais voir ce que je peux pour toi, dit-elle. Donne-moi ta main.

Il s'exécuta.

— Grande sera ta destinée, Caius Marius, dit-elle en déchiffrant les multiples plis de sa paume. Quelle main ! Elle impose une forme à tout ce à quoi elle s'attelle. Et quelle ligne de tête ! Elle gouverne ton cœur, elle gouverne ta vie, elle gouverne tout, sauf les ravages du temps, car personne ne peut s'y soustraire. Mais tu en auras davantage l'occasion... Une terrible maladie... mais tu en triompheras la première fois, et même la seconde... Des ennemis, beaucoup d'ennemis... Mais tu en viendras à bout... tu seras consul l'année qui suit celle-ci... Sept fois en tout, et on t'appellera le Troisième Fondateur de Rome, car tu sauveras la cité du plus grand péril qu'elle ait connu !

Son visage brûlait, comme une lance qu'on jette dans le feu. La tête lui tournait. Son cœur battait à se rompre. Un épais voile rouge semblait danser devant ses yeux. Car elle disait la vérité, il le savait.

— Tu as l'amour et le respect d'une femme de grand talent, poursuivit-elle, et son neveu sera le plus grand de tous les Romains.

— Non, ce sera moi ! s'exclama-t-il aussitôt.

— Non, son neveu. Un bien plus grand homme que toi, Caius Marius. Lui aussi se prénommera Caius. Mais sa famille est celle de ta femme, pas la tienne.

La chose était dite ; il ne l'oublierait pas.

— Et mon fils ?

— Ce sera un grand homme aussi. Mais moins que son père, et il vivra moins longtemps que lui. Toutefois, il sera encore en vie quand la tienne arrivera à son terme.

Puis elle repoussa sa main et glissa ses propres pieds, nus et sales, mais chargés de clochettes et de bracelets, sous le sofa sur lequel elle était assise :

— J'ai vu tout ce qu'il y avait à voir, Caius Marius, dit-elle en fermant les yeux.

— Je te remercie, Martha la Prophétesse, répondit-il en se levant. Combien...

— Pour toi, rien. Il est suffisant d'être en compagnie des grands hommes. Payer, c'est bon pour le prince Gauda, qui n'en fera jamais partie. Mais il sera roi. Caius Marius, n'oublie pas qu'en dépit de tout cela tu n'as pas le don de connaître l'avenir, seulement celui de lire le cœur des hommes. Et celui du prince Gauda est tout petit.

— Il faut que je te remercie encore une fois.

Comme il se dirigeait vers la porte, elle le rappela :

— J'ai une faveur à te demander.

— Oui ?

— Caius Marius, quand tu seras consul pour la deuxième fois, amène-moi à Rome et traite-moi avec honneur. J'ai fait le vœu de voir la Ville avant de mourir.

— Tu la verras, répondit-il en sortant.

Consul sept fois ! Premier des Romains ! Troisième Fondateur de Rome ! Quelle destinée pouvait être plus grande que celle-là ? Comment un autre Romain pourrait-il... Caius... Elle devait vouloir parler du fils de son plus jeune beau-frère, Caius Julius César le jeune. Oui, son fils serait le neveu de Julia, et le seul de la famille, sans doute, à se prénommer Caius.

— Pas question ! s'écria Marius, qui grimpa sur son cheval et reprit le chemin d'Utique.

Le lendemain, il s'en alla voir le consul, qu'il trouva occupé à dépouiller des lettres et des documents en provenance de Rome, et qu'avait apportés, la veille au soir, un navire longtemps retardé par des mers déchaînées.

— Excellentes nouvelles, Caius Marius ! dit Metellus, pour une fois affable. Mon commandement est prorogé, avec *imperium* proconsulaire, et il est très probable qu'il le sera encore si d'aventure j'avais besoin de plus de temps.

Il laissa tomber la feuille.

— Il est heureux que mon armée soit intacte, car il semble bien qu'on manque d'hommes, en Italie, grâce à Silanus et à ses expéditions en Gaule. Oh, tu ne savais peut-être pas ? Oui, mon collègue a été battu par les Germains. Des pertes très lourdes...

Il saisit un autre rouleau, qu'il agita en l'air :

— Silanus écrit qu'il y avait plus de cinq cent mille géants germains sur le champ de bataille !

Autre rouleau brandi devant Marius :

— Le Sénat me notifie qu'il vient d'annuler la *lex Sempronia* de Caius Gracchus limitant le nombre de campagnes qu'un homme doit accomplir au service de Rome. Excellent ! Nous pourrons rappeler des milliers de vétérans si nécessaire !

— C'est une très mauvaise idée, rétorqua Marius. Si un vétéran, à l'issue de dix années ou six campagnes, désire se retirer, il doit pouvoir le faire sans craindre d'être encore appelé. Quintus Caecilius, nous portons tort aux petits propriétaires ! Comment quelqu'un pourrait-il quitter sa ferme, pour ce qui peut être maintenant vingt ans de service actif, et espérer qu'elle prospérera en son absence ? Comment aura-t-il des fils pour prendre sa place, sur ses terres ou à l'armée ? C'est de plus en plus son épouse qui doit veiller sur ses biens, et les femmes n'en ont ni la force, ni la capacité. Nous devrions chercher des soldats ailleurs — et leur épargner les mauvais généraux !

— Caius Marius, il ne te revient pas de critiquer la sagesse des plus illustres de nos gouvernants, répondit Metellus, lèvres pincées. Pour qui te prends-tu ?

— Je crois que tu me l'as dit il y a longtemps, Quintus Caecilius. Un rustaud italique qui ne parle même pas le grec, si je me souviens bien. C'est peut-être vrai. Cela ne m'empêche pas pour autant d'émettre des commentaires sur ce qui me paraît être une très mauvaise idée. Nous — et quand je dis « nous », je veux parler du Sénat, dont je ne fais pas moins partie que toi ! — provoquons la disparition de toute une classe de citoyens parce que nous n'avons ni le courage ni la présence d'esprit de nous débarrasser des prétendus généraux dont nous sommes accablés depuis un certain temps ! Il ne faut pas gaspiller le sang des soldats romains, Quintus Caecilius !

Marius se leva, et vint se pencher par-dessus le bureau du consul, avant de poursuivre :

— Quand nous avons mis sur pied une armée, à l'origine, c'était pour des campagnes en Italie même ; les hommes pouvaient rentrer chaque hiver, s'occuper de leurs fermes, avoir des fils. Mais aujourd'hui, quand ils s'enrôlent ou sont appelés, on les envoie outre-mer, et la campagne, au lieu de se limiter à l'été, dure des années, pendant lesquelles il leur est impossible de rentrer, si bien que pour en accomplir six, il leur faut passer douze ou quinze ans dans l'armée, loin de chez eux! Caius Gracchus avait fait voter une loi pour essayer d'empêcher cela, et pour que les petits domaines ne soient pas la proie des spéculateurs!

Il jeta à Metellus un regard ironique:

— Mais, Quintus Caecilius, j'oublie que tu es l'un de ces spéculateurs! Et que tu adores voir ces terres tomber dans ton escarcelle pendant que des hommes qui devraient rester chez eux périssent au loin par suite de l'avidité et de l'insouciance des aristocrates!

— Ah! Nous y voilà! s'écria Metellus en se levant d'un bond. L'avidité et l'insouciance des aristocrates, hein? Cela te manque? Laisse-moi te dire une chose, Caius Marius, parvenu que tu es! Tu as beau avoir épousé une Julia, cela ne fait pas de toi un noble!

— Je n'en ai nulle envie! Je vous méprise tous, à la seule exception de mon beau-père qui, en dépit de ses origines, a réussi à demeurer un homme honnête!

Ils hurlaient déjà et, dans les pièces voisines, tout le monde écoutait.

Quand Quintus Caecilius Metellus le jeune, le fils du consul, fit son apparition, il lança aussitôt :

— Père, on vous entend tous les deux à des lieues! Et il regarda Marius d'un air de dégoût.

Physiquement, il ressemblait beaucoup au Porcelet : de taille moyenne, yeux bruns, cheveux bruns, raisonnablement avenant, et rien qui puisse le distinguer de la foule.

Son arrivée calma un peu Metellus, sans par ailleurs diminuer en rien la fureur de son légat. Aucun des deux antagonistes ne paraissait vouloir se rasseoir. Le jeune homme resta là, inquiet, songeant aux avanies qu'il avait fait subir à Caius Marius depuis qu'il avait été nommé commandant de la garnison d'Utique. Car maintenant, pour la première fois, il voyait un autre Marius: un physique de colosse, une bravoure, un courage et une intelligence bien au-delà des faibles moyens de la lignée des Metellus.

— Je ne vois pas l'intérêt de poursuivre cette conversation, Caius Marius, dit Metellus en appuyant les paumes contre son bureau pour dissimuler le tremblement de ses mains. De toute façon, pour quoi étais-tu venu?

— Pour te dire que je comptais quitter le service à la fin de l'été prochain. Je rentre à Rome pour être élu consul.

Metellus parut ne pas en croire ses oreilles:

— Tu *quoi*?

— Je rentre à Rome pour être élu consul.

— Oh que non! Tu t'es engagé à être mon légat principal, avec un *imperium* de propréteur de surcroît. Et ce pour la durée de mon mandat de gouverneur de la province d'Afrique. Il vient d'être prorogé. Et le tien aussi, par conséquent.

— Tu peux m'en libérer.

— Si je le désire. Ce qui n'est pas le cas. En fait, si je le pouvais, Caius Marius, je t'enterrerais ici pour le restant de tes jours!

— Ne m'oblige pas à me montrer méchant, Quintus Caecilius, répondit Marius d'un ton très amical.

— A te montrer quoi ? Va-t'en, Caius Marius! Va faire quelque chose d'utile, au lieu de gaspiller mon temps!

Metellus croisa le regard de son fils, à qui il adressa un sourire de conspirateur.

— Je demande à être relevé de mon service de façon à pouvoir me présenter aux élections consulaires cet automne, répéta Marius.

Enhardi par l'arrogance de son père, le Goret se mit à pousser des gloussements étouffés, qui ne firent qu'encourager le consul:

— Je vais te dire, Caius Marius. Tu as presque cinquante ans. Mon fils en a vingt. Puis-je te suggérer de te présenter aux élections consulaires la même année que lui ? D'ici là, tu en auras sans doute assez appris pour passer l'épreuve sans trop de mal! Et je suis certain que mon fils serait ravi de te donner quelques conseils.

Le jeune Metellus éclata de rire.

Marius les regarda par-dessous ses énormes sourcils, d'un air encore plus hautain qu'eux:

— Je serai consul, Quintus Caecilius, sois-en certain. Et non pas une, mais sept fois.

Et il quitta la pièce, laissant les deux autres, perplexes, se demander pourquoi une déclaration aussi absurde ne leur paraissait pas drôle du tout.

Le lendemain, Marius repartit à Carthage, et demanda audience au prince Gauda. Admis devant lui, il s'agenouilla, puis baisa la main desséchée et molle du prétendant.

— Lève-toi, Caius Marius! s'écria Gauda, ravi à la vue de cet homme, d'allure imposante, qui lui rendait hommage avec tant de sincérité.

— O, Altesse, je ne suis pas digne d'être admis en ta présence, car je suis venu ici en humble suppliant.

— Lève-toi, lève-toi! dit le prétendant, de plus en plus euphorique. Je ne veux pas que tu me demandes quoi que ce soit à genoux! Viens, viens à côté de moi et dis-moi ce que tu désires.

Il lui désigna un siège — plus bas que le trône royal. S'inclinant profondément, Marius alla s'y asseoir.

— O Prince, quand tu t'es enrôlé parmi mes clients, j'ai

accepté cet honneur immense, parce que je pensais pouvoir faire progresser ta cause à Rome. J'avais en effet décidé de prendre part en automne aux élections consulaires, dit Marius en soupirant. Mais hélas, cela sera impossible! Quintus Caecilius Metellus va rester en Afrique, car on a prorogé son mandat de gouverneur, ce qui veut dire que, étant son légat, je ne peux quitter le service sans sa permission. Et il me l'a refusée.

L'héritier de la maison royale de Numidie se raidit, plein de la rage impuissante des infirmes ; il se souvenait trop bien que Metellus avait refusé de se lever pour l'accueillir, de s'incliner devant lui, de lui fournir une escorte.

— Caius Marius, tout cela est au-delà de toute raison! Comment le contraindre à changer d'avis ?

— Ton intelligence de la situation me saisit! s'écria Marius. C'est exactement ce qu'il faut faire, le contraindre à changer d'avis! Je sais ce que tu vas suggérer, mais peut-être, vu le côté sordide de l'affaire, faut-il que ce soit moi qui le dise ? Je t'en supplie!

— Je t'écoute.

— Prince, Rome, le Sénat, et même les deux assemblées du Peuple, doivent être inondés de lettres! De toi, du moindre bourgeois, marchand, paysan ou prêteur sur gages de toute la province d'Afrique! Pour informer Rome que Quintus Caecilius Metellus mène la guerre contre l'ennemi numide de façon grossièrement incompétente et parfaitement inefficace! Pour expliquer que les rares succès que nous avons connus me sont dus. Des *milliers* de lettres, mon Prince! Et sans cesse renouvelées, jusqu'à ce que Quintus Caecilius Metellus me laisse rentrer à Rome pour y être élu consul.

Gauda eut un rire qu'on aurait pris pour un hennissement :

— Caius Marius, n'est-il pas étonnant de constater à quel point nos esprits marchent de concert ? C'est *exactement* ce que je m'apprêtais à proposer!

— Est-ce possible, Prince ?

— Bien sûr que oui! Il n'y faut que du temps, de l'influence et de l'argent, et à nous deux, Caius Marius, je pense que nous en avons beaucoup plus que Quintus Caecilius Metellus, ne crois-tu pas ?

— Je l'espère!

Bien entendu, Marius n'en resta pas là. Il alla voir en personne tous les Romains, Latins et Italiques d'importance, d'un bout de la province d'Afrique à l'autre, tirant prétexte des obligations qui étaient les siennes pour voyager sans cesse. Il emportait avec lui un mandat secret du prince Gauda, promettant toutes sortes de concessions une fois qu'il serait monté sur le trône, et demandant à tous de devenir les clients de Caius Marius. Ni la pluie, ni la boue, ni les rivières sorties de leur lit n'arrêtaient celui-ci, qui parcourait les chemins en se ralliant des partisans qui promettaient d'écrire. Des milliers et des milliers de lettres, sous le poids desquelles il comptait bien ensevelir Quintus Caecilius Metellus.

Elles parvinrent à Rome à partir de février, et le flot ne fit que grossir. L'une des premières, écrite par un certain Marcus Caelius Rufus, citoyen romain possesseur de centaines de jugères de terres dans la vallée du Bagrada, et producteur de blé pour le marché romain, disait :

> Quintus Caecilius Metellus a fait peu de chose en Afrique, sinon défendre ses intérêts. Je suis persuadé que son intention est de prolonger la guerre pour satisfaire sa gloire personnelle et son appétit de pouvoir. L'automne dernier, il a fait savoir qu'il comptait affaiblir le roi Jugurtha en détruisant les récoltes et les villes des Numides. Aussi mes terres, comme celles de bien des citoyens romains de cette province, subissent-elles maintenant les raids de représailles de l'ennemi. Toute la vallée du Bagrada, si nécessaire à l'approvisionnement de Rome, vit dans la peur et tremble chaque jour.
>
> De surcroît, il m'est revenu, comme à bien d'autres, que Quintus Caecilius Metellus n'est même pas capable de diriger ses légats, et encore moins son armée. Il a délibérément gaspillé les talents d'hommes tels que Caius Marius et Publius Rutilius Rufus : le premier commande une unité de cavalerie sans importance, le second est *praefectus fabrum.* La conduite de Quintus Caecilius Metellus envers le prince Gauda, en qui le Sénat et le peuple de Rome voient le légitime souverain de Numidie, a toujours été arrogante, irréfléchie, parfois cruelle.
>
> En conclusion, puis-je dire que les rares succès que nous avons connus l'année dernière sont dus uniquement aux efforts de Caius Marius et de Publius Rutilius Rufus ? Je sais qu'on ne leur en a tenu aucun compte. Puis-je les recommander à ton attention, et condamner, dans les termes les plus clairs, l'attitude de Quintus Caecilius Metellus ?

La missive était adressée à l'un des plus importants marchands de grain de Rome, qui disposait d'une influence considérable auprès des sénateurs et des chevaliers. L'homme fut, naturellement, outré d'apprendre à quel point Metellus se comportait de façon indigne ; il en fit part à des oreilles choisies. Et à mesure que les jours passaient, que les lettres continuaient d'arriver, d'autres voix se joignirent à la sienne. Les sénateurs frémissaient en voyant un banquier ou un enrichi du commerce maritime se diriger vers eux. La satisfaction un peu complaisante qu'affichait le clan Metellus, si puissant, en fut vite affectée.

Des lettres furent adressées à l'estimé Quintus Caecilius Metellus, proconsul de la province romaine d'Afrique, le suppliant de se montrer moins arrogant envers le prince Gauda, de traiter ses légats avec plus de considération, et d'essayer de remporter une ou deux victoires sur Jugurtha. Vint ensuite le scandale de Vaga. La ville s'était rendue à la fin de l'automne précédent; elle se révolta, et mit à mort presque tous les hommes d'affaires romains — rébellion fomentée par Jugurtha, avec la complicité du commandant de la garnison, Turpillius. C'était un ami personnel de Metellus, qui commit l'erreur de le défendre en s'opposant à Marius qui voulait le faire juger pour haute trahison. Le temps que l'histoire parvienne à Rome, via des centaines de lettres, il semblait déjà que le gouverneur fût aussi coupable que Turpillius. De nouvelles lettres furent adressées à l'estimé Quintus Caecilius Metellus, le suppliant, s'il tenait tant à défendre ses amis accusés de trahison, de mieux les choisir désormais.

Il se passa de nombreuses semaines avant qu'on puisse le convaincre que Caius Marius était l'instigateur de cette campagne épistolaire; et même quand il dut l'admettre, il mit du temps à comprendre l'importance de la manœuvre, et encore plus à la contrer. Lui, un Caecilius Metellus, diffamé à Rome sur la simple parole d'un Caius Marius, d'un prétendant ridicule et d'une poignée de vulgaires marchands? Impossible! Les choses ne se passaient pas ainsi.

Tous les huit jours, avec une régularité d'horloge, Marius venait le voir et lui demandait à être libéré du service à la fin de Sextilis; Metellus lui opposait invariablement le même refus.

A la vérité, il faut préciser que le proconsul avait à penser à tout autre chose. Il accordait l'essentiel de son énergie à Bomilcar. Il avait fallu bien des jours à Nabdalsa pour le rencontrer, puis pour mettre sur pied une réunion secrète entre lui et le gouverneur. Fin mars, elle eut pourtant lieu, dans une petite annexe de la résidence de Metellus, où Bomilcar avait été introduit discrètement.

Ils se connaissaient déjà en effet, c'était Metellus qui avait, par l'intermédiaire de Bomilcar, informé Jugurtha pendant son séjour à Rome. L'entretien, pourtant, ne se déroula pas sans anicroches: Bomilcar, nerveux, craignait que sa présence à Utique ne soit découverte, et le Porcelet était mal à l'aise dans le rôle du maître-espion. Il préféra donc ne pas mâcher ses mots:

— Je veux mettre un terme à cette guerre aussi vite que possible, en perdant le minimum d'hommes et de matériel. On a besoin de moi ailleurs que dans ce coin perdu.

— Oui, j'ai entendu parler des Germains, dit Bomilcar d'une voix douce.

— Alors, tu comprends ce qu'est la haine.

— En effet. Toutefois, j'avoue ne pas deviner ce que je peux faire ici pour abréger les hostilités.

— On m'a laissé entendre — et j'avoue, après y avoir beaucoup réfléchi, en être convaincu — que le meilleur moyen de décider du sort de la Numidie, dans un sens favorable à Rome, est d'éliminer le roi Jugurtha.

Bomilcar le regarda. Ce n'était ni un Caius Marius, ni un Publius Rutilius Rufus. Plus orgueilleux, plus hautain, plus conscient de sa position, et pourtant beaucoup moins compétent et détaché. Comme toujours, ces gens-là, ne pensaient qu'à Rome — mais le gouverneur et Caius Marius n'y songeaient pas du tout de la même façon. Ce qui laissait Bomilcar le plus perplexe, c'était de chercher la différence entre le Metellus d'autrefois et celui d'aujourd'hui ; car, si Bomilcar avait entendu parler des lettres, il en ignorait l'importance réelle.

— Il est vrai que Jugurtha inspire toute la résistance à Rome. Cependant, tu ignores peut-être à quel point Gauda est peu populaire dans le pays. La Numidie ne consentira jamais à être dirigée par lui, prince légitime ou pas.

— Gauda ! dit Metellus en agitant la main. Un rien du tout ! Une caricature d'homme, et plus encore de roi ! Si d'aventure quelque chose arrivait à Jugurtha, nous pensons qu'il serait plus judicieux de placer sur le trône quelqu'un à qui son bon sens et son expérience ont appris que les intérêts de la Numidie seront mieux servis par une alliance avec Rome.

— J'en suis bien d'accord. Me considères-tu comme un possible roi de Numidie, Quintus Caecilius ?

— Tout à fait !

— Bien ! Dans ce cas, je me chargerai avec plaisir de provoquer l'élimination de Jugurtha.

— Bientôt, j'espère.

— Dès que possible. Une tentative d'assassinat ne servirait à rien, Jugurtha est trop prudent. D'ailleurs, sa garde lui est entièrement dévouée. Je ne pense pas non plus qu'un coup de force pourrait réussir. La noblesse est, dans sa majorité, satisfaite de la façon dont il gouverne la Numidie, et dont il mène la guerre. Si Gauda était plus crédible, les choses seraient différentes.

Il eut une grimace.

— Le sang de Massinissa ne coule pas dans mes veines, aussi aurai-je besoin de tout l'appui de Rome pour pouvoir monter sur le trône.

— Et que faut-il faire?

— Je crois que le seul moyen est de manœuvrer Jugurtha de telle sorte qu'il puisse être capturé par une unité romaine. Non dans une bataille, mais dans une embuscade. Alors, vous pourrez le tuer sur place, ou l'emmener et en faire ce que vous voudrez.

— Très bien. Mais tu dois m'informer longtemps à l'avance, que je puisse monter cette embuscade.

— Bien sûr. Les raids aux frontières constituent une occasion idéale, et Jugurtha a prévu d'en lancer beaucoup dès que le temps sera sec. Mais sache-le, Quintus Caecilius, il se peut que tu échoues plusieurs fois avant de capturer quelqu'un d'aussi rusé que Jugurtha. Après tout, je ne peux me permettre de mettre ma vie en jeu. Je ne te serais plus utile à rien. Mais sois rassuré, je parviendrai à le pousser dans le piège. Jugurtha lui-même ne peut espérer y échapper indéfiniment.

Tout bien considéré, Jugurtha était satisfait de la façon dont évoluaient les choses. S'il avait considérablement souffert des raids de Marius dans certaines contrées de son royaume, il savait, mieux que personne, que l'immensité même de la Numidie était son plus puissant atout. Paradoxalement, les régions les plus civilisées de son pays avaient moins d'importance pour lui que le désert. La plupart des soldats numides, y compris cette cavalerie légère fameuse dans le monde entier, étaient recrutés parmi les peuplades qui menaient une existence semi-nomade très loin à l'intérieur des terres, les Gétules et les Garamantes; la mère de Jugurtha était d'une tribu gétule.

Après la reddition de Vaga, le roi s'assura qu'aucune ville susceptible d'être assiégée par les légions romaines n'abritait plus aucun de ses trésors, qu'il fit transférer dans des lieux tels que Zama ou Capsa. Lointaines, difficiles à infiltrer, ces citadelles étaient construites sur d'imprenables pics, entourées de Gétules fidèles jusqu'au fanatisme. Et Vaga ne resta pas longtemps une victoire romaine; une fois de plus, Jugurtha s'était acheté un Romain. Turpillius, le commandant de la garnison. Un ami de Metellus!

Et pourtant, quelque chose avait changé. A mesure que les pluies d'hiver s'espaçaient, le roi en fut de plus en plus convaincu. Mais quoi ? Jugurtha était dans l'incapacité de le dire. Entouré de sa cour, il passait sans arrêt d'une citadelle à l'autre, y laissant femmes et concubines ; ainsi, où qu'il allât, était-il certain d'être accueilli par des visages et des bras aimants. Et pourtant — quelque chose n'allait pas. Ce n'étaient ni ses dispositions, ni ses armées, ni ses lignes de ravitaillement, ni ses partisans. Il éprouvait un sentiment vague de danger. Un danger très proche — sans que pour autant il eût une seule fois l'idée de rapprocher cette sensation de son refus de nommer Bomilcar régent.

— C'est la cour, lui dit-il, fin mars, alors que tous deux allaient de Capsa à Cirta à la tête d'un énorme train de cavalerie et d'infanterie.

— La cour?

— Il se passe bien des choses. Manigancées par ce petit étron de Gauda, je le parierais.

— Tu penses à une révolution de palais?

— Je ne sais pas. Mais quelque chose ne va pas. Je le sens.

— Un assassin?

— Peut-être. Bomilcar, je l'ignore! Mes yeux se portent partout à la fois, mes oreilles ont l'air de tourner en tous sens, et pourtant seul mon nez a découvert quelque chose. Et toi? Tu ne sens rien? ajouta Jugurtha, pleinement convaincu de la loyauté de son demi-frère.

— Je dois avouer que non.

Bomilcar réussit trois fois à attirer Jugurtha dans un piège, et trois fois le souverain réussit à s'échapper. Sans jamais soupçonner son fidèle lieutenant.

— Ils deviennent trop malins, dit-il après l'échec de la troisième embuscade romaine. C'est l'œuvre de Caius Marius ou de Publius Rutilius, pas celle de Metellus! Bomilcar, il y a un espion dans mon camp.

Bomilcar parvint à rester impassible:

— C'est une possibilité. Mais qui oserait?

— Je n'en sais rien. Mais sois-en certain, je finirai bien par l'apprendre.

Fin avril, Metellus envahit la Numidie, convaincu par Rutilius Rufus de se contenter d'abord d'une cible plus modeste que la capitale, Cirta; les forces romaines marchèrent sur Thala. Un message vint de Bomilcar, qui avait réussi à attirer Jugurtha lui-même dans la ville, et le Porcelet entreprit, une quatrième fois, de capturer le souverain. Mais il ne sut pas faire preuve de la rapidité et de la décision indispensables, et Jugurtha s'échappa. L'assaut de la cité se transforma en siège. Un mois plus tard, Thala tomba, et avec elle, au grand bonheur de Metellus, une bonne part des trésors que le roi avait apportés avec lui, et dont il n'avait pu se charger.

Fin mai-début juin, Metellus marcha sur Cirta, où il connut

une autre surprise particulièrement agréable. La capitale numide se rendit sans combattre: en effet, les négociants italiques et romains, très nombreux, jouaient un grand rôle dans la politique locale. D'ailleurs, Cirta n'aimait pas plus Jugurtha qu'il n'aimait la cité.

Il faisait très chaud et très sec, comme il est normal à cette époque de l'année; Jugurtha échappa aux informateurs des Romains en se dirigeant vers le sud, chez les Gétules, et de là vers Capsa, d'où la tribu de sa mère était originaire. Citadelle de petite taille, mais aux fortifications impressionnantes, la cité était chère à son cœur: c'est là que sa mère avait vécu après la mort de son époux, le père de Bomilcar. Et c'était là que Jugurtha avait rassemblé la plus grosse part de son trésor de guerre.

C'est à Capsa, en juin, que ses hommes lui amenèrent Nabdalsa, capturé alors qu'il quittait Cirta, après que les espions de Jugurtha eurent réuni assez de preuves contre lui pour en informer leur roi. Bien qu'on eût toujours su que Nabdalsa était la créature de Gauda, il allait à sa guise à travers la Numidie; lointain cousin ayant hérité du sang de Massinissa, on le tolérait parce qu'on le jugeait inoffensif.

— Désormais j'ai la preuve, dit Jugurtha, que tu collabores avec les Romains. Si la nouvelle me navre, c'est avant tout parce que tu as été assez sot pour traiter avec Metellus plutôt qu'avec Caius Marius, poursuivit-il en contemplant Nabdalsa, enchaîné. Bien entendu, tu n'étais pas seul. Qui de ceux qui m'entourent a conspiré avec toi?

Nabdalsa ne répondit rien.

— Qu'on le soumette à la question! lança Jugurtha d'un ton indifférent.

C'est dans une salle creusée au pied de la falaise rocheuse sur laquelle Capsa était perchée, et où l'on parvenait après avoir traversé un lacis de tunnels, que Nabdalsa fut abandonné aux mains des tortionnaires.

Peu de temps après, on comprit pourquoi il avait dès le départ commis l'erreur de servir le prince Gauda: il parla. Il avait suffi pour cela de lui arracher les dents et les ongles d'une main. Jugurtha, à qui l'on avait demandé de venir entendre ses aveux, emmena avec lui Bomilcar.

Celui-ci sut alors que jamais il ne quitterait le monde souterrain dans lequel il allait entrer; contemplant l'immensité sans fin du ciel bleu, il respira profondément, passa le dos de la main contre les feuilles soyeuses d'une fleur en bouton, et s'efforça d'emporter le souvenir de tout cela dans l'obscurité.

La pièce empestait le vomi, la sueur, le sang, les excréments;

Jugurtha lui-même y entra en frissonnant. Les gencives de Nabdalsa saignaient en abondance, et, comme de plus il avait le nez cassé, il était impossible d'arrêter l'hémorragie. Ce qui n'avait d'ailleurs pas grande importance. Nabdalsa prononça le nom fatidique à la troisième question de Jugurtha :

— Bomilcar.

— Laissez-nous, dit le roi à ses tortionnaires, à qui il demanda cependant de s'emparer de la dague de son demi-frère.

— La seule chose que je regrette, dit celui-ci, c'est que notre mère en mourra.

— *Pourquoi ? Pourquoi ?* demanda Jugurtha.

— Mon frère, dit Bomilcar en haussant les épaules, quand j'ai été assez âgé, je me suis rendu compte que tu m'avais dupé. Tu avais pour moi le même mépris que pour un singe apprivoisé.

— Que voulais-tu ?

— T'entendre m'appeler frère à la face du monde.

Jugurtha le contempla, sincèrement stupéfait :

— Et t'élever au-dessus de ce que tu es ? Mon cher Bomilcar, notre mère est une Berbère gétule, même pas fille de chef. Pour t'accorder ce que tu désirais, j'aurais dû t'adopter et t'accepter dans la lignée de Massinissa. Et comme j'ai deux fils qui sont mes héritiers, reconnais que cela aurait été pour le moins imprudent.

— Tu aurais pu faire de moi leur tuteur et me nommer régent.

— Mon cher Bomilcar, le sang de notre mère l'interdit ! Ton père n'était qu'un petit aristocrate, le mien était le fils de Massinissa. C'est de lui que je tiens la royauté.

— Mais tu n'es pas pour autant son fils légitime.

— Son sang coule dans mes veines, et cela suffit !

— Finissons-en, dit Bomilcar. J'ai échoué. C'est une raison suffisante pour mourir. Et pourtant, prends garde, Jugurtha.

— Prendre garde ? A quoi ? Aux tentatives d'assassinat ? Aux autres fourberies ? Aux autres traîtres ?

— Aux Romains. Ils sont comme le soleil, le vent et la pluie. A la fin, ils transforment tout en sable.

Jugurtha appela les bourreaux.

— Tuez-les, dit-il en se dirigeant vers la sortie. Mais vite. Et envoyez-moi leurs têtes.

Les crânes de Bomilcar et de Nabdsala furent cloués sur les remparts de Capsa pour que tous puissent les voir. Car ce n'était pas seulement le signe de la vengeance royale ; c'était une façon de montrer au peuple que les coupables avaient bel et bien péri, et empêcher ainsi l'apparition d'un imposteur.

Jugurtha s'aperçut qu'il n'éprouvait aucun chagrin, il se sentait simplement un peu plus seul. C'était une leçon nécessaire : un roi ne peut se fier à personne, pas même à son propre frère.

La mort de Bomilcar eut toutefois deux résultats immédiats. Jugurtha devint plus insaisissable encore : il ne restait jamais plus de deux jours au même endroit, n'informait jamais ses gardes de ses déplacements, ne révélait jamais ses plans à son armée. En second lieu, son beau-père, le roi Bocchus de Maurétanie, s'il n'avait pas, jusque-là, aidé Rome très activement contre son gendre, il n'avait pas non plus beaucoup assisté celui-ci contre les Romains; Jugurtha le pressa de s'allier étroitement à la Numidie, pour chasser Rome de toute l'Afrique.

A la fin de l'été, la position de Quintus Caecilius Metellus à Rome était devenue critique. Personne ne trouvait rien à dire en sa faveur, ou pour louer sa façon de conduire la guerre. Et les lettres arrivaient toujours.

Après la prise de Thala et la reddition de Cirta, la faction des Metellus avait réussi à regagner un peu de terrain auprès de la classe des chevaliers, mais il apparut vite que ces deux succès ne suffiraient pas à mettre un terme au conflit. Parvinrent ensuite des nouvelles d'escarmouches aussi inutiles qu'interminables, d'avancées en Numidie qui ne menaient nulle part, de gaspillages de fonds publics, de six légions maintenues sur le terrain sans que les dépenses paraissent devoir prendre fin. Grâce à Metellus, la guerre contre Jugurtha semblait destinée à traîner une année supplémentaire — au moins!

Les élections consulaires étaient prévues pour le milieu d'octobre, et le nom de Marius, désormais sur toutes les lèvres, passait pour celui d'un candidat probable. Pourtant le temps s'écoulait, et il ne faisait toujours pas son apparition à Rome. Metellus y veillait.

— J'insiste pour que tu me libères, dit Marius au Porcelet, pour la cinquantième fois.

— Insiste tant que tu veux. Tu restes ici.

— L'année prochaine, je serai consul.

— Un parvenu comme toi? Impossible!

— Tu as peur que les électeurs votent pour moi? Tu ne me laisses pas partir parce que tu sais que je serai élu!

— Caius Marius, il m'est impossible de croire qu'aucun vrai Romain puisse voter pour toi. Toutefois, tu es un homme extrêmement riche, ce qui signifie que tu peux acheter des voix. Si un jour — et ce ne sera pas l'année prochaine! — tu devais être élu consul, tu peux être assuré que je dépenserai toute l'énergie dont je dispose à prouver devant un tribunal que tu as acheté ta charge!

— Je n'en ai pas besoin, Quintus Caecilius, et je n'en ai jamais eu besoin. Tu peux donc essayer, si cela te tente.

— Je ne te laisserai pas partir. Caius Marius, le consulat est une charge bien au-dessus de quiconque a des origines italiques. Ceux qui s'assoient sur le siège d'ivoire du consul doivent le mériter par leur naissance, les hauts faits de leurs ancêtres et les leurs. Voir s'y installer un parvenu des confins samnites, un rustaud à demi illettré qui n'aurait jamais dû être seulement préteur ! Fais tout ce que tu veux, je ne bougerai pas d'un pouce. J'aimerais mieux être envoyé en exil, ou mort, que de te donner la permission de te rendre à Rome.

— Si nécessaire, Quintus Caecilius, tu seras l'un et l'autre, répondit Marius en quittant la pièce.

Publius Rutilius Rufus tenta de raisonner les deux hommes, au nom de Rome, mais aussi des intérêts de Marius.

— Laissez la politique en dehors de tout ça ! leur dit-il. Nous sommes ici pour vaincre Jugurtha, mais ni l'un ni l'autre ne vous intéressez à cela. Vous vous préoccupez uniquement de savoir qui de vous deux prendra l'avantage sur l'autre, et je commence à en avoir assez !

— Publius Rutilius, m'accuserais-tu de négliger mon devoir ? demanda Marius d'un ton dangereusement calme.

— Bien sûr que non ! Je t'accuse de négliger ton propre génie guerrier. Je suis ton égal en tactique ou en logistique. Mais en matière de stratégie, tu es sans rival. Et pourtant, as-tu réfléchi à une stratégie qui nous permette de vaincre ? Non !

— Et que me reste-t-il après ce péan à la gloire de Caius Marius ? avait demandé Metellus. Ou à la gloire de Publius Rutilius Rufus, d'ailleurs ! Mais je suis peut-être sans importance ?

— Bien sûr que non, patricien arrogant, parce que tu es le commandant en chef de cette guerre ! Et si tu te crois supérieur à nous en ce domaine, n'hésite pas à nous le dire ! Mais tu n'en feras rien. Maintenant, si ce sont des louanges que tu veux, je dois reconnaître que tu n'es pas aussi vénal que Spurius Postumius Albinus, et moins inefficace que Marcus Junius Silanus. Ton drame c'est que tu n'es pas aussi fort que tu le crois. Quand tu nous as enrôlés comme légats, Caius Marius et moi, je me suis dit que tu t'améliorerais avec le temps. Je me trompais. Tu as gaspillé nos talents, comme l'argent de l'Etat. Nous ne sommes pas en train de gagner la guerre, nous sommes embourbés dans une aventure ruineuse. Quintus Caecilius, suis mon conseil ! Laisse Caius Marius rentrer à Rome et se présenter aux élections, tandis que je m'occuperai d'organiser nos ressources et de préparer nos manœuvres militaires. Quant à toi, consacre ton énergie à affaiblir le pouvoir que Jugurtha exerce sur son peuple. Pour moi, tu peux revendiquer tous les honneurs que tu veux, du moment qu'entre ces quatre murs tu reconnaisses la vérité de ce que je viens de te dire.

— Je ne reconnais rien du tout, répondit Metellus.

Et les choses continuèrent ainsi, de la fin de l'été au début de l'automne. Jugurtha était impossible à suivre, il semblait même avoir disparu de la surface de la terre. Quand il devint évident au dernier des légionnaires qu'il n'y aurait pas d'affrontement entre les deux armées, Metellus quitta les régions les plus occidentales de la Numidie et s'en alla camper non loin de Cirta.

La rumeur voulait que le roi Bocchus de Maurétanie ait finalement cédé aux pressions de Jugurtha, rassemblé une armée, et rejoint son gendre quelque part dans le sud ; ils comptaient, disait-on, marcher sur Cirta. Espérant enfin livrer bataille, Metellus prit ses dispositions, et écouta Caius Marius et Rutilius Rufus avec plus d'attention que d'habitude. Mais cela ne devait pas être. Les deux armées n'étaient qu'à quelques lieues l'une de l'autre ; Jugurtha refusa pourtant de se laisser attirer. La position romaine était trop fortement défendue pour qu'il puisse attaquer, et sa propre position trop changeante pour que Metellus prenne le risque de sortir de son camp.

Puis, douze jours avant la tenue à Rome des élections consulaires, Quintus Caecilius Metellus Porcelet libéra Caius Marius de ses fonctions de légat dans la campagne contre Jugurtha.

— Va-t'en ! dit Metellus avec un grand sourire. Et sois assuré, Caius Marius, que je ferai savoir à Rome que je t'ai libéré dans les délais.

— Où donc est ce texte qui confirme que je suis officiellement déchargé de mes fonctions ? Donne-le-moi.

Metellus le lui tendit, avec un sourire un peu crispé, puis, comme Marius atteignait la porte, il dit, sans élever la voix :

— A propos, Caius Marius, je viens de recevoir d'excellentes nouvelles de Rome. Le Sénat a prorogé jusqu'à l'année prochaine mon commandement en Afrique et ma direction de la guerre en Numidie.

— C'est bien de sa part, lança Marius en quittant la pièce.

Quelques instants plus tard, il dit à Publius Rutilius :

— Il croit qu'il m'a grugé. Mais il se trompe. Je vais le vaincre, tu vas voir ! Je serai à Rome à temps pour me présenter aux élections, puis je lui ferai arracher sa prorogation. Pour qu'on me l'accorde.

Publius Rutilius le considéra d'un air pensif :

— Caius Marius, j'ai beaucoup de respect pour tes talents. Dans ce cas, pourtant, le temps donnera l'avantage au Porcelet. Jamais tu ne seras à Rome assez tôt pour les élections.

— Oh que si ! rétorqua Marius, sûr de lui.

Il alla de Cirta à Utique en deux jours. Le second jour, avant même que la nuit ne soit tombée, il avait loué les services d'un petit navire déniché dans le port d'Utique. Et, à l'aube du jour suivant, il appareilla pour l'Italie, ayant offert aux Lares Permarini un sacrifice coûteux sur le rivage, juste avant le lever du soleil. Le prêtre qui faisait les offrandes lui affirma :

— Caius Marius, une grande destinée t'attend ! je n'ai jamais vu autant de présages favorables qu'aujourd'hui.

Marius n'en fut pas surpris. Depuis que Martha, la prophétesse syrienne, lui avait prédit l'avenir, il était persuadé que les choses se passeraient telles qu'elle les avait annoncées. Aussi, quand le navire quitta le port, il s'appuya au bastingage et attendit le vent. Il vint du sud-ouest et poussa le bateau à vive allure jusqu'à Ostie en trois jours à peine. Les dieux étaient de son côté, comme Martha le lui avait dit.

Il ne resta à Ostie que le temps de payer généreusement le capitaine du bateau ; pourtant, la nouvelle de ce voyage miraculeux l'avait précédé à Rome. Aussi la foule s'était-elle déjà rassemblée quand, arrivant à cheval dans le Forum, il mit pied à terre devant la table électorale du consul Aurelius ; il fut accueilli par des applaudissements frénétiques qui lui firent comprendre qu'il était le héros de l'heure. Entouré de gens qui lui donnaient de grandes claques dans le dos, Marius se dirigea vers le consul suffecte qui avait succédé à Servius Sulpicius Galba, condamné par la commission mamilienne, et posa devant lui la lettre de Metellus.

— Marcus Aurelius, dit-il, il faut m'excuser de ne pas avoir pris le temps de revêtir la toge blanche. Je suis ici pour poser ma candidature aux élections consulaires.

— Caius Marius, je serai heureux de l'accepter, pourvu que tu puisses prouver que Quintus Caecilius t'a libéré de tes obligations envers lui, répondit l'autre, secoué par l'accueil de la foule, et qui voyait les plus influents des chevaliers accourir de toutes parts à mesure que se répandait la nouvelle.

Caius Marius vécut les cinq jours les plus frénétiques de son existence. Il eut à peine le temps de donner à Julia plus qu'un baiser rapide, et d'aller admirer son fils. En effet, l'enthousiasme populaire, à l'annonce de sa candidature, ne prouvait nullement qu'il pouvait l'emporter ; le clan des Metellus, dont l'influence restait énorme, joindrait ses forces à celles de toutes les factions aristocratiques, qu'elles fussent patriciennes ou plébéiennes, pour empêcher un rustaud italique, qui ne parlait pas le grec, de s'asseoir sur la chaise d'ivoire des consuls. Certes, Marius était puissant chez les chevaliers — grâce à des liens d'affaires noués en Ibérie, et aux promesses du prince Gauda, une fois qu'il serait maître de la Numidie — mais nombre d'entre eux restaient clients de l'un des clans ligués contre lui.

Et les gens se demandaient : serait-ce vraiment une bonne chose pour Rome que Caius Marius, Homme Nouveau, fût élu consul ? C'était un risque... Certes, sa femme était une Julia. Certes, ses états de service faisaient honneur à la cité. Certes, il était assez riche pour rester insensible à la corruption. Mais qui l'avait déjà vu dans un prétoire ? Qui l'avait entendu parler des lois et de leur rédaction ? N'avait-il pas semé le trouble, longtemps auparavant, au sein du collège des tribuns de la plèbe, quand il s'était opposé à tous ceux qui savaient mieux que lui ce qui convenait à Rome ? Et son âge ! Il aurait la cinquantaine en devenant consul, charge qui n'est guère faite pour les vieillards.

Sans négliger de telles objections, la faction des Caecilius Metellus recourut à un argument encore plus puissant : Caius Marius n'était pas un pur Romain, mais un Italique. Rome était-elle à ce point privée d'aristocrates de valeur pour que le consulat passât à un Homme Nouveau ? Parmi les candidats, on trouverait sans peine une demi-douzaine d'hommes plus intéressants que lui. Tous romains. Tous parfaits.

Bien entendu, Caius Marius prit la parole, au Forum, dans le Circus Flaminius, devant différents temples, sous le Porticus Metelli. Il était bon orateur et formé à la rhétorique, même s'il n'avait mis en œuvre ses talents que tardivement dans sa vie, après son entrée au Sénat. Scipion Emilien avait veillé à ce qu'il sût s'exprimer comme il convenait et, sans concurrencer Lucius Crassus ou Catulus César, il savait tenir son auditoire sous le charme. Il dut répondre à de nombreuses questions, certaines posées par des gens désireux de s'informer, d'autres par des compères à sa solde, d'autres par des compères à la solde de ses adversaires, et certaines par ceux qui connaissaient les rapports de Metellus au Sénat, et voulaient savoir ce que lui, Marius, allait dire.

Les élections elles-mêmes se déroulèrent dans le calme, sur le Champ de Mars. Celles au sein des trente-cinq tribus pouvaient être convoquées au Forum ; mais pas celles de l'Assemblée centuriate, vu le nombre d'électeurs répartis dans les cinq grandes classes.

A mesure que l'on dépouillait les votes, les choses devinrent claires : Lucius Cassius Longinus serait l'élu de chaque centurie ; la première et la deuxième classe, c'est-à-dire les plus riches, avaient voté massivement pour lui, ce qui lui vaudrait l'honneur de détenir les *fasces* pour le mois de janvier. Mais l'affrontement entre Caius Marius et Quintus Lutatius Catulus César était si serré, qu'il fallut attendre la fin du vote de la troisième classe.

Et Caius Marius l'emporta. Les Metellus avaient réussi à peser sur le vote des Centuries, mais pas au point de l'empêcher d'être élu. Ce qui était, tout compte fait, un grand triomphe pour lui, rustaud italique qui ne parlait pas le grec. C'était un véritable Homme Nouveau, le premier de sa famille à avoir gagné un siège au Sénat, à avoir fait fortune, à laisser son empreinte sur l'armée.

Le jour des élections, en fin d'après-midi, Caius Julius César réunit la famille pour fêter l'événement. Il s'était jusque-là borné à saluer rapidement son gendre, d'abord sur le Forum, à son arrivée, puis sur le Champ de Mars, où s'étaient rassemblées les Centuries ; la campagne électorale de Marius ne pouvait attendre.

— Tu as eu une chance incroyable, dit-il à son hôte en le menant vers la salle à manger, tandis que Julia s'en allait à la recherche de sa mère et de sa sœur cadette.

— Je sais.

— Mes deux fils sont toujours en Afrique, et nous manquons un peu d'hommes, mais je peux te proposer un convive et ainsi nous serons aussi nombreux que les femmes.

— J'ai des lettres de Sextus et de Caius Julius, dit Caius Marius comme tous deux s'installaient confortablement sur le sofa.

— Cela peut attendre.

Le troisième homme fit son apparition dans la pièce, et Marius sursauta. C'était le personnage aperçu parmi les chevaliers, près de trois ans auparavant, pendant que le taureau offert en sacrifice par le nouveau consul Minucius Rufus se débattait pour sauver sa vie. Comment oublier ce visage, cette chevelure ?

— Caius Marius, dit César d'un ton un peu contraint, j'aimerais te présenter Lucius Cornelius Sylla, qui est non seulement mon voisin, mais aussi mon collègue au Sénat, et qui sera bientôt mon gendre.

— Tu as de la chance, Lucius Cornelius ! s'écria Marius en serrant avec chaleur la main du nouveau venu.

— J'en suis bien conscient.

César avait décidé, ce qui était un peu inhabituel, que Marius et lui occuperaient le premier sofa, Sylla étant relégué sur le second ; ce qui n'était nullement une insulte, prit-il la peine de préciser, mais donnerait à chacun toute la place dont il aurait besoin. Je n'avais encore jamais vu Caius Julius César aussi mal à l'aise, songea Marius.

Puis les femmes entrèrent, s'assirent sur de hautes chaises en face des hommes, et le dîner commença.

Si soucieux qu'il fût de ne pas passer pour un époux proche du gâtisme, Caius Marius se rendit compte que ses regards revenaient sans cesse sur sa Julia, qui, en son absence, était devenue une jeune matrone ravissante que les responsabilités n'effrayaient pas, une excellente mère et une parfaite maîtresse de maison. Tandis que

Julilla... Un débit fiévreux, des trémoussements incessants, une tendance à sursauter de frayeur... Elle semblait ne pouvoir rester en place ni s'empêcher d'accaparer l'attention de son bien-aimé. Sylla se retrouva ainsi plus d'une fois exclu des conversations entre César et Caius Marius.

Lucius Cornelius, constata ce dernier, paraît d'ailleurs bien s'en accommoder. Sans doute est-il fasciné par la façon qu'elle a de lui témoigner ses sentiments. Pour autant, cela ne durera pas plus de six mois, une fois le mariage célébré. Pas avec un Sylla comme époux ! Rien en lui ne permet de penser qu'il sera le mari attaché à sa femme, ni même qu'il est amateur de compagnie féminine... Le consul élu garda cependant ses réflexions pour lui-même.

A la fin du repas, César annonça que Caius Marius et lui allaient se retirer dans son cabinet de travail pour une conversation privée.

— Il y a eu bien des changements dans ta maison, Caius Julius, fit remarquer Marius comme ils se mettaient à l'aise dans le *tablinum*.

— C'est bien pourquoi je veux te mettre au courant sans perdre de temps.

— Ah ! dit Marius en souriant, je vais être consul. C'est à toi que je le dois, comme je te dois le bonheur d'une épouse parfaite. Je n'ai pas eu beaucoup de temps à lui consacrer depuis mon retour, mais maintenant que je suis élu, j'ai bien l'intention d'y remédier.

— Tu ne peux savoir à quel point je suis ravi de t'entendre parler de ma fille avec tant d'attention et de respect.

— Merci. Venons-en à Lucius Cornelius Sylla. Je me souviens que tu parlais de lui comme d'un aristocrate que le manque d'argent empêchait de mener la vie à laquelle sa naissance lui donnait droit. Que s'est-il passé ?

César retraça alors l'ensemble des événements qui avaient permis à Sylla de retrouver le chemin d'une destinée digne d'un patricien. Il n'omit aucun détail : les morts successives de Stichus, Nicopolis et Clitumna. Les rumeurs sur les relations de son futur gendre avec les deux femmes. Les deux héritages qui le laissaient à la tête d'une fortune de près de dix millions de deniers — sans compter les villas. Toutefois, César insista sur la fameuse rencontre, trois ans auparavant, entre sa fille cadette et celui qui n'était alors qu'un fils d'ivrogne sans avenir :

— Selon lui, il a eu de la chance. Il dit que c'est depuis qu'il a rencontré Julilla et que, si cela continue, il ajoutera le nom de Felix à celui qu'il a reçu de son père. Lucius Cornelius affirme que, depuis ce jour de l'an, il y a presque trois ans, où Julilla lui a donné une couronne d'herbes, sans connaître la signification de ce geste, sa chance a tourné.

— Grands dieux! dit Marius songeur. Il mérite effectivement d'être appelé Felix! Caius Julius, t'es-tu assuré que Lucius Cornelius Sylla n'a pas poussé l'un ou l'autre dans la barque de Charon?

César leva la main et sourit.

— Non, Caius Marius, je t'assure qu'il est impossible de l'impliquer dans aucune de ces trois morts. Le neveu a succombé à des désordres stomacaux et intestinaux, Nicopolis, l'affranchie grecque, à une hémorragie rénale. Clitumna s'est suicidée à Circei alors qu'elle était très déprimée, et Lucius Cornelius était à Rome. J'ai d'ailleurs interrogé en détail tous les esclaves de la veuve, là-bas comme ici, et il me paraît certain qu'il n'y a rien de louche dans tout cela. J'ai toujours été opposé à l'idée de torturer les esclaves lors d'une enquête sur un crime, parce que je pense que les preuves recueillies de cette façon ne valent pas une cuillerée de vinaigre. Mais je crois sincèrement que ceux de Clitumna n'auraient rien eu à dire, même soumis à la question. J'ai donc choisi de n'en rien faire. La conséquence de tout cela, c'est qu'en moins de deux mois Lucius Cornelius est passé de la pauvreté la plus abjecte à une honnête aisance. De Nicopolis, il a hérité de quoi être admis dans les rangs des chevaliers, et de Clitumna de quoi entrer au Sénat. Là encore, il a eu de la chance : il aurait dû attendre plusieurs années, faute de censeurs. Mais, comme tu le sais, Scaurus a fait un tel scandale qu'on en a élu deux en mai dernier.

— Oui, je sais surtout qui a été élu, dit Marius en éclatant de rire. On manque à ce point de candidats au censorat? Que Fabius Maximus Eburnus soit nommé, passe encore, mais Licinius Getha? Il y a huit ans, les censeurs l'ont exclu du Sénat pour immoralité et il n'est parvenu à y revenir que comme tribun de la plèbe.

— Je crois, en fait, que personne n'osait se présenter, par crainte d'offenser Scaurus. Il est assez facile de traiter avec Getha: il n'est là que pour le prestige de la fonction, et les pots-de-vin que lui verseront les compagnies qui recherchent les contrats de l'Etat. Quant à Eburnus, nous savons tous qu'il n'est pas très sain d'esprit, n'est-ce pas?

Marius le savait, en effet. La lignée des Fabius Maximus, d'une ancienneté et d'un prestige que seul surpassaient ceux des Julius, aurait déjà disparu sans le recours aux adoptions — ainsi celle du nouveau censeur, Quintus Fabius Maximus Eburnus. Lui-même n'avait eu qu'un fils qu'il avait, cinq ans auparavant, mis à mort pour conduite impudique. Aucune loi ne l'en empêchait, puisqu'il agissait en *pater familias*; mais il y avait beau temps qu'on n'exécutait plus épouses ou enfants, et Rome tout entière en avait été horrifiée.

— Je crois qu'il est bon que Getha ait Eburnus comme collègue, dit Marius d'un ton pensif. Je serais surpris que l'autre le laisse puiser dans la caisse.

— Tu as raison. N'oublie pas qu'Eburnus est, par la naissance, un Servilius Caepio, et c'est une lignée assez étrange, dès qu'on en vient aux questions de moralité. Plus chastes qu'Artémis, et soucieux de le faire savoir.

— Mais alors lequel a persuadé l'autre de laisser Lucius Cornelius Sylla entrer au Sénat? On dit qu'il n'a pas toujours été un pilier de rectitude morale...

— Oh, dit César d'un ton insouciant, je crois que c'était surtout par ennui et par frustration. Toutefois, Eburnus a un peu tordu le nez, c'est vrai. Alors que Getha admettrait un singe, pour peu qu'on y mette le prix. Ils ont donc fini par accepter Lucius Cornelius au sein du Sénat, mais à une condition.

— Laquelle?

— Il n'est sénateur que sous réserve: il faut qu'il se présente aux élections de la questure, et soit élu du premier coup.

— Et il y réussira?

— Qu'en penses-tu, Caius Marius?

— Avec un nom comme le sien? Bien sûr que oui.

— Je l'espère aussi.

Mais Caius Julius César paraissait en douter. Un peu gêné, peut-être? Reprenant son souffle, il eut un sourire contraint.

— Caius Marius, j'avais juré, après que tu t'es montré si généreux en épousant Julia, que plus jamais je ne te demanderais de faveur. Mais c'était absurde, car comment savoir ce que vous réserve l'avenir? De nouveau, j'ai besoin que tu m'aides.

— Tout ce que tu voudras, Caius Julius, répondit Marius avec chaleur.

— Tu te souviens sans doute, puisque je t'en ai longuement parlé dans un courrier, de cette épreuve, si douloureuse pour notre famille, que Julilla nous a infligée. En refusant de s'alimenter, elle entendait contraindre Lucius Cornelius à l'épouser, et nous à consentir à cette union...

— Je n'en suis que plus surpris aujourd'hui, Caius Julius, de te voir bénir ce mariage, malgré leurs relations clandestines.

— Lucius Cornelius n'était en rien impliqué dans cette histoire, s'écria César. Il n'avait rien à voir avec les manigances de Julilla. Il s'est bien gardé de l'encourager, il l'a même repoussée avec énergie. Non, Caius Marius, toute la faute en revenait à Julilla.

— Mais alors, que s'est-il passé pour que tu acceptes aujourd'hui ce que tu refusais hier ?

— Eh bien... quand il a hérité, ce qui lui permettait enfin de tenir son rang, il m'a demandé la main de Julilla, en dépit de la façon dont elle l'avait traité parce que, m'a-t-il dit, rien de ce qui est arrivé ne serait advenu sans cette fameuse couronne d'herbes...

— La couronne d'herbes..., dit Marius rêveusement. Oui, je peux comprendre qu'il se sente lié à elle, surtout si sa chance a tourné depuis.

— Je le comprends aussi, et c'est bien pourquoi j'ai donné mon consentement, répondit César. Le problème, Caius Marius, c'est que je ne ressens pour Lucius Cornelius rien de la sympathie que j'éprouve pour toi. C'est un homme très étrange, il y a des choses en lui qui me font grincer des dents, sans d'ailleurs que je sache quoi.

— Julius, je suis persuadé que tout ira bien. Maintenant, peux-tu me dire en quoi je dois t'aider?

— C'est Lucius Cornelius qu'il faut aider à être élu questeur. Personne ne sait qui il est. Certes, tout le monde connaît son nom! Nul n'ignore que c'est un authentique patricien de la lignée des Cornelius. Mais il n'a jamais eu l'occasion de se montrer au Forum, ou dans les prétoires, ni même de s'acquitter de ses obligations militaires. En fait, si un aristocrate décidait de soulever une polémique, ce dernier point suffirait à le condamner — donc à le chasser du Sénat. Nous espérons que personne ne se montrera trop curieux, et de ce point de vue les deux censeurs du moment sont parfaits. Fort heureusement, ce sont Scaurus et Drusus qui ont accueilli Lucius Cornelius dans les rangs des chevaliers, du temps où eux-mêmes occupaient le censorat, et leurs successeurs ont simplement pensé qu'ils avaient déjà enquêté en profondeur. Scaurus et Drusus connaissent les hommes, ils ont senti qu'il fallait lui donner sa chance.

— Tu veux donc que je lui achète sa charge?

César ne parut pas choqué:

— Absolument pas! Je comprends qu'on ait recours à la corruption, si c'est pour être consul, mais questeur! Jamais! De plus, ce serait trop risqué. Eburnus tient Lucius Cornelius à l'œil, il guette la moindre occasion de le faire trébucher. Non, je te réclame une autre faveur, qui sera d'ailleurs plus gênante pour toi si les choses tournent mal. Je veux que tu demandes personnellement à Lucius Cornelius d'être ton questeur. Comme tu le sais, quand les électeurs apprennent qu'un candidat à la questure a déjà été distingué par un consul, il est certain d'être élu.

Marius réfléchit longuement. Il pesa le pour et le contre et, au premier abord, il y avait plus de contre que de pour. Il importait peu, en définitive, que Sylla eût ou non joué un rôle dans la mort des deux femmes à qui il devait sa fortune. S'il parvenait à percer en politique au point de pouvoir se présenter aux élections consulaires, il était certain que quelqu'un déterrerait cette histoire, et qu'on chuchoterait qu'il les avait tuées afin d'avoir assez d'argent pour entrer dans la vie publique ; ce serait une arme terrible entre les mains de ses rivaux. Etre marié à une Julia ne suffirait pas à laver la souillure. Et beaucoup de gens le croiraient coupable, tout comme chacun était persuadé que Marius ne parlait pas le grec. C'était là la première objection. La deuxième était que Caius Julius César ne pouvait se résoudre tout à fait à aimer Sylla, sans d'ailleurs pouvoir s'appuyer sur le moindre fait concret. L'instinct? Troisième objection: Julilla elle-même. Marius savait désormais que sa Julia n'aurait jamais consenti à épouser un homme qu'elle aurait jugé indigne d'elle, si désespérée que fût la situation financière de sa famille. Alors que sa cadette avait démontré qu'elle était frivole, irréfléchie, égoïste. Et elle avait jeté son dévolu sur Lucius Cornelius Sylla...

Puis Marius cessa de penser aux César... Il se souvint de ce petit matin de pluie, sur le Capitole, quand il avait vu Sylla se repaître de la vue du sang des taureaux sacrifiés en l'honneur de la nouvelle année. Il sut alors ce qu'il devait faire. Lucius Cornelius Sylla était... *important*. En aucun cas il ne devrait retomber dans l'obscurité.

— Très bien, Caius Julius, dit Marius, sans que sa voix trahît la moindre hésitation. Dès demain je demanderai au Sénat de faire de Lucius Cornelius mon questeur personnel.

— Merci, Caius Marius! Merci!

— Peux-tu les marier avant que l'Assemblée du Peuple ne se rassemble pour les élections à la questure?

— Ce sera fait.

Et c'est ainsi que, moins de huit jours plus tard, Lucius Cornelius Sylla et Julilla furent unis selon les règles, en usage chez les familles patriciennes, de la *confarreatio*; tous deux seraient mari et femme pour la vie. La carrière de Sylla décollait enfin; s'étant vu demander personnellement par le consul Caius Marius d'être son questeur, et désormais lié à une famille dont la *dignitas* et l'intégrité étaient au-dessus de tout soupçon, il semblait impossible qu'il en restât là.

C'est donc en jubilant qu'il s'apprêta à sa nuit de noces, lui qui jamais n'aurait cru se retrouver lié à une femme, jamais cru devoir faire face à des responsabilités familiales. Il avait rompu avec Metrobios avant de passer devant les censeurs pour être admis au Sénat, et si leur séparation ne s'était pas déroulée sans larmes, Sylla était resté ferme. Rien ne devait mettre en péril sa montée vers la gloire.

Au demeurant, il se connaissait suffisamment pour savoir que Julilla lui était chère, et pas seulement parce qu'elle incarnait sa propre chance. Mais Sylla était incapable d'éprouver, pour quiconque, quelque chose qui ressemblât à de l'amour. C'était bon pour les inférieurs. A les entendre, c'était d'ailleurs un sentiment très bizarre, fait d'illusions et de désillusions, tantôt d'une noblesse confinant à l'imbécillité, tantôt grossier au point d'en être parfaitement amoral. Que Sylla fût incapable de le reconnaître en lui-même venait de sa conviction que l'amour offensait le bon sens. Au cours des années suivantes, il ne vit jamais que sa patience et son indulgence vis-à-vis de son épouse constituaient pourtant, en ce domaine, des preuves suffisantes. Il pensait que c'étaient là des vertus propres à son caractère, et, ne pouvant se comprendre lui-même, il ne put évoluer.

Ce fut un mariage à la Julius César, très différent de ceux, un peu débraillés, auxquels Sylla avait pu assister. Cependant, une fois le moment venu, il n'y avait pas, à la porte de sa chambre à coucher, d'invités ivres qu'il lui aurait fallu mettre dehors. Il prit Julilla dans ses bras — comme elle paraissait légère ! — et la porta pour lui faire franchir le seuil.

Les vierges candides n'ayant jamais fait partie de ses fréquentations, Sylla n'éprouvait aucune crainte sur ce qui devait se passer ensuite, ce qui lui épargna bien des inquiétudes inutiles. Julilla le regarda, aussi fascinée qu'impatiente, ôter sa tunique de marié et la couronne de fleurs qu'il portait dans les cheveux; puis elle fit glisser les étoffes crème, flamme et safran de sa robe, défit les nœuds et les ceintures qui la retenaient, avant d'enlever la tiare de laine prise dans sa chevelure.

Puis tous deux se contemplèrent, ravis. Julilla était encore un peu trop maigre. Elle gardait cependant une grâce sinueuse qui adoucissait ce qui, chez une autre, eût paru trop sec et anguleux. Et ce fut elle qui s'avança vers lui, posa les mains sur ses épaules, puis se serra contre lui, soupirant de plaisir tandis que les mains de Sylla glissaient sur elle et commençaient à la caresser.

Il adora sa légèreté, la souplesse avec laquelle elle répondait à tous ses mouvements, et nouait son corps autour du sien. Une femme merveilleuse, belle et ardente, si désireuse de lui plaire, si avide de recevoir son amour. A lui. Rien qu'à lui. Lequel des deux, cette nuit-là, aurait pu imaginer que les choses pourraient changer, être moins parfaites, moins désirables ?

— Si jamais tu regardes quelqu'un d'autre de trop près, je te tuerai, lui dit-il alors que tous deux étaient allongés.

— J'en suis certaine, répondit-elle en se souvenant de l'amère leçon infligée par son père sur les droits du *pater familias* ; désormais soustraite à l'autorité de Caius Julius César, elle était passée sous celle de Sylla. Etant patricienne, jamais elle ne pourrait être maîtresse de sa destinée. De ce point de vue, les Nicopolis et les Clitumna étaient infiniment plus libres.

Elle s'émerveilla de la blancheur de peau de son époux, si différente de la sienne, d'un blond doré.

— A côté de toi, j'ai l'air d'une Syrienne!

— Je ne suis pas normal, répondit-il d'un ton sec.

— C'est parfait! dit-elle en éclatant de rire avant de se pencher pour l'embrasser.

Ce fut au tour de Sylla d'examiner le corps de la jeune fille, sa minceur, son côté un peu éphèbe. D'une main, il la retourna, lui poussa la tête dans l'oreiller et contempla son dos, ses fesses, ses cuisses.

— Tu es aussi belle qu'un garçon, dit-il.

— Comment! Lucius Cornelius, ne viens pas me raconter que tu préfères les hommes aux femmes, répliqua-t-elle sans imaginer qu'elle touchait juste.

— Jusqu'à ce que je te rencontre, c'est ce que je croyais.

— Crétin! s'exclama-t-elle en riant comme à une bonne plaisanterie.

Puis elle se libéra, grimpa sur lui et vint s'agenouiller à hauteur de sa poitrine.

— Puisque c'est comme ça, regarde donc de près et dis-moi si on peut s'y tromper!

— Regarder? Pas plus?

— Un garçon! pouffa Julilla, que l'idée amusait toujours. Lucius Cornelius, quel crétin tu fais!

Puis elle oublia tout, dans sa découverte de plaisirs nouveaux.

L'Assemblée du Peuple élut Sylla questeur, comme elle le devait; et, le lendemain, il se rendit chez Marius, bien que, d'un strict point de vue formel, il n'entrât en fonction que le cinquième jour de décembre.

On était en plein novembre, et le jour se levait tard; ce qui faisait l'affaire de Sylla, à qui ses excès nocturnes avec Julilla valaient des réveils difficiles. Mais il savait qu'il devait se présenter avant l'aube, car être devenu le questeur personnel de Marius avait profondément changé son statut social.

Formellement, Sylla était désormais le client de Caius Marius, et ce pour la durée de sa questure — laquelle se prolongerait aussi longtemps que Marius conserverait l'*imperium*. Et un client ne restait pas au lit avec sa femme aux petites heures du jour; il s'en venait, dès potron-minet, offrir ses services à son protecteur.

Celui-ci pouvait le congédier courtoisement, lui demander de l'accompagner au Forum pour traiter d'affaires publiques ou privées, ou le charger d'une tâche quelconque.

Le vaste atrium de la demeure de Marius débordait déjà de gens plus matinaux que Sylla; certains avaient dû dormir dans la rue, car normalement ils étaient reçus dans leur ordre d'arrivée. Soupirant, il se dirigea vers un coin discret et se prépara à une longue attente.

Certains hauts personnages confiaient à des secrétaires et des *nomenclatores* le soin de faire le tri, de se débarrasser du menu fretin des importuns venus dans la seule intention de faire acte de présence, et de n'envoyer au grand homme que les plus gros poissons. Mais Caius Marius, nota Sylla, s'en chargeait lui-même. Il venait d'être élu consul, charge suprême de l'Etat, et pourtant il séparait les quémandeurs des gens utiles avec une efficacité sans égale. En moins de vingt minutes, les quatre cents personnes qui s'entassaient dans l'atrium, et débordaient jusque dans le péristyle, avaient été passées au crible; plus de la moitié s'en allèrent. C'étaient des affranchis, ou des hommes libres de basse condition, qui partaient en serrant dans leur paume un peu d'argent que leur avait glissé un Caius Marius tout sourires.

C'est peut-être un Homme Nouveau, se dit Sylla, et il est peut-être plus italique que romain, mais il sait comment se comporter. Aucun Fabius, aucun Aemilius n'aurait pu tenir ce rôle aussi bien que lui.

— Lucius Cornelius, il est inutile que tu attendes ici! lança Marius en arrivant à la hauteur de Sylla. Va dans mon cabinet de travail, assieds-toi, et mets-toi à l'aise. Je te rejoindrai sous peu, et nous pourrons discuter.

— Non, Caius Marius, dit Sylla, en prenant soin de sourire lèvres closes. Je suis ici pour t'offrir mes services de questeur, et je serai heureux d'attendre mon tour.

— Alors, autant le faire en allant t'asseoir dans mon bureau. Si tu veux m'être utile, mieux vaut que tu saches comment je conduis mes affaires.

Et, posant une main sur l'épaule de Sylla, il le conduisit jusqu'au *tablinum*.

En moins de trois heures, Marius vint à bout, patiemment mais sans perdre de temps, de la foule de ses clients; certains étaient venus réclamer une assistance quelconque, d'autres avaient des exigences qu'il faudrait satisfaire dès que la Numidie serait de nouveau ouverte aux marchands italiques et romains. En retour, on n'exigeait rien d'eux, mais le contrat tacite était on ne peut plus clair: prépare-toi à faire tout ce que ton protecteur te demandera, que ce soit demain ou dans vingt ans. Quand tous furent partis, Sylla dit.

— Caius Marius, le commandement en Afrique de Quintus Caecilius Metellus a été prorogé pour l'année qui vient. Comment peux-tu espérer venir en aide à tes clients quand la Numidie nous sera de nouveau ouverte?

— C'est vrai, répliqua Marius, l'air pensif. Quintus Caecilius est déjà maître de l'Afrique l'an prochain, n'est-ce pas?

De toute évidence, c'était une question purement rhétorique, Sylla ne chercha pas à répondre. Fasciné, il entendit Caius Marius murmurer comme pour lui-même :

— J'ai réfléchi au problème, et il n'a rien d'insoluble.

— Mais le Sénat n'acceptera jamais que tu le remplaces. Je ne suis pas encore très au fait des nuances politiques, mais j'ai pu constater personnellement que certains des sénateurs les plus importants te sont très hostiles, et leur opposition me paraît trop forte pour que tu puisses aller contre.

— C'est vrai, répondit Marius, souriant toujours. Je suis un rustaud italique qui ne sait pas le grec, pour citer Metellus — dont je ferais mieux de t'informer que je l'appelle le Porcelet —, et je suis indigne du consulat. Sans parler du fait que j'ai cinquante ans, ce qui est beaucoup trop vieux; tout le monde croit que c'est un âge excessif pour commander aux armées. Au Sénat, les dés sont pipés. Mais après tout, ils l'ont toujours été. Et pourtant, me voilà consul! C'est un peu mystérieux, Lucius Cornelius, ne crois-tu pas?

Sylla sourit largement, ce qui lui donna l'air d'un grand félin; Marius parut ne pas s'en émouvoir.

— En effet, Caius Marius, en effet.

— Lucius Cornelius, j'ai découvert il y a bien des années qu'il y avait de nombreuses manières d'écorcher un chat. Tandis que d'autres grimpaient le *cursus honorum* sans perdre un instant, j'ai pris mon temps. Mais je ne l'ai pas perdu pour autant. Je l'ai consacré à étudier toutes les façons d'arracher la peau du chat — entre autres choses, tout aussi gratifiantes. Vois-tu, quand il faut passer son tour, on observe, on jauge, on additionne deux et deux. Je n'ai jamais été un grand avocat, ni un grand expert de notre constitution, d'ailleurs non écrite. Tandis que le Porcelet hantait les prétoires, j'étais soldat. C'est ce que je fais de mieux. Pourtant, je n'aurais pas tort d'affirmer que j'en sais plus sur la loi et la constitution que cinquante Porcelets. Je vois les choses de l'extérieur, sans être influencé. Et c'est pourquoi je te dis que je vais faire tomber Quintus Caecilius Metellus Porcelet de son beau cheval de commandant en chef, et prendre sa place.

— Je te crois, dit Sylla en retenant son souffle. Mais comment?

— Ce sont tous des sots, répondit Marius d'un ton méprisant. La coutume ayant toujours voulu que le Sénat attribue les gouvernorats, personne ne s'est jamais rendu compte que ses décrets n'avaient, au sens strict, aucune valeur légale. Oh, ils savent s'en souvenir, pour peu qu'on le leur rappelle, mais ils n'en tiennent pas compte, en dépit des leçons que les Gracques ont tenté de leur inculquer. Ces décrets ont la force de la coutume, de la tradition, mais pas celle de la loi! De nos jours, Lucius Cornelius, c'est l'Assemblée du Peuple qui détient le vrai pouvoir législatif. Et j'y ai beaucoup plus de poids que tous les Metellus du monde.

Sylla resta impassible, impressionné et même un peu effrayé, deux sensations auxquelles il n'était pas habitué. Un homme qui n'était pas invulnérable lui accordait toute sa confiance, ce qui était nouveau pour lui: comment diable Marius savait-il si on pouvait se fier à quelqu'un comme lui? Et voilà qu'il lui avouait ses intentions à lui, Sylla, simple questeur inconnu!

— Caius Marius, dit-il, qu'est-ce qui m'empêche d'aller voir, en sortant d'ici, un des Metellus et de lui répéter tout ce que tu viens de m'apprendre?

— Absolument rien, Lucius Cornelius, répondit Marius, que la question ne semblait pas inquiéter.

— Alors, pourquoi me le confier?

— C'est très simple. Lucius Cornelius, tu me fais l'effet d'être un homme remarquable, intelligent et capable. Etant remarquablement intelligent et capable, tu es parfaitement en mesure de te rendre compte qu'il serait stupide de te lier à un Metellus alors que Caius Marius t'offre la perspective de quelques années de travail passionnant et tout à fait gratifiant.

— Tes secrets sont en sécurité, Caius Marius, dit Sylla en riant.

— Je le sais.

— Pourtant, j'aimerais que tu saches que je suis touché de ta confiance.

— Lucius Cornelius, nous sommes beaux-frères. Nous sommes liés, et par bien plus que les César. Nous avons quelque chose en commun: la Fortune. C'est le signe que l'on est aimé des dieux, que l'on fait partie des élus. C'est mon cas, et je t'ai choisi parce que je pense qu'il en va de même pour toi. Nous sommes importants, Lucius Cornelius. Nous laisserons notre empreinte sur Rome.

— Je le crois aussi.

— Dans un mois, le nouveau collège des tribuns de la plèbe entrera en fonction. C'est à ce moment que j'agirai.

— Tu vas te servir de l'Assemblée plébéienne pour faire passer une loi afin de contrecarrer le décret sénatorial accordant à Metellus Porcelet un an de plus en Afrique.

— En effet.

— Mais est-ce vraiment légal ? Une telle loi aura-t-elle une valeur quelconque ? demanda Sylla.

— Rien ne dit que ce ne l'est pas, et par conséquent rien n'empêche que ce soit fait. J'ai l'ambition d'émasculer le Sénat, et la façon la plus efficace d'y parvenir est de saper son autorité. Et comment ? En créant un précédent.

— Pourquoi est-il si important que tu te voies accorder le commandement des opérations militaires en Afrique ? Les Germains sont descendus jusqu'à Tolosa, et ils sont autrement plus dangereux pour Rome que Jugurtha. L'année prochaine, il faudra que quelqu'un aille en Gaule pour les affronter, et je préférerais que ce soit toi plutôt que Lucius Cassius.

— Parce que je n'en aurai pas l'occasion. Notre estimé collègue Lucius Cassius veut commander en Gaule contre les Germains. En outre, il est essentiel pour moi de mener les opérations contre Jugurtha. J'ai entrepris de représenter les intérêts des chevaliers dans la province d'Afrique comme en Numidie. Cela signifie que je dois être sur place quand la guerre prendra fin, pour être sûr que mes clients recevront tout ce que je leur ai promis. Non seulement il y aura de superbes terres à blé à partager en Numidie, mais on y a aussi découvert récemment des gisements de marbre d'excellente qualité, ainsi que des dépôts de cuivre. Et Jugurtha s'étant emparé du trône, Rome n'a pu jusqu'à présent prendre sa part.

— Très bien. Ce sera l'Afrique. Que puis-je faire pour t'aider ?

— Apprendre, Lucius Cornelius, apprendre ! Je vais avoir besoin d'officiers qui ne soient pas simplement fidèles. Je veux des hommes capables d'agir de leur propre initiative sans ruiner mes grands projets ; des hommes qui ajouteront leur compétence et leur efficacité aux miennes. Peu m'importe de devoir partager la gloire, elle ne manquera pas du moment que les choses sont en ordre et que les légions se voient offrir l'occasion de montrer ce qu'elles savent faire.

— Mais, Caius Marius, je suis novice, en ce domaine.

— Je le sais. Pourtant, je te l'ai déjà dit, je pense que tu as beaucoup de ressources. Sois fidèle, travaille, et je te donnerai toutes les occasions de les mettre en pratique. Il n'est jamais trop tard : je suis enfin consul, avec huit ans de retard, et toi sénateur, avec trois ans de retard. Comme moi, tu vas devoir te servir de l'armée pour parvenir au sommet. Je t'aiderai de toutes les façons possibles, et en retour tu feras de même.

— Voilà qui est honnête, Caius Marius. Je t'en suis très reconnaissant.

— Il ne faut pas. Tu ne serais pas ici si je ne pensais pas que tu puisses m'être utile, dit Marius en lui tendant la main. Il n'y aura pas de gratitude entre nous; seulement la loyauté et la camaraderie, celles des légions.

Caius Marius s'acheta un tribun de la plèbe, et ne fit pas une mauvaise affaire. Car Titus Manlius Mancinus ne se vendait pas uniquement pour de l'argent. Il voulait faire grosse impression, et avait besoin d'une cause un peu plus présentable que la seule qui lui importât : semer toutes les embûches imaginables sur le chemin des Manlius, famille patricienne dont il n'était pas membre. Sa haine s'étendant à toutes les grandes lignées aristocratiques, il accepta l'argent de Caius Marius la conscience claire, et épousa ses plans avec une allégresse prémonitoire.

Les dix nouveaux tribuns de la plèbe entrèrent en fonction le troisième jour avant les ides de décembre, et Titus Manlius ne perdit pas de temps : il présenta aussitôt à l'Assemblée de la Plèbe un projet de loi visant à ôter à Quintus Caecilius Metellus le commandement des opérations militaires en Afrique, pour le confier à Caius Marius.

— Le Peuple est souverain! déclara-t-il devant la foule. Le Sénat est son serviteur, et non son maître! S'il entend accomplir ses devoirs en témoignant au Peuple de Rome du respect qui lui est dû, qu'il continue! Mais, quand il veut protéger ses chefs aux dépens du Peuple, qu'on l'en empêche! Quintus Caecilius Metellus a fait la preuve de son incapacité. Pourquoi diable le Sénat a-t-il prorogé son commandement pour l'année qui vient? Avec Caius Marius, régulièrement élu consul, le Peuple de Rome a enfin un dirigeant digne de ce nom. Mais ceux qui dominent le Sénat diront : Caius Marius est un Homme Nouveau, un parvenu, un rien du tout! Même pas un noble!

La foule approuva avec enthousiasme; Mancinus était bon orateur. En outre, cela faisait un certain temps que la Plèbe n'avait pas croisé le fer avec le Sénat, et nombre de ses dirigeants craignaient de perdre de leur influence. Ce jour-là, tout joua en faveur de Caius Marius : l'opinion générale, le mécontentement des chevaliers, l'humeur des tribuns de la plèbe, tous résolus à en découdre, sans qu'aucun d'eux se range au côté des sénateurs.

Ceux-ci ne restèrent pas sans réagir, et envoyèrent à l'Assemblée leurs meilleurs orateurs d'origine plébéienne, parmi lesquels Lucius Caecilius Metellus Dalmaticus, Pontifex Maximus, qui défendit passionnément son frère cadet, et le consul Lucius Cassius Longinus. Marcus Aemilius Scaurus aurait peut-être pu retourner la situation; mais étant patricien, il lui était interdit de prendre la parole devant l'Assemblée de la Plèbe. Contraint de rester hors des débats, il ne put qu'écouter, sans pouvoir rien faire.

Et Caius Marius l'emporta. La campagne de lettres de dénonciation avait rempli son objectif : faire perdre à Metellus le soutien des chevaliers et des classes moyennes, salir son nom, détruire son pouvoir politique. Bien entendu, avec le temps, il s'en remettrait : sa famille était trop puissante. Mais au moment où l'Assemblée de la Plèbe, habilement guidée par Mancinus, lui arracha son commandement en Afrique, sa réputation était devenue plus nauséabonde encore que les auges à cochons de Numance. Et le Peuple vota une loi — à dire vrai, un plébiscite — confiant sa charge à Caius Marius. Une fois qu'elle aurait été gravée sur des tablettes, elle serait placée dans les archives d'un temple, et servirait, à l'avenir, d'exemple et de recours à d'autres gens, qui n'auraient peut-être ni les talents de Caius Marius ni ses bonnes raisons.

— Toutefois, dit ce dernier à Sylla, juste après le vote, jamais Metellus ne me laissera ses soldats.

— Mais ils sont nécessaires à la guerre contre Jugurtha, non ? Ne devraient-ils pas rester en Afrique jusqu'à ce que nous ayons gagné la guerre ?

— Ils pourraient, mais seulement si Metellus le veut. Il lui serait possible de dire à l'armée qu'elle est là pour la durée de la campagne, et par conséquent que son propre départ n'y change rien. Mais rien ne l'empêche d'affirmer que c'est lui qui a recruté ses troupes, donc que leur activité prend fin avec la sienne. Connaissant Metellus, c'est la position qu'il va adopter. Il va les démobiliser, et les renvoyer immédiatement à Rome.

— Ce qui veut dire qu'il va te falloir recruter une nouvelle armée. Ne peux-tu attendre qu'il ramène la sienne ici, avant de la réenrôler ?

— Je pourrais. Malheureusement, je n'en aurai pas l'occasion. Lucius Cassius va se rendre en Gaule pour affronter les Germains près de Tolosa. J'imagine, par conséquent, que Cassius a déjà écrit à Metellus pour lui demander de lui confier ses troupes, avant même qu'elles aient quitté l'Afrique.

— C'est donc ainsi que ça se passe.

— En effet. Lucius Cassius, étant arrivé en tête aux élections consulaires, a la préséance sur moi, et peut choisir à sa convenance parmi les troupes disponibles. Metellus va ramener en Italie six légions bien entraînées et aguerries. Ce seront celles-là que Cassius emmènera en Gaule Transalpine, ça ne fait aucun doute. Cela signifie que je vais devoir recruter, entraîner et équiper de nouveaux soldats. Cela signifie que je n'aurai pas assez de temps, vu la durée de ma charge, de monter l'offensive que je pourrais lancer, si

Metellus m'avait laissé ses troupes. Cela signifie qu'à mon tour je vais devoir m'assurer que mon commandement en Afrique sera prorogé, sinon je me retrouverai dans une situation encore pire que celle du Porcelet.

— Et maintenant, il existe pour ce genre de situation une loi qui crée un précédent, soupira Sylla. Jamais je n'aurais cru qu'il fallait affronter tant de difficultés...

Marius éclata de rire.

— Lucius Cornelius, ce n'est jamais facile. Mais c'est précisément pour cette raison que cela en vaut la peine ! Quel homme de valeur se contenterait d'emprunter le chemin le plus sûr ? Plus il est escarpé, plus il est semé d'embûches, plus c'est agréable.

— Tu m'as dit hier que l'Italie était épuisée. Tant d'hommes ont déjà péri qu'il est impossible de lever des troupes parmi les citoyens romains, et les Italiques se montrent chaque jour plus rétifs. Où vas-tu trouver assez de soldats pour former les quatre légions dont tu as besoin pour vaincre Jugurtha ?

— Attends que je sois entré en fonction, Lucius Cornelius, et tu verras.

Et Sylla ne put en savoir davantage.

Les bonnes résolutions de Lucius Cornelius Sylla ne résistèrent pas aux Saturnales. Du temps où Clitumna et Nicopolis partageaient la demeure avec lui, cette période constituait une fin d'année parfaite. Le monde tournait à l'envers : les esclaves claquaient des doigts tandis que les deux femmes couraient en gloussant pour obéir à leurs ordres, tout le monde était ivre, et Sylla abandonnait sa place dans le lit commun à tous ceux que tentaient ses compagnes — à condition, bien entendu, de pouvoir jouir du même privilège dans le reste de la maison. Puis, quand les Saturnales prenaient fin, tout redevenait comme avant, à croire que rien ne s'était produit.

Mais cette fois, les choses seraient différentes : il lui faudrait passer ces trois jours chez les César. Là aussi, tout était sens dessus dessous : les esclaves se faisaient servir par les maîtres, on s'offrait de petits cadeaux, la nourriture et le vin étaient aussi délectables qu'abondants. Mais en fait, rien ne change vraiment. Les malheureux serviteurs, tout raides sur les sofas, souriaient timidement à Caius Julius et à Marcia, qui allaient et venaient entre la cuisine et le *triclinium,* personne n'aurait songé à s'enivrer, ni à faire ou dire quoi que ce soit qui aurait pu gêner tout le monde, une fois la fête terminée.

Caius Marius et Julia étaient là aussi, et semblaient trouver tout cela charmant ; mais il est vrai, songea Sylla, mécontent, que Marius était trop heureux d'être là pour risquer un impair.

— Quelle fête! dit-il comme Julilla et lui faisaient leurs adieux à la compagnie — d'un ton sarcastique dont personne, elle compris, ne parut se rendre compte.

— Ce n'était pas mal, répondit la jeune femme, en le suivant jusqu'à leur demeure, où les esclaves s'étaient simplement vu accorder trois jours de congé.

— Je suis heureux que tu le penses, commenta Sylla en verrouillant la porte d'entrée.

— Et demain, c'est la soirée de Crassus Orator! ajouta Julilla en s'étirant. Je l'attends avec impatience!

Sylla s'arrêta net et fit demi-tour pour la contempler.

— Tu n'iras pas.

— Comment?

— Tu m'as très bien entendu.

— Mais... je... je pensais qu'on invitait aussi les épouses!

— Certaines. Pas toi.

— Mais je veux y aller! Tout le monde en parle...

— C'est bien dommage, parce que tu n'iras pas.

Un des esclaves de la maison, un peu ivre, les croisa devant la porte du cabinet de travail:

— Ah, vous voilà enfin rentrés! dit-il en titubant. Allez me chercher du vin, et vite!

— Les Saturnales sont terminées, répondit Sylla d'une voix douce. Disparais, crétin.

L'esclave obéit, brusquement dégrisé.

— Pourquoi es-tu d'humeur aussi exécrable? demanda Julilla comme ils entraient dans leur chambre.

— Pas du tout! répliqua Sylla qui, se plaçant derrière elle, l'entoura de ses bras.

— Laisse-moi tranquille! s'écria-t-elle en se libérant.

— Que se passe-t-il, encore?

— Je veux assister à la soirée de Crassus Orator!

— Non.

— Mais pourquoi?

— Parce que, Julilla, dit-il d'un ton patient, ce n'est pas le genre de soirée qui plairait à ton père.

— Je ne suis plus soumise à lui, je peux faire ce que je veux!

— Ce n'est pas vrai, et tu le sais. Tu es passée des mains de ton père aux miennes, et je te dis que tu n'iras pas.

Sans mot dire, Julilla ramassa ses vêtements qu'elle avait jetés sur le sol, passa une tunique, fit volte-face et quitta la pièce.

— Comme tu voudras! lança Sylla.

Le lendemain matin, elle se montra très froide — ce qu'il prit soin d'ignorer —, et quand il partit à la soirée de Crassus Orator, elle était introuvable.

— Petite effrontée ! murmura-t-il.

Au demeurant, se rendre dans l'opulente demeure de Quintus Granius, qui donnait la soirée, ne l'amusait pas le moins du monde. En recevant l'invitation, il avait été absurdement heureux, y voyant un premier signe d'amitié de la part d'un groupe de jeunes sénateurs ; puis il entendit tout ce qui se racontait sur la fête à venir, et comprit qu'on l'avait invité en raison de son passé douteux, et pour ainsi dire par souci d'exotisme.

Tout en marchant, il réfléchit au piège qui s'était refermé sur lui quand il avait épousé Julilla, et rejoint les rangs de ses pairs. Car c'en était un, et il ne pourrait espérer s'en libérer tant qu'il devrait vivre à Rome. Crassus Orator, lui, avait une position telle qu'il pouvait prendre part à une soirée expressément destinée à défier l'édit somptuaire de son propre père ; et son siège au Sénat était solidement ancré, tout comme sa nouvelle fonction de tribun de la plèbe. Il pouvait même s'offrir le luxe de feindre la vulgarité et le manque d'éducation, ou d'accepter les faveurs d'un cancrelat tel que Quintus Granius.

Quand Sylla entra dans la vaste salle à manger, il vit Colubra lui sourire par-dessus une coupe d'or incrustée de joyaux, et lui faire signe de la rejoindre sur le sofa où elle était étendue. J'avais raison, se dit-il : je suis là pour amuser la galerie. Il lança à la jeune femme un sourire étincelant, et s'abandonna aux attentions d'une foule d'esclaves obséquieux. Ce ne serait pas une soirée très intime ! Soixante invités au moins s'allongeraient sur des sofas pour célébrer l'élection de Crassus Orator au tribunat plébéien. Et pourtant, songea Sylla en venant rejoindre Colubra, Quintus Granius n'a pas la moindre idée de ce qu'est une vraie fête !

Quand il s'en alla, six heures plus tard — bien avant les autres —, il était ivre, et son humeur était passée de l'acceptation résignée à cet accablement sinistre qu'il avait cru ne plus jamais connaître depuis qu'il avait gagné le monde qui était le sien. Il se sentait frustré, sans pouvoir aucun, et intolérablement seul. Il avait un besoin désespéré de compagnie, de quelqu'un avec qui rire, de quelqu'un qui fût tout entier à lui. Quelqu'un qui aurait des yeux noirs, des boucles sombres, et le plus joli petit cul du monde.

Il marcha, comme s'il avait des ailes aux pieds, jusqu'à l'appartement de Scylax, sans vouloir une seule fois se souvenir à quel point cela était périlleux, imprudent, absurde. Aucune importance ! L'acteur serait là ; il lui suffirait de s'asseoir, de boire une coupe de vin, d'échanger des banalités avec Scylax, et de laisser ses yeux errer sur le corps de Metrobios. Le cas échéant, personne ne pourrait dire quoi que ce soit. Une visite innocente, rien de plus.

La Fortune en avait pourtant décidé autrement. *Metrobios était bien là, mais seul.* Si heureux de le revoir ! Sylla le fit asseoir sur ses genoux, le prit dans ses bras, et faillit fondre en larmes.

— J'ai passé trop de temps dans ce monde-là, dit-il. Grands dieux, comme il me manque !

— Comme tu me manques, toi ! dit l'adolescent en se pelotonnant contre lui.

Un long silence se fit, et Metrobios, pour le rompre, demanda :

— Lucius Cornelius, que se passe-t-il ?

— Je m'ennuie, dit Sylla. Les gens que je fréquente désormais sont tellement hypocrites, si mortellement ennuyeux ! Des bonnes manières en public, puis de petits plaisirs crasseux et furtifs, chaque fois qu'ils croient que personne ne regarde. Ce soir, j'ai vraiment eu du mal à ne pas leur montrer mon mépris.

— Je te croyais heureux, dit Metrobios, à qui de telles paroles ne déplaisaient pas.

— Je le croyais aussi.

— Pourquoi es-tu venu ce soir ?

— J'étais allé à une réception.

— Ratée ?

— De ton point de vue comme du mien, oui. Du leur, c'était une brillante réussite. Il y avait vraiment de quoi rire. Mais avec qui ?

— Moi ! Raconte-moi tout !

— Tu connais les Licinius Crassus ? C'est une famille qui, depuis des siècles, donne à Rome des consuls, un Pontifex Maximus de temps à autre. Ils sont fabuleusement riches, et il y en a de deux sortes : les sybarites et les frugaux. Le père de Crassus Orator appartient à la dernière catégorie. C'est lui qui a conçu cette loi somptuaire ridicule qui interdit la vaisselle d'or, les vêtements de pourpre, les huîtres et le vin importé. Mais Crassus Orator, qui ne semble pas très bien s'entendre avec lui, adore être entouré de tout le luxe imaginable. Et maintenant, comme il est tribun de la plèbe, Quintus Granius, qui avait une faveur à lui demander, a donné en son honneur une soirée sur le thème : « Ignorons la *lex Licinia sumptuaria* ! »

— C'est pour cela qu'ils t'ont invité ?

— Il semble bien que, dans ce milieu, on me trouve absolument fascinant : un homme de haute naissance menant une vie licencieuse... Sans doute s'attendaient-ils à ce que j'ôte tous mes vêtements et chante quelques couplets paillards avant de m'occuper de Colubra.

— *Colubra ?*

— Colubra.

Metrobios émit un sifflement.
— Tu fais vraiment partie du grand monde ! On dit qu'elle demande un talent d'argent pour une simple fellation.
— Elle me l'a proposée gratuitement. J'ai décliné son offre.
— Lucius Cornelius, dit le jeune garçon, ne va pas te faire des ennemis ! Des femmes comme elle ont énormément de pouvoir.
Une expression de dégoût passa sur le visage de Sylla :
— Je leur pisse toutes dessus !
— Non, cela leur plairait trop.
Pour la première fois, Sylla rit :
— Il y avait quelques épouses, un peu... audacieuses. Deux Claudia, et une femme masquée qui tenait à se faire appeler Aspasia, mais dont je sais très bien qu'il s'agissait de Licinia, la cousine de Crassus Orator. J'ai couché avec elle une ou deux fois, tu te souviens ?
— En effet, répondit Metrobios, un peu crispé.
— L'endroit ruisselait d'or et de pourpre tyrienne.
— Et ça ne t'a pas plu du tout.
— Non. Les sofas étaient incrustés de perles ! Les invités n'avaient rien de plus pressé que d'essayer de les arracher, les jetaient dans leurs serviettes et faisaient un nœud — alors que chacun d'eux aurait pu les acheter toutes sans même faire attention à la dépense !
— Mais pas toi.
— Plutôt mourir ! dit Sylla, qui ajouta, en haussant les épaules : De toute façon, c'étaient des perles de rivière.
— Tu gâches tout ! s'écria Metrobios en gloussant. J'aime tant te voir te comporter en patricien arrogant.
Sylla sourit et l'embrassa.
— Comme ça ?
— Comme ça. Et la nourriture ?
— Venue tout droit de chez le traiteur. Même les cuisines de Granius n'auraient pu fournir de quoi rassasier soixante des pires goinfres que j'aie jamais vus ! Œufs de cygne... d'oie... de cane... certains avaient même des coquilles dorées ! Mamelles de truie farcies... volailles nourries de gâteaux au miel trempés dans du vin de Falerne... escargots de Ligurie... huîtres venues de Baiae... L'air était à ce point chargé de poivre que je n'ai cessé d'éternuer !

Metrobios comprit que Sylla avait besoin de parler. Il devait vraiment vivre dans un monde bizarre. Car il n'avait jamais été très bavard. Jusqu'à ce soir, quand il était arrivé, sorti de nulle part. Le jeune garçon s'était péniblement fait à l'idée de ne plus revoir ce visage tant aimé. Et soudain il était là, l'air sinistre. Sylla ! Comme il devait être seul !

— Et puis? demanda Metrobios.

— Le plus beau était encore à venir! Ils ont apporté dans un plat d'or, sur un coussin de pourpre tyrienne, un énorme silure pêché dans le Tibre, et lui ont fait faire le tour de la pièce, avec un cérémonial digne de celui des douze dieux lors d'un *lectisternium*. Un *poisson*! Mais il est vrai que tous les imbéciles amateurs de gastronomie frissonnent d'extase à la simple pensée d'un silure. Ils vivent dans le Tibre, entre le Pont de Bois et le Pons Aemilius, au beau milieu des sorties d'égout, aussi est-il inutile d'essayer de les faire mordre à l'hameçon! Ils puent, et y toucher revient vraiment à manger de la merde. Mais Quintus Granius et Crassus Orator étaient fous de joie, et à les voir on aurait cru qu'un silure est un composé de nectar et d'ambroisie! Si seulement tu avais vu tous ces crétins prétentieux! Ils se prennent pour l'élite de la cité, et la merde de tout Rome leur dégoulinait sur le menton! Je n'ai pas pu en supporter davantage!

Il fit une pause, et reprit:

— Je suis ivre. C'est la faute de ces horribles Saturnales.

— Ces *horribles* Saturnales?

— Horribles, mortellement ennuyeuses, cela revient au même. Une élite d'un autre genre que chez Crassus Orator, mais aussi abominable. Fastidieuse, fastidieuse, fastidieuse! Enfin, ajouta-t-il en haussant les épaules, c'est sans importance. L'année qui vient, je serai en Numidie et j'aurai de quoi m'occuper. Je meurs d'impatience! Rome sans toi, sans tous mes vieux amis, c'est plus que je n'en puis supporter.

Il frissonna:

— Metrobios, je suis ivre. Je n'aurais pas dû venir ici. Mais si tu savais à quel point c'est bon d'être là!

— Mais je le sais! s'écria le jeune garçon.

— Ta voix mue, dit Sylla, surpris.

— J'ai dix-sept ans, Lucius Cornelius. Heureusement, je suis plutôt petit, et Scylax m'a appris à garder la voix haut perchée. Mais il m'arrive d'oublier, c'est de plus en plus difficile.

— Dix-sept ans!

Metrobios descendit de ses genoux, le regarda d'un air grave et tendit la main:

— Viens donc! Reste encore un peu avec moi. Tu pourras rentrer avant le jour.

Sylla se leva avec réticence:

— Va pour cette fois. Mais je ne reviendrai plus.

— Je sais, dit Metrobios, qui prit le bras de son visiteur et le posa sur ses propres épaules: L'année prochaine, tu seras en Numidie, et tu seras heureux.

LA QUATRIÈME ANNÉE
(107 avant J.-C.)

sous le consulat
de Lucius Cassius Longinus
et
de Caius Marius (I)

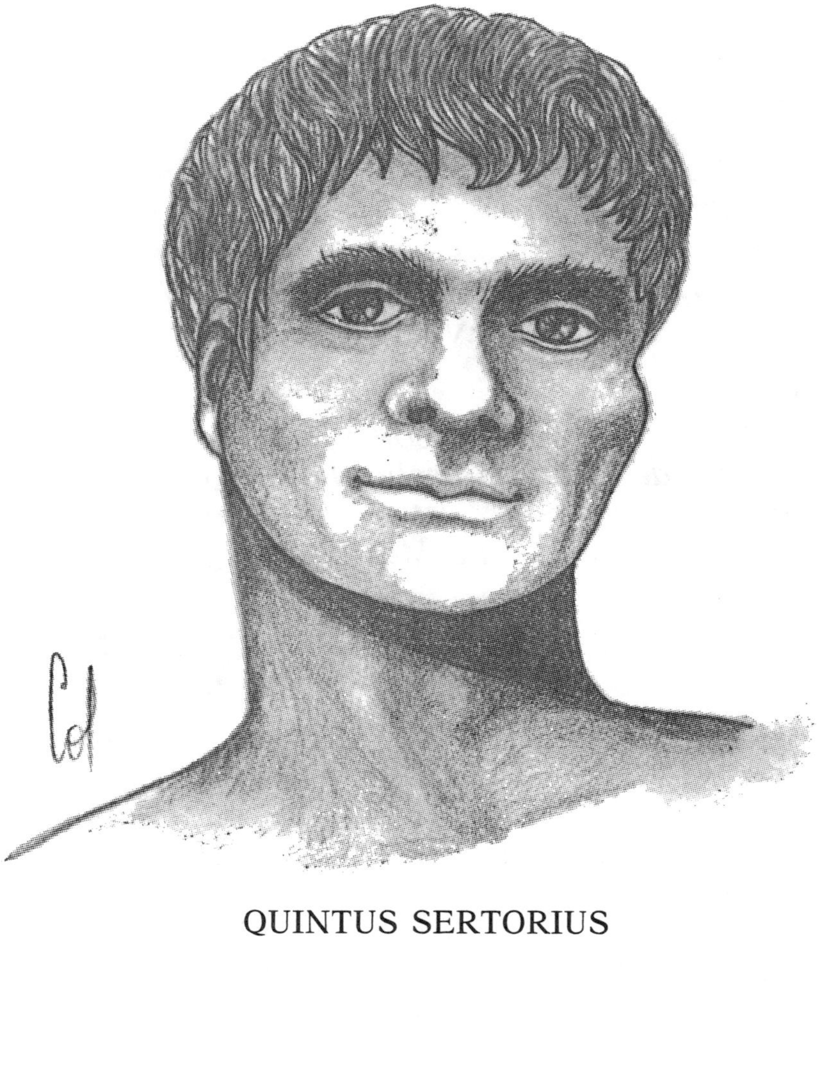

QUINTUS SERTORIUS

Jamais aucun nouveau consul n'avait attaché autant d'importance à sa charge que Caius Marius. Le jour du nouvel an, il prit part aux cérémonies d'intronisation, heureux de penser que les augures, pendant sa nuit de veille, n'avaient rien trahi d'inquiétant, et que son taureau blanc était drogué comme il convenait. L'air solennel et distant, Marius dominait de la tête et des épaules tous ceux qui l'entouraient. Il éclipsa complètement son collègue, Lucius Cassius Longinus, qui, petit et trapu, ne faisait pas grande impression.

Et Lucius Cornelius Sylla, qui portait, sur l'épaule droite de sa tunique, la large bande pourpre des sénateurs, était, en tant que questeur, au côté de Caius Marius.

Celui-ci ne disposerait des *fasces* qu'à partir des calendes de février; il convoqua pourtant, dès le lendemain, une réunion du Sénat.

— Aujourd'hui, déclara-t-il devant l'assemblée — dont la quasi-totalité se méfiait de lui —, Rome doit se battre sur au moins trois fronts, et je ne parle même pas de l'Ibérie. Nous avons besoin de troupes pour lutter contre Jugurtha, contre les Scordisques de Macédoine, et contre les Germains en Gaule. Toutefois, au cours des quinze ans qui ont suivi la mort de Tiberius Gracchus, nous avons perdu *soixante mille hommes* sur les champs de bataille. Des milliers d'autres sont désormais inaptes au service militaire. Je le répète, Pères Conscrits: quinze ans.

Le Sénat demeura silencieux; parmi les présents, Marcus Junius Silanus qui, à lui seul, avait, deux ans auparavant, perdu plus de vingt mille hommes, et qui était toujours sous le coup d'une accusation de trahison. Personne n'avait jamais osé citer de tels chiffres devant l'assemblée; mais tous savaient que les estimations de Marius étaient encore trop faibles.

— Nous ne pouvons lever les troupes dont nous aurions besoin, poursuivit celui-ci, pour une raison très simple : nous n'avons plus assez d'hommes. Nous manquons cruellement de citoyens romains ou titulaires des droits latins ; mais la pénurie d'Italiques est encore plus effrayante. Même en recrutant dans toutes les régions au sud de l'Arno, nous ne pouvons espérer disposer des troupes qui nous sont nécessaires cette année. Je présume que les six légions, bien entraînées et équipées, qui composent l'armée d'Afrique, rentreront en Italie avec Quintus Caecilius Metellus, et passeront sous le commandement de mon estimé collègue Lucius Cassius pour aller combattre en Gaule Transalpine. Les légions macédoniennes sont également composées de vétérans et, j'en suis certain, continueront à bien se comporter sous la direction de Marcus Minucius et son frère cadet.

Marius fit une pause pour reprendre son souffle, puis poursuivit :

— Reste toutefois le problème de la nouvelle armée d'Afrique. Quintus Caecilius Metellus avait à sa disposition six légions entières. Je pense pouvoir ramener ce chiffre à quatre légions, s'il le faut. Mais voilà, Rome ne les a pas ! Elle n'en a même pas une seule en réserve ! Pour vous rafraîchir la mémoire, je vais vous donner des chiffres précis. Par légion : 5 120 fantassins, plus 1 280 hommes libres non combattants, et 1 000 esclaves. 2 000 cavaliers, plus autant d'hommes libres et d'esclaves qui prennent soin des chevaux. Il me faut donc trouver 20 480 fantassins, 5 120 hommes libres non combattants, 4 000 esclaves, 2 000 cavaliers, et autant d'hommes pour les soutenir.

Il parcourut l'assemblée du regard :

— Recruter des non-combattants n'a jamais été très difficile, et il n'y a pas de raison pour que cela change, vu qu'il n'est pas nécessaire d'être propriétaire. La cavalerie ne posera pas de gros problèmes non plus : nous trouverons toujours les hommes qu'il nous faut en Macédoine, en Thrace, en Ligurie ou en Gaule Transalpine, et ils fourniront leurs montures, comme les hommes qui doivent s'en occuper.

Il s'interrompit quelques instants, s'arrêtant sur certains sénateurs : Scaurus, Catulus César, Metellus Dalmaticus, Caius Memmius, Lucius Calpurnius Piso Caesoninus, Scipio Nasica, Cnaeus Domitius Ahenobarbus, tous hommes d'importance ; en effet, la grande masse des sénateurs les suivrait toujours.

— Pères Conscrits, quand nous avons chassé les rois, nous avons renoncé à l'idée d'une armée permanente, entretenue aux frais de l'Etat. Pour cette raison, nous avons limité l'accès aux forces militaires à ceux qui, propriétaires, avaient assez de ressources pour acheter leur équipement, qu'ils soient romains, latins ou italiques. Ils avaient des terres à défendre, et par conséquent la survie de l'Etat leur importait. Pour cette raison, nous avons rechigné à nous créer un empire colonial, et refusé plus d'une fois de nous emparer de telle ou telle province.

Après la défaite de Persée, toutefois, nos efforts en vue de laisser les Macédoniens libres de décider de leur destin ont échoué. Nous avons donc été contraints de faire de la Macédoine une province romaine, parce que nous ne pouvions nous permettre de voir des tribus barbares en envahir les rivages, si proches des côtes orientales d'Italie. La défaite de Carthage nous a obligés à administrer l'Empire carthaginois en Ibérie, pour ne pas courir le risque de le perdre au profit d'une autre nation. En Afrique, nous n'avons conservé qu'une petite province autour de Carthage, et donné le reste aux rois de Numidie — et voyez ce qui s'est passé ! Nous sommes désormais contraints de reprendre le contrôle de toute la région, pour mettre un terme aux visées de Jugurtha. Voilà où nous en sommes, Pères Conscrits : un seul homme se lève, et nous sommes défaits ! Le roi Attalus, à sa mort, nous a légué l'Asie, et nous cherchons à nous soustraire à nos responsabilités là-bas ! Cnaeus Domitius Ahenobarbus a ouvert la côte gauloise entre la Ligurie et l'Ibérie Citérieure pour établir, à l'intention de nos armées, un couloir de sécurité ; mais pour cela, nous avons été obligés de créer une nouvelle province.

Il s'éclaircit la voix.

— Nos soldats mènent désormais campagne hors d'Italie. Ils s'absentent pour de longues périodes, doivent négliger leurs terres et leurs biens. Il s'ensuit que les volontaires se font de plus en plus rares, et qu'il nous faut recourir toujours davantage aux levées. Le fermier ou le marchand n'ont aucune envie de partir loin de chez eux cinq, six, ou même sept ans durant ! Et pourtant, après leur démobilisation, ils auront toutes les chances d'être appelés dès que les volontaires feront défaut.

Pire encore, nombre d'entre eux sont morts au cours de ces quinze dernières années ! Et nul ne les a remplacés ! L'Italie tout entière manque d'hommes avec lesquels on pourrait former une armée de type traditionnel.

Sa voix résonna parmi les chevrons de la salle, construite du temps du roi Tullius Hostilius :

— Depuis la seconde guerre contre Carthage, il nous a fallu fermer les yeux sur les exigences de propriété. Il y a six ans, après l'écrasement de l'armée de Carbo, nous avons même admis dans nos troupes des gens qui n'avaient pas de quoi acheter leur propre équipement. Mais c'était là une mesure officieuse, toujours prise en dernier ressort.

Pères Conscrits, cette époque est révolue. Moi, Caius Marius, consul du Sénat et du Peuple de Rome, j'annonce donc à tous les membres de cette assemblée que je compte désormais *recruter* mes soldats, et non plus les appeler : je veux des hommes qui soient prêts à se battre ! Et où vais-je trouver vingt mille volontaires, me demanderez-vous ? La réponse est simple ! Parmi les *capite censi*, ceux qui sont trop pauvres pour faire partie des cinq classes, parmi ceux qui n'ont ni argent, ni biens, parmi ceux qui ne se sont jamais vu offrir l'occasion de combattre pour leur pays, de combattre pour Rome !

Un murmure monta, monta, jusqu'à ce que le Sénat tout entier explosât :

— Non ! Non ! Non !

Sans paraître irrité, Marius attendit patiemment. Le vacarme finit par s'éteindre ; les autres, si furieux qu'ils fussent, savaient qu'ils n'avaient pas tout entendu, et la curiosité l'emporta.

— Vous pouvez hurler tant que vous voudrez ! s'écria Marius quand il put de nouveau se faire entendre. Mais je vous préviens que telle est mon intention ! Au demeurant, je n'ai nul besoin de votre permission ! Aucune loi ne me l'interdit, et d'ici à quelques jours il y en aura une qui m'y autorisera ! Tout magistrat régulièrement élu, et cherchant à recruter une armée, pourra faire appel aux *capite censi*, aux prolétaires. Car, Pères Conscrits, je m'en vais plaider ma cause devant le Peuple !

— Jamais ! hurla Dalmaticus.

— Plutôt mourir ! lança Scipio Nasica.

— Non ! Non ! Non ! hurla toute l'assemblée au milieu du tumulte.

— Attendez ! s'écria Scaurus. Attendez ! Laissez-moi prendre la parole pour le réfuter !

Personne n'entendit : la Curia Hostilia, qui accueillait les réunions du Sénat depuis la fondation de la République, semblait trembler sur ses bases.

Marius quitta les lieux à grands pas, suivi de son questeur, Sylla, et du tribun de la plèbe, Titus Manlius Mancinus.

La foule s'était rassemblée sur le Forum ; le puits du Comitium était déjà rempli de partisans de Marius. Celui-ci s'avança, suivi de Mancinus. Patricien, Sylla ne pouvait légalement participer aux débats de la plèbe ; il resta donc sur les marches du Sénat.

— Silence ! Silence ! rugit Mancinus. L'Assemblée plébéienne est convoquée !

Marius s'avança vers la tribune de l'orateur, devant les rostres, et se tourna de façon à faire face à la fois au Comitium et au grand espace vide qui donnait sur la partie inférieure du Forum. Quand

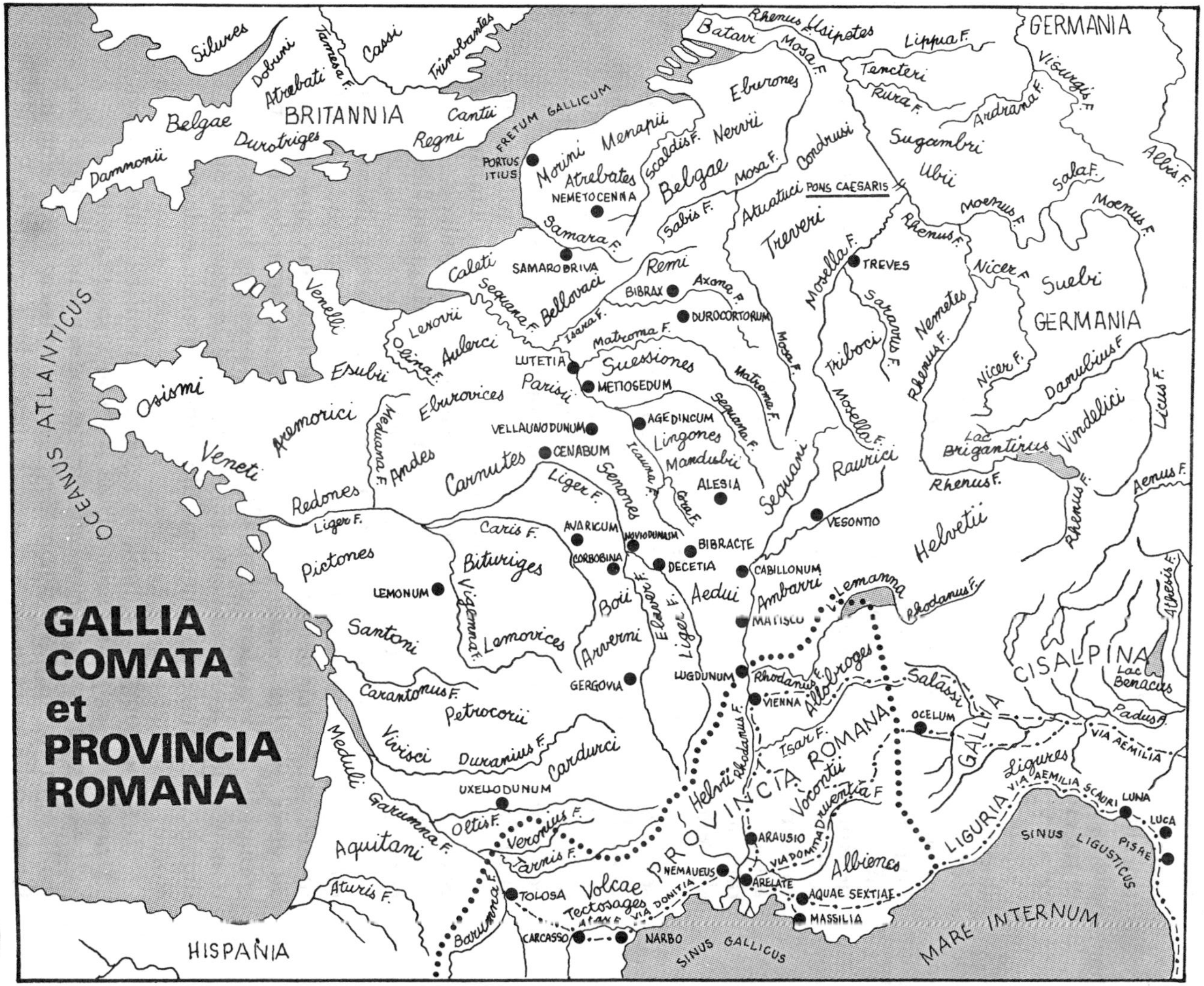
GALLIA
COMATA
et
PROVINCIA
ROMANA
OCEANUS ATLANTICUS
BRITANNIA
Silures
Dobuni
Atrebati
Tamesa F.
Cassi
Trinobantes
Belgae
Durotriges
Cantii
Regni
Dammonii
FRETUM GALLICUM
PORTUS ITIUS
Morini
Menapii
Atrebates
NEMETOCENNA
Scaldis F.
Belgae
Nervii
Eburones
Samara F.
SAMAROBRIVA
Caleti
Sequana F.
Bellovaci
Sabis F.
Remi
BIBRAX
Axona F.
DUROCORTORUM
Isara F.
Matrona F.
Venelli
Lexovii
Aulerci
Olina F.
Esubii
LUTETIA
Parisii
Suessiones
METIOSEDUM
Osismi
Aremorici
Eburovices
AGEDINCUM
Lingones
Mandubii
VELLAUNODUNUM
CENABUM
Carnutes
Veneti
Meduana F.
Andes
Redones
Icauna F.
Senones
Liger F.
ALESIA
Cora F.
Sequani
Batavi
Rhenus
Usipetes
Mosa F.
Lippia F.
Tencteri
Rura F.
Condrusi
Atuatuci
PONS CAESARIS
Treveri
Mosella F.
TREVES
Sararvus F.
Triboci
Nemetes
Rhenus F.
Raurici
VESONTIO
GERMANIA
Visurgis F.
Ardrana F.
Sugambri
Ubii
Sala F.
Albis F.
Moenus F.
Nicer F.
Suebi
Danubius F.
Vindelici
Licus F.
Lac Brigantinus
Aenus F.
Helvetii
Rhodanus F.
Lemanna
Pictones
Caris F.
AVARICUM
NOVIODUNUM
BIBRACTE
CORBOBINA
DECETIA
CABILLONUM
Bituriges
LEMONUM
Vigemna F.
Boii
Aedui
Ambarri
MATISCO
Santoni
Lemovices
Arverni
Elaver F.
GERGOVIA
LUGDUNUM
VIENNA
Allobroges
Salassi
Carantonus F.
Petrocorii
Viviscii
Duranius F.
Carduci
Meduli
UXELLODUNUM
Garumna F.
Oltis F.
Veronius F.
Tarnis F.
Aquitani
Aturis F.
TOLOSA
Volcae
Tectosages
VIA DOMITIA
CARCASSO
NARBO
HISPANIA
SINUS GALLICUS
NEMAUSUS
Helvii
PROVINCIA ROMANA
ARAUSIO
VIA DOMITIA
ARELATE
Vocontii
Druentia F.
Isar F.
Albienses
AQUAE SEXTIAE
MASSILIA
MARE INTERNUM
OCELUM
GALLIA CISALPINA
Lac Benacus
Athesis F.
Padus F.
VIA AEMILIA
Ligures
LIGURIA
VIA AEMILIA SCAURI
LUNA
LUCA
PISAE
SINUS LIGUSTICUS

tous les sénateurs, patriciens exceptés, voulurent s'avancer, les partisans du nouveau consul, parmi lesquels nombre de ses clients, tout spécialement convoqués, leur bloquèrent le passage. Il y eut des injures, des échanges de coups, mais les partisans de Marius tinrent bon, ne laissant passer que les neuf autres tribuns de la plèbe, qui montèrent sur l'estrade, l'air grave, avant de discuter entre eux pour savoir s'il leur était possible d'opposer leur veto et de survivre.

— Peuple de Rome, s'écria Marius, on me dit qu'il m'est impossible de faire ce qui s'impose pour assurer la survie de la cité! Rome a besoin, désespérément besoin, de soldats! Nous sommes entourés d'ennemis sur tous les fronts, et pourtant les nobles Pères Conscrits du Sénat sont, comme d'habitude, plus soucieux de défendre leurs privilèges que de sauver Rome! Ce sont eux, peuple de Rome, qui ont saigné à blanc le pays en sacrifiant avec indifférence ceux qui, traditionnellement, ont constitué l'armée romaine! Ceux qui ne sont pas morts sur le champ de bataille, suite à l'avidité, à l'arrogance ou à la sottise de leurs chefs, sont déjà dans les légions, quand ils ne sont pas trop estropiés pour pouvoir s'y rendre utiles!

Il y en a pourtant d'autres, prêts à se porter volontaires pour servir Rome! Ce sont les *capite censi*, ceux qui, à Rome comme dans toute l'Italie, sont trop pauvres pour pouvoir voter aux centuries, trop pauvres pour posséder quoi que ce soit, trop pauvres pour acheter leur équipement! Mais il est temps, peuple de Rome, que ces milliers et ces milliers d'hommes soient mis au service de la cité! Ils en sont dignes, si démunis qu'ils soient! Je ne crois pas un instant qu'ils aiment moins Rome que les honorables membres du Sénat! A dire vrai, je suis même persuadé du contraire!

Marius se dressa, plein d'indignation, et ouvrit grands les bras, comme s'il voulait étreindre la ville entière.

— Je suis venu ici, en compagnie du collège des tribuns de la plèbe, pour obtenir de vous, gens du peuple, le mandat que le Sénat me refuse! Je vous demande le droit de faire appel aux prolétaires! Je veux que les *capite censi* deviennent soldats des légions romaines! Je veux leur offrir l'honneur, le prestige, la possibilité d'assurer leur avenir et celui de leur famille! Je veux leur offrir la dignité, la chance de jouer un rôle dans la glorieuse destinée de Rome!

Il s'interrompit. La foule le regarda, au milieu d'un profond silence; tous les yeux étaient fixés sur son visage farouche.

— Les Pères Conscrits refusent de donner leur chance à ces milliers et ces milliers d'hommes! Ils me refusent l'occasion de faire appel à leurs services, à leur loyauté, à leur amour de Rome!

Et pourquoi ? Parce que les Pères Conscrits aiment la cité plus que moi ? Non ! Parce qu'ils lui préfèrent leur propre classe ! Je suis donc venu devant vous, gens du peuple, pour vous demander de me donner — et de donner à Rome — ce que le Sénat m'interdit ! Peuple de Rome, donne-moi les *capite censi* ! Donne-moi les plus humbles, les plus obscurs ! Donne-moi l'occasion d'en faire des citoyens dont Rome sera fière ! Me l'accorderas-tu ? Accorderas-tu à Rome ce dont elle a besoin ?

Il y eut des cris, des clameurs, des battements de pied : c'est dans un déferlement sonore que s'effondra une tradition vieille de plusieurs siècles. Neuf tribuns de la plèbe se regardèrent furtivement, et, sans mot dire, convinrent de ne pas opposer leur *veto* : ils tenaient trop à la vie.

Une fois votée la *lex Manlia*, qui donnait aux consuls le droit de recruter des volontaires parmi les *capite censi*, se tint au Sénat une réunion au cours de laquelle Marcus Aemilius Scaurus déclara :

— Caius Marius est un loup avide devenu fou ! Un ulcère pernicieux sur le corps de cette assemblée ! Son existence même, Pères Conscrits, est une raison suffisante pour interdire aux Hommes Nouveaux l'entrée dans nos rangs ! Je vous le demande, qu'est-ce qu'un Caius Marius peut bien savoir de Rome, et des idéaux impérissables qui sont à la base de son gouvernement ? Je suis *Princeps Senatus*, et au cours des longues années que j'ai passées au Sénat, parmi des hommes que je vénère parce qu'ils incarnent l'esprit même de Rome, jamais je n'ai vu d'individu plus dangereux, plus sournois que Caius Marius ! En trois mois, il s'est à deux reprises emparé des prérogatives du Sénat, pour les sacrifier sur le vil autel du Peuple ! Il a d'abord fait annuler notre édit prorogeant le commandement de Quintus Caecilius Metellus en Afrique. Et maintenant, pour assouvir ses ambitions, il exploite l'ignorance du peuple pour se faire accorder le pouvoir de recruter des soldats parmi la lie de la société ! C'est inacceptable !

L'assistance était nombreuse : sur les trois cents membres du Sénat, il n'en manquait guère qu'une vingtaine, les autres ayant été tirés de chez eux, même les malades, par Scaurus et les autres dirigeants de l'assemblée. A les voir assis, sur leurs tabourets pliants, des deux côtés de la Curia Hostilia, on aurait dit des poules grimpées sur leur perchoir ; seules les toges bordées de pourpre de ceux qui avaient été magistrats de haut rang jetaient une tache de couleur dans cette aveuglante blancheur. Les dix tribuns de la plèbe étaient assis, sur un long banc de bois, à côté de ceux qui, seuls, avaient le droit de se tenir à part : deux édiles curules, six préteurs, et les deux consuls, tous assis, sur leurs chaises d'ivoire, sur une estrade installée à un bout de la salle, à l'opposé des énormes portes de bronze par lesquelles on entrait.

Caius Marius était là, juste derrière son collègue Cassius. Il avait l'air très calme, satisfait, et écoutait Scaurus sans paraître témoigner la moindre fureur: ayant obtenu son mandat, il pouvait se montrer magnanime.

— Notre Assemblée doit faire l'impossible pour limiter le pouvoir que Caius Marius vient de donner aux prolétaires! Car les *capite censi* doivent rester ce qu'ils ont toujours été: des ventres creux que nous autres devons nourrir, et tolérer, sans jamais rien exiger d'eux en échange. Ce ne sont ni plus ni moins que des assistés, sans pouvoir et sans voix, qui ne peuvent rien exiger de nous tant que nous n'y serons pas décidés. Mais grâce à Caius Marius, voilà que nous nous retrouvons confrontés à tous les problèmes que pose ce que je suis bien contraint d'appeler une armée de métier. Des hommes qui n'ont pas de quoi vivre, qui resteront dans les légions d'une campagne à l'autre, et coûteront des sommes énormes à l'Etat. Des hommes, Pères Conscrits, qui donneront bientôt de la voix, sous prétexte que désormais ils servent Rome. Vous avez entendu le Peuple. Nous autres du Sénat, qui administrons le Trésor et veillons à l'emploi des fonds publics, devrons puiser dans les coffres et trouver l'argent pour équiper l'armée de Caius Marius. Le Peuple nous enjoint également de payer tous ces soldats de façon régulière, et non, comme c'est l'usage, à la fin de la campagne, quand le butin permet de les défrayer. Entretenir des armées d'indigents ruinera l'Etat!

— Ce que tu dis, Marcus Aemilius, est grotesque! intervint Marius. Il y a plus d'argent qu'il n'en faut dans le Trésor de Rome, parce que, Pères Conscrits, vous n'en faites jamais rien, et vous contentez de l'entasser!

Il y eut des murmures, mais Scaurus, levant le bras, obtint le silence:

— En effet! C'est ainsi que doivent se passer les choses! Et ce, malgré le coût du programme de travaux publics que j'ai lancé du temps où j'étais censeur! Mais dans le passé, il y a eu des moments où il était réduit à presque rien! Les trois guerres menées contre Carthage nous ont mis au bord du gouffre. Quel mal y a-t-il donc à veiller à ce que cela ne se reproduise plus? Tant que son Trésor sera plein, Rome sera prospère.

— Elle le sera encore plus quand les prolétaires auront dans leur bourse de l'argent à dépenser.

— C'est faux, Caius Marius! s'écria Scaurus. Cet argent disparaîtra de la circulation et plus jamais on ne le reverra!

Scaurus vint se placer près des grandes portes de bronze, de façon que les deux côtés de l'Assemblée puissent le voir et l'entendre.

— Pères Conscrits, je vous le dis, il nous raudra, à l'avenir, résister de toutes nos forces à tout consul qui, arguant de la *lex Manlia*, voudra recruter parmi les *capite censi*. Le Peuple nous a expressément ordonné de payer les frais de l'armée de Caius Marius, mais rien dans la loi ne nous oblige à le faire la prochaine fois ! C'est là l'attitude que nous devrons adopter. L'Etat ne peut se permettre d'entretenir une armée d'indigents, c'est aussi simple que cela. Les prolétaires sont des irresponsables sans aucun respect pour la propriété. Un homme à qui l'Etat a offert sa cotte de mailles saura-t-il en prendre soin? Non! Bien sûr que non! Il la laissera rouiller sous la pluie, il la jouera aux dés, il l'abandonnera au pied du lit d'une putain étrangère et s'étonnera ensuite qu'elle la lui vole pendant la nuit! Et que se passera-t-il quand tous ces pauvres ne seront plus en état de servir dans les légions ? Nos soldats sont, par tradition, des propriétaires, ils ont de l'argent, des biens qui leur appartiennent ! Tandis que des indigents représentent une menace. Combien d'entre eux seront capables d'économiser le salaire que leur verse l'Etat? Ils sortiront de leurs années de service aussi gueux qu'ils l'étaient au départ. Et je vous entends dire : qu'y a-t-il de surprenant à cela? Ils ont toujours vécu au jour le jour. Mais, Pères Conscrits, ces indigents se seront habitués à ce que l'Etat les nourrisse, les habille, les loge. Et quand ils perdront tout cela, ils se plaindront. Faudra-t-il alors que nous leur versions une pension?

Il ne faut pas permettre que cela se produise ! Je le répète, Pères Conscrits, nous devrons, à l'avenir, limer les crocs de ceux assez dépourvus de conscience pour recruter parmi les prolétaires, en leur refusant le moindre sesterce !

Marius se leva pour répondre :

— Marcus Aemilius, des remarques aussi ridiculement myopes sont à peine dignes du harem d'un satrape perse ! Pourquoi donc ne veux-tu pas comprendre? Si Rome veut rester ce qu'elle est, alors elle doit faire appel à son peuple tout entier, y compris à ceux qui n'ont pas le droit de voter dans les Centuries ! C'est gaspiller nos agriculteurs et nos commerçants que de les envoyer au combat, surtout quand ils sont dirigés par des incompétents sans cervelle tels que Carbo ou Silanus — excuse-moi, Marcus Junius !

Pourquoi ne pas nous assurer les services d'une large part de la société, qui, jusqu'à présent, a été aussi utile à Rome que des tétons à un taureau ? Si, pour seule objection, nous avançons qu'il va nous falloir écorner un Trésor qui regorge d'argent, c'est décidément que nous sommes bien sots ! Marcus Aemilius pense que les prolétaires feront des soldats pitoyables. Je pense très exactement le contraire ! Allons-nous longtemps rechigner à les payer? Allons-nous leur dénier le droit de toucher un bonus à la fin de leur service actif? Est-ce cela que tu veux, Marcus Aemilius?

J'aimerais pour ma part que l'Etat se sépare d'une partie des terres publiques pour que chaque prolétaire vétéran, à son départ de l'armée, se voie accorder une petite parcelle de terre, qu'il pourra cultiver, ou vendre. Cela permettrait d'infuser un peu de sang neuf, dont nous avons bien besoin, dans les rangs décimés de nos petits propriétaires! Pourquoi ne voulez-vous pas voir que Rome ne peut prospérer que si elle consent à partager sa richesse avec le menu fretin autant qu'avec les gros poissons?

Mais tous les sénateurs s'étaient levés, et le tumulte était tel que Lucius Cassius Longinus décida, prudemment, de mettre un terme à la séance.

Marius et Sylla entreprirent de trouver 20 480 fantassins, 5 120 hommes libres et 4 000 esclaves non combattants, ainsi que 2 000 cavaliers assistés d'autant d'hommes.

— Je m'occuperai de Rome, et toi du Latium, dit Marius. Je ne crois guère qu'il nous faille aller plus loin. Nous voilà en route, Lucius Cornelius! J'ai chargé Caius Julius, notre beau-père, de s'occuper des contacts avec les fabricants d'armes, et j'ai rappelé ses deux fils qui étaient encore en Afrique, ils pourront nous être utiles. Je ne crois pas que Sextus ni Caius le jeune soient du bois dont on fait les chefs, mais ce sont d'excellents subordonnés, aussi travailleurs et intelligents qu'ils sont fidèles.

Ils se dirigèrent vers le cabinet de travail de Marius, devant lequel deux hommes attendaient. L'un était un sénateur d'une trentaine d'années, dont le visage n'était pas totalement inconnu à Sylla, l'autre un jeune homme qui n'avait pas l'air d'avoir plus de dix-huit ans. Marius les présenta à son questeur :

— Lucius Cornelius, voici Aulus Manlius, à qui j'ai demandé d'être l'un de mes légats.

C'était le sénateur. Sans doute un membre de la lignée patricienne des Manlius, songea Sylla ; Marius avait vraiment des amis et des clients venus de tous les horizons.

— Et ce jeune homme, poursuivit Marius, est Quintus Sertorius, le fils d'une de mes cousines, Maria de Nersia, qu'on a toujours appelée Ria. Il se joindra à nous.

Un Sabin. Sylla avait entendu dire qu'ils faisaient d'excellents soldats : indomptables, d'un courage incroyable, bien qu'assez peu orthodoxes.

— Bien ! Il est temps de se mettre au travail ! Aulus Manlius, tu seras chargé de rassembler les chevaux, les équipages, les équipements, les non-combattants, et toutes les fournitures nécessaires, de l'approvisionnement à l'artillerie. Mes deux beaux-frères, les César, seront ici d'un jour à l'autre, et t'assisteront. Je veux que tu sois prêt à t'embarquer pour l'Afrique dès la fin du mois de mars. Tu auras toute l'aide nécessaire, mais je te suggérerai de commencer en recrutant les non-combattants; tu choisiras les meilleurs d'entre eux, qui t'accompagneront. De cette façon, tu économiseras de l'argent, et tu pourras commencer à les former.

Fasciné, Sertorius contemplait Marius. Sylla dévisagea l'adolescent, et eut une réaction un peu analogue. Non que le jeune homme fût sexuellement attirant, mais il y avait en lui une puissance surprenante chez quelqu'un d'aussi jeune. Physiquement, il promettait d'être extraordinairement fort une fois parvenu à l'âge adulte; bien que de grande taille, il était si musclé qu'il paraissait râblé. Il avait une tête de forme carrée, un cou épais, et des yeux noisette remarquables, profondément enfoncés dans leurs orbites.

— J'ai l'intention de partir fin avril avec les premières troupes, dit Marius en regardant Sylla. Lucius Cornelius, il te reviendra de poursuivre l'organisation du reste des légions, et de me trouver des cavaliers décents. Si tu peux en avoir terminé dès la fin de Quinctilis, je serai ravi.

Il se tourna vers son jeune parent et sourit.

— Quant à toi, Quintus Sertorius, tu ne manqueras pas de travail, crois-moi ! Il n'est pas question qu'on dise que ma parenté reste à ne rien faire.

L'adolescent répondit en souriant :

— J'adore le travail, Caius Marius.

Les prolétaires s'enrôlèrent en masse; on n'avait jamais rien vu de tel à Rome, et le Sénat n'aurait pas cru cela possible de la part de gens auxquels il n'avait jamais pris la peine de penser, sauf en période de disette, quand il se révélait judicieux de leur procurer du grain à bon marché pour éviter les émeutes. En quelques jours, rien que parmi les citoyens romains, on parvint au chiffre fatidique de 20 480 — mais Marius décida de ne pas s'en tenir là.

— Autant prendre tous ceux qui se présentent, dit-il à Sylla. Metellus avait six légions, je ne vois pas pourquoi je devrais me contenter de moins. Surtout du moment que c'est l'Etat qui finance ! Après tout, si nous devons en croire ce cher Scaurus, cela ne se produira plus jamais, et mon instinct me dit que nous aurons peut-être besoin de ces deux légions supplémentaires. De toute façon, il ne sera pas question cette année de lancer une véritable campagne, aussi ferions-nous mieux de nous occuper de les former et de les équiper. Et ces six légions seront toutes composées de citoyens romains, non de supplétifs italiques. Cela veut dire que, dans les années qui viennent, nous pourrons toujours recourir à ces derniers, comme à de nouveaux prolétaires romains.

Tout se passa comme prévu, ce qui, découvrit Sylla, n'avait rien d'étonnant quand Caius Marius s'en occupait. Fin mars, Aulus Manlius s'embarqua à Neapolis en direction d'Utique, à la tête de navires chargés de chevaux, de balistes, de catapultes, d'armes, et de tout l'équipement nécessaire à une armée. A peine avait-il débarqué que les bateaux repartirent pour faire traverser Caius Marius, accompagné de deux légions seulement. Sylla resta en Italie pour organiser les quatre autres, et mettre sur pied la cavalerie. Il dut également aller dans le Nord, en Gaule Cisalpine, de l'autre côté du Pô, où il recruta des cavaliers d'origine celte.

L'armée de Marius connut d'autres innovations que son recrutement social. Car les nouveaux venus n'avaient aucune tradition militaire, et étaient parfaitement ignorants en ce domaine. Ils n'étaient donc pas en mesure de résister aux changements, ou de s'y opposer. Depuis bien des années, l'unité de base de la légion romaine, cette compagnie d'infanterie qu'on appelait le manipule, présentait un effectif trop réduit pour faire face aux armées, aussi massives qu'indisciplinées, que les légions devaient souvent combattre ; la cohorte — trois fois plus importante — la supplantait peu à peu en pratique. Pourtant, personne, officiellement, n'en avait encore tenu compte. C'est ce que fit Caius Marius, pendant le printemps et l'été de son premier consulat : le manipule cessa d'exister, sauf pour les défilés.

Recruter une armée de prolétaires avait ses inconvénients. Choisis parmi les petits propriétaires, les soldats romains savaient, dans leur grande majorité, lire, écrire et compter, ce qui leur permettait de reconnaître sans difficulté les drapeaux, les nombres, les lettres, les symboles. Ce n'était évidemment pas le cas des hommes de Marius. Sylla mit sur pied un programme aux termes duquel chaque unité de huit hommes, qui logeaient et mangeaient ensemble, comprendrait au moins une recrue sachant lire et écrire, qui se verrait chargée de faire profiter les autres de ses connaissances. Mais les progrès en ce domaine furent lents ; il faudrait, pour parvenir aux résultats escomptés, attendre qu'en Afrique les pluies d'hiver rendent impossible toute campagne militaire.

Marius lui-même eut l'idée de donner à ses légions un symbole très simple, pour lequel les hommes du rang auraient une déférence chargée de crainte superstitieuse. Il offrit à chacune d'elles un magnifique aigle d'argent, aux ailes déployées, fixé sur une tige métallique ; il serait porté par l'*aquilifer*, le meilleur soldat de toute l'unité, vêtu d'une armure d'argent et d'une peau de lion. L'aigle, fit savoir Marius, était le symbole de Rome, et chaque soldat fut contraint de jurer qu'il mourrait plutôt que de le laisser tomber aux mains de l'ennemi.

Bien entendu, Marius savait exactement ce qu'il faisait. Ayant passé la moitié de sa vie dans l'armée, il était beaucoup plus proche du simple homme de troupe qu'un aristocrate de haut rang. Qu'il fût de basse naissance l'avait placé dans une position irremplaçable d'observateur ; et son intelligence exceptionnelle lui permettait d'en tirer le meilleur parti.

Marius avait provoqué à Rome un énorme bouleversement, auquel Quintus Caecilius Metellus réagit d'une façon qui surprit jusqu'à son fils, car c'était un esprit raisonnable et un homme qui savait se contrôler. Pourtant, quand il apprit qu'on lui enlevait son commandement africain pour le donner à Caius Marius, il parut devenir fou. En plein marché d'Utique, plutôt que dans le secret de son cabinet de travail, à la grande fascination des populations locales, il se mit à pleurer et à geindre, à s'arracher les cheveux, à se lacérer la poitrine. Même une fois le premier choc passé, quand il se fut cloîtré dans sa résidence, la simple mention du nom de Marius suffisait à provoquer chez lui des sanglots bruyants, mêlés d'allusions peu claires à Numance, à on ne savait quel trio, et à une auge à cochons.

Il reçut toutefois de Lucius Cassius Longinus une lettre qui eut sur lui un effet salvateur. Il consacra alors plusieurs jours à organiser la démobilisation de ses six légions, après avoir obtenu leur consentement pour qu'elles soient réenrôlées, dès leur arrivée en Italie, sous le commandement de Cassius. Celui-ci annonçait en effet dans sa missive qu'il comptait bien faire beaucoup mieux en Gaule Transalpine que Marius le Parvenu en Afrique.

Ignorant la manière dont ce dernier avait résolu le problème de ses troupes (il ne devait l'apprendre qu'à son arrivée à Rome), Metellus quitta Utique à la fin du mois de mars avec ses six légions. Il choisit d'aller jusqu'au port d'Hadrumetum, à plus de quarante lieues au sud-est de la ville, et y bouda jusqu'à ce qu'il fût informé de l'arrivée de Marius. Il avait laissé derrière lui Publius Rutilius Rufus pour l'accueillir.

Aussi, quand Marius débarqua, ce fut son vieil ami qui se trouvait sur le quai, et lui transmit formellement le gouvernement de la province.

— Où est le Porcelet? demanda Marius comme tous deux se dirigeaient vers le palais du gouverneur.

— Il attend à Hadrumetum, avec ses six légions, répondit

Rutilius en soupirant. Il a fait le vœu de ne pas te rencontrer ou de te parler.

— Pauvre crétin ! dit Marius en souriant. As-tu reçu mes lettres sur les *capite censi* et l'organisation des nouvelles légions ?

— Bien sûr. Et je commence même à être un peu lassé des louanges que te décerne Aulus Manlius depuis son arrivée ici. Une idée remarquable, Caius Marius. Mais ils te feront payer ta témérité, vieil ami ! Ils te feront payer !

— Oh que non ! Je les ai amenés là où je voulais, et je jure par tous les dieux que je vais les tenir en lisière jusqu'à ma mort ! Je ferai mordre la poussière au Sénat, Publius Rutilius.

— Tu n'y arriveras pas. C'est le contraire qui se passera.

— Jamais de la vie !

Utique paraissait plus belle que jamais : ses bâtiments venaient juste d'être chaulés après les pluies d'hiver. Une petite ville immaculée, où régnait une chaleur langoureuse, avec des constructions d'une hauteur modeste, des arbres en fleurs, des gens vêtus de couleurs vives. Les places plantées d'arbres étaient bordées de tavernes ; les rues pavées étaient d'une parfaite propreté. Comme presque toutes les villes romaines, Utique jouissait d'un excellent système d'égouts, de bains publics, et d'abondantes réserves d'eau, grâce à un aqueduc qui alimentait la ville depuis les montagnes bleutées qu'on apercevait au loin.

— Publius Rutilius, que comptes-tu faire ? demanda Marius, une fois qu'ils furent installés dans le cabinet de travail du gouverneur, après s'être beaucoup amusés de voir les anciens serviteurs de Metellus s'incliner devant leur nouveau maître. Aimerais-tu rester ici, et être mon légat ? Je n'ai pas voulu confier ce poste à Aulus Manlius.

— Non, Caius Marius, répondit l'autre en secouant la tête. Je rentre. Comme le Porcelet s'en va, ma tâche prend fin, et j'en ai assez de l'Afrique. De plus, pour parler franc, je n'aime guère l'idée de voir un jour ce pauvre Jugurtha chargé de chaînes, et c'est ce qui va se passer, maintenant que tu es là. Non, je vais retrouver Rome, me reposer, écrire et revoir mes vieux amis.

— Et si, un jour prochain, je devais te demander de te présenter au consulat — en même temps que moi ?

Rutilius lui jeta un regard perplexe.

— Qu'est-ce que tu complotes encore ?

— Publius Rutilius, une prophétie veut que je sois consul de Rome pas moins de sept fois.

Tout autre que Publius Rutilius Rufus eût ri, ou simplement refusé de le croire. Mais il connaissait trop bien son Marius.

— Une grande destinée ! Elle te place au-dessus de tes pairs, et je suis trop romain pour approuver. Mais si tel est le sort qui t'attend, tu ne peux y échapper, pas plus que je ne pourrai l'empêcher. Si j'aimerais être consul? Bien sûr que oui! Il est de mon devoir de faire honneur à ma famille. Mais prends soin de choisir une année où tu auras vraiment besoin de moi, Caius Marius.

— N'aie crainte! répondit celui-ci, satisfait.

Quand la nouvelle de l'arrivée de Marius parvint aux deux souverains, Bocchus prit peur et repartit immédiatement pour la Maurétanie, laissant Jugurtha affronter seul l'ennemi. Le roi de Numidie ne s'inquiéta guère de la désertion de son beau-père, comme de la perspective d'avoir à se battre contre son ancien ami; il prit son temps, recruta des hommes parmi les Gétules, et attendit que Marius fît le premier pas.

Fin juin, quatre des six légions de celui-ci étaient arrivées dans la province d'Afrique, et Marius les estima assez préparées pour les conduire en Numidie. Il leur fit piller des villes, saccager des terres, livrer des engagements de peu d'ampleur, et transforma peu à peu ses recrues en une redoutable armée. Toutefois, quand Jugurtha eut évalué le nombre des forces romaines, et compris l'importance du recrutement des prolétaires, il décida de courir le risque d'une bataille rangée, et tenta de reprendre Cirta.

Marius arriva cependant avant que la ville ne soit tombée, ne laissant pas d'autre choix à son adversaire que de se battre; les *capite censi* eurent ainsi l'occasion de confondre leurs critiques. C'est avec jubilation que leur chef, une fois l'affrontement terminé, fut en mesure de prévenir le Sénat qu'ils s'étaient magnifiquement comportés. A dire vrai, ils défirent à ce point les troupes de Jugurtha que celui-ci ne dut son salut qu'à la fuite.

Dès que le roi Bocchus apprit la nouvelle, il envoya des émissaires à Marius pour le supplier de bien vouloir le compter de nouveau au rang des clients de Rome; l'autre n'ayant pas répondu, il dépêcha de nouveaux messagers, jusqu'à ce que finalement Marius consentît à recevoir une délégation, qui rentra en toute hâte prévenir son souverain qu'en aucun cas le nouveau commandant en chef de l'armée romaine ne comptait discuter avec lui. Bocchus en fut donc réduit à maudire le jour où il avait cédé aux instances de son gendre.

Marius, quant à lui, entreprit de conquérir le moindre pouce de territoire numide sur les côtes et les riches vallées du royaume de Jugurtha, de façon que celui-ci fût dans l'impossibilité de recruter de nouvelles troupes, ou d'assurer leur ravitaillement. Ce n'est que parmi les tribus berbères de l'intérieur, les Gétules et les Garamantes, que le souverain put trouver refuge et soldats, et mettre son trésor à l'abri des convoitises romaines.

En juin, Julilla, après sept mois de grossesse, donna le jour à une fille d'allure souffreteuse, et vers la fin de Quinctilis Julia mit au monde un gros garçon plein de santé. Pourtant, ce fut l'enfant de sa sœur qui survécut, tandis que le sien mourait, victime des vapeurs fétides de Sextilis, qui se répandaient dans tout Rome, provoquant d'innombrables fièvres entériques.

— Il est bien de m'avoir donné une fille, dit Sylla à son épouse, mais avant que je parte pour l'Afrique, il faudra que tu sois enceinte de nouveau, et cette fois d'un garçon!

Julilla fut trop heureuse de lui obéir, souffrant, au fond d'elle-même, d'avoir offert à son mari une fillette braillarde et qui vomissait sans arrêt. Bizarrement, bien que frêle, souvent malade et perpétuellement agitée, elle avait beaucoup mieux supporté sa grossesse que sa sœur aînée, pourtant mieux armée qu'elle physiquement et moralement.

A l'automne, Julilla sut qu'elle était de nouveau enceinte.

— Au moins, nous avons déjà une fille que, le moment venu, nous pourrons marier à quelqu'un dont nous aurons besoin, dit-elle à Julia. J'espère que le prochain enfant sera un garçon.

Julia pleurait toujours la mort de son fils; la conduite de sa sœur l'agaçait infiniment plus qu'autrefois, et elle comprit enfin pourquoi Marcia avait dit, d'un air sombre, qu'il y avait en Julilla quelque chose de pourri.

Elle trouvait bizarre d'avoir grandi aux côtés de quelqu'un sans jamais vraiment le comprendre. Sa cadette semblait vieillir; ni physiquement, ni même mentalement; c'était plutôt un processus purement psychologique, redoutablement destructeur. Peut-être la Julilla d'aujourd'hui avait-elle toujours existé, derrière les rires et les sottises, les petites ruses de fillette qui avaient tant charmé le reste de la famille.

Ou était-ce parce qu'elle avait manqué se laisser mourir de faim? On veut toujours le croire, pensa Julia, parce qu'on a besoin de trouver une cause extérieure, faute de quoi il faudrait bien reconnaître que la faiblesse avait toujours été là.

Julilla serait toujours belle. Mais désormais, ses yeux immenses étaient entourés de cernes, deux rides apparaissaient déjà entre les joues et les ailes du nez, les coins de sa bouche s'étaient affaissés. Oui, elle avait l'air lasse, mécontente, agitée. Sa voix avait quelque chose de plaintif, elle poussait toujours ces énormes soupirs — aussi agaçants que sa manie de renifler.

— Aurais-tu du vin? demanda Julilla.

Julia battit des cils, stupéfaite, vaguement scandalisée et un peu honteuse de l'être. Après tout, les femmes aussi s'étaient mises à en boire ! On ne considérait plus que c'était un signe de dépravation morale, sauf dans des milieux que Julia elle-même jugeait parfaitement intolérants. Mais entendre sa propre sœur, à peine âgée de vingt ans, fille d'un Julius César, lui demander du vin, en fin de matinée, la choqua.

— Bien sûr que oui.

— J'aimerais en avoir une coupe, dit Julilla, qui avait vainement cherché à refréner son envie ; il était certain que Julia ferait des commentaires, et il était très déplaisant de devoir s'exposer à la désapprobation de son aînée. Pourtant elle n'avait pu s'en empêcher.

Ces derniers temps, Julilla était exaspérée par sa famille, qui l'ennuyait profondément. En particulier Julia, femme de consul, et qui était déjà devenue l'une des jeunes matrones les plus estimées de Rome. Jamais la moindre erreur. Heureuse de son sort, amoureuse de cet abominable Caius Marius, épouse exemplaire, mère modèle. Tout cela était ennuyeux à mourir.

— Tu bois du vin le matin, d'habitude ? demanda sa sœur, aussi négligemment qu'elle put.

Un haussement d'épaules, quelques rapides mouvements de mains, un regard brûlant qui montrait qu'elle avait touché juste.

— Oh, Sylla en boit, et il aime avoir de la compagnie.

— *Sylla ?* Tu l'appelles par son *cognomen* ?

Julilla éclata de rire.

— Julia, comme tu es vieux jeu ! Bien sûr que oui ! Tout le monde fait de même dans les milieux que nous fréquentons. D'ailleurs, Sylla aime cela. Il dit que s'entendre appeler Lucius Cornelius lui donne l'impression d'avoir mille ans.

— Oui, je suis sans doute vieux jeu, répondit sa sœur en feignant de prendre la chose à la légère. Après tout, j'ai des excuses ! Caius Marius n'a pas de *cognomen* !

Le vin arriva. Julilla s'en versa une coupe, mais, contrairement à l'usage, s'abstint de le couper d'eau, et but avidement :

— Je me suis souvent posé la question, dit-elle. Je suppose que quand il aura vaincu Jugurtha, il s'en trouvera un vraiment impressionnant. Quand on pense que cet âne de Metellus a obtenu du Sénat le droit au triomphe, et au *cognomen* Numidicus ! C'est à ton mari qu'on devrait donner ce nom !

— Metellus Numidicus, dit Julia, toujours aussi soucieuse d'exactitude, méritait son triomphe, Julilla. Il a tué suffisamment de Numides, et rapporté un important butin. Il voulait se faire appeler Numidicus, le Sénat en était d'accord, donc il n'y avait pas de problème. D'ailleurs, Caius Marius dit toujours que le nom de son père lui suffit. Il n'y a qu'un Caius Marius, alors qu'il y a des dizaines de Caecilius Metellus. Attends et tu verras : mon mari n'a pas besoin de se distinguer des autres par des artifices aussi futiles qu'un *cognomen*. Il sera le Premier des Romains, par le seul fait de sa supériorité.

Entendre Julia faire l'éloge de Caius Marius était exaspérant. Julilla ressentait, vis-à-vis de son beau-frère, un mélange de gratitude, en raison de sa générosité, et d'un mépris acquis auprès des gens qu'elle fréquentait, et pour qui il ne serait jamais qu'un parvenu. Aussi préféra-t-elle remplir de nouveau sa coupe, et changer de sujet.

— Ton vin est excellent !

Elle but, mais moins précipitamment que la première fois puis, à brûle-pourpoint, demanda :

— Tu es amoureuse de Marius ?

Julia rougit et, irritée de s'être trahie, répondit :

— Evidemment ! Et il me manque horriblement, à dire vrai. Je suppose qu'il n'y a pas de mal à cela, même pour tes amis... Et toi, tu aimes Lucius Cornelius ?

— Oui ! dit Julilla, sur la défensive. Mais, maintenant qu'il est parti, il ne me manque pas, crois-moi ! Au moins, s'il est absent deux ou trois ans, je ne serai pas enceinte dès l'instant où celui-ci sera né. J'aime flotter comme une plume, j'ai horreur de me sentir aussi lourde ! Et c'est ainsi depuis que je suis mariée...

Julia s'efforça de garder son calme.

— C'est là ta tâche, dit-elle.

— Mais pourquoi les femmes n'ont-elles jamais le choix ? demanda sa sœur, au bord des larmes.

— Ne sois pas ridicule !

Julilla sentit enfin le vin faire son effet.

— C'est quand même une façon horrible de vivre sa vie, dit-elle d'un ton mutin.

Elle sourit.

— Julia, ne nous querellons pas ! C'est déjà suffisamment pénible que maman ne veuille pas me pardonner.

C'était vrai, Julia le savait ; jamais Marcia n'avait voulu oublier la conduite de Julilla envers Sylla — ce qui d'ailleurs demeurait un mystère. La froideur de leur père avait duré quelques jours, puis il avait témoigné à sa cadette la joie qu'il éprouvait à la voir aller mieux. Mais leur mère était restée aussi sévère. Pauvre, pauvre, Julilla ! Sylla aimait-il vraiment boire du vin en sa compagnie, ou était-ce un prétexte ?

Au début de septembre, Sylla arriva en Afrique avec les deux dernières légions, et deux mille cavaliers venus de Gaule Cisalpine.

Il trouva Marius occupé à préparer une grande expédition en Numidie, se vit accueilli chaleureusement, et fut mis au travail aussitôt.

— J'ai contraint Jugurtha à la fuite! s'écria Marius, qui jubilait. Et cela sans disposer de toute mon armée! Lucius Cornelius, maintenant que tu es là, tu vas voir un peu d'action!

Sylla lui transmit des lettres de Julia et de Caius Julius César, puis rassembla assez de courage afin de lui présenter ses condoléances pour la mort de son second fils, que Marius n'avait même pas eu l'occasion de voir.

— Je te prie d'accepter toute ma sympathie à l'occasion du décès de ton petit Marcus Marius, déclara-t-il gauchement, sachant que sa propre fille, Cornelia Sylla, s'accrochait toujours à la vie.

Une ombre passa sur le visage de Marius, puis disparut.

— Je te remercie, Lucius Cornelius. J'aurai toujours le temps d'avoir d'autres enfants, et j'ai le jeune Marius. Sa mère et lui allaient-ils bien quand tu les as quittés?

— Parfaitement bien, comme tous les Julius César.

L'heure n'était plus aux considérations privées. Marius entraîna Sylla vers une immense carte peinte sur une peau de veau spécialement traitée.

— Tu arrives juste à temps. Dans huit jours, nous nous mettons en route pour Capsa.

Il examina Sylla, dont le visage, couvert de taches rouges, paraissait peler par endroits.

— Lucius Cornelius, je te suggère d'arpenter les marchés d'Utique jusqu'à ce que tu trouves un chapeau bien solide, avec un rebord aussi large que possible. On voit bien que tu as passé tout l'été dehors! Mais le soleil de Numidie est encore plus cruel, et tu finirais par cuire.

C'était exact. Le teint de Sylla, parfaitement blanc, avait beaucoup souffert de ses voyages à travers l'Italie. L'orgueil lui avait interdit de rester à l'ombre pendant que d'autres bravaient la chaleur. Les coups de soleil s'étaient lentement résorbés, ses bras avaient à peu près supporté l'épreuve. Mais son visage...

Marius désigna du doigt une jarre de vin.

— Lucius Cornelius, depuis mon entrée dans les légions, à l'âge de dix-sept ans, on s'est moqué de moi sous un prétexte ou sous un autre. Au début j'étais trop petit, trop maigre, ensuite j'étais trop gros. Je ne parlais pas grec, je n'étais pas un pur Romain. Je comprends donc qu'avoir une peau aussi sensible que la tienne ait quelque chose d'humiliant. Mais, de mon point de vue, il est plus important de te voir en bonne santé que de sauver les apparences. Trouve-toi ce chapeau! Noue-le avec une écharpe, un ruban, ou même une cordelette de pourpre et d'or, si tu y tiens. Et moque-toi des autres ! Fais comme si c'était une excentricité ! Et tu verras que bientôt plus personne n'y fera attention.

Sylla hocha la tête et sourit.

— Tes conseils sont excellents. Je ferai comme tu me le dis, Caius Marius.

— Bien.

Un silence s'établit entre eux. Marius avait l'air agité, un peu agacé, mais Sylla comprit que ce n'était pas à cause de lui. Et, brusquement, il en devina la raison : n'avait-il pas, lui aussi, éprouvé un sentiment analogue — comme Rome tout entière ?

— Les Germains, dit-il.

— Les Germains. D'où viennent-ils, Lucius Cornelius, et vers où se dirigent-ils ?

— Vers Rome, Caius Marius, répondit Sylla en frissonnant. Nous le sentons tous. Quant à savoir d'où ils sont venus, nous l'ignorons. Peut-être sont-ils une manifestation de la Némésis, la justice divine. En tout cas, ils n'ont pas de foyer, et nous craignons fort qu'ils ne viennent en trouver un chez nous.

— Et ils seraient bien sots de s'en abstenir, dit Marius d'un air sombre. Ces incursions en Gaule sont autant de coups de sonde, Lucius Cornelius ; ils rassemblent assez de courage pour aller plus loin. Ce sont peut-être des barbares, mais même le plus obtus d'entre eux sait que, s'il veut s'établir aux environs de la Méditerranée, il lui faudra d'abord affronter Rome. Les Germains viendront.

— J'en suis persuadé. Mais toi et moi ne sommes pas les seuls à le penser. Ces temps-ci, c'est le sentiment général à Rome. Une inquiétude horrible, une peur de l'inévitable... Et nos défaites n'arrangent rien. Tout conspire pour aider les Germains. Même au Sénat, il se trouve des gens pour en parler comme si cela s'était déjà produit. Ils voient en eux une sorte de jugement divin.

Marius soupira.

— Non, une mise à l'épreuve. Parle-moi de ce qui est arrivé à Lucius Cassius. Les comptes rendus officiels ne me permettent pas de me faire une idée.

Sylla fit la grimace.

— Ah, il a pris le commandement des six légions ramenées d'Afrique par Metellus, et les a conduites tout au long de la Via Domitia jusqu'à Narbo, qu'il semble avoir atteint vers le début de Quinctilis, après huit semaines de marche. Il disposait de troupes aguerries, et elles auraient pu aller plus vite, mais personne n'a reproché à Lucius Cassius de s'être montré indulgent avec elles au début de ce qui promettait d'être une campagne très difficile. Son effectif se montait à environ quarante mille hommes, plus une

ITALIA
GALLIA CISALPINA
Regiones italiae
0 GALLIA TRANSPADANA
1 LIGURIA
2 GALLIA CISPADANA
3 ETRURIA
4 UMBRIA
5 PICENUM
6 LATIUM
7 SAMNIUM
8 CAMPANA
9 APULIA
10 LUCANIA
11 CALABRIA
12 BRUTTIUM
0 1 2 GALLIA CISALPINA
RHAETIA
NORICUM
NORICUM
NAUPORTUS
AQUILEIA
via Aemilia
TERGESTE
VICETIA
PATAVIUM
COMUM
VERCELLAE
VERONA
MANTUA
OCELUM
TAURASIA
HASTA
PLACENTIA
DERTONA
PARMA
MUTINA
BONONIA
via Aemilia
via Annia
via Aemilia Scauri
GENUA
SABATIA
LUNA
RAVENNA
ARIMINUM
LUCA
FLORENTIA
PISAE
SINUS LIGUSTICUS
PORTUS HERCULIS MONOECI
NICAE
FANUM FORTUNAE
ANCONA
FIRMUM
VOLATERRAE
via Cassia
via Flaminia
POPULONIA
RUSELLAE
COSA
via Clodia
via Aurelia
CASTRUM TRUENTIUM
CASTRUM NOVUM
HADRIA
ATERNUM
ORTONA
via Salaria
via Caecilia
via Valeria
CORFINIUM
ROMA
via Latina
via Appia
LIBURNIA
ILLYRICUM
DALMATIA
MARE ADRIATICUM
CORSICA
MARIANA
ALERIA
BUCA
BENEVENTUM
via Minucia
FORMIAE
TERRACINA
BARDULI
BARIUM
CANUSIUM
via Appia
BRUNDISIUM
TARENTUM
ILE PONTIA
ILE PONDATARIA
ILE AENARIA
ILE CAPREAE
CUMAE
PUTEOLI
STABIAE
OLBIA
SARDINIA
USELIS
NEAPOLIS
CARALES
NORA
MARE TYRRHENUM
via Popilia
HERACLEIA
LAUS
THURII
ILE STRONGYLE
ILE DIDYME
ILE LIPARA
ILE VULCANO
ILE USTICA
MESSANA
SCYLACIUM
CAULONIA
RHEGIUM
PANORMUS
THERMAE
via Valeria
SICILIA
ACIUM
CATANA
MARE SICULUM
SYRACUSE
HELORUS
ILE CALATHA
HIPPO ZARYTUS
ILE AEGIMURUS
UTICA
ILE COSSURA
HIPPO REGIUS
CARTAGO
MARE LIBYCUM
THUGGA
ZAMA
HADRUMETUM
LEPTIS
THAPSUS
AFRICA VETUS
ILE GUADOS
ILE MELITA

grosse unité de cavalerie à laquelle il a, chemin faisant, joint des Gaulois romanisés, près de trois mille. Une grosse armée.

— C'étaient des hommes de valeur, grommela Marius.

— Je sais. Je les ai vus traverser la vallée du Pô en direction des cols alpins; à l'époque, j'étais occupé à recruter des cavaliers. Tu ne vas pas me croire, Caius Marius, mais je n'avais jamais vu l'armée romaine en marche, aussi parfaitement équipée. C'est un spectacle que je n'oublierai jamais!

Il soupira.

— Enfin... Il semble que les Germains aient conclu une sorte d'accord avec les Volces Tectosages, qui disent leur être apparentés, et leur ont cédé des terres au nord et à l'est de Tolosa.

— Lucius Cornelius, je sais bien que les Gaulois sont aussi mystérieux que les Germains, mais selon nos informations, les uns et les autres ne sont pas de la même race. Comment les Volces Tectosages peuvent-ils prétendre leur être liés? De surcroît, eux-mêmes ne font pas partie de la Gaule Chevelue, ils vivaient déjà aux environs de Tolosa avant même que nous ne prenions le contrôle de l'Espagne, ils parlent grec et commercent avec nous. Alors?

— Je n'en sais rien. Les autres non plus, d'ailleurs.

— Excuse-moi de t'avoir interrompu, Lucius Cornelius. Continue.

— Lucius Cassius, parti de la côte, a remonté la route créée par Cnaeus Domitius, et déployé ses troupes non loin de Tolosa. Les Volces Tectosages étant désormais alliés des Germains, il avait affaire à des forces très puissantes. Toutefois, Cassius les a poussés à se battre au bon endroit, et les a écrasés. En bons barbares, ils ne sont pas restés aux environs une fois vaincus. Germains et Gaulois se sont enfuis loin de Tolosa et de notre armée.

Il s'interrompit, fronça les sourcils et but un peu de vin.

— Je tiens tout cela de Popillius Laenas lui-même. Il revenait de Narbo par mer juste avant que je n'embarque.

— Le pauvre, il va être le bouc émissaire du Sénat

— A l'évidence!

— Les comptes rendus disent que Cassius a poursuivi les Barbares en fuite?

— En effet. Ils ont longé les deux rives de la Garonne en direction de l'océan. Quand ils ont quitté les environs de Tolosa, ils étaient en pleine déroute, comme on pouvait s'y attendre. Je suppose qu'il les prenait pour des simples d'esprit, car il n'a même pas jugé utile de déployer notre armée comme il aurait fallu pour leur donner la chasse.

— Il n'a pas mis ses légions en ordre de marche défensif? demanda Marius, incrédule.

— Non. La poursuite n'était pour lui qu'une simple marche, et il a emmené tous ses fourgons, y compris tout ce qu'il avait ramassé quand les Germains s'étaient enfuis en laissant leurs chariots derrière eux. Comme tu sais, la voie romaine s'arrête à Tolosa, aussi la progression en territoire ennemi, le long de la Garonne, a-t-elle été très lente; et Cassius se préoccupait avant tout de protéger ses fourgons.

— Pourquoi ne les avait-il pas laissés à Tolosa?

Sylla haussa les épaules.

— Je suppose qu'il se méfiait des Volces Tectosages restés aux environs. De toute façon, le temps qu'il descende la Garonne jusqu'à Burdigala, les Germains et les Gaulois avaient eu près de deux semaines pour se remettre. Ils se sont retranchés dans Burdigala, qui a l'air d'être bien plus importante que l'*oppidum* gaulois habituel, et qui est très bien fortifiée, sans compter qu'elle regorge d'armes. Les gens du cru ne voulaient pas de Romains sur leur territoire, et ont donc aidé Germains et Gaulois de toutes les façons possibles. Ensuite, ils ont mis sur pied une embuscade très habile dans laquelle Lucius Cassius est tombé.

— L'imbécile!

— Nos troupes campaient non loin de Burdigala, à l'est, et quand Cassius a décidé d'attaquer la ville, il a laissé derrière lui tout le bagage de l'armée, sous la garde de cinq cohortes. Il semble qu'il ait été persuadé qu'il ne rencontrerait aucune résistance organisée, aussi a-t-il fait marcher les hommes sans même resserrer les rangs, ni envoyer d'éclaireurs! Il est tombé dans un piège, et Gaulois et Germains l'ont littéralement anéanti. Cassius a été tué au combat, comme son principal légat. Popillius Laenas estime que trente-cinq mille soldats romains ont trouvé la mort.

— Il avait été chargé de commander le camp?

— Oui. Bien entendu, le vacarme des affrontements lui parvenait, mais il n'a compris l'étendue du désastre que lorsqu'une poignée d'hommes a fait son apparition, courant à perdre haleine en direction du camp. Il a attendu, attendu, mais n'en a pas vu arriver d'autres. Ce sont au contraire les Gaulois et les Germains qui ont déferlé. Il affirme qu'ils étaient des dizaines de milliers; une masse compacte de Barbares, ivres de la fureur de la victoire, hors d'eux-mêmes, brandissant des têtes de Romains au bout de leurs lances, hurlant des chants de guerre. Des géants aux cheveux raidis d'argile, ou tombant sur leurs épaules en longues tresses blondes. Un spectacle terrifiant.

— Et auquel nous risquons d'assister plus d'une fois à l'avenir, dit Marius d'un air sombre. Continue.

— Il est vrai que Laenas aurait pu résister; mais pour quoi? Il lui a semblé plus judicieux de sauver les pitoyables débris de notre armée. C'est donc ce qu'il a fait. Il est sorti du camp pour rencontrer leurs chefs, la lance pointée vers le bas, et le fourreau de son épée vide. Ils l'ont épargné, comme tous les survivants. Ensuite, pour bien montrer à quel point ils nous jugeaient cupides, ils lui ont restitué les bagages de l'armée, et n'ont repris que les trésors que Cassius leur avait volés ! Toutefois, ils ont fait passer Popillius Laenas et les autres sous le joug. Après quoi, ils les ont escortés jusqu'à Tolosa, et ont veillé à ce que nos hommes prennent la direction de Narbo.

— Nous sommes trop souvent passés sous le joug, ces dernières années, dit Marius en serrant les poings.

— C'est bien pourquoi tout le monde à Rome en veut à Popillius Laenas. Il va être accusé de trahison, mais d'après ce qu'il m'a dit, je doute qu'il reste sur place en attendant le jugement. Je crois qu'il compte rassembler ce qu'il pourra de valeurs, et partir aussitôt en exil volontaire.

— Il a raison, au moins parviendra-t-il ainsi à échapper à la ruine : s'il est jugé, le Sénat confisquera tous ses biens. Mais le destin de Lucius Cassius ne sera pas le nôtre, Lucius Cornelius ! Nous allons, par tous les moyens, faire mordre la poussière à Jugurtha, puis nous rentrerons demander au peuple un mandat en vue de combattre les Germains !

— A la victoire ! dit Sylla en levant sa coupe.

L'expédition contre Capsa se solda par un succès complet, mais, chacun en convint, uniquement parce que Marius avait mis sur pied un plan de campagne particulièrement brillant. Il ne se fiait guère à la cavalerie d'Aulus Manlius, parce qu'elle comptait trop d'éléments numides qui se prétendaient fidèles à Rome et à Gauda. Manlius leur fit donc croire que Marius préparait une simple razzia, et les informations que Jugurtha reçut à ce sujet le trompèrent tout à fait.

C'est pourquoi, quand Marius fit son apparition devant Capsa, le roi le croyait encore à plus de cinquante lieues ; personne ne l'avait prévenu que les Romains avaient constitué des réserves d'eau et de grain pour traverser les étendues arides entre la ville et la rivière Mellègue. Et quand la forteresse, apparemment imprenable, fut cernée d'une mer de casques romains, ses habitants se rendirent sans combat. Mais, une fois de plus, Jugurtha parvint à s'échapper.

Caius Marius estima qu'il était temps de donner une bonne leçon à la Numidie, et en particulier aux Gétules. C'est pourquoi, bien que Capsa n'eût opposé aucune résistance, il permit à ses soldats de piller et de violer; la cité fut incendiée, tous les adultes, hommes et femmes, passés au fil de l'épée ou vendus en esclavage. Les immenses trésors de Jugurtha furent chargés sur des chariots; et Marius quitta le pays à la tête de ses troupes, qu'il ramena non loin d'Utique, pour leur faire prendre leurs quartiers d'hiver, bien avant que commence la saison des pluies.

Ses hommes avaient bien mérité de se reposer. Quant à lui, il lui fut profondément agréable d'écrire au Sénat une lettre (que Caius Julius César lirait à ses collègues) exaltant le courage de ses prolétaires; et il ne put résister à la tentation d'ajouter qu'après la désastreuse campagne de Lucius Cassius Longinus, feu son collègue, il était certain que Rome aurait, à l'avenir, de plus en plus besoin des *capite censi*.

Vers la fin de l'année, il reçut une lettre de Publius Rutilius Rufus:

> Oh, que de rougeurs sur les visages! Ton beau-père a lu ta lettre d'une voix de stentor, si bien que même ceux qui se bouchaient les oreilles étaient obligés d'entendre. Le Porcelet — qui se fait désormais appeler Numidicus — lançait des regards meurtriers. « Il n'y a pas de justice! » s'est-il écrié. Ce à quoi j'ai répliqué d'une voix très douce: « C'est bien vrai, Quintus Caecilius. Car si c'était le cas, tu n'aurais aucun droit à ton *cognomen*! » Ce qui ne lui a guère plu, mais Scaurus a bien failli en mourir de rire. On peut dire ce qu'on veut de Scaurus, il a un sens de l'humour extraordinaire. Ce qui n'est pas le cas de ceux qui l'entourent, et je pense parfois qu'il les choisit de façon à pouvoir rire d'eux sous cape.
>
> Ce qui m'étonne le plus, Caius Marius, c'est la permanence de ta bonne étoile. Je sais que tu ne t'en inquiétais guère, mais j'étais persuadé que tu n'avais pas l'ombre d'une chance de voir proroger ton commandement en Afrique. Et puis voilà que Lucius Cassius périt, en même temps que la plus grosse armée romaine. Le Sénat et ceux qui le dirigent ont donc été incapables de te faire obstacle. Mancinus, ton tribun de la plèbe, s'est rendu à l'Assemblée plébéienne et a, sans difficultés, obtenu d'elle un mandat prorogeant ton gouvernorat. Les sénateurs n'ont pas réagi : ils se rendent compte, comme tout le monde, que Rome va avoir besoin de toi. Car le climat est très mauvais, ces temps-ci. La menace germaine plane sur nous, et nombreux sont ceux qui pensent que personne ne sera capable d'en venir à bout. Mais tu as des admirateurs dévoués, Caius Marius, et depuis la mort de Cassius ils commencent à dire, de plus en plus fort, que tu es celui qui pourra repousser ce

danger. Parmi eux, Caius Popillius Laenas, le légat qui se trouvait à Burdigala.

Comme tu n'es qu'un rustaud italique qui ne sait même pas le grec, je vais te raconter une petite histoire.

Il était une fois un roi syrien, très méchant, qui s'appelait Antiochus, quatrième du nom. Bien que son royaume fût riche, il convoitait celui d'Egypte, que dirigeaient de concert Ptolémée Philométor, Ptolémée Evergète Gros-Ventre, et Cléopâtre II. A la fois frères et sœur, époux et épouse (l'inceste est parfaitement permis dans les royaumes d'Orient), ils ne cessaient de se quereller depuis des années, et avaient presque réussi à ruiner complètement le royaume, pourtant riche et fertile. Le roi Antiochus IV décida donc d'envahir l'Egypte, pensant que ce serait des plus facile, vu les affrontements dynastiques.

Hélas, au moment même où il quittait la Syrie, divers mouvements séditieux très déplaisants le contraignirent à faire demi-tour, histoire de couper quelques têtes, d'arracher quelques dents et quelques yeux et d'écarteler quelques opposants, ce qui lui prit quand même quatre années, au terme desquelles il se remit en marche vers l'Egypte. Il captura Pelusium, remonta le delta du Nil en direction de Memphis, s'en empara et poursuivit sa route vers Alexandrie.

Le pays étant ruiné, les deux Ptolémée et leur sœur épouse, Cléopâtre II, n'eurent d'autre recours que d'appeler Rome à l'aide. Le Sénat et le Peuple romain (alors en bien meilleure harmonie qu'aujourd'hui, du moins si l'on en croit les livres) dépêchèrent le noble consul Caius Popillius Laenas — accompagné, non d'une armée, comme l'auraient fait toutes les nations de la terre, mais de douze licteurs et de deux scribes. Il partit à bord d'un petit navire, et arriva à Alexandrie au moment même où Antiochus IV parvenait aux abords de la ville.

Vêtu de sa toge bordée de pourpre, et précédé de ses douze licteurs, Caius Popillius Laenas sortit d'Alexandrie par la Porte du Soleil, et se dirigea vers l'est. Il n'était plus de la première jeunesse, et s'avançait à pas lents, à un rythme aussi placide que son visage, en s'appuyant sur une canne. Il marcha ainsi jusqu'à un immense hippodrome. Là, il se heurta à un mur de soldats syriens, et dut s'arrêter.

Le roi Antiochus IV s'avança à sa rencontre.

— Rome n'a rien à faire en Egypte! dit-il en faisant d'horribles grimaces.

— La Syrie non plus, répondit Caius Popillius Laenas en souriant.

— Rentre à Rome!

— Rentre en Syrie!

Mais aucun des deux ne bougea d'un pouce.

— Tu offenses le Sénat et le Peuple de Rome, dit Caius Popillius Laenas après avoir longuement défié Antiochus IV du regard. Ils m'ont donné l'ordre de te renvoyer en Syrie.

Le roi éclata de rire:

— Et comment? demanda-t-il. Où est ton armée?

— Je n'en ai pas besoin, ô roi Antiochus. Je représente Rome au même titre que son armée. Et, au nom de Rome, je te répète une fois de plus: rentre en Syrie!

— Non, répondit le roi.

Aussi Caius Popillius s'avança-t-il et, sans se presser, traça dans la poussière, du bout de sa canne, un cercle tout autour du roi.

— Avant que tu ne sortes de ce cercle, ô roi Antiochus, je te conseille de réfléchir. Et quand tu en sortiras — tourne-toi vers l'est et retourne en Syrie.

Le roi ne répondit rien et ne bougea pas d'un pouce. Caius Popillius resta immobile et silencieux. Le temps passa. Puis le puissant Antiochus IV sortit du cercle, prit la direction de l'est et rentra en Syrie avec toutes ses troupes.

En marchant sur l'Egypte, il avait, au passage, envahi et conquis l'île de Chypre. Elle appartenait à l'Egypte, qui avait besoin de son bois, de son grain, de son cuivre. Caius Popillius s'y rendit donc, et y trouva une armée syrienne.

— Rentrez chez vous, leur dit-il.

Ce qu'ils firent.

Caius Popillius revint ensuite à Rome, où il raconta, d'un ton serein et sans emphase, comment les choses s'étaient passées. Quant aux Ptolémée et à leur sœur, ils continuèrent, comme devant, à se quereller, à assassiner quelques-uns de leurs proches parents, et à ruiner le pays.

Pourquoi diable te raconté-je ce conte pour enfants? Je ne sais rien des mères d'Arpinum, et j'ignore donc si la tienne t'a raconté cette histoire quand tu étais petit, mais je peux t'assurer qu'à Rome tous les petits Romains, du plus riche au plus pauvre, la connaissent.

Comment dès lors l'arrière-petit-fils du héros d'Alexandrie aurait-il pu partir en exil plutôt que d'affronter un jury? Ç'aurait été reconnaître sa culpabilité — et, en ce qui me concerne, je considère qu'il a fait ce qu'il fallait à Burdigala. Aussi notre Popillius Laenas a-t-il décidé de rester à Rome et de passer en jugement.

Caius Coelius Caldus, tribun de la plèbe, et agissant pour le compte d'une clique sénatoriale que je ne nommerai pas (mais tu peux toujours essayer de deviner : elle cherche à faire retomber le blâme de Burdigala sur quelqu'un d'autre que Lucius Cassius), avait juré de faire condamner Laenas. Toutefois, comme le seul tribunal chargé des affaires de trahison ne juge que ceux qui ont été complices de Jugurtha, le procès devrait se dérouler devant les Comices Centuriates. Or les débats y sont publics, et chaque représentant d'une centurie doit déclarer à haute et intelligible voix « CONDEMNO ! » ou « ABSOLVO ! ». Et qui oserait condamner Caius Popillius Laenas, alors que depuis l'enfance il connaît l'histoire du cercle tracé autour du roi de Syrie ?

Cela n'a pas arrêté Caldus pour autant. Il a fait voter par l'Assemblée de la Plèbe une loi instituant le secret des votes pour les affaires de trahison. De cette façon, les Centuries pourraient se déterminer sans qu'on sache comment chacun avait répondu. Tout semblait bien parti.

Et, début décembre, Caius Popillius Laenas est passé en jugement devant l'Assemblée Centuriate, sous l'accusation de trahison. Le vote était secret, comme Caldus l'avait voulu. Mais quelques-uns d'entre nous se sont glissés dans l'énorme jury, en chuchotant : « Il était une fois un noble et courageux consul nommé Caius Popillius Laenas... » et cela a suffi. Lors du décompte des votes, tous disaient : « ABSOLVO. »

Tu vois donc que si justice a été rendue, c'est grâce aux histoires que les mères romaines racontent à leurs enfants.

LA CINQUIÈME ANNÉE
(106 avant J.-C.)

sous le consulat
de Quintus Servilius Caepio
et
de Caius Atilius Serranus

QUINTUS LUTATIUS CATULUS CÉSAR

Quintus Servilius Caepio reçut le mandat de marcher contre les Volces Tectosages et leurs alliés germains, désormais réinstallés aux environs de Tolosa. Cela se passa le premier jour de la nouvelle année, après les cérémonies d'intronisation, pendant la réunion tenue par le Sénat dans le temple de Jupiter Optimus Maximus. Quintus Servilius Caepio y fit son premier discours en tant que consul, et annonça à l'assemblée qu'il se refuserait à recourir aux *capite censi*.

— Je ne ferai appel qu'aux vrais soldats romains, et non à des prolétaires pouilleux! déclara-t-il sous les acclamations.

Bien entendu, certains des sénateurs présents se gardèrent de l'applaudir: désormais Caius Marius n'avait pas que des ennemis parmi les Pères Conscrits. Nombre d'entre eux avaient assez de bon sens pour reconnaître le bien-fondé de ses positions, et, même parmi les Grandes Familles, il ne manquait pas d'esprits indépendants. Mais la faction rassemblée autour de Scaurus dictait la politique du Sénat.

Quintus Servilius Caepio en faisait partie, et c'est grâce à elle que les sénateurs finirent par autoriser le recours à huit légions entières, que commanderait le nouveau consul, lequel serait chargé de faire comprendre aux Germains qu'ils n'étaient pas les bienvenus sur les bords de la Méditerranée, et aux Volces Tectosages que mieux valait ne pas accueillir à bras ouverts les ennemis de Rome.

Environ quatre mille hommes des troupes de Lucius Cassius étaient encore en état de prendre part à la campagne, mais tous les non-combattants de son armée, ou presque, avaient péri, et les rares cavaliers survivants étaient rentrés chez eux. Quintus Servilius Caepio se voyait donc contraint de dénicher 41 000 fantassins, 12 000 hommes libres et 8 000 esclaves non combattants, plus

5 000 cavaliers et autant de gens chargés de les assister. Tout cela dans une Italie où la classe des petits propriétaires, qu'ils fussent romains, latins ou italiques, était saignée à blanc.

Il recruta donc sans ménagements. Non qu'il eût personnellement dirigé les opérations, ou même pris la peine de s'en enquérir; il confia ce soin à son questeur, tandis que lui-même s'occupait de choses plus dignes d'un consul. Les levées se déroulèrent avec une extrême brutalité. Non seulement les hommes étaient enrôlés sans leur consentement, mais de surcroît certains furent enlevés, tandis que les vétérans se voyaient, bon gré mal gré, arrachés à leurs foyers. Et si d'aventure ils n'étaient pas en mesure de payer leur équipement, la vente forcée de leurs terres y pourvoyait — ce qui permit à Quintus Servilius Caepio et à ses amis de s'en emparer à peu de frais. Puis, comme les citoyens romains et latins ne pouvaient, malgré tout, fournir assez d'hommes, les alliés italiques furent pressurés sans vergogne.

Mais pour finir, Caepio rassembla les troupes dont il avait besoin. Formellement, il avait respecté les procédures traditionnelles, ainsi l'Etat n'aurait-il à payer ni équipement ni solde; et, comme les supplétifs italiques constituaient le plus fort contingent, le fardeau financier retomberait sur les nations alliées, et non sur Rome. Aussi le Sénat vota-t-il des remerciements au nouveau consul, et fut ravi d'ouvrir sa bourse pour engager des cavaliers venus de Thrace et de Gaule Cisalpine et Transalpine.

Pendant que ses hommes de main parcouraient la péninsule en tous sens, Caepio se préoccupait de rendre au Sénat les pouvoirs dont il avait été privé depuis l'époque de Tiberius Gracchus, une trentaine d'années auparavant. Après l'aîné des Gracques étaient venus Fulvius Flaccus, puis Caius Gracchus, et toutes sortes d'Hommes Nouveaux et d'aristocrates réformateurs, qui tous avaient réduit l'influence du Sénat dans les cours de justice et la préparation des lois.

Peut-être Caepio aurait-il fait preuve de moins de zèle si Caius Marius n'avait pas tenté à son tour de s'en prendre aux sénateurs. Mais ceux-ci en étaient exaspérés, et ils infligèrent, au cours des semaines qui suivirent, de sérieux revers à la plèbe et aux chevaliers qui la contrôlaient.

Caepio convoqua l'Assemblée plébéienne, et réussit à faire passer une loi qui enlevait aux chevaliers les tribunaux d'exception, que Tiberius Gracchus leur avait donnés; ceux-ci ne seraient plus, désormais, peuplés que de sénateurs, qui sauraient défendre les leurs. Ce fut l'occasion d'une violente bataille, au cours de laquelle Caius Memmius, à la tête d'un fort groupe de sénateurs, s'opposa au projet. Mais Caepio l'emporta.

Et cela fait, il se mit en marche, fin mars, à la tête de huit légions, et d'une importante cavalerie, en direction de Tolosa. Il était tout à fait digne de sa lignée : la perspective de s'enrichir était, pour lui, autrement tentante que la simple gloire militaire. Quand Scipio Nasica avait décliné l'offre qui lui avait été faite de gouverner l'Ibérie Ultérieure, pour ne pas la soumettre au pillage, Caepio avait pris sa place sans témoigner d'autant de scrupules. Maintenant qu'il était consulgouverneur, il comptait faire beaucoup mieux.

S'il avait été possible de transporter les troupes par mer entre l'Italie et l'Espagne, Cnaeus Domitius Ahenobarbus n'aurait pas eu besoin d'ouvrir une route traversant la Gaule Transalpine ; mais les vents et les courants marins rendaient la chose assez risquée. Aussi les légions de Caepio, comme celles de Lucius Cassius un an auparavant, durent-elles parcourir à pied le chemin menant de Campanie à la ville de Narbo. Ce qui, d'ailleurs, ne les inquiétait guère : le moindre homme du rang détestait la mer, et préférait marcher sur des centaines de lieues.

Le trajet leur prit un peu plus de soixante-dix jours, soit moins de six lieues par jour : rythme assez lent, encombrées qu'elles étaient par l'importance de leur bagage, mais aussi par les animaux, les fourgons et les esclaves.

A Narbo, petit port que Cnaeus Domitius Ahenobarbus avait entièrement réorganisé pour satisfaire les besoins de Rome, l'armée resta juste assez longtemps pour se reposer de ses fatigues sans s'amollir. En ce début d'été, la ville était un endroit charmant ; ses eaux transparentes étaient pleines de crevettes, de petites langoustes, de gros crabes, et de poissons de toutes sortes.

Les légionnaires étaient trop habitués à marcher pour avoir mal aux pieds. Mais ils découvrirent avec ravissement qu'il était merveilleux de nager dans la mer, et ceux qui, jusque-là, avaient réussi à se soustraire aux leçons de natation se virent enjoindre de réparer cet oubli. Les filles du lieu, comme celles du monde entier, raffolaient de l'uniforme ; aussi, en moins de deux semaines, Narbo abritait des dizaines de pères furieux, de frères prêts à venger l'honneur de leurs sœurs, d'ailleurs ravies ; on ne comptait plus les querelles de tavernes, et les tribuns militaires étaient d'humeur massacrante.

Puis Caepio fit emprunter à ses hommes la route entre la côte et la ville de Tolosa. Il eut, comme d'habitude, une chance extraordinaire : car les Germains s'étaient querellés avec leurs hôtes, les Volces Tectosages, et le roi de ceux-ci, Copillus, leur avait ordonné de quitter les lieux. Les malheureux Gaulois virent arriver les huit légions, descendant des collines comme un interminable serpent de fer, et se dirent que mieux valait ne pas insister. Copillus et ses guerriers se dirigèrent vers l'embouchure de la Garonne, pour y alerter les différentes tribus de la région, en attendant de savoir si Caepio se montrerait aussi médiocre général que Lucius Cassius. Laissée à la garde des vieillards, Tolosa capitula sur-le-champ, au grand ravissement de Caepio.

En effet, il avait entendu parler de l'or de Tolosa. Et voilà que, sans même avoir à livrer bataille, la chance lui était offerte de le découvrir. L'or de Tolosa hantait les esprits et provoquait les convoitises depuis près de deux siècles. Les Volces Tectosages s'étaient joints alors à une migration de Gaulois dirigée par le second des deux célèbres rois celtes nommés Brennus. Il avait envahi la Macédoine, puis submergé la Thessalie, écrasé les défenseurs grecs aux Thermopyles, et pénétré en Epire et en Grèce centrale, pillant les trois temples les plus riches du monde : celui de Dodone en Epire, celui de Zeus à Olympie et enfin le grand sanctuaire d'Apollon — où officiait la Pythie — à Delphes.

Puis les Grecs s'étaient repris, et les Gaulois étaient repartis vers le nord en emportant leur butin. Brennus était mort d'une blessure reçue au combat. En Macédoine, ses troupes, désormais privées de chef, avaient décidé de franchir l'Hellespont pour se rendre en Asie Mineure, où elles devaient fonder une petite nation celte, la Galatie. Pourtant, près de la moitié des Volces Tectosages avaient préféré rentrer chez eux, à Tolosa. Au cours d'un grand conseil réunissant toutes les tribus, il avait été décidé à l'unanimité qu'ils se verraient attribuer les richesses de près d'une centaine de temples mis au pillage — dont les trois cités plus haut. Il ne s'agissait d'ailleurs, à proprement parler, que d'un dépôt. Les Volces Tectosages, une fois de retour chez eux, en deviendraient les gardiens, et les restitueraient à leurs frères quand ceux-ci reviendraient en Gaule.

Pour faciliter le voyage de retour ils fondirent le tout, des statues d'or massif aux urnes d'argent de cinq pieds de haut, et près d'un millier de chariots lourdement chargés partirent vers l'ouest, remontant les paisibles vallées alpines du Danube, avant de revoir, quelques années plus tard, Tolosa et la Garonne.

Caepio avait entendu parler de cette histoire trois ans plus tôt, du temps où il était gouverneur d'Ibérie Ultérieure, et n'avait depuis cessé de rêver à l'or de Tolosa, bien que, selon son informateur, il ne s'agisse en fait que d'une légende. Pourtant Quintus Servilius Caepio croyait à sa chance, et *savait* que le trésor existait. Sinon, pourquoi, peu après avoir eu vent de cette histoire, aurait-il été chargé de marcher sur la ville — pour y découvrir que les

Germains étaient partis, et qu'il pouvait s'en emparer sans perdre un seul homme? La Fortune travaillait pour lui.

Il abandonna sa tenue militaire, revêtit sa toge bordée de pourpre, et arpenta les rues de la ville, fouilla dans tous les recoins de la citadelle, s'aventura dans les pâturages et les champs à la lisière de Tolosa.

N'ayant rien trouvé, il mit son armée sur la piste, et ses troupes, n'ayant plus à craindre d'affronter l'ennemi, se lancèrent dans cette chasse au trésor avec enthousiasme, sachant qu'elles auraient peut-être une part de ce fabuleux butin.

Mais il leur fut impossible de le découvrir. Les temples contenaient bien quelques trésors sans prix, mais pas de lingots d'or. La citadelle n'abritait, quant à elle, comme Caepio s'en était déjà rendu compte, que des armes, des dieux de bois, de la vaisselle de corne et de terre cuite — et aucune cache secrète.

Puis Caepio eut une brillante idée, et ordonna à ses soldats de creuser dans les parcs entourant les temples. En vain. La recherche s'étendit aux champs, et même aux rues de la ville, sans résultats. Caepio parcourait les lieux en tous sens, et le paysage ressemblait de plus en plus au fouissage éperdu d'une taupe gigantesque.

La Garonne regorgeait de poissons, parmi lesquels des saumons de rivière et plusieurs variétés de carpes; on en trouvait aussi dans les lacs voisins des temples, que le fleuve alimentait, et où les légionnaires ne tardèrent pas à venir pêcher. Caepio marchait toujours, perdu dans ses pensées. Il arriva au bord du plus grand des lacs, et contempla, d'un air absent, le jeu de la lumière sur les écailles des poissons: des reflets changeants, au milieu des joncs, généralement argentés; mais, de temps à autre, apparaissait une carpe, et les reflets prenaient alors une nuance dorée.

L'idée se glissa progressivement en lui sans même qu'il en prît conscience, puis explosa littéralement. Il convoqua ses ingénieurs et leur dit de drainer les lacs — tâche peu difficile, et qui devait se révéler payante. Car l'or de Tolosa était dissimulé au fond de ces mares sacrées, sous la boue, les roseaux, les détritus de plusieurs décennies.

Une fois le dernier lingot sorti de l'eau et nettoyé, Caepio vint voir le résultat, et resta médusé. Il s'était abstenu d'assister aux travaux, voulant goûter en une seule fois l'ivresse de cette fabuleuse découverte. Il ne fut pas déçu! En réalité, il fut stupéfié. Il y avait là près de 50 000 lingots d'or dont chacun pesait une quinzaine de livres, soit l'équivalent de 15 000 talents. A cela venaient s'ajouter 10 000 lingots d'argent, d'un poids unitaire de vingt livres, soit 3 500 talents. Ses sapeurs firent d'ailleurs de nouvelles découvertes en ce domaine: le seul usage pratique que les Volces Tectosages aient jamais fait de leurs richesses avait consisté à fondre des meules d'argent, et, une fois par mois, à les sortir des eaux pour moudre un mois de farine.

— Très bien, dit Caepio. Combien de chariots pouvons-nous utiliser pour transporter le trésor jusqu'à Narbo?

La question s'adressait à Marcus Furius, son *praefectum fabrum*, chargé de toutes les questions logistiques.

— Quintus Servilius, nous disposons d'un millier de chariots, dont pour le moment un tiers environ sont vides. Disons trois cent cinquante. Si chacun d'eux emporte dans les trente-cinq talents, ce qui n'est pas une charge excessive, nous aurons besoin de trois cent cinquante pour l'argent, et de quatre cent cinquante pour l'or.

— Dans ce cas, dit Caepio, envoyons d'abord l'argent à Narbo, où il sera entreposé, puis faisons revenir les chariots pour transporter l'or. Entre-temps, je donnerai l'ordre aux troupes d'en décharger cent de plus, ainsi pourrons-nous convoyer l'or en un seul voyage.

A la fin de Quinctilis, la première partie du programme avait été exécutée. Caepio, comme il l'avait dit, avait trouvé les cent chariots supplémentaires. Tandis qu'on y chargeait l'or, il erra, en plein délire, d'un tas de lingots à l'autre, incapable de résister à la tentation d'en caresser un ou deux en passant. Il se mordit la main, tout en réfléchissant, et, soupirant, dit:

— Marcus Furius, tu ferais mieux d'accompagner l'or. Il faut qu'un responsable de haut rang reste à Narbo pour le surveiller, jusqu'à ce que le dernier lingot ait été chargé sur nos bateaux.

Il se tourna vers Bias, son affranchi grec.

— L'argent est déjà en route pour Rome, non?

— Non, Quintus Servilius, répondit l'autre d'une voix douce. Les navires de transport qui, au début de l'année, convoyaient les grosses charges, en tirant avantage des vents d'hiver, se sont dispersés. Je n'ai pu en trouver qu'une douzaine de disponibles et j'ai pensé qu'il serait plus judicieux de les affecter au transport de l'or. Plus tôt il sera à Rome, mieux cela vaudra. L'argent est sous bonne garde, dans un entrepôt. Quand j'aurai trouvé d'autres bateaux, il sera toujours temps de le charger.

— Nous pourrions même l'envoyer à Rome par voie de terre.

— Quintus Servilius, intervint Marcus Furius, je recommanderais plutôt le voyage par mer, même en tenant compte des risques de naufrage. Les risques d'attaques par les tribus alpines sont trop importants.

— Oui, tu as raison, convint Caepio. C'est presque trop beau pour être vrai, non? Nous envoyons à Rome plus d'or et d'argent qu'il n'y en a dans chacun de ses trésors!

— Oui, Quintus Servilius, dit Marcus Furius, c'est extraordinaire.

L'or quitta Tolosa vers le milieu de Sextilis, réparti dans les quatre cent cinquante chariots. Ils n'étaient escortés que par une seule cohorte de légionnaires, car la voie romaine était sûre, et traversait une contrée pacifiée depuis longtemps. Les informateurs de Caepio lui avaient par ailleurs appris que le roi Copillus et ses guerriers se trouvaient toujours à Burdigala, espérant sans doute que le consul s'aventurerait dans la région, comme l'avait fait l'infortuné Lucius Cassius.

Après Carcasso, la route descendait tout droit jusqu'à la mer, et le rythme du convoi s'accéléra. Tout le monde était de bonne humeur, et personne ne s'inquiétait; les soldats croyaient déjà sentir l'odeur salée de l'air marin. A la nuit, ils le savaient, ils seraient à Narbo: ils ne pensaient déjà plus qu'aux huîtres et aux filles.

Les agresseurs — plus d'un millier d'hommes — surgirent d'une épaisse forêt que la voie romaine traversait. Ils attaquèrent simultanément le convoi à l'avant et à l'arrière: c'était là, en effet, qu'on avait réparti, en deux moitiés égales, les légionnaires de la cohorte. En peu de temps, tous étaient morts, et les muletiers, eux aussi, gisaient sur le sol.

La nuit était douce, c'était la pleine lune; les Romains n'avaient croisé personne, car leurs routes, en province, étaient essentiellement destinées aux mouvements de troupes, et dans cette région le commerce restait peu important entre la côte et l'intérieur, surtout depuis que les Germains s'étaient installés autour de Tolosa.

Quand la lune fut haute dans le ciel, les mules furent de nouveau attelées aux chariots, et plusieurs des agresseurs y montèrent pour les conduire, tandis que d'autres marchaient à côté pour leur servir de guides. Le convoi s'ébranla et quitta bientôt la route pour emprunter des sentiers malaisés, ordinairement fréquentés par de simples troupeaux de moutons. A l'aube, il avait laissé derrière lui, au nord, la ville de Ruscino; les chariots reprirent la Via Domitia et franchirent les cols des Pyrénées en plein jour.

Le convoi suivit ensuite un trajet tortueux, évitant avec soin toutes les voies romaines, jusqu'à ce qu'il ait franchi la rivière Sucro, à l'ouest de la ville de Saetabis; de là, il traversa une grande plaine aride et désolée qui plongeait entre deux des plus grandes chaînes de montagnes ibères, mais qui, faute de points d'eau, servait rarement de raccourci. Après quoi, la piste des chariots se perdit, et jamais les informateurs de Caepio ne purent dire avec certitude où était passé l'or de Tolosa.

Ce fut un cavalier venu de Narbo, dont il apportait des lettres, qui découvrit les cadavres le long de la route traversant la forêt située à l'est de Carcasso. Et quand il apprit la nouvelle à Quintus Servilius Caepio, celui-ci s'effondra et éclata en sanglots. Il pleura bruyamment la mort de Marcus Furius, des soldats qui composaient la cohorte, il s'apitoya sur les veuves et les orphelins; mais surtout, il pleura la perte de ces beaux lingots, de tout l'or de Tolosa. Ce n'était pas juste! Sa chance l'avait-elle donc abandonné?

Vêtu d'une toge de deuil de couleur sombre, et d'une tunique dépourvue de bande pourpre, Caepio pleura de nouveau quand il convoqua en assemblée toute son armée, pour lui apprendre une nouvelle que tous connaissaient déjà par les rumeurs.

— Au moins, leur dit-il en s'essuyant les yeux, il nous reste l'argent. A la fin de la campagne, cela garantira à chacun un honnête bénéfice.

— C'est bien de sa part, dit un vétéran à l'un de ses compagnons. Tous deux avaient été arrachés à leurs fermes ombriennes, bien qu'ils aient déjà servi, en quinze ans, au cours de dix campagnes différentes.

— Ah bon?

— As-tu déjà vu un général partager de l'or avec des pouilleux comme nous? D'habitude, ils trouvent toujours de bonnes raisons pour tout garder. Le Trésor en reçoit une partie, bien sûr, c'est une façon de l'acheter. Au moins, nous aurons notre part de l'argent, et il y en a une véritable montagne! Cette affaire de disparition de l'or est mauvaise, et le consul n'a pas d'autre choix.

L'année était déjà bien entamée, et l'armée de Caepio n'avait pas combattu une seule fois; ses seules pertes se réduisaient aux malheureux qui escortaient l'or de Tolosa. Caepio écrivit au Sénat une lettre racontant toute l'histoire, de la fuite des Germains à l'attaque du convoi, il réclamait des instructions.

Elles lui parvinrent en octobre; c'étaient bien celles qu'il attendait. Il devrait rester dans les environs de Narbo avec toute son armée, y prendre ses quartiers d'hiver, et attendre de nouveaux ordres qui lui seraient communiqués au printemps. Ce qui signifiait que son commandement avait été prorogé d'un an, et qu'il demeurait gouverneur de la Gaule romaine.

Mais les choses n'étaient plus les mêmes depuis la disparition de l'or. Caepio était maintenant dans un perpétuel état d'agitation ; il pleurait souvent, et ses officiers notèrent qu'il ne restait plus en place et marchait sans arrêt de long en large. Mais personne n'imaginait sérieusement qu'il versait des larmes sur le sort de Marcus Furius ou des légionnaires qui l'accompagnaient. Il pleurait la perte de son or.

Une longue campagne en terre étrangère suppose que l'armée qui la mène y adopte peu à peu un mode de vie semi-permanent. En dépit des mouvements de troupes incessants, des alertes, des incursions, chaque camp prend lentement l'aspect d'une petite ville : les soldats trouvent des femmes, dont bon nombre donnent naissance à des enfants; elles s'installent dans des maisons de torchis, à l'extérieur des fortifications, à côté d'échoppes et de tavernes qui se multiplient comme des champignons.

C'était bien ce qui se passait dans le camp romain établi à côté d'Utique, et, sur une échelle plus réduite, dans celui installé tout près de Cirta. La saison des pluies d'hiver, pendant laquelle tout combat était impossible, n'était pas consacrée seulement à l'entraînement, mais aussi à résoudre les mille et un problèmes qui se posent toujours quand beaucoup d'hommes sont amenés à vivre ensemble pendant un temps assez long.

Toutefois, l'arrivée du printemps provoqua une grande agitation dans le camp. On préparait les équipements en vue des campagnes à venir, certains rédigeaient leur testament et le confiaient aux scribes de la légion, on huilait et nettoyait les cottes de mailles, on affûtait épées et dagues, on doublait de feutre l'intérieur des casques, on inspectait avec soin les sandales, on ravaudait les tuniques.

Pendant l'hiver, un questeur du Trésor était venu de Rome, avec mission de verser leur salaire aux légionnaires; les scribes passèrent beaucoup de temps à vérifier leurs comptes et à payer les hommes de troupe. Comme nombre d'entre eux étaient insolvables, Marius avait créé deux fonds d'épargne auquel nul ne pouvait se soustraire, car une partie de la solde y était automatiquement versée. L'un pour assurer des funérailles décentes à tout soldat mort en Afrique — à l'exception de ceux tués au combat ; dans ce cas l'Etat prenait les frais à sa charge. Le second visait à mettre de côté de l'argent qui ne serait versé à l'intéressé que lorsqu'il serait démobilisé.

L'armée d'Afrique n'ignorait pas que de grandes choses se préparaient pour le printemps, bien que seul le haut commandement sût lesquelles. Les ordres prévoyaient un ordre de marche léger, ce qui signifiait qu'il n'y aurait pas d'interminables convois tirés par des bœufs, mais seulement des chariots auxquels on attellerait des mules; ils pourraient suivre le rythme des légions, et s'abriter chaque soir dans le camp. Chaque soldat devrait porter son équipement sur son dos, ce qu'il faisait sans trop d'efforts, grâce à une tige en forme de Y placée sur son épaule gauche : tuniques et bas de rechange, nécessaire de rasage, culottes de cuir contre le froid, foulards épais pour protéger le cou de l'irritation que provoquait toujours le frottement de la cotte de mailles, le tout roulé dans sa couverture. Sa cape circulaire — son *sagum* — était pliée dans un sac de cuir. Il se chargeait également de ses couverts, d'une marmite, d'une outre, d'un minimum de trois jours de rations, parfois de divers outils, de quoi nettoyer et entretenir ses armes et son armure, et de son bouclier, enveloppé dans un étui de chevreau. Il pouvait y ajouter son casque, ou le pendre à sa poitrine, mais ne le mettait sur la tête qu'en prévision d'une attaque. Il fixait à sa ceinture, du côté droit, son épée dans son fourreau, et de l'autre sa dague.

Chaque groupe de huit hommes se voyait allouer une mule, qui emportait une tente de cuir et ses piquets, ainsi que les lances, parfois des rations supplémentaires. Quatre-vingts légionnaires, et vingt non-combattants, formaient une centurie, dirigée par un centurion. Chacune disposait d'un chariot tiré par une mule, qui convoyait tout le supplément — vêtements, outils, armes, et bien d'autres choses encore. Si l'armée était en marche, et ne comptait pas revenir sur ses pas avant la fin de la campagne, tout ce qu'elle possédait — de l'artillerie au butin qu'elle avait pu amasser — était entassé dans des chariots tirés par des bœufs, qui la suivaient de loin sous bonne garde.

Quand, au printemps, Marius se mit en route pour la partie occidentale de la Numidie, il laissa évidemment derrière lui un aussi lourd bagage; ce fut cependant un impressionnant défilé, qui paraissait s'étendre à l'infini, car il emmenait ses six légions au complet, ainsi que sa cavalerie. Celle-ci, toutefois, étant répartie sur les flancs de l'infanterie, la longueur totale de la colonne n'atteignait qu'un peu plus de deux lieues.

En rase campagne, il est impossible de monter une embuscade, puisque l'agresseur ne peut attaquer toute la troupe simultanément sans avoir été repéré; s'il s'en prend à certains de ses éléments, les autres viendront entourer l'adversaire, tout en se mettant automatiquement en ordre de bataille. Pourtant, chaque soir, les consignes étaient les mêmes: dresser le camp. Ce qui voulait dire trouver un espace assez grand pour accueillir tout le monde, creuser des fossés profonds, au fond desquels on fixait des épieux, édifier des remparts de terre et des palissades; cela fait, chacun pouvait dormir en toute sécurité, l'ennemi n'aurait jamais le temps de se glisser par surprise à l'intérieur.

Les légionnaires de son armée, la première entièrement composée de prolétaires, s'étaient baptisés eux-mêmes les « mules de Marius », tant il leur imposait de choses à porter. La tradition voulait que les soldats romains, tous propriétaires, emportent leurs affaires, confiées à un âne, une mule, ou un esclave. Et le nombre de carrioles ou de chariots était totalement incontrôlable. L'armée romaine traditionnelle marchait donc bien plus lentement que celle de Marius — et que celles qui, au cours des six siècles qui suivraient, reprendraient son exemple.

Tous s'avancèrent donc en Numidie, chantant à pleins poumons pour rythmer leur marche et, au passage, renforcer le sens de la camaraderie militaire : une machine humaine, qui progressait inexorablement. Au milieu de la colonne, Marius et son état-major, qui chantaient comme les autres ; aucun d'eux n'allait à cheval, bien qu'ils aient des montures à leur disposition en cas d'attaque.

— Toute ville, tout village, tout hameau que nous rencontrerons devra être mis à sac, avait dit Marius à Sylla.

Ce programme fut mené à bien avec le plus grand soin ; les réserves de grain furent pillées, les femmes du cru violées (toutefois l'homosexualité était punie de mort). En revanche il était interdit de s'emparer de butin à titre personnel ; toute prise devait rejoindre les dépouilles de guerre.

L'armée se reposait tous les huit jours, et chaque fois que sa route croisait la côte, Marius accordait à ses hommes trois jours de détente, pour nager, pêcher, se détendre et bien manger. Fin mai, ils étaient à l'ouest de Cirta et, à la fin de Quinctilis, ils parvinrent au bord de la rivière Moulouya, soit deux cent cinquante lieues plus avant.

L'avancée avait été facile ; l'armée de Jugurtha était demeurée invisible. Nul n'avait été en mesure de s'opposer à la progression des troupes romaines, qui jamais n'avaient été à court d'eau ou de nourriture. La Moulouya constituait la frontière entre la Numidie et la partie orientale de la Maurétanie. Torrent écumant à la fin de l'hiver, elle se réduisait en plein été à un mince filet d'eau, et se trouvait entièrement à sec en automne. En plein milieu de la plaine voisine, non loin de la mer, se dressait un piton rocheux, d'origine volcanique, au sommet duquel Jugurtha avait édifié une forteresse. Les espions de Marius lui avaient appris qu'elle abritait un énorme trésor de guerre.

L'armée romaine traversa la plaine, longeant les hautes rives que la rivière avait creusées quand elle coulait à plein régime, et construisit un camp aussi près que possible de la citadelle. Puis Marius, Sylla, Sertorius, Aulus Manlius et tout l'état-major prirent le temps de l'examiner. Elle paraissait imprenable.

— Mieux vaut ne pas songer à un assaut frontal, dit Marius. Et j'avoue ne voir aucun moyen de l'assiéger efficacement.

— Il n'y en a pas, en effet, reconnut le jeune Sertorius, qui avait déjà inspecté sous tous les angles le piton rocheux et ses abords.

— Je crains que nous ne restions en bas sans jamais pouvoir atteindre le sommet, dit Sylla en souriant.

— Même avec une tour de siège, ajouta Aulus Manlius.

— Nous disposons d'un mois avant d'être contraints de faire demi-tour vers l'est, conclut Marius. Je suggère que nous le passions à camper ici. Nous nous efforcerons de rendre la vie aussi facile que possible à nos hommes. Lucius Cornelius, trouve-nous un endroit où nous puiserons notre eau potable; les hommes se verront autorisés à nager en aval. Aulus Manlius, toi et moi partirons demain à cheval vers la côte, qui n'est guère qu'à quatre lieues, d'après ce que me disent les éclaireurs; nous repérerons le terrain. De toute façon, ceux d'en face ne courront jamais le risque de sortir de la citadelle pour nous attaquer. Autant rendre la vie agréable aux hommes. Quintus Sertorius, tu seras chargé de nous trouver des fruits et des légumes.

Quand tous deux furent seuls, sous la tente du commandant en chef, Sylla dit à Marius:

— Toute cette campagne a été une vraie partie de plaisir. Quand vais-je enfin prendre part à un vrai combat ?

— Lucius Cornelius, commencerais-tu à t'ennuyer?

— Non. Jamais je n'aurais cru que cette vie pourrait être intéressante à ce point! Simplement, je veux me battre. Regarde-toi: à mon âge, tu avais déjà combattu dans des dizaines de batailles. Je ne suis qu'un novice à côté de toi!

— Tu te battras, Lucius Cornelius, et bientôt, j'espère.

— Bientôt?

— Certainement. Que crois-tu que nous fassions ici, si loin de tout?

— Espérerais-tu faire suffisamment peur au roi Bocchus pour qu'il s'allie à Jugurtha, et que celui-ci se sente alors assez fort pour nous attaquer ?

— Bravo! répondit Marius. Ce pays est si vaste que nous pourrions le parcourir en tous sens, pendant dix ans, sans jamais mettre la main sur Jugurtha. Il est trop orgueilleux pour accepter l'idée qu'une armée romaine mette à sac villes et villages de son royaume, et il ne fait aucun doute qu'il en ressent les effets, notamment en ce qui concerne l'approvisionnement en grains. Toutefois, il est trop subtil pour risquer l'affrontement tant que je suis commandant en chef. A moins que nous ne puissions pousser Bocchus à lui venir en aide. Les Maures sont capables de rassembler au moins vingt mille bons soldats, et cinq mille cavaliers de premier ordre. Aussi, dès que Bocchus l'aura rejoint, Jugurtha nous attaquera, c'est l'évidence même.

— Ne crains-tu pas qu'alors leurs troupes soient trop nombreuses pour nous?

— Non! Six légions romaines bien entraînées, et bien commandées, peuvent faire face à n'importe quelle force ennemie, quelle que soit son importance.

— Mais Jugurtha a appris à faire la guerre avec Scipion Emilien. Il combattra à la romaine.

— Il n'est pas le seul. Mais ses troupes ne sont pas romaines, elles...

— Cela ne nous mènera pas pour autant au sommet de ce piton rocheux.

— C'est vrai! dit Marius en éclatant de rire. Mais il y a un impondérable avec lequel il faut toujours compter, Lucius Cornelius.

— Et lequel?

— La chance. N'oublie jamais la chance.

Sylla et Marius étaient devenus bons amis. En effet, en dépit de leurs différences, ils avaient nombre de points communs : tous deux pensaient par eux-mêmes, l'adversité les avait trempés, et ils étaient capables d'enthousiasme, mais aussi de détachement. Plus important encore, ils aimaient agir, et se montrer les meilleurs. Les divergences de tempérament qui auraient pu les séparer ne se manifestaient pas encore à cette époque, d'autant que le plus jeune ne pouvait alors espérer réellement rivaliser avec son aîné.

— On dit que chacun doit créer sa propre chance.

Marius haussa ses énormes sourcils.

— Evidemment! Mais c'est quand même agréable de savoir qu'elle est déjà là!

Publius Vagiennius, venu de sa lointaine Ligurie, servait dans un escadron de cavalerie, et il avait beaucoup trop de choses à faire à son goût dans le camp installé par Marius sur les rives de la Moulouya. Fort heureusement, la plaine était couverte d'une herbe épaisse, blanchie par le soleil d'été ; nourrir les milliers de mules de l'armée ne posait donc pas de problèmes. Toutefois, les chevaux se montraient beaucoup plus difficiles, et ne broutaient qu'avec réticence. Il fallait les conduire plus loin, au nord de la citadelle, au beau milieu de la plaine, jusqu'à un endroit où poussait une herbe plus tendre.

Si Caius Marius n'était pas notre commandant en chef, songeait Publius Vagiennius avec agacement, la cavalerie aurait reçu la permission de camper à part, tout près d'un lieu où les chevaux auraient pu paître. Mais non! Caius Marius voulait éviter tout risque; il avait donc ordonné que chaque homme fût installé à l'intérieur du camp principal. Chaque jour, les éclaireurs devaient donc s'assurer en premier lieu que l'ennemi ne rôdait pas aux environs; puis les cavaliers recevaient la permission d'aller faire brouter leurs bêtes, avant de les ramener au camp le soir. Il fallait entraver les chevaux en leur liant les paturons, faute de quoi il aurait été impossible de les rattraper.

Chaque matin, Publius Vagiennius devait donc chevaucher l'une de ses deux montures et, conduisant l'autre, les mener jusqu'à cet endroit où poussait une herbe adéquate. Il les y laissait pour la journée, et, traînant les pieds, rentrait au camp où — c'était du moins son impression — il avait à peine le temps de se reposer avant de retourner là-bas. Et, comme tout bon cavalier, il détestait marcher.

Toutefois, il ne tarda pas à se rendre compte que rien ne l'obligeait à revenir au camp, une fois les chevaux occupés à paître. Comme il montait à cru et sans rênes — seul un imbécile aurait l'idée de laisser sa précieuse selle en rase campagne une journée entière —, il prit l'habitude d'emporter une outre et une besace contenant de quoi se restaurer, et, tandis que ses deux montures broutaient, il se trouvait un endroit ombragé pour y passer une journée paisible.

Lors de son quatrième trajet, il s'installa confortablement dans un petit vallon parsemé de fleurs, s'assit dans l'herbe, ferma les yeux, et comptait bien faire un somme quand un petit vent humide venu des hauteurs de la citadelle lui parvint, chargé d'une odeur curieuse et assez forte. Publius Vagiennius se redressa aussitôt, les yeux brillants. Car il la connaissait. C'était une odeur d'escargots. Gros, gras, juteux, succulents!

Dans les Alpes ligures, d'où il venait, ils ne manquaient pas. Publius Vagiennius en avait mangé toute sa vie — ce pourquoi il mettait de l'ail dans tous les plats —, et il était, en ce domaine, un véritable expert. Son rêve était d'en faire l'élevage et de les vendre. Certains hommes ont un nez qui leur permet d'identifier les vins, d'autres les parfums; le sien détectait à tout coup la présence d'escargots. Et l'odeur, dans le vent qui venait de la citadelle, lui disait que quelque part, là-haut, il en trouverait de délicieux.

Avec l'acharnement d'un goret en quête de truffes, il se mit en chasse, suivant la trace, tout en cherchant un moyen d'escalader les rochers. Les escargots d'Afrique avaient la réputation d'être les meilleurs du monde; mais il n'avait pu encore en découvrir, et ceux des marchés d'Utique et de Cirta partaient tout droit sur les tables des légats et des tribuns militaires — quand ce n'était pas pour Rome.

Quelqu'un de moins motivé que lui n'aurait pas su trouver l'antique fumerolle, qui avait depuis longtemps cessé d'émettre ses vapeurs de soufre ; elle se trouvait en effet juste derrière ce qui semblait être une muraille de basalte. Mais Publius Vagiennius ne se fiait qu'à son odorat, et — sans avoir rien remarqué, en fait — parvint tout à coup au pied d'une énorme cheminée. Elle mesurait presque vingt pieds de large, et l'on apercevait, près de deux cents pieds plus haut, un minuscule coin de ciel. Les parois en étaient verticales, et il paraissait impossible de les escalader. Mais Publius Vagiennius n'était pas né dans les Alpes pour rien ; au demeurant, la passion des escargots le poussait. Il grimpa donc — non sans difficulté, mais sans jamais courir vraiment le risque de tomber.

Arrivé en haut, il émergea sur une étendue herbeuse de cent pieds de long sur cinquante de large, qui marquait la fin de la cheminée et se trouvait sur la face nord du piton rocheux — c'est pourquoi elle bénéficiait des eaux de ruissellement, dont une partie se perdait dans la fumerolle, mais dont le reste s'écoulait sur la plate-forme, qui s'inclinait en pente douce pour donner sur une fissure. L'endroit était surplombé par une énorme crête rocheuse haute de plusieurs centaines de pieds, dans laquelle s'ouvrait une grotte naturelle très humide, véritable muraille de fougères et de mousse ; un minuscule filet d'eau s'y écoulait, pour se perdre, par-dessus le rebord de la plate-forme. De toute évidence, c'est ce qui expliquait que l'herbe, en bas dans la plaine, était plus douce.

La grotte elle-même était un endroit parfait pour y chercher des escargots : humide en permanence, dans un décor desséché, pleine de débris de plantes et de ces minuscules cadavres d'insectes qu'ils adorent, toujours à l'ombre et protégée du vent.

L'endroit empestait l'escargot — d'une espèce que, toutefois, Publius Vagiennius ne connaissait pas. Quand il finit par en apercevoir un, il resta bouche bée. Sa coquille était aussi large que la paume de sa main ! Il en vit ensuite des dizaines, puis des centaines, dont aucun n'était plus petit que son index, et dont certains avaient la longueur de sa main. Pouvant à peine en croire ses yeux, il s'avança dans la grotte, de plus en plus perplexe, jusqu'à ce qu'il fût parvenu à son extrémité. Là, il découvrit un chemin qui menait vers le haut et disparaissait dans une crevasse donnant sur une nouvelle grotte, plus petite. Les escargots se faisaient de plus en plus nombreux. Publius Vagiennius monta, monta, jusqu'à ce qu'il débouchât au sommet de la crête rocheuse, battue par les vents. Il faillit paniquer, et se cacha en hâte derrière un rocher ; car, à moins de cinq cents pieds au-dessus de lui, se dressait la forteresse. La pente qui y menait était si douce qu'il aurait pu la grimper sans peine, et le mur de la citadelle si bas qu'il était possible de l'escalader d'un bond.

Publius Vagiennius revint sur ses pas, se retrouva dans la grotte, s'arrêta un instant pour glisser sous sa tunique une dizaine des escargots les plus gros, après les avoir enveloppés dans des feuilles humides. Puis il entreprit de redescendre la fumerolle, initiative d'autant plus périlleuse qu'il était encombré de son chargement.

Une longue gorgée d'eau, et il se sentit mieux; ses escargots étaient désormais en sécurité. Il n'entendait pas les partager avec qui que ce soit, et les plaça dans sa besace, qu'il ferma avec soin pour empêcher qu'ils ne se sauvent, puis il la déposa à l'ombre.

Le lendemain, il fit un repas succulent, ayant apporté avec lui une petite marmite dans laquelle il jeta deux de ses plus grosses prises, avec un peu d'huile et d'ail. Il continua ainsi six jours durant, à raison de deux escargots par jour, et s'aventura même une nouvelle fois dans la fumerolle pour en dénicher quelques-uns. Le septième jour, pourtant, sa conscience se mit à le tourmenter. Au début, il pensa simplement qu'il n'était qu'un vil égoïste, qui gardait tout pour lui alors qu'il aurait pu partager avec ses camarades. Puis il prit conscience qu'il avait découvert un moyen d'escalader la montagne.

Il lui fallut trois jours pour résoudre le dilemme — puissamment aidé par un début d'indigestion qui lui fit perdre tout enthousiasme pour les escargots, au point de souhaiter ne jamais les avoir découverts. Cela le décida. Il ne prit pas la peine de s'adresser à son supérieur direct et préféra traiter directement avec le chef suprême.

A peu près au centre du camp se dressait la tente de commandement de Marius, qui y vivait; à l'entrée, sous un auvent de toile, se trouvaient une table et une chaise, qu'occupait le tribun militaire désigné pour la journée. Sa tâche consistait à filtrer tous ceux qui désiraient voir Caius Marius, ou à aiguiller tel ou tel vers ceux qui pourraient résoudre au mieux son problème. Deux sentinelles se tenaient à l'entrée, détendues mais vigilantes: tâche monotone, mais ils pouvaient au moins se distraire en écoutant toutes les conversations entre le tribun et ceux qui venaient le voir.

Ce jour-là, Quintus Sertorius était de service, et s'amusait énormément. Résoudre d'inextricables problèmes de ravitaillement ou de discipline lui plaisait fort; il appréciait que Caius Marius lui confiât des tâches toujours plus complexes. Rien de ce qu'il lui demandait ne pouvait le rebuter; autant les autres tribuns avaient horreur d'être de faction à l'entrée de la tente du général, autant Quintus Sertorius adorait cela.

Aussi, quand un cavalier ligure vint le voir, avec cette démarche propre aux hommes qui passent leur vie à cheval, il l'examina avec intérêt. Ce n'était pas quelqu'un d'allure très impressionnante, seule sa propre mère aurait pu le trouver beau, mais son uniforme était raisonnablement propre, et, s'il sentait l'écurie, cela n'avait rien d'anormal : on n'y pouvait rien, même en prenant trois bains par jour et en lavant ses vêtements sans arrêt. Pas de décorations, songea Quintus Sertorius, mais il est vrai que la cavalerie n'a pas encore eu l'occasion de faire ses preuves.

Il est un peu jeune, pensa Publius Vagiennius, mais il a l'air d'un vrai soldat.

— Publius Vagiennius, escadron de cavalerie ligure, dit-il. J'aimerais voir Caius Marius.

— Ton grade ?

— Homme de troupe.

— Et pour quelle raison ?

— D'ordre privé.

— Le général n'a pas pour habitude de donner audience aux hommes de troupe, surtout quand ils se présentent seuls. Où est ton tribun, soldat ?

— Il ne sait pas que je suis là, répondit Publius Vagiennius d'un ton buté. C'est une affaire privée.

— Caius Marius est très occupé.

Publius Vagiennius se pencha en avant, posa les deux mains sur la table et avança la tête, manquant asphyxier Quintus Sertorius sous un remugle d'ail :

— Ecoute-moi bien, jeune homme, dis à Caius Marius que j'ai une proposition très intéressante à lui faire, mais à lui seulement. Point final.

Quintus Sertorius se leva en essayant de garder son sérieux, bien qu'il eût envie d'éclater de rire :

— Attends-moi ici, soldat.

L'intérieur de la tente était divisé en deux par un rideau de cuir fendu en son milieu. Marius vivait au fond, et l'avant constituait son bureau. On y trouvait des tables, des chaises pliantes, des piles de cartes, divers documents, des rouleaux, etc.

Caius Marius était assis sur sa chaise d'ivoire devant une grande table, en compagnie d'Aulus Manlius, son légat ; Sylla était entre eux deux. De toute évidence, ils s'adonnaient à cette activité qu'ils détestaient par-dessus tout, mais que les bureaucrates du Trésor aimaient passionnément : faire les comptes. Quintus Sertorius comprit aussitôt qu'il ne s'agissait que d'une conférence préliminaire ; dans le cas contraire, des scribes auraient été là.

— Caius Marius, excuse-moi de te déranger, dit-il, un peu mal à l'aise.

Il y avait dans sa voix quelque chose qui amena les trois hommes à lever la tête pour l'examiner avec attention.

— Tu es tout excusé, Quintus Sertorius, répondit Marius. Que se passe-t-il ?

— J'ai peur de te faire perdre ton temps, mais il y a dehors un cavalier ligure qui tient à te voir, sans avoir voulu me dire pourquoi.

— Un cavalier ligure. Qu'en dit son tribun?

— Il ne l'a pas consulté.

— Ah, c'est un cachottier! Et pourquoi diable devrais-je le voir, Quintus Sertorius?

— Si je pouvais te le dire, je serais vraiment à la hauteur de ma tâche. A parler franchement, je n'en sais rien. Mais — je me trompe peut-être — je crois que tu devrais lui donner audience. J'ai comme un pressentiment.

— Fais-le entrer, répondit Marius.

Voir rassemblé le haut commandement tout entier n'ébranla pas un instant la confiance du cavalier ligure; il resta là, à cligner les yeux dans la semi-obscurité, sans que son visage trahît la moindre crainte.

— Voici Publius Vagiennius, dit Sertorius, qui s'apprêta à se retirer.

— Reste ici, lança Marius. Eh bien, Publius Vagiennius, qu'as-tu à me dire?

— Beaucoup de choses!

— Alors, vas-y!

— Oui, oui! Le problème, c'est de savoir si je dois d'abord te donner mes informations, ou te faire une proposition?

— Les deux sont liées? demanda Aulus Manlius.

— Très certainement, Aulus Manlius.

— Alors, fais-moi d'abord ta proposition, dit Marius, l'air impassible.

— Les escargots.

Les quatre autres le regardèrent, mais aucun d'eux ne pipa mot.

— C'est là ma proposition, poursuivit Publius Vagrennius d'un ton patient. Les escargots. Les plus gros, les plus juteux que vous ayez jamais vus!

— C'est pour ça que tu empestes l'ail! intervint Sylla.

— C'est comme ça qu'on les mange.

— Et comment pouvons-nous t'aider? demanda Marius.

— Je veux me voir accorder une concession, et être présenté aux gens qu'il faut pour les mettre en vente à Rome.

— Je vois, dit Marius en regardant les trois autres: aucun ne souriait. Ce sera fait. Maintenant, quelle est l'information que tu veux nous communiquer?

— J'ai trouvé un moyen d'escalader la montagne.

Sylla et Aulus Manlius se dressèrent d'un bond.

— Tu as trouvé un moyen d'escalader la montagne, répéta Marius avec lenteur.

— Oui.

Marius se leva.

— Montre-moi.

Mais Publius Vagiennius resta inébranlable :

— Sans faute, sans faute, Caius Marius ! Mais pas avant que nous ayons réglé le problème de mes escargots !

— Ça ne peut pas attendre ? lança Sylla d'un air mauvais.

— Non, Lucius Cornelius ! Pour arriver en haut de la montagne, il faut traverser l'endroit où ils se trouvent. Et ce sont les *miens* ! Les meilleurs escargots du monde ! Regardez !

Il sortit sa besace, l'ouvrit, et en sortit, avec le plus grand soin, une coquille large comme la main, qu'il posa sur le bureau de Marius.

Les quatre autres le regardèrent fixement, dans un silence complet. Comme la surface de la table était froide et lisse, au bout d'un moment l'escargot sortit la tête de sa coquille pour s'aventurer au-dehors, car il avait faim, et se mit à mâchonner la feuille dont le Ligure l'avait enveloppé.

— Ça, c'est un escargot ! commenta Marius.

— En effet ! dit Quintus Sertorius, qui n'en croyait pas ses yeux.

— De quoi nourrir toute une armée ! dit Sylla, dont les goûts culinaires étaient très conservateurs, et qui n'aimait pas plus les escargots que les champignons.

— C'est ça ! s'écria Publius Vagiennius. C'est très exactement ça ! Je ne veux pas que tous ces fichus légionnaires les piétinent ! Il y a en a beaucoup, mais cinq cents soldats en viendraient à bout ! Je veux pouvoir les mettre à l'abri et les élever ! Et je veux une concession !

— Publius Vagiennius, dit Aulus Manlius, il se trouve que je peux te venir en aide. J'ai un client à Tarquinia, en Etrurie, qui a mis sur pied une affaire extrêmement lucrative de ce genre, et qui vend sa production sur les marchés de Rome. Il s'appelle Marcus Fulvius, et il y a un an ou deux je lui ai avancé l'argent nécessaire. Il s'en sort très bien, mais il serait sans doute ravi de s'entendre avec toi, si j'en juge par ce magnifique spécimen.

— Marché conclu, Aulus Manlius, dit le Ligure.

— Et maintenant, vas-tu nous montrer le chemin qui mène à la citadelle ? lança Sylla, agacé.

— Tout de suite, tout de suite, dit Publius Vagiennius, qui, se tournant vers Marius, ajouta: Mais je veux d'abord entendre le général me dire que mes escargots seront protégés.

Marius le regarda bien en face.

— Publius Vagiennius, tu es un homme comme je les aime! Tu mêles un solide sens des affaires à un vif esprit patriotique. Sois sans crainte, tu as ma parole. Maintenant, fais-nous la grâce de nous mener jusqu'à la montagne.

Quand, peu de temps après, ils se mirent en route — à cheval, pour gagner du temps — ils étaient accompagnés de l'ingénieur en chef de l'armée. Celui-ci leva les yeux pour examiner la cheminée.

— Aucun problème. Je peux bâtir un escalier jusqu'en haut, il y a assez de place.

— En combien de temps? demanda Marius.

— Je dispose du matériel nécessaire, donc j'en aurai pour... disons deux jours, en travaillant jour et nuit.

— Alors, commence tout de suite, dit Marius qui, se tournant vers Vagiennius, ajouta: Tu dois être une vraie chèvre, pour avoir réussi à grimper là-haut!

— Je suis un montagnard! répondit l'autre d'un air suffisant.

Enfin, tes escargots seront tranquilles tant que l'escalier ne sera pas construit. Ensuite, je m'en occuperai moi-même.

Cinq jours plus tard, la citadelle était aux mains de Caius Marius, en même temps qu'un fabuleux trésor de pièces et de lingots d'argent, ainsi que mille talents d'or; à cela venaient s'ajouter deux coffres, l'un plein des plus beaux rubis qu'on ait jamais vus, et l'autre de pierres inconnues, à facettes, soigneusement taillées, dont l'une extrémité était rose vif, et l'autre d'un vert sombre. Les gens du lieu les appelaient des *lychnites*.

— Il y en a pour une fortune! s'écria Sylla, en en examinant une.

— En effet! dit Marius, rayonnant.

Publius Vagiennius, quant à lui, fut décoré devant toute l'armée, et reçut neuf *phalerae* d'argent massif: ces gros médaillons circulaires, sculptés en haut relief, étaient disposés en trois rangs, et liés par des chaînons, de telle sorte qu'ils puissent être portés sur la poitrine, par-dessus l'armure ou la cotte de mailles. Il en fut fort heureux, mais ce qui le ravit par-dessus tout fut que Marius, fidèle à sa parole, eût protégé ses escargots, en tendant dans la grotte de grandes peaux, si bien que les soldats lancés à l'assaut de la citadelle ne surent jamais quelles gourmandises succulentes étaient dissimulées derrière. Et, une fois la montagne prise, Marius avait également ordonné la destruction immédiate de l'escalier. Aulus Manlius écrivit à son client, Marcus Fulvius, afin de mettre sur pied une association qui prendrait effet dès la fin de la campagne, quand le Ligure serait démobilisé.

— Mais n'oublie pas, Publius Vagiennius, dit Marius, nous comptons bien, tous les quatre, que tu t'en souviendras plus tard, et que tu nous offriras de tes gastéropodes!

— Marché conclu! s'écria l'autre — qui aurait été parfaitement heureux s'il n'avait découvert, à sa grande consternation, que désormais il détestait les escargots.

A la fin de Sextilis, l'armée revint sur ses pas; c'était l'époque des récoltes, et la nourriture ne manquait pas. La petite visite aux frontières du royaume de Bocchus avait eu les effets désirés: le souverain, persuadé que Marius, une fois la Numidie conquise, ne s'arrêterait pas en si bon chemin, décida de se ranger au côté de son gendre. Il fit aussitôt prendre à ses troupes la direction de la Moulouya, au bord de laquelle il rencontra Jugurtha, qui attendit que Marius fût parti, puis réoccupa la citadelle désormais abandonnée.

Les deux hommes suivirent les légions romaines en route vers l'est, sans se presser d'attaquer, et restant suffisamment à distance pour ne pas être repérés. Puis, alors que Marius était à moins de quarante lieues de Cirta, ils frappèrent.

On était au crépuscule, et les légionnaires s'affairaient à dresser le camp. Pourtant, l'attaque ne les prit pas entièrement au dépourvu, car Marius ne perdait jamais de vue les questions de sécurité. Dans la brève pénombre qui précédait la nuit, les armées numide et maurétanienne surgirent de derrière une crête voisine, et fondirent sur le camp encore inachevé.

Les combats se déroulèrent dans l'obscurité, ce qui, dans un premier temps, gêna considérablement les Romains. Mais Quintus Sertorius fit allumer des torches aux non-combattants, jusqu'à ce qu'on y vît suffisamment sur le champ de bataille pour que Marius se fît une idée de ce qui se passait. A partir de ce moment les choses allèrent un peu mieux pour ses hommes. Sylla se distingua, ralliant les troupes qui commençaient à paniquer ou à fuir, se montrant partout où on avait besoin de lui, comme par magie. Brandissant son épée maculée de sang, il se battit comme un vétéran — courageux pendant l'attaque, prudent quand il fallait se défendre, ingénieux dans l'adversité.

Et au bout de huit heures, la victoire resta aux Romains. Les armées ennemies se retirèrent en assez bon ordre, mais laissèrent sur le terrain plusieurs milliers d'hommes, tandis que Marius en avait perdu beaucoup moins.

Le lendemain matin, les légionnaires se remirent en marche, leur général ayant estimé qu'il était hors de question de se reposer pour le moment. Les morts furent incinérés comme il convenait, et les cadavres ennemis abandonnés aux vautours. Cette fois, les légions avançaient en formant un carré, dont les mules et les fourgons occupaient le centre, la cavalerie étant déployée à l'avant et à l'arrière de la colonne. Chaque homme avait mis son casque, et portait son bouclier et ses deux lances. Ce n'est qu'une fois arrivée à Cirta que l'armée pourrait relâcher sa vigilance.

Le quatrième jour, alors qu'elle devait atteindre la ville dans la soirée, les deux rois frappèrent de nouveau. Cette fois, Marius était prêt. Comme toujours, Jugurtha comptait sur sa cavalerie : des milliers d'hommes superbement entraînés, qui montaient à cru, sans s'embarrasser d'armures, se fiant à leur mobilité, à leur courage et à leur maîtrise du javelot et de l'épée. Mais ni eux ni les hommes de Bocchus ne parvinrent à percer le front de l'adversaire, regroupé en carré, et les fantassins vinrent se briser sur une muraille de légionnaires.

Sylla combattit au premier rang, et, quand les lignes d'infanterie de Jugurtha finirent par se rompre, ce fut lui qui mena la charge. Sertorius n'était pas loin derrière.

La volonté désespérée de se débarrasser une bonne fois de Rome et des Romains amena Jugurtha à rester trop longtemps sur le champ de bataille. Quand il décida de battre en retraite, il était déjà trop tard, et il n'eut d'autre ressource que d'affronter l'ennemi, qui sentait la victoire à sa portée. Et de fait, elle fut totale. Les armées numide et maurétanienne furent anéanties presque entièrement. Toutefois, Bocchus et son gendre parvinrent à s'enfuir.

Marius entra dans Cirta à la tête d'une armée épuisée, mais jubilante : le dernier des hommes du rang savait que, désormais, les affrontements de grande ampleur avaient pris fin. Cette fois, le général prit soin de faire camper ses hommes à l'intérieur de la ville, peu soucieux de les voir exposés à de nouvelles attaques. Ils furent logés, bon gré mal gré, chez des civils numides qui, le lendemain, furent contraints d'aller sur les lieux du combat, pour brûler les morts des armées ennemies, et ramener les corps des Romains tués au combat, pour qu'ils aient droit à des funérailles décentes.

Quintus Sertorius se vit chargé de préparer la remise des décorations que Marius comptait attribuer au cours d'une assemblée de l'armée tout entière, après que les cadavres des légionnaires eurent été incinérés. C'était la première cérémonie de ce genre qu'il avait à organiser, et il ne savait comment s'y prendre, mais il était intelligent et ne manquait pas de ressources ; aussi dénicha-t-il un vieux centurion primipile, et lui demanda conseil.

— Ce qu'il te faut faire, répondit le vieux briscard, c'est sortir toutes les décorations de Caius Marius lui-même, et les exposer sous son dais, que tous les hommes puissent voir quel soldat il est. Ce sont de bons garçons, *capite censi* ou pas, mais ils ne connaissent rien à l'armée, et viennent de familles qui n'ont aucune tradition militaire. Ce n'est pas comme moi ! J'ai combattu avec Caius Marius dans toutes ses campagnes depuis Numance !

— Mais je ne crois pas qu'il ait emmené ses décorations avec lui ! dit Sertorius, perplexe.

— Oh que si ! Elles lui portent chance !

De fait, Marius reconnut, un peu gêné, que c'était le cas.

Tout Cirta vint assister à la cérémonie, qui fut des plus impressionnantes. L'armée était en uniforme de parade, l'aigle d'argent de chaque légion était couronné des lauriers de la victoire, chaque soldat arborait ses décorations — et Publius Vagiennius, bien entendu, ses neuf *phalerae* d'argent.

Celles de Caius Marius étaient exposées derrière lui. Quel homme ! songea Quintus Sertorius en les examinant. Il semblait les avoir toutes reçues, dont certaines plusieurs fois, à deux exceptions près : la couronne navale, décernée à quiconque s'était distingué au cours d'un combat en mer — mais ce manque était logique, Marius, vieux fantassin, n'ayant jamais pris part à des affrontements maritimes —, et la *corona graminea*, la simple couronne d'herbes que l'on offrait à celui qui, par sa seule valeur, avait sauvé une légion, ou parfois même l'armée entière. Tout au long de l'histoire de la République romaine, elle n'avait été décernée qu'à une poignée de chefs militaires : au légendaire Lucius Siccius Dentatus, à Scipion l'Africain pendant la seconde guerre contre Carthage, à Publius Decius Mus au cours de la première guerre samnite...

Sylla fut appelé pour recevoir sa couronne d'or, ainsi que neuf *phalerae* d'or, pour sa bravoure pendant les combats. Il paraissait ravi et, comment dire, *rehaussé*. Quintus Sertorius avait entendu raconter que c'était quelqu'un d'assez froid, non dénué de cruauté. Mais jamais, au cours de leur séjour en Afrique, il n'avait rien remarqué qui pût étayer de telles accusations, et d'ailleurs, si elles étaient exactes, jamais Caius Marius ne lui aurait témoigné tant d'amitié. Car, bien entendu, Quintus Sertorius ne pouvait se douter que, quand les choses allaient bien, il était assez aisé pour Sylla de dissimuler sa vraie personnalité dès lors qu'il avait à relever des défis. Au demeurant, l'homme était assez avisé pour savoir que Caius Marius n'était pas de ceux à qui il convenait de révéler le côté sombre de sa nature. En fait, Lucius Cornelius Sylla, depuis que Marius lui avait demandé d'être son questeur, s'était parfaitement bien conduit — ce qui, avait-il découvert, ne présentait aucune difficulté.

— Oh !

Quintus Sertorius sursauta : il était à ce point perdu dans ses pensées qu'il n'avait pas entendu qu'on l'appelait, et son serviteur — presque aussi fier de lui que lui-même — venait de lui donner un coup de coude dans les côtes. Il se dirigea vers le dais en chancelant, le grand Marius posa sur sa tête la couronne d'or qui récompensait sa valeur, puis lui serra la main, sous les acclamations de l'armée.

Puis, après que tous les soldats, et certaines cohortes, eurent reçu leurs médailles, le général prit la parole :

— Félicitations, prolétaires ! Vous vous êtes montrés plus braves que les plus braves, plus ardents que les plus ardents ! Quand nous entrerons en triomphe à Rome, vous pourrez montrer au peuple les témoignages de votre valeur ! Et, à l'avenir, plus personne ne pourra dire que les *capite censi* se soucient trop peu de Rome pour combattre et mourir pour elle !

Les pluies de novembre s'annonçaient à peine qu'une délégation du roi Bocchus arriva à Cirta. Marius la laissa faire antichambre plusieurs jours, sans vouloir entendre ses plaintes.

— Ils seront doux comme des agneaux, dit-il à Sylla quand il consentit enfin à recevoir les émissaires du souverain.

— Je n'ai pas l'intention de pardonner au roi Bocchus ! leur lança-t-il en guise de salutation. Rentrez chez vous ! Vous me faites perdre mon temps !

Le porte-parole de la délégation était un frère cadet du roi Bocchus, le prince Bogud. Il s'avança en hâte, avant que Marius ait pu faire signe à ses licteurs de chasser les Maurétaniens.

— Caius Marius, Caius Marius, mon frère le roi n'est que trop conscient de l'ampleur de ses méfaits ! Il ne réclame pas le pardon, il te supplie simplement de demander au Sénat et au Peuple de Rome qu'il redevienne un ami et un allié. Il te conjure d'envoyer, au printemps, deux de tes légats à sa cour, à Tingis, au-delà des Colonnes d'Hercule. Il leur expliquera, dans le plus grand détail, pourquoi il s'est allié à Jugurtha, et ne réclame que d'être entendu favorablement. Ils n'auront rien à lui répondre, il suffira qu'ils te répètent ce qu'il aura dit, que tu puisses lui faire savoir ce que tu auras décidé. Je t'en conjure, accorde cette faveur à mon frère le roi !

— Envoyer deux de mes plus importants subordonnés à Tingis, au début de la prochaine campagne ? demanda Marius avec une incrédulité parfaitement feinte. Non ! Je peux tout au plus leur donner l'ordre d'aller jusqu'à Saldae.

C'était un petit port de mer, non loin de Rusicade.

Toute la délégation tendit les mains, horrifiée :

— C'est impossible! s'écria Bogud. Mon frère le roi souhaite plus que tout éviter Jugurtha!

— Icosium, alors, répondit Marius, citant cette fois un autre port, à quatre-vingts lieues à l'ouest de Rusicade. J'y enverrai mon légat, Aulus Manlius, et mon questeur, Lucius Cornelius Sylla. Mais maintenant, et pas au printemps!

— Impossible! Le roi est à Tingis!

— Qu'importe! lança Marius, méprisant. Le roi s'en retourne en Maurétanie. Si tu lui envoies un messager, je suis certain qu'il pourra atteindre Icosium sans peine, à peu près au moment où mes légats y parviendront.

Il jeta à Bogud un regard glacial.

— C'est là la seule offre que je consens à te faire. Accepte ou va-t'en.

Bogud accepta. Deux jours plus tard, quand la délégation repartit, elle emprunta le même navire qu'Aulus Manlius et Sylla. Un cavalier avait été dépêché pour rattraper ce qui restait de l'armée maure.

— Il nous attendait quand nous sommes arrivés, tout comme tu l'avais dit, rapporta Sylla un mois plus tard, à son retour.

— Où est Aulus Manlius?

— Il ne se sentait pas bien, et a préféré revenir par voie de terre.

— C'est grave?

— Je n'ai jamais vu quelqu'un qui soit à ce point sensible au mal de mer.

— Je l'ignorais, dit Marius, surpris. Je suppose donc que c'est toi qui as écouté le roi?

— Oui, répondit Sylla en souriant. Bocchus est un petit homme, rond comme une boule, sans doute parce qu'il se bourre de sucreries. Très pompeux en surface, très peureux en profondeur.

— Cela va bien ensemble.

— En tout cas, il est clair qu'il craint Jugurtha. Et si nous lui donnions notre garantie que nous n'avons aucune intention de lui arracher son trône, je crois qu'il serait ravi de servir au mieux les intérêts de Rome. Mais Jugurtha le presse de n'en rien faire, tu t'en doutes.

— Jugurtha fait pression sur tout le monde. As-tu gardé le silence, ou bien as-tu discuté avec Bocchus? Il ne voulait pas que vous preniez la parole.

— Je l'ai d'abord laissé parler, puis j'ai répondu, bien qu'il ait voulu me congédier; mais je lui ai dit que, de notre côté, nous n'étions pas liés par ses exigences.

— Et que lui as-tu expliqué?

— Que s'il avait deux sous de cervelle, il lui faudrait, à l'avenir, ignorer Jugurtha et soutenir Rome.

— Comment a-t-il pris la chose?

— Tout à fait bien. Il avait l'air contrit quand je l'ai quitté.

— Alors attendons de voir ce qui se passera.

— J'ai par ailleurs découvert, ajouta Sylla, que Jugurtha a d'énormes problèmes de recrutement. Les Gétules eux-mêmes refusent de lui donner davantage d'hommes. La Numidie est lasse de la guerre, et il n'y a plus personne dans le royaume pour croire qu'il ait encore la moindre chance de l'emporter.

— Mais nous livreront-ils Jugurtha?

— Bien sûr que non.

— Tant pis, dit Marius, nous l'aurons, Lucius Cornelius, et ce dès l'année prochaine.

Peu avant la fin de l'année, Caius Marius reçut de Publius Rutilius Rufus une lettre longtemps retardée par une série de tempêtes épouvantables :

> Caius Marius, je sais que tu voulais que je me présente avec toi aux élections consulaires, mais voilà que s'offre une occasion que je serais bien sot de refuser. J'ai l'intention de me porter candidat au poste de consul pour l'année qui vient, et me ferai inscrire demain. Le puits paraît bien être à sec, et personne de valeur ne semble vouloir se dévouer. Pas même Quintus Lutatius Catulus César. Il est en trop mauvaise posture ces temps-ci, car il est trop compromis avec cette faction qui a défendu bec et ongles tous les consuls responsables de la mort de nos soldats. Jusqu'à présent, le meilleur candidat est un Homme Nouveau : Cnaeus Mallius Maximus, pas moins ! Ce n'est pas un mauvais bougre, et je suis certain de pouvoir m'entendre avec lui. En tout cas, je ne suis sûr que d'une chose : ton commandement en Afrique est prorogé pour l'année qui vient, comme tu le sais sans doute déjà.
>
> En ce moment, Rome est un endroit particulièrement ennuyeux : je n'ai pas beaucoup de nouvelles à t'annoncer, et pas le moindre scandale ! Toute ta famille se porte bien, ton fils est en pleine santé, il est très éveillé. En revanche, ton beau-père, Caius Julius César, ne va pas bien. Comme c'est un César, tu te doutes qu'il ne se plaint jamais. Il a la voix rauque, et tout le miel du monde semble sans effet.
>
> Et voilà tout ce que j'ai à t'apprendre ! C'est vraiment terrifiant. Ah, reste toujours ma nièce Aurelia. Je t'entends

déjà demander : de qui diable s'agit-il ? Et ce, j'en suis certain, d'un ton parfaitement dépourvu d'intérêt. Je serai bref. Tout rustaud italique que tu sois, et bien que ne parlant pas le grec, tu connais l'histoire d'Hélène de Troie. Ma nièce est comme elle : si belle que chacun veut l'épouser.

Tous les enfants de ma sœur Rutilia sont beaux, mais Aurelia ne s'en tient pas là. A dire vrai, je l'aime énormément. Et pourquoi ? A cause de sa servante. Quand Aurelia a atteint l'âge de treize ans, ma sœur et son mari, Marcus Aurelius Cotta, ont décidé qu'il lui en fallait une, qui lui servirait de compagne, et de chaperon. Ils lui ont donc acheté une esclave — et Aurelia, peu de temps après, a déclaré qu'elle n'en voulait pas.

— Et pourquoi ? a demandé ma sœur.

— Parce qu'elle est trop paresseuse, a répondu ma nièce.

A treize ans !

Ses parents sont donc retournés chez le marchand d'esclaves, pour en choisir une autre, avec le plus grand soin. Aurelia a de nouveau refusé.

— Et pourquoi ? a demandé ma sœur.

— Parce qu'elle croit pouvoir me dominer !

Ses parents sont donc, pour la troisième fois, passés voir Spunius Postumius Glycon, à la recherche d'une esclave, et en ont choisi une qui, comme les deux autres, était grecque, très instruite, et fort intelligente.

Aurelia n'en a pas voulu davantage.

— Et pourquoi ? a demandé ma sœur.

— Parce qu'elle est déjà trop occupée à battre des cils devant l'intendant.

Ma sœur en a eu assez, et lui a dit d'aller s'en choisir une elle-même.

Et quand Aurelia est revenue avec son esclave, toute la famille a été épouvantée. C'était une fille de seize ans, une Gauloise arverne, immense et maigre, avec un horrible visage rond et un tout petit nez, les mains et les pieds les plus énormes que je me souvienne d'avoir vus. Elle s'appelait Cardixa.

Comme tu le sais, Caius Marius, j'ai toujours été très intrigué par l'histoire de ceux dont nous faisons nos esclaves. Je suis frappé de constater que nous consacrons infiniment plus de temps à décider du menu des réceptions que nous donnons, qu'à chercher à savoir qui sont ceux qui s'occupent de nous et de nos enfants. Et ma nièce Aurelia avait choisi cette Cardixa pour des raisons bien précises. Elle voulait quelqu'un de fidèle, de soumis, qui travaillerait dur, et pas une élégante petite poupée qui parlerait grec et saurait faire la conversation.

J'ai donc cherché à savoir qui était cette Cardixa, ce qui a été fort simple : il m'a suffi de le demander à Aurelia. Elle avait été vendue avec sa mère alors qu'elle n'avait que quatre ans, quand Cnaeus Domitius Ahenobarbus avait vaincu les Arvernes et créé la province de Gaule Transalpine. Peu après leur arrivée à Rome, la mère est morte, et Cardixa a été vendue à plusieurs reprises. Un de ses maîtres l'a violée quand elle avait huit ans, un autre la faisait fouetter chaque fois que sa femme se plaignait ; mais le troisième lui avait fait apprendre à lire et à écrire, en même temps que sa propre fille, qui n'était guère portée sur les études.

— Tu as eu pitié d'elle, et voulu procurer à cette pauvre fille un foyer où elle serait heureuse, ai-je dit à Aurelia.

Et voici pourquoi, Caius Marius, j'aime ma nièce plus que ma propre fille.

Car elle a été très mécontente de m'entendre parler ainsi, et m'a répondu :

— Pas du tout ! Oncle Publius, la pitié est chose admirable, c'est ce que disent les livres, et nos parents aussi. Mais ce serait une bien mauvaise raison pour choisir une servante ! Si Cardixa a connu une vie difficile, ce n'est pas ma faute. Je ne suis nullement tenue, par conséquent, d'y remédier. Non, je l'ai choisie parce que je sais qu'elle sera fidèle, soumise, et travaillera dur. Il ne faut pas se fier aux apparences.

Te rends-tu compte, Caius Marius ? A treize ans ! Le plus étrange, c'est que, bien que de telles paroles puissent paraître hautaines et cruelles, je savais qu'il n'en était rien. C'était du simple bon sens ! De combien de femmes peut-on en dire autant ? Tous les jeunes gens bien nés de Rome veulent l'épouser pour sa beauté et sa fortune, alors qu'en ce qui me concerne je la donnerais à celui qui plus que tout chérirait son bon sens. Mais comment faire le bon choix ? Telle est la question brûlante que nous nous posons tous.

Caius Marius répondit aussitôt à son vieil ami :

Tu ne peux douter un seul instant de ma compréhension. Tu mérites d'être élu, Publius Rutilius ! Au demeurant, Cnaeus Mallius Maximus aura besoin de toute l'aide qu'il pourra trouver, et tu feras un excellent consul. S'agissant de ta nièce, pourquoi ne la laisses-tu pas choisir elle-même son époux ?

Elle semble s'être trouvé une excellente servante. Lucius Cornelius m'a dit qu'il était père d'un garçon, mais il avait reçu la nouvelle de Caius Julius, et non de Julilla. Pourrais-tu me rendre le service de garder l'œil sur cette jeune personne ? Car je crains que Julilla ne ressemble guère à ta nièce, et je ne vois personne d'autre à qui demander de le faire — et surtout pas à son père ! Je te remercie de m'avoir appris qu'il était souffrant. J'espère que, quand tu recevras ma lettre, tu auras déjà été élu consul.

LA SIXIÈME ANNÉE
(105 avant J.-C.)

sous le consulat
de Publius Rutilius Rufus
et
de Cnaeus Mallius Maximus

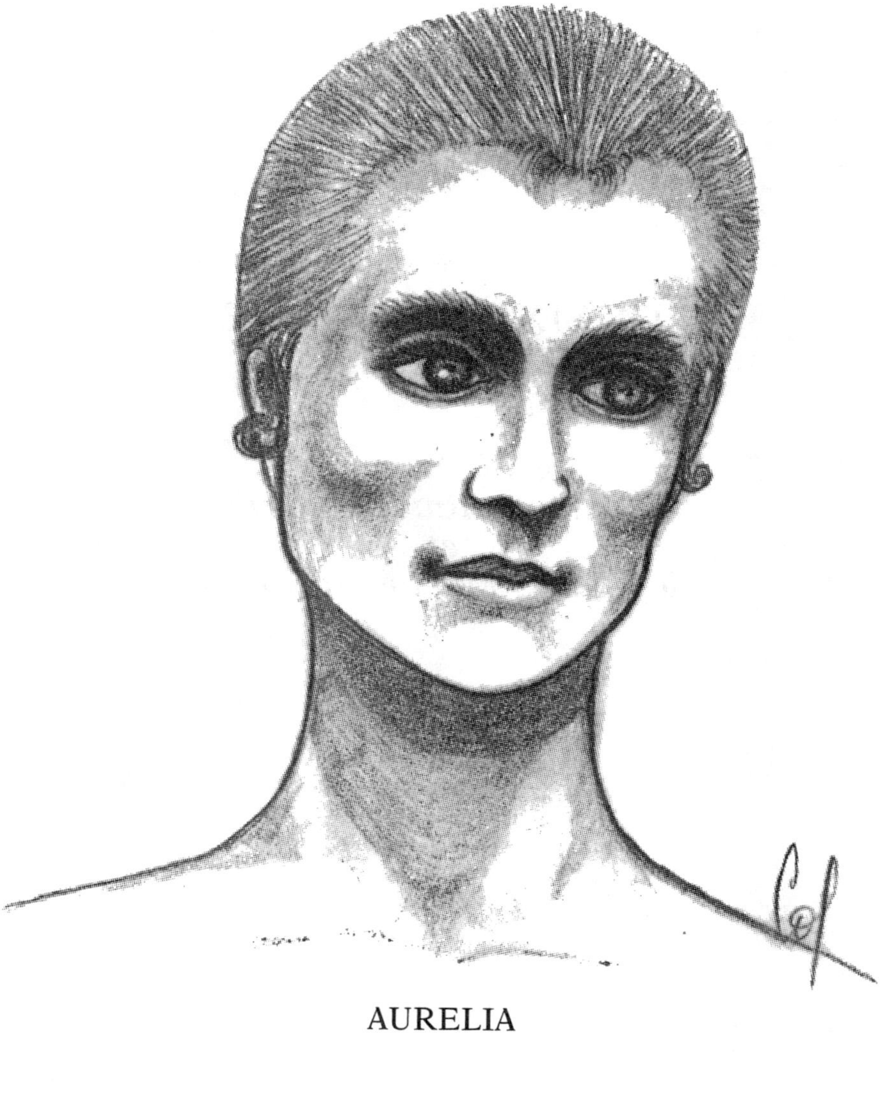

AURELIA

Bien que Jugurtha ne fût pas encore réduit à l'état de fugitif dans son propre pays, la partie orientale de celui-ci s'était peu à peu résignée à la présence romaine. Toutefois, Cirta, la capitale, se trouvait en plein centre du royaume, et Marius jugea qu'il serait plus prudent d'y passer ses quartiers d'hiver, plutôt qu'à Utique. Les habitants de Cirta n'avaient jamais témoigné beaucoup de sympathie au souverain numide, mais Marius le connaissait suffisamment pour savoir qu'il n'était jamais aussi dangereux — et aussi charmeur — que lorsqu'il se trouvait dans une situation difficile ; il serait donc peu politique de laisser Cirta exposée aux tentations. Sylla demeura à Utique, pour y gouverner la province romaine d'Afrique, tandis qu'Aulus Manlius, libéré du service, se voyait accorder la permission de rentrer à Rome. Il emmena avec lui les deux fils de Caius Julius César, qui auraient préféré rester sur place ; mais la lettre de Publius Rutilius avait ému Marius, et il avait le sentiment que mieux valait que son beau-père pût les revoir.

En janvier de la nouvelle année, le roi Bocchus prit enfin sa décision ; en dépit des liens qui l'unissaient à Jugurtha, il redeviendrait formellement l'allié de Rome — à condition, bien entendu, que celle-ci daignât accepter. Il se rendit donc de Iol à Icosium, où, deux mois plus tôt, il avait rencontré Sylla et Aulus Manlius, et de là, envoya une petite délégation chargée de discuter avec Marius. Malheureusement, il ne lui vint pas à l'idée que celui-ci pourrait passer l'hiver ailleurs qu'à Utique, et c'est vers cette ville que se dirigèrent ses envoyés, qui passèrent bien au nord de Cirta.

Ils étaient cinq en tout, dont Bogud, le frère cadet du roi, et l'un des fils de celui-ci. Le petit groupe voyagea sans escorte militaire ;

Bocchus ne voulait pas risquer d'irriter Marius — ni attirer l'attention de son propre gendre.

La délégation avait l'air d'un groupe de marchands prospères, rentrant chez eux à l'issue d'une saison de négoce particulièrement fructueuse, ce qui ne pouvait manquer d'intéresser les nombreux bandits de grand chemin qui infestaient la Numidie. Ils fondirent sur le petit groupe au moment où il franchissait la rivière Ubus, un peu au sud d'Hippo Regius, et le dépouillèrent de tout, s'emparant des esclaves et des serviteurs qui l'accompagnaient pour s'en aller les revendre les dieux savaient où.

Quintus Sertorius était resté au côté de Marius, et Sylla devait se contenter de subordonnés moins sagaces. Mais il s'en était rendu compte, et prenait soin de garder l'œil sur tout ce qui se passait aux portes du palais du gouverneur; la chance voulut qu'il aperçût la délégation au moment même où elle s'efforçait en vain d'y être admise.

— Mais nous devons voir Caius Marius! répétait le prince Bogud. Je vous assure que nous sommes les ambassadeurs du roi Bocchus!

Reconnaissant au moins trois des membres du petit groupe, Sylla s'avança.

— Fais-les entrer, crétin! lança-t-il au tribun de garde.

Puis, prenant le bras de Bogud, qui paraissait épuisé, il lui dit:

— Prince, les explications attendront! Tu as d'abord besoin d'un bon bain, de vêtements propres, d'un repas copieux et d'un peu de repos.

Quelques heures plus tard, il écouta avec intérêt le récit du prince.

— Le voyage jusqu'ici nous a pris beaucoup plus de temps que nous ne le pensions, dit celui-ci en conclusion. J'ai bien peur que mon frère le roi ne soit au désespoir. Nous sera-t-il possible de rencontrer Caius Marius?

— Il est à Cirta. Je te conseille de me dire ce que désire le roi, et de me laisser le soin d'avertir moi-même Caius Marius. Sinon, il y aura de nouveaux retards.

— Nous sommes tous des parents du roi Bocchus, qui comptait demander à Caius Marius de nous laisser aller jusqu'à Rome, où nous pourrions supplier le Sénat d'accepter que notre souverain redevienne l'allié du peuple romain.

— Je vois, répondit Sylla en se levant. Prince Bogud, mets-toi à l'aise et attends. Je vais prévenir Caius Marius sur-le-champ, mais il nous faudra attendre un peu avant d'avoir de ses nouvelles.

Quatre jours après, la réponse de Marius lui parvint:

Lucius Cornelius, tout cela pourrait se révéler des plus utile. Néanmoins, je dois me montrer extrêmement prudent. Le nouveau consul, Publius Rutilius Rufus, m'a appris que notre cher ami, Metellus Numidicus le Porcelet, annonce à qui veut bien l'entendre qu'il compte me faire mettre en accusation pour corruption. Je ne peux donc rien risquer qui pourrait lui fournir des arguments. Fort heureusement, il lui faudra forger ses preuves lui-même, car je n'ai jamais eu pour habitude de rançonner et de corrompre, et tu le sais mieux que personne. Voici donc ce que je veux que tu fasses.

Je donnerai audience au prince Bogud à Cirta, ce qui signifie que tu devras escorter la délégation jusqu'ici. Toutefois, avant que tu te mettes en route, je veux que tu rassembles tous les sénateurs, tous les tribuns du Trésor, tous les représentants officiels de Rome, et tous les citoyens romains d'importance, que tu pourras trouver dans la province d'Afrique. Amène-les à Cirta avec toi. Car je discuterai avec Bogud en présence de tous les notables, qu'ils puissent tout entendre, et je leur demanderai d'approuver par écrit ce que je serai conduit à décider.

Hurlant de rire, Sylla posa la lettre.

— Bravo, Caius Marius! lança-t-il aux quatre murs de son cabinet de travail.

La province d'Afrique avait beaucoup d'importance pour Rome, qu'elle approvisionnait en grain; et les sénateurs aimaient à s'y rendre en visite. C'était un endroit exotique, d'une grande beauté; bien qu'on fût en début d'année, c'est-à-dire à la saison humide, il ne pleuvait pas en permanence, et l'air gardait quelque chose d'embaumé.

Sylla fut donc en mesure de rassembler deux sénateurs, deux gros propriétaires (dont Marcus Caecilius Rufus, l'un des plus importants), un responsable du Trésor, et un ploutocrate venu de Rome pour acheter du grain.

— Le plus beau, dit-il à Caius Marius en arrivant, quinze jours plus tard, à Cirta, c'est d'avoir mis la main sur Caius Billennius, qui voulait visiter l'Afrique sur le chemin de la province d'Asie, dont il va être le gouverneur. Je peux donc t'offrir un préteur jouissant de l'*imperium* proconsulaire, rien de moins! Nous avons aussi un questeur du Trésor, Cnaeus Octavius Ruso, qui, juste au moment où j'allais partir, a débarqué dans le port d'Utique, en apportant la solde de l'armée.

— Lucius Cornelius, tu es un homme selon mon cœur, et tu ne perds pas de temps!

Et, avant de recevoir la délégation maurétanienne, Marius conféra avec les notables romains.

— Je veux vous expliquer en détail la situation telle qu'elle est, puis, après que j'aurai accordé audience au prince Bogud et à ses compagnons, je veux que nous parvenions à un accord sur ce que je dois décider à propos du roi Bocchus. Il sera indispensable que chacun d'entre vous donne son opinion par écrit, pour que, lorsque Rome en sera informée, chacun puisse voir que je n'ai pas dépassé les limites de mon autorité.

La réunion eut très exactement les résultats escomptés par Marius. Il avait présenté les choses avec autant de soin que d'éloquence, vigoureusement soutenu par Sylla. Les notables en vinrent à la conclusion qu'un accord de paix avec Bocchus s'imposait, et que, de ce point de vue, il conviendrait que trois des émissaires du roi partent à Rome, et que les deux autres s'en retournent trouver le souverain maurétanien, pour témoigner de la bonne volonté romaine.

Cnaeus Octavius Ruso emmena donc Bogud et deux de ses cousins; ils arrivèrent début mars à Rome, où ils furent sur-le-champ entendus par le Sénat, lors d'une séance convoquée tout exprès. Elle se tint dans le temple de Bellone, puisqu'il s'agissait d'une guerre contre un souverain étranger; Bellone était en effet la déesse romaine de la guerre, donc beaucoup plus vénérable que Mars.

Le consul Publius Rutilius Rufus fit part de la décision de l'assemblée, tandis que les portes du temple avaient été laissées grandes ouvertes, pour que chacun, à l'extérieur, pût entendre:

— Allez dire au roi Bocchus que le Sénat et le Peuple de Rome se souviennent des offenses aussi bien que des faveurs. Il nous paraît clair qu'il regrette sincèrement d'avoir agi comme il l'a fait, aussi ne lui refuserons-nous pas notre pardon. Toutefois, nous exigerons de lui qu'il témoigne de sa bonne volonté par un acte d'amitié, ce dont il s'est abstenu jusqu'à présent, en lui laissant toute latitude en ce domaine. Ce n'est qu'alors que le Sénat et le Peuple de Rome seront heureux de conclure avec lui un traité d'alliance et d'amitié.

Fin mars, Bocchus fut informé de la décision romaine par Bogud et ses deux compagnons. Il avait choisi de demeurer à Icosium, la terreur des représailles l'emportant sur les craintes qu'il pouvait nourrir pour sa propre personne, plutôt que d'aller se réfugier à Tingis, au-delà des Colonnes d'Hercule. Pour se protéger de Jugurtha, il avait fait venir sur place une armée maure, et fortifié le petit port de son mieux.

Bogud, quant à lui, s'en alla voir Marius à Cirta.

— Mon frère le roi, dit-il, à genoux, te supplie de lui indiquer quel acte d'amitié pourrait faire oublier les offenses qu'il a fait subir à Rome.

— Lève-toi ! lança Marius, agacé. Je ne suis pas un roi ! Je ne suis que le proconsul du Sénat et du Peuple de Rome ! S'humilier devant moi, c'est m'humilier moi-même !

Bogud se redressa, perplexe.

— Caius Marius, aide-nous ! s'écria-t-il. Quelle faveur peut bien réclamer le Sénat ?

— Je te le dirais, si je le savais, répliqua Marius en examinant ses ongles avec attention.

— Alors, dépêche un de tes adjoints pour s'entretenir avec mon souverain ! Peut-être sera-t-il possible de trouver un moyen !

— Très bien. Lucius Cornelius Sylla s'en ira le voir — à condition que la rencontre ait lieu à Icosium, et pas plus loin.

— Bien entendu, dit Marius à Sylla comme celui-ci s'apprêtait à partir, c'est Jugurtha que nous voulons ! Ah, Lucius Cornelius, je donnerais dix ans de ma vie pour être à ta place ! Mais c'est malheureusement impossible.

— Je ne négligerai rien, répondit Sylla en souriant.

C'est donc le cœur plein d'entrain qu'il s'embarqua à Rusicade, accompagné de deux cohortes — l'une de légionnaires romains, l'autre d'Italiques samnites —, d'une escorte personnelle de manieurs de fronde venus des îles Baléares, et d'un escadron de cavalerie — qui n'était autre que l'unité de Publius Vagiennius le Ligure. On était à la mi-mai.

Il se sentit pourtant d'humeur irritable pendant toute la traversée, bien qu'il eût le pied marin — il s'était découvert un grand amour de la mer et des bateaux. Cette expédition allait avoir énormément d'importance pour lui : il le savait aussi sûrement que si on le lui avait prophétisé. Assez bizarrement, il n'avait jamais cherché à rencontrer la prophétesse syrienne, bien que Marius le lui eût suggéré plus d'une fois. Ce n'était pas par incrédulité ; en bon Romain, Sylla était profondément superstitieux. Il avait tout simplement trop peur. Il cherchait désespérément quelqu'un qui pût confirmer ses propres pressentiments à propos des hautes destinées qui l'attendaient ; mais il connaissait trop bien ses faiblesses, et ce qu'il y avait d'obscur en lui, pour affronter, aussi sereinement que Marius, la perspective de se voir prédire l'avenir.

Quand il arriva dans la baie d'Icosium, il regretta pourtant de s'en être abstenu. Car ce qui l'attendait semblait peser sur lui aussi lourdement qu'une couverture, sans qu'il eût la moindre idée de ce que lui réservait le futur. De grandes choses, certes. Mais aussi des mauvaises. Seul ou presque de ses pairs, Sylla comprenait que le mal était une présence tangible. Les Grecs ne cessaient de discuter là-dessus à l'infini, beaucoup affirmaient qu'en définitive il n'existait pas. Mais lui savait bien que ce n'était pas le cas. Et il avait très peur de découvrir qu'il était tapi en lui.

Icosium n'était qu'une petite cité blottie au pied des montagnes, qui s'étendaient presque jusqu'à la mer. Un bel endroit, songea Sylla.

Sur le rivage, en dehors de la ville, attendaient près d'un millier de cavaliers berbères, équipés comme l'étaient les Numides : ni selle, ni cuirasse, mais des lances, une épée et un bouclier.

— Ah ! s'écria Bogud comme tous deux débarquaient, le roi a dépêché son fils préféré pour te rencontrer, Lucius Cornelius.

— Et comment s'appelle-t-il ?

— Volux.

Le jeune homme s'avança : comme ses hommes, il était armé, mais son cheval avait selle et bride. Sylla le trouva sympathique, et ses manières lui plurent ; mais où était le roi ? Car nulle part son œil exercé n'apercevait ce remue-ménage et cette confusion qui marquent toujours la présence d'un souverain.

Comme il se dirigeait, en compagnie du prince, vers un endroit d'où il pourrait superviser le débarquement de ses troupes, Volux lui expliqua :

— Le roi est parti vers le sud, dans les montagnes, à près de quarante lieues d'ici.

— Ce n'était pas prévu dans notre accord !

— Je sais, je sais, dit l'autre, assez mal à l'aise. Mais vois-tu, Jugurtha est dans les parages.

Sylla s'arrêta net.

— Prince Volux, serait-ce un piège ?

— Non ! Non ! s'écria le jeune homme en levant les bras au ciel. Lucius Cornelius, je te le jure par tous nos dieux ! Mais Jugurtha flaire quelque chose, parce qu'il avait cru comprendre que le roi mon père s'en retournait à Tingis, et qu'il est toujours ici. Jugurtha est donc venu rôder dans les collines, à la tête d'une petite armée gétule. Pas assez pour nous attaquer, mais trop nombreux pour que nous puissions nous en prendre à lui. Le roi mon père a décidé de se retirer loin du rivage, pour que Jugurtha croie que, s'il attend un émissaire romain, celui-ci viendra par voie de terre. Et Jugurtha l'a suivi. Il ne sait rien de ton arrivée, nous en sommes certains. C'était de ta part une excellente idée que de venir par la mer.

— Il aura tôt fait de l'apprendre, répondit Sylla, l'air sinistre, en pensant que son escorte se réduisait à quinze cents hommes.

— Espérons que non ! J'ai quitté le camp du roi mon père il y a trois jours, à la tête d'un millier d'hommes, comme si nous partions en manœuvres. Comme, officiellement, nous ne sommes pas en guerre avec la Numidie, Jugurtha n'avait pas de raison de nous attaquer ; il ne sait pas non plus ce que mon père compte faire, et ne peut courir le risque d'une rupture avant d'en avoir appris davantage. Je puis t'assurer qu'il est toujours dans le Sud, à surveiller notre camp, et que ses éclaireurs ne pourront approcher d'Icosium tant que mes hommes patrouilleront dans la région.

Sylla lui jeta un regard sceptique, mais garda ses sentiments pour lui. On ne pouvait pas dire que les membres de la famille royale aient l'esprit très pratique. Puis il soupira et haussa les épaules. Il était inutile de s'inquiéter ; le roi numide était au courant, ou il ignorait tout.

— Et où se trouve Jugurtha ? demanda-t-il.

— A une dizaine de lieues à l'intérieur des terres, au sud, dans une petite plaine perdue dans les montagnes. Sur le chemin qui, d'Icosium, mène au camp du roi mon père.

— Charmant ! Et comment puis-je espérer voir le roi ton père sans devoir d'abord l'affronter ?

— Je te ferai contourner le campement de Jugurtha sans qu'il s'en rende compte ! Crois-moi, Lucius Cornelius ! Le roi mon père me fait confiance, et j'espère que toi aussi ! Cependant, je pense qu'il vaudrait mieux que tu laisses tes hommes ici. Nous aurons plus de chances si nous ne formons qu'un petit groupe.

— Et pourquoi devrais-je me fier à toi, prince Volux ? Je ne te connais pas — pas plus que je ne connais le prince Bogud, ni ton père, d'ailleurs ! Vous pourriez très bien avoir décidé de reprendre votre parole et de me livrer à Jugurtha ! Ma capture porterait tort à Caius Marius, et tu le sais parfaitement !

— Alors, mets-moi à l'épreuve, que tu sois certain que le roi mon père et moi sommes dignes de confiance ! s'écria le jeune homme.

Sylla réfléchit.

— Très bien. De toute façon, tu me tiens, alors qu'ai-je à perdre ?

Je dois me fier à ma chance, se dit-il, car rien ne me laisse supposer qu'elle m'abandonnera. C'est un moyen d'éprouver ma confiance en moi, de montrer à tout le monde — du roi Bocchus à Caius Marius — que je suis au moins l'égal de tout homme que la Fortune pourra mettre sur mon chemin. Il est impossible de savoir qui l'on est en s'enfuyant. Non, j'irai tout droit. La chance est avec moi.

— Dès que la nuit sera tombée, dit-il à Volux, toi, moi et une petite escorte à cheval nous rendrons au camp du roi ton père. Mes hommes resteront ici, ce qui signifie que, si Jugurtha découvre leur présence, il pensera tout naturellement qu'ils ne sont pas allés plus loin qu'Icosium, et que le roi Bocchus compte y venir pour nous voir.

— Mais il n'y a pas de lune cette nuit! dit Volux, accablé.

— Je sais, dit Sylla en découvrant son terrible sourire. C'est bien là l'épreuve que je te réserve, prince Volux. Nous nous contenterons de la lueur des étoiles. Et tu me feras traverser le camp de Jugurtha.

Bogud écarquilla les yeux.

— C'est de la folie pure!

— Voilà ce que j'appelle un vrai défi! s'écria Volux, qui eut à son tour un grand sourire.

— Marché conclu? demanda Sylla. Tu nous fais traverser le camp sans qu'à aucun moment les sentinelles nous voient ou nous entendent. Si tu y parviens, prince Volux, je saurai que je peux te faire confiance!

— Marché conclu! s'écria Volux.

— Vous êtes aussi fous l'un que l'autre! soupira Bogud.

Sylla décida de laisser ce dernier à Icosium, ne sachant trop s'il fallait vraiment se fier à lui. Il y fut traité avec la plus grande courtoisie, mais confié à deux tribuns militaires qui avaient reçu l'ordre de ne pas le perdre de vue un seul instant.

Volux dénicha les meilleurs chevaux qu'il put trouver à Icosium; Sylla préféra sa mule, et n'oublia pas d'emporter son chapeau à large bord. Il serait le seul à grimper en selle: les quatre autres avaient l'habitude de monter à cru.

Le soir, les cinq hommes sortirent de la ville, dans la complète obscurité d'une nuit sans lune. Mais le ciel était lumineux: les nuages qui semblaient y errer étaient en fait de vastes conglomérats d'étoiles, et le petit groupe n'avait aucun mal à y voir. Leurs chevaux, déferrés, s'avançaient sans bruit sur la piste rocheuse traversant une série de ravins qui s'ouvraient dans les collines entourant Icosium.

La monture de Volux broncha, et le prince, se redressant pour garder l'équilibre, dit:

— Espérons qu'aucun de nos chevaux ne se mettra à boiter!

— Fie-toi à ma chance! répondit Sylla.

— Vous feriez mieux de rester silencieux, intervint l'un de leurs compagnons. Par des nuits sans vent comme celle-ci, les voix portent à des lieues entières.

Ils chevauchèrent sans mot dire, s'efforçant de repérer la moindre lumière. Aussi, quand, par-delà une crête, ils discernèrent cette lueur orangée qui trahit un feu, tous surent qu'ils approchaient du camp de Jugurtha. Il était installé au fond d'une petite vallée en cuvette qu'ils contemplèrent d'en haut.

Les cinq hommes descendirent de leurs montures, et Volux se mit à l'œuvre. Sylla attendit patiemment que les Maures aient fini d'envelopper les sabots de leurs bêtes, puis tous repartirent. Quand ils furent tout près du camp de Jugurtha, le prince s'avança en éclaireur. Il devait y avoir des sentinelles, et sans doute une patrouille à cheval, mais ils n'aperçurent âme qui vive. Formé par les Romains, le souverain numide avait tout naturellement fait dresser le camp à leur manière, sans pour autant se donner la peine d'en reproduire le modèle dans ses moindres détails. Il savait au demeurant Marius et son armée à Cirta, et le roi Bocchus n'était pas en mesure de l'attaquer; il avait donc négligé de faire creuser des fossés, et s'était contenté d'un talus qu'il était enfantin de franchir à cheval.

Les cinq cavaliers le firent grimper à leurs montures sans difficulté, et le longèrent de très près, tirant parti du sol fraîchement creusé, ce qui leur permettait d'avancer sans faire le moindre bruit, en direction de l'entrée, qui n'était d'ailleurs rien de plus qu'une large ouverture. Ils y aperçurent des gardes, mais ceux-ci regardaient au-dehors, et ils étaient trop loin pour entendre les intrus, qui descendirent la *via praetoria* coupant le camp en deux, en direction de la sortie. Arrivés là, ils revinrent se placer tout contre le talus, qu'ils franchirent dès qu'ils estimèrent être assez loin des sentinelles.

Une demi-lieue plus loin, ils ôtèrent les étoffes placées autour des sabots des chevaux.

— Nous y sommes arrivés! chuchota Volux, triomphant. Maintenant, Lucius Cornelius, me feras-tu confiance?

— Tu as ma parole, prince, répondit Sylla.

Ils avancèrent à un rythme assez lent, entre la marche et le trot, soucieux de ne pas épuiser leurs montures. Peu après l'aube, ils parvinrent à un camp berbère, où ils échangèrent leurs chevaux, très supérieurs à ceux que possédaient les indigènes, ainsi que la mule, contre cinq bêtes fraîches, et la chevauchée se poursuivit sans arrêt pendant toute la journée. Sylla sua abondamment, en se félicitant d'avoir emporté son chapeau de paille.

Peu après le crépuscule, ils arrivèrent enfin au camp du roi Bocchus, assez semblable à celui de Jugurtha, mais de dimensions plus importantes. Sylla s'arrêta.

— Prince Volux, ne va pas croire que je me méfie, mais je suis épuisé. Tu es le fils du roi, tu peux donc entrer et sortir à ta guise sans qu'on s'interroge, alors que je ne suis qu'un étranger, un inconnu. Je vais m'étendre un peu, et attendre ici que tu aies vu ton père pour t'assurer que tout va bien, puis tu reviendras me chercher.

— Mieux vaudrait ne pas t'allonger, dit le prince.

— Et pourquoi donc?

— A cause des scorpions.

Les cheveux de Sylla se dressèrent sur sa nuque. L'Italie ignorait les insectes venimeux; aussi Italiques et Romains venus en Afrique les détestaient-ils. Il reprit son souffle, feignit de ne pas prendre garde à la sueur glacée qui lui coulait sur le front, et regarda Volux d'un air impassible:

— Aller et revenir va te prendre plusieurs heures, et je n'ai certainement pas l'intention de rester debout pendant tout ce temps, ni même de me remettre en selle. Je courrai le risque.

— Fais comme tu l'entends, répondit Volux, chez qui l'admiration, qu'il avait éprouvée dès sa rencontre avec Sylla, se teintait d'une sorte de respect craintif.

Sylla s'étendit sur le sol, y creusa un trou pour sa hanche, rassembla un peu de sable pour y reposer sa tête, promit mentalement une offrande à la Fortune, ferma les yeux et s'endormit aussitôt. Quand, quatre heures plus tard, Volux revint, il dormait toujours. Le prince aurait très bien pu le tuer, s'il ne s'était pris pour lui d'une réelle amitié. La chance n'avait pas abandonné Sylla.

Celui-ci avait mal partout; la nuit était froide. Il tendit une main à Volux pour que celui-ci l'aidât à se relever. Puis il aperçut une silhouette derrière le prince, et se raidit.

— Tout va bien, Lucius Cornelius. C'est un ami du roi mon père. Il s'appelle Dabar.

— Un autre cousin du roi Bocchus?

— Non. De Jugurtha — et, comme lui, c'est un bâtard. C'est d'ailleurs pour cela qu'il nous a rejoints; Jugurtha préfère rester le seul bâtard de sa cour...

On passa à Sylla une gourde de vin non coupé qu'il vida d'un trait; la douleur s'atténua, il se sentit gagné par une chaleur bienfaisante. Suivirent des gâteaux au miel, un morceau de viande de chevreau fortement épicée, et une seconde gourde du même vin, qui, sur le moment, donna à Sylla l'impression d'être le meilleur qu'il ait jamais bu. Il s'étira avec volupté.

— Quelles sont les nouvelles?

— Tu as eu raison d'attendre ici, Lucius Cornelius, dit Volux. Jugurtha a pris contact avec mon père.

— J'ai été trahi?

— Non, non! Mais la situation a changé. Je vais laisser Dabar t'expliquer, il était là.

L'autre s'accroupit.

— Il semble que Jugurtha ait appris qu'une députation

romaine devait rencontrer mon roi, dit-il à voix basse. Il a pensé, bien entendu, que c'était pour cela que mon souverain n'avait pas regagné Tingis, aussi a-t-il décidé de rester dans les environs, et de se placer entre mon roi et toute délégation envoyée par Caius Marius, que ce soit par terre ou par mer. Il a également dépêché l'un de ses lieutenants, Aspar, pour qu'il se tienne au côté de mon roi et écoute tout ce qui pourrait se dire entre les Romains et lui.

— Je vois. Mais que faire?

— Demain le prince Volux te présentera à mon roi, comme si vous étiez tous deux venus d'Icosium à cheval; fort heureusement, Aspar ne l'a pas vu arriver cette nuit! Tu parleras à mon souverain comme si tu étais venu à l'initiative de Caius Marius, et non à la sienne, et tu lui demanderas d'abandonner Jugurtha. Mon roi refusera, mais en donnant l'impression de vouloir gagner du temps: il t'ordonnera de t'installer aux environs, et de rester là pendant dix jours, qu'il puisse réfléchir à ce que tu lui as dit. Tu obéiras et tu attendras. Mais mon roi viendra te voir demain, à la nuit tombée, et vous pourrez parler tous deux sans crainte d'être entendus. Cela te convient-il?

— A merveille! dit Sylla avant de bâiller à se décrocher la mâchoire. Mais où vais-je dormir cette nuit, et où puis-je prendre un bain? J'empeste et j'ai des démangeaisons assez inquiétantes.

— Volux t'a préparé un camp non loin d'ici, tu y seras à l'aise.

— Alors, conduis-moi là-bas, dit Sylla en se levant.

Le lendemain, l'entrevue promise avec le roi Bocchus eut lieu. Il n'était pas difficile de deviner qui, parmi les nobles qui l'entouraient, était l'espion de Jugurtha. Aspar se tenait à gauche du trône, il avait un air bien plus majestueux que celui qui l'occupait, et personne n'osait l'approcher, ni même le regarder en face.

— Que dois-je faire, Lucius Cornelius? geignit Bocchus le soir même, quand, une fois l'obscurité venue, tous deux se retrouvèrent, sans avoir été repérés, entre le camp du roi et celui de Sylla.

— Tu dois offrir une faveur à Rome.

— Dis-moi laquelle, et je m'exécuterai! De l'or, des joyaux, de la terre, des soldats, de la cavalerie, du blé! Dis-moi quoi, Lucius Cornelius! Tu es romain, tu dois donc savoir ce que signifient les énigmatiques paroles du Sénat! Je te jure quant à moi que j'ignore ce qu'elles veulent dire!

— Roi Bocchus, répondit Sylla d'un ton méprisant, Rome peut parler.

— Alors, *quoi*? Dis-le-moi!

— Je crois que tu l'as déjà deviné tout seul, roi Bocchus. Mais tu ne veux pas le reconnaître, et je le comprends sans peine.

Jugurtha! Rome veut que tu lui livres Jugurtha, sans verser davantage de sang. Il a déjà suffisamment coulé dans toute l'Afrique. Trop de terres ont été saccagées, trop de villes et de villages brûlés! Et cela continuera tant que Jugurtha sera en liberté. Alors, donne-le-moi, roi Bocchus!

— Tu me demandes de trahir mon gendre, le père de mes petits-enfants, celui qui m'est apparenté?

— En effet.

Bocchus fondit en larmes.

— Je ne peux pas! Lucius Cornelius, je ne peux pas! Nous sommes à la fois des Berbères et des Puniques, la loi des peuples qui vivent sous la tente nous lie! Je ferai *n'importe quoi*, n'importe quoi pour que Rome m'accorde un traité d'amitié! Mais je ne peux trahir le mari de ma fille!

— C'est pourtant ce que tu vas devoir faire, dit Sylla d'un ton glacé.

— Mon peuple ne me le pardonnerait jamais!

— Oui, mais alors Rome ne te pardonnera jamais, ce qui est bien pire.

— Je ne peux pas! répéta Bocchus, tandis que des larmes coulaient dans sa barbe bouclée. Lucius Cornelius, je t'en supplie! Je ne peux pas!

— Dans ce cas, pas de traité, répondit Sylla, hautain, avant de lui tourner le dos.

La farce se répéta chaque jour pendant une semaine: Aspar et Dabar faisaient la navette entre Sylla et le roi, portant des messages qui n'avaient rien à voir avec ce dont il était vraiment question. Cela resta un secret, dont seuls Bocchus et son hôte discutaient de nuit. Il était toutefois évident que Volux était au courant, car il évitait Sylla autant qu'il le pouvait, et il paraissait à la fois furieux, blessé et inquiet.

Le huitième jour, Bocchus convoqua Sylla pour une nouvelle réunion secrète.

— Très bien, Lucius Cornelius, j'accepte, dit le roi.

— Excellent!

— Mais comment faire?

— C'est très simple. Envoie Aspar à Jugurtha, et offre-lui de me trahir.

— Il ne voudra jamais me croire!

— Oh que si! Je te le garantis! C'est d'ailleurs ce que tu ferais si les circonstances étaient autres, roi Bocchus.

— Mais tu n'es qu'un questeur!

— Tu veux dire que j'ai moins de valeur qu'un roi numide? demanda Sylla en riant.

— Non! Bien sûr que non!

— Roi Bocchus, laisse-moi t'expliquer. Je ne suis qu'un simple questeur, en effet, c'est-à-dire tout en bas de l'échelle sénatoriale. Mais je suis aussi un patricien de la lignée des Cornelius, apparenté à la famille de Scipion l'Africain et de Scipion Emilien, mon ascendance est bien plus ancienne, bien plus noble que la tienne ou celle de Jugurtha. Si Rome était encore gouvernée par des rois, ce seraient sans doute des Cornelius. Au demeurant, je suis le beau-frère de Caius Marius. Comprends-tu, maintenant?

— Est-ce que... Jugurtha le sait?

— Peu de chose lui échappe, dit Sylla en s'asseyant.

— Très bien, Lucius Cornelius, il en sera comme tu le veux. J'enverrai Aspar à Jugurtha pour lui proposer de te livrer à lui. Mais il faut que tu me dises exactement comment je vais m'y prendre.

— Demande-lui de venir ici après-demain, dans la nuit, et promets de lui abandonner le questeur romain Lucius Cornelius Sylla. Informe-le qu'il est seul dans ton camp, et qu'il essaie de te faire passer du côté de Caius Marius. Il sait que c'est vrai, parce que Aspar le lui a déjà appris. Il sait également qu'il n'y a pas de légionnaires à quarante lieues à la ronde, aussi ne prendra-t-il pas la peine de s'entourer de ses soldats. Et il pense te connaître, roi Bocchus. Aussi ne se doutera-t-il pas que c'est lui qui va tomber dans le piège, et non pas moi. Ce n'est pas de toi, ou de ton armée, que Jugurtha a peur. C'est de Caius Marius. Il viendra, sois-en certain, et croira tout ce qu'Aspar lui rapportera.

— Mais que ferai-je quand les hommes de Jugurtha se rendront compte qu'il ne revient pas? demanda le roi en frissonnant.

Sylla eut un sourire féroce.

— Roi Bocchus, je te recommande vivement, dès que tu m'auras livré Jugurtha, de lever le camp et de marcher vers Tingis aussi vite que tu le pourras.

— Mais n'auras-tu pas besoin de mon armée pour emmener Jugurtha? Tu n'as personne pour le conduire à Icosium! Et son camp est sur le chemin!

— Tout ce que je veux, dit Sylla, ce sont des chaînes, des menottes, et six de tes chevaux les plus rapides.

Sylla prit conscience qu'il attendait la confrontation avec impatience, sans ressentir le moindre doute ou la moindre crainte. Son nom serait à jamais lié à la capture de Jugurtha! Peu importait qu'il agît sous la direction de Caius Marius: ce serait grâce à sa valeur personnelle, à son intelligence et à son initiative qu'il réussirait et personne ne pourrait le nier. Il n'ignorait pas, au demeurant, que jamais Caius Marius ne chercherait à s'en attribuer le mérite; le général n'était pas avide de gloire, il en avait eu son content. Et il ne s'opposerait nullement à ce que l'histoire soit connue. Un patricien comme Sylla ne pouvait songer à devenir consul sans s'être acquis une certaine renommée personnelle. Et, ne pouvant être élu tribun de la plèbe, il lui était indispensable de trouver d'autres moyens de se faire connaître, de montrer aux électeurs qu'il était digne de sa lignée. Jugurtha avait coûté très cher à Rome. Et tout Rome saurait que c'était l'infatigable questeur Lucius Cornelius Sylla qui, seul, avait réussi à le capturer.

Aussi, quand il retrouva Bocchus au lieu de leur rendez-vous, il se sentait confiant, euphorique, impatient d'en avoir terminé.

— Jugurtha ne s'attend pas à te voir enchaîné, lui dit le roi. Il croit que tu as demandé à le voir, dans l'intention de le convaincre de se rendre. Et il m'a donné l'ordre d'amener assez d'hommes pour te capturer, Lucius Cornelius.

— Parfait!

Jugurtha attendait quand Bocchus arriva à cheval, accompagné de Sylla et suivi d'un fort détachement de cavalerie maure. Le souverain numide n'était escorté que d'une poignée de nobles, parmi lesquels Aspar.

Sylla dépassa Bocchus, et trotta tout droit jusqu'à hauteur de Jugurtha, puis mit pied à terre et tendit la main.

— Roi Jugurtha! dit-il.

Celui-ci le regarda, descendit de cheval à son tour.

— Lucius Cornelius...

Pendant ce temps, la cavalerie maure avait, en silence, entouré les deux hommes et, tandis qu'ils se serraient la main, fondit sur le petit groupe. Les féaux de Jugurtha furent submergés sans qu'il y ait eu à tirer l'épée: le roi lui-même fut jeté à terre, et, quand il se releva, il avait les poignets et les chevilles entourés de menottes que reliaient des chaînes juste assez longues pour lui permettre d'avancer courbé

Ses yeux, nota Sylla à la lumière des torches, étaient très pâles pour un homme aussi sombre de peau; il était de grande taille, et avait fière allure. Mais le poids des années se faisait sentir, et il paraissait bien plus âgé que Caius Marius. Sylla comprit qu'il pourrait l'emmener aussi loin qu'il le faudrait sans s'embarrasser d'une escorte.

— Faites-le monter sur le grand cheval bai! lança-t-il aux hommes de Bocchus.

Il les suivit des yeux tandis qu'ils fixaient les chaînes à des boucles spécialement installées sur la selle, puis examina avec soin les ferrures et la sangle. Ensuite, il monta sur un autre cheval, prit les rênes de celui de Jugurtha, qu'il noua à sa propre selle, de façon à empêcher son prisonnier de partir au galop. Les quatre montures de rechange furent mises à l'attache ensemble, à l'aide d'une corde assez courte fixée à la selle du souverain numide.

Sylla n'avait pas dit mot tandis que les Maures garrottaient Jugurtha. Brusquement, il partit au galop, entraînant avec lui les autres chevaux, et tous eurent tôt fait de disparaître dans l'obscurité.

Bocchus se mit à sangloter, tandis que Volux et Dabar assistaient au spectacle, impuissants.

— Père, laisse-moi le poursuivre ! lança le jeune prince. Il lui est impossible d'aller très vite, ainsi encombré ! Je peux le rattraper !

— Il est trop tard, dit le roi en prenant le mouchoir qu'un serviteur lui tendait pour s'essuyer les yeux. Jamais il ne se laissera prendre. Nous ne sommes que des enfants, comparés à un Romain tel que Lucius Cornelius Sylla. Non, mon fils, le destin du pauvre Jugurtha n'est plus entre nos mains. Il nous faut penser à la Maurétanie. Il est temps de rentrer dans notre bien-aimée Tingis. Après tout, peut-être la Méditerranée n'est-elle pas faite pour nous.

Sylla chevaucha sur plus d'une demi-lieue sans parler, ni ralentir l'allure, sans se laisser distraire par le plaisir extraordinaire qu'il éprouvait. Oui, s'il savait répandre la nouvelle comme il fallait, sans songer un instant à diminuer les mérites de Caius Marius, le récit de la capture de Jugurtha deviendrait une de ces histoires merveilleuses que les mères racontaient à leurs enfants, comme celle du cercle que Caius Popillius Laenas avait tracé autour du roi de Syrie. Mais, n'étant guère porté à la rêverie, il oublia très vite ces pensées quand il fut temps de s'arrêter et de mettre pied à terre. Restant à bonne distance de Jugurtha, il s'approcha de la corde retenant prisonniers les quatre chevaux de rechange, et la trancha net ; puis il les contraignit à s'enfuir dans toutes les directions en leur jetant des pierres.

— Ainsi, dit Jugurtha, tu comptes nous faire faire quarante lieues avec les mêmes bêtes ? Je me demandais comment tu allais t'y prendre pour me faire passer de l'une à l'autre. Ma cavalerie te rattrapera, Lucius Cornelius ! ajouta-t-il en éclatant de rire.

— Espérons que non, répondit Sylla.

Au lieu d'emprunter la direction du nord, vers la mer, il obliqua vers l'est, traversa une petite plaine, et parcourut quatre lieues avant que n'apparaissent des montagnes noires, devant lesquelles se dressaient d'énormes rochers empilés en tas épars au-dessus de rares arbres rabougris.

— Juste au bon endroit! s'écria Sylla gaiement, avant de siffler.

Son escadron de cavalerie ligure sortit de derrière les rochers. Chaque homme avait avec lui deux montures supplémentaires; ils vinrent à la rencontre des deux hommes.

— Il y a six jours que je les ai envoyés ici, roi Jugurtha, dit Sylla. Bocchus croyait que j'étais venu seul, mais comme tu vois, ce n'était pas le cas. Publius Vagiennius me suivait de près, et je l'ai chargé de m'attendre ici avec ses camarades.

Jugurtha fut placé sur un autre cheval, et enchaîné au Ligure. Puis ils repartirent, se dirigeant cette fois vers le nord-est, de façon à contourner largement le camp du Numide.

— O roi, dit Publius Vagiennius, avec un manque d'assurance plein de délicatesse, pourrais-tu me dire où l'on peut trouver des escargots autour de Cirta? Ou même en Numidie, pendant que nous y sommes?

En juin, la guerre d'Afrique était terminée. Jugurtha fut mis au secret à Utique, dans des appartements confortables, comme il convenait à son rang, tandis que Marius et Sylla préparaient leur départ. Ses deux fils, Iampsas et Oxyntas, furent autorisés à lui tenir compagnie. Sa cour se dispersa, et la chasse aux bonnes places offertes par le nouveau régime commença.

Le prince Gauda devint le roi d'une Numidie considérablement réduite, le roi Bocchus s'étant emparé du reste; le Sénat lui avait enfin accordé son traité d'amitié et d'alliance, et Rome était trop occupée ailleurs pour vouloir étendre sa province d'Afrique en absorbant un territoire qui s'étendait sur plusieurs centaines de lieues.

Et, dès que le temps permit un passage sans encombre, Marius fit monter Jugurtha et ses deux fils à bord d'un navire, et les envoya à Rome pour plus de sûreté. La menace numide avait cessé d'exister.

Quintus Sertorius fit partie du voyage, bien résolu à prendre part aux combats contre les Germains en Gaule Transalpine, après avoir demandé à Marius la permission de s'en aller.

— Je suis un soldat, Caius Marius, lui avait-il dit, et tout est terminé ici. Recommande-moi à ton ami, Publius Rutilius Rufus, qu'il m'affecte en Gaule Chevelue!

— Quintus Sertorius, tous mes vœux t'accompagnent, avait répondu Marius. Pense à saluer ta mère de ma part.

Le jour où il s'embarqua pour l'Italie, Marius lui dit:

— Souviens-toi que j'aurai de nouveau besoin de toi à l'avenir. Aussi, prends bien garde. Rome a honoré ta bravoure d'une couronne d'or, de *phalerae*, de torques et de bracelets — tous en or ! Ce sont des distinctions très rares, pour quelqu'un d'aussi jeune que toi. Mais ne sois pas trop imprudent. Rome a besoin de toi vivant, et non mort.

— Je compte bien vivre, Caius Marius.

— Et ne pars pas pour la guerre dès ton arrivée. Consacre d'abord un peu de temps à ta mère.

— Je te le promets, Caius Marius.

Rutilia, l'unique sœur de Publius Rutilius Rufus, avait la particularité d'avoir été mariée à deux frères. Son premier époux avait été Lucius Aurelius Cotta, élu consul en même temps que Metellus Dalmaticus Pontifex Maximus, près de quinze ans auparavant.

Elle avait épousé son mari alors qu'elle était encore toute jeune fille, tandis que lui, déjà marié une fois, avait un fils de neuf ans, prénommé Lucius. Ils s'unirent l'année où Caius Gracchus devint, pour la première fois, tribun de la plèbe, et Rutilia mit au monde une fille qu'on appela Aurelia.

Celle-ci atteignait l'âge de cinq ans lorsque Lucius Aurelius Cotta mourut brusquement, quelques jours seulement après que son mandat de consul eut pris fin. Sa veuve, alors âgée de vingt-quatre ans, avec la permission de son père et de son frère, se remaria, onze mois plus tard, avec le frère cadet du défunt, Marcus Aurelius Cotta. La famille ne tarda pas à s'accroître : Rutilia donna un fils à son époux, moins d'un an après leur union. Il s'appelait Caius, et fut suivi d'un autre, Marcus le jeune. Le troisième, Lucius, vint au monde sept ans plus tard.

Aurelia, seule fille de la famille, avait donc un demi-frère plus âgé qu'elle, et trois plus jeunes, qui se trouvaient d'ailleurs être également ses cousins, puisque son père et le leur étaient frères. Liens particulièrement complexes, qui laissaient souvent perplexes ceux qui n'étaient pas au courant, mais ne préoccupaient guère les intéressés, qui s'aimaient beaucoup, et s'entendaient fort bien avec Rutilia et son second époux, lesquels s'adoraient.

Les Aurelius faisaient partie des Grandes Familles ; les Aurelius Cotta étaient, depuis longtemps, des piliers du Sénat, bien qu'ils n'aient accédé au consulat que récemment. Des investissements avisés, des terres abondantes, et des mariages soigneusement calculés avaient fait d'eux des gens fort riches, qui pouvaient se permettre d'avoir beaucoup de fils, sans être contraints d'en faire adopter, et de doter leurs filles comme il convenait. En outre, les enfants qui vivaient sous le toit de Marcus Aurelius Cotta et de Rutilia étaient très beaux — et Aurelia, la seule fille, la plus belle de tous.

« Sans défaut ! » disait Lucius Licinius Crassus Orator, qui était l'un de ses plus ardents soupirants.

« Une perle ! » disait Quintus Mucius Scaevola — meilleur ami et cousin germain de Crassus Orator —, qui, lui aussi, prétendait à la main de la jeune fille.

« Fabuleuse ! » disait Marcus Livius Drusus, cousin d'Aurelia, qu'il désirait passionnément épouser.

« Hélène de Troie ! » disait Cnaeus Domitius Ahenobarbus, qui ne songeait qu'à en faire sa femme.

De fait, comme Publius Rutilius Rufus l'avait expliqué dans sa lettre à Caius Marius, tout le monde à Rome semblait vouloir épouser sa nièce. Certains des postulants étaient, certes, déjà mariés, mais cela ne posait pas problème : le divorce était facile, et la dot d'Aurelia si considérable qu'il importait peu de perdre celle d'une précédente femme.

— J'ai vraiment l'impression d'être le roi Tyndare, à qui tous les princes et tous les rois venaient demander la main d'Hélène, disait Marcus Aurelius à Rutilia. Je peux la donner à qui je veux, mais j'offenserai tous les autres !

Puis, un soir, Publius Rutilius Rufus vint dîner. Après que les enfants furent partis se coucher, la conversation roula, comme toujours, sur le mariage d'Aurelia. Rutilius Rufus écouta avec intérêt, et, quand il jugea le moment favorable, proposa une solution, sans d'ailleurs révéler à sa sœur et à son beau-frère que l'idée venait de Caius Marius, dont il venait de recevoir la lettre.

— C'est très simple, Marcus Aurelius. Laisse-la choisir elle-même.

Cotta et sa femme le regardèrent fixement.

— Crois-tu vraiment que ce soit judicieux ? demanda Marcus Aurelius.

— Dans une situation de ce genre, la sagesse est impuissante, alors qu'avez-vous à perdre ? Il n'y a pas nécessité de lui faire épouser un homme riche, et la liste de ses soupirants ne comporte pas de chasseurs de dots notoires : c'est à cette liste qu'elle devra limiter son choix. D'ailleurs, Aurelia est pleine de bon sens, et peu portée à la sensiblerie.

— Tu as raison, dit Cotta. Je ne vois aucun homme capable de lui faire tourner la tête.

Le lendemain, Marcus Aurelius et Rutilia convoquèrent donc Aurelia dans le salon de sa mère, bien décidés à lui faire part de ce qu'ils avaient décidé relativement à son avenir.

Aurelia entra, de la démarche à la fois aisée et grave qui était la sienne, épaules bien ramenées en arrière, menton levé, tête droite. Elle était grande, un peu menue de poitrine, mais impeccablement vêtue, et ne portait aucun bijou — fantaisie pour laquelle elle avait le plus profond mépris. Sa chevelure brune était sévèrement nouée en chignon sur la nuque, et jamais le moindre maquillage n'était venu souiller sa peau laiteuse. Son nez bien droit était trop long pour qu'on pût accuser la jeune fille d'avoir du sang celte, et l'on pouvait donc lui pardonner un certain manque de caractère — en d'autres termes, de n'être pas authentiquement romain, c'est-à-dire bien bosselé. Elle avait un merveilleux visage en forme de cœur, avec un petit menton pointu, un grand front lisse, et des yeux immenses, dont tous disaient qu'ils n'étaient pas bleu sombre, mais violets, de longs cils épais et de fins sourcils incurvés.

— Assieds-toi, ma fille, dit Rutilia en souriant.

Aurelia obéit et croisa les mains sur ses genoux.

— Nous voulons te parler de ton mariage, dit Marcus Aurelius Cotta, qui s'éclaircit la voix, en espérant qu'elle répondrait quelque chose qui lui permettrait d'en venir au fait.

Mais Aurelia se borna à lui jeter un regard qui témoignait d'un vague intérêt, et rien de plus.

— Quel est ton sentiment à ce sujet? intervint Rutilia.

La jeune fille haussa les épaules, et, lèvres pincées, répondit simplement:

— Je suppose que de toute façon vous choisirez quelqu'un qui me plaira.

— C'est bien ce que nous espérons! dit Cotta.

— Y a-t-il quelqu'un que tu n'aimes pas? demanda Rutilia.

— Cnaeus Domitius Ahenobarbus le jeune, répondit Aurelia sans la moindre hésitation.

Son beau-père le comprit sans peine:

— Et qui d'autre?

— Marcus Aemilius Scaurus le jeune.

— C'est dommage! s'écria sa mère. Il me paraissait très sympathique.

— En effet, mais il est beaucoup trop timoré.

Marcus Aurelius Cotta ne tenta même pas de refréner un sourire.

— Cela te déplaît? Tu pourrais régenter la maison!

— Ce n'est pas le rôle d'une bonne épouse romaine.

— Fort bien. Notre Aurelia a parlé. D'autres exclus?

— Lucius Licinius.

— Que lui reproches-tu?

— Il est beaucoup trop gras.

— Tu veux dire: peu attirant?

— Non, père. Cela trahit un manque de discipline.

Aurelia appelait Marcus Aurelius Cotta « Père », ou « Oncle », mais jamais sans raisons chaque fois.

— C'est juste, reconnut-il.

Rutilia décida de changer de tactique :

— Y en a-t-il un que tu préfères aux autres?

— Non, mère, pas vraiment. Je serais ravie de vous laisser le choix.

— Et qu'attends-tu du mariage? demanda Cotta.

— Un époux digne de mon rang, qui fasse honneur au sien... plusieurs enfants...

Rutilia se tourna vers son époux, une faible lueur amusée dans les yeux :

— Dis-lui, Marcus Aurelius!

Celui-ci s'éclaircit la voix une nouvelle fois :

— Aurelia, tu nous crées certaines difficultés. Au dernier décompte, j'ai déjà reçu trente-sept demandes en mariage. Aucun de ceux qui veulent ta main ne peut être écarté dès le premier abord. Certains sont d'un rang supérieur au nôtre, d'autres sont infiniment plus fortunés, et parfois les deux ! Ce qui nous place dans une situation impossible. Quelle que soit notre décision, nous nous ferons donc beaucoup d'ennemis. Il n'y a pas de quoi s'inquiéter, à proprement parler, mais plus tard cela risque de rendre la vie difficile à tes frères. Je suis certain que tu t'en rends compte.

— En effet, père, répondit Aurelia d'un air grave.

— Quoi qu'il en soit, ton oncle Publius nous a donné la solution. C'est toi qui choisiras ton époux, ma fille.

Pour une fois, elle fut prise au dépourvu.

— *Moi?* demanda-t-elle, incrédule.

— Toi.

Elle rougit violemment et contempla son beau-père avec épouvante :

— Mais c'est impossible! Ce... ce n'est pas romain!

— En effet. Disons que c'est rutilien.

— Oh! s'écria Aurelia en s'agitant.

— Aurelia, intervint Rutilia, que se passe-t-il? Tu te sens incapable de prendre une décision?

— Non, mère, ce n'est pas cela, répondit la jeune fille, dont le teint reprit sa couleur habituelle, avant de pâlir. C'est simplement que...

Puis elle haussa les épaules et se leva.

— Puis-je me retirer?

— Mais certainement.

La chambre d'Aurelia était l'une des petites pièces qui donnaient sur l'atrium. Elle était dépourvue de fenêtre, et très sombre : au sein d'une famille aussi aimante, aussi soucieuse de ses enfants, la seule fille n'aurait jamais eu le droit de dormir dans un endroit moins protégé. Toutefois, précisément parce qu'elle était la seule fille, on lui passait beaucoup de choses, ce qui aurait été de la faiblesse avec toute autre qu'elle. Aussi ses parents avaient-ils estimé qu'elle devait pouvoir disposer d'un espace réservé à elle seule. C'est pourquoi ils lui avaient donné une pièce assez vaste, et très ensoleillée, non loin du jardin-péristyle. Et c'est là qu'elle vivait dans la journée avec sa servante, la Gauloise Cardixa.

Un rapide coup d'œil à sa maîtresse suffit à Cardixa pour comprendre qu'il venait de se passer quelque chose d'important; mais elle se garda de dire quoi que ce soit, ou de croire un instant qu'elle en serait informée. Leurs relations étaient excellentes, sans pour autant que la jeune fille jugeât nécessaire de lui faire des confidences. De toute évidence, elle avait besoin d'être seule, estima la Gauloise, qui se hâta de quitter les lieux.

La pièce reflétait bien la personnalité de celle qui l'occupait: grande abondance de livres, bureau couvert de feuilles, de *calami*, de tablettes de cire, de stylets pour y écrire, de tablettes de sépia à dissoudre dans l'eau, à quoi venaient s'ajouter un encrier et un abaque.

Dans un coin se dressait un métier à tisser de Padoue; derrière, le mur était planté de clous auxquels étaient accrochés des écheveaux de laine de toutes les couleurs, car Aurelia tissait l'étoffe de tous ses vêtements, et aimait les teintes vives. Sur le métier à tisser lui-même, le futur voile de mariée de la jeune fille, en cours de fabrication, à partir d'une laine d'une extrême finesse, d'un rouge éclatant. Elle avait déjà achevé le tissu de la robe qu'elle porterait à cette occasion; il était déposé sur une étagère, soigneusement plié. Le tailler et le coudre avant que le futur époux ne se soit officiellement engagé ne pouvait en effet que porter malheur.

Aurelia tira les volets, qu'elle laissa cependant légèrement entrouverts, pour qu'entre un peu d'air frais et de lumière; cela suffirait à faire comprendre à tous qu'elle ne désirait pas être dérangée par qui que ce soit, serviteur ou petit frère. Puis elle s'assit à son bureau, profondément troublée et perplexe, et réfléchit.

A sa place, que ferait Cornelia, la mère des Gracques?

C'était en effet son seul critère en tous domaines. Cornelia était sa référence, l'exemple à suivre, le modèle à imiter, en actes ou en paroles.

Parmi les livres couvrant les murs de la pièce se trouvaient tout ce qu'on avait publié de ses lettres et de ses essais, et toutes les œuvres où il était question d'elle.

Cornelia, mère des Gracques, avait été, de sa naissance à sa mort, tout ce qu'une noble Romaine se devait d'être. Fille cadette de Scipion l'Africain, elle avait épousé à dix-neuf ans le grand Tiberius Sempronius Gracchus, qui en avait alors quarante et un ; sa mère, Aemilia Paulla, était la sœur du grand Aemilius Paullus, aussi était-elle patricienne des deux côtés.

Elle fut une épouse parfaite, et, au cours des vingt ans, ou presque, que devait durer son mariage, donna douze enfants à son mari. Caius Julius César aurait sans doute dit que les liens, d'une épuisante complexité, entre deux familles aussi vénérables — les Cornelius et les Aemilius — expliquaient pourquoi toute sa progéniture était souffreteuse. Mais elle prit soin de chacun de ses rejetons, leur offrit autant d'attention que d'amour, et réussit à en élever trois. Une fille, Cornelia ; et deux garçons, Tiberius et Caius Sempronius Gracchus.

Extrêmement instruite, et digne fille d'un père pour qui tout ce qui était grec était l'incarnation même de la culture, elle se chargea elle-même de leur éducation. Quand son époux mourut, Cornelia avait quinze ans, Tiberius douze, et Caius Gracchus deux.

Tout le monde rêvait d'épouser cette veuve, fille de Scipion l'Africain, nièce de Paullus, et fabuleusement riche. Parmi les prétendants, Ptolémée Evergète Gros-Ventre, ex-roi d'Egypte, et souverain de Cyrénaïque, qui venait fréquemment à Rome, où il ne cessait d'importuner le Sénat pour qu'on lui rende son trône. Au moment où mourut le mari de Cornelia, Ptolémée Evergète Gros-Ventre avait vingt-huit ans alors que la veuve était âgée de trente-six ans. Il était également beaucoup plus mince qu'il ne le serait plus tard, quand Scipion Emilien, cousin germain et gendre de Cornelia, se flatterait d'avoir contraint le roi, devenu abominablement obèse, à *marcher* ! Il réclama sa main avec autant d'insistance que son trône, mais avec aussi peu de succès. Un simple roi étranger, si riche et si puissant qu'il fût, ne pouvait espérer s'emparer de Cornelia, la mère des Gracques.

En fait, elle avait tout simplement jugé qu'une noble Romaine, mariée pendant vingt ans à un noble Romain, n'avait aucune raison de convoler de nouveau. Les prétendants furent donc éconduits les uns après les autres, avec une exquise courtoisie, tandis que la veuve s'efforçait, seule, d'élever ses trois enfants.

Quand Tiberius Gracchus fut assassiné alors qu'il était tribun de la plèbe, elle garda la tête haute, et se tint résolument à l'écart, sans paraître se rendre compte que son cousin, Scipion Emilien, était directement impliqué dans le meurtre, pas plus qu'elle ne semblait prendre garde aux relations maritales extrêmement tendues entre lui et sa propre fille, Sempronia. Elle fit de même quand Scipion Emilien mourut mystérieusement, et qu'on chuchota que son épouse l'avait tué. Après tout, il lui restait un fils, Caius Gracchus, à aimer tendrement.

Quand celui-ci mourut, avec trois mille de ses partisans, elle était septuagénaire, et chacun pensa que le coup qui venait de lui être porté la briserait. Il n'en fut rien. Elle garda la tête haute, bien qu'elle eût perdu ses deux fils.

— Il me reste ma chère petite Sempronia, disait-elle en faisant allusion non à sa propre fille — qui n'avait pas eu d'enfants —, mais à celle de Caius Gracchus, qui n'était encore qu'un bébé.

Mais elle quitta Rome et s'en alla vivre dans son immense villa de Misenum, véritable monument élevé à tout ce que Rome pouvait offrir au monde en matière de goût, de raffinement et de splendeur. Elle y rassembla ses lettres et ses essais, et autorisa le vieux Sosius, de l'Argiletum, à les publier, après que tous ses amis l'eurent suppliée de ne pas les laisser perdre pour la postérité. Ses écrits étaient à son image : enjoués, pleins de grâce, de charme et d'esprit, mais aussi de profondeur.

Lorsque Aurelia avait seize ans — la mère des Gracques en avait quatre-vingt-trois —, Marcus Aurelius Cotta et sa femme avaient rendu visite à Cornelia alors qu'ils étaient de passage à Misenum. C'était d'ailleurs moins une visite de courtoisie qu'une véritable audience, qui était pour eux un grand honneur. Ils avaient emmené avec eux tous leurs enfants, lesquels se virent fermement enjoindre de bien se comporter, sous peine de se voir infliger les pires sévices.

Cotta et Rutilia n'auraient pourtant pas dû prendre la peine de proférer de telles menaces, au demeurant tout à fait étrangères à leur nature. Cornelia, la mère des Gracques, savait déjà tout ce qu'il y avait à savoir sur les petits garçons et les petites filles. Elle fut ravie d'être entourée d'enfants aussi éveillés, aussi intéressants, et passa avec eux beaucoup plus de temps que ne l'auraient souhaité ses dévoués esclaves, car elle était alors en assez mauvaise santé.

Aurelia sortit de là fascinée, et se jura que, quand elle serait grande, elle vivrait selon les règles — force, endurance, intégrité, patience — qui avaient gouverné l'existence de Cornelia.

Il n'y eut jamais d'autre visite, car, l'hiver suivant, la mère des Gracques mourut, bien droite sur sa chaise, tête haute, en tenant la main de sa petite-fille. Elle venait de l'informer qu'elle l'avait officiellement fiancée à Marcus Fulvius Flaccus Bamballo, unique survivant de ces Fulvius Flaccus qui étaient morts d'avoir soutenu Caius Gracchus. Ce n'était que justice, avait-elle dit à la jeune Sempronia; celle-ci, seule héritière de l'immense fortune de la lignée, en ferait bénéficier une famille qui avait tout perdu pour avoir épousé la cause du célèbre tribun. Cornelia lui apprit également qu'elle avait encore assez d'influence au Sénat pour qu'il vote un décret annulant pour elle les dispositions de la *lex Voconia de mulierum hereditatibus*, au cas où un lointain cousin, arguant de cette loi très défavorable aux femmes, voudrait s'emparer des biens de la famille.

La mort de Cornelia fut si rapide, si paisible, que tout Rome s'en réjouit : les dieux l'avaient aimée — bien qu'ils l'eussent cruellement éprouvée ! Etant membre de la lignée des Cornelius, elle fut inhumée, et non incinérée ; ils étaient en effet les seuls à Rome à refuser la crémation. Sa dépouille fut placée dans un magnifique mausolée de la Via Latina, au pied duquel les offrandes de fleurs ne manquaient jamais. Au fil des années, il devint un véritable autel où les Romaines venaient prier, bien que ce culte n'eût jamais reçu de sanction officielle. Cornelia était une sorte de déesse, mais d'un genre nouveau : l'incarnation même du courage face à l'adversité.

Qu'aurait fait Cornelia, la mère des Gracques ? Pour une fois, Aurelia n'avait pas de réponse à cette question. Ni la logique ni l'instinct ne pouvaient l'aider : jamais, jamais, jamais, ses parents n'auraient dû lui laisser la liberté de choisir son époux ! Elle en vint finalement à la seule conclusion que Cornelia eût approuvée : il lui faudrait, avec le plus grand soin, faire le tri parmi ses prétendants, et choisir le meilleur — ce qui ne voulait nullement dire celui qui l'attirerait le plus, mais celui qui répondrait le mieux aux idéaux romains. Il devrait, par conséquent, être bien né, issu au moins d'une famille de sénateurs, d'une lignée dont la *dignitas*, la valeur, le renom, auraient traversé les générations depuis la fondation de Rome sans avoir connu la moindre souillure ; il conviendrait qu'il soit courageux, fermé aux excès, quels qu'ils soient, qu'il méprise la cupidité, soit au-dessus de la corruption et des compromissions, et se montre prêt, si nécessaire, à donner sa vie pour Rome, ou la défense de son honneur.

Un bien vaste programme ! Seule difficulté, mais de taille : comment une jeune fille comme elle, qui avait toujours connu une existence protégée, pourrait-elle être sûre de juger sainement ? Elle décida donc d'en discuter avec les trois adultes de sa famille : Rutilia, Marcus Cotta et son demi-frère Lucius Aurelius, et de leur demander un avis sincère sur chacun des membres de sa liste de prétendants. Tous trois, bien qu'un peu surpris, s'efforcèrent de faire de leur mieux ; malheureusement, ils avaient chacun des préjugés vis-à-vis de tel ou tel, et Aurelia n'en fut pas plus avancée.

— Aucun d'entre eux ne lui plaît vraiment ! dit Cotta à sa femme, d'un air lugubre.

— Pas un seul ! approuva Rutilia.

— C'est incroyable! Que peut-il bien se passer dans sa tête?

— Comment le saurais-je? répondit Rutilia, sur la défensive. En tout cas, elle ne tient pas ça de moi!

— Ni de moi! s'écria Cotta.

Puis, se rendant compte qu'il se laissait emporter, il embrassa sa femme, et retomba dans son amertume.

— Je suis prêt à parier qu'elle finira par nous dire qu'aucun d'eux ne fait l'affaire!

— J'en ai peur!

— Qu'allons-nous faire?

— Nous devrions l'envoyer voir mon frère. Elle pourrait en discuter avec lui.

— Excellente idée! s'écria Cotta.

Le lendemain, Aurelia quitta la demeure familiale, sur le Palatin, pour se rendre chez Publius Rutilius Rufus, escortée de Cardixa et de deux esclaves gaulois. Ni Cotta ni Rutilia n'avaient voulu l'accompagner, de façon que la conversation de la jeune fille avec son oncle puisse se dérouler en toute liberté. Il avait fallu prendre rendez-vous, car Rutilius Rufus était un homme très affairé: consul, chargé d'administrer Rome — puisque Cnaeus Mallius Maximus était occupé à recruter la puissante armée qu'il comptait emmener en Gaule Transalpine à la fin du printemps, il n'avait pas beaucoup de temps.

Marcus Cotta était venu voir son beau-frère à l'aube, et lui avait expliqué la situation, qui avait semblé beaucoup amuser Rutilius Rufus.

— J'espère que tu trouveras une solution, Publius Rutilius. Quant à moi, je n'en vois aucune.

— Je sais ce qu'il faut faire, avait répondu le consul d'un air sûr de lui. Envoie-la-moi juste avant la dixième heure. Elle pourra dîner avec moi. Je la renverrai à la maison en litière, et sous bonne escorte, n'aie crainte.

Quand Aurelia arriva, Rutilius Rufus envoya Cardixa et les deux Gaulois chez ses propres serviteurs afin qu'ils puissent se restaurer et attendre; il emmena sa nièce dans la salle à manger, et la fit asseoir confortablement sur une chaise, d'où elle pourrait converser sans peine avec son oncle, et toute personne installée à côté de lui sur le sofa.

— J'attends un hôte, dit-il. Il fait froid, que dirais-tu d'une bonne paire de chaussettes de laine, ma nièce?

Toute Romaine de dix-huit ans aurait préféré mourir plutôt que de porter quelque chose d'aussi peu élégant. Pas Aurelia, qui hocha la tête.

— Merci, oncle Publius.

Convoquée, Cardixa se vit ordonner d'en réclamer à l'intendant, ce qu'elle fit avec une louable promptitude.

— Tu es vraiment quelqu'un de raisonnable! dit Rutilius Rufus, qui adorait le bon sens dont sa nièce savait faire preuve. Il n'avait jamais été grand adorateur des femmes, et il ne lui venait pas à l'idée que c'était une qualité très rare chez l'un et l'autre sexe; il se bornait, croyait-il, à constater son absence fréquente chez les femmes, et n'en chérissait que plus Aurelia.

— Merci, oncle Publius, dit-elle.

Aidée par Cardixa, elle s'affairait à passer les chaussettes de laine quand l'hôte attendu arriva; aussi les deux jeunes filles n'y prirent-elles pas garde.

Se relevant, elle regarda sa servante et, lui adressant l'un de ses rares sourires, dit:

— Je te remercie.

C'est pourquoi elle souriait toujours quand, une fois relevée, elle se tourna vers son oncle et son invité.

Celui-ci eut le souffle coupé. Elle aussi.

— Caius Julius, dit Publius Rutilius Rufus, voici Aurelia, la fille de ma sœur. Aurelia, je tiens à te présenter le fils de mon vieil ami Caius Julius César; un Caius, comme son père, bien qu'il ne soit pas l'aîné.

Ouvrant des yeux encore plus grands que d'habitude, Aurelia vit apparaître son destin, et ne songea pas une seule fois aux idéaux romains, ni à Cornelia, mère des Gracques — ou, peut-être, inconsciemment; car il en était réellement digne, mais seul le temps en ferait la preuve. Pour le moment, elle ne vit que son long visage, avec ce nez typiquement romain, ces grands yeux bleus, cette épaisse chevelure bouclée, cette bouche superbe. Et, après tant de débats intérieurs, après tant de délibérations aussi minutieuses que stériles, elle résolut son dilemme de la façon la plus naturelle et la plus heureuse: elle tomba amoureuse.

Bien entendu, tous deux parlèrent. A dire vrai, ils passèrent même une soirée extrêmement agréable. Rutilius Rufus s'appuya sur un coude, et les laissa discuter, plus que satisfait de sa propre clairvoyance: il avait su trouver, parmi des centaines d'autres, celui qui saurait plaire à sa nièce chérie. Il va sans dire qu'il appréciait énormément le jeune Caius Julius César, et comptait bien que, dans les années à venir, celui-ci saurait se faire un nom; il était l'incarnation même du vrai Romain. Mais il est vrai qu'il était issu d'une famille à laquelle, de ce point de vue, nul ne pouvait rien reprocher. Etant lui-même un pur Romain, Publius Rutilius Rufus était particulièrement heureux de songer que, si les deux jeunes gens étaient attirés l'un par l'autre — et il en était maintenant certain —, un lien presque familial le lierait désormais à son vieil ami Caius Marius. Les enfants de Caius Julius César le jeune et de sa nièce seraient les cousins de ceux de Marius.

D'ordinaire, la jeune fille n'était pas assez sûre d'elle pour sonder les gens; cette fois-ci, elle oublia tout, et s'enquit du jeune homme autant qu'elle voulut. Elle apprit ainsi qu'il était allé en Afrique avec son beau-frère Caius Marius, en tant que tribun militaire, et avait été décoré à plusieurs reprises. Ce ne fut d'ailleurs pas facile de le lui faire dire; il était trop occupé à lui narrer les exploits de son frère aîné, Sextus, au cours de la même campagne.

Elle découvrit également que, cette année, il serait l'un des trois jeunes gens qui, avant de devenir sénateurs, se verraient offrir l'occasion de s'initier au fonctionnement de l'économie, en supervisant la frappe des monnaies romaines.

— L'argent finit toujours par disparaître de la circulation, expliqua-t-il, ravi, n'ayant jamais eu d'auditrice aussi fascinante et aussi fascinée. Notre tâche est d'en mettre en circulation — mais pas à notre fantaisie ! Le Trésor détermine l'importance de la masse monétaire à créer, et nous nous contentons de frapper les pièces. Notre tâche consiste à choisir le motif que portera chaque type de pièce.

— La Victoire, par exemple?

— Par exemple. Mais ceux d'entre nous qui ont un tant soit peu d'imagination préfèrent quelque chose d'un peu plus original. En règle générale, il y a trois émissions de monnaies nouvelles par an, ce qui fait que chacun est responsable d'au moins une d'entre elles, et peut décider à sa guise.

— C'est ce que tu feras?

— Oui. Nous avons tiré au sort, et je me suis vu attribuer le denier d'argent. Celui de cette année comportera donc, sur une face, le profil de Iule, fils d'Enée, et au revers l'Aqua Marcia, édifié par mon grand-père.

Aurelia découvrit ensuite qu'en automne il se porterait candidat aux élections de tribun des soldats; son frère, Sextus, occupait ces fonctions pour l'année en cours, mais il s'apprêtait à partir en Gaule avec Cnaeus Mallius Maximus.

A la fin du repas, Publius fit raccompagner sa nièce en litière, comme il l'avait promis. Il demanda cependant à son second invité de rester encore un peu.

— Le temps de prendre une coupe de vin!

Et, quand on leur eut servi un excellent cépage, il s'enquit:

— Que penses-tu de ma nièce?

— C'est comme si tu me demandais si j'aime la vie!

— Elle t'a plu à ce point?

— Plu? Le mot est faible! Je suis amoureux d'elle.

— Et tu voudrais l'épouser?

— Evidemment! Hélas, j'ai cru comprendre que tout Rome désirait en faire autant.

— C'est parfaitement exact, Caius Julius. Cela suffit-il à te décourager?

— Pas le moins du monde. Je ferai ma demande à son père — enfin, à son oncle Marcus. Essaie de la revoir et de lui dire du bien de moi. Cela vaut la peine d'essayer, je crois qu'elle m'a trouvé sympathique.

— Oui, j'ai eu la même impression, répondit, souriant, Rutilius Rufus. Caius Julius, rentre donc chez toi, explique à ton père quels sont tes projets, puis va voir Marcus Aurelius dès demain. En ce qui me concerne, je suis très fatigué, et m'en vais me coucher.

Le jeune homme s'était montré très sûr de lui devant son hôte; mais il se sentit moins fier en revenant chez ses parents. Nombre de ses amis avaient déjà officiellement demandé la main d'Aurelia: plusieurs d'entre eux portaient un nom plus auguste que le sien, et la plupart disposaient de fortunes beaucoup plus importantes que la sienne. Etre un Julius César ne garantissait guère qu'un certain prestige social. Comment entrer sérieusement en concurrence avec des gens tels que Marcus Livius Drusus, le jeune Scaurus, Licinius Orator ou l'aîné des frères Ahenobarbus? Ignorant qu'Aurelia s'était vu proposer de choisir elle-même son époux, le jeune Caius jugeait ses chances assez minces.

Rentré chez lui, il remarqua, en se dirigeant vers l'atrium, qu'un peu de lumière brillait encore dans le cabinet de travail de son père. Les larmes lui vinrent aux yeux; il les refoula avant d'aller frapper à la porte.

— Entre! dit une voix lasse.

Caius Julius César se mourait. Toute la maison le savait, et lui le premier, mais personne n'osait en parler. Il avait d'abord eu des difficultés à avaler, puis les choses s'étaient peu à peu aggravées — mais si lentement qu'on l'avait à peine remarqué. Ensuite, sa voix était devenue rauque, et les douleurs étaient apparues. Au début, elles n'avaient rien eu d'insupportable. Désormais, elles ne cessaient plus; César ne pouvait plus prendre la moindre nourriture solide. Pourtant, bien que Marcia l'en suppliât chaque jour, il avait jusqu'alors refusé de voir un médecin.

— Père?

— Viens donc me tenir compagnie.

Caius Julius César atteignait la soixantaine; à la lueur de la lampe, on lui en aurait donné vingt de plus. Il avait perdu énormément de poids : la peau lui pendait sur les os, et la vie semblait avoir quitté ses yeux d'un bleu autrefois si vif. Il tendit la main à son fils et sourit.

— Oh, père !

Le jeune homme tenta de refréner son émotion, mais en vain ; traversant la pièce, il prit la main de son père et l'embrassa, puis serra Caius Julius contre lui.

— Ne pleure pas, mon fils. Cela ne durera plus longtemps. Athénodore de Sicile doit venir demain.

— Peut-être saura-t-il que faire.

— Athénodore saura ce que nous savons tous : que j'ai une tumeur maligne à la gorge. Il est vrai que ta mère espère un miracle. Je ne survis que pour assurer l'avenir de tous les membres de ma parenté.

César s'interrompit, chercha à tâtons une coupe de vin, but à grand-peine une ou deux gorgées, et reprit :

— Caius, tu es le dernier. Que dois-je espérer pour toi ? Il y a bien des années, je t'ai offert un luxe dont tu n'as pas encore fait usage : celui de choisir ton épouse. Je crois que le moment est venu. Je me sentirais plus heureux si je te savais établi comme il convient.

Le jeune homme leva la main de son père et la fit glisser contre sa propre joue.

— Je l'ai trouvée, père. Ce soir même — n'est-ce pas étrange ?

— Chez Publius Rutilius ?

— Je crois qu'il faisait office d'intermédiaire !

— Ce qui n'est pas très commun pour un consul !

— As-tu entendu parler de sa nièce Aurelia, la belle-fille de Marcus Aurelius ?

— Comme tout le monde !

— C'est elle.

— Ta mère dit que ses soupirants font la queue jusque dans la rue ! Et qu'il y a parmi eux quelques-uns des plus nobles et des plus riches célibataires de Rome.

— C'est parfaitement exact. Mais je l'épouserai, n'aie crainte !

— Prends garde, dit Julius César d'un ton grave. De telles beautés ne font pas de bonnes épouses, Elles sont trop gâtées et capricieuses. Laisse-la à quelqu'un d'autre, et choisis une épouse de rang plus humble. Heureusement, comparé à Lucius Licinius Orator, tu n'as aucune chance, même si tu es patricien. Marcus Aurelius ne prêtera aucune attention à ta demande, j'en suis sûr.

—Elle m'épousera, père. Attends et tu verras !

Et Caius Julius César n'eut ni la force ni le cœur de le faire changer d'avis. Il se laissa donc guider vers le lit où il dormait dorénavant, seul, tant son sommeil était fébrile et agité.

La litière, aux rideaux étroitement tirés, montait et descendait les collines tandis qu'à l'intérieur Aurelia demeurait étendue sur le ventre. Caius Julius César le jeune! La perfection! Mais pourquoi diable voudrait-il l'épouser? Qu'en penserait Cornelia, la mère des Gracques?

A côté d'elle, Cardixa la contemplait avec curiosité: c'était une Aurelia qu'elle n'avait encore jamais vue. Serrée contre la paroi, et tenant avec soin une bougie protégée par une feuille d'amiante, pour qu'on y vît un peu dans la litière, elle nota que le corps de la jeune fille, toujours si tendu, s'était fait plus souple, sa bouche moins ferme, et qu'elle avait fermé les yeux. Très vive d'esprit, Cardixa avait parfaitement compris que c'était là l'effet de la présence du beau jeune homme invité par Publius Rutilius. Caius Julius César était très exactement l'époux qu'il fallait à Aurelia. Cardixa en était certaine.

Quand Aurelia se réveilla, le lendemain matin, sa décision était prise. Elle eut pour premier soin d'envoyer Cardixa jusqu'à la maison des César, porteuse d'un billet destiné au jeune homme, et qui disait simplement: « Demande ma main. » Ensuite, elle ne fit rien, se retira dans ses appartements et se contenta d'apparaître lors des repas, sans rien trahir de ce qu'elle éprouvait: elle ne voulait pas que ses parents, toujours si vigilants, se doutent de quoi que ce soit avant qu'elle n'ait agi.

Le lendemain, elle attendit que Marcus Cotta ait vu tous ses clients, ce qu'il ne se hâta pas de faire, son secrétaire l'ayant informé qu'il n'aurait à suivre aucune réunion du Sénat ou de l'Assemblée de la Plèbe: sans doute resterait-il à la maison une heure ou deux après le départ du dernier solliciteur.

— Père?

Marcus Cotta leva les yeux.

— Ah, c'est père, aujourd'hui? Entre, ma fille, entre. Veux-tu que ta mère soit là?

— Oui, s'il te plaît.

— Alors, va-t'en la chercher.

Elle disparut et revint quelques instants plus tard en compagnie de Rutilia; toutes deux s'assirent sur un sofa.

— Eh bien, Aurelia?

— Y a-t-il de nouveaux prétendants? demanda-t-elle brusquement.

— A dire vrai, oui. Le jeune Caius Julius César est venu me voir hier, et, comme je n'ai rien contre lui, je l'ai ajouté à la liste. Ce qui nous mène à un total de trente-huit.

Aurelia rougit. Cotta la dévisagea, fasciné; jamais il ne l'avait vue à ce point décontenancée. Il nota que Rutilia, elle aussi, observait sa fille, et paraissait aussi intriguée que lui-même.

— J'ai fait mon choix, dit Aurelia.

— Excellent! Quel est-il?

— Caius Julius César le jeune.

— Comment? demandèrent Cotta et Rutilia avec la même nuance d'étonnement dans la voix.

— Caius Julius César, répéta la jeune fille.

— Tu l'as rencontré chez ton oncle avant-hier soir — était-ce pour la première fois?

— Oui.

— Et pourtant c'est lui que tu veux épouser ?

— Oui.

— Ma fille, intervint Rutilia, il n'est pas des plus riches. Etre la femme de Caius Julius César ne te vaudra pas de vivre dans le luxe.

— On ne se marie pas pour vivre dans le luxe.

— Je suis heureux que tu aies assez de bon sens pour le comprendre, reprit Cotta, à qui ce choix ne plaisait guère. Ce n'est pas l'homme que j'aurais voulu pour toi.

— Et pourquoi donc, père?

— C'est une famille étrange. Un peu... à part. Et ils sont liés à Caius Marius, un homme que je déteste!

— Mais qui est l'ami de mon oncle Publius.

— Ton oncle Publius a parfois des idées bizarres — mais pas au point de voter contre sa classe au Sénat. Et on ne peut pas en dire autant de certains Julius César! Ton oncle a fait campagne avec Caius Marius pendant des années, et cela a créé entre eux des liens compréhensibles. Alors que Caius Julius César a accueilli Caius Marius à bras ouverts, et enjoint à toute sa famille de le traiter avec respect!

— Sextus Julius n'a-t-il pas épousé une des Claudia il y a peu de temps? demanda Rutilia.

— Oui, je crois.

— Ah, de toute façon, c'est une union qu'on ne peut empêcher. Peut-être les fils ne sont-ils pas aussi attachés à Caius Marius que tu le crois.

— Rutilia, ils sont beaux-frères.

Aurelia intervint:

— Père, mère, vous m'avez laissé le soin de décider, dit-elle d'une voix assurée. J'épouserai Caius Julius César.

Cotta et Rutilia la regardèrent, consternés, et finirent par comprendre : Aurelia, la très raisonnable Aurelia, était tombée amoureuse.

— Puisque tu as décidé, il en ira comme tu le souhaites, dit Cotta. Sortez ! ajouta-t-il avec un geste de la main. Il va falloir que je demande aux scribes de rédiger trente-sept lettres. Ensuite, je suppose que je devrai aller voir Caius Julius César père et fils.

Marcus Aurelius Cotta dicta une lettre aux soupirants de la jeune fille, ainsi rédigée :

> Après y avoir beaucoup réfléchi, j'ai estimé que mieux valait permettre à ma nièce et pupille Aurelia de choisir elle-même son mari. Sa mère en était d'accord avec moi. Son époux sera Caius Julius César le jeune, fils cadet du Père Conscrit Caius Julius César. J'espère que vous vous joindrez à moi pour présenter au jeune couple toutes nos félicitations à l'occasion de leur prochain mariage.

Son secrétaire le regarda avec des yeux ronds.

— Au travail ! lança Cotta, d'un ton irritable assez surprenant chez quelqu'un d'aussi calme. Je veux que d'ici à une heure tu en aies fait faire trente-sept copies, qui seront portées à tous ceux figurant sur cette liste ! Je les signerai moi-même, et il faudra qu'elles soient délivrées sur-le-champ.

L'homme se mit à la tâche. Il n'en avait pas encore terminé que la rumeur s'était répandue : elle atteignit les destinataires des lettres bien avant que celles-ci ne leur arrivent. La nouvelle provoqua de nombreux grincements de dents, car de toute évidence le choix d'Aurelia était plus sentimental que rationnel — ce qui paraissait d'autant plus grave. Aucun des prétendants de la jeune fille n'appréciait d'être évincé au profit du fils cadet d'un sénateur de second rang, illustre lignage ou pas. Au demeurant, l'intéressé était bien trop beau, ce que tout le monde estimait être un avantage déloyal.

Rutilia, une fois qu'elle eut surmonté le choc, sembla tentée d'approuver le choix de sa fille :

— Pense aux enfants qu'elle aura ! dit-elle à Cotta qu'un esclave enveloppait dans sa toge avant qu'il ne se rendît chez les César. Si l'on met de côté les questions d'argent, c'est une alliance splendide pour un Aurelius ou un Rutilius ! Les Julius !

— Ce n'est pas ce qui suffira à les nourrir.

— Marcus Aurelius, voyons, ils ne sont pas dans la misère ! Leurs liens avec Caius Marius ont beaucoup profité à la famille, et je ne vois pas pourquoi cela prendrait fin. Le jeune Caius me paraît destiné à devenir consul. J'ai entendu dire qu'il était très intelligent, et très compétent.

— Tout ce qui brille n'est pas or, répondit Cotta, peu convaincu.

Il se mit pourtant en route. C'était lui-même un homme avenant, avec le teint vif des Aurelius Cotta — famille dont les membres ne vivaient pas tous vieux, car ils étaient sujets à l'apoplexie.

Il apprit en arrivant que le jeune homme n'était pas là, aussi demanda-t-il à rencontrer le père, et fut-il surpris de voir l'intendant prendre un visage grave:

— Excuse-moi, Marcus Aurelius, je vais aller me renseigner. Caius Julius ne va pas bien.

C'était la première fois que Cotta en entendait parler — bien qu'à y réfléchir on n'ait pas vu l'aîné des César au Sénat depuis un certain temps.

— J'attendrai.

L'homme revint très vite.

— Caius Julius va te recevoir, dit-il en conduisant le visiteur dans le cabinet de travail. Surtout ne te montre pas trop choqué de son état.

Heureux d'avoir été prévenu, Cotta se contrôla tandis que des doigts décharnés se refermaient à grand-peine sur sa propre main.

— Marcus Aurelius, quel plaisir! dit César. Assieds-toi donc! Désolé de ne pouvoir me lever, mais mon intendant a dû te dire que je n'allais pas bien. Simple euphémisme: je me meurs.

— Allons, allons! protesta Cotta, qui s'assit sur le bord d'un fauteuil, mal à l'aise: il lui semblait renifler dans la pièce une odeur particulièrement désagréable.

— Oh si. J'ai une tumeur à la gorge. Athénodore de Sicile me l'a confirmé ce matin.

— Caius Julius, j'en suis navré.

Les yeux rougis de Caius Julius eurent un cillement las.

— Marcus Aurelius, je crois deviner pourquoi tu es là, mais dis-le-moi quand même.

— Quand la liste de prétendants de ma nièce Aurelia est devenue trop longue, trop riche de noms puissants pour que je risque de me faire plus d'ennemis que d'amis, je lui ai, avec l'accord de sa mère, donné la permission de choisir elle-même son époux. Il y a deux jours, elle a rencontré ton fils cadet chez son oncle Publius, et aujourd'hui elle m'a appris que c'était lui qu'elle avait distingué.

— Et cela te déplaît autant qu'à moi.

— Oui, soupira Cotta, qui haussa les épaules. Mais j'ai promis et je tiendrai parole.

— J'avais accordé la même concession à mon fils, il y a bien des années, dit César en souriant. Marcus Aurelius, dans ces conditions, efforçons-nous de faire les choses au mieux, et espérons que nos enfants auront plus de bon sens que nous.

— En effet, Caius Julius !

— Tu veux sans doute davantage de renseignements sur les espérances de mon fils.

— Il m'en a parlé en demandant la main d'Aurelia.

— Il n'a peut-être pas été assez précis. S'il dispose de suffisamment de terres pour garantir son siège au Sénat, il n'a pas grand-chose d'autre pour le moment. Je ne suis malheureusement pas en mesure d'acheter une seconde demeure à Rome même, et là est bien la difficulté. Ma maison ira à mon fils aîné, Sextus, qui s'est marié récemment et vit ici avec sa femme, laquelle est en début de grossesse. Après ma mort, Sextus deviendra le *pater familias*, et en se mariant le cadet devra aller s'installer ailleurs.

— Tu sais que la dot d'Aurelia est très importante. Il serait peut-être raisonnable de la consacrer à acheter une demeure, répondit Cotta en se raclant la gorge. Elle a hérité de son père — mon frère — une somme considérable qui est déjà investie depuis plusieurs années, et représente une valeur d'environ une centaine de talents. Quarante suffiront à acquérir une maison plus que respectable sur le Palatin ou les Carinae. Bien entendu, elle sera mise au nom de ton fils, mais il devra en rembourser la valeur en cas de divorce. De toute façon, il resterait à Aurelia de quoi assurer son propre avenir.

— Je n'aime pas penser que mon fils devra vivre dans une maison achetée avec l'argent de sa femme. Non, Marcus Aurelius, je crois qu'il serait plus prudent d'en faire un autre usage. Cent talents lui permettront d'acquérir une *insula* en parfait état n'importe où sur l'Esquilin. Elle sera à elle, à son nom ; le jeune couple pourrait vivre dans un appartement du rez-de-chaussée, et ta nièce pourrait louer les autres, ce qui lui garantirait des revenus autrement plus importants. Mon fils, quant à lui, devra trouver lui-même l'argent pour s'acheter une maison bien à lui, ce qui fouettera son ambition.

— Je ne peux permettre à Aurelia de vivre dans une *insula* ! lança Cotta, stupéfait. Non, je consacrerai quarante talents à lui acheter une maison, et laisserai le reste à l'abri.

— Une *insula* à son nom ! répliqua César d'un ton obstiné.

Il suffoqua, se pencha en avant pour reprendre son souffle ; Cotta versa une coupe de vin, la déposa dans la main tremblante, et l'aida à boire.

— Cela va mieux, dit César au bout d'un petit moment.

— Peut-être devrais-je revenir une autre fois.

— Non, Marcus Aurelius, finissons-en. Toi et moi en sommes bien d'accord : ce n'est pas là l'union que nous aurions souhaitée. Dans ce cas, ne leur rendons pas les choses trop faciles. Apprenons-leur le prix de l'amour. S'ils sont destinés l'un à l'autre, quelques contrariétés ne pourront que renforcer leurs liens. Si cela n'est pas le cas, elles précipiteront la rupture. Nous veillerons à ce qu'Aurelia conserve l'intégralité de sa dot, et ne froisserons pas l'orgueil de mon fils plus qu'il ne faut. Une *insula*, Marcus Aurelius ! Et en excellent état, aussi te faudra-t-il envoyer tes hommes les plus compétents pour l'inspecter !

— Grands dieux ! Ma nièce, propriétaire d'un immeuble de rapport ! s'écria Cotta, révolté.

— Et pourquoi pas ? répondit César avec un sourire las.

— Caius Julius, je t'amènerai Aurelia, et tu pourras en discuter avec elle. Il lui reviendra de choisir la façon d'utiliser sa dot. Tu lui présenteras ton idée de l'*insula* toi-même, et je plaiderai en faveur d'une maison. Marché conclu ?

— Marché conclu. Mais qu'elle ne tarde pas, Marcus Aurelius ! Demain, à midi !

— Tu préviendras ton fils ?

— Il sera là pour l'accueillir !

En temps normal, Aurelia ne se préoccupait guère de sa mise ; elle aimait les couleurs vives, et les opposer, mais cela s'arrêtait là. S'étant vu toutefois notifier que son promis viendrait la chercher pour la conduire chez ses futurs beaux-parents, elle réfléchit longuement, finit par se décider pour une laine rose, prit un bain et se parfuma. Cependant, sa chevelure était sagement ramenée en chignon sur l'arrière, et elle refusa, comme l'aurait voulu sa mère, de mettre le moindre rouge.

— Tu es trop pâle aujourd'hui ! protesta Rutilia. Allons, je t'en prie, il faut que tu sois belle ! Rien qu'un peu de rouge sur les joues, et une ligne autour de l'œil.

— Non.

L'arrivée de Caius Julius César le jeune rendit la discussion oiseuse, la jeune fille ayant viré à l'écarlate.

— Caius Julius..., dit-elle en tendant la main.

— Aurelia..., répondit-il en s'en emparant.

Les jeunes gens se mirent en route, suivis de Cardixa et des Gaulois.

— Je dois te dire que mon père ne va pas bien, dit le jeune homme en contrôlant sa voix. Il a une tumeur maligne dans la gorge, et nous craignons qu'il ne meure très bientôt.

— Oh !

— J'ai reçu ton billet, et me suis hâté d'aller voir Marcus Aurelius. Je ne peux croire que tu m'aies choisi!

— Je ne peux croire que je t'aie trouvé!

— Crois-tu que Publius Rutilius l'ait fait exprès?

— Evidemment!

Puis ils marchèrent en silence jusqu'à la demeure des César.

Un regard à la future épouse de son fils parut suffire au maître de maison pour changer d'opinion. Ce n'était pas là la beauté capricieuse qu'il redoutait. Quels merveilleux enfants ils auraient! Mais il ne vivrait pas assez longtemps pour les voir.

— Assieds-toi, Aurelia, dit-il d'une voix à peine audible, en lui désignant une chaise. Marcus Aurelius t'a-t-il parlé de la discussion que nous avons eue?

— Non.

Il lui en résuma le contenu, sans chercher à dissimuler ce que lui-même ou le tuteur de la jeune fille pensaient.

— Ton oncle dit que c'est à toi de décider. Quelle est ton opinion?

Que ferait Cornelia, mère des Gracques? Cette fois, Aurelia connaissait la réponse: ce qui satisferait à l'honneur. Cependant, il lui fallait en prendre deux en compte, le sien et celui de son mari. Lequel serait blessé, si d'aventure elle s'en tenait au choix le plus sûr, acheter une maison: car ce serait avec l'argent de sa femme.

Elle se tourna vers le jeune homme et dit d'un air grave:

— Que préfères-tu?

— Aurelia, c'est à toi de prendre la décision.

— Non, Caius Julius. Je vais être ta femme, j'entends respecter les règles et me tenir à ma place. Tu seras le chef de notre maison, le choix de l'endroit où nous vivrons te revient. Je m'y conformerai.

— Alors, nous demanderons à Marcus Aurelius de te trouver une *insula*, et d'enregister à ton nom les droits de propriété, répondit le jeune homme sans hésiter. Il faudra que ce soit la meilleure qu'il puisse découvrir — et j'en suis d'accord avec mon père, l'emplacement n'a pas d'importance. Les loyers te reviendront. Nous nous installerons dans un des appartements du rez-de-chaussée jusqu'à ce que je sois en mesure d'acquérir une demeure. Naturellement, nous vivrons du revenu de mes terres, ce qui implique que tu seras pleinement responsable de la gestion de l'*insula*, à laquelle je ne prendrai aucune part.

Elle parut satisfaite — cela se voyait —, mais ne répondit rien.

— Tu n'es pas bavarde! commenta César, surpris.

— Non.

Cotta se mit à la tâche, bien qu'il n'ait pas renoncé à l'idée de trouver à sa nièce une belle demeure dans l'un des plus beaux quartiers de Rome. Toutefois, il lui fallut admettre, après de longues recherches, que l'investissement le plus intéressant était une grosse *insula* en plein cœur de la Subura. Ce n'était pas un immeuble neuf, puisqu'il datait de trente ans, mais le propriétaire avait vécu dans le plus grand des appartements du rez-de-chaussée, et le bâtiment avait donc été construit pour durer. Les fondations, de pierre et de ciment, avaient quinze pieds de profondeur, et cinq de large, les murs extérieurs deux pieds d'épaisseur; le tout était renforcé de lourdes poutres d'un pied de côté. Le bâtiment n'avait que neuf étages, soit deux ou quatre de moins que la majorité des *insulae* du voisinage; mais il occupait entièrement un triangle situé à l'endroit où la Subura Minor rencontrait le Vicus Patricii.

Cotta, Aurelia et le jeune César étaient venus le visiter après bien d'autres du même genre. Ils s'étaient adressés à un alerte petit vendeur de pure ascendance romaine: pas question que l'agence immobilière de Thorius Postumius recoure aux services d'un affranchi grec!

— Regardez les plâtres sur les murs, disait l'homme. Pas une fissure, des fondations aussi solides que la prise de l'avare sur son sac d'or... huit boutiques, tous des baux de longue durée, aucun problème avec les tenanciers... deux appartements au rez-de-chaussée, avec des salles de réception... deux appartements seulement à l'étage supérieur... huit appartements par étage jusqu'au sixième... douze au septième et au huitième... toutes les boutiques disposent à l'étage d'un appartement...

Au bout d'un moment, Aurelia décida de ne plus l'écouter. L'oncle Marcus et Caius Julius pourraient toujours suivre ses explications et prendre leur décision. C'était là un monde qu'elle ignorait, mais qu'elle était bien décidée à explorer; un style de vie très différent de celui qu'elle avait connu jusque-là. Par nature, la jeune femme était portée à agir; par naissance, cela lui était presque entièrement interdit. Elle allait désormais devenir maîtresse de maison aussi bien qu'épouse, et elle était assez sagace pour saisir toutes les occasions qui se présenteraient. Elle regarda donc autour d'elle, les yeux brillants, à échafauder mille projets et à tenter d'imaginer comment ce serait.

L'appartement du propriétaire-bâtisseur, au rez-de-chaussée, paraissait bien petit, à côté de la demeure des Cotta, sur le Palatin. La salle à manger accueillerait à grand-peine les trois sofas de rigueur, et le cabinet de travail était minuscule. La salle de réception (ce n'était pas un atrium à proprement parler), aux murs ornés de plâtre, donnait sur une terrasse, et sur trois petites chambres à coucher sans fenêtres; deux autres étaient situées au sortir du cabinet de travail. Il y avait une petite pièce dont Aurelia pourrait faire son salon, et, à côté, une autre, plus réduite, où Cardixa pourrait s'installer.

Son plus grand plaisir fut pourtant de découvrir que l'appartement comportait une salle de bains et une latrine — car, comme l'agent l'expliqua avec allégresse, l'*insula* se trouvait juste sur le trajet de l'un des égouts de Rome, et elle était raccordée au réseau de distribution d'eau.

— Il y a des latrines publiques sur la Subura Minor, et les bains sont juste après! lança le petit homme. Bien entendu, l'ancien propriétaire se réservait l'eau courante, mais les locataires ne vont pas chercher l'eau plus loin que le carrefour.

Cette fois, Aurelia l'écouta avec intérêt: ce qu'elle savait de sa future existence ne lui avait pas laissé croire qu'elle aurait droit à un tel luxe. A dire vrai, si l'idée de vivre dans une *insula* l'avait un peu choquée, c'était précisément parce qu'il lui faudrait s'en priver. Aucune de celles qu'ils avaient visitées, même dans des quartiers plus cossus, n'avait l'eau courante ni le tout-à-l'égout. Cela emporta la décision.

— Quel est le montant annuel des loyers? demanda le jeune César.

— Dix talents — deux cent cinquante mille sesterces.

— Bien, bien! dit Cotta en hochant la tête.

— L'immeuble est d'une telle qualité de construction que l'entretien est négligeable, dit l'agent. Ce qui signifie que les locataires ne manquent pas — vous savez combien d'*insulae* s'effondrent ou se dégradent. Pas celle-ci!

Comme il était inutile de chercher à se frayer un chemin en litière à travers la Subura, Cotta et le jeune Caius escortèrent Aurelia à pied, suivis des deux Gaulois. Simple précaution: on était en plein midi, et tout le monde, dans les rues encombrées, semblait plus soucieux de s'occuper de ses affaires, que d'agresser la jeune fille.

— Qu'en penses-tu? lui demanda Cotta quand ils eurent descendu la pente des Fauces Suburae qui menait à l'Argiletum.

— Oh, mon oncle, cela me paraît idéal! répondit Aurelia, qui se tourna vers Caius Julius César et ajouta: N'est-ce pas ton avis?

— Je crois que cela nous irait tout à fait bien.

— Très bien. Je signerai le contrat dès cet après-midi. A quatre-vingt-quinze talents, c'est un bon achat, sans être une véritable affaire. Il vous restera cinq talents pour l'ameublement.

— Non, dit le jeune César avec fermeté. C'est là une question qui est de ma responsabilité, et je ne suis pas pauvre! Mes terres de Bovillae me valent d'importants revenus.

— Je sais, Caius Julius, je sais, répliqua Cotta, tu me l'as déjà dit.

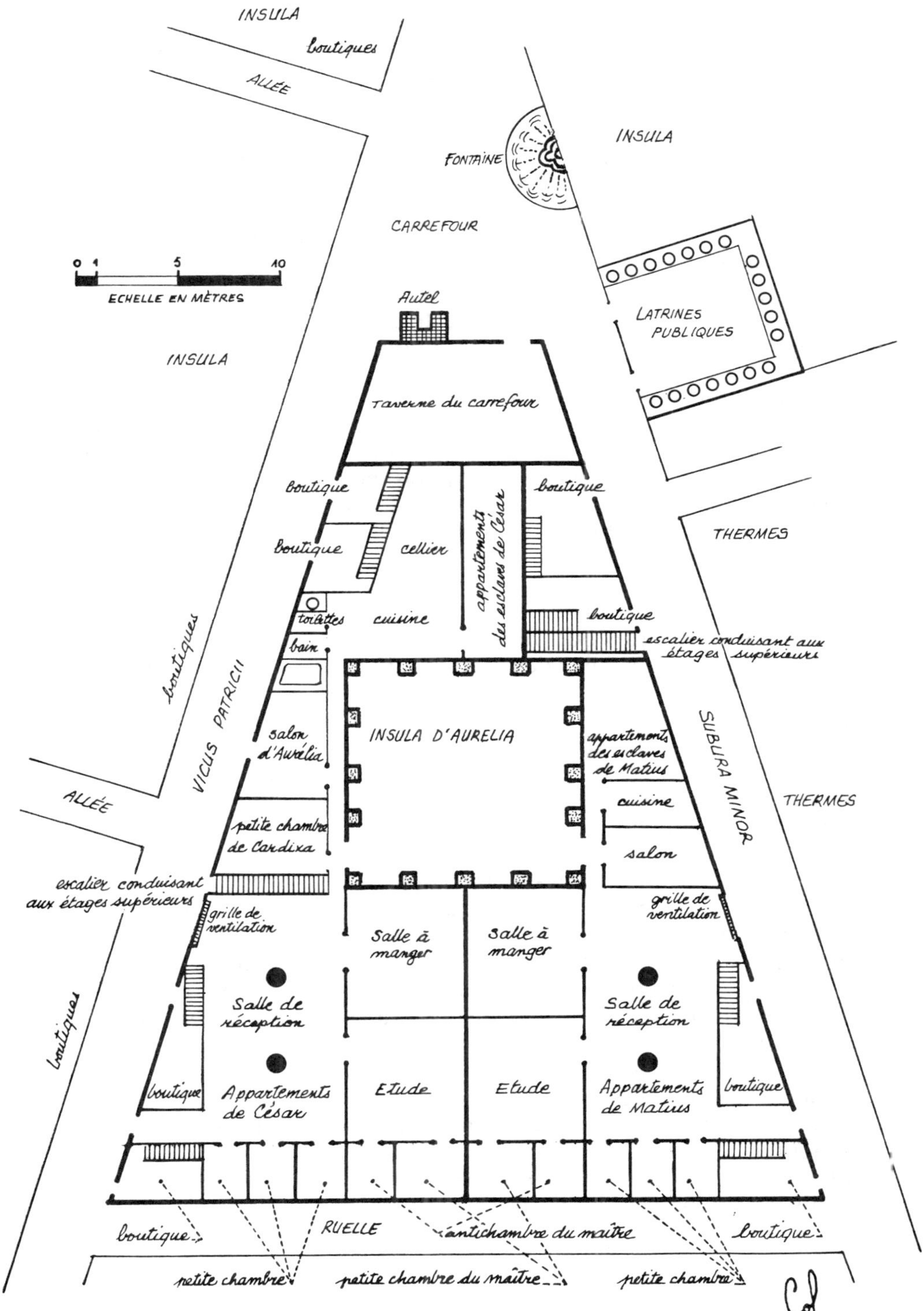
INSULA
boutiques
ALLÉE
FONTAINE
INSULA
CARREFOUR
0 1 5 10
ECHELLE EN MÈTRES
Autel
LATRINES PUBLIQUES
INSULA
Taverne du carrefour
Boutique
boutique
appartements des esclaves de César
THERMES
Boutique
cellier
toilettes
cuisine
boutique
escalier conduisant aux étages supérieurs
bain
boutiques
VICUS PATRICII
INSULA D'AURELIA
salon d'Aurélia
appartements des esclaves de Matius
SUBURA MINOR
cuisine
ALLÉE
THERMES
petite chambre de Cardixa
salon
escalier conduisant aux étages supérieurs
grille de ventilation
grille de ventilation
Salle à manger
Salle à manger
Salle de réception
Salle de réception
boutiques
boutique
Appartements de César
Etude
Etude
Appartements de Matius
boutique
boutique
RUELLE
antichambre du maître
boutique
petite chambre
petite chambre du maître
petite chambre
Col

Ils se marièrent en avril, par une belle journée de printemps. Tous les présages étaient favorables : Caius Julius César lui-même paraissait aller mieux.

Rutilia et Marcia pleurèrent beaucoup, la première parce que c'était la première fois qu'un de ses enfants se mariait, la seconde parce que c'était la dernière. Julia et Julilla étaient là, ainsi que Claudia, l'épouse de Sextus, mais sans leurs maris ; Marius et Sylla se trouvaient encore en Afrique, et Sextus César procédait en Italie à des opérations de recrutement, et le consul Cnaeus Mallius Maximus n'avait pas consenti à le libérer de ses obligations.

Cotta aurait voulu louer sur le Palatin une demeure dans laquelle le jeune couple aurait passé son premier mois de mariage.

— Ainsi, vous vous serez habitués à la vie commune avant de vous installer dans la Subura.

Mais les nouveaux époux avaient refusé, aussi la procession fut-elle longue : on aurait dit que toute la Subura était venue accueillir la jeune mariée — dont le visage était fort heureusement dissimulé par le voile nuptial. Le jeune César, quant à lui, semblait prendre avec bonne humeur les habituelles plaisanteries obscènes, et avançait en souriant.

— C'est le quartier où nous allons vivre, dit-il à son épouse, alors autant nous y faire. Bouche-toi les oreilles.

— Je préférerais que vous restiez à distance, murmura Cotta, qui aurait voulu engager des gladiateurs pour escorter les invités ; la foule grouillante lui donnait des nausées, comme le langage qu'elle employait.

Le temps qu'ils atteignent l'*insula* d'Aurelia, beaucoup de gens s'étaient joints au défilé, apparemment dans l'espoir qu'à l'arrivée le vin ne manquerait pas, et bien décidés à envahir les festivités. Toutefois, tandis que le jeune César faisait ouvrir la grande porte avant de soulever la jeune fille pour lui en faire franchir le seuil, Cotta, Lucius Cotta et les deux Gaulois réussirent à retenir la populace assez longtemps pour que le jeune homme pût entrer et faire refermer les battants. Puis Cotta s'éloigna, tête haute, le long du Vicus Patricii, au milieu des cris de protestation.

Il n'y avait encore que Cardixa dans l'appartement. Aurelia avait décidé de consacrer le reste de sa dot à acheter des serviteurs, mais après son mariage seulement : elle voulait en effet s'en charger elle-même, sans que sa mère ou sa belle-mère viennent s'en mêler. Le jeune César devrait faire de même, se préoccuper de trouver un intendant, un échanson, un secrétaire, un scribe ; à eux s'ajouteraient — c'était du ressort de son épouse — deux laveuses, une lingère, un cuisinier et son assistant, un portefaix. Une maison suffisante, sans rien d'exceptionnel.

Dehors, c'était le soir, mais il faisait beaucoup plus sombre dans l'appartement — détail dont ils ne s'étaient pas rendu compte lors de leur visite, en plein jour. La lumière qui tombait, tout au long des neuf étages, dans la cour centrale, avait vite diminué, comme celle venue du dehors, car d'autres *insulae* massives bloquaient la perspective. Cardixa avait allumé toutes les lampes avant de se retirer dans sa chambre, pour laisser les jeunes mariés seuls.

C'est le bruit qui stupéfia le plus Aurelia. Il venait de partout — des rues, de la cour, des escaliers; le sol lui-même semblait gronder. Des cris, des jurons, des chocs, des échanges hurlés, des insultes, des enfants qui pleuraient, des bribes de de chants, des musiciens qui descendaient la rue à grand renfort de tambours et de cymbales, des meuglements de bœufs, des braiments, des bêlements, des éclats de rire, d'incessants passages de charrettes.

— Nous ne pourrons même pas nous entendre! s'écria-t-elle en retenant ses larmes. Caius Julius, je suis désolée! Je n'avais pas pensé au bruit!

Le jeune César rit.

— N'aie crainte, nous nous y habituerons. D'ici à un mois nous ne le remarquerons plus, je te le promets. D'ailleurs, il y en aura moins dans la chambre à coucher, ajouta-t-il en la prenant par la main, qu'il sentit trembler.

De fait, la chambre à coucher du maître de maison, située juste après le cabinet de travail, était beaucoup plus calme. Il y faisait aussi noir que dans un four, et l'endroit était totalement dépourvu d'aération, à moins de laisser la porte ouverte. Laissant Aurelia dans le cabinet, le jeune homme s'en fut chercher une lampe dans la salle de réception. Main dans la main, ils entrèrent dans la chambre, et s'immobilisèrent, ravis. Cardixa l'avait noyée sous les fleurs, jeté des pétales odorants sur le lit avant de charger de violettes et de roses tous les vases qu'elle avait pu trouver; il y avait, sur une table, un flacon de vin, une carafe d'eau, deux coupes d'or et un grand plat de gâteaux au miel.

Aucun des deux n'était pudibond: comme tout Romain, ils étaient suffisamment au fait des questions sexuelles, et guère inhibés. Naturellement, le jeune César avait eu des aventures, bien que son visage fît mentir sa nature profonde : le premier était aussi frappant que la seconde était modeste et réservée. En dépit de ses indéniables talents, le jeune homme était avant tout quelqu'un de réservé, à qui l'ambition et l'agressivité manquaient trop pour qu'il pût jamais réellement percer politiquement. On pouvait se fier à lui mais il ferait davantage progresser la carrière des autres que la sienne.

Publius Rutilius Rufus ne s'y était pas trompé : Aurelia et le jeune César étaient faits l'un pour l'autre. Il se montra tendre, plein d'égards, plus aimant que passionné. Et Aurelia put se dire ensuite que Cornelia, mère des Gracques, l'aurait sans approuvée : comme elle, elle avait fait son devoir, avec un plaisir qui garantissait que jamais elle n'en viendrait à détester le lit conjugal — sans, pour autant, jamais laisser ses sens guider sa vie ou régler sa conduite.

Au cours de l'hiver que Quintus Servilius Caepio, pleurant toujours son or perdu, passa à Narbo, il reçut une lettre de Marcus Livius Drusus, le jeune avocat, l'un des plus ardents parmi les ex-prétendants d'Aurelia.

> Je n'avais que dix-neuf ans quand mon père est mort, me laissant tous ses biens, mais aussi la charge de *pater familias*. Mon seul fardeau — peut-être était-ce une chance ? — était ma sœur, alors âgée de treize ans, privée comme elle l'était de père et de mère. A l'époque, Cornelia, ma mère, avait voulu la prendre dans sa propre maison, ce que, bien entendu, j'avais refusé. Sans que les choses en soient jamais arrivées au divorce, il y avait entre mes parents, comme tu le sais, un fossé qui explique sans doute que mon père ait décidé de faire adopter mon frère cadet par une autre famille. Ma mère l'avait toujours beaucoup plus aimé que moi ; aussi, quand il devint Mamercus Aemilius Lepidus Livianus, tira-t-elle argument de son jeune âge pour s'en aller vivre avec lui dans sa nouvelle maison, où elle put effectivement connaître une vie infiniment plus libre et plus licencieuse que sous le toit de mon père. Je me fais un devoir de te rappeler ces faits, car la conduite égoïste et dépravée de ma mère porte atteinte à mon honneur.
>
> Je me flatte d'avoir élevé ma sœur, Livia Drusa, comme l'exige sa position. Désormais âgée de dix-huit ans, elle est prête au mariage. Comme moi, Quintus Servilius, bien que je n'aie encore que vingt-trois ans. Je sais qu'il est courant d'attendre d'en avoir vingt-cinq, et que nombreux sont ceux qui préfèrent être entrés d'abord au Sénat. Mais cela m'est impossible, car je suis *pater familias*, et demeure le seul Livius Drusus de ma génération, puisque mon frère ne peut plus se targuer d'être l'héritier de notre lignée. Il me convient donc de me marier et de procréer, car j'avais décidé à la mort de mon père que pour ce faire, j'attendrais que ma sœur soit d'âge à convoler.

La lettre était aussi solennelle et guindée que celui qui l'avait écrite, mais Quintus Servilius Caepio ne s'en offusqua nullement. Le père du jeune homme et lui-même étaient de vieux amis, comme leurs fils respectifs.

C'est pourquoi, Quintus Servilius, je souhaite, en tant que chef de ma maison, te soumettre une proposition de mariage. Je n'ai pas jugé utile d'en discuter avec mon oncle, le consul Publius Rutilius Rufus. Il était l'époux de feu ma tante Livia, et à ce titre je n'ai rien à lui reprocher, mais son lignage, comme son tempérament, ne me paraît pas d'un poids suffisant pour tenir compte de ses conseils. C'est ainsi que j'ai appris tout récemment qu'il avait convaincu Marcus Aurelius Cotta de laisser sa belle-fille Aurelia choisir elle-même son époux. Il est difficile d'imaginer quelque chose d'aussi peu romain ! Et, bien entendu, elle s'est laissé séduire par un Julius César, un joli cœur sans substance et sans fortune, qui n'arrivera jamais à rien.

En décidant de l'avenir de ma sœur, j'ai pensé soulager ma future épouse du soin de la prendre en charge ; et, étant responsable de la conduite de Livia, il me paraît vain de vouloir confier les devoirs qui sont les miens à des gens qui ne peuvent les observer avec le même scrupule.

Je te propose donc, Quintus Servilius, de me permettre d'épouser ta fille, Servilia Caepionis, tout comme de laisser ton fils, Quintus Servilius Caepio le jeune, épouser ma sœur Livia Drusa. C'est pour nous deux la solution idéale. Nos liens par le sang remontent à bien des générations, ta fille et ma sœur ont des dots égales, ce qui signifie qu'il sera inutile que de l'argent change de mains, ce qui est fort appréciable en un temps où l'on est toujours à court de liquidités.

Fais-moi savoir, je te prie, quelle est ta décision.

Il n'y avait, à dire vrai, rien à décider ; c'était très précisément l'union dont Quintus Servilius Caepio avait rêvé pour sa lignée. Il répondit donc sur-le-champ :

Cher Marcus Livius, je suis ravi. Tu as ma permission de procéder à tous les arrangements nécessaires.

Drusus entreprit d'informer Caepio le jeune, soucieux qu'il était de préparer le terrain avant que l'autre ne reçoive une lettre de son père ; mieux valait que son mariage lui parût chose désirable, et non le simple effet d'un ordre paternel.

— J'aimerais épouser ta sœur, lui dit-il de but en blanc, peut-être un peu plus abruptement qu'il ne l'aurait voulu.

Caepio le jeune cligna les yeux, mais ne répondit rien.

— J'aimerais aussi que tu épouses ma sœur, poursuivit Drusus.

Caepio le jeune cligna les yeux à plusieurs reprises, toujours sans rien dire.

— Alors, qu'en dis-tu?

L'autre avait plus de noblesse et de fortune que de cervelle; après s'être péniblement creusé la tête, il finit pourtant par répondre:

— Il faudrait que je demande à mon père.

— Je m'en suis chargé. Il est ravi.

— Oh! Alors, je suppose que tout est parfait.

— Quintus Servilius, Quintus Servilius, lança Drusus, exaspéré, je veux savoir ce que tu en penses!

— Eh bien... tu plais à ma sœur, alors tout va bien de ce côté... et ta sœur me plaît, mais...

— Mais quoi?

— Je ne crois pas qu'elle m'aime.

— Allons donc! Comment pourrait-elle ne pas t'aimer? Tu es mon meilleur ami! Evidemment qu'elle t'aime! Ce sera la solution idéale, nous serons tous ensemble.

— Alors, j'en serai ravi.

— Parfait! En écrivant à ton père, j'ai abordé toutes les questions essentielles, jusqu'au paiement de la dot. Il n'y a pas de souci à se faire.

— C'est bien.

Ils étaient assis sur un banc, sous un vieux chêne splendide, au bord de la piscine de Curtius, à l'extrémité du Forum, et venaient de déjeuner sommairement de petits pains farcis de lentilles et de viande de porc. Se levant, Drusus tendit sa serviette à un serviteur, et resta immobile tandis que l'homme vérifiait que sa toge immaculée avait échappé aux taches.

— Pourquoi t'en vas-tu? Tu es pressé? demanda Caepio.

— Je rentre annoncer la nouvelle à ma sœur. Ne crois-tu pas que tu devrais faire de même?

— Je pense que oui, répondit l'autre d'un ton peu convaincu. Mais ne préférerais-tu pas t'en charger? Elle t'aime bien.

— Non, crétin, il faut que ce soit toi! En ce moment, tu es *in loco parentis*, et c'est donc ta tâche, comme c'est la mienne de prévenir Livia Drusa.

Et, se dirigeant vers les marches Vestales, Drusus s'en fut vers le Forum.

Sa sœur était à la maison. Où aurait-elle pu bien être, d'ailleurs? Drusus étant le chef de la famille, et leur mère, Cornelia, s'étant vu interdire l'entrée des lieux, Livia Drusa ne pouvait quitter la demeure, ne serait-ce que pour un instant, sans la permission de son frère. Elle n'aurait pas davantage osé en sortir en cachette: aux yeux de Drusus, elle était, comme sa mère, une femme, c'est-à-dire une créature faible et corrompue, à qui on ne pouvait accorder la moindre liberté; il aurait cru, sans preuves, les choses les plus horribles sur elle.

— Demande à ma sœur de venir dans le cabinet de travail, dit-il à l'intendant en arrivant chez lui.

Drusus habitait une demeure qui, de l'avis général, était la plus belle de Rome: son père, le censeur, était mort au moment où les travaux s'achevaient. On avait une vue magnifique depuis le balcon de la façade, au sommet du bâtiment, car celui-ci se dressait tout en haut du Palatin, au-dessus du Forum. Juste à côté s'étendait l'area Flacciana, le terrain vague qui avait autrefois abrité la maison de Marcus Fulvius Flaccus; Quintus Lutatius Catulus Caesar habitait un peu plus loin.

Les murs extérieurs étaient aveugles, comme le voulait la tradition. Une haute muraille percée d'une porte de bois donnait sur le Clivus Victoriae, et formait l'arrière de la demeure; l'entrée de celle-ci, haute de deux étages, surplombait le panorama. L'étage supérieur était réservé à la famille des maîtres, tandis que les cuisines, les caves et les quartiers des domestiques se trouvaient en dessous. Le jardin-péristyle était si grand qu'il abritait sans difficulté six merveilleux lotus venus d'Afrique quatre-vingt-dix ans plus tôt, apportés là par Scipion l'Africain, qui était alors propriétaire des lieux. Une piscine de marbre blanc, étroite et longue, était ornée de quatre fontaines de bronze sculptées, et bordée de statues peintes. Des chapiteaux doriens aux nuances vives couraient le long des murs, soutenus par des piliers de bois peints en jaune. Derrière, on parvenait d'un côté au cabinet de travail, de l'autre à la salle à manger. Juste après s'étendait un atrium magnifique, aussi vaste que la demeure des César, aux murs peints en trompe l'œil, dans des tons rouges, bleus et verts.

Les coffres abritant les masques de cire des ancêtres de Livius Drusus étaient exposés là, avec le plus grand soin, ainsi que des statues en pied, elles aussi peintes. Du plafond (décoré de façon à évoquer un ciel étoilé, entre des rangées de fleurs de plâtre doré), très loin là-haut, tombaient des chandeliers d'or et d'argent, d'énormes bougeoirs se dressaient sur le sol — mosaïque colorée évoquant les exploits de Bacchus et des bacchantes.

Drusus ne remarquait plus rien de cette magnificence, à laquelle il était habitué, et qui, de toute façon, ne le passionnait guère; c'étaient son père et son grand-père qui avaient rassemblé toutes ces œuvres d'art.

L'intendant trouva la sœur de Drusus dans la loggia qui s'ouvrait à l'avant de l'atrium. Livia Drusa était seule, comme toujours. La demeure était si grande qu'elle n'aurait même pas pu prétendre avoir besoin d'un peu d'exercice pour sortir se promener dans les rues; et si d'aventure elle avait envie de quoi que ce soit, son frère convoquait simplement plusieurs vendeurs à la maison, leur faisait déballer leurs marchandises dans le jardin-péristyle, et enjoignait à l'intendant de régler sans discuter tout ce qu'elle achèterait. Les filles de Caius Julius César s'étaient aventurées dans tout Rome sous la surveillance de leur mère ou de servantes fidèles; Aurelia ne cessait de rendre visite à ses parents et ses amies; Clitumna et Nicopolis avaient mené, comme toutes leurs pareilles à Rome, une existence totalement libre. Mais Livia Drusa était parfaitement cloîtrée, prisonnière de la richesse et de l'arrogance — victime de sa mère, qui s'était enfuie pour mener la vie qu'elle entendait.

Celle-ci — une Cornelia de la lignée des Scipion — avait quitté la demeure des Livius Drusus alors que sa fille avait dix ans. Le père de celle-ci ne parut pas s'en soucier, et préférait marcher lentement entre les colonnades, à admirer ses chefs-d'œuvre. Livia passa aux mains de toute une série de gouvernantes et de précepteurs qui redoutaient bien trop le pouvoir des Livius Drusus pour vouloir se lier d'amitié avec elle. Livia Drusa voyait à peine son frère aîné, qui avait alors quinze ans. La mère avait emmené avec elle son dernier fils, devenu désormais Mamercus Aemilius Lepidus Livianus; puis, quittant la maison familiale, la jeune fille et son père s'étaient installés dans ce vaste mausolée, où Drusus le censeur devait mourir presque aussitôt. Et Livia Drusa s'y retrouvait perdue, minuscule atome errant au hasard dans un vide insondable, privée de conversation, de compagnie, d'amour.

Elle ignorait à ce point le rire que, lorsqu'elle en entendait les éclats provenant des chambres des servantes en bas, elle se demandait ce que ce pouvait bien être. Le seul monde qu'elle connût, qu'elle aimât, était celui des livres, car rien ni personne ne pouvait l'empêcher de lire et d'écrire. Elle frémit ainsi à la colère d'Achille, aux grandes actions des Grecs et des Troyens, des héros et des simples mortelles qu'ils semblaient toujours chérir davantage que les déesses. La puberté fut pour elle un choc épouvantable — car il ne semblait y avoir personne pour lui dire quoi faire; mais, quand elle l'eut surmonté, sa nature avide et passionnée lui fit découvrir

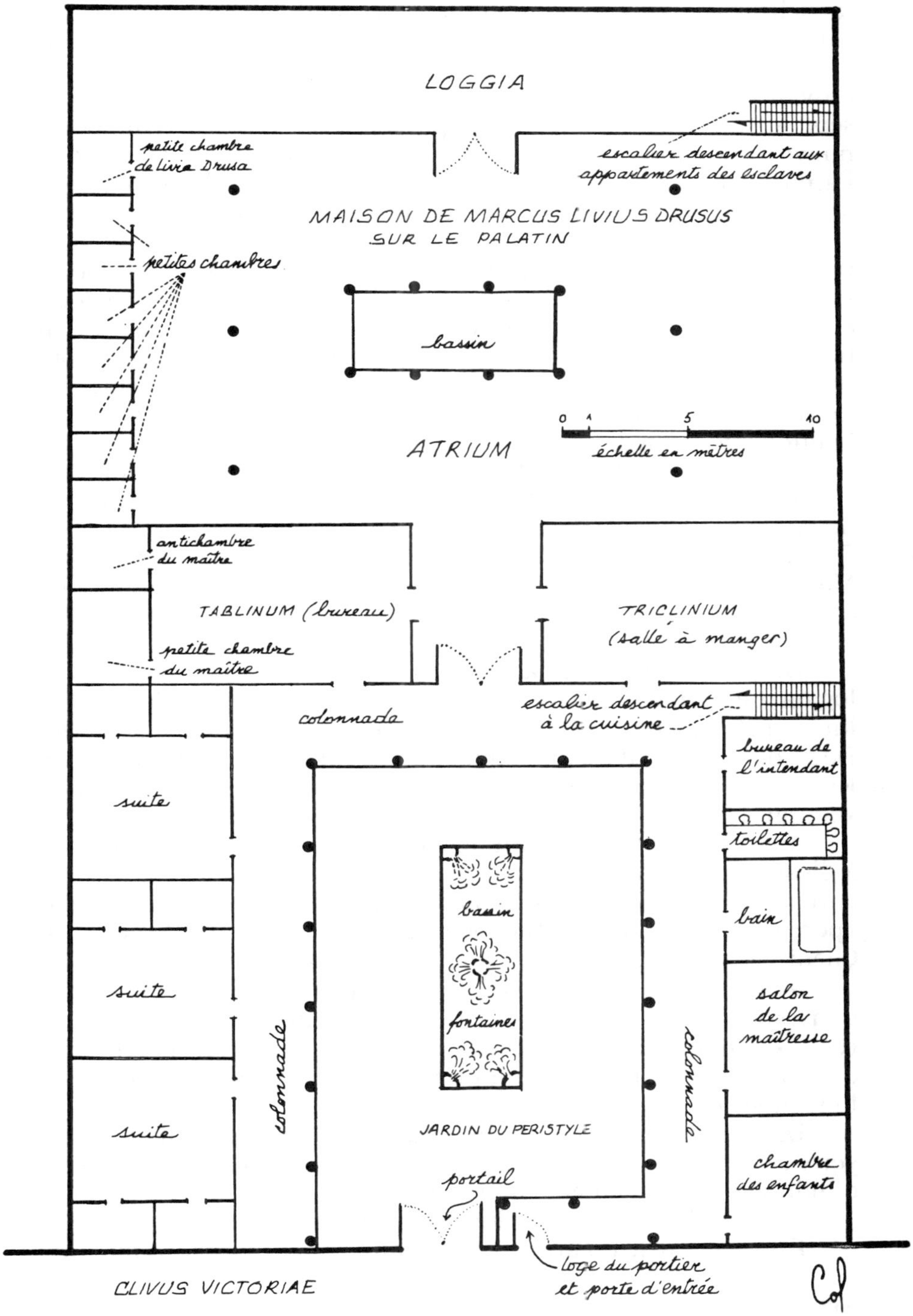

LOGGIA
petite chambre de Livia Drusa
escalier descendant aux appartements des esclaves
MAISON DE MARCUS LIVIUS DRUSUS SUR LE PALATIN
petites chambres
bassin
0 1 5 10
échelle en mètres
ATRIUM
antichambre du maître
TABLINUM (bureau)
TRICLINIUM (salle à manger)
petite chambre du maître
colonnade
escalier descendant à la cuisine
bureau de l'intendant
suite
toilettes
bassin
bain
fontaines
suite
salon de la maîtresse
colonnade
colonnade
suite
JARDIN DU PERISTYLE
chambre des enfants
portail
loge du portier et porte d'entrée
CLIVUS VICTORIAE

la richesse de la poésie amoureuse. Le vieux Sosius, sur l'Argiletum, se contentait de rassembler tous les rouleaux de livres qui lui tombaient sous la main et de les envoyer chez Drusus, à qui il les croyait destinés. Aussi, alors que Livia Drusa venait d'avoir dix-sept ans, se mit-il à lui faire parvenir les œuvres d'un poète nouveau nommé Méléagre, qui chantait aussi bien le plaisir que l'amour. La jeune fille, moins choquée que fascinée, découvrit ainsi la littérature érotique, et s'éveilla aux réalités du sexe.

Ce qui d'ailleurs ne lui fit aucun bien ; car elle n'allait jamais nulle part, et ne voyait personne. Dans une demeure comme la sienne, il était strictement inconcevable de faire des avances à un esclave, ou l'inverse. Il lui arrivait de croiser les camarades de son frère, mais sans même échanger une parole avec eux. A l'exception, bien entendu, du meilleur ami de Drusus, Caepio le jeune. Ce lourdaud court sur pattes, au visage criblé d'acné, lui évoquait les bouffons de comédie.

Son héros favori n'était autre qu'Ulysse ; elle lui avait donné le visage d'un jeune homme qu'elle n'avait aperçu qu'une fois ou deux, dans la loggia de la demeure située en dessous de la leur. C'était celle de Cnaeus Domitius Ahenobarbus, qui avait deux fils. Mais le mystérieux inconnu n'était pas l'un d'eux ; en effet, elle avait eu l'occasion de les rencontrer une fois alors qu'ils rendaient visite à son frère.

Ulysse était roux et gaucher, comme le jeune homme dans la loggia. Ce dernier était très grand, large d'épaules ; le soleil faisait luire sa chevelure, et sa tête au long cou paraissait pleine de fierté. De si loin, elle avait pu distinguer qu'il avait le nez busqué des purs Romains : elle était pourtant certaine qu'il devait avoir de grands yeux gris lumineux, comme ceux d'Ulysse d'Ithaque.

Aussi, quand elle lisait les brûlants poèmes d'amour de Méléagre, prenait-elle le rôle de la jeune fille — ou parfois du garçon — que poursuivait le poète, qui devenait le jeune homme aperçu sur le balcon des Ahenobarbus. S'il lui arrivait de penser à Caepio le jeune, c'était avec une grimace de dégoût.

— Livia Drusa, Marcus Livius veut te voir immédiatement dans son cabinet de travail, dit l'intendant, l'arrachant à son rêve — lequel était, en restant sur la loggia assez longtemps, d'avoir l'occasion de voir apparaître, trente pieds plus bas, l'inconnu aux cheveux roux.

Drusus était assis à son bureau, occupé à lire, mais leva les yeux dès que sa sœur entra dans la pièce. Il avait l'air calme, plein d'indulgence, vaguement préoccupé.

— Assieds-toi, dit-il en lui désignant une chaise.

Elle obéit, et le regarda avec un calme et un manque d'humour égaux aux siens. Elle ne l'avait jamais vu rire, et rarement sourire. Il aurait pu dire la même chose d'elle.

Un peu inquiète, Livia Drusa se rendit compte qu'il la dévisageait avec plus d'attention qu'à l'ordinaire. C'était d'ailleurs une sorte d'examen par procuration, mené pour le compte de Caepio le jeune, ce qu'elle ne pouvait savoir. Oui, se dit-il, elle est très jolie. De petite taille, mais au moins préservée de cette tare familiale: des jambes trop courtes. Un visage ravissant, une poitrine opulente, une taille étroite, des hanches fines; ses mains et ses pieds étaient menus — signe de beauté —, son menton pointu, son front très large, son nez légèrement aquilin, ses yeux très grands et sa bouche minuscule: un vrai bouton de rose. Elle avait une abondante chevelure, aussi noire que ses yeux, ses sourcils et ses cils.

Oui, Livia Drusa était jolie. Pas autant qu'Aurelia, toutefois. Le cœur de Drusus se serra douloureusement, comme chaque fois qu'il pensait à elle. Comme il s'était hâté d'écrire à Quintus Servilius une fois qu'il avait appris son mariage! Cela valait mieux. Il n'y avait rien à reprocher aux parents de la jeune fille, mais, sur le plan de la richesse comme sur celui du statut social, ils n'étaient rien à côté des Servilius. Au demeurant, Drusus avait toujours eu beaucoup de sympathie pour la jeune Servilia Caepionis, et ne voyait aucun inconvénient à en faire sa femme.

— Je t'ai trouvé un époux, dit-il de but en blanc, l'air très content de lui.

De toute évidence, ce fut un choc pour elle, même si elle parvint à garder l'air impassible. Elle se lécha les lèvres et demanda:

— Et qui, Marcus Livius?

— Le meilleur des amis, un garçon merveilleux! s'écria-t-il avec enthousiasme. Quintus Servilius le jeune!

Le visage de Livia Drusa se figea en une expression horrifiée; elle tenta en vain de répondre.

— Que se passe-t-il? demanda son frère, sincèrement perplexe.

— Je ne peux pas, chuchota-t-elle.

— Et pourquoi?

— Il est... répugnant! Repoussant!

— Ne sois pas ridicule!

Elle se mit à secouer la tête avec une véhémence croissante:

— Je ne veux pas, je ne veux pas!

Une pensée horrible traversa Drusus, qui se souvenait toujours de sa mère. Il se leva, contourna le bureau, et, se dressant devant sa sœur, demanda:

— Tu vois quelqu'un?

Elle s'arrêta net et releva la tête pour le contempler d'un air furieux, scandalisée:

— Moi? Et comment pourrais-je, enfermée comme je suis, chaque jour de ma vie? Les seuls hommes que je vois viennent avec toi, et je n'ai même pas l'occasion de parler avec eux! Si tu les invites à dîner, tu me convies rarement. La dernière fois, c'était lorsque tu as reçu cet horrible rustaud de Quintus Servilius le jeune!

— Comment oses-tu! lança-t-il, gagné par la colère; il ne lui était jamais venu à l'idée qu'elle pourrait avoir de son meilleur ami une idée différente de la sienne.

— Je ne l'épouserai pas! Plutôt mourir!

— Retourne dans ta chambre, dit-il d'un air mauvais.

Elle se leva aussitôt.

— Pas dans ton salon, Livia Drusa. Dans ta chambre. Et tu y resteras jusqu'à ce que tu sois redevenue raisonnable.

La jeune fille lui jeta un regard méprisant, puis sortit sans répondre. Il resta immobile, cherchant à dompter sa propre fureur. C'était absurde! Comment osait-elle?

Au bout d'un moment, il s'apaisa un peu. De toute sa vie, personne ne l'avait jamais défié; personne ne l'avait jamais placé dans une position dont il ne voyait pas comment sortir logiquement. Habitué à être obéi, à être traité avec un respect et une déférence que d'ordinaire on ne témoigne pas à quelqu'un d'aussi jeune, il n'avait pas la moindre idée de ce qu'il fallait faire. S'il avait mieux connu sa sœur — et il lui fallait bien convenir qu'il ne la connaissait pas du tout... si son père était encore de ce monde... si sa mère... que faire? Que faire?

La réponse se dessina assez vite: l'amener à composer. Il convoqua aussitôt son intendant.

— Ma sœur m'a offensé, lui dit-il sans trahir la moindre colère. Je lui ai ordonné de rester dans sa chambre. Tu placeras quelqu'un devant sa porte à tout moment. Pour s'occuper d'elle, envoie une femme qu'elle ne connaît pas. Elle ne doit sous aucun prétexte se voir accorder le droit de quitter sa chambre, est-ce clair?

— Parfaitement clair, Marcus Livius, répondit l'homme.

Et c'est ainsi que le duel commença. Livia Drusa se retrouva dans une prison plus petite encore que d'habitude, moins sombre, cependant, que la plupart des chambres à coucher, parce qu'elle était à côté de la loggia, et qu'une grille était fixée dans le mur extérieur. Mais une prison quand même. Quand elle demanda des livres et du papier, cela lui fut refusé. Un espace d'environ trois mètres sur trois, un lit, des plats infects apportés sur un plateau par une femme qu'elle n'avait jamais vue : tel était désormais le lot de la jeune fille.

En attendant, Drusus devait d'abord dissimuler à son meilleur ami les réticences de sa sœur ; il s'y mit sans perdre de temps. Ayant revêtu sa toge, il s'en alla voir Caepio le jeune qui l'accueillit avec un sourire rayonnant.

— Je crois que nous devrions avoir une petite conversation, dit Drusus sans chercher à s'asseoir — sans non plus avoir la moindre idée de ce qu'ils allaient pouvoir se dire.

— Avant, Marcus Livius, va donc voir ma sœur, veux-tu ? Elle est très impatiente.

Cela au moins était bon signe ; elle, au moins, devait avoir accueilli la nouvelle de son mariage, sinon avec joie, du moins avec docilité.

Il la trouva dans son salon ; dès qu'il apparut, elle se leva, et se jeta dans ses bras, ce dont il fut fort gêné.

— Oh, Marcus Livius ! lui dit-elle en le regardant avec une expression radieuse.

Pourquoi diable Aurelia ne l'avait-elle jamais regardé de cette façon ? Mais il repoussa cette idée, et sourit à Servilia Caepionis. Ce n'était pas une beauté et, comme toute sa famille, elle avait les jambes trop courtes. Mais elle avait au moins échappé à cette autre malédiction familiale, l'acné, et avait de très beaux yeux, grands et liquides, sombres et pleins de douceur. Il n'était pas amoureux d'elle, mais il songea qu'il parviendrait à le devenir en temps voulu.

Il l'embrassa donc sur la bouche, et resta assez longtemps avec elle pour échanger quelques phrases.

— Et ta sœur est-elle aussi heureuse que moi ? demanda-t-elle au moment où il allait prendre congé.

— Très heureuse, répondit-il en s'immobilisant, avant d'ajouter, sans réfléchir : Malheureusement, elle n'est pas bien en ce moment.

— Oh, quel dommage ! Dis-lui que, dès qu'elle se sentira en mesure de recevoir des visiteurs, je viendrai la voir. Nous allons être belles-sœurs, mais je voudrais aussi que nous soyons amies.

Cette perspective arracha un sourire à Drusus.

— Merci.

Caepio attendait avec impatience dans le cabinet de travail de son père.

— Je suis ravi, dit Drusus en s'asseyant. Ta sœur est très heureuse.

— Je t'avais dit que tu lui plaisais. Et comment Livia Drusa a-t-elle accueilli la nouvelle ?

Drusus était prêt et décida de mentir du début à la fin:

— Elle est ravie. Malheureusement, elle est maintenant couchée avec la fièvre. Le médecin avait l'air un peu inquiet. Apparemment, il y a des complications, et l'on craint que ce ne soit contagieux.

— Grands dieux! s'écria Caepio le jeune en pâlissant.

— Nous n'avons qu'à attendre, dit Drusus d'un ton apaisant. Tu l'aimes beaucoup, Quintus Servilius, n'est-ce pas?

— Mon père dit que je ne peux pas trouver mieux, et que j'ai un goût parfait. Tu lui as dit que je l'aimais?

— Oui, répondit Drusus avec un petit sourire. Cela fait un an ou deux que ça commence à se voir.

— J'ai reçu une lettre de mon père aujourd'hui, elle m'attendait quand je suis rentré. Il dit que Livia Drusa est aussi riche que noble. Lui aussi l'aime bien!

— Dès qu'elle ira mieux, il faudra que nous dînions ensemble pour parler du mariage. Au début de mai, juste avant que ne commence la période défavorable. Il faut que je m'en aille, Quintus Servilius, poursuivit Drusus en se levant. Je ne veux pas laisser ma sœur trop longtemps seule.

Caepio le jeune et Drusus venaient tous deux d'être élus tribuns des soldats, et devaient se rendre en Gaule Transalpine. Mais leur rang, leur fortune et leurs amitiés politiques avaient joué : alors que Sextus César n'avait même pas obtenu d'être libéré de ses obligations de recruteur pour assister au mariage de son frère, les deux jeunes gens n'avaient pas encore été appelés sous les drapeaux. Après les mariages au début de mai, il serait encore temps pour eux de rattraper l'armée en route pour la Gaule si d'aventure elle s'était déjà mise en marche.

Drusus dicta à toute sa maison ce qu'il faudrait répondre si Caepio le jeune ou sa sœur venaient s'enquérir de la santé de Livia Drusa, et ordonna que celle-ci fût mise au pain et à l'eau. Il la laissa entièrement seule pendant cinq jours, puis la convoqua dans son cabinet de travail.

Elle arriva, clignant les yeux, le pas mal assuré, mal coiffée. Il était évident qu'elle n'avait pas dormi, mais Drusus n'eut pas l'impression qu'elle avait beaucoup pleuré. Ses mains, ainsi que ses lèvres, tremblaient, et elle s'était mordu la lèvre inférieure.

— Assieds-toi, lui dit Drusus d'un ton sec.

Elle s'exécuta.

— Que dis-tu d'épouser Quintus Servilius?

Elle frémit, et son teint perdit le peu qui lui restait de couleur:

— Je ne veux pas.

Il se pencha en avant, mains crispées:

— Livia Drusa, je suis le chef de notre famille. J'ai sur toi pouvoir de vie et de mort absolu. Il se trouve que je t'aime beaucoup. Cela veut dire qu'il m'est très pénible de te faire du mal, et que te voir souffrir me fait souffrir. Mais nous sommes tous deux romains. C'est pour moi ce qui compte avant tout — avant toi et avant tout le reste. Je suis navré qu'il te soit impossible d'aimer mon ami Quintus Servilius. Mais tu l'épouseras ! C'est ton devoir de Romaine de m'obéir. Comme tu le sais, Quintus Servilius est l'époux que notre père te destinait, tout comme le père de Servilia Caepionis me la destine. Pendant un moment, j'ai songé à choisir moi-même mon épouse, mais les événements ont suffisamment montré que mon père — que son ombre soit apaisée — était plus sage que moi. Au demeurant, il nous faut supporter le fâcheux exemple d'une mère qui n'a rien d'une vraie Romaine. A cause d'elle, ta responsabilité est bien plus grande. Rien de ce que tu dis ou fais ne doit laisser croire à quiconque que tu tiens d'elle.

Livia Drusa reprit son souffle, et répéta, d'une voix encore mal assurée :

— Je ne veux pas !

— Il n'est pas question de vouloir ou de ne pas vouloir. Livia Drusa, sais-tu qui tu es ? Tes exigences personnelles passeraient-elles avant l'honneur de ta famille ? Tu ferais mieux de t'y résigner : tu épouseras Quintus Servilius, et personne d'autre. Si tu t'entêtes, tu n'épouseras personne. Et alors, tu ne quitteras plus ta chambre de toute ta vie. Et je parle sérieusement ! Plus de livres, de papier, rien d'autre que du pain et de l'eau, plus de bain, plus de miroir, plus de servantes, plus de draps propres — et si tu essaies de te laisser mourir de faim, je te ferai nourrir de force !

Il claqua des doigts, et l'intendant accourut avec une hâte un peu suspecte, qui laissait penser qu'il écoutait aux portes.

— Conduis ma sœur jusqu'à sa chambre, et ramène-la-moi demain matin à l'aube, avant même d'avoir fait entrer le premier de mes clients.

L'intendant aida Livia Drusa à se remettre debout, glissa une main sous son bras et la conduisit dehors.

— Je veux ta réponse demain ! lança Drusus.

L'homme ne lui dit pas un mot tandis qu'ils traversaient l'atrium ; il la fit rentrer dans sa chambre, fermement mais doucement, puis referma le verrou mis en place sur l'ordre du maître de maison.

Le jour déclinait. Livia Drusa estima qu'il lui restait à peine deux heures avant de sombrer dans le néant obscur d'une nuit d'hiver. Jusque-là, elle n'avait pas pleuré. Le ferme sentiment d'être dans son droit et une brûlante indignation l'avaient soutenue pendant les trois premiers jours ; ensuite, elle s'était réconfortée en se remémorant les hauts faits des héros et des héroïnes de ses lectures. Mais cette fois, alors que les paroles de son frère résonnaient encore dans ses pensées, Livia Drusa mesura la différence entre la littérature et la vie réelle.

Elle s'était également raccrochée à l'idée que, les dieux savaient comment, son héros roux, depuis le balcon des Ahenobarbus, trente pieds plus bas, ayant appris quel était son triste sort, viendrait la délivrer avant de l'emmener dans quelque île enchantée. Il était si grand, si semblable à Ulysse, si courageux !

Mais ce soir, il en allait tout autrement. Ce soir marquait le début d'une détention qui ne connaîtrait ni fin heureuse ni délivrance miraculeuse. Qui savait qu'elle était emprisonnée, à part son frère et leurs serviteurs ? Et qui, parmi ceux-ci, oserait désobéir aux ordres qu'il avait donnés ? Ce n'était pas un homme cruel, mais il avait l'habitude d'être obéi, et, à ses yeux, sa sœur cadette était sa créature, au même titre que ses esclaves, ou que le dernier des chiens de son pavillon de chasse d'Ombrie. Sa parole avait force de loi. Ce qu'elle voulait, dès lors que cette volonté allait à l'encontre des idées de son frère, ne pesait rien et n'avait par conséquent aucune chance d'être pris en compte.

Elle sentit que l'œil gauche la démangeait, puis qu'il en coulait quelque chose de chaud — et Livia Drusa pleura, car elle avait le cœur brisé, des heures durant, prisonnière de l'obstination de son frère, et de son propre refus de le satisfaire.

Mais le lendemain matin, quand l'intendant vint déverrouiller la porte, et jeter la lueur aveuglante de sa lampe dans l'obscurité fétide de sa chambre, elle était assise sur le bord du lit, l'air très calme et les yeux secs. Elle se leva et marcha devant lui, à travers le vaste atrium, jusqu'au cabinet de travail de son frère.

— Eh bien ? demanda Drusus.

— J'épouserai Quintus Servilius.

— Bien. Mais j'en exige plus de toi, Livia Drusa.

— J'ai bien l'intention de te satisfaire en tout, Marcus Livius, dit-elle d'une voix ferme.

— Bien.

Il claqua des doigts et l'intendant survint aussitôt.

— Fais déposer du vin chaud et des gâteaux au miel dans le salon de ma sœur, et dis à sa servante de lui préparer un bain.

— Merci, dit-elle d'une voix sans timbre.

— Livia Drusa, je suis réellement heureux de te rendre heureuse, aussi longtemps que tu te comportes en bonne Romaine, et que tu fais ce qu'on attend de toi. Je compte bien que tu accueilleras Quintus Servilius en jeune femme ravie de se marier. Tu lui feras savoir que tu es heureuse, et tu lui témoigneras une déférence, un respect et un intérêt constants. Et jamais — même dans l'intimité de votre chambre, une fois que vous serez mariés — tu ne lui donneras la moindre occasion de penser qu'il n'est pas l'époux que tu as choisi. Est-ce clair?

— Parfaitement clair, Marcus Livius.

— Viens avec moi.

Il la conduisit dans l'atrium, où le grand rectangle découpé dans le toit commençait à pâlir; il en tombait une lumière perlée plus pure que celle des lampes, et plus lumineuse, bien que moins forte. Dans le mur était aménagé un autel aux dieux domestiques, les Lares et les Pénates, flanqué, des deux côtés, par les temples miniatures, peints de manière raffinée, qui abritaient les *imagines* de tous les hommes célèbres de la famille Livius Drusus, de son père le censeur jusqu'aux premiers de la lignée. Et c'est là que Marcus Livius Drusus fit prononcer à sa sœur un serment à ces terribles dieux romains qui n'avaient ni statues ni mythologie, qui étaient des personnifications de certaines facettes de l'esprit; elle leur jura qu'elle serait pour Quintus Servilius Caepio le jeune une épouse aimante et affectionnée.

Cela fait, il la laissa retourner à son salon, où l'attendaient le vin chaud et les gâteaux au miel. Elle but quelques gorgées du premier et se sentit mieux aussitôt, mais l'idée même de manger la révulsait, aussi repoussa-t-elle les pâtisseries avant d'adresser un sourire à sa servante:

— Je veux mon bain!

Et, l'après-midi même, Quintus Servilius Caepio le jeune et sa sœur Servilia Caepionis vinrent dîner chez Marcus Livius Drusus et sa sœur Livia Drusa, pour discuter de leurs projets de mariage. Prisonnière de son serment, la jeune fille remercia tous les dieux de ne pas appartenir à une famille où l'on souriait souvent; personne ne s'étonna qu'elle gardât un air solennel, car tous faisaient de même. Elle parla à voix basse avec Caepio le jeune, qui sentit peu à peu disparaître ses craintes. Pourquoi diable avait-il cru qu'elle ne l'aimait pas? Sans doute relevait-elle de maladie, mais on ne pouvait s'y tromper: elle accueillit, avec un enthousiasme discret, les plans mirifiques de son frère en vue d'un double mariage au début mai, avant que ne commence la période néfaste, avant que Cnaeus Mallius Maximus ne se mette en marche pour la Gaule Transalpine, à la tête de son armée.

Il y a longtemps que pour moi la période néfaste a commencé, songea Livia Drusa, qui estima plus judicieux de n'en rien dire.

En juin, avant que ne parvienne à Rome la nouvelle de la capture de Jugurtha, et de la fin de la guerre d'Afrique, Publius Rutilius Rufus écrivit à Caius Marius :

> Nous avons passé un bien mauvais hiver, et un printemps marqué par la panique. Les Germains se sont bel et bien mis en route, et vers le sud, de surcroît, entrant dans notre province en suivant le Rhône. Depuis la fin de l'année dernière, nos alliés gaulois, les Eduéens, nous en ont avertis à plusieurs reprises. En avril, ils nous ont envoyé leur première députation, qui nous a appris que les Germains avaient pillé leurs réserves de grains. Cependant, ils prétendaient partir pour l'Ibérie, et ceux des sénateurs qui jugent plus judicieux de minimiser la menace germaine se sont hâtés de le faire savoir.
>
> Fort heureusement, Scaurus n'est pas du nombre, pas plus que Cnaeus Domitius Ahenobarbus. Aussi, peu après que Cnaeus Mallius et moi avons pris nos fonctions de consul, il y a eu de vives demandes en vue de la création d'une nouvelle armée, et Cnaeus Mallius a reçu la consigne de former six légions.

Rutilius Rufus se raidit, presque comme si son correspondant était présent en chair et en os dans la pièce et qu'il lui faille affronter une longue tirade mariusienne.

> Garde ton calme, Caius Marius, et laisse-moi me défendre avant de sauter à pieds joints sur ma pauvre tête. Je sais que, de droit, j'aurais dû me voir confier le soin de recruter et de commander cette armée; j'en suis conscient. Je suis arrivé premier aux élections consulaires et j'ai une longue carrière de soldat ; au demeurant, je connais une certaine notoriété parce que mon manuel militaire vient d'être publié. Et mon collègue Cnaeus Mallius est en ce domaine presque dépourvu d'expérience.
>
> Mais tout ce qui est arrivé est presque ta faute ! Oui, ta faute... Tout le monde sait quels sont nos liens d'amitié, et je crois que tes adversaires du Sénat préféreraient périr sous des hordes de Germains que de te favoriser en quoi que ce soit. Metellus Numidicus le Porcelet s'est chargé de démontrer que j'étais bien trop vieux pour commander une armée, et que mes indéniables talents seraient infiniment mieux employés si je me contentais de gouverner Rome. Tous les autres l'ont suivi, comme ces moutons qui marchent de confiance derrière celui qui les mènera à l'abattoir, et ils ont passé les décrets nécessaires. Pourquoi ne pas m'être opposé à cette manœuvre ?

Simplement parce que je ne suis pas ... Caius Marius! Je n'ai pas cette haine destructrice que tu éprouves pour eux, ni ta phénoménale énergie. Je me suis contenté d'insister pour que Cnaeus Mallius soit entouré de légats de valeur et expérimentés ; sur ce point au moins, j'ai été entendu. Il sera ainsi soutenu par Marcus Aurelius Scaurus — j'ai bien dit Aurelius, et non Aemilius. Il n'a qu'un *cognomen* de commun avec l'estimé chef de notre assemblée, mais ses capacités militaires semblent considérablement supérieures. Je l'espère, du moins, pour le salut de Rome comme pour celui de Cnaeus Mallius!

Tout bien pesé, ce dernier s'en est plutôt bien sorti. Il a choisi de recruter son armée parmi les *capite censi*, en tirant argument des victoires de ton armée africaine. Fin avril, lorsque nous avons su que les Germains avaient envahi notre province gauloise, il avait déjà recruté six légions, toutes romaines ou latines. La délégation des Eduéens nous a bientôt permis de disposer d'estimations précises quant au nombre des Germains. Nous avons ainsi découvert que ceux qui ont tué Lucius Cassius en Aquitaine étaient près de deux cent cinquante mille, ce qui ne représente que le tiers du total! En effet, selon les Eduéens, ce sont près de huit cent mille guerriers germains, avec femmes et enfants, qui se dirigent vers les côtes gauloises de la Méditerranée!

Le Sénat a donné à Cnaeus Mallius le pouvoir de lever quatre légions supplémentaires, soit dix en tout, et cinq mille cavaliers. Pendant ce délai rendu nécessaire par ce nouveau recrutement, la nouvelle de l'invasion germaine s'est répandue dans toute l'Italie, en dépit de tous nos efforts. Et nous sommes très, très inquiets, d'autant plus que jusqu'à présent nous n'avons jamais remporté la moindre victoire contre les Germains. Aujourd'hui, l'Italie tout entière a peur! Et je ne saurais l'en blâmer!

C'est sans doute à cause de cela que plusieurs de nos alliés italiques, rompant avec la politique qu'ils suivaient depuis plusieurs années, ont contribué volontairement aux levées de troupes. Tu t'imagines donc que nos Pères Conscrits sont très contents d'eux-mêmes: sur les quatre légions supplémentaires, trois seront entretenues par les alliés!

Cependant, nous sommes à court de centurions, ce qui signifie que la plus grosse part des troupes récemment recrutées n'a pas encore suivi le moindre entraînement militaire. Le légat Aurelius a suggéré à Cnaeus Mallius de répartir de façon égale les centurions expérimentés parmi les sept légions levées chez les prolétaires.

Pour être tout à fait franc, je redoute le pire. Cnaeus n'est pas un mauvais bougre, mais je ne le crois pas capable de mener la guerre contre les Germains. Il l'a d'ailleurs dit lui-même, quand, fin mai, au Sénat, il s'est levé pour annoncer qu'il ne pouvait garantir que tous ses hommes sauraient quoi faire une fois sur le champ de bataille!

Et qu'a dit le Sénat? Il a transmis à Quintus Caepio et à ses troupes, stationnées à Narbo, l'ordre de franchir le Rhône, et de se joindre à l'armée de Cnaeus Mallius quand celle-ci arriverait. Le message est parti par courrier à cheval, et il est arrivé moins de deux semaines plus tard. Et Quintus Servilius a répondu sur-le-champ: nous avons reçu sa lettre hier.

Bien entendu, les ordres du Sénat spécifiaient que Quintus Caepio devait se soumettre, avec ses troupes, à l'*imperium* du consul de l'année. Rien que de très normal. Mais cela ne lui plaît guère! Comment le Sénat peut-il sérieusement croire que lui, patricien de la lignée des Servilius, descendant direct de Caius Servilius Ahala, le sauveur de Rome, devienne le subordonné d'un parvenu, un Homme Nouveau qui n'a même pas de masques de cire de ses ancêtres, et qui n'est arrivé au consulat que parce que personne de plus prestigieux n'a jugé bon de se présenter? Il y a consuls et consuls — je te jure que ce sont là ses propres mots. Cette année, Rome n'a à offrir qu'un noblaillon désargenté (moi) et un parvenu présomptueux (Cnaeus Mallius). En guise de conclusion Quintus Caepio nous informe qu'il se met en marche sur l'heure, mais que, le temps qu'il arrive sur le Rhône, il espère bien recevoir un courrier sénatorial lui annonçant qu'il est, lui, commandant en chef des armées romaines. Avec Cnaeus Mallius comme subordonné, il se dit convaincu que tout ira pour le mieux.

Rutilius Rufus posa son *calamus* en soupirant, et se massa les doigts, fronçant les sourcils tout en regardant dans le vague. Il se mit à battre des paupières, sa tête pencha en avant, et il s'assoupit. Puis il s'éveilla en sursaut et reprit sa lettre.

Cette lettre est très longue, je le sais, mais personne ne te fera un récit aussi fidèle de ce qui s'est passé, et il faut que tu saches tout. La lettre de Quintus Caepio était adressée à Scaurus, plutôt qu'à moi, et tu connais notre cher Marcus Aemilius Scaurus! Il l'a lue devant l'assemblée en paraissant beaucoup s'amuser; il y a eu des visages tout rouges, des poings qui se levaient, et un accrochage entre Cnaeus Mallius et Metellus Porcelet, ce qui fait que j'ai dû appeler les licteurs — ce qui n'a pas plu à Scaurus. Oh, quelle journée!

Tout cela a eu pour conséquence qu'il y aura bel et bien un courrier attendant Quintus Caepio sur les rives du Rhône, mais les ordres seront les mêmes que précédemment. Il doit devenir le subordonné officiel du consul de l'année, Cnaeus Mallius Maximus.

En tout cas, j'ai l'impression d'être un cheval de guerre qu'on a mis à brouter, je brûle d'envie d'être à la place de Cnaeus Mallius, et au lieu de cela je me vois accablé de décisions mémorables telles que celle de faire chauler les greniers à blé de l'État cette année. Pourras-tu croire que le Sénat en a discuté pendant huit jours, alors que Rome ne parle que des Germains ?

J'ai toutefois une idée que j'entends bien mettre en œuvre, que nous connaissions la victoire ou la défaite en Gaule. Je vais recruter des instructeurs parmi les écoles de gladiateurs. Capoue en est pleine, et des meilleures ! Ce qui t'indique également que je compte continuer à recruter parmi les *capite censi*.

Bien entendu, je te tiendrai informé. Comment se passent les choses au pays des lotophages, des sirènes et des îles enchantées ? As-tu enfin réussi à capturer Jugurtha ? Cela ne peut plus tarder, il me semble. Metellus Numidicus Porcelet est bien dans l'embarras, ces jours-ci. Il ne sait qui détester davantage, Cnaeus Mallius ou toi. Bien entendu, il a fait un magnifique discours pour que le commandement suprême soit accordé à Quintus Servilius. J'ai eu beaucoup de plaisir à saboter son offensive en soulevant quelques points de procédure épineux.

Grands dieux, Caius Marius, ils m'épuisent ! Ils trompettent les hauts faits de leurs ancêtres alors que Rome a besoin d'un génie militaire ! Hâte-toi de rentrer ! Nous avons besoin de toi, car je ne suis pas en mesure, à moi tout seul, de combattre le Sénat.

Il y avait un post-scriptum :

A propos, il s'est passé des événements un peu particuliers en Campanie. Je ne vois pas leur origine, mais je ne les aime guère. Début mai, il y a eu une révolte d'esclaves à Nuceria. Rien de grave, elle a été réprimée aussitôt, et une trentaine de pauvres créatures venues du monde entier ont été mises à mort. Et puis voilà trois jours, il s'en est produit une seconde, cette fois près de Capoue, dans un camp où étaient rassemblés des esclaves attendant preneur pour travailler sur les quais, ou dans les mines et les carrières. Ils étaient environ deux cent cinquante. Il y a plusieurs cohortes stationnées aux environs de la ville, et la rébellion a été immédiatement écrasée: cinquante insurgés ont été tués dans les combats, et les autres ont été exécutés ensuite. Mais je n'aime pas cela, Caius Marius. C'est un mauvais présage. Les dieux sont contre nous en ce moment, je le sens.

Il y avait un second post-scriptum:

De tristes nouvelles me parviennent à l'instant même. Caius Julius César, ton beau-père bien-aimé, est mort cet après-midi. Comme tu le savais déjà, il souffrait depuis un certain temps d'une tumeur maligne dans la gorge. Et aujourd'hui, il s'est jeté sur son épée. C'était la plus noble issue, je pense que tu en conviendras avec moi. A quoi bon être un fardeau pour ceux qu'on aime, surtout quand on se voit arracher sa propre dignité? Je crois que Caius Julius s'y serait pris plus tôt s'il ne s'était inquiété de son fils cadet, lequel, comme tu le sais sans doute, s'est marié récemment. J'avais rendu visite à Caius Julius il y a deux jours à peine, et il avait réussi à me dire que tous les doutes qu'il avait eus sur Aurelia s'étaient dissipés: c'était la compagne idéale pour son fils. *Ave atque vale*, Caius Julius César.

Fin juin, le consul Cnaeus Mallius Maximus se mit en route vers le nord-ouest, accompagné de ses deux fils, et des vingt-quatre tribuns des soldats élus pour cette année-là — ils avaient été répartis dans sept de ses dix légions. Sextus Julius César, Marcus Livius Drusus et Quintus Servilius Caepio le jeune faisaient partie du convoi, comme Quintus Sertorius, tribun militaire. Des trois légions italiques, celle envoyée par les Marses était la meilleure et la mieux entraînée; elle était commandée par un aristocrate marse de vingt-trois ans nommé Quintus Poppaedius Silo — sous la surveillance d'un légat romain, s'entend.

Mallius Maximus voulant emporter assez de grain pour nourrir ses troupes trois mois durant, le train de bagages était énorme, et la marche horriblement lente; au bout de quinze jours, ils n'avaient toujours pas atteint l'Adriatique à Fanum Fortunae. Le légat Aurelius, s'exprimant sans détour, tenta de convaincre le consul de confier le train de bagages aux soins d'une seule légion, et de partir en avant avec les neuf autres, la cavalerie et une intendance réduite. Il avait été très difficile de faire admettre à Cnaeus Mallius que ses soldats ne risquaient pas de mourir de faim le temps qu'ils atteignent le Rhône, et que tôt ou tard le reste des vivres arriverait.

Ayant à parcourir un trajet beaucoup moins long, et sur terrain plat, Quintus Servilius Caepio fut là bien avant son collègue. Il n'avait emmené que sept légions avec lui — la huitième ayant été dépêchée en Ibérie Citérieure —, et aucune cavalerie : il l'avait dissoute l'année précédente, y voyant une dépense inutile. En dépit des ordres du Sénat, et des objurgations des légats, Quintus Servilius avait de surcroît refusé de quitter Narbo tant que ne lui serait pas parvenu de Smyrne un message qu'il attendait. Il était de mauvaise humeur et ne cessait de se plaindre. Mais, finalement, il lui fallut bien se mettre en marche sans avoir reçu de nouvelles instructions du Sénat, et laisser à Narbo des ordres selon lesquels elles devaient lui être transmises sans retard.

A Nemausus, petite ville commerçante située à l'ouest des grands marais salants qui entourent le delta du Rhône, le courrier du Sénat lui parvint enfin. Il ne lui était jamais venu à l'idée que les Pères Conscrits pourraient rester insensibles à ses arguments. Aussi, quand, ouvrant le cylindre, il prit connaissance de leur bref message, il fut scandalisé. Impossible ! Intolérable ! Lui, un patricien de la lignée des Servilius, courber la tête devant Mallius Maximus, l'Homme Nouveau ? Jamais !

Les Romains avaient appris par leurs espions que les Germains se dirigeaient désormais vers le sud ; ils traversaient le territoire des Allobroges, Gaulois qui détestaient passionnément les Romains, et se retrouvaient ainsi pris en tenaille entre deux ennemis. Et ils n'avaient aucune intention de céder des terres à des arrivants bien plus nombreux qu'eux-mêmes. De surcroît, ils vivaient assez près des Eduéens et des Ambarres pour savoir ce que leur avait valu l'invasion germaine. Aussi les Allobroges se retirèrent-ils dans leurs Alpes, pour harceler les envahisseurs autant qu'ils le pourraient.

Les Germains envahirent la Gaule Transalpine romaine fin juin, au nord du petit comptoir commercial de Vienne, et s'avancèrent sans rencontrer de résistance. Plus de sept cent cinquante mille hommes longèrent la rive est du grand fleuve, car la plaine y était plus large et plus sûre, moins exposée aux raids des tribus du centre de la Gaule.

Apprenant cela, Caepio quitta délibérément la Via Domitia à Nemausus, et, au lieu de franchir les marais par la route édifiée par Ahenobarbus, fit marcher son armée vers le nord, empruntant la rive ouest, de façon à laisser le Rhône entre les Germains et lui. On était au milieu de Sextilis.

Il avait envoyé à Rome un courrier destiné à Scaurus, dans

lequel il déclarait qu'il n'obéirait pas aux ordres de Mallius Maximus, et que la discussion à ce sujet était close.

Sur la rive est du Rhône, à une quinzaine de lieues au nord de l'endroit où la Via Domitia traversait le fleuve, se trouvait un comptoir commercial romain d'une certaine importance, que l'on appelait Arausio. C'est près de là que Caepio fit dresser le camp pour ses quarante mille fantassins et ses quinze mille non-combattants, sur la rive ouest. Et il attendit que Mallius Maximus fasse son apparition, mais aussi que le Sénat réponde à sa dernière missive.

Mallius Maximus arriva avant celle-ci, à la fin de Sextilis. Il installa son infanterie — cinquante-cinq mille hommes — et ses trente mille non-combattants dans un camp lourdement fortifié, tout au bord de la rivière, à deux lieues d'Arausio, de façon que le fleuve lui serve à la fois de défense naturelle et de source d'eau potable.

Le terrain qui se trouvait juste au nord du camp était idéal pour livrer bataille, se dit Mallius Maximus, pour qui le Rhône était sa protection la plus sûre. Ce fut là sa première erreur. La deuxième fut d'envoyer ses cinq mille cavaliers en avant-garde, à une dizaine de lieues plus au nord. Et la troisième fut de charger Aurelius de les commander. C'était le meilleur de ses légats, et il se privait ainsi de ses conseils. Mais toutes ses fautes de jugement s'expliquaient par des considérations de haute stratégie : il entendait utiliser les cavaliers d'Aurelius comme un frein à l'avancée germaine — non en livrant bataille, mais en montrant à l'ennemi que les Romains étaient prêts à résister. Car Mallius Maximus voulait intimider l'adversaire, non se battre, dans l'espoir de le repousser vers le centre de la Gaule. Chaque fois qu'il y avait eu affrontement, il avait été imposé par les Romains, et seulement après que leurs adversaires avaient laissé voir qu'ils étaient prêts à se retirer pacifiquement. Mallius Maximus avait donc de grands espoirs, qui n'étaient pas sans fondements.

Toutefois, il lui fallait d'abord ramener Caepio sur la rive est du fleuve. Encore furieux de la lettre insultante que Scaurus avait lue en plein Sénat, Mallius Maximus dicta un bref message, très sec, adressé à Quintus Servilius : qu'il vienne s'installer ici, avec son armée, dans le camp, et sur l'heure. La missive fut transportée par une petite embarcation.

Caepio lui répondit sur le même ton. Patricien de la lignée des Servilius, jamais il n'obéirait aux ordres d'un négociant parvenu, et il entendait rester là où il était.

Il s'ensuivit un échange de lettres de plus en plus comminatoires et ce jusque vers le milieu de septembre, quand arrivèrent de Rome six sénateurs encore épuisés par la hâte et l'inconfort du voyage. Rutilius Rufus avait réclamé l'envoi de cette ambassade, mais Scaurus et Metellus Numidicus lui avaient ôté tout prestige en veillant à ce qu'elle ne comptât aucun sénateur ou ancien consul disposant d'une véritable influence politique. Le plus considérable des six envoyés, simple préteur de bonne noblesse, n'était autre que le beau-frère de Rutilius Rufus : Marcus Aurelius Cotta. En quelques heures à peine, il comprit la gravité de la situation.

Il se mit au travail avec une énergie et une passion qui ne lui étaient pas coutumières, et s'en alla voir Caepio. Celui-ci se montra intraitable. Une visite au camp de cavalerie, au nord, l'impressionna grandement : Aurelius l'emmena jusqu'à une colline, d'où il put apercevoir au loin les premiers détachements germains.

— Tu devrais être au camp de Cnaeus Mallius, dit Cotta à Aurelius, tout pâle.

— Si nous avions cherché l'affrontement, oui, répondit l'autre, toujours aussi calme. Cnaeus Mallius pense que nous pouvons répéter nos premiers succès, qui ont toujours été diplomatiques. Les Germains ne combattaient que si nous les y poussions. Je n'ai aucune intention de tenter quoi que ce soit — et je suppose qu'eux non plus. J'ai avec moi des interprètes très compétents, et je leur ai expliqué de manière très détaillée ce que je veux pour quand les chefs germains viendront négocier. Car ils viendront négocier, j'en suis sûr, dès qu'ils sauront qu'une énorme armée romaine les attend dans la vallée.

— Mais ne crois-tu pas qu'ils le savent déjà ?

— J'en doute. Ils ne se déplacent pas de façon très cohérente, et ils n'utilisent pas d'éclaireurs. Ils avancent droit devant eux, c'est tout, et ils prennent les choses comme elles viennent !

Cotta fit faire demi-tour à son cheval.

— Je dois retourner auprès de Cnaeus Mallius le plus tôt possible. Il faut absolument que nous parvenions à faire traverser le fleuve à cet âne bâté de Caepio !

— C'est le bon sens même ! Cependant, Marcus Aurelius, si c'était possible, j'aimerais que tu reviennes ici dès que tu recevras un mot de moi t'avertissant qu'une délégation germaine est venue négocier. Les Germains seront très impressionnés de voir que le Sénat leur a envoyé six représentants depuis Rome, rien que pour discuter avec eux !

Il sourit.

— Il ne faudra pas leur révéler qu'en fait c'était pour s'occuper de nos imbéciles de généraux !

Quintus Servilius Caepio paraissait de bien meilleure humeur le lendemain, quand Cotta, ayant traversé le Rhône en barque, vint le voir.

— Pourquoi donc cette soudaine allégresse, Quintus Servilius? demanda-t-il, perplexe.

— Je viens de recevoir de Smyrne une lettre que j'attendais depuis des mois.

Cependant, il changea immédiatement de sujet de conversation et alla droit au fait:

— C'est entendu, je passerai sur l'autre rive dès demain!

Il désigna un point sur la carte, du bout d'une baguette d'ivoire surmontée d'un aigle doré, qu'il avait emportée pour faire étalage de la puissance de son *imperium*; mais il n'était toujours pas question de rencontre avec Cnaeus Mallius Maximus en personne.

— Ne serait-il pas plus prudent de traverser au sud d'Arausio?

— Certainement pas! Passer plus au nord me rapproche des Germains.

Fidèle à sa parole, il se mit en route à l'aube, et marcha, en direction du nord, jusqu'à un gué à huit lieues au-dessus du camp de Mallius Maximus, à proximité de l'endroit où Aurelius campait avec sa cavalerie.

Cotta et ses cinq collègues étaient partis à cheval dans la même direction, dans l'intention d'être présents dans le camp d'Aurelius quand les chefs germains viendraient négocier. En chemin, ils rencontrèrent Caepio sur la rive est, alors que le gros de son armée franchissait le fleuve. Le spectacle les atterra: de toute évidence, Quintus Servilius comptait bien faire dresser le camp sur les lieux mêmes.

— Tu ne peux pas rester ici! s'écria Cotta.

— Et pourquoi pas? demanda Caepio en levant les sourcils.

— Parce qu'il y a déjà, au sud, un camp comme celui-là, et qu'il est assez grand pour accueillir tes troupes! C'est là que tu dois être, Quintus Servilius, et pas ici, trop loin d'Aurelius ou de Cnaeus Mallius pour que chacun soit utile aux autres! Je t'en supplie! Dresse ici un camp de marche ordinaire pour ce soir, puis dirige-toi vers le sud dès demain matin.

— J'ai dit que je franchirais le fleuve, je n'ai pas dit ce que je comptais faire ensuite. Je dispose de sept légions parfaitement entraînées et composées de soldats aguerris, des petits propriétaires, des vrais soldats romains, eux! Crois-tu sérieusement que je consentirais à partager le même campement que la lie de Rome et de la campagne romaine, des ouvriers et des paysans qui ne savent ni lire ni écrire? Plutôt mourir, Marcus Aurelius!

— C'est pourtant bien ce qui pourrait advenir, répondit Cotta d'un ton sec.

— Pas mon armée, pas moi. Je suis beaucoup plus au nord que Cnaeus Mallius et sa racaille, ce qui veut dire que je rencontrerai les Germains le premier. Et je les vaincrai, Marcus Cotta! Un million de barbares ne pourraient venir à bout de sept légions de vrais soldats romains! Laisser à un parvenu comme Mallius la moindre parcelle de gloire? Non! Quintus Servilius Caepio aura droit à son second triomphe dans les rues de Rome! Et Mallius devra se contenter de regarder!

Se penchant sur sa selle, Cotta tendit la main et saisit le bras de Caepio.

— Quintus Servilius, dit-il avec une gravité et une passion comme jamais il n'en avait éprouvé de sa vie, je t'en supplie, *joins tes forces à celles de Cnaeus Mallius*! Qu'est-ce qui compte le plus pour toi : la victoire de Rome, ou celle de la noblesse? Ce n'est pas une petite guerre aux frontières contre quelques Scordisques, ni une campagne en Lusitanie! Nous allons avoir besoin de la plus grosse armée que nous ayons jamais mise sur pied, et tu y joues un rôle vital! Les hommes de Cnaeus Mallius n'ont pas l'expérience des tiens. Ta présence parmi eux leur donnera un exemple à suivre. Car, je te le dis, il y aura bataille cette fois-ci! Je le sais! Rome tout entière est en jeu, Quintus Servilius, et pas seulement sa noblesse! Tu tiens entre tes mains l'avenir de la ville et de ta propre classe. Pour l'une comme pour l'autre, fais donc ce qu'il faut! Marche demain jusqu'au camp de Cnaeus Mallius!

Caepio piqua des deux et s'éloigna, échappant à Cotta.

— Je reste ici!

Aussi Cotta et ses cinq compagnons repartirent-ils vers le camp de cavalerie, tandis que Caepio faisait dresser un camp identique à celui de Mallius Maximus, mais un peu plus petit, en bord même du fleuve.

Les sénateurs arrivèrent à temps, car les négociateurs germains firent leur apparition peu après l'aube. Ils étaient une cinquantaine, avaient tous entre quarante et soixante ans. Cotta les contempla, effrayé: aucun d'eux ne faisait moins de six pieds de haut. Ils chevauchaient à cru d'énormes bêtes au poil hirsute, à qui leur crinière tombait dans les yeux.

— On dirait des éléphants de guerre! souffla Cotta.

— Il n'y en a pas tant que ça, répondit Aurelius. La plupart d'entre eux montent des chevaux gaulois tout à fait ordinaires.

— Regarde ce jeune homme! s'écria Cotta, qui venait d'apercevoir un guerrier, âgé d'une trentaine d'années, sautant à bas de sa monture. L'homme, dont toute la pose exprimait une énorme confiance en soi, resta là, à regarder autour de lui comme si rien ne lui paraissait digne d'intérêt.

— Le bouillant Achille! répondit Aurelius, guère impressionné.

— Je croyais que les Germains allaient nus, à l'exception d'une cape, dit Cotta en apercevant des culottes de cuir.

— Il paraît que c'est ce qu'ils font en Germanie, mais, d'après ce que nous avons pu voir des Germains jusqu'ici, ils portent des culottes, comme les Gaulois.

Mais tous les émissaires étaient torse nu, et nombres d'entre eux arboraient de lourds bijoux d'or, métal que leur peuple semblait employer partout — pectoraux, ornements de casque ou de fourreau, ceintures, boucles, bracelets, colliers. Cotta fut fasciné par leurs casques, sans visière, en forme de marmite, souvent ornés de cornes ou d'ailes, ou dessinés de façon à évoquer des serpents ou des dragons.

Tous étaient glabres; leur chevelure, uniformément blonde, leur tombait sur les épaules; ils étaient peu velus. D'une manière générale, ils avaient la peau moins rose que les Celtes : plus proche de l'or pâle. Leurs yeux étaient bleu clair, sans trace de vert ou de brun. Même les plus avancés en âge étaient à l'évidence dans une forme physique exceptionnelle — les Romains ignoraient encore que les Germains mettaient à mort tous ceux qui se laissaient aller.

Les pourparlers furent menés par l'intermédiaire des interprètes d'Aurelius — pour l'essentiel des Eduéens et des Ambarres — bien que deux ou trois d'entre eux aient été des Germains capturés par Carbo avant sa défaite. Les émissaires germains expliquèrent qu'ils voulaient traverser pacifiquement la Gaule Transalpine, pour se rendre en Ibérie. Aurelius mena lui-même la première partie des pourparlers.

Pétrifié, Cotta suivait la scène, plus terrifié qu'il n'aurait jamais pu penser l'être. Très vite il eut l'intuition que le destin même de Rome se jouait en sa présence, et les envoyés germains, les thanes, devaient, au cours des mois suivants, hanter plus d'une fois ses cauchemars. Selon les renseignements dont ils disposaient, les Romains estimaient à plus de sept cent cinquante mille le nombre des envahisseurs; sur cet effectif, ils pourraient avoir à affronter quelque trois cent mille guerriers. Comme tous les hommes de son rang, Cotta avait déjà vu bien des barbares, des Scordisques aux Iapydes et aux Carpétans — mais jamais comme ceux-là. Pire, ils annonçaient le destin de Rome parce que Rome, incapable d'apaiser de basses rivalités entre classes sociales, ne les prenait pas suffisamment au sérieux ; comment la cité pouvait-elle espérer vaincre quand ses deux généraux refusaient de collaborer l'un avec l'autre? Si seulement Caepio et Cnaeus Mallius acceptaient de travailler ensemble, Rome pourrait aligner près de cent mille hommes, ce qui donnerait un rapport numérique à peu près favorable, du moment que le moral des troupes était bon, leur formation achevée et leurs chefs compétents.

Aurelius suspendit bientôt les pourparlers, et chaque délégation se retira pour conférer.

— Nous avons au moins appris quelque chose ! dit le légat aux six sénateurs. Ils ne se donnent pas le nom de Germains. Ils disent appartenir à trois peuples différents, les Teutons, les Cimbres, et un troisième groupe assez bigarré qui s'est mêlé à eux, composé de tribus telles que les Marcomans ou les Chérusques — qui, me dit mon interprète, sont plus celtes que germains.

— D'où viennent-ils ?

— Ils ne savent pas. Ils errent depuis de nombreuses années. Une génération, peut-être. Le jeune coq qui ressemblait à un Achille barbare devait être un enfant, quand sa tribu, les Cimbres, s'est mise en route.

— Ils ont un roi ? demanda Cotta.

— Non, un conseil des chefs de tribu, dont vous avez ici les plus importants. Le jeune homme en question y gagne rapidement de l'influence, et ses partisans commencent à dire de lui qu'il est un roi. Il s'appelle Boiorix, et c'est de loin le plus redoutable. Quémander notre permission pour aller dans le sud ne l'intéresse pas vraiment ; il est convaincu que la raison du plus fort est la meilleure, et il est résolu à marcher quoi qu'il arrive.

— Il est dangereux, c'est l'évidence, intervint Cotta. Quel est cet homme là-bas ?

Il désigna discrètement un guerrier d'une quarantaine d'années, qui arborait un pectoral étincelant, et plusieurs livres de bijoux d'or.

— C'est Teutobod, le chef des Teutons. Lui aussi commence à acquérir la stature d'un roi. Il a les mêmes idées que Boiorix sur ce qu'il convient de faire. Je n'aime pas cela. Deux de mes interprètes, capturés du temps de Carbo, disent qu'alors l'ambiance était différente : ils ont pris confiance en eux, et nous méprisent. Jusqu'à présent, ils l'ont toujours emporté. Boiorix et Teutobod affirment désormais qu'il n'y a aucune raison de nous craindre parce que nous sommes mieux armés et mieux entraînés. Tous les deux veulent la guerre. Si Rome n'est plus sur leur chemin, ils pourront errer où ils voudront, et s'installer là où bon leur semblera.

Les pourparlers reprirent, mais cette fois Aurelius mit en avant ses six hôtes, tous revêtus de leur toge blanche, escortés de douze licteurs en tunique écarlate et portant les *fasces*. Bien entendu, les Germains les avaient déjà repérés, mais maintenant qu'ils savaient à qui ils s'adressaient, ils contemplèrent cette ambassade avec incrédulité. Voilà donc à quoi ressemblaient les Romains ? Cotta était le seul à porter la toge prétexte bordée de pourpre du magistrat curule ; ce fut à lui que furent adressées des harangues gutturales, strictement incompréhensibles.

Il sut se montrer à la hauteur de la situation, calme, hautain, distant, sans jamais élever la voix. Les Germains ne semblaient pas gênés de rougir de colère, de projeter force postillons sur leurs interlocuteurs, de taper du poing; et il ne faisait aucun doute que l'implacable calme des Romains les laissait perplexes.

Du début à la fin, la réponse de Cotta fut la même : non. Non, ils ne pouvaient aller vers le sud; non, les Germains ne pouvaient avoir le droit de traverser un territoire romain; non, l'Ibérie leur était interdite, sauf s'ils comptaient se fixer en Lusitanie ou en Cantabrique, car le reste de la péninsule était romain.

Le crépuscule cédait la place à la nuit quand les cinquante émissaires germains remontèrent sur leurs chevaux. Boiorix et Teutobod furent parmi les derniers à partir. Le jeune homme gardait la tête tournée en arrière, comme pour regarder les Romains aussi longtemps qu'il le pourrait, et il n'y avait dans ses yeux ni sympathie ni admiration. Aurelius a raison, c'est Achille, songea Cotta.

Deux heures plus tard, alors que la pleine lune s'était levée, lui et ses cinq collègues, débarrassés de leurs toges, dînèrent en silence à la table d'Aurelius, puis voulurent repartir à cheval vers le sud.

— Attendez demain! supplia le légat. Nous ne sommes pas en Italie, il n'y a pas de voies romaines, et vous ne connaissez pas les lieux. Quelques heures de plus n'y changeront rien.

— Non, je veux être à l'aube au camp de Quintus Servilius, répondit Cotta, pour essayer une fois de plus de le convaincre de rejoindre Cnaeus Mallius. Je lui ferai part de ce qui s'est dit ici aujourd'hui. Mais qu'importe ce que Quintus Servilius décidera, j'irai trouver demain Cnaeus Mallius, et je ne prendrai pas de repos avant de l'avoir vu.

Ils se serrèrent la main. Puis Cotta et les cinq sénateurs, escortés par leurs licteurs et leurs serviteurs, s'éloignèrent tandis que la silhouette d'Aurelius, bras levé en signe d'adieu, se découpait sur les feux de camp.

Un homme courageux, pensa Cotta, l'incarnation même du Romain; je ne le reverrai plus.

Caepio ne voulut rien entendre:

— Où je suis, je reste! se contenta-t-il de répondre.

Cotta repartit, résolu à retrouver Cnaeus Mallius avant midi au plus tard.

Au même moment, ou presque, les Germains se mettaient en branle. On était le 2 octobre; le temps restait au beau. Quand les premiers rangs de l'énorme masse humaine parvinrent à hauteur des murs défendant le camp d'Aurelius, ils les submergèrent, tout simplement. Le légat n'eut pas le temps de comprendre ce qui se passait : il était persuadé qu'il aurait le temps d'ordonner à ses escadrons de monter en selle, les fortifications devant tenir suffisamment longtemps pour permettre à ses hommes de sortir du camp en force et de tenter une manœuvre de flanc. Ce ne fut pas le cas. Les assaillants semblaient surgir de partout. Peu habitués à combattre à pied, les soldats d'Aurelius firent de leur mieux, mais l'affrontement tourna vite à la débâcle. Moins d'une demi-heure plus tard, il ne restait pratiquement aucun survivant, et Marcus Aurelius Scaurus lui-même fut fait prisonnier avant d'avoir eu le temps de se jeter sur son épée.

Conduit devant Boiorix, Teutobod et tous ceux qui avaient pris part aux négociations, le légat se comporta en vrai Romain, le regard fier, la voix assurée ; rien ne put lui faire courber la tête. Il fut placé dans une cage d'osier juste assez grande pour lui. Ses vainqueurs édifièrent bientôt un bûcher qu'ils allumèrent. Aurelius les regarda faire, le corps bien droit, le visage impassible, sans même une crispation des mains sur les barreaux de sa cage. Ses bourreaux ne voulaient pas qu'il meure trop vite, ils attendirent donc que le bûcher fût presque complètement consumé pour y jeter leur prisonnier. Aurelius s'interdit de se tordre de douleur, de pousser le moindre cri : il mourut en aristocrate romain, résolu à ce que sa conduite leur montre la véritable mesure de Rome et leur fasse prendre conscience de ce que pouvait être une cité qui voyait naître des hommes tels que lui.

Les Germains s'attardèrent pendant deux jours près des restes du camp d'Aurelius, puis repartirent vers le sud, toujours de manière aussi improvisée. Quand ils arrivèrent devant le camp de Caepio, les soldats de celui-ci, terrifiés, virent apparaître des dizaines de milliers d'hommes. Certains légionnaires décidèrent d'abandonner leurs armes, et de traverser le fleuve à la nage pour se mettre en sûreté. C'était toutefois un luxe que Caepio entendait se réserver en cas de besoin : il fit brûler tous ses bateaux, sauf un, plaça des gardes sur le chemin menant au Rhône, et donna l'ordre d'exécuter tous les fuyards. Perdus au milieu d'une véritable marée humaine, ses cinquante-cinq mille hommes ne pouvaient rien faire qu'attendre, en espérant que le flot passerait sur eux sans s'arrêter.

Le 6 octobre, l'avant-garde germaine atteignit le camp de Mallius Maximus, qui préféra ne pas se laisser enfermer. Il rassembla donc ses dix légions et les fit sortir en direction du nord, avant que les Germains, bien visibles, ne puissent les entourer. Il disposa ses troupes sur le terrain plat compris entre le bord du fleuve et la première des crêtes rocheuses qui annoncent les Alpes. Toutes les légions, l'une à côté de l'autre, étaient tournées vers le nord, sur une distance de deux lieues. Quatrième erreur de Mallius Maximus : non seulement il était facile de le prendre de revers — puisqu'il ne disposait plus de ses cavaliers —, mais de surcroît ses hommes étaient déployés de manière trop lâche.

Il ne savait rien de ce qui s'était passé plus au nord, et il n'avait personne à envoyer en mission d'espionnage chez les Germains, tous les interprètes et éclaireurs disponibles étant partis avec Aurelius. Mallius Maximus ne pouvait qu'attendre l'arrivée de l'ennemi.

La plus haute tour des murs fortifiés de son camp était l'endroit où se tenait habituellement le commandant en chef. Il alla s'y installer, avec les membres de son état-major, parmi lesquels ses deux fils et le rejeton de Metellus Numidicus le Porcelet, le célèbre Goret. Peut-être parce qu'il jugeait que la légion marse commandée par Quintus Poppaedius Silo était la mieux aguerrie — ou parce qu'il estimait que la vie des alliés de Rome avait moins d'importance —, il l'avait placée à l'est, sur le flanc droit romain, sans aucune protection de cavalerie. A côté, une deuxième légion, recrutée en début d'année, commandée par Marcus Livius Drusus, dont le principal adjoint n'était autre que Quintus Sertorius. Et ainsi de suite jusqu'au fleuve : plus on s'en rapprochait, moins les troupes étaient expérimentées. La légion de Quintus Caepio le jeune était composée de nouvelles recrues à peine formées, comme celle de Sextus César, juste à côté.

L'assaut germain commença deux heures après l'aube, ce 6 octobre ; presque simultanément, le camp de Caepio et la ligne de bataille de Mallius Maximus furent soumis à des attaques ennemies.

Presque aucun des cinquante-cinq mille hommes de Caepio ne survécut. Les Germains déferlèrent sur eux de toutes parts ; la mêlée fut telle que les blessés étaient piétinés avec les morts. Le commandant en chef lui-même ne perdit pas de temps. Dès qu'il vit que ses hommes n'avaient aucune chance de contenir l'ennemi, il se précipita jusqu'au fleuve, monta à bord d'une barque, et donna ordre à ses rameurs de gagner l'autre rive le plus vite possible. Quelques-uns de ses légionnaires voulurent s'enfuir à la nage, mais il y avait tant de Germains qu'aucun soldat n'eut le temps d'ôter sa cotte de mailles, qui pesait dans les vingt livres, ou même son casque ; tous se noyèrent. Caepio et ceux qui l'entouraient furent pratiquement les seuls survivants.

Mallius Maximus n'eut guère plus de chance. Combattant farouchement, les Marses périrent presque jusqu'au dernier, comme les hommes de la légion de Drusus, juste à côté. Silo fut blessé au flanc, tandis que Drusus était assommé, peu après que l'engagement eut commencé ; Quintus Sertorius tenta de rallier ses hommes, mais il était impossible de repousser l'attaque ennemie. Dès qu'un Germain était tué, dix autres surgissaient, et cela paraissait ne jamais devoir s'arrêter. Sertorius tomba à son tour, blessé à la cuisse d'un coup de lance.

Les légions disposées au bord du fleuve tournèrent casaque, entrèrent dans l'eau, non sans s'être débarrassées de leurs armes, et parvinrent à s'échapper en traversant le Rhône à la nage. Quintus Caepio le jeune fut le premier à céder à la tentation ; Sextus César, qui s'efforçait désespérément d'empêcher les troupes de battre en retraite, fut frappé à la hanche par un de ses propres soldats, et disparut dans la mêlée.

En dépit des protestations de Cotta, les six sénateurs avaient été transférés par bateau sur l'autre rive avant le début de la bataille ; Mallius Maximus avait tenu à ce que tous les observateurs civils quittent les lieux et suivent les événements depuis un endroit sûr.

— Si nous sommes vaincus, vous devez survivre pour en apporter la nouvelle au Sénat et au Peuple de Rome, leur avait-il dit.

Les Romains avaient pour politique d'épargner ceux qu'ils avaient défaits, car les guerriers étaient vendus aux marchands d'esclaves. Les Celtes et les Germains voyaient les choses autrement : quand, au bout d'une heure de bataille sans gloire, les Barbares restèrent maîtres du terrain, ils passèrent parmi les milliers de corps étendus à terre, mettant à mort tous ceux qui vivaient encore. Fort heureusement, l'opération n'avait rien de systématique : dans le cas contraire, aucun des vingt-quatre tribuns des soldats n'aurait survécu à la bataille d'Arausio. Drusus avait sombré dans une telle inconscience qu'on eût dit un cadavre. Enseveli sous une pile de corps, Quintus Poppaedius Silo était si couvert de sang que lui aussi passa inaperçu. Incapable de bouger — sa jambe était complètement paralysée —, Quintus Sertorius fit le mort. Sextus César était bien en vue ; mais il respirait si bruyamment, avec tant de peine, et son visage avait pris une telle couleur, qu'aucun des Germains qui le vit ne prit la peine de mettre un terme à une vie si manifestement compromise.

Les deux fils de Mallius Maximus furent tués alors qu'ils galopaient en tous sens pour porter les lettres contenant les ordres de leur père. Le fils de Metellus Numidicus Porcelet, le Goret, était quant à lui d'une tout autre trempe : dès qu'il comprit que la défaite était inévitable, il conduisit Mallius Maximus et ses adjoints jusqu'à la berge du fleuve, et les jeta dans une barque. Et il n'obéissait pas qu'à son seul instinct de conservation, car le Goret n'était pas dépourvu de courage : il lui semblait simplement plus judicieux d'en faire usage au profit de son commandant en chef.

Tout était terminé à la cinquième heure du jour. Les Germains firent demi-tour en direction du nord, pour rejoindre l'endroit, non loin du camp d'Aurelius, où ils avaient laissé leurs chariots. Dans le camp de Mallius Maximus, comme dans celui de Caepio, ils avaient découvert d'extraordinaires trésors ; d'énormes réserves de blé, des provisions, et assez de chariots, de mules et de bœufs pour tout emporter. Ils ne prêtèrent pas la moindre attention à l'or, aux pièces de monnaie, ni même aux armes et aux cuirasses. Mais ils ne purent résister à la nourriture, et firent disparaître jusqu'à la dernière tranche de lard et au dernier pot de miel, sans compter les centaines d'amphores remplies de vin.

L'un des interprètes germains avait été capturé quand le camp d'Aurelius était tombé, et rendu aux siens, les Cimbres. Il ne lui fallut cependant que quelques heures — au cours desquelles il recueillit cependant de précieuses informations — pour se rendre compte qu'il avait vécu trop longtemps chez les Romains pour avoir encore la moindre affection pour le mode de vie des Barbares. Il vola un cheval et galopa vers le sud, en direction d'Arausio. Il passa bien à l'est du fleuve, car il n'avait aucun désir de contempler l'étendue du désastre romain, et surtout de renifler la puanteur des cadavres.

Le plus important personnage d'Arausio était un Gaulois du cru nommé Marcus Antonius Meminius, à qui avait été accordé le droit, si recherché, de citoyenneté romaine, pour son service dans l'armée de Cnaeus Domitius Ahenobarbus, dix-sept ans auparavant. Follement heureux de cet honneur, il avait obtenu plusieurs concessions commerciales entre l'Italie et la Gaule Transalpine. Principal magistrat de la ville, il avait tenté de convaincre ses concitoyens de rester chez eux au moins assez longtemps pour voir si la bataille tournait ou non en faveur de Rome. N'y étant pas parvenu, il avait néanmoins décidé de demeurer sur place, prenant simplement la précaution d'éloigner ses enfants, confiés à leur précepteur, d'enterrer son or, et de dissimuler l'entrée du cellier sous une grosse pierre plate. Sa femme et lui, entourés de quelques serviteurs fidèles, avaient ainsi eu l'occasion d'entendre le tumulte qui venait du camp de Mallius Maximus.

Ne voyant personne arriver, Meminius avait envoyé un de ses esclaves aux nouvelles, et attendait encore quand les premiers officiers rescapés atteignirent la cité. Cnaeus Mallius Maximus et ses adjoints ressemblaient moins à des militaires de haut rang qu'à ces bêtes droguées avant d'être sacrifiées chaque année lors de la cérémonie d'intronisation des consuls. Meminius et sa femme vinrent les accueillir, les reçurent chez eux, leur offrirent vin et nourriture, et tentèrent d'obtenir d'eux un récit cohérent des événements. Ce fut en vain : même le Goret, seul à manifester un peu de raison, avait été pris d'un bégaiement tel qu'il ne pouvait prononcer deux mots de suite.

D'autres survivants firent leur apparition au cours des deux jours qui suivirent, mais ils furent rares, et on ne comptait parmi eux aucun homme du rang, bien qu'un centurion ait annoncé que plusieurs milliers de rescapés se trouvaient sur la rive ouest du fleuve, à errer sans but, hébétés. Caepio arriva en dernier, accompagné de son fils, qu'il avait retrouvé en chemin. Quand il apprit que Mallius Maximus était hébergé chez Meminius, il refusa de s'arrêter, et décida de rentrer à Rome, en emmenant son fils. Meminius lui procura deux charrettes attelées chacune à un équipage de quatre mules, et lui fournit du ravitaillement.

La mort de ses deux fils accablait de chagrin Mallius Maximus, et ce n'est que le troisième jour qu'il songea à savoir où se trouvaient les six sénateurs ; comme il demandait à son hôte de faire des recherches, Meminius s'affola. Il craignait que le champ de bataille ne fût encore aux mains des Germains. Il ne songeait pour l'heure qu'à préparer une fuite éventuelle avec sa femme et ceux qu'il avait recueillis.

Telle était la situation quand l'interprète germain arriva à Arausio. Meminius comprit immédiatement que l'homme était porteur de nouvelles importantes, mais malheureusement aucun des deux ne comprenait le latin de l'autre, et Meminius n'eut pas l'idée de demander à Mallius Maximus de s'entretenir avec le nouveau venu. Il se contenta de lui donner refuge, et de lui dire d'attendre que quelqu'un vienne l'interroger.

La commission sénatoriale, sous la direction de Cotta, s'était aventurée à retraverser le fleuve dès que les Germains étaient repartis vers le nord, pour tenter, au milieu de cet horrible carnage, de retrouver des survivants, s'il y en avait. En comptant leurs licteurs et leurs serviteurs, le groupe de sénateurs se montait à vingt-neuf personnes. Ils se mirent à l'œuvre sans songer un instant à leur sécurité, et sans que quiconque leur prêtât assistance.

Drusus était revenu à lui au crépuscule, avait passé la nuit dans une semi-inconscience ; à l'aube, il avait suffisamment récupéré ses moyens pour partir, en rampant, à la recherche d'un peu d'eau. C'était son unique pensée. Le fleuve était à près d'une lieue, le camp à une distance à peu près analogue ; il décida donc de se diriger vers l'est, espérant trouver un ruisseau. Il avait à peine fait quelques mètres lorsqu'il découvrit Quintus Sertorius, qui agita la main.

— Je ne peux pas bouger, dit-il. Ma jambe est morte... J'attendais... Je croyais que c'était un Germain...

— J'ai soif. Je vais chercher de l'eau et je reviens.

Drusus avançait tête nue, ayant perdu son casque. Il soufflait un léger vent qui agitait une mèche de ses cheveux, juste sur le gros hématome qu'il avait au-dessus de l'œil ; la peau et les tissus étaient si tuméfiés, l'os frontal si endommagé, que le simple contact de cette mèche avec son front suffit à le faire tomber à genoux, hurlant de douleur.

Mais le désir de vivre le fit se ressaisir. Sanglotant, Drusus se redressa, et poursuivit sa progressionvers l'est, se souvenant brusquement qu'il n'avait rien pour puiser de l'eau. Il ramassa les casques de deux soldats marses et les emporta en les tenant par leur jugulaire.

Et parmi les morts marses, voilà qu'il découvrit un âne porteur d'eau, qui semblait contempler ce carnage sans pouvoir s'éloigner. En fait ses rênes étaient nouées autour du bras d'un mort enseveli sous d'autres cadavres. Drusus avait conservé sa dague : il s'en servit pour trancher la bride, qu'il noua à sa ceinture, de façon que l'animal ne pût s'enfuir si lui-même s'évanouissait. Docile, l'âne resta immobile tandis que Drusus apaisait sa soif, puis il suivit son nouveau maître sans rechigner.

Non loin de là, deux jambes bougeaient au milieu d'un amoncellement de cadavres. Drusus réussit à dégager un officier marse encore en vie. Sa cuirasse de bronze était brisée sur le côté droit, à hauteur du bras, et il en jaillissait un fluide rose qui ne ressemblait pas à du sang.

Aussi délicatement qu'il put, Drusus le traîna jusqu'à un carré d'herbe, et entreprit de défaire la cuirasse. Les yeux de l'homme restaient fermés, mais une veine de son cou battait et, quand Drusus ôta les plaques qui recouvraient le torse, l'homme eut un cri de douleur :

— Vas-y doucement ! gémit une voix en latin.

Drusus s'interrompit quelques instants, puis reprit sa tâche.

— Reste tranquille ! Je veux t'aider, c'est tout. Tu veux à boire d'abord ?

— A boire.

Drusus lui tendit un des casques, et vit s'ouvrir deux yeux vert-jaune, un regard de serpent ; les Marses étaient connus pour les adorer danser avec eux et les charmer ; ils allaient même jusqu'à les embrasser, langue contre langue. Facile à croire, quand on avait croisé un tel regard.

— Quintus Poppaedius Silo, dit le Marse. Où sont mes hommes? demanda-t-il en refermant les yeux. Ils sont tous morts, n'est-ce pas?

— Je crains que oui. Comme les miens, et tous les autres. Mon nom est Marcus Livius Drusus. Attention, je vais t'enlever ton justaucorps.

La blessure s'était arrêtée de saigner: l'épée germaine qui avait porté le coup avait également poussé dans la plaie un bout de la tunique de laine de Quintus Poppaedius. Drusus sentit sous ses doigts des fragments de côtes cassées.

— Tu vivras, dit-il. Si je t'aide, peux-tu te redresser? J'ai un camarade de ma légion qui a besoin de moi. Tu peux donc rester ici et t'en tirer comme tu pourras, ou venir avec moi, mais en marchant.

Sa mèche de cheveux vint de nouveau lui effleurer le front; il eut un cri de douleur.

— Tu n'arriveras jamais à t'occuper de moi, vu ton état, dit Quintus Poppaedius. Prête-moi ta dague, je vais couper un bout de ma tunique et bander ma plaie.

Drusus s'exécuta et s'éloigna avec l'âne.

— Où te retrouverai-je? lança Silo.

— Un peu plus loin, la prochaine légion.

Sertorius était conscient. Il but avec reconnaissance, puis réussit à se redresser. Sa blessure était en fait la plus grave des trois, et de toute évidence Drusus ne pourrait le déplacer sans l'aide de Silo. Ils se reposèrent donc jusqu'à ce que celui-ci fît son apparition une heure plus tard. Le soleil était désormais haut dans le ciel, et il commençait à faire chaud.

— Il faut d'abord éloigner Quintus Sertorius des cadavres, afin d'éviter que sa jambe ne s'infecte, dit le Marse. Ensuite, il faudra le mettre à l'abri du soleil, et chercher s'il y a encore des survivants aux environs.

Sertorius une fois mis aussi à l'aise que possible, les deux hommes partirent en quête. Ils avaient à peine commencé que Drusus, pris de nausées, s'effondra sur le sol, vomissant avec de grands cris de souffrance. Silo, qui n'était guère en meilleur état, se laissa tomber près de lui, inspecta sa plaie, et grommela:

— Marcus Livius, si tu peux le supporter, je crois que tu souffrirais moins si je t'ouvrais cette bosse avec mon couteau, pour laisser s'échapper le fluide. Es-tu d'accord?

— Tout plutôt que de souffrir ainsi!

Avant d'entailler la plaie, toutefois, Silo psalmodia une incantation, dans une langue que Drusus ne put identifier: ce n'était en tout cas pas de l'osque, qu'il comprenait bien. C'est une invocation aux serpents, songea-t-il, bizarrement réconforté par cette pensée. La douleur était insupportable: Drusus s'évanouit. Pendant qu'il était inconscient, Silo parvint à percer la plaie, et à l'éponger avec un morceau de tissu arraché à la tunique de l'autre.

— Ça va mieux?

— Beaucoup mieux.

— Si je panse la plaie, elle te fera encore plus mal, alors éponge le sang avec ça. Il finira bien par s'arrêter. Il faut nous mettre à l'ombre, sinon nous n'irons pas loin, et le jeune Sertorius non plus, ajouta le Marse en se levant.

Plus ils se rapprochaient du fleuve, plus se multipliaient les signes montrant que d'autres avaient survécu au carnage: mouvements imperceptibles, faibles plaintes, gémissements.

— C'est une offense aux dieux! dit Silo d'un air sombre. Jamais une bataille n'a été aussi mal préparée! Une vraie boucherie! Maudit soit Cnaeus Mallius Maximus!

— C'est un désastre, j'en suis bien d'accord, et nous étions aussi mal commandés que les hommes de Cassius à Burdigala. Mais les torts sont partagés, Quintus Poppaedius. Si Cnaeus Mallius est coupable, Quintus Servilius Caepio l'est tout autant.

Comme cela était pénible à dire! Après tout, Caepio était son beau-père.

— Caepio? Qu'a-t-il à voir là-dedans?

Drusus se rendit compte que sa blessure à la tête allait mieux, et qu'il pouvait se tourner vers son interlocuteur sans trop d'efforts.

— Tu ne sais donc pas?

Le Marse cracha par terre.

— Qu'est-ce que les Italiques peuvent bien savoir de ce que décide le haut commandement romain? Nous sommes là pour nous battre, sans avoir notre mot à dire, Marcus Livius.

— Quintus Servilius a refusé de collaborer avec Cnaeus Mallius depuis son arrivée de Narbo. Il ne voulait pas obéir à un Homme Nouveau.

Silo le regarda fixement.

— Tu veux dire que Cnaeus Mallius tenait à ce que Quintus Servilius vienne s'installer dans son camp?

— Bien sûr que oui! Les sénateurs arrivés de Rome aussi.

— Alors, c'est à cause de Quintus Servilius que nos deux armées sont restées séparées? demanda Silo d'un air incrédule.

— Oui. C'est mon beau-père, j'ai épousé sa fille unique. Son fils est mon meilleur ami, c'est le mari de ma sœur... Il a combattu aujourd'hui au côté de Cnaeus Mallius. Sans doute est-il mort. L'orgueil, Quintus Poppaedius! Un orgueil stupide!

— Huit mille Marses sont morts hier, et tu viens me dire que c'est parce qu'un imbécile romain ne s'entendait pas avec un autre imbécile romain ?

— Peut-être certains de tes hommes sont-ils vivants, répondit Drusus.

Ce n'était pas pour chercher des excuses à ses supérieurs, mais pour réconforter un peu cet homme, qu'il aimait déjà énormément. Drusus ne souffrait pas seulement à cause de sa blessure, une autre douleur le meurtrissait plus gravement encore, une douleur qui trahissait un profond chagrin. Marcus Livius Drusus avait, jusque-là, vécu dans l'ignorance des réalités ; il pleura de honte à la pensée que Rome était dirigée par des hommes qui pouvaient provoquer tant de calamités par simple souci de l'emporter dans une querelle entre classes.

— Non, dit Silo. Ils sont tous morts. Pourquoi crois-tu qu'il m'a fallu aussi longtemps pour vous rejoindre, Sertorius et toi ? Je suis passé parmi eux. Morts, tous morts !

— Les miens aussi, répondit Drusus, qui pleurait toujours. Nous avons supporté le plus gros de l'assaut, et nous n'avions pas de cavalerie.

Peu après ils aperçurent le groupe des sénateurs, et l'appelèrent à l'aide.

Marcus Aurelius Cotta se chargea lui-même de ramener les trois hommes à Arausio, dans une charrette tirée par des bœufs, laissant ses collègues sur le champ de bataille pour tenter de sauver ce qui pouvait encore l'être. Marcus Antonius Meminius avait réussi à convaincre certains fermiers gaulois des environs de voir ce qu'ils pourraient faire pour leur venir en aide.

— Mais, lui dit Cotta, nous sommes au soir du troisième jour, et il faut que nous rendions les derniers hommages aux morts.

— Il n'y a plus personne en ville, et les paysans sont persuadés que les Germains vont revenir. Si tu savais comme j'ai eu du mal à les décider à vous aider !

— Je ne sais pas où sont les Germains, et j'ignore pourquoi ils sont repartis vers le nord. Mais jusqu'à présent, je n'en ai pas vu l'ombre d'un. Malheureusement, je n'ai personne à envoyer en éclaireur, le champ de bataille est plus important.

Meminius se frappa le front.

— Oh ! Quelqu'un est arrivé il y a quelques heures, et d'après ce que j'ai pu comprendre, c'est un des interprètes germains du camp de cavalerie. Il parle latin, mais son accent est trop fort pour moi. Aimerais-tu lui parler ? Il consentira peut-être à partir en reconnaissance pour toi.

Cotta envoya donc chercher le Germain, et ce qu'il apprit changea tout

— Il y a eu une querelle épouvantable, le conseil des thanes est partagé en trois factions, et les trois peuples sont partis chacun de leur côté, dit l'homme.

— Une querelle ?

— D'abord entre Teutobod des Teutons et Boiorix des Cimbres. Le conseil s'était réuni pour partager le butin, en profitant du vin trouvé chez les Romains. Teutobod a dit qu'il avait fait un rêve, et qu'il avait été visité par le grand dieu Ziu, lequel lui avait annoncé que si son peuple continuait à s'avancer vers le sud à travers le territoire des Romains, ceux-ci lui infligeraient une défaite telle que les guerriers, les femmes et les enfants seraient, jusqu'au dernier, vendus en esclavage. Teutobod a ajouté qu'il allait donc conduire les Teutons en Ibérie, en prenant soin de passer par la Gaule Chevelue. Mais Boiorix l'a accusé de couardise, et a annoncé que les Cimbres poursuivraient leur route, Romains ou pas.

— Tu es bien sûr ? demanda Cotta, qui croyait à grand-peine ce qu'il venait d'entendre. Comment le sais-tu ? D'après des on-dit ? Tu étais là ?

— J'étais là, maître.

— Pourquoi ? Comment ?

— Je suis cimbre, j'attendais de rejoindre les chariots de mon peuple. Tous étaient ivres et ne faisaient pas attention à moi. Je me suis dit que je ne voulais plus vivre cette vie, et j'ai résolu d'apprendre tout ce que je pourrais avant de m'enfuir.

— Continue, continue !

— Les autres thanes se sont mêlés à la discussion, et Getorix, qui dirige les Marcomans et les Chérusques, a proposé qu'on règle le problème en restant sur place, parmi les Eduéens et les Ambarres, mais il était bien le seul. Les thanes teutons se sont rangés au côté de Teutobod, et les Cimbres derrière Boiorix. Le conseil a pris fin hier ; Teutobod a ordonné aux Teutons de traverser la Gaule en direction de l'Ibérie, mais en contournant les terres romaines. Getorix et les siens ne bougent pas. Et Boiorix va conduire les Cimbres de l'autre côté du Rhône, et, lui aussi, gagner l'Ibérie, en longeant la province contrôlée par Rome.

— C'est donc pour cela qu'on ne les a pas vus !

— Oui, maître. Ils ne viendront pas par ici.

Quand Cotta vint retrouver Marcus Antonius Meminius, il souriait :

— Marcus Meminius, diffuse la nouvelle, aussi vite que possible ! Il faut faire brûler tous ces cadavres, sinon le sol et les eaux seront contaminés, et cela causera plus de tort aux habitants d'Arausio que les Germains ! Où est Quintus Servilius Caepio ?

— Déjà en route pour Rome, Marcus Aurelius.

— Comment?

— Il est parti avec son fils pour Rome afin que la nouvelle soit connue aussi vite que possible.

— Je l'aurais parié! Il a pris la route?

— Bien sûr, Marcus Aurelius. Je lui ai donné deux charrettes à quatre mules.

Cotta se leva, très las, et pourtant habité par une vigueur nouvelle:

— C'est moi qui vais me charger d'annoncer la nouvelle à Rome! J'arriverai avant Quintus Servilius, je le jure! Marcus Meminius, donne-moi ton meilleur cheval, je partirai pour Massilia dès l'aube.

Il partit au galop, sans escorte, changea de monture à Glanum, puis à Aquae Sextiae, et arriva à destination sept heures après son départ. Le grand port fondé, des siècles auparavant, par des colons grecs, ignorait encore qu'une bataille d'importance s'était livrée quatre jours plus tôt, et la ville redoutait l'arrivée des Germains

Cotta entra dans la demeure de l'ethnarque qui dirigeait la cité avec l'arrogance et la précipitation d'un magistrat curule très préoccupé. Massilia étant liée à Rome par des traités d'amitié, mais sans se soumettre à sa loi, il aurait très bien pu se voir montrer la porte. Mais il n'en fut rien, car l'ethnarque et quelques-uns de ses conseillers avaient entendu parler de ce que Cotta avait à leur dire.

— Je veux ton meilleur navire, tes meilleurs marins et tes meilleurs rameurs, dit-il. Et pas de cargaison pour ralentir le bateau, et j'emmènerai avec moi deux équipes de rameurs supplémentaires au cas où il nous faudrait avancer contre le vent, ou si la mer était mauvaise. Car je te le jure, ethnarque Aristides, je serai à Rome dans trois jours! Nous ne longerons pas la côte, nous irons tout droit sur Ostie, comme seul peut le faire un navigateur de Massilia.

— Tu auras ton navire et ton équipage dès demain matin, Marcus Aurelius, répondit l'autre, qui toussa avec beaucoup de délicatesse avant d'ajouter: Et qui paie?

Voilà bien les Grecs massiliotes, pensa Cotta, qui se garda de faire des commentaires:

— Prépare-moi une facture. C'est le Sénat et le Peuple de Rome qui régleront.

Elle fut rédigée sur l'instant. Cotta vit le prix exorbitant et grommela:

— C'est une tragédie de penser que de mauvaises nouvelles peuvent coûter autant que les frais d'une guerre contre les Germains.

— Oui, c'est une tragédie, répondit l'homme d'un ton suave. Toutefois, Marcus Aurelius, c'est à prendre ou à laisser.
— Je prends, dit Cotta.

Caepio et son fils ne se donnèrent pas la peine de faire un détour par Massilia. Personne ne savait mieux que Caepio père — qui avait passé un an à Narbo, et un an en Ibérie, du temps où il était préteur — que les vents ne soufflent *jamais* comme il faudrait dans le Sinus Gallicus. Il prendrait la Via Domitia, franchirait les Alpes, et descendrait aussi vite que possible la Via Emilia et la Via Flaminia. Avec un peu de chance, il pourrait faire trente lieues par jour s'il parvenait à trouver des montures fraîches suffisamment souvent, et il comptait bien profiter, à ce sujet, des pouvoirs que lui conférait l'*imperium* proconsulaire. Ce qui fut le cas.

Caepio savait qu'il aurait effectué le trajet Arausio-Rome en une semaine, grâce aux bonnes routes et à l'abondance des mules. Il se détendit un peu. Il était peut-être épuisé, et victime d'une colossale migraine, mais sa version des événements serait celle que Rome entendrait en premier, ce qui représentait neuf dixièmes du travail. Il sut qu'il avait gagné quand les charrettes prirent la Via Flaminia pour franchir les Apennins et emprunter la vallée du Tibre.

La Fortune avait toutefois un autre favori. Grâce aux vents favorables, Marcus Aurelius Cotta franchit la distance Massilia-Ostie en très peu de jours. Et lorsque les vents fléchissaient, l'*hortator* frappait sur son tambour pour marquer le rythme, et trente dos musclés se courbaient sur les bancs. C'était un petit navire, manifestement construit plus pour la vitesse que pour le transport, et Cotta eut l'impression très nette qu'il s'agissait d'un bâtiment de guerre, bien que les Massiliotes soient censés ne pas en posséder sans l'aval des Romains. Il aurait été très facile de protéger les rameurs par une double rangée de boucliers, et la grue installée à la poupe ne faisait guère illusion : sans doute une catapulte se trouvait-elle à sa place en temps normal. D'une rive à l'autre de la Méditerranée, la piraterie était une industrie florissante...

Mais Cotta n'était pas homme à faire la fine bouche devant un cadeau de la Fortune. Le capitaine l'avait par ailleurs convaincu de renoncer à emmener deux équipes de rameurs ; une seule suffirait, ses propres hommes étant les meilleurs de la profession. Cotta se réjouit d'avoir accepté ; moins chargé, le bateau était plus léger, et les vents le poussaient plus rapidement vers l'Italie.

Le navire avait quitté le magnifique port de Massilia à l'aube du 11 octobre. Il entra dans celui, misérable, d'Ostie trois jours après à la même heure, la veille des ides. Trois heures plus tard, Marcus Aurelius Cotta pénétra dans la demeure de Publius Rutilius Rufus, dont il dispersa les clients comme un renard pourchassant des poules.

Dès midi, le Sénat fut convoqué pour une réunion d'urgence à la Curia Hostilia; à ce moment même, Caepio et son fils descendaient à vive allure le dernier tronçon de la Via Aemilia.

— Laissez les portes ouvertes! dit Publius Rutilius Rufus au chef des scribes. Il faut que le Peuple entende! Et je veux que tous les débats soient notés par écrit, et classés dans les archives!

Malgré un aussi bref délai, il ne manquait presque personne; car, dans toute la ville, la rumeur s'était propagée d'un grand désastre en Gaule. Au puits du Comitium, non loin des marches de la Curia Hostilia, la foule affluait déjà.

Les Pères Conscrits étaient assez inquiets: ils n'ignoraient rien des lettres de Caepio refusant de se soumettre à Mallius Maximus, et redoutaient de nouvelles discussions. Scaurus, sans nouvelles de lui depuis des semaines, était en mauvaise posture. Aussi ne s'opposa-t-il pas à Rutilius Rufus quand celui-ci ordonna que les portes du Sénat restent ouvertes. Metellus Numidicus l'imita. Tous les yeux étaient rivés sur Cotta, à qui on avait avancé un fauteuil, tout près de l'estrade sur laquelle se dressait la chaise d'ivoire de son beau-frère.

— Marcus Aurelius Cotta est arrivé à Ostie ce matin, expliqua celui-ci. Il y a trois jours, il était à Massilia, et la veille, à Arausio, où nos armées étaient stationnées. Je vais lui donner la parole, en vous signalant que la réunion sera transcrite intégralement à destination des archives.

— Pères Conscrits, déclara Cotta, la veille des nones d'octobre, une bataille s'est livrée à Arausio. Les Germains nous ont anéantis. *Quatre-vingt mille* de nos soldats sont morts.

Un silence terrible accueillit cette annonce. Nul n'émit le moindre murmure; nul n'ébaucha le moindre geste; le Sénat tout entier semblait pétrifié.

— Et quand je dis quatre-vingt mille, je ne compte ni les non-combattants, soit vingt-quatre mille hommes, ni les cavaliers.

D'une voix neutre, il entreprit de faire le récit aux sénateurs de tous les événements qui s'étaient déroulés depuis que lui et ses cinq compagnons étaient arrivés à Arausio.

— Cinq mille hommes, et les non-combattants qui les assistaient, sont morts dans le camp du légat Marcus Aurelius Scaurus. Ce dernier, fait prisonnier, a été brûlé vif par les Germains, Pères Conscrits! Il est mort, m'a dit un témoin, avec un courage et une bravoure extrêmes.

On remarquait parmi les sénateurs bien des visages de cendre : presque tous avaient des fils, des frères, des neveux ou des cousins à Arausio. Certains pleuraient en silence, la tête dans leur toge, ou cachaient leur visage dans leurs mains. Seul Scaurus demeurait bien droit, lèvres pincées.

— Tous ceux qui sont ici aujourd'hui doivent accepter leur part de responsabilité, dit Cotta. Notre délégation ne comportait aucun ancien consul, ce qui fait que Quintus Servilius Caepio a refusé de discuter d'égal à égal avec nous. Notre manque de prestige politique lui a semblé être un message de soutien de la présente assemblée. Et il n'avait pas tort, Pères Conscrits ! Si vous aviez sérieusement voulu qu'il respecte la loi en se soumettant à l'autorité du consul en exercice, vous auriez envoyé une ambassade de gens importants ! Mais vous n'en avez rien fait, et, bien au contraire, vous avez envoyé cinq sans-grade, et un ancien préteur, pour traiter avec un des membres les plus influents du Sénat !

Personne ne broncha. Seul Scaurus, immobile et toujours aussi droit, dévisageait Cotta d'un air farouche.

— La querelle entre Quintus Servilius Caepio et Cnaeus Mallius Maximus les a empêchés de joindre leurs forces. Au lieu d'une seule armée forte de dix-sept légions, et de cinq mille cavaliers, Rome en a déployé deux, à huit lieues l'une de l'autre ! Quintus Servilius m'a personnellement déclaré qu'il ne comptait pas partager son triomphe avec Mallius Maximus, et que c'est pour que l'armée de celui-ci ne prenne pas part à la bataille que lui-même s'était placé plus au nord.

Il poursuivit :

— Même sans tenir compte de ces chamailleries, la vérité, Pères Conscrits, est que ni Cnaeus Mallius Maximus ni Quintus Servilius Caepio n'avaient les talents militaires nécessaires pour vaincre les Germains ! Des deux, cependant, c'est Caepio qui porte la plus lourde responsabilité. Car il s'est placé au-dessus des lois ! Un vrai Romain, Marcus Aemilius Scaurus — la remarque était adressée à ce dernier —, chérit la loi par-dessus tout, sachant que grâce à elle il n'y a pas de véritables distinctions sociales, mais des institutions délibérément créées pour que jamais un homme ne puisse se considérer comme supérieur à ses pairs. Quintus Servilius Caepio s'est comporté comme s'il était le Premier des Romains — mais voilà, la loi l'interdit ! Je vous l'affirme solennellement : il a violé la loi, alors que Cnaeus Mallius Maximus n'était qu'un chef médiocre.

Pères Conscrits, Arausio est un désastre pire encore que Cannes. La fleur de nos troupes a péri. Je le sais : j'y étais. Près de treize mille hommes ont survécu ; il s'agissait des moins expérimentés de nos soldats, et ils se sont enfuis, laissant leurs armes sur le champ de bataille pour traverser le Rhône à la nage. Ils errent encore quelque part à l'ouest du fleuve, et, d'après les renseignements dont je dispose, ils ont si peur des Germains, qu'ils préféreraient mourir plutôt que de courir le risque d'être mobilisés de nouveau. Le tribun Sextus Julius César, qui tentait d'endiguer la déroute, a été frappé par ses propres hommes. Je suis heureux de pouvoir dire qu'il a survécu, car je l'ai trouvé sur le champ de bataille, laissé pour mort par les Germains. Mes compagnons et moi étions vingt-neuf, nous avons été les seuls à venir en aide aux blessés, et cela pendant près de trois jours ! Certains sont morts de leurs blessures, qui auraient pu survivre, s'ils avaient été secourus à temps !

Metellus Numidicus leva la main comme pour poser une question. Cotta surprit son geste, et regarda cet homme, qui était son ami — et l'ennemi de Caius Marius, pour lequel Cotta lui-même n'avait aucune sympathie.

— Quintus Caecilius Metellus Numidicus, ton fils a survécu, et s'est bien comporté. Il a sauvé le consul Cnaeus Mallius et plusieurs de ses adjoints. Mais les deux fils de Cnaeus Mallius ont été tués. Des vingt-quatre tribuns élus par les soldats pour les représenter, trois seulement sont encore vivants : Marcus Livius Drusus, Sextus Julius César et Quintus Servilius Caepio le jeune. Les deux premiers ont été gravement blessés. Le troisième, qui commandait les troupes les moins aguerries, au bord du fleuve, a traversé à la nage — j'ignore encore si cela s'est produit en des circonstances conformes à l'honneur.

Cotta s'interrompit pour tousser, en se demandant si le soulagement perceptible dans les yeux de Metellus Numidicus venait de ce qu'il était rassuré d'apprendre que son fils avait survécu, ou qu'il s'était bien comporté.

— Toutefois, aucune de nos deux armées ne compte plus, désormais, *le moindre centurion expérimenté* ! Pères Conscrits, Rome n'a plus d'officiers ! Et notre grande armée de Gaule Transalpine a cessé d'être. A dire vrai, grâce à Quintus Servilius Caepio, elle n'a jamais existé !

Dehors, au-delà des grandes portes de bronze de la Curia Hostilia, la nouvelle était transmise, par tous ceux assez près pour entendre, à ceux qui ne cessaient d'arriver. La foule était énorme, mais calme. On n'entendait que le bruit des sanglots. Rome avait perdu la bataille décisive, et toute l'Italie était ouverte aux Germains.

Avant que Cotta puisse se rasseoir, Scaurus parla :

— Et où sont les Germains, maintenant, Marcus Aurelius ? Où

se trouvaient-ils quand tu as quitté Arausio? A cette heure, jusqu'où ont-ils avancé?

— Honnêtement, je n'en sais rien, Marcus Aemilius. Quand la bataille a pris fin, les Germains ont rebroussé chemin, apparemment pour aller retrouver leurs chariots et leurs familles, laissés plus loin, juste au nord du camp de cavalerie. Mais, quand je suis parti, ils n'étaient pas revenus. J'ai interrogé un Germain dont le légat Aurelius avait fait un de ses interprètes lors des négociations avec les chefs barbares. Au moment de l'attaque, il a été capturé, on s'est rendu compte que c'était un Germain, et personne ne lui a fait de mal. Selon lui, les chefs se sont querellés, et, pour le moment du moins, se sont divisés en trois groupes. Il semble qu'aucun d'eux ne se sente assez sûr de soi pour s'avancer seul vers le sud en plein territoire romain. Ils comptent se rendre en Ibérie en traversant la Gaule Chevelue. Personne ne peut prédire combien de temps durera la brouille. Je ne peux d'ailleurs être certain que l'homme que j'ai interrogé ait dit la vérité, ou même une part de celle-ci. Il affirme qu'il s'est enfui parce qu'il préfère notre mode de vie, mais il se peut très bien qu'il nous ait été envoyé par les Germains pour apaiser nos craintes, et faire de nous des proies plus faciles. Tout ce que je peux vous dire, c'est qu'à mon départ rien ne laissait penser qu'ils se dirigeaient vers le sud.

Rutilius Rufus se leva.

— Pères Conscrits, l'heure n'est pas au débat, ni aux récriminations, et encore moins aux querelles, mais à l'action! Les ides d'octobre tombent demain. Cela signifie que la saison des campagnes militaires va prendre fin. Mais il nous reste fort peu de temps, si nous voulons empêcher les Germains d'envahir l'Italie! J'ai défini un plan d'action que je compte vous soumettre maintenant, mais d'abord je tiens à vous mettre en garde solennellement. Au moindre signe de désaccord, je m'en irai présenter mes projets devant l'Assemblée de la Plèbe pour qu'elle leur donne son aval. Ce qui, Pères Conscrits, vous priverait de vos prérogatives, lesquelles vous accordent la haute main sur toutes les questions relatives à la défense de Rome. La conduite de Quintus Servilius Caepio met en valeur l'une des plus grandes faiblesses de notre ordre sénatorial: l'incapacité de comprendre que parfois la Chance et la Fortune peuvent doter des hommes sortis de l'obscurité de plus de talents que tous ceux qui s'en croient pourvus de naissance.

Une chose est sûre: nous allons avoir besoin de tous les hommes valides d'Italie. Et ce, des prolétaires aux sénateurs! Je vous réclamerai donc un décret demandant à la Plèbe de voter sur-le-champ une loi interdisant à tout homme — Romain, Latin, Italique — entre dix-sept et trente-cinq ans de quitter le pays, ou de franchir l'Arno ou le Rubicon pour se rendre en Gaule Cisalpine. Et dès demain, je veux que des courriers partent au galop vers tous les ports de la péninsule, pour transmettre à tout navire l'ordre de refuser tout homme libre valide, qu'il soit marin ou simple passager. Toute infraction sera punie de mort, à la fois pour celui qui tenterait d'échapper à ses obligations militaires, et pour celui qui se serait fait son complice.

Personne ne dit rien : ni Scaurus, ni Numidicus, ni Ahenobarbus l'aîné. C'est bien, songea Rutilius Rufus. Au moins, voilà une loi à laquelle ils ne s'opposeront pas.

— Nous aurons besoin de tous les hommes valides d'Italie, et je dis bien tous, des prolétaires aux sénateurs ! Ce qui signifie, Pères Conscrits, que ceux d'entre vous qui sont âgés de trente-cinq ans ou moins seront automatiquement versés dans les légions, quel que soit le nombre de campagnes qu'ils ont déjà effectuées. Nous aurons des soldats si nous appliquons la loi avec rigueur. J'ai bien peur, cependant, que cela ne soit pas assez. Quintus Servilius a fait disparaître les derniers petits propriétaires, et Cnaeus Mallius avait déjà recruté soixante-dix mille hommes chez les *capite censi*, combattants ou non.

« Nous devons donc nous tourner vers les armées dont nous disposons déjà. En Macédoine, deux légions seulement, toutes deux composées d'auxiliaires, et qu'il est impossible de déplacer. Deux légions en Ibérie Citérieure, une autre en Ibérie Ultérieure — deux sur trois sont romaines —, mais il va falloir les renforcer, car les Germains ont déclaré qu'ils avaient l'intention d'envahir cette région.

Scaurus parut enfin revenir à la vie.

— Vas-y, Publius Rutilius ! lança-t-il d'un ton de défi. Parle-nous de l'Afrique, et de Caius Marius !

— Très certainement ! Il y a en Afrique trois aspects à prendre en compte. Le premier : une guerre menée à bien, un ennemi anéanti, un roi et sa famille qui attendent leur jugement ici même, à Rome, en tant qu'hôtes de notre cher Quintus Caecilius Metellus le Porcelet... pardon... Numidicus !

« Le deuxième : une armée forte de six légions — composées de prolétaires, certes ! — superbement bien entraînée, qui a prouvé sa bravoure, et brillamment commandée, du centurion au légat. A quoi vient s'ajouter une force de cavalerie de deux mille hommes, d'aussi grande valeur.

Rutilius Rufus s'interrompit, se balança sur ses talons, et eut un sourire carnassier :

— Le troisième est un homme, Pères Conscrits. Un seul. Je fais allusion, bien entendu, au proconsul Caius Marius, commandant en chef de l'armée africaine, et seul architecte d'une victoire si complète qu'elle égale celles de Scipion Emilien. La Numidie ne s'en relèvera pas. La menace pesant sur les citoyens romains, leurs biens ou leurs réserves de grain a cessé d'exister. En fait, Caius Marius nous laisse une Afrique à ce point pacifiée et soumise qu'il n'est même plus nécessaire d'y conserver une légion en garnison.

Il quitta l'estrade où étaient disposées les chaises curules, et marcha vers les portes, s'arrêtant à un endroit d'où sa voix porterait jusqu'au Forum :

— Rome a encore plus besoin d'un général que de soldats ou de centurions ! Comme Caius Marius l'a dit lui-même au sein de cette assemblée, des milliers de légionnaires romains ont péri au cours des années qui ont suivi la mort de Caius Gracchus, et uniquement en raison de l'incompétence de leurs chefs ! Et, à l'époque où il s'exprimait, l'Italie était riche de cent mille hommes de plus qu'aujourd'hui. Mais, direz-vous, combien de soldats a-t-il lui-même perdus ? Presque aucun, Pères Conscrits ! Il y a trois ans, il a emmené six légions avec lui en Afrique, et elles sont toujours là : six légions aguerries, avec des centurions !

Il se tut quelques instants, puis rugit :

— Caius Marius est la réponse aux besoins de Rome : une armée, et un général compétent ! Vous avez entendu Marcus Aurelius Cotta dire que les Germains s'étaient querellés, et que pour le moment ils semblaient avoir abandonné leur projet de traverser notre province de Gaule Transalpine. Mais il nous est impossible de relâcher notre surveillance sur la foi de telles rumeurs. En tout cas, un fait semble certain. C'est que nous avons l'hiver pour nous préparer. Et la première phase doit être de nommer Caius Marius en Gaule, avec un *imperium* qui ne pourra lui être retiré tant que les Germains ne seront pas vaincus.

Il y eut des murmures et des protestations, puis la voix de Metellus Numidicus se fit entendre :

— Donner à Caius Marius le gouvernorat en Gaule Transalpine, avec un *imperium* qui pourrait durer des années ? Jamais ! s'écria-t-il.

— C'est des troupes de Caius Marius que nous avons besoin, pas de lui ! Il y en a d'autres qui le valent bien ! lança Scaurus d'une voix forte.

— Sans doute veux-tu parler de ton ami Numidicus, Marcus Aemilius ? demanda Rutilius Rufus. Insanités ! Quintus Servilius a passé deux ans en Afrique à temporiser — et je le sais, j'y étais ! J'ai aussi travaillé avec Caius Marius. Il m'est peut-être permis d'espérer que certains membres de cette auguste assemblée se souviendront que je ne suis pas un militaire au rabais ! C'est à moi qu'aurait dû revenir le commandement de l'armée en Gaule Transalpine, et non à Cnaeus Mallius! Mais le passé est le passé, et je n'entends pas perdre mon temps en jérémiades.

Pères Conscrits, je vous le dis maintenant : un seul homme est en mesure de nous sauver des périls qui nous menacent! Et cet homme n'est autre que Caius Marius! Ce n'est pas un pur Romain, et alors? Quintus Servilius Caepio en est un, et voyez dans quelle situation il nous a mis! Honorables membres de cette assemblée! Je vous supplie, pour une fois, d'oublier un instant vos préjugés! Nous devons donner à Caius Marius l'*imperium* proconsulaire en Gaule Transalpine, et pour aussi longtemps qu'il lui sera nécessaire pour renvoyer les Germains chez eux!

Le préteur Manius Aquilius se leva. C'était un homme de bonne noblesse, mais originaire d'une famille plus connue pour sa cupidité que pour son sens de l'honneur. Son père, au cours des guerres consécutives à la mort du roi Attale, de Pergame, qui avait légué son royaume aux Romains, avait vendu à Mithridate V, roi du Pont Euxin, toute la province de Phrygie, pour une somme énorme.

— Publius Rutilius, je veux prendre la parole.

— Parle, dit Rutilius Rufus, qui s'assit, exténué.

— A moi! lança Scaurus d'un ton mauvais.

— Après Manius Aquilius!

— Publius Rutilius, Marcus Aemilius, Pères Conscrits, dit Aquilius, j'en suis bien d'accord avec notre consul : un seul homme a assez de génie pour nous tirer de là, et cet homme est Caius Marius. Mais notre estimé consul donne à la question une réponse erronée. Il nous est impossible de n'accorder à Caius Marius qu'un *imperium* proconsulaire limité à la Gaule Transalpine. Que se passeraït-il si le théâtre des opérations se déplaçait en Gaule Cisalpine, en Ibérie, ou en Italie même? Le commandement des opérations serait automatiquement transmis au gouverneur de la province considérée, ou au consul en fonction! Caius Marius a bien des ennemis dans cette assemblée. Et je ne suis pas sûr que Rome leur soit plus chère que leurs vieilles rancœurs. Le refus de Quintus Servilius Caepio de collaborer avec Cnaeus Mallius Maximus est un parfait exemple de ce qui se passe quand un membre de la noblesse met sa *dignitas* au-dessus de celle de Rome.

— Manius Aquilius, intervint Scaurus, tu te trompes! Quintus Servilius tenait les deux pour égales!

— Merci de cette précision, Marcus Aemilius, répondit Aquilius d'une voix douce, avec une légère inclinaison du buste un peu ironique. Tu as parfaitement raison. La *dignitas* de Rome et celle de Quintus Servilius sont de même rang! Mais pourquoi celle de Caius Marius serait-elle inférieure? Sa carrière est illustre! Nous avons tous des ancêtres qui étaient Hommes Nouveaux ! Enée lui-même en était un ! Caius Marius a été préteur et consul, et s'est donc déjà anobli lui-même par ses actions.

Il haussa les épaules et, descendant de l'estrade, imita Rutilius Rufus et alla se placer près des portes grandes ouvertes.

— C'est Caius Marius, et personne d'autre, qui doit se voir accorder le commandement suprême contre les Germains. Peu importe quel sera le théâtre des opérations ! Mais il ne suffit pas de lui confier un *imperium* proconsulaire limité à la Gaule Transalpine. Caius Marius n'est pas ici pour nous donner son opinion, et le temps file comme un cheval au galop. Il faut que Caius Marius soit consul. C'est la seule façon pour nous de lui donner le pouvoir dont il va avoir besoin. Il faut le présenter *in absentia* aux prochaines élections consulaires !

L'assemblée se mit à murmurer, mais Manius Aquilius reprit :

— Quelqu'un ici peut-il nier que les membres des Centuries soient la fleur du Peuple ? Dans ce cas, qu'elles choisissent ! Qu'elles élisent Caius Marius *in absentia*, ou qu'elles le repoussent ! Car une telle décision est d'une trop grande ampleur pour que le Sénat puisse la prendre seul — comme d'ailleurs l'Assemblée de la Plèbe. Je vous le répète, Pères Conscrits, il faut en confier le soin aux citoyens romains les plus précieux : ceux de la Première et de la Deuxième Classe, qui voteront dans leurs comices centuriates !

Le rusé renard ! pensa Rutilius Rufus. Je n'aurais jamais cru cela de lui ! Je ne l'en approuve pas pour autant. Mais il tient la faction Scaurus quand même. Il aurait été impossible de résoudre la question en faisant voter le Peuple dans ses tribus, sous la surveillance des tribuns de la plèbe, dans une atmosphère proche de l'émeute. Pour Scaurus et ses pareils, l'Assemblée de la Plèbe n'était qu'un outil permettant à la lie de Rome de dominer la ville. Mais les hommes de la Première et de la Deuxième Classe... voilà des véritables Romains ! Habile, Manius Aquilius, très habile !

On fait d'abord une proposition hors du commun, aux termes de laquelle un homme pourra être élu consul, en son absence et même sans avoir été prévenu, puis on indique à la faction Scaurus qu'il conviendrait que les meilleurs tranchent. S'ils ne veulent pas de Caius Marius, il suffira de les faire voter pour deux autres candidats. Dans le cas contraire, ils n'ont qu'à le choisir en même temps que quelqu'un d'autre. Et je suis prêt à parier que la Troisième Classe n'aura pas la moindre chance de se faire entendre !

La seule difficulté légale, c'est le *in absentia*. Manius Aquilius devra se rendre devant l'Assemblée plébéienne pour cela, parce que le Sénat refusera de le lui accorder. Les tribuns de la plèbe frétillent de joie sur leurs bancs ! Aucun d'eux n'opposera son *veto*. La Plèbe passera une loi spéciale. Bien entendu, Scaurus, Numidicus et les autres tireront argument de la *lex Villia annalis*, qui interdit de se représenter au consulat avant que dix ans soient écoulés. Et ils perdront.

Il va falloir suivre ce Manius Aquilius, songea Rutilius Rufus. Etonnant ! Ils sont capables de rester assis pendant des années, aussi calmes et modestes que des vestales, puis l'occasion se présente, et sous la peau de mouton se révèle le loup. Car c'est ce que tu es, Manius Aquilius : un loup.

Gouverner l'Afrique fut un plaisir, non seulement pour Caius Marius, mais aussi pour Lucius Cornelius Sylla. Certes, les expéditions militaires avaient cédé la place aux tâches administratives, mais réorganiser de fond en comble la province romaine était un défi auquel ni l'un ni l'autre ne purent résister.

Gauda était désormais roi de Numidie ; il avait un fils remarquable, le prince Hiempsal — qui ne tarderait pas à monter sur le trône, songeait Sylla. Officiellement redevenu ami et allié du Peuple Romain, le roi Bocchus avait étendu son royaume en s'emparant de la partie la plus occidentale du pays numide — dont la moitié est faisait désormais partie de la province que Rome allait gouverner dorénavant. Caius Marius pouvait donc garantir à tous les chevaliers et les propriétaires de sa clientèle les terres les plus riches. Il ne garda sous son contrôle que de grosses îles fertiles telles que Meninx et Cercina, pour lesquelles il avait des projets.

— Quand nous en arriverons aux opérations de démobilisation, dit-il à Sylla, se posera le problème de savoir quoi faire des hommes ainsi libérés. Tous sont des *capite censi* : ils ne possèdent ni fermes ni boutiques auxquelles ils pourraient revenir. Ils pourront toujours s'enrôler de nouveau, et je suis certain que beaucoup d'entre eux s'y résoudront, mais pas tous. Et l'Etat est propriétaire de leur équipement ; ils ne pourront donc le conserver, et ne pourront s'engager que dans des armées de prolétaires. Et il y a bien des chances qu'une fois que nous en aurons fini avec les Germains, Scaurus et le Porcelet parviennent à leurs fins et interdisent le financement de telles légions. Je pense que l'Etat doit aux *capite censi* qui se sont battus pour lui un peu plus que leur part du butin à la fin de la campagne ; il devrait leur accorder des terres où ils pourraient s'installer quand ils choisiraient de s'en aller. Ainsi deviendraient-ils d'authentiques citoyens, aux revenus modestes mais décents.

— Tu veux instaurer une sorte de version militaire des colonies agricoles que les Gracques avaient tenté d'introduire? demanda Sylla.

— Précisément. Tu n'en es pas d'accord?

— Je pensais à l'opposition du Sénat.

— Je crois qu'elle serait beaucoup moins forte si les terres en question ne faisaient pas partie de l'*ager publicus*, le domaine public. Trop d'hommes puissants en tirent profit. Non, j'entends simplement demander au Sénat — ou à la Plèbe, s'il ne veut rien savoir — la permission d'installer des légionnaires d'origine prolétarienne sur des terres situées autour de Cercina et Meninx, ici même. Donnons à chaque homme, disons cent jugères, et Rome en tirera un double profit: d'abord, lui et ses compagnons formeront le noyau d'un corps d'hommes bien entraînés, qu'on pourrait rappeler si la situation en Afrique l'exigeait; ensuite, ils diffuseront dans la province la langue, les coutumes, les idées, les façons de vivre romaines.

Sylla fronçait toujours les sourcils.

— Je ne sais pas, Caius Marius... Crois-tu vraiment que cela serait bon pour Rome ? La langue, les coutumes, les idées... Tout cela appartient à Rome. Les répandre ici, en Afrique, chez les Berbères et les Maures... J'ai l'impression d'une trahison.

Marius leva les yeux au ciel.

— Lucius Cornelius, tu es bien un aristocrate, aucun doute là-dessus! Au moins tu ne penses pas bassement.

Puis il en revint à la tâche qui les préoccupait:

— As-tu tous les relevés détaillés du butin? Si jamais nous oublions quelque chose, que les dieux nous viennent en aide!

— Les employés du Trésor, répondit Sylla sont la lie du noble vin romain.

— Comme partout, Lucius Cornelius, comme partout.

Le jour des ides de novembre, arriva à Utique une lettre du consul Publius Rutilius Rufus. Marius avait pris l'habitude de montrer ces correspondances à Sylla, qui en appréciait hautement le style incisif. Cette fois, Marius sursauta, se leva brusquement et, brandissant le rouleau, lança:

— *Jupiter!*

— Que s'est-il passé?

Marius cita certains passages de la lettre:

— Cent mille Romains tués... dont quatre-vingt mille soldats... Les Germains nous ont anéantis... Cet imbécile de Caepio a refusé de joindre ses forces à celles de Mallius Maximus... Le jeune Sextus César a été gravement blessé, comme Sertorius... Seuls trois des tribuns des soldats ont survécu... Ceux qui s'en sont sortis sont les moins aguerris, et ils ont déserté... Toute une légion marse a péri, et les Marses ont déjà protesté auprès du Sénat... les Samnites sont furieux, eux aussi...

Sylla s'effondra dans son fauteuil. Marius émit un petit bruit bizarre, et Sylla, pensant qu'il allait avoir une attaque, se leva aussitôt, mais n'eut pas le temps de contourner le bureau pour lui venir en aide.

— Je... suis... consul! balbutia Marius.

Sylla s'arrêta net:

— Grands dieux! dit-il, incapable de trouver autre chose à dire.

Marius lui lut la fin de la lettre:

> Manius Aquilius ne s'était même pas rassis que les dix tribuns de la plèbe se dirigeaient en courant vers les rostres, tandis que la moitié de Rome semblait s'être réunie dans le puits du Comitium, et le reste sur le Forum! Bien entendu, tout le Sénat a suivi, laissant Scaurus et le Porcelet s'égosiller devant des tabourets.
>
> Les tribuns de la plèbe ont appelé à la convocation de l'Assemblée plébéienne, et deux plébiscites ont été adoptés aussitôt.
>
> Cotta m'avait dit que Caepio était en route pour Rome, aussi vite qu'il pouvait, pour que sa version des faits soit connue en premier; mais qu'il prendrait sans doute soin de conserver son *imperium* en restant au-delà des limites de la cité, où son fils et ses agents pourraient agir en son nom. De cette façon, il serait à l'abri. J'imagine qu'il pensait - et il n'avait pas tout à fait tort — que parvenir à faire proroger son gouvernorat lui permettrait de gagner suffisamment de temps pour que le scandale s'apaise.
>
> Mais la Plèbe s'est chargée de lui, et comment! Elle a massivement voté pour qu'on le prive sur-le-champ de son *imperium*. Aussi, quand il arrivera à Rome, il se retrouvera aussi nu qu'Ulysse sur la plage. Le second plébiscite, Caius Marius, enjoignait au responsable officiel des élections, c'est-à-dire moi, de t'inscrire en vue du scrutin consulaire, en dépit de ton absence de Rome.

— Caius Marius, dit Sylla, c'est l'œuvre de Mars et de Bellone! Un don des dieux de la guerre!

— Non, Lucius Cornelius, non! C'est l'œuvre de ton amie et de la mienne: la Fortune!

Il reprit sa lecture:

Le peuple m'ayant donné un ordre, il n'était pas en mon pouvoir de le discuter.

A propos, avant le vote, Cnaeus Domitius Ahenobarbus — sans doute parce qu'il se considère un peu comme le fondateur de notre province de Gaule Transalpine — avait tenté de prendre la parole depuis les rostres, pour s'opposer à celui qui te permettait de te présenter aux élections consulaires *in absentia*. Tu sais à quel point ils sont colériques dans cette famille — tous des mauvais coucheurs arrogants! —, et Cnaeus Domitius écumait littéralement de rage. Comme la foule se lassait et couvrait sa voix, il a tenté de la faire taire! Peut-être y serait-il parvenu, mais quelque chose a cédé en lui, et il est tombé mort, foudroyé. Cela a un peu refroidi l'atmosphère, et tout le monde est rentré chez soi. De toute façon, le plus important était fait.

Les plébiscites ont été entérinés le lendemain par toutes les tribus sans exception. Ce qui me laissait le souci d'organiser les élections. Une requête polie auprès des tribuns de la plèbe a suffi. Ils ont choisi un nouveau collège en moins de trois jours. Tous sur le même modèle: le fils aîné de Cnaeus Domitius Ahenobarbus, le fils aîné du regretté Lucius Cassius Longinus, qui veut sans doute prouver que tous les membres de la famille ne sont pas des bouchers de l'armée romaine, ce qui devrait être bon pour toi. Il y aussi Lucius Marcius Philippus, et un Clodius de la redoutable engeance des Claudius-Clodius. Grands dieux, ils se reproduisent à toute allure!

L'Assemblée centuriate a voté hier, et tu es arrivé en tête des suffrages dans toutes les centuries de la Première Classe, et dans nombre de la Deuxième. Certains sénateurs importants auraient aimé te barrer la route, mais tu as une trop bonne réputation d'homme de parole et de sincère partisan des milieux d'affaires, surtout après que tu as tenu tes promesses en Afrique. Les chevaliers, quant à eux, n'avaient aucun scrupule de conscience particulier à voter pour un absent.

Marius leva les yeux, exultant:

— Voilà ce qu'est un vrai mandat du Peuple, Lucius Cornelius! Consul pour la deuxième fois, alors que je ne savais même pas être candidat! Je ramènerai Martha la Prophétesse à Rome avec nous. Elle verra de ses propres yeux mon triomphe et mon intronisation de consul, et dans la même journée! Car je viens de prendre ma décision: le triomphe aura lieu le premier jour de l'année.

— Et nous partirons en Gaule, répondit Sylla, que cet aspect de la question intéressait bien davantage. A condition que tu veuilles bien de moi, évidemment.

— Comment pourrais-je me passer de toi, ou de Sertorius!

Sylla, avait besoin d'un peu de temps pour prendre la mesure de ces incroyables nouvelles et avant d'en discuter en profondeur avec Marius. Il demanda à celui-ci d'achever sa lecture.

> Aussi, Caius Marius, quand je te reverrai, ce sera pour te transmettre ma charge. J'aimerais pouvoir dire que je suis heureux de m'en être acquitté avec honneur. Pour le bien de Rome, il était nécessaire que tu reçoives le commandement de l'armée contre les Germains. J'aurais seulement préféré que cela se passe dans les règles! Je pense aux nouveaux ennemis que cela va te valoir, et j'en frémis. Depuis ton entrée dans la vie publique, tu as provoqué trop de bouleversements dans notre appareil législatif. Je sais que tous étaient indispensables, si nous voulons survivre. Mais je crois que Marcus Aemilius Scaurus a, d'une certaine façon, le droit pour lui, dans la situation actuelle; d'ailleurs il ne témoigne pas, en tout cas, de la myopie bornée dont le Porcelet fait preuve. Comme moi, Scaurus voit disparaître la vieille Rome. En fait, la cité dresse son propre bûcher funéraire. Si les sénateurs avaient été assez lucides pour te laisser t'occuper des Germains à ton idée, toutes ces mesures, si peu orthodoxes, auraient été inutiles. Mais je m'en afflige quand même.
>
> Je dois ajouter, pour terminer, que ta candidature a fait fuir tous les hommes de réputation. Certains avaient été jusqu'à se porter candidats, mais tous se sont retirés. Comme par exemple Quintus Lutatius Catulus César, qui a déclaré qu'il ne saurait pas davantage collaborer avec toi qu'avec son chien. La conséquence est que ton collègue au consulat est un homme de rien, ou presque. Ce qui ne devrait pas trop t'inquiéter, car il ne risque pas de te créer des soucis. Tu dois mourir d'envie de savoir qui c'est, aussi vais-je te l'apprendre, en te précisant d'abord qu'il est vénal, ce que tu devrais déjà savoir. Son nom? Caius Flavius Fimbria.

— Je le connais, dit Sylla d'un ton méprisant. Un amateur de sensations fortes, qu'il venait chercher dans les milieux que je fréquentais naguère. Un cauteleux. Ne le laisse pas tenter de te rouler, Caius Marius.

— Tu peux compter sur moi, répondit Marius d'un air grave.

Puis il tendit la main à Sylla, qui s'en empara aussitôt:

— Lucius Cornelius, faisons-en le serment : toi et moi battrons les Germains !

L'armée d'Afrique et son commandant en chef embarquèrent fin novembre à destination de Puteoli. La mer était calme, et les vents se montrèrent favorables. Ce à quoi, d'ailleurs, Marius s'attendait : sa carrière était en pleine ascension, il avait la Fortune à ses ordres aussi sûrement que ses soldats. D'ailleurs, Martha la Prophétesse avait prédit que la traversée serait rapide et sans incidents. Elle était au côté de Marius sur le navire amiral, vieux sac d'os agité de gloussements que les marins, toujours superstitieux, épiaient du coin de l'œil et évitaient avec crainte. Le roi Gauda avait renâclé : elle avait dû cracher sur le sol de marbre, en pleine salle du trône, et menacer de jeter le mauvais œil sur lui et sa famille. Après cela, il n'eut de cesse de se débarrasser d'elle.

A Puteoli, Marius et Sylla furent accueillis par l'un des nouveaux questeurs du Trésor, très impatient de connaître l'ampleur exacte du butin, mais rempli de déférence. Les deux hommes eurent à cœur de l'obliger et, comme leurs livres de comptes étaient admirablement tenus, tout le monde fut content. L'armée dressa le camp en dehors de Capoue, entourée de jeunes recrues que formaient les gladiateurs de Rutilius Rufus. Mais les nouveaux venus se faisaient rares ; l'Italie était à bout de ressources humaines, et il faudrait attendre que la jeune génération atteigne dix-sept ans pour que les rangs se gonflent de nouveau. Même les *capite censi* étaient décimés, du moins parmi les citoyens romains.

— Je doute fort que le Sénat approuve l'idée de recruter parmi les prolétaires italiques, dit Marius.

— Il n'aura pas beaucoup le choix, lui répondit Sylla.

— C'est vrai. Si je les y pousse. Mais pour le moment, ce n'est pas dans mon intérêt, ni dans celui de Rome.

Marius et Sylla se séparèrent jusqu'au nouvel an. Sylla, bien entendu, était libre d'entrer dans Rome, mais Marius, jouissant encore de son *imperium* proconsulaire, ne pouvait franchir les limites sacrées de la cité sans le perdre. Il se rendit donc dans sa villa de Cumes.

Le cap Misenum formait la redoutable partie nord de ce qu'on appelait la baie du Cratère, immense havre naturel très sûr, parsemé de petits ports marins — Puteoli, Neapolis, Herculanum.

Une très vieille tradition voulait que l'endroit eût été autrefois un volcan gigantesque, englouti par la mer après avoir explosé. Il y avait, certes, de nombreuses traces d'activité tellurique. Les

Champs de Feu, derrière Puteoli, illuminaient les cieux nocturnes de leurs flammes sorties du sol; des mares de boue étaient agitées de lourdes bulles, on trouvait partout des efflorescences de soufre, ou de grondantes colonnes de vapeur. Sans parler du Vésuve, haut piton rocheux dont certains disaient que c'était un ancien volcan; mais, aussi loin qu'on remontât dans l'histoire, il s'était tenu tranquille.

Deux petites villes se tenaient l'une à côté de l'autre sur l'étroit goulot du cap Misenum. Cumes donnait sur la mer, Baies sur la baie. La première était un lieu de villégiature, l'autre une agglomération plus modeste, où l'ostréiculture commençait à s'organiser. De la villa de Marius, bâtie au sommet d'une falaise on apercevait les îles voisines — trois pics rocheux perdus dans un brouillard bleu pâle. Et c'est là que Julia attendait son époux.

Cela faisait plus de deux ans et demi qu'ils ne s'étaient vus. Julia avait presque vingt-quatre ans, et Marius cinquante-deux. Quand, sans s'être fait annoncer, il entra dans le salon de Julia, elle se leva d'un air gauche, se rendit compte que ses jambes refusaient de la porter, et s'effondra. Il avait l'air plus jeune que dans ses souvenirs. Il souriait, lui tendait les mains, et elle était incapable de bouger! Qu'allait-il penser?

— Caius Marius, je suis si heureuse de te voir!

— Pas plus que moi, Julia.

— Embrasse-moi!

Leurs retrouvailles se déroulèrent comme tous deux l'avaient rêvé: dans la tendresse et la passion. Il y avait aussi le ravissement du petit Marius et, plus secrètement, le chagrin à la pensée de leur enfant mort.

A la grande surprise d'un Marius rayonnant, Marius le jeune était magnifique: grand, de bonne constitution, de teint assez clair, avec de grands yeux gris qui croisèrent ceux de son père sans témoigner de la moindre crainte. Marius se dit que la discipline devait laisser à désirer; mais le bambin apprendrait bientôt qu'un père n'est pas un objet qu'on manipule, mais quelqu'un qu'il faut révérer et respecter.

La mort de leur cadet n'était pas la seule source de chagrin pour Marius. S'il savait que Caius Julius César était mort, il apprit de la bouche de Julia que son propre père l'avait suivi peu de temps après les élections qui avaient vu son fils aîné devenir consul pour la deuxième fois. Marius posa son visage sur la poitrine de la jeune femme. Ce fut la première fois qu'elle le vit pleurer.

— Il ne sert à rien que j'aille à Arpinum, dit-il à Julia plus tard. Nous resterons ici.

— Publius Rutilius arrive bientôt. Après que les nouveaux

tribuns de la plèbe se seront un peu calmés, a-t-il dit. Je crois qu'il a peur que ce ne soient des gens difficiles — certains d'entre eux sont très adroits.

— Alors, en l'attendant, oublions un peu la politique.

Le retour de Sylla dans son foyer fut très différent. Contrairement à Marius, il n'en attendait aucun plaisir particulier, et ne cherchait pas à savoir pourquoi : il n'avait eu aucune relation sexuelle pendant les deux ans de son séjour en Afrique. La page blanche qu'il avait inaugurée en changeant de vie ne devait à aucun prix être tachée ; pas de déloyautés envers son supérieur, pas d'intrigues, pas de faiblesses charnelles, rien qui pût porter tort à la *dignitas* d'un Cornelius.

Acteur-né, il s'était jeté de toute son âme dans ses fonctions de questeur de Marius. Jusqu'à présent, il n'avait jamais commis de faute, car ce rôle lui offrait de constantes diversions, des défis énormes, et d'immenses satisfactions. Et pourtant... il ne s'était pas débarrassé de son ancienne personnalité. Il n'ignorait rien de son propre désir de revoir Metrobios, de son amour des nains, des travestis, des vieilles catins, des personnages scandaleux. Il éprouvait toujours cet insurmontable mépris des femmes qui se servaient de leur pouvoir pour le dominer. Il détestait avec la même férocité les imbéciles. Et enfin son ambition dévorante le poussait toujours... L'avenir lui réservait encore bien d'autres incarnations. Et pourtant... Rome était le théâtre sur lequel, autrefois, il avait joué. Il y revint non sans hésitations, mais conscient, en véritable acteur, qu'il allait devoir tenir un nouveau rôle. Seule la scène n'avait pas changé.

Julilla l'attendait avec une impatience frénétique. Pour elle, l'amour véritable devait tout envahir, tout submerger, tout gouverner. Elle attendait, incapable de se préoccuper de quoi que ce soit, sinon de sa coupe de vin, changeant de tenue ou de coiffure plusieurs fois par jour et rendant folles ses servantes.

Quand il entra dans l'atrium, elle courut vers lui à travers la salle, bras tendus, visage extatique ; avant même qu'il ait eu le temps de la regarder, ou de se donner une contenance, elle avait collé sa bouche contre la sienne, et, soupirant d'un ton lascif, commencé de lui caresser le bas-ventre, sous les yeux moqueurs d'une dizaine d'esclaves, dont la plupart étaient totalement inconnus de Sylla.

Levant les mains, il ôta de ses épaules les bras de la jeune femme, et ses lèvres échappèrent aux siennes.

— Reprends-toi! lança-t-il. Nous ne sommes pas seuls!

Elle resta bouche bée, comme s'il l'avait giflée, soudain dégrisée; elle prit son bras avec une pitoyable gaucherie, et l'accompagna jusqu'au péristyle, puis jusqu'à son propre salon, qui se trouvait dans la suite de pièces autrefois occupées par Nicopolis.

— Est-ce suffisamment privé? demanda-t-elle.

— Plus tard, plus tard! se borna-t-il à répondre en allant s'asseoir.

Elle resta immobile, effrayée, comme si son univers venait de s'effondrer. Plus belle que jamais, mais d'allure plus fragile: des bras maigres émergeaient d'une robe luxueuse, il y avait comme une lueur de folie dans ses yeux immenses, profondément enfoncés dans leurs orbites, au milieu d'ombres bleutées.

— Je... je ne comprends pas! s'écria-t-elle, sans oser bouger.

— Julilla, dit-il avec toute la patience dont il était capable, je suis fatigué. Je connais à peine les visages de cette maison, et, n'étant pas ivre, j'ai toutes les inhibitions de l'homme sobre, s'agissant du degré de licence qu'un couple marié peut s'accorder en public.

— Mais je t'aime!

— Je l'espère bien. Comme moi je t'aime. Mais il y a des limites, dit-il sèchement.

Au cours de ces deux années, quand il avait pensé à Julilla, ce n'était jamais en tant que personne: il se souvenait de son allure, de la passion frénétique dont elle témoignait au lit. En fait, il songeait à elle comme à une maîtresse, non à une épouse. Cela aurait été bien plus satisfaisant: une femme qu'on va voir quand on la désire, avec qui on n'a pas de demeure à partager, qu'il est inutile de présenter à ses pairs et à ses amis.

Je n'aurais jamais dû l'épouser, se dit-il. J'ai été entraîné par la vision de l'avenir que j'ai entr'aperçu dans ses yeux. Car c'est à cela que le rôle de Julilla s'était réduit: transmettre un message de la Fortune à celui qu'elle avait choisi. Je n'ai pas pris le temps de réfléchir au fait qu'il existait des dizaines de jeunes aristocrates romaines qui m'auraient mieux convenu que cette pauvre folle, qui a voulu mourir de faim pour que je devienne amoureux d'elle. Pourquoi donc ai-je passé ma vie enchaîné à des femmes qui veulent m'étouffer sous leur amour?

Le visage de Julilla parut se faner. Sans chercher à savoir ce que son époux en penserait, elle se dirigea vers une table basse et se versa une pleine coupe de vin pur, qu'elle but d'un trait; ce n'est qu'alors qu'elle se tourna vers lui.

— Du vin, Sylla?

Il fronça les sourcils:

— Arrête immédiatement! Tu bois toujours autant?

— J'en ai besoin! répondit-elle, très agitée. Tu es si froid, si déprimant!

— J'ai bien peur que oui, soupira Sylla. Ne t'en fais pas, je m'améliorerai. Oui, donne-moi du vin!

Il lui prit la coupe des mains et but, mais lentement, une seule gorgée.

— Quand ai-je eu des nouvelles de toi pour la dernière fois? Tu ne me parais pas très douée pour écrire?

Les larmes coulaient sur le visage de Julilla.

— J'ai horreur de ça!

— Je m'en suis aperçu.

— De toute façon, quelle importance? demanda-t-elle en se versant une seconde coupe de vin, qu'elle avala aussi vite que la première.

— Je m'apprêtais à dire que, la dernière fois que j'ai eu de tes nouvelles, je pensais que nous avions deux enfants — une fille et un garçon, non? Tu ne t'es même pas donné la peine de m'avertir, pour le garçon: je l'ai su par ton père.

— J'étais malade, répondit-elle, sanglotant toujours.

— Puis-je les voir?

— Là-bas! s'écria-t-elle en faisant un geste en direction de l'arrière du péristyle.

Il s'y rendit, la laissant s'essuyer le visage avec un mouchoir, avant de se resservir du vin.

Il les aperçut par la fenêtre de leur chambre. On entendait au fond le murmure d'une voix de femme, qui demeurait invisible: il ne vit plus que les deux petits êtres dont il était le père. Une fille — oui, deux ans et demi maintenant — et un fils — plus d'un an et demi!

La fillette était un enchantement: la plus belle petite poupée que Sylla eût jamais vue. Une tête couronnée d'une masse de boucles d'un blond tirant sur le roux, une peau de lait et de roses, des joues bien pleines, avec des fossettes, et, sous de jolis sourcils dorés, des yeux d'un bleu éclatant, heureux, débordant d'amour pour son petit frère.

Il était encore plus beau qu'elle. Il marchait déjà — c'était bon signe —, il était entièrement nu — ce dont il devait être coutumier. Il riait. Il ressemblait à un César: même visage long et attirant, même épaisse chevelure blonde, mêmes yeux bleu très vif.

Sylla s'agenouilla dans l'entrée et leur tendit les bras, les yeux brillants. Sans hésiter, ils coururent s'y jeter.

Publius Rutilius Rufus ne devait pas être le premier magistrat à rendre visite à Marius; celui-ci venait à peine de s'installer que son intendant lui demanda s'il consentait à voir Lucius Marcius Philippus. Curieux de savoir ce que l'autre voulait — il ne l'avait jamais rencontré, et ne connaissait sa famille que très vaguement —, Marius lui donna l'ordre d'introduire le visiteur dans son cabinet de travail.

Philippus ne perdit pas de temps, et en vint droit aux raisons de son passage. C'est quelqu'un de mou, se dit Marius: une taille trop lourde, trop de fanons sous le menton. Mais il avait l'arrogance des Marcius, qui se prétendaient descendants d'Ancus Marcius, quatrième roi de Rome, bâtisseur du Pont de Bois.

— Caius Marius, dit l'autre en le regardant bien en face, tu ne sais pas qui je suis. J'ai donc pensé qu'il fallait saisir la première occasion de faire plus ample connaissance étant donné que tu es le consul de cette année, et que je viens d'être élu tribun de la plèbe.

— C'est très aimable de ta part, répondit Marius avec un sourire dépourvu d'ironie.

Philippus se rencogna dans son fauteuil et croisa les jambes, ce que Marius avait toujours trouvé très peu masculin.

— Et que puis-je pour toi, Lucius Marcius?

— Beaucoup de choses, dit Philippus, dont le visage perdit soudain sa mollesse: une expression féline y était apparue. J'ai de gros soucis financiers en ce moment, Caius Marius, et j'ai pensé qu'il serait judicieux de te... disons proposer mes services de tribun de la plèbe. Il se peut, sait-on jamais, que tu aies besoin de faire voter certaines lois? Ou peut-être te contenterais-tu de savoir que tu as un fidèle partisan parmi les tribuns de Rome, tandis que tu t'occupes de tenir le loup germain à distance.

L'esprit de Marius avait fonctionné à toute allure.

— De fait, Lucius Marcius, il y a deux ou trois petites choses que j'aimerais voir discrètement votées par l'Assemblée de la Plèbe. Je serais ravi de pouvoir t'arracher à tes problèmes financiers, si tu pouvais m'épargner certaines difficultés législatives.

— Caius Marius, plus ta donation à ma cause sera généreuse, plus ces votes seront discrets, répondit Philippus avec un large sourire.

— Splendide! Dis ton prix!

— Un demi-million.

— De sesterces?

— De deniers.

— De deniers? Il va falloir me garantir bien des choses, pour une somme pareille!

— Tu auras bien davantage. Mes services de tribun pendant mon mandat, mais aussi après, je m'y engage solennellement.

— Alors, marché conclu.

— Tu vois, c'était simple! dit Philippus en se détendant un peu. Que puis-je faire pour toi?

— J'ai besoin d'une loi agraire.

Philippus sursauta, stupéfait:

— Mais pourquoi diable? Caius Marius, j'ai besoin d'argent, mais aussi de survivre assez longtemps pour dépenser ce qui en restera quand j'aurai payé mes dettes! Il n'entre pas dans mes intentions d'être battu à mort sur le Capitole, je ne suis pas un Tiberius Gracchus!

— C'est une loi agraire, certes, mais qui ne prête pas à controverses excessives, dit Marius d'un ton apaisant. Lucius Marcius, je peux t'assurer que je ne suis ni un réformateur ni un révolutionnaire, et que je n'ai pas l'intention de céder l'*ager publicus* aux pauvres de Rome! Je les enrôlerai dans les légions, et leur ferai travailler la terre que je leur donnerai!

— Mais, à part l'*ager publicus*, quelles terres y a-t-il à distribuer? A moins que tu ne veuilles que l'Etat en achète d'autres? Ce qui voudrait dire trouver de l'argent, dit Philippus, toujours mal à l'aise.

— Ne t'inquiète pas. Elles sont déjà en possession de Rome. Tant que je détiens l'*imperium* proconsulaire sur l'Afrique, c'est à moi de décider que faire des terres confisquées à l'ennemi. Je peux les louer à mes clients, ou les mettre en vente aux enchères, ou en faire don à un roi étranger. Il suffit que le Sénat confirme mes dispositions. Pour l'essentiel, c'est déjà fait. Mais il reste une question que je n'ai pas l'intention de régler moi-même, officiellement du moins. A dire vrai, elle est si délicate que je compte bien parvenir à mes fins en deux temps.

Lucius Marcius, ta tâche consistera à mettre en place la première partie de l'opération. Je crois que, si Rome veut continuer à lever des armées décentes, il faut que le fait d'entrer dans la légion devienne une perspective suffisamment attirante de faire carrière pour les *capite censi*, et plus seulement qu'ils s'y engagent par zéle patriotique en cas de crise. Leur offrir une petite solde et une part du butin ne suffira plus. Ils seront davantage tentés, si on leur promet des terres à la fin du service. Toutefois, elles ne peuvent être situées en Italie même.

— Je crois que je commence à voir où tu veux en venir, Caius Marius. Intéressant.

— Je le crois aussi. Dans cette intention, j'ai donc gelé des terres en Afrique, dont les prolétaires légionnaires pourraient s'occuper une fois démobilisés — ce qui d'ailleurs, grâce aux Germains, ne risque pas de se produire de sitôt. Cela me donnera le temps d'obtenir l'approbation du Peuple Mais j'ai bien des ennemis, qui chercheront à m'en empêcher.

— Cela ne fait aucun doute, Caius Marius, dit Philippus en hochant sentencieusement la tête.

Ne sachant trop si c'était là un sarcasme ou un regret, Marius lui jeta un regard glacial, puis reprit :

— Lucius Marcius, tu vas rédiger une loi que tu soumettras à l'Assemblée plébéienne, et qui fera passer les terres d'Afrique dans l'*ager publicus*, sans possibilité de les louer, de les fragmenter ou de les vendre, sauf après plébiscite. Tu ne feras allusion ni aux soldats, ni aux *capite censi*. En fait, tout ce que tu auras à faire, sans bruit, c'est les placer dans un coffre bien fermé, pour empêcher des mains avides de s'en emparer. Il va de soi qu'il est essentiel que mes ennemis ignorent que je suis derrière tout cela.

— Je crois que je peux y arriver.

— Bien. Le jour même de l'entrée en vigueur de ta loi, je ferai déposer par mon banquier cinq cent mille deniers à ton nom, de telle façon que jamais on ne puisse remonter jusqu'à moi.

Philippus se leva.

— Tu as désormais un tribun de la plèbe à ta disposition, Caius Marius, dit-il en tendant la main. Mieux, je continuerai à te servir tout au long de ma carrière politique.

Marius accepta la paume qui lui était tendue; mais, dès que Philippus eut tourné les talons, il réclama de l'eau chaude pour se laver les mains.

— Ce n'est pas parce qu'il me faut recourir à la corruption que je dois aimer ceux que je corromps, dit Marius à Publius Rutilius Rufus quand celui-ci arriva à Cumes cinq jours plus tard.

— Ah, il a tenu parole, répliqua Rutilius Rufus d'un ton résigné. Il a aussitôt présenté ta petite loi agraire comme s'il en était l'auteur, d'une façon tellement logique que personne n'a discuté. Ce Philippus est un malin — un peu gluant, peut-être... Certains de tes ennemis ont même pensé qu'il agissait contre toi. La loi est passée sans la moindre objection.

— C'est bien! Je vais avoir besoin de temps pour faire la preuve de la valeur des légionnaires issus des *capite censi* avant d'oser leur distribuer des terres. Enfin, assez pour le moment. Quoi d'autre?

— J'ai fait voter une loi permettant au consul de nommer des tribuns des soldats sans avoir à tenir d'élections, chaque fois que l'Etat devra faire face à une crise grave.

— Je vois que tu penses toujours au lendemain ! Combien en as-tu désigné ?

— Vingt et un, autant que les tribuns tués à Arausio. Le jeune Caius Julius César fait partie du nombre.

— C'est bien ! Ah, la parenté vous vaut parfois bien des ennuis ! Tu te souviens de Caius Lusius ? Celui qu'avait épousé Gratidia, la sœur de mon beau-frère ?

— Vaguement. Numance ?

— C'est ça ! Un horrible cloporte ! Mais très riche. Ils ont un fils, qui a maintenant vingt-cinq ans, et ils me supplient de l'emmener avec moi pour combattre les Germains. Je ne l'ai jamais vu, mais j'ai bien été obligé de dire oui, sinon mon frère Marcus n'aurait jamais fini d'en entendre parler !

— Puisque nous en venons à ta vaste famille, tu seras ravi d'apprendre que le jeune Sertorius est chez sa mère à Nersia, et qu'il est suffisamment rétabli pour partir en Gaule avec toi.

— Très bien ! Comme Cotta cette année ?

— Caius Marius, te rends-tu compte ? Un ex-préteur et cinq sénateurs de second plan, voilà leur délégation chargée de raisonner quelqu'un comme Caepio ! Mais je connaissais Cotta ; contrairement à Scaurus et Numidicus, je le savais prêt à sauver tout ce qui pouvait l'être.

— Où en est Caepio ?

— L'opinion publique est très montée contre lui, et ses amis du Sénat ne peuvent donc pas lui venir en aide comme ils le voudraient.

— Et les Marses ? Ils se sont calmés ?

— Tu veux parler de leur action en justice ? Le Sénat les a déboutés, tu t'en doutes, mais Rome ne s'est pas fait d'amis. Le chef de la légion marse, un certain Quintus Poppaedius Silo était venu dans l'intention de témoigner. Mais tu ne peux imaginer le nom d'un autre tribun également prêt à témoigner...

— En effet, je l'ignore. Qui est-ce ?

— Mon propre neveu, Marcus Livius Drusus ! On dirait que ces deux-là se sont rencontrés après la bataille : apparemment leurs unités étaient l'une à côté de l'autre. Mais Caepio a été estomaqué de voir son propre gendre apporter son témoignage !

— Il a les dents longues, commenta Marius, se souvenant du jeune avocat qu'il avait entendu plaider.

— Il a changé, depuis Arausio. Il est brutalement entré dans l'âge adulte. Comme tous ceux qui ont survécu ! On n'a pas encore retrouvé tous ceux qui s'étaient enfuis à la nage, et je crains qu'on n'y parvienne jamais.

— Je les trouverai, moi, répondit Marius d'un air sombre. Ce sont des prolétaires, ce qui signifie qu'ils sont sous ma responsabilité.

— Tu ne crois pas si bien dire: Caepio va tenter de rejeter la responsabilité du désastre sur Cnaeus Mallius et sur la racaille des *capite censi*, comme il dit. Marcus Livius Drusus a déclaré publiquement, sous serment, qu'ils n'avaient rien à y voir. C'est un bon avocat, et un comédien meilleur encore!

— Le gendre de Caepio s'en prend à son beau-père. Comment cela se peut-il? Tout le monde a dû être horrifié par un tel manque d'esprit de famille.

— Il ne le critique pas, du moins pas directement. Il ne fait pas la moindre allusion à Caepio! Il se borne à réfuter ses accusations. Au demeurant, j'ai noté que Drusus et Caepio le jeune ne semblent plus aussi intimes que par le passé, ce qui est assez ennuyeux, car le second est marié à ma nièce, la sœur de Drusus.

— A quoi veux-tu t'attendre, quand vous autres noblaillons n'avez rien de plus pressé que d'épouser vos cousines, au lieu de rechercher le sang neuf? Enfin! Quoi d'autre?

— Les Alliés italiques nous en veulent, Caius Marius. Comme tu le sais, cela fait des mois que j'essaie de recruter parmi eux. Mais ils refusent de coopérer. Quand je leur demande leurs prolétaires, puisqu'ils prétendent ne plus disposer de petits propriétaires, ils me disent qu'il n'y en a pas chez eux!

— Après tout, ce sont des paysans, non?

— Ridicule! Aucune communauté agricole n'est dépourvue de métayers, de bergers, d'ouvriers agricoles! C'est ce que j'ai rappelé aux Alliés, qui m'ont répondu: tous ceux qui chez nous auraient pu être des *capite censi* sont désormais tombés en esclavage, généralement pour dettes. Et toutes les nations italiques ont écrit au Sénat en termes très vifs, des Marses aux Ombriens, des Samnites aux Etruriens et aux Lucaniens, tous!

— Ah, nous savons déjà que cela nous posera bien des problèmes. Mon espoir est que la menace germaine ressoudera l'unité de la péninsule.

— Je crains que non. Nos Alliés disent que Rome a gardé si longtemps leurs hommes, qu'en rentrant ils trouvent leurs fermes ou leurs boutiques parties à vau-l'eau, et que tous ceux qui ont eu la chance de survivre se sont endettés auprès d'un propriétaire ou d'un homme d'affaires romains. Ils ajoutent que Rome a déjà leurs *capite censi*; devenus des esclaves dispersés d'un bout de la Méditerranée à l'autre, surtout dans les grandes zones agricoles comme l'Afrique, la Sardaigne, la Sicile.

Marius parut mal à l'aise.

— Je ne savais pas que les choses en étaient arrivées là.

Moi-même je possède bien des terres en Etrurie, dont des fermes confisquées pour dettes. Mais que faire? Si je ne les avais pas acquises, le Porcelet ou son frère s'en seraient chargés! J'ai aussi hérité de terres venant de la famille de ma mère. Mais je suis un gros propriétaire, c'est impossible à nier.

— Et je parie que tu ignorais ce à quoi tes agents réduisaient les hommes à qui ils avaient confisqué leurs terres?

— En effet, répondit Marius, de plus en plus gêné. Je ne me doutais pas que nous avions réduit tant d'Italiques en esclavage!

— Cela arrive aussi aux Romains qui ne peuvent payer leurs dettes.

— De moins en moins!

— C'est vrai.

— Dès que j'entrerai en fonction, dit Marius d'un air résolu, j'examinerai les plaintes de nos Alliés.

En cette fin d'année, les tribuns de la plèbe se montrèrent très actifs. Lucius Cassius Longinus, voulant sans doute racheter la mémoire de son père — l'un de ces généraux incompétents que l'opinion publique détestait tant —, déposa une loi en vue d'une discussion lors d'une réunion de l'Assemblée plébéienne. Tous ceux qu'elle dépouillerait de leur *imperium* perdraient également leur siège au Sénat. C'était déclarer la guerre à Caepio. On s'accordait généralement à penser que celui-ci, si jamais — ce qui n'avait rien d'assuré — il passait en jugement pour trahison, serait acquitté. Sa richesse et sa puissance lui permettaient de contrôler trop de chevaliers de la Première et de la Deuxième Classe. Mais le chasser du Sénat, c'était tout autre chose. Or, malgré tous les efforts de Numidicus, et de ses collègues, la loi fut votée.

C'est alors qu'éclata une polémique religieuse, dont la fureur même éclipsa toutes les autres préoccupations — ce qui était d'autant plus inévitable que l'affaire avait un côté ridicule qui enchanta les Romains. Cnaeus Domitius Ahenobarbus, qui venait de mourir si brusquement, était *pontifex*, prêtre de Rome, et faisait partie avec d'autres, tels Scaurus ou Publius Licinius Crassus, du collège des pontifes, présidé par Lucius Caecilius Metellus Dalmaticus, Pontifex Maximus. Son décès laissait donc un siège vacant.

En de telles circonstances, les membres du collège cooptaient un nouveau venu — plébéien ou patricien selon les origines sociales du défunt. Selon la tradition, il appartenait à la famille de son prédécesseur, en conséquence cette charge passait de père à fils, ou d'oncle à neveu: il fallait préserver l'honneur et la *dignitas* de la lignée. Aussi Cnaeus Domitius Ahenobarbus le jeune, désormais chef de la maison, espérait bien qu'on lui demanderait de succéder à son géniteur.

Pourtant, quand le collège des pontifes se réunit pour en discuter, Scaurus annonça qu'il n'était pas favorable à cette candidature. Il avait pour cela bien des raisons, dont une qu'il ne pouvait livrer publiquement, et que d'ailleurs ceux qui l'écoutaient connaissaient parfaitement. Cnaeus Domitius Ahenobarbus avait été un homme déplaisant, têtu, irascible, et son fils était encore pire. Tout noble romain était accoutumé à supporter les bizarreries de ses pairs — à condition de pouvoir leur échapper de temps à autre. Or les pontifes, très liés, se réunissaient périodiquement — et le jeune Ahenobarbus n'avait que trente-trois ans. Après avoir supporté le père si longtemps, faudrait-il souffrir encore avec son rejeton ? Au demeurant, Scaurus avait deux autres bons motifs de vouloir lui refuser l'accès du collège.

Le premier était que, à la mort de Marcus Livius Drusus le censeur, son fils n'avait pas hérité de sa charge de pontife, parce qu'il n'était alors âgé que de dix-neuf ans, ce qui paraissait un peu jeune. Le second était que le jeune avocat semblait sur le point d'abandonner le profond conservatisme qui lui était naturel. En fin politique, Scaurus estimait que, si on lui accordait le titre de pontife, il pourrait peut-être revenir à de meilleurs sentiments. Son père avait été l'un des ennemis les plus farouches de Caius Gracchus ; on ne l'aurait pas cru en entendant le fils au Forum ! Bien entendu, ajouta Scaurus, il avait des excuses pour cela, ne serait-ce que le choc de la bataille d'Arausio. Dès lors, pourquoi donc ne pas l'intégrer au sein d'un collège auquel Drusus le censeur avait appartenu ?

Ses treize collègues estimèrent que c'était un excellent moyen de se sortir du dilemme ; Ahenobarbus le père, peu avant de mourir, ayant obtenu que son cadet, Lucius, devînt augure, la famille ne pourrait donc prétendre qu'elle avait été privée de ses prérogatives religieuses.

Cnaeus Domitius Ahenobarbus le jeune en fut outré : peu de temps après, lors d'une réunion du Sénat, prenant prétexte d'une affaire compliquée — l'adoption d'un patricien par un plébéien, qui aurait dû recevoir la sanction du collège des pontifes —, il annonça publiquement qu'il allait faire mettre Scaurus en accusation pour sacrilège. Sachant bien que ce formalisme juridique avait d'autres raisons moins avouables, le Sénat ne fut guère impressionné. Scaurus non plus. Se levant, il contempla dédaigneusement son adversaire, qui avait viré au pourpre :

— Cnaeus Domitius, toi qui n'es même pas *pontifex*, tu voudrais me faire accuser de sacrilège, moi Marcus Aemilius, *pontifex* et *princeps Senatus*? lança-t-il d'une voix glaciale. Va-t-en donc à l'Assemblée de la Plèbe t'amuser avec tes nouveaux jouets et ne reviens que quand tu auras grandi!

Ahenobarbus quitta la séance sous les rires, les lazzi et les cris de « mauvais coucheur! », et l'affaire parut close. Mais il n'avait pas dit son dernier mot. Comme Scaurus le lui avait conseillé, il se rendit auprès de l'Assemblée plébéienne et rédigea en deux jours un projet de loi qu'il réussit à faire passer avant la fin de l'année. A l'avenir, les candidats aux fonctions de pontife ou d'augure seraient élus par une assemblée des tribus spécialement créée, et n'importe qui pourrait poser sa candidature.

— C'est scandaleux! dit Metellus Dalmaticus Pontifex Maximus à Scaurus. Scandaleux!

Mais l'autre accueillit cette indignation par un immense éclat de rire:

— Allez, Lucius Caecilius, reconnais qu'il nous a possédés. J'avoue que cela me le rend plus sympathique.

— Et dès que l'un de nous disparaîtra, il se fera élire!

— Et pourquoi pas? Il l'a bien mérité.

— Et si c'est moi? Il serait *pontifex maximus*, par-dessus le marché!

— Il paraît qu'en ce moment il s'en est pris à Marcus Junius Silanus, intervint Metellus Numidicus.

— En effet, répondit son frère. Il lui reproche d'avoir déclenché illégalement la guerre contre les Germains en Gaule Transalpine.

Scaurus eut un petit sifflement:

— Et il peut obtenir de l'Assemblée de la Plèbe qu'elle le juge pour ce motif, alors que toutes les accusations de trahison sont du ressort des Centuries. Il est vraiment très fort! Je commence à regretter de ne pas lui avoir donné le poste qu'occupait son père.

— Bien sûr que non! s'écria Numidicus. Toute cette pagaille te ravit!

— Et pourquoi pas? répondit Scaurus en feignant la surprise. Pères Conscrits, nous sommes à Rome! La vraie! Et cette concurrence entre nous autres aristocrates est saine!

Numidicus bouillait de rage; comme si cela ne suffisait pas, alors que Caius Marius allait de nouveau être consul!

— Insanités! La Rome qui nous est familière se meurt! On se fait élire consul pour la seconde fois en trois ans, sans même avoir été présent à Rome! Les *capite censi* sont admis dans les légions! Les prêtres et les augures vont être élus! Le Peuple foule aux pieds les décisions du Sénat! L'Etat débourse des fortunes pour son armée! Non, décidément, ce n'est plus la vraie Rome!

LA SEPTIÈME ANNÉE
(104 avant J.-C.)

sous le consulat
de Caius Marius (II)
et
de Caius Flavius Fimbria

*

LA HUITIÈME ANNÉE
(103 avant J.-C.)

sous le consulat
de Caius Marius (III)
et
de Lucius Aurelius Orestes

*

LA NEUVIÈME ANNÉE
(102 avant J.-C.)

sous le consulat
de Caius Marius (IV)
et
de Quintus Lutatius Catulus César

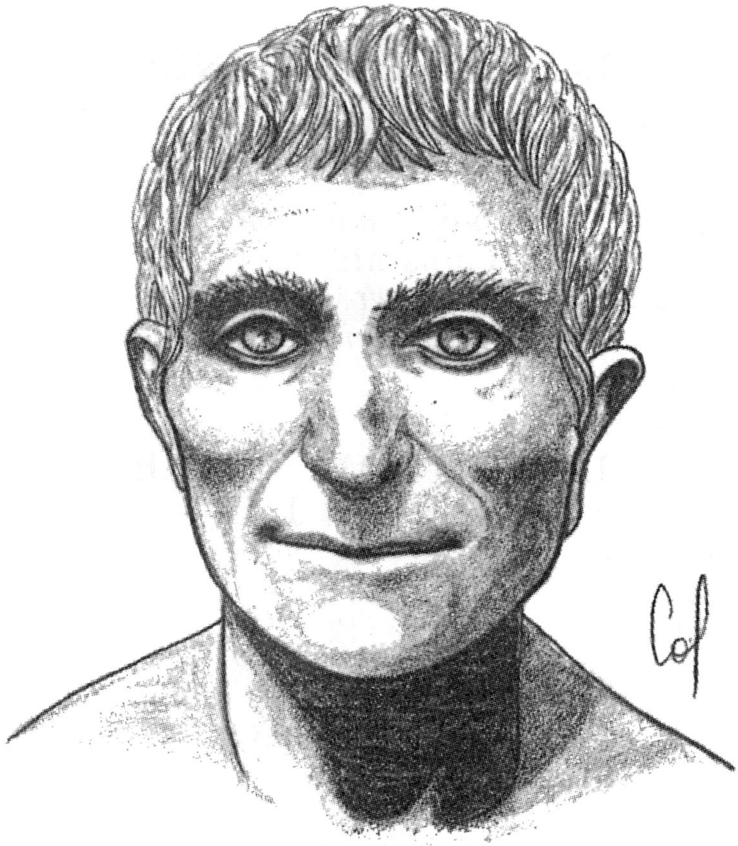

PUBLIUS RUTILIUS RUFUS

Sylla s'était vu chargé d'organiser le défilé du triomphe de Marius, dont il suivit scrupuleusement les ordres, en dépit de certaines réserves qu'il garda pour lui.

— Je veux que tout soit terminé le plus vite possible, lui avait dit Marius à Puteoli, lors de leur arrivée. Ensuite, nous passerons à la cérémonie d'intronisation des consuls, et à la réunion du Sénat. Toutefois, la fête devra être mémorable ! La cuisine la plus recherchée et la plus chère, les meilleurs musiciens et chanteurs, de la vaisselle d'or et des sofas tendus de pourpre !

Sylla en avait été accablé : décidément, Marius ne serait jamais qu'un paysan parvenu. Un triomphe à toute allure ! Une fête de mauvais goût ! Il suivit toutefois à la lettre ces instructions, tout en songeant que, le jour où viendrait son propre triomphe, il serait si important que le défilé durerait trois jours, comme du temps d'Aemilius Paulus !

Celui qu'il organisa à cette occasion resta cependant dans la mémoire des Romains. Des chars fleuris représentaient les divers épisodes de la campagne d'Afrique, dont la découverte des fameux escargots. L'un d'eux — réplique de la salle du trône du roi Gauda — emmenait Martha, la prophétesse syrienne, étendue sur un sofa de pourpre et d'or ; un acteur incarnait le souverain, un autre Caius Marius. Il y avait de pleines charrettées de butin, de trophées, des singes, des lions en cage, et vingt éléphants. Les six légions de l'armée africaine prendraient part à la cérémonie, mais dagues, épées et lances seraient remplacées par de simples bâtons, couverts de lauriers. Comme le défilé allait commencer, Marius lança à ses hommes :

— Je dois être au Capitole à la sixième heure, et ne pourrai donc avoir l'œil sur vous. Mais si vous me faites honte, vous vous en souviendrez, aussi sûr que je m'appelle Caïus Marius.

Ils adorent qu'il leur parle sur ce ton, songea Sylla. Mais il est vrai que, de toute façon, ils le vénèrent.

Jugurtha prit également part au défilé, vêtu de pourpre, la tête ceinte, pour la dernière fois, du ruban blanc, symbole de son rang. Ses colliers et ses bracelets d'or scintillaient au soleil. C'était une de ces journées d'hiver assez douces et pendant lesquelles il n'y a pas le moindre souffle de vent. Les fils de Jugurtha l'accompagnaient, eux aussi vêtus de pourpre.

Le souverain numide avait peine à croire qu'il était de retour à Rome, si sûr qu'il avait été de la quitter définitivement quand Bomilcar et lui étaient repartis pour l'Afrique. Rome, la cité à vendre. Quelle tragédie qu'il n'ait pas eu les moyens nécessaires! Les choses auraient été bien différentes.

Quintus Caecilius Metellus Numidicus l'avait accueilli chez lui en hôte d'honneur — sans toutefois qu'il lui fût permis de faire un pas dehors. Depuis des mois, il ne pouvait qu'arpenter de long en large le jardin-péristyle, comme un lion en cage. Il prenait soin de se maintenir en forme, et de s'adonner à des exercices physiques. Car, quand il figurerait dans le défilé triomphal de Marius, il tenait à ce que les Romains l'admirent, et se gardent bien de le confondre avec un quelconque potentat oriental ventripotent.

Il s'était montré fort distant avec Metellus Numidicus, qui en fut très peiné. Le Porcelet espérait pouvoir obtenir de lui des preuves que Marius, du temps où il était proconsul, avait abusé de ses fonctions. Jugurtha prit un malin plaisir à le décevoir. Numidicus était, certes, d'une noblesse indiscutable, et, à sa façon, non dépourvu d'intégrité: mais, en tant qu'homme et que soldat, il n'arrivait pas à la cheville de Marius. La veille du jour où celui-ci devait entrer dans Rome pour son triomphe et son intronisation comme consul, Numidicus et son fils, toujours aussi bègue, donnèrent un dîner en l'honneur de Jugurtha et de ses deux fils. En dehors d'eux, l'unique invité ne fut autre que Publius Rutilius Rufus, en souvenir de Numance.

Ce fut une soirée des plus bizarres. Le Porcelet s'était donné énormément de mal pour que la chère fût somptueuse, car, comme il le leur expliqua, il n'avait aucune intention de se goberger aux frais de Marius, après la réunion inaugurale du Sénat dans le temple de Jupiter Optimus Maximus.

— Mais il est quasiment impossible de trouver des huîtres, des escargots, rien de ce qui sort un peu de l'ordinaire, conclut Numidicus. Marius a tout raflé!

— Peux-tu l'en blâmer? demanda Jugurtha.

— Je le rends responsable de tout!

— Tu ne devrais pas. Si la haute noblesse avait pu le voir apparaître dans ses rangs, ç'aurait été parfait. Mais ce n'est pas le cas. C'est Rome qui a produit Caius Marius, non pas la cité, ou la nation, mais Roma, la déesse, le génie protecteur de la ville. On a besoin d'un homme, on le trouve.

— Parmi nous, nombreux sont ceux qui auraient pu faire aussi bien, s'obstina le Porcelet. En fait, c'est moi qui aurais dû y réussir ! Caius Marius m'a dérobé mon *imperium*, et demain, il me volera mon triomphe.

Jugurtha prit un air un peu incrédule, ce qui agaça fort Numidicus, qui lança, un peu venimeux :

— Par exemple, ce n'est pas Marius qui t'a capturé, ô roi. C'est Lucius Cornelius Sylla, un noble. On pourrait parfaitement dire, par conséquent, que c'est lui qui a mis un terme à la guerre. En fait, Lucius Cornelius est une sorte de Caius Marius, mais c'est un vrai Romain et il pense comme il faut.

— Oh que non ! Caius Marius est beaucoup plus direct, si tu vois ce que je veux dire.

— Je n'en ai pas la moindre idée.

— Moi, je vois, intervint Rutilius Rufus avec un grand sourire.

— Caius Marius est une sorte d'aberration, reprit Jugurtha. Un fruit poussé sur un arbre ordinaire, hors du verger. Mon cher Quintus Caecilius, il est vain de vouloir arrêter des hommes de ce genre. Ils ont la tête, le cœur, les tripes qu'il faut, et ce soupçon d'immortalité qui leur permet de triompher de tous les obstacles. Les dieux les aiment et leur prodiguent les dons de la Fortune. Un Caius Marius peut donc se permettre d'aller tout droit, et ne recourt à la duplicité que lorsqu'il ne peut l'éviter, et sans en être esclave.

— Tu as bien raison ! dit Rutilius Rufus.

— Lu-Lu-Lucius Co-Cornelius est me-meilleur-que-que-lui ! dit le Goret, furieux.

— Non, répondit Jugurtha. Il a la cervelle... les tripes... peut-être le cœur... mais pas le soupçon d'immortalité. Prendre les chemins de traverse lui est chose familière ; il croit aller tout droit. Pendant la bataille, brave comme un lion, j'en conviens. Mais il n'entend pas le dieu Mars.

— Dis-nous-en davantage, intervint Rutilius Rufus.

Jugurtha se gorgeait d'escargots ; il n'avait pas eu l'occasion d'en manger depuis qu'il était prisonnier.

— Mais quoi ? C'est un pur fils de sa classe. Tout ce qu'il fait, il le fait bien. Assez bien, en tout cas, pour que, des gens qui l'entourent, neuf sur dix ne se doutent de rien, et pensent que cela est tout naturel. Mais, pendant que j'étais en sa compagnie, je n'ai jamais rien pu discerner qui puisse m'indiquer qui il était vraiment. Oh, il sera à la tête de l'Etat, et remportera bien des guerres, je n'en doute nullement. Cependant, il choisira toujours la voie la plus facile, celle dont il pense qu'elle le mènera où il veut. Il n'a pas en lui ce soupçon d'immortalité; il est moins complet que Caius Marius, ou, disons, il y voit moins clairement.

— Et comment sais-tu tant de choses sur lui?

Jugurtha s'était emparé d'un cure-dents.

— J'ai chevauché en sa compagnie une fois. Puis nous avons longé la côte africaine, d'Icosium à Utique. Finalement, nous nous sommes beaucoup fréquentés.

Ce propos avait été tenu avec suffisamment d'ambiguïté pour que les autres se demandent quels sous-entendus il cachait. Mais personne n'osa demander.

Les salades arrivèrent, suivies de rôtis. Metellus Numidicus et ses hôtes y firent honneur avec gourmandise, mais pas les deux jeunes princes, Iampsas et Oxyntas.

— Ils veulent mourir avec moi, confia Jugurtha, à voix basse, à Rutilius Rufus.

— C'est impossible!

— C'est bien ce que je leur ai dit.

— Savent-ils où ils doivent se rendre?

— Oxyntas à Venusia, et Iampsas à Asculum Picentum. Où se trouvent ces villes?

— Venusia est au sud de la Campanie, et Asculum Picentum au nord-est de Rome, de l'autre côté des Apennins. Ils y seront à peu près à l'aise.

— Combien de temps leur détention durera-t-elle?

Rutilius Rufus réfléchit, puis haussa les épaules.

— Difficile à dire. Sans doute quelques années, jusqu'à ce qu'un magistrat local écrive au Sénat qu'ils sont entièrement romanisés, et qu'on peut les renvoyer chez eux sans danger.

— Alors, ils seront prisonniers à vie, j'en ai peur. Publius Rutilius, il vaut mieux qu'ils meurent avec moi!

— Non, Jugurtha. Qui sait ce que l'avenir leur réserve?

— C'est vrai.

Le repas prit fin par des pâtisseries, des gâteaux au miel, des fromages et des fruits confits.

— Dis-moi, Quintus Caecilius, demanda Jugurtha, que feras-tu si, un jour, un autre Caius Marius apparaît — mais cette fois dans ta propre classe?

— Je ne vois pas où tu veux en venir, ô roi, répondit Numidicus en battant des paupières. Caius Marius est Caius Marius.

— Il n'est pas forcément unique. Que feras-tu s'il en apparaît un issu d'une famille patricienne?

— Impossible !
— Bien sûr que si !
— Je crois, intervint Rutilius Rufus, que Quintus Caecilius veut dire que Caius Marius est, lui aussi, un pur fils de sa classe.
— Un Caius Marius peut naître dans n'importe quelle classe, répéta Jugurtha.
Tous les autres secouèrent la tête à l'unisson.
— Non, déclara Rutilius Rufus, comme s'il parlait au nom du groupe. Ce que tu dis est peut-être vrai pour la Numidie, mais pas pour Rome ! Aucun patricien ne pourrait jamais penser ou agir comme lui !
La conversation en resta là. La soirée prit fin après quelques coupes de vin, Publius Rutilius Rufus rentra chez lui, Metellus et son fils se retirèrent dans leurs chambres. Jugurtha dormit d'un sommeil sans nuages.
Deux heures avant l'aube, quand il fut réveillé par l'esclave chargé de le servir, il se leva, reposé et plein de vigueur. Il eut droit à un bain chaud, et consacra beaucoup de soin à sa toilette et à sa tenue. Sa chevelure fut coiffée en boucles épaisses à l'aide d'un fer à friser, sa barbe peignée puis semée de fils d'or et d'argent ; le souverain numide, enduit d'onguents coûteux, mit tous ses bijoux — dont les scribes du Trésor avaient déjà fait le relevé, et qui seraient distribués avec le reste du butin au Champ de Mars le lendemain. Quand il sortit de sa chambre, tout, dans son allure, témoignait qu'on était en présence d'un roi.
— Aujourd'hui, dit-il à ses fils comme ils se rendaient au Champ de Mars, je verrai Rome pour la première fois de ma vie.
Sylla se chargea de les accueillir à la lueur des torches, au milieu de ce qui semblait être une totale confusion ; mais l'aube se levait sur l'Esquilin, et Jugurtha eut l'impression qu'en fait c'était dû au grand nombre de gens rassemblés là.
Il était entravé, mais ses chaînes étaient purement symboliques. C'était par égard à son rang — de toute façon, où un souverain punique en fuite aurait-il pu se cacher, en Italie ?
— Nous parlions de toi, hier soir, dit-il à Sylla.
— Ah bon ?
— Oui. Nous avons discuté pour savoir qui avait effectivement remporté la guerre contre moi, Caius Marius ou toi.
Les yeux presque blancs vinrent se poser sur le visage de Jugurtha :
— Un bien intéressant débat, ô roi. Quelle a été ton opinion ?
— J'ai dit que c'était Caius Marius. C'est lui qui commandait et donnait les ordres aux autres, toi compris. Et c'est lui qui t'a

envoyé voir mon beau-père, le roi Bocchus. Toutefois, mon seul allié à cette occasion a été mon vieil ami Publius Rutilius Rufus. Quintus Caecilius et son fils s'obstinaient à répéter que tu avais gagné la guerre en me capturant.

— Tu as défendu le point de vue du droit.

— Il est toujours chose relative.

— Pas dans ce cas, lança Sylla en se tournant vers les soldats de Marius. Je n'aurai jamais son talent pour traiter avec eux. Je n'ai pas beaucoup de choses en commun avec eux, vois-tu.

— Tu le caches bien.

— Oh, ils le savent, crois-moi. C'est lui qui a remporté la guerre, avec eux. Ce que j'ai fait aurait pu être accompli par n'importe quel légat. Tu sembles avoir passé une excellente soirée, ô roi ?

— Merveilleuse ! dit Jugurtha en agitant ses chaines. Quintus Caecilius et son fils m'ont traité de façon vraiment royale ! Si l'on demande à un Numide ce qu'il voudrait manger lors de son dernier repas, il répondra : des escargots. C'est ce qu'on m'a servi hier soir.

— Alors, tu as le ventre plein.

— Oh que oui ! s'écria Jugurtha en souriant. C'est la meilleure façon de marcher vers le nœud de l'étrangleur.

— Ce n'est peut-être pas le terme qui s'impose, répondit Sylla avec un sourire carnassier.

— Que veux-tu dire ?

— Je suis chargé de l'organisation du défilé, roi Jugurtha. Ce qui signifie que c'est moi qui décide de la façon dont tu vas mourir. Tu devrais être étranglé, c'est exact. Mais cela n'a rien d'une obligation. Il y a une autre méthode : te jeter dans le trou du Tullianum, et t'y laisser pourrir.

Son sourire se fit éclatant :

— Après un repas aussi royal, au cours duquel tu as d'ailleurs tenté de semer la zizanie entre moi et mon chef, il serait dommage qu'on ne te laisse pas digérer tes escargots en paix. Il n'y aura donc pas d'étrangleur pour toi, ô roi ! Tu pourras mourir en prenant tout ton temps.

Fort heureusement, les fils de Jugurtha étaient trop loin pour entendre; le Numide, abasourdi, vit Sylla lui lancer un geste d'adieu, et regarda tout autour de lui, en proie à la panique. Des foules de serviteurs couraient en tous sens, chargés de couronnes et de guirlandes de lauriers, les musiciens répétaient déjà, des chevaux hennissaient en frappant du sabot ; une vieille femme édentée, vêtue de pourpre des pieds à la tête, vint s'étendre sur un sofa installé sur un char, comme si elle était une courtisane célèbre. Leurs regards se croisèrent ; elle le contempla longuement, avec des yeux qui semblaient appartenir aux chiens d'Hadès, le dieu des Enfers...

Une fois la cérémonie commencée, on ne perdit pas de temps. En règle générale, le Sénat et tous les magistrats curules, à l'exception des consuls, marchaient en tête, suivis de musiciens, de danseurs, ainsi que de bouffons qui singeaient les puissants. Venaient ensuite les chars, puis, de nouveau, des bateleurs, escortant les prêtres chargés des sacrifices rituels et leurs bêtes. Leur succédaient les prisonniers de marque, puis le triomphateur lui-même, monté sur son char; ses légions fermaient la marche. Caius Marius, toutefois, préféra changer l'ordre du programme, et choisit de précéder tout le monde, afin d'arriver au Capitole à temps pour pouvoir être intronisé consul ensuite, présider la réunion du Sénat, et donner une fête dans le temple de Jupiter Optimus Maximus.

Jugurtha apprécia de pouvoir s'avancer à pied à travers les rues de Rome, pour la première et dernière fois. Peu importait comment l'on mourait. Il le fallait bien un jour, et il avait eu le temps de vivre pleinement, même si son existence allait prendre fin dans la défaite. Les Romains en avaient eu pour leur argent... Bomilcar, son demi-frère... lui aussi avait péri dans une prison... Peut-être le fratricide offensait-il les dieux, quelles qu'en soient les raisons. Eux seuls pouvaient savoir combien de membres de sa parenté étaient morts à son instigation — mais jamais de sa propre main. Cela garantissait-il qu'elles n'étaient pas tachées de sang?

Comme les immeubles étaient hauts! Le défilé s'avançait en effet le long du Vicus Tuscus du Velabrum, partie de la ville pleine d'*insulae* qui paraissaient vouloir tomber les unes sur les autres. Aux fenêtres, des visages épanouis; il fut stupéfié d'entendre la foule l'applaudir, et l'exhorter à bien mourir avec des encouragements et des vœux.

Ils pénétrèrent ensuite dans le Circus Maximus, immense structure qui s'étendait sur tout le Palatin. Près de cent cinquante mille personnes s'entassaient sur des estrades de bois. Jugurtha, qui marchait un peu devant Marius, se sentit noyé sous les clameurs et les cris d'adulation adressés au général victorieux. Le défilé quitta l'énorme bâtiment, suivit la Via Triumphalis et finit par tourner dans la Velia pour descendre vers le Forum en piétinant sur les vieux pavés de la Via Sacra.

Enfin il allait voir le centre du monde! Mais, quand il jeta les yeux sur le Forum Romanum, il fut déçu. De petits édifices décrépis, qui semblaient placés au hasard; l'endroit avait l'air d'être à l'abandon. Même les plus récents étaient mal entretenus. Tous les bâtiments qu'ils avaient longés le long du trajet étaient autrement imposants, les temples plus grandioses. Un endroit sans chaleur, comme enfoncé dans une vallée bizarre, humide et peu attirante.

Arrivés en face du temple de Saturne, on fit sortir du défilé Jugurtha, ses fils et ceux de ses féaux capturés par les Romains. Ils virent passer les licteurs, les danseurs, les musiciens, les légats, puis le char du général lui-même. Marius paraissait lointain, et presque méconnaissable, à cause de son visage peint. Tous remontèrent la colline pour arriver devant le grand temple de Jupiter Optimus Maximus.

Jugurtha regarda ses fils :

— Vivez longtemps, et vivez bien.

Ils allaient connaître l'exil dans des cités romaines perdues ; au moins ses vassaux et ses épouses auraient-ils le droit de retourner en Numidie.

Les licteurs qui l'entouraient le conduisirent à travers le Forum, jusqu'en bas du Clivus Argentarius. Le Tullianum se trouvait sur la colline de l'Arx, juste après les marches des Gémonies. C'était un édifice minuscule, de couleur grisâtre, bâti avec d'énormes pierres assemblées sans mortier, à un seul niveau, et qui ne comptait qu'une entrée ménagée dans la muraille. Les licteurs le dépouillèrent de ses tuniques, de ses bijoux, et les tendirent aux scribes du Trésor, qui attendaient de se les voir remettre ; un reçu changea de mains, témoignant officiellement que la question était réglée. On ne laissa à Jugurtha que son pagne. La seule lumière était celle venue de l'entrée, derrière lui, et c'est grâce à elle qu'il discerna le trou rond au milieu du sol. C'est là qu'ils le jetteraient. S'il avait dû être étranglé, l'exécuteur l'y aurait accompagné, avant de remonter par une échelle une fois sa tâche terminée.

Mais Sylla avait de toute évidence pris soin de modifier les règles, car le bourreau était absent. Quelqu'un amena une échelle, mais Jugurtha l'écarta d'un geste de la main, marcha jusqu'au bord du trou, puis y sauta sans que le moindre mot s'échappât de ses lèvres ; que dire, en un tel instant ? On l'entendit presque aussitôt se recevoir sur le sol. Les autres quittèrent les lieux en silence. Personne ne prit la peine de reboucher le trou, ni de condamner l'entrée ; car personne ne ressortait jamais de l'horrible puits caché sous le Tullianum.

Deux bœufs et un taureau blancs représentèrent la part de sacrifices de Marius ce jour-là. Seuls les premiers, toutefois, prirent part à son triomphe. Il laissa son char tiré par quatre chevaux au pied des marches menant au temple de Jupiter, et les monta seul. Une fois dans la grande salle, il déposa ses couronnes de laurier au pied de la statue du dieu, avant d'être imité par ses licteurs.

Il était tout juste midi. Jamais un défilé triomphal ne s'était déroulé aussi vite; mais ce qu'il en restait avançait à un rythme plus mesuré, et la foule aurait tout le temps d'admirer. Pour Marius, les choses sérieuses commençaient vraiment. Il redescendit les marches d'un pas vif, le visage peint en rouge, vêtu d'une toge pourpre et or, d'une tunique brodée de palmes, portant, dans la main droite, le sceptre d'ivoire, et ne pensant qu'à en finir.

— Allons-y! lança-t-il, d'un ton impatient, aux sénateurs venus l'accueillir.

Un silence de mort suivit ses paroles. Personne ne bougea, chacun resta impassible. Même le collègue de Marius, Caius Flavius Fimbria, et son prédécesseur, Publius Rutilius Rufus (Cnaeus Mallius Maximus avait fait savoir qu'il était souffrant) demeurèrent immobiles.

— Qu'est-ce qui ne va pas? demanda-t-il.

Sylla — désormais en toge, après avoir ôté sa cuirasse d'argent — sortit de la foule, souriant, main tendue.

— Caius Marius, Caius Marius, tu as oublié! s'écria-t-il en le faisant tourner sur lui-même avec une force inattendue. *Rentre chez toi te changer!* ajouta-t-il à voix basse.

Marius ouvrait la bouche pour répondre quand il surprit le regard plein d'allégresse de Metellus Numidicus. Levant la main, il se la passa sur le visage et en contempla la paume rougie.

— Grands dieux, Pères Conscrits! s'exclama-t-il avec un désespoir comique. Acceptez mes excuses! Je brûle d'envie de me mesurer aux Germains, certes, mais tout cela est ridicule. Je serai de retour dès que possible. Il m'est impossible de porter les insignes du commandement à une réunion du Sénat se tenant à l'intérieur du *pomerium.*

— Je te remercie, Lucius Cornelius, lança-t-il par-dessus son épaule en s'éloignant.

Quittant les autres, Sylla courut vers lui — ce qui n'était pourtant pas facile en toge.

— Merci, mille fois merci! lui dit Marius quand il arriva à sa hauteur. Mais est-ce que c'est vraiment aussi important? Maintenant, ils vont devoir attendre dans le froid pendant une heure, le temps que je me sois nettoyé le visage et que j'aie revêtu la toge prétexte!

— C'est important pour eux — et pour moi aussi, je crois. Caius Marius, tu vas avoir besoin des sénateurs, alors, s'il te plaît, ne te les mets pas à dos aujourd'hui!

— D'accord! répondit Marius d'un ton résigné.

Il grimpa les marches menant de l'Arx à sa demeure, dont il repoussa la porte avec tant de violence que le serviteur venu ouvrir fut jeté à terre et se mit à hurler de terreur. Lui enjoignant de se taire, Marius réclama son esclave personnel, sa femme et un bain chaud.

— Tout est déjà prêt, dit Julia avec un sourire paisible. Je pensais bien que tu arriverais très vite, comme d'habitude. Le bain t'attend et tout le monde est à ton service.

Elle se tourna vers Sylla et lui sourit.

— Bienvenue, beau-frère. Il fait froid, non? Viens donc dans mon salon te réchauffer auprès d'un brasero pendant que je te sers un peu de vin.

— J'ai pris l'habitude en Afrique! expliqua Sylla quand ils furent seuls. Toujours à la poursuite du Grand Homme! Je me croyais doué en ce domaine, mais j'avais tort!

Elle était assise en face de lui, tête penchée.

— Quelque chose s'est mal passé?

Il sourit et hocha la tête.

— Tu sais, Julia, j'aime cet homme plus que tout, mais il y a des moments où je me sens capable de le jeter à l'exécuteur du Tullianum!

— Moi aussi, répondit-elle en gloussant. Rien de plus normal: comme tous les grands hommes, il est difficile à vivre. Qu'est-il arrivé ?

— Il a voulu prendre part à la réunion inaugurale du Sénat, vêtu comme pour son triomphe!

— Grands dieux! Je suppose qu'il a fait beaucoup de tapage.

— Fort heureusement, j'ai vu ce qu'il allait faire, malgré toute cette peinture rouge sur son visage. Ce sont ses sourcils. Après trois ans en Afrique avec lui, on parvient sans peine à savoir ce qu'il pense. Ils sautent et se tortillent selon un code que toi-même dois connaître désormais!

— Oh oui! dit-elle en souriant.

— Enfin, je me suis hâté de lui hurler qu'il allait commettre une grave erreur! J'ai retenu mon souffle, je croyais bien qu'il allait me dire d'aller me jeter dans le Tibre. Mais, juste à ce moment-là, il a croisé le regard de Quintus Caecilius Numidicus, et il a aussitôt changé d'humeur. Quel acteur! Je suis prêt à parier que tout le monde autour de nous, à l'exception de Publius Rutilius, a cru pour de bon qu'il avait vraiment oublié ce qu'il portait.

— Oh, merci, Lucius Cornelius!

— C'était un plaisir, répondit-il sans plaisanter.

— Encore un peu de vin chaud?

— Oui, s'il te plaît.

Quand elle revint, elle portait un plateau sur lequel étaient déposés des petits pains fumants:

— Ils sortent du four! Il y a de la saucisse dedans, ils sont délicieux! Notre cuisinier les prépare pour le jeune Marius, qui s'en empiffre. Il arrive à cet âge où les enfants ne mangent pas tout ce qu'ils devraient.

— Les deux miens ne se font pas prier, dit Sylla, dont le visage se fit radieux. Oh, Julia, ils sont si beaux! Je ne m'étais jamais rendu compte qu'un être vivant pouvait être à ce point... parfait!

— Moi aussi, je les adore, dit leur tante.

— Si seulement Julilla faisait de même! lança-t-il en se rembrunissant.

— Je sais.

— Que lui arrive-t-il? Tu le sais?

— Je crois que nous l'avons trop gâtée. Mes parents ne voulaient pas de quatrième enfant. Et nous étions plus ou moins dans la gêne, aussi, quand elle a grandi, tout le monde avait de la peine pour elle, je crois. Surtout mon père et ma mère, parce qu'ils ne l'avaient pas désirée. Quoi qu'elle fasse, nous lui trouvions des excuses. Julilla s'est convaincue qu'elle était la personne la plus importante du monde, elle est devenue égoïste. C'est en grande partie notre faute. Mais c'est elle qui en souffre.

— Elle boit trop.

— Je sais.

— Et elle s'occupe à peine des enfants.

— Je sais, répéta-t-elle tandis que des larmes lui venaient aux yeux.

— Que puis-je faire?

— Tu pourrais toujours divorcer, répondit-elle, au bord des sanglots.

— Et comment, alors que je vais quitter Rome aussi longtemps qu'il le faudra pour vaincre les Germains? Et elle est la mère de mes enfants! Je l'aimais autant que je peux aimer quelqu'un.

— C'est ce que tu dis toujours, Lucius Cornelius. Quand on aime, on aime? Pourquoi en serais-tu moins capable qu'un autre?

Mais c'était là toucher une corde trop sensible. Il se referma comme une huître.

— J'ai grandi sans amour, et je n'ai jamais appris comment faire, dit-il en reprenant, une fois de plus, son excuse favorite. Je ne l'aime plus. En fait, je pense même que je la déteste. Mais elle est la mère de ma fille et de mon fils, et, tant que les Germains n'auront pas été vaincus, elle sera tout ce qui leur restera. Si je divorçais, elle serait capable de devenir folle, de se tuer ou de boire encore davantage.

— Tu as raison, le divorce n'est pas une solution. Elle ferait du tort aux enfants, soupira Julia avant de s'essuyer les yeux. Puis-je t'en suggérer une autre?

— Je t'en prie !

— Ma mère ne va pas bien non plus. Elle n'est pas heureuse de devoir vivre avec Sextus, sa femme et leur fils. Bien des difficultés entre elle et sa bru viennent du fait qu'elle se croit encore à la tête de la maison. Elles se querellent sans cesse. Les Claudius sont des entêtés, et toutes les femmes de cette famille ont été élevées dans le mépris des valeurs traditionnelles, celles-là mêmes qu'incarne ma mère, expliqua la jeune femme en hochant tristement la tête.

Sylla fit de son mieux pour paraître comprendre cet échantillon de logique féminine, mais ne répondit rien.

— Ma mère a changé après la mort de mon père, poursuivit Julia. Aucun de nous n'avait sans doute soupçonné la force des liens qui les unissaient. Elle est devenue très irritable et cherche querelle à tout le monde ! Caius Marius, voyant la situation, a proposé de lui acheter une villa au bord de la mer, pour que le pauvre Sextus ait un peu la paix. Mais elle l'a très mal pris, a dit qu'elle savait bien qu'on ne voulait pas d'elle, et que jamais elle ne quitterait sa maison !

— Tu suggères donc que j'invite Marcia à venir vivre avec Julilla et moi. Mais pourquoi cela marcherait-il, alors qu'elle n'a pas voulu de la villa ?

— Parce qu'elle savait que la proposition de Caius Marius était surtout un moyen de se débarrasser d'elle, et elle est bien trop revêche ces temps-ci pour vouloir obliger la femme de ce pauvre Sextus. Lui proposer de vivre avec vous est très différent. Elle serait juste à côté, pour commencer. Et de plus, elle se rendrait vraiment utile, et garderait l'œil sur Julilla.

— Tu es sûre ? A ce que je sais, d'après ta sœur, Marcia ne lui rend jamais visite, et pourtant, elles sont voisines !

— Elles aussi se querellent ! Il suffit que Julilla l'aperçoive à la porte, et elle lui ordonne aussitôt de rebrousser chemin. Mais si c'est toi qui fais cette invitation, ta femme ne pourra rien dire.

— Tu as vraiment l'air décidée à faire de ma maison un enfer ! dit Sylla en souriant.

Julia leva un sourcil :

— Lucius Cornelius, cela suffit-il à t'inquiéter ? Après tout, tu seras parti.

— Je te remercie, chère belle-sœur, répondit Sylla qui, se levant, vint l'embrasser sur la joue. Je verrai Marcia dès demain et lui proposerai de venir vivre chez nous. Et je serai absolument franc sur les raisons qui me poussent à cela. Aussi longtemps que je sais que mes enfants ont tout l'amour qu'il leur faut, je serai capable d'être séparé d'eux.

— Mais tes esclaves ne prennent-ils pas soin d'eux ?

— Ils les gâtent trop. Julilla a déniché d'excellentes servantes, mais... des petites Grecques, des Thraces, des Celtes, les dieux savent quoi. Pleines de superstitions et de croyances locales... Je veux que mes enfants soient élevés comme il faut, à la romaine, par une Romaine. Leur mère devrait s'en charger. Mais cela me paraît peu probable, et je ne vois pas de meilleure solution que de faire appel à leur grand-mère.

— C'est bien! dit Julia en le raccompagnant à l'entrée.

— Est-ce que Julilla m'est infidèle? demanda-t-il brusquement.

Elle ne prit pas la peine de feindre l'horreur ou la colère:

— J'en doute, Lucius Cornelius. Le vin est son véritable vice, et il peut faire plus de torts à tes enfants que l'infidélité! Il faut que ma mère se mette à l'ouvrage!

Caius Marius fit irruption dans la pièce, vêtu, comme les circonstances l'exigeaient, d'une toge bordée de pourpre, dans laquelle il avait tout à fait l'air d'un consul.

— Lucius Cornelius, allons-y! Retournons là-bas et finissons-en avant que le soleil ne se couche!

Epouse et beau-frère échangèrent des sourires contraints, et les deux hommes partirent pour la cérémonie d'intronisation.

Marius fit de son mieux pour apaiser les alliés de Rome:

— Ils ne sont pas romains, dit-il au Sénat lors de sa première réunion proprement dite, le jour des nones de janvier. Mais ils sont nos alliés, et ils partagent avec nous toute la péninsule — comme le fardeau de fournir des troupes pour la défense de l'Italie, et ils n'en ont pas été récompensés. Comme vous le savez, Pères Conscrits, en ce moment même il se passe des choses assez pénibles à l'Assemblée de la Plèbe, où Marcus Junius Silanus se défend contre des accusations lancées par le tribun de la plèbe Cnaeus Domitius. Bien que le mot de « trahison » n'ait pas été prononcé, les implications sont claires: Marcus Junius est l'un de ces commandants en chef qui, ces dernières années, ont perdu sur le terrain une armée entière, dont plusieurs légions d'Alliés italiques.

Il se tourna pour regarder bien en face Silanus qui, en ce jour, assistait à la réunion du Sénat parce que l'Assemblée plébéienne ne pouvait se rassembler.

— Il ne me revient pas aujourd'hui de porter quelque accusation que ce soit contre Marcus Junius. Je fais simplement référence à un fait. Que d'autres hommes, d'autres assemblées, examinent les charges qui sont portées contre lui. Je fais simplement référence à un fait. Il est inutile que Marcus Junius entreprenne de défendre son action à cause de moi. Je fais simplement référence à un fait.

Il se racla la gorge à dessein, afin d'offrir à Silanus une occasion de dire quelque chose; mais l'autre garda le silence, feignant de l'ignorer.

— Je fais simplement référence à un fait, Pères Conscrits. Rien de plus, rien de moins. Un fait est un fait.

— Au fait! Au fait! lança Numidicus d'une voix lasse.

Marius eut un large sourire et s'inclina:

— Oh, merci, Quintus Caecilius! Comment pourrais-je ne pas m'exécuter, quand j'en suis prié par un consulaire aussi auguste et distingué que toi?

— « Auguste » et « distingué » veulent dire la même chose, dans notre langue, Caius Marius, intervint Metellus Dalmaticus, d'un ton qui rappelait celui de son frère. Tu épargnerais beaucoup de temps à cette honorable assemblée si tu consentais à parler un latin moins tautologique.

— J'en demande pardon à l'auguste et distingué consulaire Lucius Caecilius, rétorqua Marius avec une nouvelle courbette, mais dans une société aussi farouchement démocratique que la nôtre le Sénat est ouvert à tous, même à ceux qui, comme moi, ne peuvent se flatter d'être augustes et distingués. Où en étais-je? Ah, oui! Les magistrats samnites, apuliens, marses et autres font valoir dans leurs lettres — il prit des mains d'un de ses scribes plusieurs rouleaux qu'il montra à l'assemblée — qu'ils mettent en doute la légalité de nos demandes de troupes pour des campagnes en dehors des limites de l'Italie et de la Gaule Cisalpine. Augustes et distingués Pères Conscrits, ils affirment également qu'ils les ont fournies — et les ont souvent perdues — pour, je cite, les « guerres extérieures » de Rome.

Les sénateurs maugréèrent.

— Cette allégation est sans fondement! lança Scaurus d'un ton sec. Les ennemis de Rome sont ceux des alliés!

— Marcus Aemilius, je me borne à citer des lettres. Nous devrions les examiner de plus près, ne serait-ce que parce que je crains que cette assemblée ne soit bientôt contrainte de recevoir des délégations venues de toute la péninsule.

Sa voix changea et perdit son ton courtois:

— Ces enfantillages ont assez duré! Nous vivons côte à côte avec nos alliés — qui ne sont pas et ne pourront jamais être Romains. C'est à ceux-ci, à leurs succès, que les Italiques doivent la position qui est la leur actuellement — comme d'ailleurs tout le reste. Avant Rome régnaient le chaos et la discorde. Avant Rome régnaient dans le nord de cruels souverains étrusques, et dans le sud des Grecs avides. Et je ne parle même pas des Celtes de Gaule.

Le Sénat s'était tu : quand Caius Marius parlait avec gravité, tout le monde écoutait, même ses pires ennemis. Car ce rustaud italique qui ne parlait pas le grec était, dans son latin natal, un orateur puissant.

— Pères Conscrits, vous et le Peuple de Rome m'avez donné mandat de nous débarrasser des Germains. Dès que possible, j'emmènerai avec moi le propréteur Manius Aquilius et le vaillant sénateur Lucius Cornelius Sylla, dont je ferai mes légats en Gaule Transalpine, et nous écraserons l'ennemi. Je vous en fais le serment personnellement, au nom de mes adjoints, au nom du dernier de mes soldats. Notre devoir nous est sacré ; nous n'épargnerons aucun effort. Nous suivrons les aigles des légions romaines, et serons victorieux !

Au fond de la salle, de petits groupes de sénateurs se mirent à applaudir et à taper des pieds ; au bout d'un moment, ils furent imités par leurs collègues des premiers rangs. Scaurus était du lot — mais pas Metellus Numidicus.

Marius attendit que le silence revînt :

— Toutefois, avant de partir, je me dois de supplier cette assemblée pour qu'elle consente à alléger le fardeau de nos alliés. Nous ne pouvons ni admettre leurs allégations selon lesquelles les campagnes que nous menons ne les concernent pas, ni cesser de lever des troupes parmi eux, ce qui nous est d'ailleurs garanti par les traités. Les Germains menacent toute la péninsule ; et, pourtant, le manque d'hommes en mesure de servir dans les légions est aussi cruel chez les Alliés qu'à Rome. J'aimerais leur donner l'assurance que, tant qu'il me restera un souffle de vie, les troupes, italiques ou romaines, ne seront plus gaspillées sur le champ de bataille. Je veillerai sur la vie de chacun de ceux qui m'accompagneront pour défendre notre patrie avec plus de soin que sur la mienne propre, je le jure !

Acclamations et battements de pieds reprirent, et les premiers rangs se joignirent à eux un peu plus vite que la première fois. Mais pas Numidicus, ni d'ailleurs Catulus César. Là encore, Marius attendit que le tumulte s'apaisât :

— On a signalé à mon attention une situation tout à fait déplorable. Nous, Sénat et Peuple de Rome, avons réduit en esclavage, parce qu'ils ne pouvaient s'acquitter de leurs dettes, des milliers d'Italiques, avant de les mettre au travail sur les terres que nous contrôlons autour de la Méditerranée. La majorité d'entre eux s'échine ainsi dans nos champs en Sicile, en Sardaigne, en Corse et en Afrique. Pères Conscrits, tout cela est injuste ! Nous avons cessé de condamner les débiteurs romains à devenir esclaves ; pourquoi ne pas faire de même vis-à-vis de nos alliés ? Ils ne sont pas romains et ne le seront jamais ; mais ils sont nos frères cadets, et aucun Romain digne de ce nom ne consent à réduire son petit frère en esclavage.

En attendant que je puisse assurer aux propriétaires des terres une nouvelle source de main-d'œuvre, constituée d'esclaves germains, il leur faudra chercher ailleurs que parmi les Italiques condamnés à l'esclavage pour dettes. Car, Pères Conscrits, il nous faut aujourd'hui même voter un décret — que l'Assemblée du Peuple ratifiera — aux termes duquel tous les esclaves originaires des peuples qui sont nos alliés seront libérés. Ils doivent être renvoyés dans la péninsule, et accomplir ce qui est leur devoir naturel envers Rome : servir dans ses légions auxiliaires.

On m'a dit qu'il n'y avait plus de *capite censi* chez les nations italiques, parce qu'ils avaient tous été réduits en esclavage. On peut les employer de meilleure façon que sur nos terres à blé. Il nous est désormais impossible de lever nos armées comme le voulait la tradition, car tous les petits propriétaires qui y servaient sont trop vieux, ou morts. Les prolétaires sont pour le moment notre seule source de recrutement. Ma vaillante armée africaine, entièrement composée de *capite censi*, a brillamment démontré qu'ils peuvent devenir de magnifiques soldats.

Quittant l'estrade, il vint se placer au milieu de la salle :

— Pères Conscrits, je veux ce décret ! Me le donnerez-vous ?

C'était superbement bien joué ; emportée par la force de conviction de Marius, l'assemblée s'exécuta, tandis que les frères Metellus, Scaurus et Catulus César s'efforçaient en vain de se faire entendre.

Une fois la séance levée, Marius et Rutilius Rufus se rendirent à pied jusqu'à la demeure de Marius.

— Mais comment comptes-tu faire admettre ce décret par les gros propriétaires producteurs de blé ? J'espère que tu te rends compte que tu marches sur les pieds de ce groupe de chevaliers et d'hommes d'affaires dont le soutien t'est vital ? Toutes les faveurs que tu leur as accordées en Afrique vont paraître tout à fait dérisoires. La Sicile dépend entièrement des esclaves italiques !

— Mes agents sont déjà à l'œuvre, répondit Marius en haussant les épaules. J'y survivrai. D'ailleurs, ce n'est pas parce que j'ai passé le mois dernier à Cumes que j'ai feignanté. J'ai fait faire des recherches, dont les résultats sont tout à fait intéressants. Il y a beaucoup d'esclaves originaires des nations italiques. Mais en Sicile, par exemple, ceux qui travaillent dans les grandes exploitations agricoles sont dans leur majorité grecs. Pour ce qui est de l'Afrique, j'ai demandé au prince Gauda de trouver assez de main-d'œuvre servile pour remplacer ceux qui seront libérés. Il est mon client, et n'a donc pas d'autre choix que de m'obéir. En Sardaigne, la situation est plus compliquée; presque tous les esclaves sont natifs de la péninsule. Mais je suis certain que le nouveau gouverneur — notre estimé propréteur Titus Albucius — pourra être facilement convaincu d'agir de son mieux pour ma cause.

— Son questeur, ce Pompée le Louchon, est bien arrogant, dit Rutilius Rufus que tous ces discours ne convainquaient pas tout à fait.

— Les questeurs sont comme les moucherons, dit Marius, méprisant. Beaucoup de bruit pour rien.

— Ce qui n'est pas très aimable pour Lucius Cornelius.

— Lui, c'est différent.

— Je ne suis vraiment sûr de rien, Caius Marius, soupira son interlocuteur. J'espère simplement que tout se passera comme tu le désires.

— Vieux cynique! dit Marius avec affection.

— Vieux sceptique! corrigea Rutilius Rufus.

Marius apprit que les Germains ne semblaient pas vouloir descendre vers le sud en traversant la Gaule Transalpine romaine, à l'exception peut-être des Cimbres, qui avaient franchi le Rhône pour passer sur sa rive ouest, aux frontières de la province. D'après les rapports, les Teutons s'étaient égaillés vers le nord-ouest, les Chérusques et les Marcomans se réinstallant chez les Eduéens et les Ambarres. Bien entendu, la situation pouvait changer à tout moment. Mais il fallait forcément beaucoup de temps à huit cent mille personnes pour rassembler leurs biens, leurs bêtes et leurs chariots avant de se mettre en marche. Au pire, on ne risquait pas de voir apparaître de Germains dans le sud de la Gaule avant mai ou juin. A supposer qu'ils viennent.

Caius Marius n'en fut pas vraiment ravi. Ses hommes étaient prêts à se battre, ses légats soucieux de bien faire, et ses centurions se donnaient beaucoup de mal pour que la machine militaire fût en parfait état de marche. Dès son arrivée en Italie, au mois de décembre précédent, il avait appris que, selon un interprète barbare, les Germains se querellaient; mais il n'avait pas cru pour autant qu'ils poursuivraient leur descente vers le sud à travers la Gaule Transalpine. Ayant anéanti une énorme armée romaine, il était logique qu'ils tirent avantage de leur victoire et envahissent le pays dont ils venaient de triompher. Pour s'y installer, au besoin. Sinon, pourquoi livrer bataille? Pourquoi se mettre en route?

— Les Germains sont une énigme! lança-t-il, exaspéré, à Sylla et Aquilius.

— Ce sont des Barbares, répondit ce dernier, à qui sa proposition d'élire Marius consul avait valu d'être nommé légat, et qui tenait à faire la preuve de sa valeur.

— Nous n'en savons pas assez sur eux, intervint Sylla, l'air pensif.

— Je l'avais remarqué! répliqua Marius.

— Non, je pensais à autre chose. Mais j'y réfléchirai encore avant d'en parler. Après tout, nous ne savons pas ce qui nous attend une fois que nous aurons franchi les Alpes.

— A supposer que nous les franchissions, dit Marius. Je n'y suis pas favorable, maintenant qu'il est certain que la menace germaine ne prendra pas forme, au mieux, avant mai ou juin. Nous allons nous mettre en route fin janvier, avec un énorme train de bagages, ce qui veut dire que nous avancerons très lentement. As-tu souffert du froid, ces temps-ci? demanda-t-il à Sylla.

— Oh oui!

— Moi aussi. C'est la faute de l'Afrique, Lucius Cornelius: les froids n'y durent pas, on ne voit de neige qu'au sommet des montagnes. Pourquoi serait-ce différent pour nos troupes? Si nous franchissons le col du Montgenèvre en plein hiver, elles seront durement éprouvées.

— Elles auront besoin de s'endurcir un peu, après une bonne permission en Campanie!

— C'est vrai; mais pas de perdre un ou deux orteils à cause du froid. Les hommes ont bien une tenue d'hiver, mais accepteront-ils de la porter?

— Oui, si on le leur ordonne.

— Tu as décidé d'être désagréable, soupira Marius. Bien! Je ne chercherai pas à vous convaincre, je me contenterai de donner des ordres! Nous ne ferons pas suivre la route habituelle aux légions que nous emmenons en Gaule Transalpine. Nous suivrons la côte tout au long.

— Grands dieux! s'écria Aquilius. Cela va prendre une éternité!

— Depuis combien de temps une armée romaine a-t-elle parcouru ce trajet? demanda Marius.

— Je ne me souviens pas qu'aucune l'ait fait!

— Et voilà! C'est bien pourquoi nous allons le faire. Je veux voir à quel point c'est difficile, combien de temps il faut, comment sont les routes ou le terrain, tout! J'emmènerai quatre légions en ordre de marche léger, et toi, Manius Aquilius, les deux autres, ainsi que les quelques cohortes que nous avons réussi à mettre sur pied, afin d'escorter le train de bagages. Si, quand ils se mettront en marche vers le sud, les Germains bifurquent vers l'Italie, au lieu de l'Ibérie, comment savoir s'ils franchiront les Alpes pour pénétrer en Gaule Cisalpine, ou s'ils se dirigeront droit sur Rome en suivant la côte?

Ses légats le regardèrent fixement:

— Je vois ce que tu veux dire, commenta Sylla, mais pourquoi emmener toute l'armée? Toi, moi et un petit escadron devraient suffire.

— Non! Je ne veux pas être séparé de mon armée par des centaines de lieues de montagnes infranchissables. Là où je vais, mon armée me suit.

C'est ainsi que, fin janvier, Caius Marius conduisit ses légions vers le nord, en suivant la Via Aurelia, qui longeait la côte, sans cesser d'envoyer au Sénat des lettres très sèches exigeant qu'on réparât telle ou telle portion des voies, qu'on construisît des ponts ou des viaducs.

A Pisae, où l'Arno se jette dans la mer, ils quittèrent l'Italie proprement dite, pour entrer en Gaule Italique. Une route créée depuis peu allait jusqu'à Vada Sabata: c'était l'œuvre de Scaurus, du temps où il était censeur. On l'appelait la Via Aemilia Scauri. Ensuite, il n'y avait plus rien, du moins plus de voie romaine, au sens traditionnel du terme; une simple piste empruntée par les charrettes, et qui suivait la ligne de moindre résistance en traversant une région de montagnes très élevées plongeant presque directement dans la mer.

— Tu vas regretter d'avoir choisi ce chemin! dit Sylla.

— Au contraire! Je vois des milliers d'endroits où tendre une embuscade, je comprends pourquoi personne ne se rend en Gaule Cisalpine par là, et je ne m'étonne plus que notre vieil ami Publius Vagiennus, le cavalier ligure, qui est originaire de ces régions, puisse grimper comme un cabri! Inutile de craindre que les Germains suivent ce trajet. Si c'est difficile pour nous, ce sera impossible pour eux. C'est bien!

Marius se tourna vers Quintus Sertorius.

— Eh bien, où crois-tu qu'il faudrait placer le train de bagages?

— Je dirais quelque part entre Populonia et Pisae, vu l'état médiocre de la Via Aurelia.

— Comment va ta jambe?

— Pas assez bien pour ce genre de chevauchée, répondit Sertorius, qui semblait toujours savoir ce que Marius pensait.

— Alors, trouve trois hommes, et renvoie-les avec ça, conclut le général en s'emparant de tablettes de cire sur laquelle il imprima son sceau. Tiens ! Et prends bien garde que personne n'y mette son nez ! Elles doivent être remises en mains propres à Manius Aquilius, et à personne d'autre, compris ?

Sertorius acquiesça et s'en fut.

— A mesure qu'elle avancera, l'armée se chargera de divers travaux, dit Marius à Sylla. Envoie des éclaireurs en reconnaissance. Nous allons tracer une piste décente, à défaut d'une vraie route.

En Ligurie, comme dans toutes les régions où les montagnes sont escarpées et les bonnes terres plutôt rares, les habitants du cru étaient éleveurs ou bergers, parfois pirates ou bandits de grand chemin ; certains, comme Publius Vagiennius, s'engageaient dans les légions romaines. Chaque fois que Marius parvenait près d'un petit port, il en inspectait les bateaux, et s'ils lui semblaient plus propres à la piraterie qu'à la pêche, il brûlait navires et village, puis emmenait les hommes pour les faire travailler à la construction de la route. Par ailleurs, à mesure que le temps passait, les rapports envoyés de Gaule Transalpine montraient de plus en plus clairement qu'il n'y aurait pas de confrontation avec les Germains cette année.

Début juin, après quatre mois de marche, Marius fit entrer ses quatre légions dans les vastes plaines côtières de la Gaule Transalpine, et s'arrêta entre Arelate et Aquae Sextiae, non loin de la ville de Glanum, au sud de la Durance. Son train de bagages était déjà arrivé, après trois mois et demi de route.

Marius choisit avec le plus grand soin l'endroit où il ferait dresser le camp : une vaste colline aux pentes rocheuses très raides sur trois côtés, le quatrième n'étant ni trop escarpé ni trop étroit pour empêcher les troupes d'entrer ou de sortir ; et l'on y trouvait plusieurs sources.

— C'est là que nous allons vivre pendant bien des lunes, dit-il, satisfait.

Ni Sylla ni Manius Aquilius ne firent de commentaires, mais Sertorius était moins porté à la diplomatie :

— Est-ce bien nécessaire ? Si c'est ce que tu veux, pourquoi ne pas cantonner les troupes à Arelate ou Glanum ? Et pourquoi rester ici ? Pourquoi ne pas partir à la recherche des Germains, et les affronter avant qu'ils ne se soient avancés trop loin ?

— Parce qu'il semble que les Germains se soient dispersés. Les Cimbres, qui paraissaient suivre le Rhône, ont changé d'avis, et traversé les terres des Arvernes, en se dirigeant sans doute vers l'Ibérie. Les Teutons et les Tigures ont quitté le territoire des

Eduéens pour s'installer en Gaule Belgique. Du moins, c'est ce qu'affirment mes sources. En réalité, je crois que c'est simplement une conjecture.

— On ne peut pas en être sûr? demanda Sertorius.

— Et comment le serions-nous? Les Gaulois n'ont aucune raison de nous aimer, et c'est d'eux que nous tirons tous nos renseignements. Ils nous les donnent simplement parce qu'ils ne veulent pas voir les Germains les envahir. Mais tu peux être certain d'une chose : quand les Cimbres atteindront les Pyrénées, ils feront demi-tour. Et je doute fort que les peuples de Gaule Belgique soient très désireux de les revoir, pas plus d'ailleurs que les Celtibères pyrénéens. Du point de vue des Germains, l'Italie est une cible toute trouvée. C'est pourquoi nous resterons ici jusqu'à ce qu'ils arrivent, Quintus Sertorius, et tant pis si cela nous prend des années.

— Mais dans ce cas, Caius Marius, intervint Manius Aquilius, notre armée va s'amollir, et tu finiras par perdre le commandement suprême.

— Elle ne s'amollira nullement, parce que je vais la mettre au travail. Nous avons ici près de quarante mille *capite censi*. L'Etat les paye, leur fournit armes et cuirasse, les nourrit. Quand ils seront démobilisés, je veillerai à ce qu'on prenne soin d'eux. Mais, tant qu'ils servent dans les légions, ils ne sont jamais que des employés de l'Etat — que je représente en tant que consul. Je suis donc leur employeur, et ils me coûtent beaucoup d'argent. Si, en échange, on ne leur demande que d'attendre de se battre, calcule toi-même combien coûtera la bataille, quand elle viendra! Mais ils ne se sont pas engagés qu'à cela. En s'enrôlant, ils ont accepté de faire tout ce que leur demanderait l'Etat. Comme il les paie, ils doivent travailler pour lui, et c'est bien ce qui va se passer. Ils vont réparer la Via Domitia de Nemausus à Ocelum, et l'année prochaine, ils creuseront un canal allant de la mer au Rhône, jusqu'à Arelate.

Les autres le contemplèrent, fascinés, sans que, pendant un long temps, aucun d'entre eux trouve quoi que ce soit à dire. Puis Sylla lança :

— Un soldat est quand même payé pour se battre!

— S'il est propriétaire de son équipement, et ne demande à l'Etat que de le nourrir; dans ce cas, il peut agir comme il l'entend. Mais ce n'est pas le cas de ceux qui sont ici. Tous ces travaux leur feront comprendre qu'ils sont au service de l'Etat, et les maintiendront en forme!

— Et nous? Tu vas nous transformer en ingénieurs?

— Et pourquoi pas?

— Pour commencer, dit Sylla d'un ton badin, je ne suis pas un employé de l'Etat. Je fais don de mon temps à titre gracieux, comme tous les légats et les tribuns.

Marius lui lança un regard aigu :

— C'est un don que j'apprécie, Lucius Cornelius, crois-moi.

Et il préféra en rester là.

Sylla s'en fut, mécontent. Des employés de l'Etat ! C'était peut-être vrai pour les prolétaires, mais pas pour lui. Marius l'avait compris, et s'était gardé d'insister. Mais Sylla, sans l'exprimer, lui avait également rappelé que tribuns et légats se voyaient récompensés de leurs peines par une part du butin — et personne ne savait vraiment si, de ce point de vue, les Germains avaient grand-chose à offrir. Vendre les captifs en esclavage était l'une des prérogatives du général, et Sylla avait le sentiment qu'à l'issue de cette campagne, qui risquait fort de durer plusieurs années, les prises seraient rares.

Sylla n'avait guère apprécié le long et fastidieux voyage qui les avait menés jusqu'au Rhône. Quintus Sertorius, lui, avait, pendant tout le trajet, frétillé comme un chien de chasse lancé sur une piste, se mêlant de tout, nettoyant des repaires de pirates, prenant part à des opérations de reconnaissance ; il avait même soigné un jeune aigle à l'aile brisée, qui venait le voir de temps à autre. Tout l'enchantait, et en cela il était bien le parent de Caius Marius.

Mais Sylla avait besoin d'action. Il se connaissait suffisamment pour comprendre que, maintenant qu'il était sénateur, c'était une faiblesse ; mais, à trente-six ans, il ne pensait plus pouvoir extirper de lui-même une part aussi profonde de sa personnalité. Jusqu'à cet interminable voyage, la vie militaire l'avait enchanté. Mais tracer des routes et creuser des canaux ? Il n'était pas venu en Gaule Transalpine pour cela !

A la fin de l'automne se tiendraient les élections consulaires. Marius serait remplacé par quelqu'un d'autre, et ne pourrait se targuer que d'avoir fait remettre en état une route portant le nom de quelqu'un d'autre. Comment pouvait-il, à cette idée, rester aussi placide, aussi tranquille ? A quoi donc pensait ce vieux renard ? Pourquoi diable demeurait-il impassible ?

Sylla oublia d'un seul coup toutes ces questions, car il venait d'apercevoir un spectacle qui promettait d'être piquant. Deux hommes conversaient devant la tente des tribuns. Du moins, c'est ce qu'il semblait à première vue ; mais Sylla y devina la première scène d'une farce très réussie. Le plus grand n'était autre que Caius

Julius César le jeune; l'autre, Caius Lusius, neveu de Marius — lequel s'empressait toujours de rappeler que c'était par alliance.

Sylla s'approcha.

— Lucius Cornelius! hennit Caius Lusius. Je demandais à Caius Julius s'il savait comment on peut s'amuser à Arelate, et s'il comptait se joindre à moi pour cela.

Le long visage avenant de Caius Julius ne trahissait rien d'autre qu'une parfaite courtoisie, mais tout montrait qu'il ne pensait qu'à échapper à l'importun.

— Peut-être Lucius Cornelius est-il mieux renseigné que moi là-dessus, dit César en s'apprêtant à prendre congé.

— Oh non, Caius Julius, ne t'en va pas! Plus on est de fous, plus on rit! lança Lusius.

— Désolé, Caius Lusius, mais je suis de service, répondit l'autre, qui disparut avant que quiconque pût l'en empêcher.

Caius Lusius était très beau: de grands yeux verts aux longs cils, une chevelure bouclée aux reflets roux, de fins sourcils, un nez grec. Il se tenait très droit. Un véritable Apollon, songea Sylla, qui pourtant ne fut guère tenté.

Caius Marius n'avait pas dû rencontrer le jeune homme; du moins, ce n'aurait pas été dans ses habitudes. Sa famille l'ayant importuné pour qu'il accepte Caius Lusius — nommé tribun non élu des soldats, parce qu'il en avait l'âge —, il avait cédé, puis s'était empressé d'oublier son existence.

— Caius Lusius, dit Sylla, permets-moi de te donner quelques conseils.

— Venant de toi, j'en serai ravi, Lucius Cornelius, répondit l'autre en battant des cils.

— Tu nous as rejoints hier, après être venu seul de Rome...

— Non, Lucius Cornelius, de Ferentinum. Mon oncle Caius Marius m'a accordé une permission exceptionnelle pour que j'y reste parce que ma mère était malade.

Ah ah! songea Sylla. Cela explique certaines des réticences de Marius vis-à-vis de son neveu: comment accepter, de la part de celui-ci, une excuse que jamais il n'aurait osé mettre en avant pour lui-même?

— Mon oncle n'a pas demandé à me voir. Quand pourrai-je le rencontrer?

— C'est impossible tant qu'il n'en a pas exprimé le vœu, et j'en serais surpris. Jusqu'à ce que tu aies fait la preuve de ta valeur, tu le gênes, ne serait-ce que parce que tu as eu le privilège de rejoindre l'armée très en retard.

— Mais ma mère était malade!

— Le règlement militaire n'y voit pas une justification suffisante. Je suppose que tu as déjà expliqué à tes camarades pourquoi tu arrivais seulement maintenant?

— Oui, dit Lusius, de plus en plus ahuri.

— Dommage. Tu aurais mieux fait de ne rien dire, et de les laisser dans l'ignorance. Ils ne vont pas avoir bonne opinion de toi, ni de ton oncle. Enfin, la famille est la famille. Ce n'est pas ce dont je voulais te parler. Tu es dans l'armée de Caius Marius, pas dans celle de Scipion l'Africain. Tu vois à quoi je fais allusion?

— Pas du tout, répondit Lusius, complètement dépassé.

— Caton le Censeur avait accusé Scipion et ses officiers de diriger une armée gangrenée par le laxisme moral. Caius Marius lui aurait donné raison. Me fais-je bien comprendre?

— Pas vraiment.

— Je crois pourtant que si. Ce sont les beaux jeunes gens qui t'attirent. Bats encore des cils devant Caius Julius — qui, à propos, est le beau-frère de ton oncle, comme moi d'ailleurs —, et tu auras de gros ennuis. La faiblesse pour son propre sexe n'est pas une vertu romaine; bien au contraire, on y voit un vice qu'il faut rejeter, surtout dans les légions!

Lusius se tortilla, déchiré entre un cruel sentiment d'infériorité et un vif sens de l'injustice:

— Les temps changent! protesta-t-il. Ce n'est plus une tare sociale!

— Tu te trompes, Caius Lusius, sans doute parce que tu le veux. Je peux t'assurer qu'il n'y a pas d'endroit où l'on pardonne moins ce genre d'incartade que dans l'armée de Caius Marius. Prie pour qu'il n'apprenne pas quel est ton secret.

Au bord des larmes, Lusius se tordit les mains, accablé:

— Je deviendrai fou!

— Bien sûr que non. Domine-toi, fais bien attention. Caius Lusius, si d'aventure tu as assez d'ambition pour te lancer dans une carrière publique, je te conseille vivement de ne plus céder à ton vice. Toutefois, tu es jeune, et si tu ne parviens pas à te dominer, prends bien soin de choisir le partenaire qu'il faut.

Et, lançant un sourire au jeune homme, Sylla tourna les talons.

Pendant un moment, il se contenta d'errer sans but, mains dans le dos, en remarquant à peine l'activité frénétique qui l'entourait. Les légions avaient reçu l'ordre de dresser un camp temporaire, bien que l'ennemi ne fût pas dans la province; en effet, aucune armée romaine ne s'endormait sans protection. Les hommes s'affairaient déjà à fortifier la colline. Il y fallait du bois, et le débouché de la vallée du Rhône ne comptait pas beaucoup de forêts.

L'armée était installée au nord des grands marais salants qui formaient le delta du Rhône. Il était caractéristique de Marius d'avoir choisi des terrains en jachère pour y dresser son camp.

— Rien ne sert de se mettre à dos des alliés potentiels. D'ailleurs, avec cinquante mille bouches supplémentaires à nourrir dans la région, nous aurons besoin du moindre pouce de terre arable !

Ses fournisseurs s'étaient déjà mis en route pour traiter avec les paysans, et les légionnaires avaient édifié des greniers à grain au sommet de la colline, de quoi nourrir toute l'armée pendant douze mois. Le lourd train de bagages contenait toutes sortes de choses introuvables en Gaule Transalpine : outils, lourdes poutres, treuils, chaux, clous de fer.

Quand il fit demi-tour pour revenir vers la tente de commandement de Marius, Sylla avait décidé que le temps était venu. Car il avait enfin une réponse à son ennui, et qui lui donnerait toute l'action qu'il pourrait souhaiter. L'idée lui en était venue alors qu'il était encore à Rome, elle avait grandi tout au long du chemin, et maintenant elle allait pouvoir s'épanouir. Oui, il était plus que temps de voir Caius Marius.

Celui-ci était seul, occupé à écrire.

— Caius Marius, aurais-tu une heure à m'accorder ? J'aimerais marcher un peu avec toi.

L'autre leva les yeux.

— Tu as besoin d'une bonne coupe de cheveux ! dit-il d'un ton sec. Encore un ou deux doigts, et tu auras l'air d'une danseuse !

— Incroyable ! répondit Sylla sans s'émouvoir.

— Tu trouves ?

— Non, il est extraordinaire que tu ne l'aies pas encore remarqué depuis des mois, et que tu t'en rendes compte au moment même où je suis en train d'y penser. Peut-être ne peux-tu pas lire dans l'esprit des gens, Caius Marius, mais tu es vraiment en harmonie avec ceux qui travaillent avec toi.

— Et pourquoi diable veux-tu que je t'accompagne ?

— Parce que j'ai besoin de te parler en privé, là où je serai certain que personne ne peut nous entendre. Une petite promenade nous en fournira l'occasion.

Marius posa son *calamus* et se leva sur-le-champ :

— Allons-y, Lucius Cornelius, je préfère marcher qu'écrire !

La journée était déjà trop avancée pour qu'ils songent à grimper en haut de la colline, aussi Marius et Sylla s'arrêtèrent-ils dès qu'ils se sentirent à l'abri de toute indiscrétion.

— Alors, qu'y a-t-il ?

— J'ai décidé de me laisser pousser les cheveux quand j'étais encore à Rome.

— Je n'y avais jamais prêté attention. Je suppose que cela a un rapport avec ce que tu veux me dire?

— Je me transforme en Gaulois.

— Oh oh! dit Marius. Continue, Lucius Cornelius!

— Le plus exaspérant, dans cette campagne contre les Germains, c'est que nous ne disposons d'aucune source d'informations fiable. Nous ne savons rien sur eux, ni qui ils sont, ni d'où ils viennent, ni pourquoi ils ont quitté leur pays natal, ni qui les commande et comment. Plus important encore, nous ignorons pourquoi, après nous avoir battus, ils se gardent chaque fois d'envahir l'Italie.

Marius était sur sa droite, et Sylla parlait en regardant devant lui. Les derniers rayons du soleil faisaient parfois luire ses yeux; Marius se sentit mal à l'aise. En de rares occasions, il avait eu la possibilité d'entrevoir un aspect de la personnalité de Sylla que celui-ci dissimulait avec soin — ce qu'on aurait pu appeler son manque d'humanité. Sylla pouvait brusquement laisser tomber un voile et se découvrir. Mais alors, il n'avait plus rien d'humain.

— Continue, dit Marius.

— Avant que nous ne quittions Rome, j'ai acheté deux esclaves, qui ont fait le voyage avec moi. L'un est un Carnute, la tribu gauloise qui est maîtresse de la religion des Celtes. Ils ont des croyances bizarres, ils pensent que les arbres sont animés, qu'ils ont un esprit ou quelque chose de ce genre... L'autre est un Cimbre capturé à Noricum à l'époque où Carbo a été vaincu. Aucun des deux ne connaît l'existence de l'autre.

— Ton Cimbre ne t'a-t-il pas permis d'en apprendre davantage sur les Germains?

— Non. Il prétend ne pas savoir qui ils sont, ni d'où ils viennent. Mes recherches m'amènent à penser que cette ignorance est propre aux rares Germains que nous sommes parvenus à capturer, même si je doute que beaucoup de Romains propriétaires d'esclaves se soient donné la peine de les interroger. J'avais bien l'intention d'obtenir de lui des informations, mais il s'est montré très réticent, et il n'aurait servi à rien de torturer un Barbare aussi large qu'un bœuf. J'ai eu une autre idée. Caius Marius, les renseignements dont nous disposons sont généralement de seconde main — ce qui ne suffit pas, étant donné les objectifs que nous nous sommes fixés.

— C'est exact, répondit Marius, qui commençait à voir où Sylla voulait en venir.

— J'ai donc pensé que, si la guerre contre les Germains n'avait rien d'imminent, il serait peut-être opportun d'essayer d'en savoir davantage. Mes deux serviteurs sont esclaves depuis assez longtemps pour avoir appris le latin, même si le Germain le parle de manière très rudimentaire. Tu seras intéressé d'apprendre que, selon mon Carnute, la seconde langue en usage chez les Gaulois n'est pas le grec, mais le latin! Grâce aux contacts qu'ils ont avec des tribus comme les Eduéens, ou avec nous, il y en a parmi eux qui le parlent plus ou moins, et ont appris à lire et à écrire — dans notre langue, puisque les leurs ne sont pas transcrites. Fascinant, non?

— Lucius Cornelius, n'étant ni érudit ni philosophe, je dois confesser un certain manque d'excitation. Toutefois, je suis extrêmement intéressé par l'idée d'en savoir plus sur les Germains.

— Cela fait cinq mois que j'apprends la langue des Carnutes, et celle des Cimbres. Mon gaulois est nettement plus enthousiaste que le germain — mais il est vrai qu'il est beaucoup plus éveillé.

— Lucius Cornelius, dit Marius d'un ton résigné, ma patience n'est pas inépuisable. Où veux-tu en venir?

— Toutes mes excuses, répondit Sylla en souriant.

Il se tourna pour regarder Marius bien en face. Il n'y avait plus de lumière dans ses yeux, et il paraissait tout à fait humain.

— Avec ma peau, mes yeux, mes cheveux, reprit-il, je peux facilement passer pour un Gaulois. J'ai bien l'intention d'en devenir un, et de m'aventurer dans des endroits où aucun Romain n'oserait mettre les pieds. Je compte en particulier suivre les Germains en route vers l'Ibérie. Je connais suffisamment de cimbre pour comprendre au moins ce qu'ils diront. Ma chevelure devrait être bien plus longue qu'elle n'est, en fait! Il faudra m'en contenter pour le moment. Si on m'interroge là-dessus, je pourrai toujours invoquer une maladie du cuir chevelu qui m'a contraint à la couper! Heureusement, elle pousse très vite.

Il se tut. Marius resta un moment sans répondre, et se contenta de poser le pied sur une bûche, le coude sur son genou, et le menton dans sa main. A la vérité, il ne savait que dire. Il craignait depuis des mois de perdre Sylla parce que la campagne était particulièrement fastidieuse, et durant tout ce temps Sylla avait méticuleusement mis sur pied un plan des plus audacieux. Quel projet! Quel homme! Ulysse. Un véritable Ulysse — qui, comme lui, était noble et roux. Pourtant, il était avant tout lui-même. Il ignorait la peur, parce qu'il était persuadé de réussir, parce qu'il savait qu'il était supérieur aux autres.

— Lucius Cornelius, finit par demander Marius, honnêtement, es-tu certain de pouvoir y arriver? Tu es tellement romain! Or il va falloir te métamorphoser au point d'oublier tout ce que tu es, et je me demande si c'est vraiment possible. Notre culture est si forte qu'elle laisse en nous des traces indélébiles. Tu vas devoir vivre dans le mensonge.

— Caius Marius, j'y ai vécu toute mon existence.
— Même maintenant?
— Même maintenant.
Ils prirent le chemin du retour.
— Tu comptes partir seul? s'enquit Marius. Ne crois-tu pas que ce serait une bonne idée d'être accompagné? Que feras-tu si tu dois m'envoyer un message urgent sans pouvoir t'éclipser? Ne te serait-il pas utile d'avoir à ton côté quelqu'un qui te servirait de miroir, et réciproquement?
— J'ai pensé à cela. J'aimerais emmener Quintus Sertorius avec moi.
Marius parut d'abord ravi, puis il fronça les sourcils.
— Il est trop sombre de peau. Jamais il ne pourra passer pour un Gaulois, et encore moins pour un Germain.
— C'est vrai. Mais il pourrait être un mélange de Grec et de Celtibère. A dire vrai, ajouta Sylla en s'éclaircissant la voix, quand nous avons quitté Rome, je lui ai donné un esclave de la tribu des Illergètes et lui ai conseillé d'apprendre sa langue, sans pour autant l'avertir de ce que je projetais.
— Tu t'es vraiment bien préparé! Félicitations!
— Alors, je peux emmener Quintus Sertorius?
— Oui, bien sûr. Mais je continue à penser qu'il est trop basané, et je me demande si cela ne pourrait pas te porter tort.
— Non, non, tout ira bien. Je suis certain au contraire que cela sera un avantage. Vois-tu, Quintus Sertorius est doté d'une certaine magie animale, et les peuples barbares redoutent les gens comme lui. Qu'il soit sombre de peau ne fera que renforcer, à leurs yeux, ses pouvoirs de sorcier.
— Qu'entends-tu par magie animale?
— Il attire les bêtes sauvages. Je l'ai remarqué pour la première fois en Afrique, quand il a appelé un léopard et l'a caressé. Mais je n'ai vraiment songé à lui que lorsque je l'ai vu soigner un jeune aigle qui avait l'aile brisée, et qui vient encore le voir de temps en temps. Les soldats en sont très impressionnés: c'est un excellent présage.
— Je sais; l'aigle est le symbole des légions... Quel rôle exact joue cette magie animale?
— Les Gaulois sont très superstitieux et redoutent les esprits qui habitent les bêtes sauvages; et les Cimbres aussi, ai-je cru comprendre. Quintus Sertorius se fera passer pour le sorcier d'une tribu ibère si lointaine que même celles des Pyrénées n'en auront jamais entendu parler.
— Quand comptes-tu partir?
— Très bientôt. Je préférerais cependant que tu en parles avec

Quintus Sertorius. Il sera heureux de venir, mais sa fidélité envers toi est entière, et il vaudrait sans doute mieux que ce soit toi qui l'avertisses. Et personne ne doit savoir! Personne!

— Tu as tout à fait raison. Mais restent trois esclaves qui sont vaguement au courant de quelque chose, puisqu'ils vous ont enseigné leur langue. Veux-tu que je les fasse vendre à l'autre bout de la Méditerranée?

— Pourquoi faire? J'ai simplement prévu de les tuer.

— C'est une excellente idée, mais tu vas perdre de l'argent.

— C'est peu de chose. Ce sera ma contribution au succès de la campagne contre les Germains.

— Je les ferai exécuter dès que tu seras parti.

— Non, je me chargerai de ce travail moi-même. Je les enverrai demain à Massilia pour une course quelconque, dit Sylla qui s'étira avant de bâiller. Je tire très bien à l'arc, Caius Marius. Et les marais salants sont déserts. Tout le monde croira qu'ils se sont enfuis, même Quintus Sertorius.

Je suis trop près de la terre, songea Marius. Ce n'est pas qu'il me soit pénible d'envoyer quiconque à la mort, même de sang-froid. C'est normal, et cela n'offense aucun dieu. Mais lui est un vrai patricien, pas de doute là-dessus. Trop haut dans le ciel. Un demi-dieu...

Marius se souvint des paroles de Martha la Prophétesse: un Romain bien plus grand que lui. Un Caius, mais de la famille des Julius, non pas des Marius... Que lui manquait-il donc? Une simple goutte de sang patricien?

Fin septembre, Publius Rutilius Rufus écrivit à Caius Marius:

Publius Licinius Nerva a enfin eu le courage d'informer franchement le Sénat de la situation en Sicile. Etant consul, tu recevras le courrier officiel à ce sujet, mais voici ma version d'abord!

Avant de te rapporter ces événements, il me faut cependant revenir au préalable sur ce qui s'est passé au début de l'année, lorsque le Peuple, sur recommandation du Sénat, a voté la libération de tous les esclaves d'origine italique. Cela a eu une répercussion inattendue, à savoir que ceux originaires des nations alliées et amies de Rome ont cru que cette mesure s'appliquerait à eux. C'était notamment le cas des esclaves grecs, qui constituent la majorité de la main-d'œuvre servile en Sicile et en Campanie.

En février, le fils d'un chevalier campanien et citoyen romain nommé Titus Vettius, âgé de vingt ans, est devenu fou. Il avait commis la sottise de vouloir s'offrir une esclave scythe, et d'emprunter l'argent, à des taux exorbitants, à des usuriers qui ne lui avaient laissé que trente jours de délai pour rembourser. Bien entendu, il n'était pas solvable le jour dit. Les autres sont allés voir son père, qui a refusé de payer, et déshérité son fils. Qui est devenu fou.

Et voilà que le jeune Titus Vettius se revêt d'une tunique pourpre et d'un diadème, se proclame roi de Campanie, et pousse les esclaves à la rébellion. Le père, je m'empresse de le préciser, était l'un de ces propriétaires à l'ancienne qui traitent décemment les leurs, et il n'y avait parmi les siens aucun Italique. Mais, juste à côté de chez lui, vivait un de ces rapaces qui achètent des esclaves à bas prix, les chargent de chaînes et les enferment dans des baraquements. Ce méprisable individu s'appelait Marcus Macrinus Mactator, et c'était un grand ami de ton collègue, le consul Caius Flavius Fimbria, si célèbre pour son intégrité.

Titus Vettius avait sommairement équipé ses hommes grâce à des armes rachetées à une école de gladiateurs. La petite troupe s'est rendue chez Mactator, l'a torturé et tué, ainsi que sa famille, et a libéré de très nombreux esclaves, dont beaucoup étaient d'origine italique, et qui donc auraient dû être affranchis.

En peu de temps, le jeune Titus Vettius s'est retrouvé à la tête de quatre mille esclaves et il s'est retranché au sommet d'une colline dans un camp très bien fortifié. Et les recrues ne cessaient d'arriver ! Capoue a fermé ses portes, fait appel à toutes ses écoles de gladiateurs, et sollicité l'aide du Sénat.

Fimbria a pris l'affaire très à cœur, et pleuré son ami Mactator le Boucher avec tant d'ostentation que les Pères Conscrits, lassés, ont chargé le préteur pérégrin, Lucius Licinius Lucullus, de rassembler une armée chargée d'écraser la révolte. Tu sais quel genre d'aristocrate il est ! Il n'a pas beaucoup apprécié de voir un cloporte comme Fimbria lui ordonner de nettoyer la Campanie.

Une petite digression. Tu sais sans doute que Lucullus est marié à Metella Calva, la sœur du Porcelet. Ils ont deux fils de douze et quatorze ans qu'on dit fort brillants, et maintenant que le fils de Numidicus, le Goret, est incapable d'articuler deux mots de suite, tous les espoirs de la famille reposent sur les jeunes Lucius et Marcus Lucullus. Leur mère est connue pour son immoralité. Non seulement elle mène ses affaires de cœur sans se cacher, scènes publiques et fausses tentatives de suicide comprises, mais de plus — ce qui accable toute la lignée — elle a un faible pour les esclaves ou les portefaix qu'elle s'en va racoler sur les quais du port. C'est donc un véritable fardeau pour Lucullus et Numidicus, bien qu'elle paraisse être une excellente mère.

Tu comprends maintenant pourquoi Lucullus renâclait à partir en Campanie en appliquant les ordres d'un homme qui aurait très bien pu plaire à Metella Calva, s'il avait été un peu plus pauvre. A propos, Fimbria s'est lié, le croiras-tu, avec Caius Memmius, et beaucoup d'argent change de main, sans qu'on puisse rien savoir de ce qu'ils manigancent...

Enfin, Lucullus a tôt fait d'écraser la rébellion. Titus Vettius a été exécuté, comme les membres de son armée. Mais ne t'avais-je pas dit, l'année dernière, que les soulèvements serviles de Campanie m'inquiétaient? Et nous voilà avec une révolte de grande ampleur en Sicile!

Jamais je n'aurais cru qu'il serait dangereux d'envoyer là-bas Publius Licinius Nerva, qui ressemble tant à une souris, et qui est si méticuleux! La tâche aurait dû parfaitement lui convenir. Il a commencé à faire libérer les esclaves d'origine italique — près d'un quart du total — en commençant par Syracuse, tandis que son questeur partait à Lilybaeum, à l'autre bout de l'île. Fidèle à lui-même, Nerva s'est montré aussi minutieux que lent. En deux semaines, il en avait libéré huit cents. Ensuite est arrivée une délégation d'exploitants agricoles très en colère, qui l'a menacé de choses allant des poursuites en justice à l'émasculation. Nerva a été pris de panique, et a mis un terme à ses activités. Il a envoyé à son questeur des directives en ce sens, mais l'autre avait déjà commencé et tenait assise sur la place du marché. Quand il a reçu ses ordres, lui aussi a fermé boutique. Les esclaves rassemblés là sont devenus fous furieux.

La conséquence immédiate a été un soulèvement dans toute la partie occidentale de la Sicile. Tout a commencé par le meurtre de deux frères propriétaires d'une énorme exploitation près d'Halicyae. Les esclaves ont quitté leurs fermes par centaines, puis par milliers, après avoir tué leurs gardiens et parfois leurs maîtres. Nerva a rassemblé une milice, et a cru avoir écrasé la rébellion après avoir pris une citadelle qui était aux mains d'esclaves fugitifs; il a donc renvoyé ses hommes chez eux.

Mais la révolte ne faisait que commencer. Peu après elle a éclaté près de Heraclea Minoa, et quand Nerva a voulu rassembler sa milice, tout le monde a paru frappé de surdité. Il a été contraint de recourir à une cohorte d'auxiliaires stationnée à Enna. Tous ses hommes ont péri, et les rebelles se sont emparés de leurs armes.

Ils se sont par ailleurs donné un chef, un Marse nommé Salvius. Avant d'être esclave, c'était un charmeur de serpents; il avait été condamné pour avoir joué de la flûte lors de ces cérémonies dionysiaques qui préoccupaient tant le Sénat voici quelques années. Il se dit roi, mais à la manière romaine: il porte la toge prétexte et marche précédé par des licteurs.

A l'autre bout de la Sicile, un Grec nommé Athenion l'avait imité, et levé une armée. Ils se sont rencontrés, ont conféré ensemble, et Salvius l'a emporté: c'est lui qui doit diriger tous les rebelles. Il se fait appeler le roi Tryphon, et s'est installé dans un nid d'aigle, Triocala, dans les montagnes qui font face à l'Afrique, quelque part entre Agrigentum et Lilybaeum.

En ce moment même, la Sicile est en proie au chaos. La récolte pourrit sur pied — ou du moins ce qu'il en reste après que les esclaves se sont servis. Ainsi Rome ne recevra-t-elle pas de grain de l'île cette année. Les villes croulent sous l'afflux des réfugiés, la disette et les épidémies règnent. Une armée de soixante mille esclaves — dont cinq mille cavaliers — très bien équipée erre d'un bout de la Sicile à l'autre. Elle a attaqué et pris Murgantia, et bien failli s'emparer de Lilybaeum.

Mais il y a pire. Non seulement Rome va manquer de grain, mais il semble bien que quelqu'un ait délibérément tenté de profiter des événements en vue de provoquer une pénurie. Notre estimé collègue Scaurus est sur la piste des coupables. Sans doute soupçonne-t-il Fimbria et Caius Memmius. Que ce dernier, homme honnête et décent, se soit allié avec ton collègue, voilà qui est à n'y rien comprendre. Il est vrai qu'il aurait dû être préteur depuis longtemps, et il y est parvenu seulement cette année; au demeurant, il n'est pas assez riche pour se faire élire consul. Ce qui, parfois, peut exposer le plus intègre des hommes aux pires tentations.

Caius Marius prit également connaissance des comptes rendus officiels. Publius Rutilius avait raison, comme toujours. Sa missive était autrement plus informée bien que le courrier du Sénat eût contenu la lettre de Nerva, et beaucoup de chiffres.

Marius n'avait aucune peine à imaginer la consternation qui

devait régner à Rome. Une grave pénurie de grain mettait en danger bien des carrières politiques; le Trésor devait maugréer, et les édiles courir en tous sens pour trouver d'autres sources d'approvisionnement. L'Afrique et la Sardaigne produisaient à peine la moitié de ce que la Sicile envoyait à Rome. Le Sénat et l'Assemblée du Peuple se renverraient mutuellement la responsabilité des événements. Et les *capite censi* leur en tiendraient également rigueur.

Les prolétaires ne formaient pas un corps politique; gouverner les intéressait aussi peu qu'être gouvernés. Mais, s'il leur arrivait d'avoir faim, ils redevenaient une force avec laquelle il fallait compter.

Le grain n'était pas gratuit pour autant, mais le Sénat veillait à ce que chacun puisse en acheter à des prix raisonnables, même en temps de disette — ce qui revenait à le subventionner, au grand chagrin du Trésor. Les *capite censi* devaient alors se joindre à l'énorme file d'attente devant le bureau de l'édile, Porticus Minucius, pour obtenir des bons échangés ensuite auprès des greniers à blé.

Caius Marius sourcils froncés, comprit que sa situation politique devenait précaire. Dès l'instant où le Sénat enjoindrait au Trésor d'ouvrir ses coffres pour financer les achats de grain, ce serait l'émeute; les bureaucrates feraient valoir qu'en Gaule Transalpine il leur fallait régler les frais d'entretien d'une armée énorme, qu'on n'employait qu'à des travaux publics!

Marius mesura l'ampleur du paradoxe: il s'était fait élire consul *in absentia* pour la deuxième fois, alors qu'il dirigeait une armée de *capite censi* — ces mêmes prolétaires qui, poussés par la faim, pouvaient tenir Rome à leur merci! Que Publius Licinius Nerva soit maudit! Comme tous les spéculateurs!

Scaurus avait été le seul à discerner quelque chose avant que la crise n'éclatât; en temps normal, à la fin de l'été, c'est-à-dire à la veille de la récolte, les prix du grain à Rome, baissaient un peu. Or cette année ils étaient montés en flèche. La raison en semblait évidente: la libération des esclaves d'origine italique limiterait l'importance des moissons. Mais c'était à une époque où précisément ils n'avaient pas encore été affranchis, et la récolte, estimait-on, serait tout à fait normale. Or les prix continuèrent à grimper.

Pour Scaurus, cela constituait une série de présomptions, sinon de preuves, d'une manipulation délibérée. Il en vint à soupçonner Fimbria, ainsi que le préteur urbain Caius Memmius, qui, tout au long du printemps et de l'été, n'avaient rien épargné pour rassembler de l'argent. Dans l'intention d'acheter du grain à bon marché et de le revendre au prix fort, conclut Scaurus.

Puis survint la nouvelle du soulèvement des esclaves de Sicile A cette occasion Fimbria et Memmius se mirent à vendre avec frénésie tout ce qu'ils possédaient ou presque. Scaurus en déduisit que, quelle que fût la nature de leur association, elle ne concernait en rien la spéculation sur le grain.

Son raisonnement était un peu spécieux, mais cela demeurait compréhensible; si le consul et le préteur avaient été impliqués dans cette affaire, ils n'auraient pas eu à courir en tous sens pour trouver l'argent liquide nécessaire au remboursement de leurs prêts. Il lui fallait chercher ailleurs.

Après que la lettre de Publius Licinius Nerva eut révélé au Sénat l'ampleur de la crise sicilienne, Scaurus entendit les marchands de grain prononcer le nom d'un membre de l'auguste assemblée; il venait tout juste d'y être admis. Lucius Appuleius Saturninus. Il était questeur du port d'Ostie, c'est-à-dire qu'il supervisait la réception et le stockage du grain, discutait avec tous ceux qui y prenaient part, et n'ignorait rien de tous les aspects du négoce.

Une enquête plus approfondie convainquit Scaurus qu'il avait trouvé son coupable, et il frappa lors d'une réunion du Sénat tenue début octobre. Lucius Appuleius Saturninus était le principal responsable de la montée des prix du grain, dit-il devant une assemblée scandalisée. Les Pères Conscrits avaient trouvé leur bouc émissaire; ils votèrent en masse pour qu'il fût chassé de son poste de questeur, le privant par là même de son siège au Sénat, et l'exposant à des poursuites judiciaires.

Tout spécialement convoqué, Saturninus ne put que tenter de réfuter les accusations de Scaurus. Il n'y avait aucune preuve, dans un sens ou dans l'autre, et il s'agissait en fait de savoir lequel des deux hommes était le plus digne de confiance. Bien entendu, l'assemblée suivit Scaurus, à qui personne ne pouvait rien reprocher, et dépouilla son adversaire de toutes ses prérogatives.

Mais Lucius Appuleius Saturninus savait se battre. On ne le connaissait guère, car il venait d'atteindre trente ans, et ne s'était jamais signalé par ses talents oratoires ou ses exploits militaires; il était issu d'une famille sénatoriale originaire du Picenum. Sur le moment, il ne put faire grand-chose, même quand le Sénat confia sa charge de questeur, pour le reste de l'année, à Scaurus lui-même!

Personne à Rome ne croyait à son innocence. Partout où il allait, on lui crachait au visage, on l'insultait, on tenta même de le lapider; les murs de sa demeure se couvrirent de graffiti insultants, sa femme et sa petite fille, victimes à leur tour d'ostracisme, passaient le plus clair de leur temps à sangloter. Ses serviteurs eux-mêmes le regardaient de biais.

Son meilleur ami était un certain Caius Servilius Glaucia, de quelques années son aîné, à qui ses talents d'avocat valaient une petite renommée. Ce qui les unissait était une égale acuité intellectuelle, ainsi que le désir avoué de devenir consuls et de permettre ainsi l'anoblissement de leurs familles.

— Je ne suis pas encore battu, dit Saturninus à Glaucia. Il existe un moyen de revenir au Sénat, et je vais en faire usage.

— Les censeurs?

— Jamais de la vie. Non, je vais me présenter aux élections de tribun de la plèbe.

— Tu n'y arriveras jamais.

— Si, à condition de trouver un allié suffisamment puissant.

— Caius Marius.

— Qui d'autre? Je m'embarque dès demain pour Massilia, afin d'expliquer ma situation au seul homme qui acceptera peut-être de m'écouter, et de lui proposer mes services.

— Oui, Lucius Appuleius, c'est une bonne idée. Après tout, tu n'as rien à perdre. Si tu réussis, tu pourras rendre la vie impossible à Scaurus, une fois élu tribun de la plèbe!

— A lui, je n'en veux pas! Il a simplement fait ce qu'il croyait devoir faire. Non, je veux retrouver celui qui lui a laissé croire que j'étais coupable de tout.

— Va à Massilia et discute avec Caius Marius; pendant ce temps je mènerai mon enquête là-dessus.

De Massilia, Lucius Appuleius Saturninus se rendit, à cheval, jusqu'au camp romain édifié tout près de Glanum, et demanda audience à Marius.

Les deux hommes se plurent spontanément, sentant qu'ils partageaient la même résolution, le même caractère implacable, et peut-être un commun refus de certaines valeurs établies. Saturninus fut ravi de constater que la nouvelle de sa disgrâce n'avait pas encore atteint Glanum. Il lui était cependant difficile de déterminer combien de temps il devrait attendre pour en faire état; Caius Marius était à la tête d'une armée, et n'était pas toujours maître de son temps.

Saturninus fut surpris de constater que Manius Aquilius et lui seraient les seuls à partager le repas de Caius Marius.

— Lucius Cornelius est-il à Rome? demanda-t-il.

— Non, il s'est absenté, répondit simplement Marius sans en dire davantage.

Sachant qu'il ne servirait à rien de dissimuler sa situation, Saturninus raconta toute son histoire dès la fin de leurs agapes. Les deux hommes l'écoutèrent en silence, sans l'interrompre une seule fois, ce qui lui parut de bon augure.

— Je suis très heureux que tu sois venu me voir en personne. Cela renforce ta cause. Je n'ai pas la réputation d'être crédule, pas plus que Scaurus, d'ailleurs, mais je crois que tu as servi de leurre. Etant questeur à Ostia, tu faisais une cible parfaite.

— De toute façon, Caius Marius, je n'ai jamais eu l'argent nécessaire pour acheter autant de grain.

— C'est vrai, mais cela ne t'innocente pas pour autant. Tu aurais pu le faire en échange d'un énorme pot-de-vin.

— C'est ce que tu crois?

— Non, je pense qu'en fait tu es la victime des événements.

— Alors, tu m'aideras à me faire élire tribun de la plèbe?

— Certainement.

— Tu peux être assuré que, le moment venu, je saurai te rendre la pareille...

— C'est bien ainsi!

Tout alla très vite. Saturninus n'avait pas de temps à perdre: les élections tribuniciennes étaient prévues pour début novembre, et il lui fallait rentrer à Rome assez tôt pour se porter candidat. Il repartit donc, chargé de nombreuses lettres de Marius, adressées à des amis, des relations ou des clients.

En quittant le camp, il croisa trois Gaulois qui y pénétraient par l'entrée principale. N'ayant jamais vu de Barbares de sa vie, Saturninus les contempla, bouche bée. L'un était apparemment le prisonnier des deux autres: il était enchaîné. Assez bizarrement, il était d'allure nettement moins primitive que ses geôliers! C'était un homme de taille moyenne, aux cheveux tirant sur le blond, assez longs mais taillés à la grecque, glabre, vêtu d'un pantalon et d'un manteau de laine à la gauloise. Le deuxième était assez sombre de peau, coiffé de plumes noires, ce qui le désignait comme un Celtibère, et fort peu vêtu; son corps était étonnamment musclé. Le dernier était manifestement le chef: un vrai barbare gaulois, au torse nu, à la peau laiteuse, avec une longue chevelure d'un roux doré qui lui tombait dans le dos, et d'épaisses moustaches; il avait autour du cou un torque d'or massif en forme de dragon. Saturninus croisa son regard glacé, et frémit: un vrai Barbare!

Les trois Gaulois s'avancèrent dans le camp, où personne ne leur chercha noise, et se rendirent jusqu'à la construction de bois qui abritait le commandant en chef.

— Caius Marius, dit leur chef dans un latin parfait.
— Je vais voir s'il peut te recevoir, répondit l'officier de service sans même ciller.
Il revint au bout de quelques instants.
— Le général dit que tu peux entrer, Lucius Cornelius...
— Très bien, commenta Sertorius en passant à sa hauteur. Mais surtout, pas de bavardages!
Quand il vit arriver ses deux lieutenants, Marius les fixa avec autant d'intensité, mais moins de surprise, que Saturninus.
— Il était temps que vous rentriez!
— Nous ne sommes pas là pour très longtemps, répondit Sylla en poussant son captif en avant. Nous sommes revenus te faire un cadeau pour le défilé qui marquera ton triomphe. Voici le roi des Volces Tectosages, Copillus, le même qui a pris part à l'écrasement de l'armée de Lucius Cassius à Burdigala.
— Il n'a guère l'air d'un Gaulois! Quintus Sertorius et toi êtes autrement impressionnants!
— Tolosa étant sa capitale, il est depuis longtemps exposé à la civilisation. Il parle le grec, et n'est déjà plus qu'à moitié celte. Nous l'avons capturé en dehors de Burdigala.
— Il en valait vraiment la peine?
— Je crois que tu penseras que oui. Tu verras, il a une très étrange histoire à te raconter.
— Et laquelle?
— Celle des mares pleines d'or. L'or a été chargé dans des chariots et conduit de Tolosa à Narbo, du temps où un certain Quintus Servilius Caepio était gouverneur. Il a mystérieusement disparu non loin de Carcasso, toute l'escorte ayant été massacrée. Copillus était dans les environs à cette époque, mais il n'avait que quelques hommes avec lui, et les agresseurs étaient trop nombreux et trop bien armés. Le plus intéressant, c'est qu'il y a eu deux survivants: Furius, le *praefectus fabrum*, et un affranchi grec, Quintus Servilius Bias. Copillus n'était pas à Malaga, plusieurs mois plus tard, quand les chariots sont entrés dans une pêcherie appartenant à un client de Quintus Servilius Caepio, ni quand l'or est parti par mer vers Smyrne. Mais Copillus connaissait quelqu'un qui connaissait quelqu'un qui connaissait un bandit de grand chemin nommé Brigantius, lequel s'est vanté d'avoir été chargé de s'emparer de l'or et de le conduire en Ibérie — et ce par deux agents de Caepio, Furius et Bias. En guise de paiement, ils lui ont laissé les chariots, les mules, et six cents tenues militaires romaines, prises aux légionnaires que Brigantius a tués. Puis ils ont accompagné l'or en Orient.
Jamais Sylla n'avait vu Caius Marius aussi totalement ahuri;

même lorsqu'il avait lu la lettre annonçant son élection au consulat *in absentia*.

— Grands dieux ! finit par chuchoter Marius. Il n'aurait quand même pas osé !

— Oh si ! dit Sylla, méprisant. Le prix à payer, c'étaient les vies de six cents soldats romains, et alors ? Après tout, il y avait quinze mille talents d'or dans les chariots ! Or, les Volces Tectosages se considèrent comme les gardiens de ce trésor, non comme ses propriétaires. Ils sont désormais maudits, comme leur roi Popillus. La richesse gauloise a disparu.

— Tu ne comptes pas rester ? demanda Marius. Et l'hiver ?

— Non, nous repartons demain. Les Cimbres errent au pied des Pyrénées, victimes des embuscades des tribus locales ! Il nous a fallu, à Quintus Sertorius et à moi, plusieurs mois pour les approcher.

— Et quelles sont les nouvelles des Germains ?

— A dire vrai, peu de chose, mais je t'en apprendrai davantage au cours du dîner. Il est encore trop tôt pour savoir d'où ils viennent, et pourquoi. N'aie crainte, je serai toujours averti de tout mouvement éventuel vers l'Italie. Du moins puis-je te dire où ils sont tous en ce moment. Les Teutons, les Tigures, les Marcomans et les Chérusques tentent de traverser le Rhin pour rentrer en Germanie, les Cimbres s'efforcent de franchir les Pyrénées pour entrer en Ibérie. Je ne pense pas que les uns et les autres y parviennent.

Marius appela l'officier de service :

— Envoie-moi trois hommes de confiance ! Et vois si tu peux trouver un logement confortable pour le roi Copillus. Il faudra l'enfermer, malheureusement, mais seulement jusqu'au moment de son départ pour Rome.

— A ta place, je ne l'y enverrais pas, dit Sylla, songeur, une fois que l'officier fut parti. En tout cas, je me montrerais très discret sur l'endroit de sa détention.

— Tu penses à Caepio ? Il n'oserait pas !

— Il a quand même dérobé l'or.

— D'accord, nous installerons le roi à Nersia. Quintus Sertorius, ta mère a-t-elle des amis qui pourraient le loger ?

— Elle trouvera quelqu'un, répondit Sertorius d'un air confiant.

— Quelle chance ! s'exclama Marius. Je n'aurais jamais cru avoir assez de preuves pour envoyer Caepio vers un exil qu'il a tant mérité ! Nous laisserons l'affaire en sommeil jusqu'à ce que nous soyons de retour à Rome après avoir battu les Germains, et nous le ferons accuser de détournement de fonds et de trahison !

— De trahison ? Pas avec les amis qu'il a dans les Centuries !

— Ils ne lui seront d'aucun secours quand il sera jugé par une cour spéciale exclusivement composée de chevaliers.

— Et où en es-tu, en ce moment, Caius Marius? demanda Sylla.

— Je me suis offert deux tribuns de la plèbe pour l'année qui vient! répliqua Marius, triomphant.

— S'ils sont élus! intervint Sertorius.

— Ce sera fait! s'écrièrent en chœur Marius et Sylla.

Tous trois éclatèrent de rire, tandis que leur prisonnier attendait avec beaucoup de dignité, feignant de ne pas comprendre le latin, ce qui allait se passer. Marius s'adressa à lui en grec, et, chaleureusement, lui promit que bientôt ses chaînes lui seraient enlevées.

— Quintus Caecilius, dit Scaurus à Metellus Numidicus, sais-tu que j'apprécie follement d'être questeur du port d'Ostie? J'ai cinquante-cinq ans, je suis chauve comme un œuf, et si profondément ridé que mon barbier n'arrive jamais à me raser correctement — et j'ai l'impression d'être un gamin! Comme il devient facile de résoudre les problèmes!

Scaurus était revenu à Rome pour une réunion spéciale du Sénat, sous la direction du préteur urbain, Caius Memmius, afin de discuter de la Sardaigne; Caius Flavius Fimbria, le consul en titre, était malade, ce qui lui arrivait beaucoup ces derniers temps, disait-on.

— As-tu entendu la rumeur? demanda Numidicus.

— Laquelle?

Scaurus avait l'esprit ailleurs; il ne pensait plus guère qu'aux approvisionnements en grain, ces temps-ci.

— Lucius Cassius et Lucius Marcius ont uni leurs efforts et entendent demander à l'Assemblée plébéienne que Caius Marius puisse se présenter de nouveau aux élections consulaires, toujours *in absentia*!

Scaurus s'arrêta net.

— Ils n'oseraient pas!

— Oh si! Tu imagines? Elu consul pour la troisième fois! C'est sans précédent! Autant faire de lui un dictateur! Or, dans les rares occasions où Rome a estimé qu'elle devait s'en donner un, son mandat a toujours été limité à six mois! Et voilà que ce... ce paysan vient bouleverser les lois!

— Tout est notre faute, dit Scaurus en se laissant tomber sur son tabouret. Nous n'avons pas eu le courage de nos prédécesseurs, et nous n'avons rien tenté pour nous débarrasser de lui! Comment se fait-il qu'on ait éliminé les Gracques, et que Marius soit toujours en vie? On aurait dû l'abattre il y a des années!

— C'est un paysan, répondit Numidicus en haussant les épaules. Les Gracques étaient des aristocrates.

— Il faut que cela prenne fin ! s'écria Scaurus. Personne n'a le droit d'être élu *in absentia*, surtout deux années consécutives ! C'est à croire qu'il veut non seulement être le Premier des Romains, mais aussi devenir roi de Rome !

— J'en suis bien d'accord, dit Numidicus en s'asseyant à son tour. Mais comment nous débarrasser de lui ? Il n'est jamais là assez longtemps pour qu'on puisse tenter quelque chose contre lui.

— Lucius Cassius... Lucius Marcius..., dit Scaurus, d'un ton stupéfait. Je ne comprends pas ! Ce sont deux nobles issus des meilleures familles plébéiennes ! Ne peut-on les raisonner, faire appel à leur sens de l'honneur ?

— Chacun sait que Caius Marius a payé les dettes de Lucius Marcius, qui est solvable pour la première fois de sa vie. Lucius Cassius, c'est différent. Il sait que le peuple hait les généraux incompétents tels que feu son père, et il n'ignore pas que Marius est très populaire auprès de la Plèbe ; je crois qu'il pense que s'il l'aide à nous débarrasser des Germains, sa propre famille pourra retrouver un peu de sa réputation.

Il lui fut impossible d'en dire davantage ; les débats s'ouvrirent, et Caius Memmius se leva pour prendre la parole.

— Pères Conscrits, déclara-t-il, j'ai reçu de Sardaigne une lettre de Cnaeus Pompeius Strabo. Elle m'a été adressée, plutôt qu'à mon estimé collègue Caius Flavius, car, en tant que préteur urbain, il est de mon devoir de superviser l'activité des tribunaux de Rome.

Il s'interrompit pour jeter un regard glacial aux derniers rangs de l'assemblée, où les sénateurs prirent aussitôt une attitude des plus attentives.

— Pour rafraîchir la mémoire de ceux qui, parmi vous, ne prennent pas la peine d'assister aux séances, je rappelle que Cnaeus Pompeius Strabo est le questeur du gouverneur de Sardaigne, lequel n'est autre, cette année, que Titus Annius Albucius.

Il se mit à lire d'une voix claire :

> Caius Memmius, je t'écris pour te demander la permission de faire poursuivre en justice Titus Annius Albucius, gouverneur propréteur de Sardaigne, dès notre retour à Rome à la fin de l'année. Comme le Sénat le sait, il y a un mois, il a affirmé avoir mis un terme au brigandage dans la province, et demandé une ovation. Elle lui a été refusée, et à juste titre. Car la Sardaigne est loin d'être débarrassée des bandits de grand chemin. Mais la raison pour laquelle je demande son inculpa-

tion, c'est son attitude après que l'ovation lui a été refusée. Non seulement il a parlé des membres de cette assemblée en termes grossiers, mais il a fait célébrer, à grands frais, une parodie de triomphe dans les rues de Carales ! Je vois dans ses actes autant de menaces contre le Sénat et le Peuple de Rome, et dans son prétendu triomphe une trahison pure et simple. Je tiens à ce que personne d'autre que moi ne puisse mener l'accusation. Réponds-moi le plus rapidement possible.

Memmius posa la lettre au milieu d'un profond silence.

— J'aimerais savoir ce qu'en pense l'estimé dirigeant de cette assemblée, Marcus Aemilius Scaurus, dit-il en se rasseyant.

— Comme c'est étrange, commença celui-ci, je parlais de questions un peu semblables juste avant le début de cette séance. Ces dernières années, l'auguste assemblée composée des meilleurs des Romains a non seulement perdu beaucoup de son pouvoir, mais aussi de sa dignité. Nous — les meilleurs de Rome ! — ne sommes plus autorisés à diriger la cité. Nous — les meilleurs de Rome ! — nous sommes accoutumés à voir le peuple — ignorant, avide, sans cervelle — nous traîner dans la boue ! Nous — les meilleurs de Rome ! — sommes traités comme quantité négligeable ! Notre sagesse, notre expérience, la distinction de nos familles, et ce depuis la fondation de la République, ont cessé de compter ! Seul le Peuple compte ! Et je vous le dis, Pères Conscrits, il n'est *pas qualifié* pour gouverner Rome !

Il se tourna vers les portes grandes ouvertes, en direction du puits du Comitium.

— Qui est le Peuple ? lança-t-il d'une voix de tonnerre. Les hommes des Deuxième, Troisième, et même Quatrième Classes : de petits chevaliers qui croient pouvoir diriger la cité comme ils dirigent leurs affaires, des boutiquiers, des petits paysans, et même des artisans ! Des intermédiaires ! Ni assez importants pour appartenir à la Première Classe, ni assez vils pour se contenter de s'occuper de ce qui les regarde, comme la Cinquième Classe et les *capite censi* ! Je vous le répète, Pères Conscrits : le Peuple n'est pas qualifié pour gouverner Rome ! Trop de pouvoir lui a déjà été cédé, et dans son arrogance — que certains membres de cette assemblée, élus tribuns de la plèbe, croient devoir encourager — il entend désormais ignorer nos conseils, nos directives, et jusqu'à nos personnes !

Il est grand temps que nous inversions ce processus. Il est grand temps que nous montrions au Peuple qu'il ne sera jamais qu'un enfant ! Bien entendu, il est facile d'identifier les origines de cette érosion du pouvoir sénatorial. Cette auguste assemblée a admis en son sein trop de parvenus, trop d'Hommes Nouveaux. Que pense le Sénat d'un homme venu des confins samnites, qui est, au mieux, à demi latin, et qui est pour la première fois parvenu au consulat parce qu'il s'était *acheté* une patricienne ? Et que pense le Sénat de Rome d'un bâtard louchon venu des collines infestées de Celtes du Picenum ?

Nos fils, Pères Conscrits, poursuivit Scaurus d'une voix lasse, sont des créatures timorées, qui grandissent dans une atmosphère politique étouffante. Comment espérer qu'ils sauront gouverner Rome, s'il se laissent intimider par le Peuple ? Je vous le dis : il faut que dès aujourd'hui vous leur appreniez, à vos fils, à se montrer vaillants dans la défense du Sénat, et sans pitié pour le Peuple ! Il faut leur faire comprendre la supériorité naturelle du Sénat ! Il faut les préparer à se battre pour la défendre !

Il s'était éloigné des portes pour se tourner vers le banc des tribuns de la plèbe.

— Quelqu'un peut-il me dire pourquoi un membre de cette auguste assemblée chercherait à en saper l'autorité ? Et pourtant, c'est ce qui se produit sans cesse ! Certains se prétendent sénateurs, tout en étant tribuns de la Plèbe ! Ce qui revient à servir deux maîtres ! Je dis : qu'ils se souviennent qu'ils sont d'abord sénateurs, et ensuite tribuns. Leur véritable devoir est d'enseigner à la plèbe qu'elle doit rester à sa place. Mais que font-ils ? Certains se montrent fidèles à leur classe, j'en conviens. Certains ne font rien de marquant ni de notable. Mais d'autres, Pères Conscrits, entreprennent délibérément de saper l'autorité de cette auguste assemblée. Pourquoi ? Quel tortueux dessein les pousse à détruire leur propre classe ?

Les dix tribuns assis sur leur banc adoptèrent des attitudes diverses, qui reflétaient nettement leurs opinions politiques : les plus fidèles au Sénat avaient l'air réjoui, suffisant ; ceux du milieu se tortillaient et regardaient par terre ; les autres avaient pris un visage dur et fermé.

— Je vais vous dire pourquoi, sénateurs de Rome, poursuivit Scaurus d'une voix pleine de mépris. Certains se vendent, tout simplement. D'autres ont des raisons plus subtiles ; le premier d'entre eux fut Tiberius Sempronius Gracchus. Je parle de ce genre de tribun de la plèbe pour qui sa fonction n'est rien d'autre qu'un outil nécessaire à ses propres projets, à son désir d'être reconnu Premier des Romains sans avoir à le mériter auprès de ses pairs, comme l'ont fait Scipion Emilien ou Scipion l'Africain. C'est ce qu'on appelle un démagogue. Il se garde bien d'appeler à l'émeute ; il se contente d'enflammer ceux qui fréquentent ordinairement le Comitium, et d'imposer ses vues par le biais d'une loi. Il corrompt le Peuple pour assouvir son ambition. Tout cela, Pères Conscrits, ne mérite même pas notre mépris. Et pourtant, cela se passe tous les jours.

Nous savons tous qui sont ces hommes, n'est-ce pas? Au premier rang d'entre eux, Caius Marius, notre estimé consul qui, ai-je entendu dire, va se faire réélire, et une fois de plus *in absentia*! Grâce au Peuple — car comment Caius Marius serait-il là où il est, sinon? Certains d'entre nous l'ont combattu pied à pied, en usant de toutes les armes légales. En pure perte. Il a le soutien du Peuple, l'oreille du Peuple, et remplit les bourses de certains des tribuns de la plèbe. Riche comme Crésus, il peut se permettre d'acheter tout ce qu'il ne pourrait obtenir autrement. Toutefois, ce n'est pas pour parler de lui que je me suis levé.

Il se tourna vers l'estrade sur laquelle siégeaient les magistrats curules et, s'adressant à Caius Memmius, reprit:

— Je voulais parler d'un autre parvenu, d'un genre un peu moins voyant que Caius Marius. Il se vante d'avoir eu des ancêtres au Sénat, il parle couramment le grec, il est cultivé. Ce n'est pas pour autant un pur Romain, quoi qu'il puisse affirmer. Je veux parler du questeur Cnaeus Pompeius Strabo, chargé par cette auguste assemblée de servir le gouverneur de Sardaigne, Titus Annius Albucius.

Qui est Cnaeus Pompeius Strabo? Un Pompée, qui se dit descendant à plusieurs générations des Pompée du Sénat — il serait intéressant de savoir ce qu'il en est réellement. Lui aussi est riche comme Crésus; la moitié de l'Italie du Nord lui appartient; dans ses terres, c'est un véritable roi.

Membres du Sénat, à quoi ressemble cette auguste assemblée, quand un de ses nouveaux membres, déguisé en questeur, a l'audace et la... la *vulgarité* de s'en prendre à son supérieur? Je suis *scandalisé*! Ce Pompée le Louchon est-il à ce point dépourvu d'éducation? Comment se fait-il que nous le laissions, lui et ses pareils, envahir le Sénat? Comment se fait-il qu'il ose agir ainsi? Parce qu'il est aussi ignorant qu'arrogant! Pères Conscrits, il y a des choses qui ne se font pas! S'en prendre à ses supérieurs en est une! Notre langue ne possède pas d'épithètes assez méprisantes pour qualifier la conduite de ce Cnaeus Pompeius Strabo, Pompée le Louchon!

Une voix vint du banc des tribuns de la plèbe:

— Marcus Aemilius, en conclurais-tu que la conduite de Titus Annius Albucius est digne d'éloges? demanda Lucius Cassius.

Scaurus se redressa, et lança, venimeux:

— Lucius Cassius, ne sois pas ridicule! Ce n'est pas de lui qu'il est question en ce moment. Il sera, comme c'est la règle, poursuivi en justice. S'il est reconnu coupable, il subira le châtiment prévu par la loi. Nous parlons protocole, politesse, étiquette — nous parlons bonnes manières, Lucius Cassius! Et Pompée le Louchon les a grossièrement insultées!

Il fit face à l'assemblée.

— Pères Conscrits, je suggère que Titus Annius Albucius soit inculpé de trahison, mais que, dans le même temps, le préteur urbain envoie à Cnaeus Pompeius Strabo un message sans ambiguïté l'informant qu'en aucun cas il ne lui sera permis de poursuivre son supérieur, et qu'il a les manières d'un porc!

Le Sénat vota en ce sens avec enthousiasme. Lucius Marcius Philippus s'était offusqué d'entendre Scaurus évoquer la corruption des tribuns de la plèbe; d'une voix traînante, un peu nasale, et fort hautaine, il lança:

— Caius Memmius, je crois que cette assemblée devrait dès maintenant nommer un accusateur chargé du cas de Titus Annius Albucius.

— Y a-t-il des objections? demanda Memmius en regardant autour de lui. Non? Dans ce cas, c'est ce que nous ferons. Avez-vous des noms à suggérer?

— Estimé préteur urbain, il n'y en a qu'un!

— Alors, donne-le-moi, Lucius Marcius.

— Notre jeune habitué des prétoires, César Strabo, dit Philippus. Il faut que Titus Annius ait la sensation d'entendre une voix venue du passée! Je pense sincèrement que son accusateur doit, lui aussi, être un louchon!

Le Sénat tout entier éclata de rire, Scaurus le premier; puis, quand ils eurent repris leur sérieux, tous votèrent unanimement pour que le jeune Caius Julius César Strabo — un cousin éloigné du beau-père de Marius — soit nommé accusateur dans l'affaire de Titus Annius Albucius. Ce qui était aussi une façon de se venger de Pompeius Strabo. Lequel, en recevant la lettre du Sénat (à laquelle Caius Memmius avait joint une copie du discours de Scaurus, pour aviver encore ses plaies), jura qu'un jour il se vengerait de tous ces aristocrates hautains.

En dépit de tous leurs efforts, cependant, ni Scaurus ni Metellus Numidicus ne purent rassembler assez de votes au sein de l'Assemblée du Peuple pour empêcher que Caius Marius se portât candidat au consulat *in absentia*. Ils connurent le même échec à l'Assemblée centuriate: les électeurs membres de la Deuxième Classe étaient furieux d'avoir entendu Scaurus les traiter de simples intermédiaires. Ils renouvelèrent le mandat donné à Marius pour combattre les Germains, et s'opposèrent à ce qu'un autre prît sa place. Réélu consul, Caius Marius était vraiment l'homme de l'heure, et aurait pu se proclamer le Premier des Romains.

— Mais pas *primus inter pares*, premier entre ses pairs! dit Numidicus à Marcus Livius Drusus, qui avait repris le chemin des prétoires après son bref passage dans l'armée, l'année précédente.

Ils venaient de se rencontrer devant le tribunal du préteur urbain, où Drusus était venu avec son beau-frère et ami, Caepio le jeune.

— Quintus Caecilius, j'ai bien peur, pour une fois, de ne pouvoir souscrire à l'opinion de mes pairs. J'ai voté pour Caius Marius — cela vous étonne, sans doute! Et j'ai même appelé mes amis et mes clients à faire comme moi.

— Tu es un traître à ta classe! siffla Numidicus.

— Pas du tout, Quintus Caecilius. J'étais à Arausio, comme tu le sais, et j'ai vu de mes propres yeux ce qui peut advenir quand l'égoïsme personnel l'emporte sur les exigences du bon sens romain. Et je te le dirai franchement, quand bien même Caius Marius aurait été aussi louchon que César Strabo, aussi vulgaire que Pompée, et d'aussi basse naissance qu'un portefaix, j'aurais encore voté pour lui! Je ne crois pas que nous ayons de chef militaire de sa stature, et je ne voudrais pas qu'un consul le traite comme Quintus Servilius Caepio a traité Cnaeus Mallius!

Et Drusus s'éloigna avec beaucoup de dignité, tandis que Numidicus, bouche bée, le suivait du regard.

— Il a changé, dit Caepio le jeune, dont l'amitié avec Drusus s'était refroidie depuis leur retour de Gaule. Mon père dit que, si Marcus Livius ne prend pas garde, il deviendra un démagogue de la pire espèce!

— C'est impossible! Son père, le censeur, a été l'un des adversaires les plus résolus de Caius Gracchus, et il a élevé son fils dans le respect des valeurs conservatrices!

— Arausio l'a changé. Peut-être est-ce le coup qu'il a reçu à la tête, du moins c'est ce que pense mon père. Depuis son retour, il est très lié avec ce Marse nommé Silo qu'il a rencontré sur le champ de bataille. Il vient d'Alba Fucentia pour discuter avec Marcus Livius pendant des heures, et ils ne me convient jamais à me joindre à eux.

— Une bien regrettable affaire, Arausio, dit Numidicus, plutôt mal à l'aise; après tout, il parlait au fils de celui qu'on avait rendu responsable de tout.

Caepio le jeune s'échappa aussitôt qu'il le put, et rentra chez lui, conscient d'un vague mécontentement qui ne le quittait pas depuis... oh, il ne savait pas au juste, mais à peu près au moment où il avait épousé la sœur de Drusus, lequel était devenu le mari de sa propre sœur. Il n'avait pourtant pas de raison de le ressentir. Au demeurant, tant de choses avaient changé depuis Arausio! Son père n'était plus le même; il éclatait de rire sans qu'on sût pourquoi puis, l'instant d'après, retombait dans le désespoir, avant d'éclater de fureur.

Caepio le jeune éprouvait par ailleurs un certain sentiment de culpabilité: tandis que Drusus, Sertorius ou Sextus César gisaient sur le champ de bataille, laissés pour morts, lui-même s'était enfui, aussi avide de survivre que le dernier prolétaire de sa légion. Bien entendu, il n'en avait jamais parlé à quiconque, pas même à son père; c'était un horrible secret qu'il lui faudrait toujours garder... Et pourtant, chaque jour, en rencontrant Drusus, il avait l'impression que l'autre savait.

Son épouse, Livia Drusa, était dans son salon, sa fille sur les genoux. Comme toujours lorsqu'il rentrait, elle sourit, ce qui aurait dû le réconforter; mais ce n'était pas le cas. Les yeux de son épouse restaient vides. Chaque fois qu'elle lui parlait, ou qu'elle l'écoutait, Caepio le jeune se rendait compte qu'elle ne le regardait jamais, ne serait-ce qu'un instant. Et cela alors qu'aucun homme ne pouvait se flatter d'avoir une femme plus douce et plus accommodante, qui ne se refusait jamais à lui, ni ne s'opposait à ses exigences sexuelles.

Quelqu'un de plus sensible, de plus intelligent, se serait enquis avec discrétion de tout cela auprès de Livia Drusa, mais Caepio le jeune avait tendance à tout attribuer à son imagination : il en était à ce point dépourvu qu'il ne pouvait se rendre compte qu'il en manquait. Il ne lui vint jamais à l'esprit, en tout cas, qu'elle ne l'aimait pas. Elle ne pouvait le détester, puisqu'elle avait montré qu'elle était une épouse romaine modèle. En conséquence, elle devait l'aimer.

Il avait été déçu de ne pas être père d'un garçon, et sa petite fille, Servilia, n'était guère, à ses yeux, qu'un objet. Livia Drusa donna au bébé quelques tapes dans le dos, puis le confia à sa gouvernante grecque.

— Savais-tu que ton frère a voté Caius Marius aux élections consulaires?

Elle ouvrit de grands yeux.

— Non. Tu en es sûr?

— Il l'a dit ce matin à Quintus Caecilius Metellus Numidicus, et j'étais là. Il a encore évoqué Arausio. Oh, si seulement les ennemis de mon père cessaient de parler de cela!

— Il faut du temps, Quintus Servilius.

— Cela empire!

— Resteras-tu dîner?

— Non, il faut que je reparte. En fait, je vais chez Lucius Licinus Orator. Marcus Livius sera là aussi.

— Oh! dit-elle d'un ton morne.

— Excuse-moi, je comptais te le dire ce matin, et j'ai oublié ajouta son époux en se levant. Tu n'en es pas fâchée?

— Bien sûr que non.

Elle en était fâchée, évidemment; ils vivaient avec Caepio le père, qui ne cessait de se plaindre des dépenses domestiques, et d'accuser Livia Drusa d'être une médiocre maîtresse de maison. Ni lui ni son fils ne s'étaient rendu compte qu'ils ne l'informaient jamais de leurs mouvements, et que, chaque jour, elle devait s'assurer que le dîner était prêt, même si personne n'y touchait.

— Maîtresse, est-ce que je dois ramener l'enfant dans sa chambre? demanda la gouvernante.

— Oui, répondit Livia Drusa, sortant de sa rêverie, mais sans accorder le moindre regard à la fillette.

Elle ne faisait guère attention à elle; chaque fois qu'elle la contemplait, elle croyait voir une réplique miniature de son père: des jambes courtes, une peau sombre, d'épais cheveux noirs descendant très bas sur le front. Pourtant, la fillette avait d'immenses yeux noirs, et une minuscule petite bouche en bouton de rose.

Au bout de dix-huit mois de mariage, Livia Drusa n'avait toujours pas accepté son destin, bien que n'ayant jamais désobéi aux ordres de son frère. Impossible de la prendre en défaut, même au cours des fréquentes étreintes que réclamait son mari. Fort heureusement, son statut de patricienne lui interdisait de répondre avec ardeur. Mais que c'était difficile! Plus difficile encore que le reste, car elle avait envie de hurler chaque fois qu'il la touchait.

A dire vrai, Caepio le jeune n'avait jamais vraiment fait quoi que ce soit qui méritât le dégoût qu'il lui inspirait. A ses yeux, lui et son frère Drusus s'étaient peu à peu fondus en une présence unique, menaçante; ils la terrifiaient, et chaque jour elle avait l'impression de se rapprocher de la mort en sachant que jamais elle n'aurait l'occasion de savoir ce qu'était la vie.

Comble de tristesse, la demeure des Servilius Caepio était située sur le Palatin, mais du côté du Circus Maximus, et donnait sur l'Aventin; mais il n'y avait pas de maisons aux alentours, rien qu'une falaise rocheuse très raide. Il lui était désormais impossible d'apercevoir son Ulysse aux cheveux roux.

Caepio le père était un homme très désagréable, et cela ne cessait d'empirer. Il ne semblait pas avoir d'épouse qui pût partager quelques-unes des responsabilités qui incombaient à Livia Drusa; mais il était si distant, et les relations qu'elle avait avec

Caepio le jeune si ténues, qu'elle n'osa jamais demander à l'un ou à l'autre si leur compagne et mère était vivante ou morte. Bien entendu, sa responsabilité dans le désastre d'Arausio avait durement éprouvé Caepio le père. Il avait d'abord été dépouillé de son *imperium*, puis Lucius Cassius Longinus, tribun de la plèbe, avait réussi à faire voter une loi le chassant du Sénat; et il n'y avait pas une semaine sans qu'un apprenti-démagogue tentât de le faire inculper pour trahison. En raison de la haine de la populace, il vivait virtuellement cloîtré dans sa demeure, et employait la plupart de son temps à épier Livia Drusa, et à la critiquer sans retenue.

Il est vrai qu'elle ne faisait rien pour arranger les choses. Un jour, elle fut à ce point exaspérée d'être ainsi espionnée par son beau-père, qu'elle sortit, alla jusqu'au jardin-péristyle, là où on ne pourrait l'entendre, et se mit à se parler à elle-même à voix haute. Les esclaves se rassemblèrent sous la colonnade, en se demandant ce qu'elle faisait, ce qui fit sortir Caepio le père de son cabinet de travail.

— A quoi joues-tu?

— Je me récite les aventures du roi Ulysse.

— Eh bien, arrête! Tu te donnes en spectacle! Les serviteurs disent que tu es devenue folle! Et pourquoi diable déclamer du Homère?

— Pour passer le temps.

— Il y a d'autres méthodes! Occupe-toi de ta fille, fais ce que les femmes ont à faire!

— Je l'ignore, répondit-elle en se levant. Que font-elles?

— Elles rendent les hommes fous! lança-t-il en repartant vers son cabinet de travail.

Livia Drusa alla plus loin encore et, suivant les conseils de son beau-père, s'installa devant son métier à tisser, puis entreprit de confectionner toute une série de tenues de deuil, tout en parlant à voix haute à un Ulysse imaginaire, absent depuis des années; parfois elle s'interrompait pour incliner la tête, comme si elle écoutait quelqu'un parler.

Cette fois, le père préféra demander à son fils d'interroger sa femme.

— Je tisse ma tenue de deuil, répondit-elle d'un ton très calme, et j'attends que le roi Ulysse vienne me délivrer. Car c'est ce qu'il fera un jour.

Caepio le jeune la regarda bouche bée:

— Te délivrer? De quoi parles-tu, Livia Drusa?

— Je ne sors jamais de cette maison!

Il leva les bras au ciel, courroucé.

— Et qu'est-ce qui t'en empêche, grands dieux?

Livia Drusa resta interdite et ne trouva rien à répondre de plus consistant que :

— Je n'ai pas d'argent.

— Il t'en faut ? Je t'en donnerai, Livia Drusa ! Mais arrête de tourmenter mon père ! Va où tu veux ! Achète ce que tu veux !

Tout sourire, elle traversa la pièce, et embrassa son mari sur la joue. « Merci », dit-elle — en le prenant dans ses bras d'un geste spontané qui les surprit tous les deux.

Comme c'était facile ! Toutes ces années d'emprisonnement venaient de prendre fin. Car Livia Drusa ne s'était jamais rendu compte que, lorsqu'elle était passée de l'autorité d'un frère à celle d'un époux, les règles du jeu avaient peut-être été modifiées.

Quand Lucius Appuleius Saturninus fut élu tribun de la plèbe, sa gratitude envers Caius Marius ne connut plus de bornes. Il allait enfin pouvoir se venger ! Et de surcroît, il n'était pas dépourvu d'alliés, comme il ne tarda pas à s'en rendre compte : l'un de ses collègues était un client de Marius, nommé Caius Norbanus. Sans influence au Sénat, dont sa famille n'avait jamais fait partie, celui-ci était cependant très riche. Et il y avait aussi Marcus Baebius, membre d'une lignée rendue très célèbre par sa vénalité ; on pourrait l'acheter si nécessaire.

Malheureusement, l'autre extrémité du banc des tribuns était occupée par trois opposants conservateurs de poids : Lucius Aurelius Cotta, neveu de l'ex-préteur Marcus Cotta et demi-frère d'Aurelia, la femme de Caius Julius César le jeune ; Lucius Antistius Reginus, de bonne famille, mais sans plus, et qu'on disait client de Quintus Servilius Caepio. Et pour terminer, Titus Didius, homme aussi efficace que paisible, d'une famille originaire de Campanie ; il avait une réputation militaire flatteuse. Au milieu du même banc siégeaient des tribuns très humbles, qui semblaient croire que leur fonction consistait essentiellement à empêcher leurs collègues de s'entre-égorger.

Saturninus n'était guère inquiet. Il avait été élu avec le plus grand nombre de suffrages, suivi de près par Caius Norbanus, ce qui montrerait aux conservateurs que le Peuple n'avait rien perdu de son affection pour Caius Marius — et que celui-ci n'avait pas jugé inutile de dépenser beaucoup d'argent pour acheter des votes en leur faveur. Les deux hommes devaient frapper très vite ; les membres de l'Assemblée de la Plèbe avaient tôt fait de se lasser. Trois mois suffisaient. Au demeurant, aucun tribun de la plèbe ne pouvait garder le rythme plus longtemps. Comme le lièvre d'Esope, il s'épuisait rapidement, tandis que la tortue sénatoriale allait du même pas égal.

— Ils n'auront pas le temps de comprendre! dit Saturninus à Glaucia alors que se rapprochait le 10 décembre, date à laquelle il entrerait en fonction avec ses collègues.

— Par quoi commenceras-tu?

— Par une petite loi agraire, répondit Saturninus avec un sourire carnassier, qui viendra en aide à mon ami et bienfaiteur Caius Marius.

Il réussit, avec beaucoup de soin et grâce à un discours magnifique, à faire mettre en discussion une loi distribuant les terres placées dans le domaine public, l'année précédente, par Lucius Marcius Philippus; elles devraient désormais être distribuées aux *capite censi* de Marius quand ils quitteraient les légions, à raison de cent jugères par tête. Quel plaisir! Les cris d'approbation du Peuple, les hurlements du Sénat, Lucius Cotta qui tendait le poing, l'excellent discours de Caius Norbanus en faveur de cette mesure...

— Je n'aurais jamais cru que le tribunat pouvait être à ce point passionnant! dit Saturninus, après cette réunion, alors qu'il dînait chez Glaucia, en compagnie du seul maître de maison.

— Ah, tu as mis les sénateurs sur la défensive. J'ai bien cru que Metellus Numidicus allait succomber à une attaque!

— Si seulement! Ils sont bizarres, ne trouves-tu pas ? On prononce les mots « loi agraire », et ils prennent les armes en hurlant que les Gracques sont de retour, horrifiés à l'idée de donner quelque chose sans contrepartie! Même les prolétaires sont réticents!

— C'est une idée assez neuve, pour tout Romain digne de ce nom!

— Après, ils se sont mis à crier que la superficie des lots de terres était beaucoup trop importante; dix fois la taille d'une petite exploitation de Campanie! Comme s'ils ignoraient que les terres en question sont beaucoup moins fertiles!

— Oui, mais en fait le vrai débat était ailleurs, à leurs yeux. Ce qui leur importe, c'est de savoir combien de clients cela vaudra à Caius Marius! C'est cela qui inquiète les sénateurs!

— En effet, mais ce n'est pas en faisant obstruction qu'ils y arriveront. Il faut une loi d'ensemble, qui garantira, disons, dix jugères de bonnes terres à quiconque aura fait quinze, ou vingt ans de service dans les légions! Et cela sans tenir compte du nombre de campagnes, ou des généraux sous lesquels il aura servi!

— Lucius Appuleius, ce serait une mesure de bon sens, ce qui veut dire qu'elle n'a aucune chance! Pense par ailleurs aux chevaliers qu'elle léserait. Ils auraient moins de terres à louer, comme d'ailleurs nos agrestes sénateurs!

— Si ces terres étaient en Italie, je comprendrais. Mais en Afrique? Caius Servilius, cela devrait les laisser indifférents.

— J'ai quand même adoré le discours de Scaurus. Voilà un rusé ! Les autres ne comptent pas. T'es-tu préparé pour la réunion de demain au Sénat ?

— Je crois. Lucius Appuleius est de retour ! Et cette fois, ils ne peuvent me chasser de mon poste tant que mon mandat n'a pas pris fin ! Il leur faudrait l'accord des trente-cinq tribus, et ils n'ont aucune chance de l'obtenir. Que cela leur plaise ou non, je suis là, et j'aurai ma vengeance !

Il entra au Sénat comme s'il en était propriétaire, s'inclina très bas devant Scaurus, et agita la main en direction des deux ailes de l'assemblée, qui était presque au complet, signe certain qu'une bataille se préparait. Le résultat n'aurait pas grande importance, car l'issue du conflit se déciderait ailleurs, dans le puits du Comitium.

— Cela fait longtemps que la sphère d'influence de Rome ne se limite plus à l'Italie, déclara-t-il devant les sénateurs. Nous savons tous quels problèmes Jugurtha nous a posés. Nous serons à tout jamais reconnaissants à Caius Marius, notre estimé consul, pour avoir mis fin à la guerre si brillamment, et de façon à ce point définitive ! Mais comment garantir aux générations à venir que nos provinces seront toujours paisibles ? Nous avons pour tradition d'accorder aux peuples qui y vivent la libre pratique de leurs coutumes religieuses, commerciales et politiques, pour autant qu'elles ne menacent pas Rome. Cela a malheureusement pour effet d'engendrer l'ignorance. Si le peuple numide avait davantage entendu parler de nous, jamais Jugurtha n'aurait réussi à le convaincre de le suivre.

Saturninus se racla la gorge. Jusque-là, l'assemblée semblait assez bien accueillir son discours — mais il n'en avait pas encore terminé :

— Ce qui m'amène à la question de l'*ager Africanus*. Les terres qui le composent sont d'une importance stratégique nulle, de taille modeste, dépourvues de gisements d'or, d'argent ou de fer, assez peu fertiles, comparées aux terres à blé fabuleuses d'Ibérie, où nombre d'entre nous possèdent des domaines, comme d'ailleurs bien des chevaliers de la Première Classe. Par conséquent, pourquoi ne pas en faire don aux prolétaires de Caius Marius quand ils quitteront les légions ? Tenons-nous vraiment à ce que quarante mille soldats démobilisés, sans travail, sans argent, s'en viennent fréquenter les tavernes romaines ? Ne vaut-il pas mieux pour eux — et pour Rome ! — qu'on les installe sur l'*ager Africanus* ? Car, Pères Conscrits, ils pourront s'y rendre utiles. Grâce à eux, la langue, les coutumes, le mode de vie romains pénétreront notre province d'Afrique, dont les peuples comprendront mieux Rome.

Tout cela fut dit de façon très convaincante et très raisonnable, sans ces grands gestes et ces longues périodes chers aux rhéteurs d'Asie Mineure, et Saturninus, quand il en arriva à la péroraison de son discours, se mit à croire que les membres, pourtant têtus, de cette assemblée commençaient enfin à comprendre où des gens comme Caius Marius — et lui! — voulaient conduire Rome.

Puis, quand il reprit sa place sur le banc des tribuns, il se rendit compte, au silence qui suivit, qu'il n'était pas au bout de ses peines. Ils attendaient que l'un de leurs chefs leur montrât la voie à suivre. Des moutons sans cervelle.

Lucius Caecilius Metellus Dalmaticus Pontifex Maximus se leva après avoir demandé la parole à Caius Flavius Fimbria, qui présidait. A peine lui fut-elle accordée que sa colère explosa:

— Comment un Romain à qui a été accordé l'honneur de faire partie de cette assemblée ose-t-il proposer que le reste du monde devienne une parodie du peuple romain?

Dalmaticus avait perdu sa morgue habituelle; il était tout rouge, les veines de son cou grassouillet battaient avec violence. Et il tremblait presque, tant il était furieux. Fascinés, tous les membres de l'assemblée se penchèrent en avant pour mieux l'écouter.

— Lucius Appuleius est un voleur! éructa-t-il. Un spéculateur! Un efféminé vulgaire! Un suborneur de jeunes gens, qui nourrit des passions ignobles pour sa sœur et sa fille! Un pantin manipulé par un intrigant d'Arpinum! Un cloporte sorti des égouts les plus nauséabonds de Rome! Un maquereau! Que peut-il savoir de Rome, comme son maître? Rome n'est pas à vendre! Allons-nous devoir supporter la disparition de notre race à l'issue d'unions infâmes avec les femmes d'une cinquantaine de nations? Qu'elles parlent grec, qu'elles adorent qui elles veulent! Mais leur donner Quirinus, nous les Quirites, ses enfants? Quirinus incarne l'esprit même de la citoyenneté romaine; il est le dieu de l'assemblée des Romains; il est le dieu que personne n'a conquis, parce que Rome n'a jamais été conquise et ne le sera jamais!

Toute l'assemblée éclata en applaudissements, les acclamations se firent entendre de partout; Dalmaticus regagna son tabouret en titubant et s'y laissa tomber. Certains pleuraient, d'autres tapaient du pied, se tournaient les uns vers les autres, les larmes aux yeux.

Mais toute cette émotion finit par s'épuiser, comme l'écume de la mer sur les récifs, et, une fois revenus à eux-mêmes, les sénateurs rentrèrent chez eux. La salle était presque vide quand Crassus Orator, Quintus Mucius Scaevola, Metellus Numidicus et Scaurus, s'arrachant à leurs discussions, songèrent à imiter leurs collègues.

Lucius Caecilius Metellus Dalmaticus Pontifex Maximus était toujours assis sur son tabouret, le dos bien droit. Mais sa tête était penchée en avant, son menton reposait sur son torse.

— Mon frère, s'écria Numidicus en lui posant la main sur l'épaule, c'est le plus grand discours que j'aie jamais entendu!

Dalmaticus ne répondit pas, et resta immobile. C'est alors seulement qu'ils se rendirent compte qu'il était mort.

— Quelle fin! dit Crassus Orator. Je mourrais heureux à la pensée d'avoir prononcé mon meilleur discours au seuil de la mort.

Cependant, ni le discours de Dalmaticus, ni sa mort, ni toute la colère et la puissance du Sénat n'empêchèrent l'Assemblée plébéienne de voter la loi de Lucius Appuleius Saturninus. La carrière de celui-ci connaissait vraiment un nouveau départ fulgurant.

Il dînait souvent avec Glaucia, généralement chez celui-ci; sa femme n'avait pas vraiment surmonté les pénibles événements qui avaient suivi sa déposition de questeur.

— En vérité, Caius Servilius, dit-il un soir à son hôte, j'aurai connu une destinée tout à fait différente si ce vieux filou de Scaurus ne s'en était pas mêlé.

— Cette carrière est en effet celle qui te convient, nul ne peut le nier. Peut-être, après tout, existe-t-il quelque chose qui donne forme à nos vies.

— Tu veux parler de Quirinus? dit Saturninus d'un ton méprisant.

— Moque-toi si tu veux, mais je te répète que la vie est chose bizarre.

— Metellus Dalmaticus aurait pu te le dire! Le vieux *fellator* est vraiment mort au bon moment! Si les autres étaient plus entreprenants, ils auraient pu en faire un exemple! Metellus Dalmaticus, le nouveau Quirinus!

Saturninus mangeait des grains de raisin; il en jeta les pépins sur un plat vide, les compta, et frémit:

— Trois! C'est le chiffre de la mort!

— Ah ah! Que devient notre sceptique?

— C'est tout de même troublant!

Glaucia, à son tour, cracha des pépins.

— Et voilà! Trois aussi!

— Dans trois ans, nous serons morts tous les deux.

— Lucius Appuleius, tu es en pleine contradiction! Tu es encore plus blanc que Lucius Cornelius Sylla! Allons, ce n'est qu'un jeu! dit Glaucia, qui préféra pourtant changer de sujet: J'en conviens, prendre la parole sur les rostres est autrement excitant que d'être le favori de la clique qui dirige le Sénat. Manipuler politiquement le Peuple représente un très grand défi. Un général a des légions, un démagogue ne dispose que de sa langue. N'était-ce pas amusant, ce matin, de voir la foule chasser Marcus Baebius du Forum parce qu'il voulait opposer son *veto* ?

— C'était réconfortant !

— A propos, dit Glaucia — qui changea encore une fois de sujet — as-tu entendu la dernière rumeur ?

— Selon laquelle Quintus Servilius Caepio a volé l'or de Tolosa ?

— Moi qui croyais te l'apprendre ! dit Glaucia, déçu.

— J'ai été informé par Manius Aquilius. C'est lui qui m'écrit quand Caius Marius est trop occupé. Et j'avoue ne pas m'en plaindre, car il est bien meilleur correspondant que son chef !

— Depuis la Gaule Transalpine ? Comment ont-ils su ?

— Mais c'est de là que vient la rumeur ! Caius Marius a fait un prisonnier qui n'est autre que le roi de Tolosa, et qui prétend que Caepio a volé les quinze cents talents d'or !

— Quinze cents ! siffla Glaucia. Inimaginable ! C'est énorme. Tout le monde comprendra qu'un gouverneur ait droit à certains privilèges, mais plus d'or que n'en possède le Trésor ! C'est un peu abusif, ne crois-tu pas ?

— C'est vrai. Mais la rumeur sera très utile à Caius Norbanus quand il lancera ses accusations contre Caepio ! La cité tout entière sera au courant en moins de temps qu'il n'en faut à Metella Calva pour lever ses jupes devant un beau matelot !

— La métaphore est jolie ! Mais les bavardages n'ont qu'un temps. Toi et moi allons devoir travailler sur des projets de loi. Nous ne pouvons nous permettre de laisser passer tout cela.

Saturninus et Glaucia accomplirent un travail législatif aussi soigneusement planifié et coordonné qu'une campagne militaire. Ils avaient l'intention de soustraire les procès pour trahison à la compétence des Centuries, ce qui menait toujours à des impasses ; et d'arracher le jugement des affaires de corruption et de détournements de fonds au Sénat, les jurys étant désormais entièrement composés de chevaliers.

— D'abord, il faut que Norbanus fasse accuser Caepio devant l'Assemblée plébéienne, pour des motifs acceptables ; tant qu'il n'est pas ouvertement question de trahison, nous pouvons nous le permettre, car l'opinion publique est très hostile à Caepio, à cause de l'or de Tolosa, dit Saturninus.

— Cela ne s'est encore jamais produit, fit observer Glaucia, peu convaincu. Notre vieil ami Ahenobarbus avait bien essayé de faire accuser Silanus d'avoir illégalement déclaré la guerre aux Germains, mais l'Assemblée de la Plèbe l'a éconduit. La vérité est que personne n'aime beaucoup les procès pour trahison.

— C'est pourquoi nous devons faire preuve de ténacité. Pour être reconnu coupable par les Centuries, il faut déclarer avoir délibérément cherché à ruiner son pays — et personne n'est assez sot pour reconnaître de pareilles choses! Caius Marius a raison: il faut rogner les ailes de nos adversaires en leur montrant qu'ils ne sont pas au-dessus des lois. Et ce n'est possible que devant une assemblée qui ne compte aucun sénateur.

— Pourquoi ne pas faire passer tout de suite ta loi sur la trahison, puis faire juger Caepio par un tribunal d'exception? Je sais bien que les sénateurs vont hurler comme des porcs qu'on égorge — mais c'est toujours le cas!

— Nous voulons vivre, non? demanda Saturninus en faisant la grimace. Même s'il ne nous reste que trois ans devant nous, c'est quand même mieux que de mourir après-demain!

— Ne me dis pas que tu prends ces présages au sérieux...

— Ecoute, si nous pouvons faire condamner Caepio par l'Assemblée de la Plèbe, le Sénat comprendra le message que nous voulons lui adresser: le Peuple est lassé de voir ses membres échapper à tout coup au châtiment qu'ils ont mérité. Il ne doit plus y avoir deux poids et deux mesures. Il est temps que le Peuple se réveille, et c'est moi qui vais m'en charger! Depuis la fondation de la République, le Sénat a réussi à faire croire à la Plèbe qu'il lui était supérieur, et qu'il avait donc le droit d'agir à sa guise. Les Gracques avaient raison: il faut arracher les tribunaux aux sénateurs pour les donner aux chevaliers!

Glaucia avait l'air pensif.

— Lucius Appuleius, quelque chose me chiffonne. Le Peuple est, au moins, responsable et bien élevé; un vrai pilier de la tradition. Mais que se passera-t-il si un jour quelqu'un tient, à propos des *capite censi*, le même discours que celui que tu défends sur le Peuple?

Saturninus éclata de rire.

— Oh, eux! Tant qu'ils ont le ventre plein, et que les édiles leur offrent les jeux, ils sont contents. Ils vivent sans conscience politique et ce serait une tâche désespérée que de vouloir leur en donner une.

— Ils n'ont guère eu l'occasion de se remplir le ventre cet hiver.

— Ils s'en sont à peu près bien tirés, grâce à l'estimable Marcus Aemilius Scaurus. Et il est vraiment très dommage que nous n'ayons aucune chance de convaincre un tel homme de la justesse de nos vues.

Glaucia lui lança un regard surpris.

— Tu ne lui en veux donc pas de t'avoir chassé du Sénat.

— Non. Il a agi comme il croyait devoir le faire. Mais un jour, Caius Servilius, je retrouverai les vrais coupables, et alors ils regretteront d'être nés ! lança Saturninus.

Début janvier, le tribun de la plèbe Caius Norbanus fit mettre en accusation Quintus Servilius Caepio devant l'Assemblée plébéienne, sous l'accusation d'avoir provoqué « la perte de son armée ».

Dès le début, les passions montèrent, car les gens du Peuple étaient très loin de tous vouloir s'opposer au Sénat, lequel avait dépêché à la réunion tous ses membres plébéiens afin d'y défendre Caepio. Avant même que les tribus ne commencent à voter, la violence se déchaîna. Titus Didius et Lucius Aurelius Cotta, tous deux tribuns de la plèbe, tentèrent d'opposer leur *veto* à l'ensemble de la procédure, et furent chassés des rostres par une foule en furie, avant d'être expulsés du Comitium et poussés de force dans l'Argiletum, où ils furent retenus. A plusieurs reprises ils essayèrent de donner de la voix, mais leurs cris furent aussitôt couverts par les hurlements de leurs adversaires.

La rumeur relative à l'or de Tolosa avait fait pencher la balance en défaveur de Caepio et du Sénat, nul ne pouvait en douter; des prolétaires à la Première Classe, la cité tout entière résonnait d'imprécations contre le profiteur, le traître, le voleur.

Bien résolu à ce que le procès ait lieu, Norbanus feignit d'ignorer le tapage qui l'entourait, le tumulte, le chaos, les mouvements de la foule venue insulter Caepio. Celui en effet était monté sur les rostres, au milieu d'une garde de licteurs chargée de le protéger, non de l'emprisonner. Les sénateurs patriciens, ne pouvant prendre part aux débats de l'Assemblée de la Plèbe, s'étaient rassemblés sur les marches de la Curia Hostilia et conspuaient Norbanus, quand une partie de la foule se mit à leur jeter des pierres. Scaurus tomba, inanimé, blessé à la tête. Ce qui ne perturba pas Norbanus outre mesure : il n'interrompit même pas les débats pour savoir si le Princeps Senatus était mort ou seulement inconscient.

Le vote, quand il finit par avoir lieu, fut bref : les dix-huit premières des trente-cinq tribus condamnèrent Quintus Servilius Caepio, ce qui signifiait que la majorité était atteinte et qu'on pouvait en rester là. Enhardi par ce résultat, Norbanus demanda alors à l'Assemblée de la Plèbe de voter pour imposer un verdict spécifique — sentence si rude que tous les sénateurs présents protestèrent, en vain. Les dix-huit premières tribus votèrent, là encore, de la même façon. Caepio fut dépouillé de sa citoyenneté, condamné à une amende de quinze cents talents d'or, et se vit ordonner de rester dans une cellule des Lautumiae sous bonne garde, avec interdiction de parler à quiconque, pas même aux membres de sa famille, jusqu'à son départ en exil. Il fut emmené par les licteurs au milieu des menaces et des hurlements de triomphe.

La foule rentra chez elle, follement heureuse de sa journée, laissant le Forum Romanum à la garde d'une poignée d'hommes, tous de rang sénatorial.

Les dix tribuns de la plèbe s'étaient divisés selon leurs affinités politiques : Lucius Cotta, Titus Didius, Marcus Baebius et Lucius Antistius s'étaient rassemblés et affichaient des mines maussades. Les indécis ne savaient que faire. Caius Norbanus et Lucius Appuleius Saturninus parlaient avec animation à Caius Servilius Glaucia venu les féliciter. Aucun des dix tribuns ne portait plus de toge, les leurs ayant été déchirées dans la mêlée.

Marcus Aemilius Scaurus s'était assis, dos appuyé contre le socle d'une statue, tandis que Numidicus et deux de ses esclaves tentaient d'épancher le sang qui coulait de sa blessure au front; Drusus et Caepio le jeune, encore sous le choc, se tenaient sur les marches du Sénat, en compagnie de Publius Rutilius Rufus et de Marcus Aurelius Cotta. Le consul Lucius Aurelius Orestes, quant à lui, était étendu de tout son long dans le vestibule, tandis qu'un préteur inquiet s'efforçait de le ranimer.

— Que pouvons-nous faire pour vous aider ? demanda Cotta.

Drusus, trop secoué pour parler, hocha la tête ; Caepio le jeune parut ne pas entendre.

— Quelqu'un a-t-il songé à envoyer les licteurs protéger la demeure de Quintus Servilius ? demanda Rutilius Rufus.

— Je m'en suis chargé, balbutia Drusus.

— Et l'épouse de Caepio le jeune ? s'enquit Cotta.

— Je l'ai fait conduire chez moi avec son bébé.

Caepio le jeune regarda les trois autres sans comprendre :

— C'est l'or ! Ils n'ont pensé qu'à l'or ! Ils ont oublié Arausio ! C'est à cause de l'or qu'ils l'ont condamné !

— Il est dans la nature humaine, dit Rutilius Rufus doucement, de penser davantage à l'or qu'à la vie des hommes.

Drusus jeta à son oncle un regard très las. S'il y avait de l'ironie dans ce propos, Caepio le jeune ne ne s'en rendit pas compte.

— Tout est la faute de Caius Marius ! lança-t-il.

— Viens, Quintus Servilius, Marcus Aurelius et moi allons t'emmener chez Drusus, dit Rutilius Rufus.

Bien qu'il se sentît extrêmement mal, Scaurus aurait préféré mourir plutôt que de vomir en public. Il se contraignit, pour oublier ses nausées, à suivre des yeux Norbanus et Saturninus, accompagnés de Glaucia, qui s'éloignaient en riant, après un accrochage avec Lucius Antistius Reginus, qui voulait s'en aller libérer Quintus Servilius Caepio.

— Regarde-les ! dit-il à Numidicus. Des loups ! Ce sont les instruments de Marius !

— Marcus Aemilius, peux-tu te lever ?

— Pas tant que je ne suis pas sûr de mon estomac.

— Publius Rutilius et Marcus Aurelius ont emmené chez eux le fils de Quintus Servilius, sa femme et leur fille.

— C'est bien ! Il faudra que quelqu'un veille sur eux. Je n'ai jamais vu une foule aussi assoiffée de sang noble, même à la pire époque de Caius Gracchus ! Quintus Caecilius, nous allons devoir être discrets pendant un moment...

— Que Quintus Servilius et son or soient maudits !

Scaurus se redressa.

— Toi aussi, tu penses qu'il s'en est emparé ?

— Allons, Marcus Aemilius ! lança Numidicus d'un ton méprisant. Tu le connais aussi bien que moi. Tu peux être certain qu'il l'a volé ! Je ne le lui pardonnerai jamais : cet or appartenait à l'Etat romain !

— Le problème, c'est que nous ne disposons d'aucun système nous permettant de punir ceux qui, parmi nous, nous trahissent.

— C'est impossible et tu le sais. En créer un serait admettre que nous sommes faillibles, et si nous exposons nos faiblesses aux yeux de tous, c'en est fini des patriciens.

— Plutôt mourir !

— En effet, soupira Numidicus. J'espère simplement que nos fils se montreront aussi fermes que nous.

— Ce n'est pas une remarque très aimable.

— Marcus Aemilius, Marcus Aemilius ! Ton fils est très jeune ! Je ne vois vraiment rien à lui reprocher !

— Dans ce cas, échangeons nos rejetons !

— Non, ne serait-ce que parce que cela tuerait ton fils. Son pire handicap est de savoir parfaitement que tu ne l'estimes guère.

— C'est un faible.

— Peut-être qu'une bonne épouse...

Scaurus s'arrêta net :

— Excellente idée ! Je n'avais encore choisi personne, il manque tellement de maturité. A qui penses-tu ?

— Ma nièce, Metella Dalmatica, la fille de Dalmaticus. Elle aura dix-huit ans d'ici deux ans environ. Je suis son tuteur, maintenant que son père est mort. Qu'en dis-tu, Marcus Aemilius ?

— Marché conclu, Quintus Caecilius! Marché conclu!

Drusus avait dépêché son intendant, Cratippus, et tous ses esclaves, vers la demeure de Servilius Caepio dès qu'il avait compris que son père allait être condamné.

Peu émue par le procès, et par le peu qu'elle avait pu surprendre des conversations entre père et fils, Livia Drusa s'était remise devant son métier à tisser. Ne s'attendant pas à voir arriver les serviteurs de son frère, elle s'affola lorsque Cratippus survint, visiblement en proie à la panique:

— Vite, maîtresse, prends tout ce que tu désires emporter avec toi! J'ai ordonné à tes servantes d'emballer tes vêtements, et ta gouvernante s'occupera du bébé. Montre-moi ce que tu veux prendre, livres, papiers, tissu...

Elle le regarda sans comprendre:

— Mais qu'y a-t-il? Que se passe-t-il?

— C'est ton beau-père, maîtresse. Marcus Livius affirme qu'il va être condamné par le tribunal.

— Mais pourquoi faut-il que je m'en aille? demanda-t-elle, terrifiée à l'idée de retrouver la prison dans laquelle elle avait vécu trop longtemps.

— Maîtresse, toute la cité réclame du sang.

— Ils veulent le tuer? s'écria-t-elle en blêmissant.

— Non, non. Ses biens seront confisqués. Mais la foule est tellement furieuse que ton frère pense que, dès la fin du procès, elle risque de se ruer ici pour se livrer au pillage.

En moins d'une heure, serviteurs et membres de la famille avaient quitté la demeure de Quintus Servilius Caepio, les portes furent verrouillées et renforcées par des planches clouées; comme Cratippus emmenait Livia Drusa vers le Clivus Palatinus, un fort détachement de licteurs arriva en sens inverse, vêtus de simples tuniques, et armés de gourdins. Ils devaient monter la garde devant la maison, et tenir la foule à distance; l'Etat voulait en effet que les biens de Caepio soient protégés avant d'être mis en vente.

Servilia Caepionis était là pour accueillir sa belle-sœur, aussi pâle qu'elle.

— Viens, lui dit-elle en l'emmenant en toute hâte jusqu'à la loggia, qui dominait le Forum Romanum.

Puis elle se mit à pleurer. Trop abasourdie pour faire de même, Livia Drusa se rapprocha d'elle:

— Cratippus m'a affirmé que la foule risquait d'envahir la demeure de Père pour la mettre au pillage! J'ignorais tout ! Personne ne m'avait prévenue!

— Marcus Livius le redoute depuis le début, répondit Servilia

Caepionis en séchant ses larmes. C'est cette histoire absurde à propos de l'or de Tolosa! Les choses auraient pu être différentes sans cette rumeur.

— Il faut que je voie ce que Cratippus a fait de ma fille, dit Livia Drusa en s'éloignant.

Cette remarque provoqua de nouveaux sanglots chez Servilia Caepionis, qui n'avait toujours pas d'enfants. C'est à ce moment que l'intendant fit son apparition.

— Cratippus, va chercher la servante de ma belle-sœur, veux-tu? lui ordonna Livia Drusa. Et peut-être pourrais-tu me montrer où je vais dormir, et où se trouve la petite Servilia?

— Que dois-je prévoir pour le dîner? demanda-t-il plus tard alors qu'elle faisait déballer ses affaires.

— Cratippus, c'est à ma belle-sœur d'en décider! Je ne veux pas usurper son autorité!

— Elle s'est allongée et elle est très abattue, maîtresse.

— Alors, que le dîner soit prêt d'ici une heure, les hommes auront faim.

Il y eut des mouvements dans le jardin; sortant, Livia découvrit Drusus, qui soutenait Caepio le jeune.

— Que se passe-t-il?

— Quintus Servilius, notre beau-père, a été condamné à un exil à plus de trois cents lieues de Rome, une amende de quinze cents talents d'or — ce qui veut dire que tout sera confisqué à la famille — et à un emprisonnement dans les Lautumiae jusqu'à son départ.

— Mais tout ce qu'il possède ne se monte même pas à cent talents d'or!

— Bien sûr. C'est pour l'empêcher de jamais revenir.

Servilia Caepionis survint en courant, cheveux dénoués, yeux écarquillés. Drusus sécha ses larmes, et elle parut se calmer avec une promptitude étonnante.

— Allons tous dans ton cabinet de travail, Marcus Livius, dit-elle.

— Avec les *hommes*? s'écria Livia Drusa, terrifiée.

— Bien sûr que oui! Ce n'est pas le moment de tenir les femmes de la famille dans l'ignorance, et Marcus Livius le sait parfaitement!

Livia Drusa eut l'impression que la tête lui tournait. Elle suivit pourtant les autres, et réussit à ne pas trahir son effroi quand Servilia Caepionis offrit à chacun du vin non coupé d'eau.

A la fin de la dixième heure, Lucius Antistius Reginus arriva, avec Quintus Servilius Caepio le père, qui paraissait épuisé, mais plus agacé qu'abattu.

— Je l'ai sorti des Lautumiae, dit Antistius, lèvres pincées. Aucun consulaire romain ne sera incarcéré tant que je serai tribun de la plèbe! C'est un affront aux dieux! Comment osent-ils?

— Ils osent parce que le Peuple les y a encouragés, dit Ceapio père en vidant sa coupe d'un trait avant de se tourner vers son fils et Drusus; jeunes gens, à partir de maintenant, il vous reviendra de défendre les droits de notre famille à jouir de ses privilèges. Jusqu'à votre dernier souffle, au besoin. Les Marius, les Saturninus et leurs pareils doivent être anéantis — par le fer, s'il le faut. Est-ce clair?

Caepio le jeune hocha la tête, mais Drusus ne dit rien. Son visage semblait s'être figé.

— Père, je te jure que notre famille ne souffrira jamais la perte de sa *dignitas* tant que je serai pater *familias.*

Il ressemble plus que jamais à son père, songea Livia Drusa avec dégoût. Pourquoi est-ce que je le déteste à ce point? Pourquoi mon frère a-t-il voulu que je l'épouse?

Dévisageant Drusus, elle comprit tout d'un coup qu'il détestait son beau-père autant qu'elle. Comme il avait changé!

— Que comptes-tu faire, père? demanda alors Caepio le jeune.

Le père eut un curieux sourire; toute irritation disparut de ses yeux, remplacée par un bizarre mélange de triomphe, de ruse, de souffrance et de haine.

— Mon cher fils, j'entends me rendre en exil, comme l'Assemblée du Peuple me l'a ordonné. A Smyrne.

— Comment allons-nous faire pour tout ce qui touche à l'argent? Marcus Livius m'aidera, mais toi? Comment vas-tu pouvoir vivre confortablement en exil?

— J'ai de l'argent à Smyrne, et c'est plus que suffisant pour mes besoins. Quant à toi, mon fils, tu n'as pas à t'inquiéter. Ta mère t'a laissé une fortune importante, que j'ai déposée à ton nom. Elle ne sera donc pas confisquée, n'étant pas au mien, d'autant plus qu'elle est en dépôt à Smyrne, elle aussi. Tu vivras ici, chez Marcus Livius, quelques années durant, à l'issue desquelles je commencerai à te faire parvenir ce qui t'appartient. Et si quoi que ce soit m'arrivait, mes banquiers s'occuperaient de tout. Entre-temps, mon gendre, fais le relevé de toutes les dépenses effectuées au nom de mon fils, et le moment venu il te remboursera jusqu'au dernier sesterce.

Le silence suivit ce propos qui avait permis à chacun de prendre conscience de ce que Caepio le père avait laissé entendre sans le dire: il avait bel et bien volé l'or de Tolosa, lequel était à Smyrne, propriété de Quintus Servilius Caepio. Désormais il était presque aussi riche que Rome elle-même. Il se tourna vers Antistius:

— As-tu réfléchi à ce que je t'ai demandé en chemin?

— Oui, Quintus Servilius, et j'accepte.

— Bien! Mon très cher ami Lucius Antistius, expliqua Caepio aux autres, est d'accord pour m'escorter jusqu'à Smyrne, pour me donner à la fois le plaisir de sa compagnie, et la protection d'un tribun de la plèbe. Arrivé là-bas, je compte le convaincre de rester avec moi.

— Je n'ai encore rien décidé à ce sujet.

— Ne te presse surtout pas, dit Caepio, qui ajouta en se frottant les mains: Je meurs de faim! Peut-on manger?

— Bien sûr, père, répondit Servilia Caepionis.

C'était là la tâche de Cratippus. Les deux femmes partirent à sa recherche, et le trouvèrent sur la loggia donnant sur le Forum Romanum, où le crépuscule étendait déjà ses ombres.

— Regardez! leur dit-il. Avez-vous déjà vu un désordre pareil?

Et voilà que, au balcon de la maison d'en dessous, se trouvait l'Ulysse roux de Livia Drusa, en compagnie de Cnaeus Domitius Ahenobarbus. La jeune femme frémit en contemplant le jeune homme — si proche et pourtant si lointain. L'intendant s'éloigna en hâte pour se rendre aux cuisines; c'était l'occasion ou jamais.

— Dis-moi, qui est ce jeune homme roux sur la terrasse avec Cnaeus Domitius Ahenobarbus? Il vient lui rendre visite depuis des années, mais je ne sais pas qui c'est.

— Oh, lui! s'exclama Servilia Caepionis, méprisante. C'est Marcus Porcius Cato.

— Il est de la famille de Caton le Censeur?

— Exactement. Des parvenus! C'est son petit-fils. Et l'arrière-petit-fils d'un esclave.

— Comment cela? demanda Livia Drusa, dont le monde imaginaire s'effondrait.

— Tu ne connais pas l'histoire? Il est le fils du fils que Caton a eu de son second mariage. C'est un Cato Salonianus.

— Avec la fille d'un esclave? bredouilla Livia Drusa.

— Oui. Elle s'appelait Salonia. C'est une honte qu'ils aient le droit de se mêler à nous au même titre que les descendants de la première épouse de Caton, Licinia! Ils ont même réussi à se frayer un chemin jusqu'au Sénat. Bien entendu, nous ne leur adressons pas la parole.

— Mais alors, pourquoi Cnaeus Domitius le fréquente-t-il?

Servilia Caeopionis se mit à rire; on aurait dit son père.

— Ah, les Domitius Ahenobarbus ne sont pas d'une lignée très illustre. Ils ont plus d'argent que d'ancêtres, en dépit de ce qu'ils prétendent. Je ne sais pas pourquoi ils le reçoivent. Mon père dit que c'est parce qu'ils ont les cheveux roux, qu'ils affirment avoir hérité de Castor et Pollux. Mais, par précaution, ils épousent toujours des femmes rousses, qui sont assez rares. Je suppose que, faute de mieux, un Domitius Ahenobarbus n'hésiterait pas à épouser une femme de la lignée des Cato Salonianus.

— C'est donc que l'ami de Cnaeus Domitius a une sœur?

— Oui... Viens, le dîner doit être prêt.

— Pars, il faut d'abord que je donne le sein à ma fille.

Livia Drusa revint jusqu'à la balustrade. Cnaeus Domitius et son visiteur étaient toujours là. Arrière-petit-fils d'esclave! Sa chevelure rousse parut soudain plus terne. Il semblait avoir perdu de sa stature. Son cou avait maintenant l'air un peu ridicule, trop long et trop maigre pour être vraiment romain.

Je me suis comportée comme une sotte, songea Livia Drusa. Depuis quatre ans, j'ai rêvé d'un homme qui a un esclave pour ancêtre. J'en ai fait un roi aussi courageux qu'Ulysse, et je suis devenue sa Pénélope. Et il n'est même pas bien né! Caton le Censeur n'était jamais qu'un paysan venu de Tusculum! Un authentique précurseur de Caius Marius! Quelle sotte! Quelle sotte!

La petite Servilia avait faim; elle s'assit, lui donna le sein, puis, en partant, dit à la gouvernante:

— Il va falloir que tu lui trouves une nourrice. J'aimerais avoir quelques mois de repos avant d'être de nouveau enceinte. Et quand le prochain viendra, il faudra prévoir des nourrices dès le début!

Elle se glissa dans la salle à manger comme on servait le plat principal, et s'assit aussi discrètement que possible sur une chaise placée en face de Caepio le jeune. Tout le monde semblait faire honneur au repas, et elle se rendit compte qu'elle aussi avait faim.

— Livia Drusa, vas-tu bien? demanda Caepio le jeune, un peu anxieux. Tu as l'air malade.

Surprise, elle le regarda et, pour la première fois, ne ressentit pas la répulsion qu'elle éprouvait d'ordinaire. Non, il n'avait pas les cheveux roux; non, il n'avait pas les yeux gris; non, il ne serait jamais un Ulysse. Mais il était son mari, il l'aimait à sa façon, et lui, au moins, était un authentique patricien.

— Je crois que ce sont seulement les fatigues de la journée, Quintus Servilius, répondit-elle en souriant. En moi-même, je ne me suis jamais sentie aussi bien depuis des années.

Encouragé par la condamnation de Caepio, Saturninus se mit à faire preuve d'une arrogance qui ébranla le Sénat jusque dans ses fondations. Il se chargea de poursuivre Cnaeus Mallius, lui aussi pour « perte de son armée », devant l'Assemblée plébéienne, et le résultat fut le même: l'ancien consul, qui avait déjà perdu ses deux fils, fut privé de sa citoyenneté romaine, tous ses biens furent confisqués, et il lui fallut partir en exil, le cœur brisé.

Puis, fin février, vint une loi sur les trahisons. La *lex Appuleia de maiestate* ôtait aux Centuries les procès touchant à ces questions, pour les confier à un nouveau tribunal entièrement composé de chevaliers. Le Sénat n'y jouerait aucun rôle. Pourtant ses membres ne parurent guère s'y opposer.

C'étaient là des changements d'une portée énorme, mais ils retinrent moins l'attention que l'élection des pontifes, qui se déroula à peu près à la même époque. La mort de Lucius Caecilius Metellus Dalmaticus laissait deux vides dans le collège des pontifes: il en était membre et il le présidait. On pensa un moment qu'une seule élection suffirait, mais Scaurus s'y opposa, et il fut décidé que le nouveau Pontifex Maximus serait élu en premier.

Scaurus et Numidicus avaient tous deux posé leur candidature, comme Catulus César — et Cnaeus Domitius Ahenobarbus.

La nouvelle loi stipulait que seules voteraient dix-sept des trente-cinq tribus romaines; elles seraient tirées au sort. L'élection se fit dans un climat de suspicion et d'intrigues, mais rien n'amusait plus les Romains que de voir leurs plus augustes représentants embourbés dans une querelle aussi dérisoire. Personne ne fut vraiment surpris de voir que Cnaeus Domitius Ahenobarbus était élu, ce qui rendait inutile un nouveau vote et lui permettait de prendre sa revanche sur ceux qui avaient donné le poste de feu son père à Marcus Livius Drusus.

Scaurus fut saisi par un fou rire lors de la proclamation des résultats, au grand scandale de Numidicus:

— Marcus Aemilius! Il y a des moments où je déteste les Romains! Quelle farce! J'ai presque envie de rejoindre Quintus Servilius en exil, tant j'ai honte!

Mais Scaurus ne fit que rire de plus belle. Finalement, se tenant les côtes, il réussit à balbutier:

— Allons! On dirait une Vestale! Et nous l'avons bien mérité!

A peu de temps de là, Publius Rutilius Rufus reçut un courrier de Marius:

> Je sais que je devrais écrire plus souvent, vieil ami, mais je ne suis pas un grand épistolier. Tes lettres sont comme des bouées lancées à quelqu'un qui se noie! J'espère avoir réussi à faire preuve d'un peu de style, mais tu ne peux savoir à quel prix.
>
> Sans doute étais-tu au Sénat lorsque le Porcelet a dénoncé le montant faramineux de l'entretien d'une armée de prolétaires en Gaule Cisalpine, armée inactive depuis deux ans?

Comment vais-je me faire élire consul pour la quatrième fois? Car c'est évidemment ce qui s'impose. Sinon, je perds tout ce que j'ai parié. L'année qui vient, Publius Rutilius, verra arriver les Germains. Je le sens. Je reconnais ne disposer en ce domaine d'aucune donnée solide, mais quand Lucius Cornelius et Quintus Sertorius seront de retour, je suis convaincu qu'ils confirmeront mes intuitions. Je n'ai eu aucune nouvelle d'eux depuis leur passage l'année dernière, quand ils m'ont amené le roi Copillus. Et si je suis heureux que mes deux tribuns de la plèbe aient réussi à faire condamner Caepio, je regrette de ne pas avoir eu l'occasion de m'en occuper moi-même. Tant pis. Il est simplement dommage que l'on n'ait pas retrouvé l'or! Il y aurait eu de quoi payer bien des armées de prolétaires!

La vie ici se déroule comme à l'accoutumée. La Via Domitia a été remise en état de Nemausus à Ocelum. Nous avons également tracé un nouveau chemin à travers les marais salants du delta du Rhône, chemin qui va de Nemausus à Arelate. Et nous avons creusé un canal reliant cette ville à la mer. Tous les Grecs de Massilia sont venus nous remercier avec force déclarations flatteuses — quels hypocrites crasseux! Les prix de ce qu'ils me vendent n'ont pas baissé pour autant!

Au cas où tu entendrais parler de l'histoire, qui sera inévitablement déformée, il me faut te raconter ce qui est arrivé à Caius Lusius — le fils de la sœur de ma belle sœur. Il était tribun des soldats. On l'a trouvé, il y a quinze jours, très proprement ouvert en deux d'un coup d'épée. Le soldat coupable s'est constitué prisonnier. En fait, Caius Lusius était tombé amoureux de lui, et l'avait importuné avec trop d'assiduité; c'était même devenu un sujet de plaisanterie dans la centurie. Bref, j'ai fait juger ce légionnaire et j'ai eu beaucoup de plaisir à le faire acquitter avec les honneurs, une promotion et une bourse pleine d'or.

En ce qui me concerne, j'ai réussi à prouver que Lusius ne m'était apparenté que par alliance, non par le sang, et cela m'a donné l'occasion de montrer aux hommes de troupe que leur général n'hésitait pas à rendre la justice de manière impartiale, même quand il s'agissait de membres de sa famille. Imagines-tu ce qui serait arrivé à Caius Lusius à Numance? Je me souviens du choc que j'avais éprouvé aux funérailles de Scipion Emilien, en entendant ce qu'on racontait sur lui! Je dois ajouter d'ailleurs que je ne sais toujours pas ce qu'il en était réellement. C'était quelqu'un d'étrange, mais je crois qu'on répand ce genre d'histoires sur tous ceux qui n'ont pas eu de fils.

C'était bien le style de Marius. Il ne s'embarrassait pas de style. Son obsession du consulat devenait toutefois préoccupante. Rutilius Rufus comprenait pourquoi Marius voulait rester consul tant qu'il n'aurait pas vaincu les Germains — ce dont lui seul était capable. De l'autre côté, lui-même était trop nourri des valeurs de sa classe pour approuver son ami. Il lui était difficile d'aimer un homme comme il aimait Marius et, en même temps, de le voir piétiner les traditions.

Ce qui n'empêcha pas Publius Rutilius Rufus de répondre sur-le-champ :

L'été a été assez calme, Caius Marius, et je crains fort de n'avoir pas grand-chose à te raconter. Rien d'important, du moins. Ton estimé collègue Lucius Aurelius Orestes est malade, comme il l'était du reste au moment de son élection. Je ne comprends d'ailleurs pas pourquoi il s'est présenté ; je suppose qu'il pensait l'avoir mérité.

Il y a eu un ou deux scandales dont je sais qu'ils t'enchanteront. Il est intéressant de noter que chaque fois ils impliquent ton tribun de la plèbe, Lucius Appuleius Saturninus. Quel homme extraordinaire, mais riche de contradictions ! C'est vraiment dommage que Scaurus s'en soit pris à lui. Je suis certain que Saturninus était entré au Sénat dans le dessein avoué d'être le premier de sa famille à accéder au consulat. Mais aujourd'hui, il veut détruire le système ! Tu vas dire que je suis pessimiste, que j'exagère, que je suis prisonnier de la tradition, mais, je le sais, j'ai raison.

Saturninus a retrouvé son honneur, ce qu'on doit porter au crédit de notre vénéré Scaurus. Tu n'ignores pas que celui-ci était devenu curateur des approvisionnements en grain, et passait son temps, entre Ostie et Rome, à rendre la vie dure aux négociants. D'où une remarquable stabilité des prix.

Il semble que ce soit à Ostie, il y a deux mois, qu'il ait rencontré un acheteur de grain installé en Sicile. Tu reçois le courrier officiel, tu es donc informé de tout ce qui touche à la révolte des esclaves. Je crois que nous avons là-bas envoyé l'homme qu'il faut. Lucius Licinius Lucullus est peut-être un aristocrate hautain, mais il est aussi consciencieux dans ses lettres au Sénat que sur le champ de bataille.

Croiras-tu qu'un préteur des Servilius plébéiens, élu augure grâce à l'argent de son patron, Ahenobarbus, et qui s'affuble du nom de Caius Servilius l'Augure, a eu le sang-froid, en plein Sénat, d'accuser Lucullus de prolonger la guerre en Sicile pour faire proroger son commandement ?

Il a osé reprocher à Lucullus, qui venait de battre l'armée des esclaves, en laissant trente-cinq mille cadavres sur le terrain, de ne pas marcher aussitôt sur Triocala. En fait, il restait de nombreuses poches de résistance et Lucullus a préféré les liquider avant d'y aller. Servilius affirme que les esclaves réfugiés à Triocala étaient tellement paniqués qu'ils se seraient rendus immédiatement ! En tout cas, ils s'étaient repris quand Lucullus est arrivé ! Au demeurant, les assertions de Servilius ne tiennent pas : si Lucullus voulait faire proroger son commandement, pourquoi aurait-il commencé par livrer une énorme bataille ?

J'ai été révolté par le discours de Servilius l'Augure, et plus encore d'entendre Ahenobarbus Pontifex Maximus soutenir à grand bruit ses allégations mensongères ! Nous verrons bien, mais ne sois pas surpris si tu apprends que l'auguste assemblée décide de confier le gouvernorat de Sicile à Servilius l'Augure, l'année prochaine ! Ce sera d'autant plus facile pour lui que Lucullus aura fait tout le travail. Celui-ci a mis le siège devant la forteresse où se sont réfugiés les esclaves qui ont survécu à la bataille. Il a par ailleurs réussi à convaincre nombre d'exploitants agricoles de revenir sur leurs terres, ce qui garantira une récolte décente cette année. Il suffira à son successeur de s'en attribuer le mérite. Je te le dis, Caius Marius, rien n'est pire que l'alliance de l'ambition et du manque de talent !

Mais j'en reviens à Scaurus. Les marchands de grain, apprenant qu'un quart des esclaves de Sicile serait libéré avant les moissons, se sont dit qu'un quart de la récolte serait, faute de bras, abandonné dans les champs. Personne n'a donc tenu à acheter ce dernier quart — jusqu'au moment où Nerva, en quinze jours, a libéré huit cents esclaves. Le contact de Scaurus faisait partie d'un groupe qui parcourait la Sicile à cette époque, en achetant le grain à des prix ridicules. Puis les exploitants ont suffisamment intimidé Nerva pour qu'il mette un terme à ses opérations d'affranchissement. Cela signifiait que, de nouveau, l'île avait assez de main-d'œuvre pour assurer toute la récolte. Le grain acheté à bas prix appartenait donc, désormais, à des personnes inconnues, qui avaient loué tous les greniers vides entre Rome et Puteoli. C'est là que devrait être stocké le dernier quart, jusqu'à l'année prochaine : à ce moment, la récolte serait effectivement moins importante que d'habitude (les esclaves ayant été libérés), d'où des prix très élevés.

Mais les responsables de l'opération n'avaient pas prévu la révolte des esclaves. Il n'y a pas eu de récolte du tout, et les greniers sont restés vides.

Alors que Nerva venait de fermer ses tribunaux d'émancipation, le groupe de marchands de grain dont je te parlais a été attaqué par des bandits de grand chemin. Tous ont été tués, sauf le contact de Scaurus, qui a fait le mort.

Scaurus a deviné aussitôt une énorme escroquerie. Quel nez ! Quelle tête ! Il a compris le mécanisme sur-le champ, et s'est mis en quête, découvrant au passage que les instigateurs de cette affaire n'étaient autres que Caius Flavius Fimbria, ton estimé collègue de l'année dernière, et Caius Memmius, actuellement gouverneur de Macédoine. Ils avaient délibérément lancé Scaurus sur une fausse piste — celle de notre turbulent tribun de la plèbe, Lucius Appuleius Saturninus.

Une fois qu'il a eu ses preuves, Scaurus s'est excusé publiquement auprès de lui à deux reprises — une fois au Sénat, une fois au Comitium. Saturninus, chaque fois, s'est levé pour répondre qu'il ne lui en avait jamais tenu rigueur, et qu'il était extrêmement heureux de voir que son honneur lui était rendu.

Scaurus lui a par ailleurs offert de mener l'accusation contre Fimbria et Memmius, qui seront jugés par le nouveau tribunal chargé des affaires de trahison, et Saturninus, tu t'en doutes, a accepté. Les jurés seront tous chevaliers, lesquels ont perdu beaucoup d'argent lors des désordres de Sicile. Bref, pour une fois, du moins je l'espère, le crime ne paiera pas.

La seconde histoire est beaucoup plus drôle, mais aussi plus étrange, et je n'ai pas encore réussi à savoir à quoi joue notre estimé tribun de la plèbe.

Il y a deux semaines, un individu a grimpé sur les rostres pour annoncer à tout le Forum qu'il s'appelait Lucius Equitius, qu'il était un citoyen romain affranchi de Firmum — et le fils naturel de Tiberius Sempronius Gracchus !

Son histoire se tient à peu près. Sa mère était une Romaine d'humble condition; elle et Tiberius Gracchus se rencontrèrent et tombèrent amoureux. Comme elle n'était pas d'assez bonne naissance pour l'épouser, il en fit sa maîtresse et l'installa dans l'un de ses domaines campagnards, et Lucius Equitius vint au monde.

Puis Tiberius Gracchus fut tué, la mère mourut peu de temps après, et son jeune fils fut confié à Cornelia, mère des Gracques, peu enthousiaste à l'idée de devoir élever le bâtard de son fils. Elle chargea un couple d'esclaves de son domaine de Misenum d'en prendre soin, puis elle le fit vendre comme esclave à des gens de Firmum.

Ces derniers en vinrent à tant l'aimer, qu'à la mort du *pater familias* il fut non seulement affranchi, mais se retrouva héritier de la fortune familiale, car ces gens n'avaient pas de descendants. Il se lança dans les affaires, servit dans nos légions et sut faire fructifier son héritage. A l'entendre, il devrait, pour avoir fait tout cela, avoir atteint la cinquantaine, or à le voir, il a la trentaine.

Il rencontra un jour quelqu'un qui lui fit remarquer qu'il ressemblait étonnamment à Tiberius Gracchus. Enhardi par cette découverte, il retrouva la trace du couple d'esclaves à qui Cornelia l'avait confié, et apprit d'eux le secret de sa naissance. N'est-ce pas magnifique ? Est-ce une tragédie grecque ou une farce romaine ?

En moins de deux jours, Lucius Equitius était fêté partout comme le fils de Tiberius Gracchus — dont, et c'est bien dommage, tous les enfants légitimes sont morts... Je dois en convenir, la ressemblance est incroyable : il parle comme lui, marche comme lui, grimace comme lui. J'avoue penser que la similitude est trop parfaite : on dirait son jumeau, non son fils.

Et voilà que Saturninus s'en mêle, grimpe sur les rostres avec Lucius Equitius, et le pousse à se faire des partisans. En moins d'une semaine, il devient l'idole des boutiquiers, des négociants, des artisans, des petits paysans — bref, des Troisième et Quatrième Classes. Des petites gens, très honnêtes, trop fiers pour réclamer la charité, mais pas assez riches pour supporter la flambée des prix du grain.

Les Pères Conscrits se sont quelque peu inquiétés de cette adulation populaire, d'autant plus que Saturninus s'en mêlait, sans qu'on comprenne pourquoi. Mais qu'y faire ? Finalement, Ahenobarbus, notre Pontifex Maximus, a proposé que Sempronia, sœur des Gracques et veuve de Scipion Emilien, soit confrontée au nouveau venu. Ce qui a eu lieu il y a trois jours. Lucius Equitius a regardé d'un œil morne cette petite femme toute ridée, tandis que Saturninus souriait comme un imbécile, ce qu'il n'est pas. D'une voix de tonnerre, Ahenobarbus a demandé à Sempronia : « Fille de Tiberius Sempronius Gracchus et de Cornelia Africana, reconnais-tu cet homme ? »

Bien entendu, elle a grondé qu'elle ne l'avait jamais vu, et que jamais, jamais, jamais, son cher frère n'aurait rompu les liens du mariage. Le tout avec une telle virulence qu'Ahenobarbus a été contraint de la faire descendre des rostres sous les fous rires de l'assistance ; Scaurus était hilare.

Saturninus a grimpé sur les rostres, et demandé à Lucius Equitius s'il savait qui était cette vieille horreur. L'autre a répondu que non, ce qui prouve pour le moins qu'il n'avait guère écouté. Saturninus lui a expliqué que c'était sa tante Sempronia, sœur des Gracques. Equitius a pris l'air stupéfait, déclaré qu'il ne l'avait jamais vue, et qu'il serait surpris que Tiberius Gracchus ait avoué la vérité à sa sœur.

La remarque était pleine de bon sens, et la foule a semblé définitivement convaincue qu'il était son fils naturel. Le Sénat fulmine, Saturninus ricane, Scaurus pouffe.

Caius Marius reçut la lettre de Rutilius Rufus début novembre, et venait d'en prendre connaissance quand Sylla fit son apparition. Il était revenu pour de bon, car il avait fait tailler son épaisse chevelure, et couper ses énormes moustaches. Marius lui lut la lettre.

— Enlève cela! lui dit-il en constatant que Sylla portait toujours un grand torque d'or.

Sylla hocha la tête négativement, et sourit.

— Je ne crois pas pouvoir m'y résoudre, Caius Marius. Je sais bien que c'est un peu barbare... mais il est devenu mon porte-bonheur, et j'aurais trop peur de m'en défaire; ma chance pourrait m'abandonner.

Il s'allongea sur un sofa et soupira d'aise.

— Ah, pouvoir enfin s'étendre comme un homme civilisé! C'est bon d'être de retour! Les Gaulois comme les Germains se bâfrent, ou jeûnent parce qu'ils doivent partir se battre et n'ont pas songé à emporter des provisions. Mais ce sont des gens redoutables, Caius Marius! S'ils avaient le dixième de notre organisation, personne ne pourrait les vaincre.

— Fort heureusement, ce n'est pas le cas. Du moins, c'est ce que je crois comprendre d'après tes paroles. Tiens, prends donc un peu de ce vin de Falerne!

Sylla but avec lenteur.

— Le vin! Nectar des dieux! Tant pis si, de ma vie, je ne bois plus une gorgée de bière! Plus de rots, plus de pets, plus de ventre distendu!

— Où est Quintus Sertorius? Tout va bien pour lui?

— Il est en route, mais nous avons voyagé séparément, et je voulais t'informer seul à seul. Mais je ne sais par où commencer.

— Par le début! D'où viennent-ils? Qui sont-ils? Depuis combien de temps sont-ils en route?

— Eux-mêmes ne se donnent pas le nom de Germains. Ils se composent de plusieurs peuples: les Cimbres, les Teutons, les Marcomans, les Chérusques et les Tigures. Les deux premiers sont originaires d'une péninsule située au nord de la Germanie, et que certains géographes grecs appellent la Chersonèse Cimbrique. La moitié nord abritait les Cimbres, la moitié sud les Teutons. Ils se considèrent comme deux peuples distincts, mais il est très difficile de percevoir la différence, bien qu'ils ne parlent pas la même langue.

Ce n'étaient pas des nomades, mais ils ne cultivaient pas la terre à proprement parler. C'étaient des éleveurs, qui se contentaient d'un peu de seigle et d'orge. De la viande de bœuf, du lait, quelques légumes, du pain noir...

Il y a une vingtaine d'années, l'océan Atlantique a débordé et couvert tout le pays et, quand il s'est retiré, ils se sont rendu compte que le sol, trop chargé de sel, était devenu infertile. Ils sont donc montés dans leurs chariots, ont rassemblé le bétail et les chevaux qui avaient survécu, et se sont mis en route.

— Tous ? Combien étaient-ils ?

— Pas tous : ils se sont débarrassés des vieillards et des infirmes. Je dirais qu'environ six cent mille personnes ont longé la vallée de ce fleuve qu'on appelle l'Elbe.

— Mais je croyais que cette région était à peine peuplée ! Pourquoi ne sont-ils pas restés autour de l'Elbe ?

— Je n'en sais rien et eux non plus. Ils semblent s'en être remis aux dieux, et attendre un signe divin qui leur indiquera qu'ils ont enfin retrouvé une patrie. Ils ont fini par arriver jusqu'à la source du fleuve et là, pour la première fois de leur vie, ils ont vu de véritables montagnes.

— Ce qui les a beaucoup impressionnés ?

— Oh que oui. En tout cas, ils ne sont plus guère éloignés d'elles. La quatrième année, ils se sont orientés vers l'est, en longeant le Danube, se dirigeant vers les plaines des Gètes et des Sarmates.

— Où se rendaient-ils ? Vers le Pont Euxin ?

— Sans doute. Mais les Boïens les ont empêchés d'entrer en Dacie, et ils ont dû suivre le Danube, là où il s'incurve vers le sud pour entrer en Pannonie.

— Les Boïens sont des Celtes. J'ai cru comprendre que Germains et Celtes ne s'entendaient guère.

— Non, en effet. Le plus intéressant, toutefois, c'est que jamais les Germains n'ont combattu pour s'emparer de leurs terres : au moindre signe de résistance des populations locales, ils s'en allaient plus loin. Puis, à l'endroit où la Sava se jette dans le Danube, ils se sont heurtés aux Scordisques.

— Qui sont aussi nos adversaires ! Il est réconfortant de découvrir que nous avons au moins un ennemi commun !

— Leur gros problème, c'est qu'ils n'avaient aucun dirigeant digne de ce nom. Je pense qu'ils espéraient qu'un jour un roi quelconque leur donnerait la permission de s'installer sur des terres non occupées. Ils ont fait demi-tour, et quitté le bassin du Danube, remonté la Drava jusqu'à sa source. Cela faisait six ans qu'ils marchaient pratiquement sans arrêt.

— Ils ne voyagent pas dans leurs chariots?

— Rarement, pour ceux qui sont malades, ou pour les femmes qui accouchent. Enfin, nous savons tous deux ce qui s'est passé ensuite: ils ont pénétré sur les terres des Taurisques.

— Qui ont fait appel à Rome, qui a envoyé Carbo, qui y a perdu son armée.

— Et, comme toujours, les Germains sont repartis. Au lieu d'envahir la Gaule Cisalpine, ils sont repassés dans les Alpes, en se dirigeant vers l'ouest, traversant au passage le territoire des Marcomans, lesquels, pour des raisons que j'ignore, se sont joints aux Cimbres et aux Teutons.

— Et ensuite?

— Ensuite, ils ont remonté le Danube jusqu'à sa source. Ils ont été rejoints par les Chérusques, ainsi que par une tribu d'Helvétie nommée les Tigures, qui sont, eux, bel et bien celtes. Comme, je crois, les Marcomans. Mais les uns comme les autres sont très germanisés.

— Tu veux dire qu'ils ne détestent pas les Germains?

— Beaucoup moins qu'ils ne détestent les autres Celtes! Les Marcomans combattent les Boïens depuis des siècles, comme les Tigures les Helvètes! Le temps qu'ils entrent en Gaule Chevelue, ils étaient plus de huit cent mille.

— Qui ont fondu sur les Eduéens et les Ambarres, et sont restés sur place.

— Pendant plus de trois ans. Ils avaient affaire à des peuples plus paisibles, et déjà romanisés, par les soins de feu Cnaeus Domitius. Et ils ont élu un roi.

— Oh oh!

— Il s'appelle Boiorix, c'est un Cimbre.

— C'est pourtant un nom celte. Boiorix... les Boïens. Un peuple redoutable: ils ont des colonies partout, en Dacie, en Thrace, en Gaule Chevelue, en Helvétie! Peut-être se sont-ils autrefois implantés chez les Cimbres? Si Boiorix dit en être un, ce doit être exact: ils ne peuvent être primitifs au point d'ignorer la généalogie.

— Oui et non. Elle concerne essentiellement la tribu, ou même l'ensemble des tribus qui constituent le peuple tout entier. Et la position de tel ou tel — chef, thane, prêtre, sorcier — est plus importante que l'individu qui l'occupe. Et quand il meurt, elle passe à quelqu'un d'autre, sans considération d'ordre familial. Ils

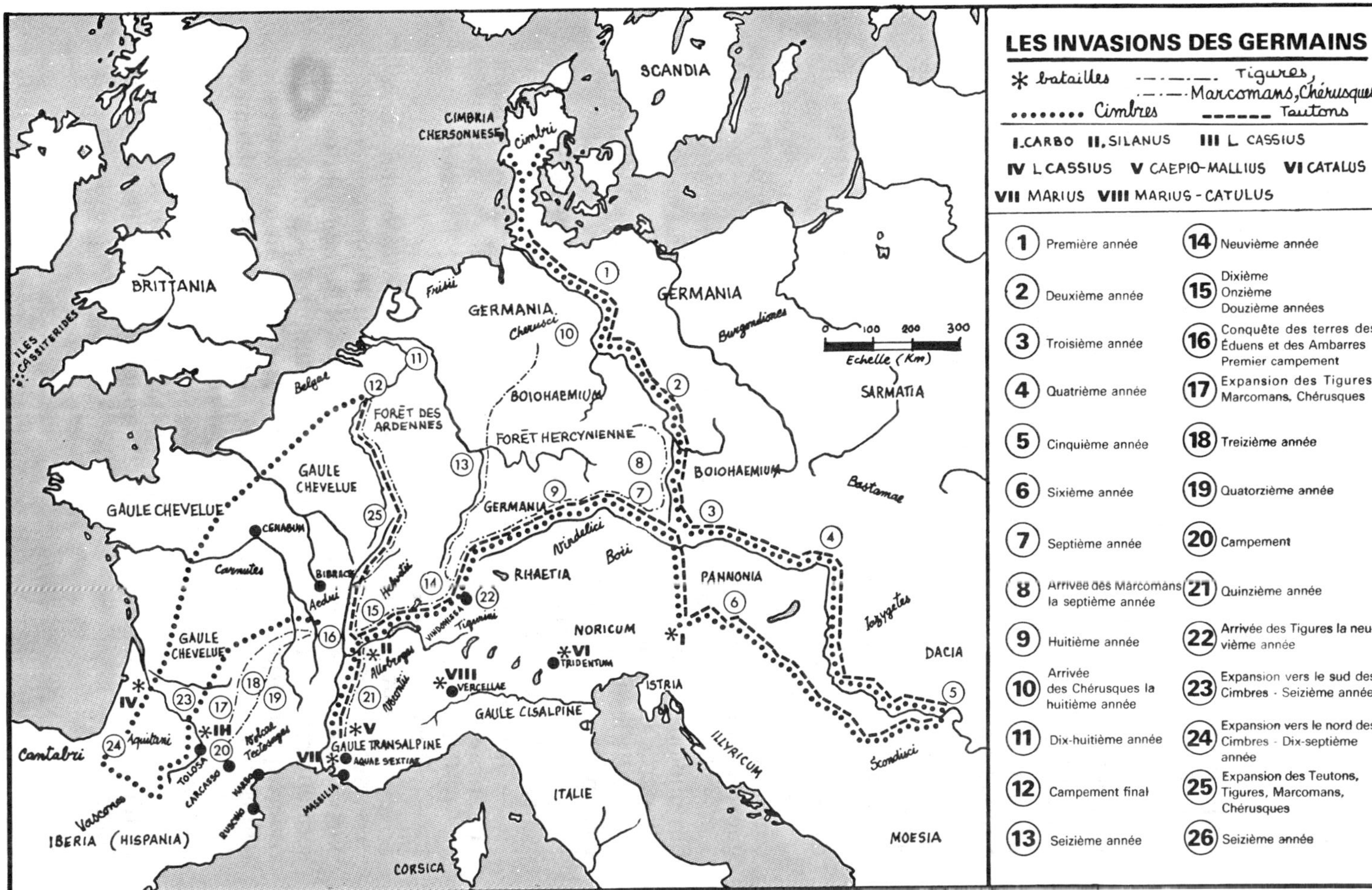

LES INVASIONS DES GERMAINS
* batailles
Tigures,
Marcomans, Chérusques
Cimbres
Teutons
I. CARBO
II. SILANUS
III L. CASSIUS
IV L. CASSIUS
V CAEPIO-MALLIUS
VI CATALUS
VII MARIUS
VIII MARIUS - CATULUS
1 Première année
2 Deuxième année
3 Troisième année
4 Quatrième année
5 Cinquième année
6 Sixième année
7 Septième année
8 Arrivée des Marcomans la septième année
9 Huitième année
10 Arrivée des Chérusques la huitième année
11 Dix-huitième année
12 Campement final
13 Seizième année
14 Neuvième année
15 Dixième Onzième Douzième années
16 Conquête des terres des Éduens et des Ambarres Premier campement
17 Expansion des Tigures, Marcomans, Chérusques
18 Treizième année
19 Quatorzième année
20 Campement
21 Quinzième année
22 Arrivée des Tigures la neuvième année
23 Expansion vers le sud des Cimbres - Seizième année
24 Expansion vers le nord des Cimbres - Dix-septième année
25 Expansion des Teutons, Tigures, Marcomans, Chérusques
26 Seizième année
SCANDIA
CIMBRIA CHERSONNESE
Cimbri
BRITTANIA
ILES CASSITERIDES
GERMANIA
Frisii
Cherusci
Burgondiones
0 100 200 300
Echelle (Km)
SARMATIA
Belgae
FORÊT DES ARDENNES
BOIOHAEMIUM
FORÊT HERCYNIENNE
GAULE CHEVELUE
Bastamae
CENABUM
Carnutes
BIBRACTE
Aedui
Helvetii
Vindelici
Boii
RHAETIA
PANNONIA
Iazyges
VINDONISSA
Tigurini
NORICUM
TRIDENTUM
DACIA
Allobroges
VERCELLAE
Vocontii
ISTRIA
GAULE CISALPINE
ILLYRICUM
Scordisci
Aquitani
Cantabri
TOLOSA
Volcae Tectosages
CARCASSO
NARBO
GAULE TRANSALPINE
AQUAE SEXTIAE
MASSILIA
RUSCINO
Vascones
IBERIA (HISPANIA)
ITALIE
MOESIA
CORSICA

Cof

ont de ce point de vue des idées très différentes des nôtres, Caius Marius.

— Tu as vécu avec eux! s'écria Marius.

— Il a bien fallu! Je suis parvenu à infiltrer les Cimbres alors qu'ils essayaient de franchir les Pyrénées. C'était vers novembre de l'an dernier, alors que je revenais juste de ma visite ici.

— Et comment as-tu fait?

— Ah, ils commençaient à souffrir de la guerre, comme tous les peuples. Chaque peuple se déplace avec toutes ses tribus; dès lors tout guerrier qui meurt laisse une veuve et des enfants. Les femmes représentent un poids mort, sauf lorsqu'elles élèvent leurs fils pour en faire des guerriers. Toute veuve doit donc se hâter de trouver un nouvel époux. Si elle y réussit, elle peut poursuivre le voyage avec les autres. On leur laisse un certain temps, environ trois mois, soit l'équivalent d'une saison. Après quoi, elle est tuée avec ses enfants, et si elle possédait un chariot — qui constitue une sorte de dot —, il passe à quelqu'un qui n'en avait pas. Les Germains tuent toutes les bouches inutiles, ainsi que les nouveau-nés de sexe féminin quand il y en a trop.

— Et l'on dit que nous sommes cruels! dit Marius en grimaçant. Alors, tu as trouvé une veuve, et tu es devenu l'un des guerriers de la tribu?

— Exactement. Sertorius a agi de même dans une autre, ce qui fait que nous n'avons guère pu nous voir que de loin en loin, pour comparer nos informations.

— Et les Germains ne vous ont pas rejetés? Après tout, vous vous prétendiez gaulois.

— C'est vrai, mais nous savons nous battre, Quintus Sertorius et moi, et aucun chef de tribu ne repousse de bons guerriers.

— Au moins, tu n'as pas eu à tuer de Romains! Mais je sais que tu l'aurais fait, s'il avait fallu.

— Certainement. Pas toi?

— Bien sûr que oui.

— Au tout début du printemps, il y a eu un grand conseil rassemblant les chefs de toutes les tribus. Les Cimbres étaient alors partis vers l'ouest, en espérant traverser les Pyrénées là où elles seraient moins élevées. Le conseil s'est tenu sur les berges d'une rivière qu'en Aquitaine on appelle l'Aturis. Il savait que toutes les tribus ibères, des Cantabriques aux Lusitans, se rassemblaient de l'autre côté des montagnes pour leur interdire le passage. Boiorix est resté maître des débats.

— Je me souviens du rapport de Marcus Cotta après Arausio. C'était un des deux chefs qu'il avait remarqués, avec Teutobod, des Teutons.

— Il est jeune; la trentaine, pas plus. D'une taille monstrueuse, bâti en hercule, mais ce qui est intéressant, c'est qu'il ne pense pas comme un Barbare. Il sait lire et écrire — et en latin, pas en grec. Il y a près de quatre ans qu'il se fait entendre dans les conseils, mais cette fois il a surmonté toutes les oppositions, et il est devenu chef suprême des Germains; c'est lui qui prend les grandes décisions, sans avoir peur d'être d'un autre avis que le conseil.

— Et comment y est-il parvenu?

— A l'ancienne! Gaulois et Germains ne votent pas, à proprement parler, sauf lors de leurs conseils, mais c'est généralement le moins ivre et le plus bruyant qui l'emporte. Boiorix s'est simplement contenté d'affronter tous ses adversaires en duel, et de les tuer, jusqu'à ce qu'il n'y ait plus d'amateur. En tout, onze thanes se sont battus contre lui, et ils ont tous mordu la poussière.

— Devenir roi en tuant ses rivaux! dit Marius, songeur. De vrais Barbares! Chacun devrait avoir des rivaux; ils vous mettent en valeur parce qu'ils sont inférieurs.

— Tu as raison. Mais dans le monde des Barbares — comme en Orient, d'ailleurs —, on se contente de les faire disparaître, c'est plus sûr.

— Et qu'a décidé Boiorix, une fois roi?

— Il a dit aux Cimbres qu'ils n'iraient pas en Ibérie, et qu'il existait des contrées plus faciles d'accès. L'Italie, par exemple. Mais il a ajouté que la tribu devait d'abord se joindre aux Teutons, aux Tigures, aux Marcomans, aux Chérusques. Ce qui lui permettrait de devenir roi de tous les Germains. Nous avons passé le printemps et l'été à traverser la Gaule Chevelue en direction du nord, en franchissant la Garonne et la Seine, avant d'entrer en Gaule Belgique.

— Cela a dû le contraindre à bien des combats!

— Pas du tout. Boiorix a ouvert des pourparlers. Jusque-là, chaque fois qu'ils se heurtaient par exemple à une de nos armées, les Germains envoyaient une délégation pour nous demander la permission de traverser notre territoire. Bien entendu, nous répondions non, et ils s'en allaient. Boiorix, lui, a négocié à travers toute la Gaule Chevelue.

— Qu'avait-il à offrir?

— De la viande, du lait, du beurre, en échange de blé et de bière, et il a offert d'envoyer ses guerriers travailler dans les champs.

— Il est très habile, pour un Barbare!

— Oh oui! Nous avons fini par entrer sur le territoire d'une tribu de Gaule Belgique appelée les Aduates. Ce sont des Germains qui vivent le long de la Meuse, et aux frontières d'une immense forêt, l'Arduenna, qui s'étend vers l'est jusqu'à la Moselle, et qui est à peu près impénétrable, sauf pour les Germains qui y vivent ; elle leur tient lieu de fortifications.

Marius réfléchissait intensément.

— Continue, Lucius Cornelius ! Tout cela est de plus en plus passionnant !

— Les Chérusques viennent d'une région de Germanie voisine des terres des Aduates, et se disent apparentés à eux. Ils ont donc convaincu toutes les autres tribus de les accompagner là-bas, tandis que les Cimbres tentaient de franchir les Pyrénées. Mais quand ces derniers, que j'accompagnais, sont arrivés là-bas vers la fin de Sextilis, la situation était très tendue : les Teutons étaient en très mauvais termes avec les Aduates et les Chérusques, il y avait déjà eu des affrontements, et pas mal de morts.

— Mais Boiorix a tout arrangé !

— En effet. Il a apaisé les Aduates, puis convoqué un grand conseil des autres tribus, au cours duquel il a annoncé que désormais il était roi de tous les Germains, et plus seulement des Cimbres. Il lui a fallu se battre plusieurs fois, mais pas avec ses seuls rivaux sérieux : Teutobod, des Teutons, et Gétorix, des Tigures. Sans doute leur semblait-il préférable de rester en vie.

— Et comment as-tu su cela ? Tu as pris part aux discussions ?

— Je suis devenu un thane, répondit Sylla en prenant un air modeste. Pas très important, cela m'a permis d'être invité au conseil. Mon épouse, Hermana — c'est une Chérusque, non une Cimbre —, a donné le jour à des jumeaux comme nous allions franchir la Meuse, et tout le monde y a vu un présage favorable.

Marius éclata de rire.

— Ce qui veut dire que dans quelques années, un malheureux Romain devra affronter deux Barbares germains qui te ressembleront ?

— C'est possible.

— Et quelques petits Sertorius également ?

— Au moins un, en tout cas.

— Continue, Lucius Cornelius.

— Notre Boiorix est quelqu'un de très, très habile. Il ne faut surtout pas le sous-estimer sous prétexte que c'est un Barbare. Il a mis sur pied une stratégie de grande ampleur, dont toi-même aurais été fier. Et je n'exagère pas, crois-moi !

— Laquelle ?

— L'année prochaine, en mars au plus tard, dès que le temps le permettra, les Germains ont l'intention d'attaquer l'Italie sur trois fronts. Je dis mars parce que c'est l'époque à laquelle ils quitteront les terres des Aduates — et ils sont huit cent mille...

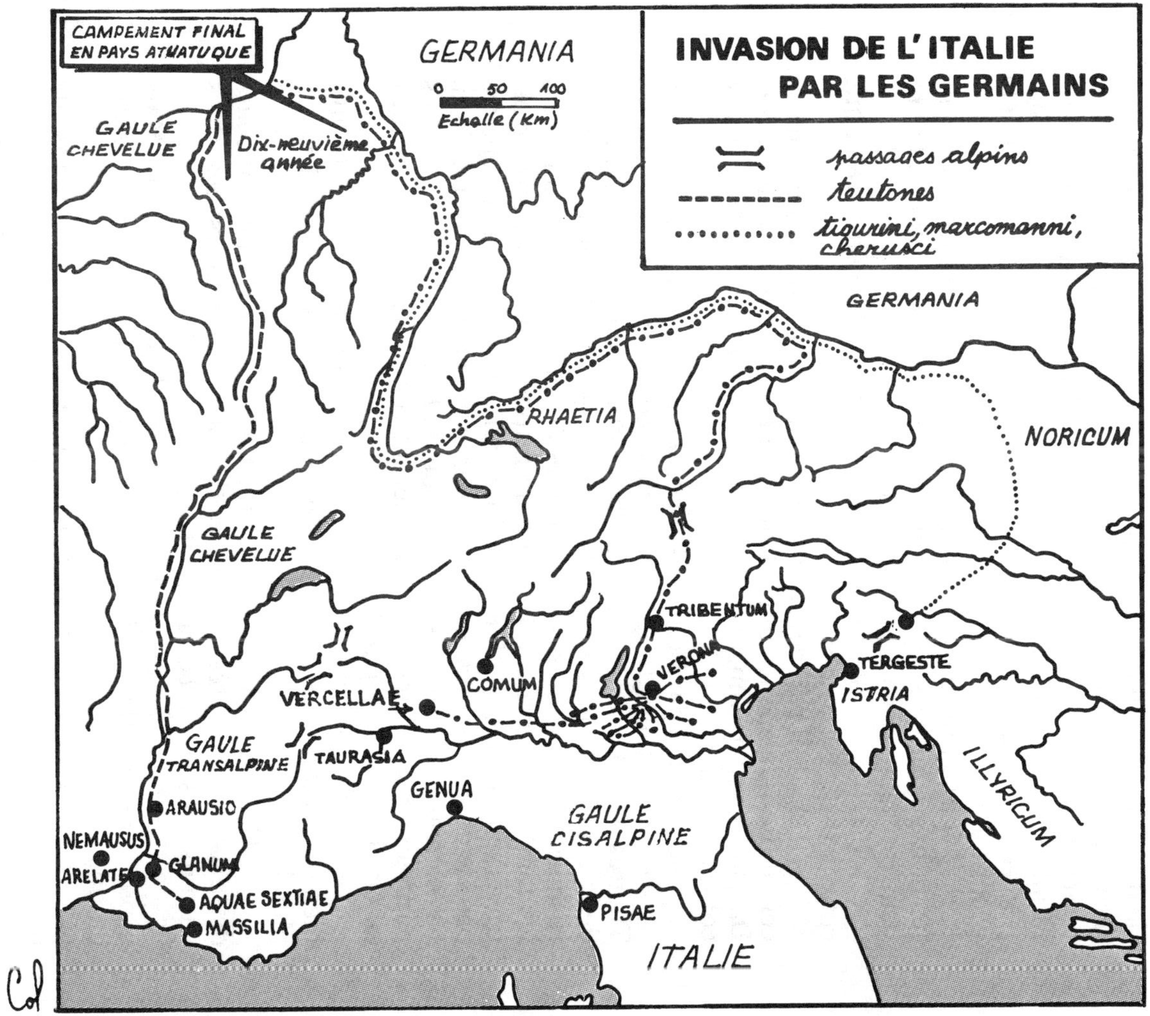
INVASION DE L'ITALIE
PAR LES GERMAINS
passages alpins
teutones
tigurini, marcomanni, cherusci
GERMANIA
0 50 100
Echelle (Km)
CAMPEMENT FINAL EN PAYS ATUATUQUE
Dix-neuvième année
GAULE CHEVELUE
GAULE CHEVELUE
RHAETIA
GERMANIA
NORICUM
TRIBENTUM
VERONA
COMUM
VERCELLAE
TAURASIA
TERGESTE
ISTRIA
ILLYRICUM
GAULE TRANSALPINE
ARAUSIO
NEMAUSUS
ARELATE
GLANUM
AQUAE SEXTIAE
MASSILIA
GENUA
GAULE CISALPINE
PISAE
ITALIE
Col

Boiorix leur a donné six mois pour faire le trajet de la Meuse à la Gaule Italique. Il a divisé ses troupes en trois forces séparées. Les Teutons, conduits par leur roi, Teutobod, l'envahiront par l'ouest. Ils sont environ deux cent cinquante mille. A ce stade, ils prévoient de descendre la vallée du Rhône, puis de longer la côte ligure vers Genua et Pisae. J'ai pourtant l'impression qu'avant leur départ ils changeront d'avis, se dirigeront vers la Via Domitia et le col du Montgenèvre, ce qui les mènera sur les rives du Pô, à Taurasia.

— Je vois que Boiorix n'a pas appris que le latin, mais aussi la géographie!

— Il a soumis des prisonniers romains à la torture: à Arausio, les nôtres n'ont pas tous été tués sur le champ de bataille. On ne peut pas leur en vouloir d'avoir parlé.

— Cela veut dire que les Teutons suivront le même trajet que cette fois-là. Et les autres?

— Les Cimbres, qui sont les plus nombreux — près de quatre cent mille —, remonteront le Rhin jusqu'au lac Brigantinus, puis le Danube jusqu'à l'Inn, et de là passeront en Gaule Cisalpine par le col du Brenner.

— Conduits par Boiorix. Tout cela me plaît de moins en moins.

— Le dernier groupe est le plus réduit, et le moins uni: les Tigures, les Marcomans et les Chérusques, soit un peu moins de deux cent mille personnes. Ils sont dirigés par Gétorix, des Chérusques. Boiorix comptait d'abord les envoyer tout droit à travers les forêts de Germanie pour qu'ils frappent au sud, après avoir traversé la Pannonie. Puis il a dû se dire qu'ils n'iraient peutêtre pas jusqu'au bout, et a décidé de les emmener avec lui jusqu'à l'Inn. Là, ils poursuivront vers l'est, le long du Danube, jusqu'à ce qu'ils parviennent à Noricum, et obliqueront vers le sud, avant d'entrer en Gaule Cisalpine par Tergeste.

— Et chaque groupe a six mois pour faire le voyage? Je vois bien les Teutons y arriver, mais pas les autres, qui ont un trajet bien plus long.

— Et c'est bien là que tu te trompes, Caius Marius. Au cours des dix-huit dernières années, les Germains ont traversé les Alpes en tous sens, et ils connaissent très bien la région!

— C'est en effet un plan remarquable, Lucius Cornelius! Mais y parviendront-ils? Boiorix doit pouvoir compter sur chaque groupe... disons en octobre?

— Les Teutons et les Cimbres y arriveront. Je suis moins sûr pour les autres — et Boiorix doit penser de même.

Sylla se leva et se mit à arpenter la pièce de long en large.

— Il y a aussi autre chose, qui a beaucoup d'importance. Cela fait dix-huit ans que les Germains errent à l'aventure; ils en sont las, et très désireux de pouvoir s'installer quelque part. De nombreux enfants, nés en route, n'ont jamais connu de patrie. Ils ont même songé à repartir vers la Chersonèse Cimbrique : la mer s'est retirée depuis longtemps, et le sol doit de nouveau être fertile.

— Si seulement !

— Il est trop tard. Ils se sont mis à aimer le pain blanc, la douceur du climat dans le Sud, la proximité des montagnes. D'abord la Pannonie et Noricum, puis la Gaule. Notre monde est bien plus riche que le leur — et, maintenant que Boiorix est là, ils sont bien décidés à s'en emparer.

— Pas tant que je serai là ! Quoi d'autre ?

— C'est tout — et pourtant, ce n'est rien ; je pourrais parler d'eux pendant des heures.

— Et ta femme et tes enfants ? Privés de guerrier, ils ont dû être tués ?

— C'est drôle... je n'ai pas pu... quand le moment est venu, je me suis rendu compte que... c'était impossible. J'ai emmené Hermana et ses fils chez les Chérusques de Germanie, parce que sa tribu en fait partie ; on les appelle les Marses — bizarre, non ? Le même nom que nos vieux ennemis.

Pour une raison que lui-même ne comprenait pas tout à fait, Marius fut ému par les paroles de Sylla, et dit, d'une voix douce :

— Je suis heureux que tu ne les aies pas laissés mourir.

— Moi aussi, bien que je n'aie guère eu le temps. Je craignais de ne pouvoir te retrouver avant les élections consulaires, parce que je savais que les nouvelles que je t'apportais te seraient très utiles. J'ai aussi pris sur moi — en ton nom, bien sûr — de conclure un traité de paix et d'amitié avec les Marses Germains. J'ai pensé que mes fils auraient ainsi une vague idée de ce qu'était Rome — Hermana m'a promis qu'elle leur en dirait toujours du bien.

— Tu comptes la revoir ?

— Jamais ! Pas plus que les jumeaux ! Plus question de jamais laisser pousser mes cheveux et mes moustaches, de me nourrir de bœuf, de bière, de lait et de beurre ! J'ai fait ce que j'ai pu pour Hermana et ses enfants, mais je lui ai dit de se trouver un autre homme. C'était la seule chose raisonnable à faire. Si tout va bien, ils survivront. Mes deux fils deviendront de bons Germains, et, j'espère, de grands guerriers ! Dans le cas contraire... je n'en saurai rien.

— En effet, Lucius Cornelius, dit Marius qui, baissant les yeux, parut surpris de constater que les jointures de ses mains étaient toutes blanches.

Sylla sembla en être agacé :

— Caius Marius, s'il y a des moments où je suis disposé à

croire le Porcelet quand il dénonce la vulgarité de tes origines, c'est quand je vois s'éveiller ta vieille sensiblerie paysanne.

Marius le foudroya du regard.

— *Sylla!* Ce qui m'exaspère le plus, c'est que je ne saurai jamais ce qui te pousse. Ni ce que tu penses vraiment. Jamais, jamais!

— Si cela peut te consoler, beau-frère, les autres non plus. Ni moi, d'ailleurs.

Ce mois-là, Caius Marius crut bien que jamais il ne parviendrait à se faire élire consul pour l'année à venir. Une lettre de Lucius Appuleius Saturninus lui ôtait tout espoir de voir un plébiscite l'autoriser à se présenter *in absentia* pour la troisième fois consécutive.

> Le Sénat ne laisserait pas faire, parce que Rome est désormais convaincue que les Germains ne viendront pas. Bien entendu, tes ennemis ont fait valoir que c'est la deuxième année que tu passes en Gaule Transalpine, à tracer des routes et creuser des canaux, à la tête d'une immense armée, ce qui coûte beaucoup trop cher à l'Etat, surtout si l'on songe aux prix actuels du grain.
>
> J'ai cherché à savoir ce que les électeurs penseraient de te voir te présenter pour la troisième fois *in absentia.* Leur réaction n'est pas très favorable. Tes chances seraient plus fortes si tu pouvais venir à Rome en personne. Mais, dans ce cas, tes ennemis disposeraient d'un argument pour te contrer : ce serait reconnaître que la menace germaine n'est pas si grave que tu le prétends.
>
> Toutefois, j'ai fait tout mon possible, avant tout en faisant pression sur le Sénat pour qu'au moins ton commandement soit prorogé avec statut proconsulaire, bien que cela implique que les consuls de l'année prochaine soient tes supérieurs. Le candidat le mieux placé, de ce point de vue, est Quintus Lutatius Catulus. Les électeurs sont tellement las de le voir se présenter chaque année qu'ils semblent avoir décidé de voter pour lui afin d'en être débarrassés une fois pour toutes.

Non seulement c'étaient de mauvaises nouvelles, mais le ton en était un peu distant, comme si le tribun, lui aussi, voyait en Marius un homme du passé, et se préparait à changer de camp. Les Germains, après tout, constituaient une menace lointaine, moins importante que la révolte des esclaves en Sicile ou que les difficultés d'approvisionnement en grain...

Mais ce n'était pas le cas, et Lucius Cornelius Sylla était là pour le prouver. A quoi bon l'envoyer à Rome pour témoigner, alors que lui-même n'avait aucune raison légale de l'accompagner? Sylla serait contraint de raconter son histoire à des gens qui trouveraient invraisemblable qu'un aristocrate romain ait pu, deux ans durant, se faire passer pour un Gaulois. Il fallait que tous deux se rendent là-bas.

Caius Marius écrivit donc à Lucius Appuleius Saturninus :

> Lucius Appuleius, tu es enfin vengé ; mais souviens-toi que c'est grâce à moi. Tu m'es encore redevable, et j'attends de toi que tu te comportes en client sincère.
>
> Ne crois pas qu'il m'est impossible de venir à Rome. Une occasion peut toujours se présenter. Fais comme si c'était le cas. Voici donc ce que j'attends de toi. La nécessité la plus urgente est de reporter les élections consulaires, ce que Norbanus et toi, tribuns de la plèbe, êtes parfaitement capables d'obtenir. Et vous le ferez. De tout cœur, en jetant toute votre énergie dans la bataille. Après cela, tu as assez de cervelle pour saisir la première occasion de demander au Sénat et au Peuple de Rome de me rappeler à Rome.
>
> J'irai à Rome, sois-en certain. Si tu veux monter beaucoup plus haut que le tribunat, mieux vaut que tu restes l'homme de Caius Marius.

Fin novembre, la Fortune récompensa Caius Marius, sous la forme d'une lettre de Saturninus, qui lui parvint deux jours avant le courrier officiel. Le tribun écrivait, très humblement :

> Le lendemain même du jour où je recevais ta missive, ton collègue Lucius Aurelius Orestes est mort subitement. J'ai saisi l'occasion pour contraindre le Sénat à te rappeler. Scaurus avait recommandé à ses pairs de désigner un consul suffecte qui remplirait les fonctions du défunt. Mais — quelle chance ! — la veille, il avait violemment dénoncé ta présence en Gaule Transalpine, disant que tu agitais la menace germaine pour te faire élire dictateur. Bien entendu, dès la mort d'Orestes, il a changé de discours : on ne peut rappeler Marius à Rome pour remplir les devoirs de consul, alors que l'Italie est exposée au danger germain, a-t-il dit. Il faut donc élire un consul suffecte.
>
> Je n'avais pas le temps d'user de mon tribunat pour reculer les élections, mais cela s'est révélé inutile. J'ai fait un très beau discours au Sénat pour dire que notre estimé Princeps Senatus ne pouvait prétendre deux choses à la fois. La

menace germaine existait ou non. J'ai tiré argument de son discours de la veille, où il déclarait qu'elle était inexistante, et que par conséquent il fallait élire un suffecte. Non, ai-je dit, Caius Marius doit être rappelé, parce qu'il doit accomplir les tâches pour lesquelles il a été élu: celles de consul. Tout le monde a compris l'allusion, et je n'ai même pas eu à souligner qu'il avait tourné casaque le lendemain.

J'espère que ma lettre arrivera avant le courrier officiel. Tu auras ainsi un tout petit plus de temps pour te préparer à faire campagne à Rome. Bien entendu, je m'efforce de remuer les électeurs, et lorsque tu arriveras, il devrait déjà y avoir une respectable députation de membres éminents du Peuple prêts à te supplier de te présenter.

Marius, jubilait. Il lança la lettre à Sylla.

— Fais tes bagages, il n'y a pas de temps à perdre! Tu vas déclarer au Sénat que les Germains vont envahir l'Italie sur trois fronts dès l'automne prochain, et je dirai aux électeurs que je suis le seul capable de les arrêter.

— Quel sera mon rôle?

— Je présente la question et donne les informations. Tu témoignes de leur exactitude, mais en te gardant bien de laisser comprendre au Sénat que tu t'es mêlé aux Barbares. Il y a des choses qu'il vaut mieux taire, Lucius Cornelius. Ne leur donne pas de renseignements qu'ils pourraient utiliser contre toi plus tard. Tu es un patricien romain, laisse-les croire que c'est à ce titre que tu as accompli tous tes exploits!

— Il est manifestement impossible à un patricien romain de s'en aller rôder chez les Germains!

— Ils n'en savent rien. Tu te souviens de ce que Publius Rutilius disait dans sa lettre? Les généraux en chambre? Eh bien, ce sont aussi des espions en chambre, qui n'y connaissent rien. Je parlerai en premier et tu te guideras en fonction de ce que je déclarerai.

Sylla ne se rendit pas à Rome avec la même impatience que Caius Marius. En dépit d'une brillante carrière de questeur, puis d'espion, il n'était encore qu'un de ces jeunes sénateurs à l'avenir prometteur mais qui marchent dans l'ombre du Premier des Romains. Sa carrière politique, elle non plus, ne progressait guère, alors qu'il était déjà tardivement entré au Sénat; et, étant patricien, il ne pouvait devenir tribun de la plèbe; il n'était pas assez riche pour se présenter à l'édilat curule, et sénateur depuis trop peu de temps pour poser sa candidature au prétorat. C'était là le côté politique de sa vie. Sur le plan domestique, cela ne valait guère mieux; une femme qui buvait trop et négligeait ses enfants, une belle-mère qui le détestait. Et si, du point de vue de sa carrière, il pouvait espérer que les choses s'amélioreraient, du point de vue familial, elles ne feraient que s'aggraver. Il lui était d'autant plus pénible de revenir à Rome qu'il venait de quitter son épouse germaine. Car il avait vécu près d'un an avec Hermana dans un univers encore plus étranger à son monde aristocratique que les pires sentines de la Subura. Et Hermana avait été son réconfort, sa forteresse, son seul point de référence dans cette bizarre société barbare.

Se mêler aux Cimbres n'avait pas été trop difficile, car Sylla n'était pas seulement un guerrier courageux; il savait réfléchir. Cela lui avait valu de se distinguer sur le terrain face aux tribus pyrénéennes, et d'être accepté dans la fraternité des combattants. Puis Sertorius et lui avaient conclu que, s'ils voulaient se fondre suffisamment dans ce monde pour s'y élever au point d'être informés de tout ce que décideraient les chefs germains, il leur faudrait s'intégrer pleinement à la vie des tribus. Ils s'étaient séparés, et avaient, chacun, pris femme parmi les veuves.

Il avait remarqué Hermana parce qu'elle aussi était à part, et qu'elle n'avait pas d'enfants. Son époux avait été le chef de la tribu; sinon, les femmes n'auraient jamais toléré sa présence, puisque, étrangère, elle usurpait la place d'une Cimbre. Il suffit à Sylla de grimper dans son chariot pour établir ses droits sur elle. Tous deux seraient toujours des étrangers. Il ne l'avait pas choisie par désir ou par affection: elle avait tout simplement besoin de lui. Ainsi, si elle découvrait la vérité, serait-elle moins tentée de le dénoncer.

Les femmes germaines étaient grandes, bien bâties; elles avaient de longues jambes, une poitrine opulente, des cheveux très blonds, des yeux bleus, et un visage agréable, pourvu qu'on consentît à oublier leur grande bouche et leur horrible nez tout droit. Hermana était plus petite que lui, son épaisse chevelure tirait sur le châtain, et ses yeux sur le gris sombre. A trente ans, elle était encore stérile; si son mari n'avait pas refusé de la répudier, elle aurait déjà dû être tuée.

Quand elle découvrit qu'elle était enceinte — ce qui se produisit presque aussitôt —, tous deux furent ravis. En outre, Hermana serait ainsi lavée, aux yeux des autres, de toute accusation de stérilité. Ce qui ne plut guère aux femmes, qui la détestaient. Au printemps, quand les Cimbres se mirent en route vers les terres des Aduates, Sylla était devenu chef de la tribu.

En Sextilis, Hermana donna le jour à de gros jumeaux éclatants de santé, aux cheveux roux. Sylla en appela un Herman, et l'autre Cornel — pour perpétuer le souvenir de la *gens* des Cornelius. Les naissances gémellaires étaient rares, et passaient pour un heureux présage, assez en tout cas pour que cela permît à Sylla de devenir le thane d'un groupe de petites tribus. Cela lui valut d'assister au grand conseil convoqué par Boiorix après qu'il eut apaisé les querelles entre Teutons et Aduates.

Sylla savait depuis un certain temps qu'il allait devoir partir, mais il attendait que le conseil ait eu lieu. Que deviendraient Hermana et leurs fils, après son départ ? Il aurait à peine tourné les talons que les femmes de la tribu viendraient les assommer à coups de bâton.

On était en septembre, et le temps pressait. Sylla prit pourtant la décision de ramener Hermana chez son peuple, en Germanie. Cela l'obligea à lui dire qui il était et pourquoi il était venu. Elle fut plus fascinée que surprise, ne témoigna aucune tristesse quand il ajouta qu'il la quittait pour toujours, mais qu'auparavant il la conduirait chez les Marses de Germanie.

Début octobre, ils quittèrent l'énorme camp des Germains, aux premières heures de la nuit, après avoir pris soin d'installer leur chariot et leurs bêtes dans un endroit discret, pour qu'on ne remarquât pas leur départ. Le territoire des Marses n'était guère qu'à une quarantaine de lieues, on était en terrain plat ; mais le plus grand fleuve d'Europe, le Rhin, tenait lieu de frontière entre la Gaule Chevelue et la Germanie.

Les berges du fleuve étaient très peuplées, et personne ne fit attention à leur chariot. Une péniche assez large pour emporter celui-ci allait d'une rive à l'autre, le tarif pour traverser étant d'une jarre de blé. Sylla en offrit trois pour qu'elle prît aussi à bord leurs bêtes.

Une fois en Germanie, ils progressèrent rapidement, car la région était dépourvue de forêts. Fin octobre, Sylla parvint chez les Marses, leur confia Hermana et conclut avec eux un traité de paix et d'amitié au nom du Sénat et du Peuple de Rome.

Puis, quand vint le moment des adieux, Hermana et lui pleurèrent : ce fut plus difficile que tous deux ne l'avaient imaginé. Portant les jumeaux, elle le suivit à pied, tandis qu'il s'éloignait à cheval, finit par s'arrêter et resta là, à hurler, bien après qu'il eut disparu. Sylla prit la route du sud-ouest, sans rien voir : les larmes l'aveuglaient.

La tribu d'Hermana lui avait fait cadeau d'une bonne monture, qu'il échangea contre une autre à la fin de la journée, et ainsi de suite pendant les douze jours d'incessante chevauchée au bout desquels il atteignit le camp de Marius près de Glanum. Son cœur était si lourd qu'il lui fallut se contraindre à s'intéresser aux contrées qu'il traversait et aux peuples qu'il rencontrait.

Ce que, toutefois, ni lui ni Sertorius n'avaient appris ne transpira qu'au printemps suivant, bien après qu'ils eurent quitté les Germains. Car, quand ceux-ci mirent en route leurs milliers de chariots, ils laissèrent chez les Aduates six mille de leurs meilleurs hommes, pour les protéger contre les incursions des tribus voisines — ainsi que tous les trésors qu'ils possédaient, dont plusieurs tonnes de l'ambre le plus fin, et beaucoup, beaucoup d'or, statues, pièces, lingots. Il devait rester caché chez les Aduates tout comme l'or des Gaulois avait été confié à la garde des Volces Tectosages.

Aussi, lorsque Sylla revit Julilla, il ne put s'empêcher de la comparer à Hermana, et la trouva négligente, désordonnée, en bref parfaitement détestable. Depuis leurs dernières retrouvailles, elle avait au moins appris à ne pas se jeter à sa tête sous le regard des esclaves. Mais il songea avec lassitude que cette épreuve lui était épargnée à cause de la présence de Marcia. Cette dernière avait beaucoup vieilli et, après des années de bonheur avec Caius Julius César, son veuvage lui pesait. Sans doute détestait-elle également penser que Julilla était sa fille.

Rien d'étonnant : Sylla lui-même détestait penser qu'elle était sa femme. Pour autant, il n'aurait pas été politique de se débarrasser d'elle, car ce n'était pas une Metella Calva ; la fidélité était peut-être son unique vertu. Malheureusement, elle ne buvait pas encore assez pour que tout Rome fût au courant ; Marcia s'était donné beaucoup de peine pour éviter à la rumeur de se développer. Cela signifiait que le divorce était hors de question — à supposer que Sylla eût été désireux d'en suivre l'épuisante procédure.

Et pourtant, il lui était impossible de continuer à vivre avec elle. Elle fit preuve, dans l'intimité, d'une telle avidité affamée que Sylla fut incapable de ressentir quoi que ce soit, sinon une gêne incoercible. Il ne voulait plus la toucher, ni qu'elle le touchât.

Rien n'est plus aisé, pour une femme, que de simuler le désir et le plaisir sexuels ; mais les hommes n'ont pas cette chance et, s'ils sont de nature plus sincères que les femmes, songeait Sylla, c'est sans doute qu'ils ont entre les jambes un organe qui ne ment pas à chaque étreinte, ce qui marque forcément tous les aspects de la vie masculine.

Julilla, n'avait aucun moyen de savoir ce que son mari pensait, était accablée par l'indifférence qu'il lui témoignait. Elle fut repoussée deux nuits de suite, sous des prétextes de moins en moins convaincants. A l'aube du troisième jour, elle se leva avant lui, pour se consoler en buvant, et fut surprise par sa mère.

Il s'ensuivit, entre les deux femmes, une querelle si âpre que les enfants, réveillés, se mirent à pleurer et que les esclaves s'enfuirent, tandis que Sylla s'enfermait dans son tablinum en maudissant toutes les femmes. Ce qu'il surprit de la discussion lui indiqua que ce n'était pas la première. Les enfants, s'écriait Marcia d'une voix assez forte pour être entendue jusqu'à l'autre bout de Rome, étaient abandonnés par leur mère. Celle-ci rétorquait, sur le même ton, que Marcia lui avait dérobé leur affection.

L'affrontement, pourtant violent, semblait ne pas devoir prendre fin — autre preuve, pour Sylla, que le sujet avait déjà été exploré en détail en bien d'autres occasions. On aurait presque cru qu'elles tenaient chacune un rôle appris par cœur. La querelle s'interrompit dans l'atrium, juste devant le cabinet de travail de Sylla; Marcia informa Julilla qu'elle emmenait les enfants et leur gouvernante faire une longue promenade. Elle conseilla une fois de plus la sobriété à sa fille.

Se bouchant les oreilles pour ne pas entendre les sanglots et les supplications des deux petits, Sylla s'efforça de ne penser qu'à leur beauté. Il était encore sous le coup du ravissement éprouvé en les revoyant après une si longue absence. Cornelia avait désormais cinq ans, et Lucius quatre. Ils étaient assez âgés pour savoir ce qu'était la souffrance, comme le lui rappelaient les souvenirs de sa propre enfance, enfouis, mais jamais oubliés. Il avait abandonné ses jumeaux alors qu'ils étaient encore bébés. Il lui serait infiniment plus difficile de se séparer de son fils et de sa fille, et il les plaignait aussi profondément qu'il les aimait. C'était un sentiment très différent de tout ce qu'il avait pu éprouver jusque-là pour qui que ce soit: pur, désintéressé, infini.

Sa porte s'ouvrit brusquement: Julilla se précipita dans la pièce, poings crispés, visage presque écarlate de colère — ou de vin.

— Tu as entendu? s'écria-t-elle.

— Le contraire aurait été difficile, répondit-il d'une voix lasse. Tout le Palatin doit être au courant.

— Le vieux navet! Comment ose-t-elle dire que je néglige mes enfants?

Oui ou non? se demanda Sylla. Pourquoi la supporter davantage? Pourquoi ne pas ressortir ma petite boîte de poudre blanche, et en verser dans son vin jusqu'à ce que les dents lui tombent? Pourquoi ne pas trouver un beau chêne au pied duquel poussent des champignons parfaits que je lui ferais avaler jusqu'à ce qu'elle saigne de partout? Pourquoi ne pas lui donner le baiser qu'elle réclame tant, et lui briser la nuque, aussi facilement que pour Clitumna? Combien d'hommes ai-je tués, par l'épée, la dague, la flèche, le poison, la hache? Pourquoi pas elle?

La réponse était évidente; parce que Julilla lui avait porté chance. Et elle était, comme lui, une patricienne romaine. Les mots, au moins, ne pouvaient la tuer: il en ferait donc usage.

— Mais c'est vrai. C'est bien pourquoi j'ai demandé à ta mère de venir vivre ici.

Elle hoqueta et porta les mains à sa gorge.

— Comment oses-tu? Jamais je ne les ai négligés, jamais!

— Sottises! Tu t'en moques éperdument. La seule chose qui t'intéresse encore, Julilla, c'est le vin.

— A qui la faute? Qui pourrait me le reprocher? Je suis mariée à un homme qui ne veut plus de moi, que je n'émeus plus, même quand nous sommes au lit et que je le suce à m'en faire mal aux mâchoires!

— Si tu tiens tant à te montrer franche, ne pourrais-tu pas fermer la porte?

— Pourquoi? Pour que les esclaves ne puissent pas entendre? Sylla, quel répugnant hypocrite tu fais! Ta réputation d'amant est trop bien établie dans Rome pour qu'on puisse t'accuser d'être impuissant! C'est parce que tu ne veux plus de moi! Moi, ta femme! Je n'ai jamais regardé d'autre homme, et comment suis-je remerciée? Qu'ai-je fait? Pourquoi ne m'aimes-tu pas? Pourquoi ne veux-tu plus de moi? Sylla, témoigne-moi un peu d'amour, et plus jamais je ne boirai, de ma vie plus jamais! Comment puis-je t'aimer autant que je t'aime sans rien recevoir en retour?

— C'est peut-être là le problème. Je déteste qu'on m'aime avec excès. C'est malsain.

— Alors, je t'en prie, dis-moi comment cesser de t'aimer! lança-t-elle en fondant en larmes. Je n'en sais rien! Crois-tu que je n'aurais pas essayé, sinon? Je cesserais aussitôt! J'en meurs d'envie! Mais je n'y parviens pas! Je t'aime plus que ma vie!

— Peut-être te faut-il grandir, dit Sylla en soupirant. Tu te comportes comme une adolescente. De cœur comme de corps, tu as encore seize ans. Mais voilà, Julilla, tu en as vingt-quatre, et deux enfants.

Elle se couvrit les yeux des deux mains.

— C'est peut-être à seize ans que j'ai été heureuse pour la dernière fois.

— Dans ce cas, il est difficile de me rendre responsable de tout.

— Rien n'est jamais ta faute, n'est-ce pas?

— En effet.

— Et les autres femmes?

— Lesquelles?

— C'est peut-être parce que tu en as une en Gaule que tu ne t'intéresses plus à moi?

— Oui. Mais pas une femme, une épouse. En Germanie.

Elle resta bouche bée.

— Une *épouse*?

— Du moins selon les coutumes germaines. Et des jumeaux, âgés de quelques mois. Elle me manque horriblement. N'est-ce pas étrange?

— Elle était belle? chuchota Julilla.

— Belle? *Hermana?* Pas du tout. Elle a dépassé la trentaine, elle est grassouillette... Infiniment moins belle que toi. Même pas fille de chef, rien qu'une Barbare.

— Pourquoi?

— Je n'en sais rien. Mais je l'aimais beaucoup.

— Qu'a-t-elle que je n'ai pas?

— Une poitrine opulente, mais je ne suis pas porté là-dessus. Elle travaillait dur sans jamais se plaindre, sans jamais rien attendre de moi. Plus exactement, elle ne s'attendait pas à ce que je sois quelqu'un d'autre que moi-même. Tu n'es qu'un poids mort attaché à mon cou. Hermana était une paire d'ailes.

Sans répondre, Julilla fit volte-face et sortit du cabinet de travail. Sylla se leva, alla jusqu'à la porte et la referma.

Il n'eut cependant pas le temps de reprendre contenance avant qu'elle s'ouvrît de nouveau. C'était son intendant, qui imitait à la perfection un bloc de bois.

— Oui?

— Un visiteur, maître. Dois-je dire que tu es là?

— Qui est-ce?

— Je te l'apprendrais si je le savais, maître. Il a préféré me charger de te transmettre un message: « Scylax t'envoie ses amitiés. »

Le visage de Sylla s'éclaira: il eut un sourire ravi. Un des mimes ou des comédiens qu'il avait connus autrefois! Ce benêt d'intendant, acheté par Julilla — les esclaves de Clitumna n'étaient pas assez bons pour elle — n'en saurait rien.

— Fais-le entrer!

Il l'aurait reconnu n'importe où. Pourtant, il avait beaucoup changé! L'adolescent était devenu un adulte.

— Metrobios! dit Sylla en se levant, non sans jeter un coup d'œil à la porte pour être sûr qu'elle était fermée. Ce n'était pas le cas des fenêtres, mais cela n'avait pas d'importance, car Sylla avait interdit que quiconque, sous quelque prétexte que ce fût, vînt se tenir devant pour regarder à l'intérieur.

Il doit avoir vingt-deux ans, maintenant, se dit-il. Assez grand, pour un Grec. Sa longue crinière noire était taillée avec soin, et on discernait sur ses joues l'ombre bleutée d'une barbe rasée de près. Il avait toujours un profil de statue, et le même aspect un peu androgyne.

Metrobios le regarda avec une expression chargée d'amour, et tendit les bras vers lui. Les larmes jaillirent des yeux de Sylla, sa bouche se tordit; il se heurta la hanche à son bureau, mais parut ne pas s'en rendre compte, et, se dirigeant vers Metrobios, le prit dans ses bras, posa son menton sur son épaule.

— Mon petit, mon beau! dit Sylla, qui versa des larmes de gratitude à la pensée que certaines choses, au moins, ne changeaient pas.

Julilla était dehors, devant les fenêtres, et contempla, atterrée, son mari tandis qu'il se jetait dans les bras du jeune homme. Elle les vit s'embrasser. Elle entendit les mots d'amour qu'ils échangeaient. Ils se dirigèrent vers le sofa et s'y étendirent. Ainsi, c'était là la véritable raison de la négligence de son époux, comme de son propre alcoolisme; voilà pourquoi elle se vengeait en négligeant les enfants. Ceux de Sylla.

Avant que les deux hommes ne se dévêtent, Jullila fit demi-tour et, la tête bien droite, les yeux secs, entra dans la chambre qu'elle partageait avec Lucius Cornelius Sylla. Son époux. Elle donnait sur une autre, plus petite, où ils rangeaient leurs vêtements L'armure de parade de Sylla était accrochée au mur, ainsi que son épée dont la garde d'ivoire représentait une tête d'aigle.

La prendre fut chose facile; la sortir de son fourreau, rattaché à la ceinture, fut plus malaisé, mais elle y parvint en s'entaillant profondément la main, tant la lame était affûtée. Elle fut surprise d'éprouver quelque chose qui ressemblait à de la douleur; puis, sans l'ombre d'une hésitation, elle prit l'épée par la poignée, la pointa contre elle-même, et se dirigea droit contre le mur.

C'était mal s'y prendre. Elle tomba, l'arme plantée dans le ventre, le cœur battant à tout rompre; le bruit de sa propre respiration lui résonnait dans les oreilles. C'est alors que la souffrance la saisit, tandis qu'elle sentait, sur sa peau, la tiédeur de son propre sang. Mais elle était de la lignée des César: elle ne crierait pas, n'appellerait pas au secours, elle ne regretterait rien pendant ce bref instant qui lui restait à vivre. Elle n'eut pas la moindre pensée pour ses enfants, ne songeant qu'à sa propre sottise: pendant des années, elle avait aimé un homme qui aimait les hommes.

C'était une raison suffisante de mourir. Elle ne voulait pas qu'on se moquât d'elle, que celles, assez heureuses pour avoir des maris aimant les femmes, la tournent en ridicule. A mesure qu'elle perdait son sang, ses pensées se ralentirent avant de se pétrifier. Qu'il était merveilleux, enfin, de cesser de l'aimer! Plus de tourments, plus d'angoisses, plus d'humiliations, plus de vin. Elle lui avait demandé comment faire, et il lui avait donné la réponse. Cher Sylla. Comme c'était tendre de sa part. Ses derniers moments de lucidité furent pour ses enfants; au moins, grâce à eux, elle laisserait derrière elle un peu d'elle-même. Et c'est en leur souhaitant longue vie, et beaucoup de bonheur, qu'elle plongea dans la douceur aveugle du néant.

Sylla revint à son bureau et s'y assit.

— Verse-moi un peu de vin, dit-il à Metrobios.

Souriant, le jeune homme s'exécuta, et vint s'asseoir sur la chaise réservée aux clients.

— Je sais ce que tu vas dire, Lucius Cornelius. Il nous est impossible de nous revoir régulièrement.

— Impossible, en effet, mon cher enfant. De temps à autre, tout au plus, quand la souffrance ou le besoin seront trop lourds à porter. Je suis très près de ce que je veux obtenir, ce qui signifie que je ne peux t'avoir en même temps. Si nous étions en Grèce, oui. Si j'étais le Premier des Romains, oui. Mais ce n'est pas le cas.

— Je comprends.

— Tu es toujours acteur?

— Bien sûr, je ne sais rien faire d'autre. Scylax était un bon professeur, il faut bien le reconnaître. Je ne manque pas de rôles à jouer, et ne me repose pas souvent. Mais je suis devenu sérieux.

— Comment cela?

— Tu vois, je me suis rendu compte que je n'avais pas vraiment le sens du comique, et que mon vrai talent était celui de la tragédie. Désormais, je joue Eschyle, et non plus Aristophane ou Plaute. Je n'en suis pas mécontent.

Sylla haussa les épaules.

— Au moins, je pourrai aller au théâtre sans me trahir, puisque tu ne joues plus les ingénues. Pour le reste, nous pourrons nous retrouver mais pas trop souvent, et plus jamais ici. Ma femme est à moitié folle et je ne peux me fier à elle. Tu as un appartement à toi, ou vis-tu toujours chez Scylax?

— Je croyais que tu savais! répondit Metrobios, surpris. Mais tu es absent de Rome depuis si longtemps! Scylax est mort il y a six mois, et m'a légué tous ses biens.

— Alors, c'est chez lui que nous nous rencontrerons, dit Sylla en se levant. Viens, je vais te raccompagner. Tu vas devenir mon client; ainsi auras-tu un prétexte si tu veux venir me voir.

Quand ils se séparèrent, il y avait une lueur d'amour dans les yeux de Metrobios, mais rien ne fut dit, ni fait, qui pût laisser croire à l'intendant ou au portier que ce jeune homme si beau fût autre chose qu'une relation.

— Salue tous nos amis de ma part, Metrobios.

— Je suppose que tu n'es pas revenu à Rome pour hanter les théâtres?

— J'ai bien peur que non. C'est à cause des Germains.

Au moment où ils prenaient congé, Marcia fit son apparition dans la rue, précédant les enfants et leur gouvernante.

— Marcia, dit Sylla, viens donc dans mon cabinet de travail.

Elle s'assit, menton bien droit, lèvres pincées, et lui lança un regard très sévère.

— Belle-mère, je sais parfaitement que tu ne m'aimes pas ; et je n'ai pas l'intention d'essayer de te faire changer de sentiments à mon égard. Au demeurant, je ne t'ai pas demandé de venir vivre ici parce que je t'aimais. Je m'inquiétais pour mes enfants. C'est toujours le cas. Et je dois te remercier de tout cœur pour le souci que tu t'es donné. Ils sont devenus de vrais petits Romains.

— J'en suis heureuse, répondit-elle.

— Les enfants ont donc cessé de me préoccuper. Mais pas Julilla. J'ai entendu votre altercation ce matin...

— Comme le reste de la ville !

— Oui, c'est vrai... Après ton départ, nous en avons eu une autre du même genre. Je me demandais si tu avais la moindre idée de ce que nous pourrions faire.

— Malheureusement, il n'y a pas assez de gens qui savent qu'elle boit pour que tu puisses divorcer pour ce motif, qui est le seul que tu puisses vraiment invoquer. Je crois qu'il faut que tu te montres patient. Elle boit de plus en plus, et je ne pourrai plus le dissimuler plus longtemps. Lorsque tout le monde le saura, tu pourras te séparer d'elle sans qu'on t'en blâme.

— Et si cela se produit pendant que je ne suis pas là ?

— Je suis sa mère, je peux toujours l'envoyer dans ta villa de Circei. Puis, à ton retour, tu divorceras. Dans l'intervalle, elle pourra toujours boire à en mourir.

Marcia se leva, très soucieuse de ne pas trahir la souffrance qu'elle éprouvait :

— Je ne t'aime pas, Lucius Cornelius. Mais je ne peux te rendre responsable de la triste situation de Julilla.

— Qui aimes-tu, parmi ceux et celles qui ont épousé tes enfants ?

— Aurelia, c'est tout, dit-elle avec la franchise dont elle avait fait preuve tout au long de sa vie.

Il l'accompagna dans l'atrium.

— Je me demande où peut être Julilla ? demanda-t-il, se rendant compte qu'il ne l'avait ni vue ni entendue depuis l'arrivée de Metrobios. Un frisson d'inquiétude le parcourut.

— Sans doute à nous attendre, toi ou moi. Quand elle commence la journée par une querelle, elle continue jusqu'à être assez ivre pour s'effondrer.

— Je ne l'ai pas revue depuis qu'elle est sortie en courant de mon cabinet de travail. Un vieil ami est venu me rendre visite juste après, et je le raccompagnais quand tu es revenue avec les enfants.

— Ce n'est pas normal, dit Marcia, qui se tourna vers l'intendant : As-tu vu ta maîtresse ?

— La dernière fois, elle se dirigeait vers sa chambre, maîtresse. Veux-tu que je demande à sa servante ?

— Non, c'est inutile, répondit Marcia, qui jeta à Sylla un regard en biais : je crois que toi et moi devrions aller la retrouver, Lucius Cornelius. Peut-être consentira-t-elle devenir raisonnable si nous lui montrons ce qui se passera si elle se laisse aller.

Lorsqu'ils trouvèrent Julilla, la laine fine de sa robe avait absorbé presque tout son sang, et elle paraissait vêtue d'une tunique écarlate qui virait déjà au brun. Marcia chancela et saisit le bras de Sylla, qui passa le sien autour de sa taille et l'aida à se redresser. Puis la fille de Quintus Marcius Rex se reprit :

— C'est une solution à laquelle je n'avais pas songé, dit-elle d'une voix égale.

— Moi non plus.

— Que lui as-tu dit ?

— Rien qui puisse l'avoir poussée à son geste, autant que je me souvienne. Nous pourrons sans doute le savoir en demandant aux domestiques ; ils ont tout entendu ou presque.

— Non, je ne crois pas que ce soit une bonne idée, dit Marcia en se serrant contre lui. Lucius Cornelius, à bien des égards, c'est là la meilleure solution. Mieux vaut que les enfants subissent le choc de sa mort, que de la voir se détruire peu à peu en buvant. Ils sont assez jeunes, ils oublieront. Oui, c'est la meilleure solution, répéta-t-elle tandis qu'une larme perlait sous ses paupières closes.

— Viens, je vais te conduire jusqu'à ta chambre, dit Sylla, qui ajouta : Et je n'avais pas pensé à mon épée, crétin que je suis !

— Et pourquoi aurais-tu dû y songer ?

— La prévoyance !

Sylla, bien entendu, *savait* pourquoi Julilla avait agi ainsi ; elle avait regardé par la fenêtre pendant que Metrobios était là. Marcia avait raison : c'était la meilleure solution. Et il n'avait même pas eu à s'en charger.

Le 10 décembre, juste après que les tribuns de la plèbe furent entrés en fonction, Caius Marius fut élu consul. Car personne ne pouvait mettre en doute le témoignage de Lucius Cornelius Sylla, ni l'affirmation de Saturninus : un seul homme était capable de vaincre les Germains. La vieille crainte des Barbares balaya Rome comme le Tibre en pleine crue, et la guerre contre les esclaves en

Sicile perdit la première place sur la liste des préoocupations qui agitaient la société romaine.

— Dès qu'on surmonte une crise, il en apparaît une autre! dit Scaurus à Quintus Caecilius Metellus Numidicus Porcelet.

— Comme en Sicile! Comment Caius Marius a-t-il pu accorder son soutien à Ahenobarbus quand celui-ci a défendu le remplacement de Lucius Lucullus comme gouverneur de l'île, et par qui? Servilius l'Augure, pas moins! Un Homme Nouveau, qui se pare d'un nom ancien!

— Caius Marius se moque éperdument de savoir qui gouverne la Sicile, maintenant que les Germains arrivent. Si tu voulais que Lucius Lucullus reste là-bas, mieux aurait valu te montrer discret. Caius Marius ne s'en serait pas souvenu.

— Je vais poser ma candidature au poste de censeur, dit Numidicus. Le Sénat a bien besoin d'être examiné d'un œil sévère!

— Excellente idée! Avec qui?

— Mon cousin Caprarius.

— Encore mieux! Il fera exactement ce que tu lui diras!

— Il est grand temps que nous arrachions les mauvaises herbes du Sénat, sans parler des chevaliers. Je serai un censeur inflexible, Marcus Aemilius, ne crains rien! Saturninus va disparaître, comme Glaucia. Ce sont des hommes dangereux.

— Non, non! Si je n'avais pas, à tort, accusé Saturninus de spéculer sur le grain, les choses auraient été différentes. Je me sens responsable.

— Marcus Aemilius, les raisons qui ont poussé ce loup à face humaine à se comporter comme il le fait n'ont aucune importance. Ce qui importe, c'est ce qu'il est. On n'en a pas fini avec nous! Et au moins, cette année, Caius Marius devra compter avec Quintus Lutatius, son collègue, qui n'est pas un homme de paille, comme Fimbria ou Orestes! Il faudra que Quintus Lutatius soit nommé à la tête d'une armée, et que ses moindres succès militaires soient annoncés à son de trompe comme autant de triomphes!

Loin derrière Marius certes, l'électorat avait en effet élu consul Quintus Lutatius Catulus César.

— C'est une épine dans mes flancs! dit celui-ci.

— Mais ton frère cadet est préteur, lui fit remarquer Sylla.

— Oui, et on l'expédie en Ibérie Ultérieure!

Ils rencontrèrent Scaurus, qui venait de quitter Numidicus.

— Je dois te remercier personnellement de la peine que tu t'es donnée pour que la cité soit approvisionnée en grain, dit Marius sur un ton courtois.

— Caius Marius, tant qu'il y a du blé à acheter quelque part, ce n'est pas très difficile. Ce qui m'inquiète, c'est qu'un jour nous risquons de ne plus en trouver nulle part.

— Ce qui n'est quand même pas le cas en ce moment ! La situation redevient normale en Sicile.

— A condition que cet âne bâté de Servilius l'Augure ne gâche pas tout quand il deviendra gouverneur de l'île ! rétorqua Scaurus.

— La guerre là-bas est terminée.

— Je l'espère, mais j'en suis moins sûr que toi.

Sylla intervint en hâte pour éviter un affrontement public :

— Où as-tu trouvé du blé, ces deux dernières années ?

— Dans la province d'Asie, répondit Scaurus, à qui sa fonction de *curator annonae*, chargé de veiller sur l'approvisionnement en grain, plaisait fort.

— Mais ils ne doivent quand même pas avoir beaucoup de surplus ?

— Rien ou presque, en fait. Non, nous devons remercier le roi Mithridate du Pont. Il est très jeune, mais il a déjà conquis tous les territoires au nord du Pont Euxin, ce qui lui assure le contrôle de tous les greniers à blé de Cimmérie. Il nous en vend. L'année prochaine, je compte en acheter encore là-bas. Marcus Livius Drusus, devenu questeur, va se rendre dans la province d'Asie, et je l'ai chargé d'agir en mon nom.

— Sans doute va-t-il rendre visite à son beau-père, Quintus Servilius Caepio, quand il passera à Smyrne !

— Sans aucun doute, répondit Scaurus.

— Alors, demande à Marcus Livius d'envoyer la facture à Caepio ! Il a plus d'argent que le Trésor !

— C'est une allégation sans fondement !

— Pas d'après le roi Copillus !

Un silence se fit, que Sylla voulut rompre :

— Marcus Aemilius, que nous parvient-il de ce grain ? J'ai entendu dire que le problème de la piraterie s'aggravait chaque jour davantage.

— Environ la moitié. Toutes les côtes un peu retirées sont infestées de pirates. Ce sont surtout des trafiquants d'esclaves, mais à l'occasion, ils ne dédaignent pas de voler du grain, à la fois pour nourrir leur main-d'œuvre et faire de gros profits, car ils nous le revendent au double du prix, en faisant remarquer que cela garantit qu'il ne disparaîtra pas en route...

— Stupéfiant ! lança Marius. Même parmi les pirates, il y a des intermédiaires ! Il est temps que nous fassions quelque chose, Princeps Senatus, non ?

— Oh oui !

— Que suggères-tu ?

— Envoyer des navires et des soldats avec un préteur à leur tête, et le charger de nettoyer les repaires de pirates tout le long de la côte de Pamphilie et de Cilicie.

LE MONDE ROMAIN

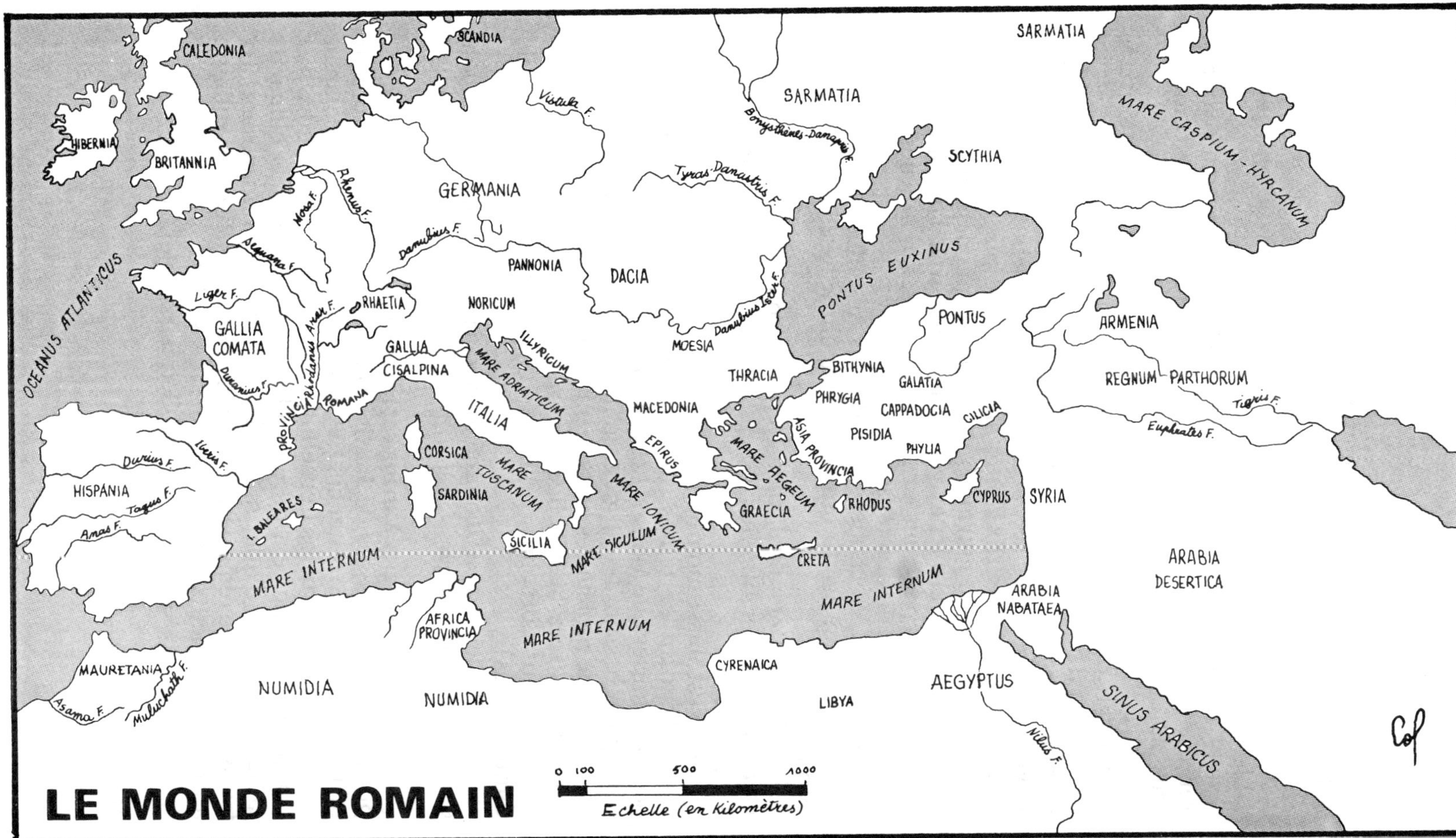

— Nous pourrions le nommer officiellement gouverneur de Cilicie.

— Excellente idée!

— Très bien; convoquons les Pères Conscrits le plus tôt possible.

— D'accord! Caius Marius, je déteste peut-être tout ce que tu représentes, mais j'aime ta façon d'agir sans tout transformer en jeux du cirque.

— Le Trésor va hurler aussi fort qu'une Vestale invitée dans un bordel! dit Marius en souriant.

— Qu'il hurle! Si nous ne nous débarrassons pas des pirates, le commerce entre l'Occident et l'Orient sera paralysé! Combien de navires et d'hommes seront nécessaires, d'après toi?

— Entre huit et dix flottes au grand complet, et... disons dix mille hommes bien entraînés. A supposer que nous les ayons.

— Nous pouvons les avoir, répondit Scaurus d'un air confiant. Au besoin, nous pourrons en engager en Grèce, à Athènes, Rhodes ou ailleurs. Ne t'inquiète pas.

— Et nous les confierons à Marcus Antonius.

— Pourquoi pas ton frère? demanda Scaurus en feignant la surprise.

— Marcus Aemilius, mon frère est, comme moi, un rustaud campagnard. Les Antonius aiment la mer. Marcus Antonius saura s'y prendre.

— C'est aussi mon opinion.

— Pendant ce temps, intervint Sylla, le Trésor va être si occupé à hurler que Marcus Aemilius le ruine en achetant du grain et en pourchassant les pirates, qu'il ne remarquera même pas que les armées de prolétaires lui coûtent beaucoup d'argent. Car Quintus Lutatius sera bien obligé d'en recruter une.

— Lucius Cornelius, tu as été trop longtemps au service de Caius Marius!

— Je le pense aussi, commenta ce dernier — mais sans vouloir en déclarer davantage.

Fin février, Sylla et Marius repartirent pour la Gaule Transalpine, après les obsèques de Julilla. Marcia avait, pour le moment du moins, accepté de rester chez Sylla afin de veiller sur les enfants.

— Toutefois, Lucius Cornelius, avait-elle dit, il ne faudra pas t'attendre à ce que cela dure indéfiniment. J'atteins la cinquantaine, et j'ai envie d'aller m'installer sur la côte campanienne. Tu ferais mieux de te remarier, de donner une vraie mère à tes enfants, ainsi que des petits frères et des petites sœurs.

— Il faudra attendre que les Germains soient vaincus.

— Alors, d'accord. Après la défaite des Germains.
— D'ici à deux ans.
— Deux? Un seul devrait suffire!
— Peut-être, mais j'en doute. Disons deux.
— Mais pas davantage.
— Il va falloir que tu me trouves une épouse.
— Tu plaisantes?
— Pas du tout! s'écria Sylla, dont la patience s'épuisait. Comment pourrais-je m'en charger, alors que je serai parti? Si tu veux vraiment t'en aller d'ici au plus vite, tu ferais mieux de m'en dénicher une.
— De quel genre?
— Peu m'importe! Il faut simplement qu'elle soit gentille avec les enfants!

Sylla fut donc heureux de quitter Rome. Plus il y restait, plus il avait envie de revoir Metrobios, et plus il le revoyait, plus il avait envie de le revoir. Et le jeune homme était désormais d'âge à penser qu'il avait son mot à dire dans leur relation. Mieux valait donc partir! Seuls ses enfants lui manqueraient. Il pourrait bien s'absenter des mois durant: quand il reviendrait, ils se jetteraient dans ses bras. Pourquoi l'amour entre adultes ne pouvait-il être semblable? Parce qu'on y est trop préoccupé de soi?

Sylla et Marius avaient laissé le second consul, Quintus Lutatius Catulus César, se débattre dans les affres du recrutement d'une nouvelle armée. Ce dernier se plaignait d'ailleurs amèrement qu'elle fût composée de *capite censi*.

— Il le faut bien! avait dit Marius. Et ne viens pas pleurnicher! Ce n'est pas moi qui ai perdu quatre-vingt mille hommes à Arausio, et autant ailleurs!

Bien entendu, cela fit taire Catulus César, qui repartit, lèvres pincées, l'air hautain.

— Tu ne devrais pas lui jeter tout cela au visage, dit Sylla.
— Alors, qu'il ne me jette pas les *capite censi* au visage!

Sylla préféra ne pas insister.

Tout allait bien en Gaule Transalpine. Manius Aquilius avait maintenu les troupes en bonne forme, leur avait fait construire ponts et aqueducs, et multiplié les exercices et les manœuvres. Quintus Sertorius était revenu, pour repartir presque aussitôt chez les Germains, en disant qu'il serait plus utile là-bas: il accompagnerait les Cimbres, et préviendrait Marius chaque fois qu'il le pourrait. Et les hommes frémissaient d'impatience à la pensée qu'enfin ils allaient combattre.

L'année aurait dû comporter un mois supplémentaire : l'année comptant 355 jours, il fallait, tous les deux ans, intercaler une période supplémentaire de vingt jours, généralement fin février. Mais c'était une décision prise collectivement par le collège des pontifes, et Ahenobarbus, le nouveau Pontifex Maximus, ne voyait pas pourquoi le calendrier aurait dû suivre la marche des saisons. Il serait en avance, et, en mars, on serait encore en hiver.

Sylla et Marius avaient à peine retrouvé la monotonie de la vie militaire que leur parvint une lettre de Publius Rutilius Rufus :

> L'année va être riche en événements ! Mon gros problème est donc de savoir par où commencer. Sans doute par nos deux estimés censeurs, le Porcelet et son cousin Caprarius, la Chèvre ! Cela fait un certain temps que le Porcelet annonce son intention de « purger le Sénat », comme il le dit.
>
> Il faut reconnaître qu'ils ne sont pas vénaux, et qu'ils sont consciencieux. Mais ils se sont déjà mis le Trésor à dos en demandant beaucoup d'argent pour réparer et redécorer les temples mais aussi pour repeindre les latrines — qui seront désormais en marbre — des demeures des trois principaux prêtres flamines et du Pontifex Maximus !
>
> Ensuite, ils ont épluché les contrats d'Etat — fort bien, d'après moi. Le tout à vive allure : en un mois, alors qu'il en faut souvent dix-huit ! C'est qu'ils voulaient en venir à ce qui les intéressait vraiment : contrôler de près la liste des sénateurs et celle des chevaliers. Deux jours après en avoir terminé avec les contrats, le Porcelet a convoqué l'Assemblée du Peuple pour faire part des découvertes des censeurs relatives à l'élévation ou à la turpitude morales des Pères Conscrits. Quelqu'un devait cependant avoir prévenu Saturninus et Glaucia de ce qui les attendait, car l'Assemblée était pleine de gladiateurs et d'hommes de main qui n'ont pas pour habitude d'y mettre les pieds.
>
> Le Porcelet avait à peine annoncé que lui et Caprarius excluaient Saturninus et Glaucia des rangs des sénateurs, que c'était l'explosion. Les gladiateurs se sont précipités vers les rostres et l'en ont fait descendre, en se le passant de l'un à l'autre, en le giflant avec violence. C'est une nouvelle technique, beaucoup plus discrète que le gourdin. Cela s'est passé si vite, c'était si bien organisé, que le pauvre Porcelet avait déjà été projeté tout près du Clivus Argentarius avant que Scaurus, Ahenobarbus et quelques-uns de leurs collègues ne parviennent à le tirer de là, et ne courent chercher asile avec lui dans le temple de Jupiter Optimus Maximus. Son visage avait doublé de volume, il avait les yeux tuméfiés, les lèvres

éclatées, et le nez comme une fontaine : on aurait dit un très vieux lutteur grec comme on en voit aux Jeux Olympiques.

Ayant appris que son cousin était en sûreté, Caprarius a réussi à rétablir l'ordre dans le Comitium, de façon très simple : il a annoncé qu'il était en désaccord avec son collègue, et que par conséquent Saturninus et Glaucia demeureraient membres du Sénat. Le Porcelet a donc perdu cet engagement, mais je n'aime guère les méthodes de Saturninus. Il prétend que la violence n'est pas de son fait, et qu'il est reconnaissant au Peuple de l'avoir soutenu avec tant de véhémence.

Mais ce n'était pas fini ! Les censeurs se sont mis à examiner les déclarations financières des chevaliers. Il faut plusieurs semaines pour vérifier que tel ou tel dispose bien d'un revenu d'au moins 400 000 sesterces par an, mais les deux premiers jours, cela attire toujours la foule.

Le pauvre Porcelet avait une mine à faire peur ! Ses bleus avaient pris une teinte jaune verdâtre ; mais ses yeux étaient enfin ouverts, ce que d'ailleurs il a dû regretter, car qui a-t-il vu apparaître, l'après-midi de la première journée ? Lucius Equitius lui-même, celui qui se prétend le fils de Tiberius Gracchus ! Quand son tour est venu, il a monté les marches pour venir se placer devant Numidicus, et non son cousin. Le Porcelet en est resté cloué sur place, à le voir là, entouré d'une armée de scribes chargés de documents et de livres de compte. Puis il s'est tourné vers son secrétaire et lui a dit que le tribunal interrompait ses séances pour le reste de la journée.

— Tu as le temps de t'occuper de moi ! a protesté Equitius.

— Très bien, que veux-tu ?

— Etre inscrit sur la liste des chevaliers.

— Jamais, tant que je serai censeur !

Je dois reconnaître qu'Equitius s'est montré patient. Se tournant vers la foule — où, de toute évidence, gladiateurs et hommes de main avaient fait leur réapparition —, il a lancé :

— Quintus Caecilius, tu ne peux refuser ! Je satisfais à toutes les exigences !

— Oh que non ! Tu n'es même pas citoyen romain !

— Mais si, estimé censeur, a rétorqué l'autre d'une voix de tonnerre. Je le suis devenu à la mort de mon maître, qui m'a légué tous ses biens, ainsi que son nom. Que j'aie repris celui de ma mère n'a aucune importance. J'ai des preuves ! De surcroît, j'ai servi dix ans dans les légions, comme citoyen, non comme auxiliaire !

— Je refuse de t'admettre parmi les chevaliers, et je veillerai à ce que tu ne figures pas sur les registres des citoyens romains !

— Mais j'y ai droit! J'en suis un! Ma tribu est la Suburana! J'ai servi dix ans dans les légions! Je suis un homme respectable! Je possède quatre *insulae*, dix tavernes, cent jugères de terres à Lanuvium, mille à Firmum, et j'ai un revenu annuel de quatre millions de sesterces, ce qui me donne en vérité le droit d'entrer au Sénat!

Il a claqué des doigts à l'intention de son secrétaire, qui a claqué des doigts à l'adresse d'un esclave, qui s'est avancé, porteur d'une montagne de rouleaux.

— En voilà les preuves, Quintus Caecilius!

— Je me moque de tes documents, vulgaire crapaud! Je ne t'admettrai pas parmi les citoyens romains, et encore moins parmi les chevaliers! Disparais, maquereau!

Equitius s'est tourné vers la foule:

— Entendez-vous? Moi, Lucius Equitius, fils de Tiberius Gracchus, je me vois refuser la reconnaissance des mes droits!

Le Porcelet s'est levé si vite que l'autre ne l'a pas vu venir: et notre vaillant censeur a décoché à Equitius un coup de poing en pleine mâchoire qui l'a expédié à terre, suivi d'un coup de pied qui l'a projeté dans la foule.

— Je vous pisse dessus! s'est écrié le Porcelet à l'adresse des spectateurs et des gladiateurs qui lui montraient le poing. Disparaissez, et emmenez cette merde avec vous!

Tout a donc recommencé, à ceci près que cette fois les gladiateurs l'ont roué de coups. Pour finir, Saturninus et Glaucia, qui étaient là depuis le début, se sont donné le beau rôle en l'arrachant à ses assaillants. J'imagine qu'il n'était pas dans leurs intentions qu'il meure. Puis Saturninus a grimpé les marches du tribunal et a suffisamment calmé tout le monde pour que Caprarius puisse se faire entendre.

« Je ne suis pas du même avis que mon collègue, et prendrai donc sur moi d'admettre Lucius Equitius dans les rangs de l'*ordo equester* », a-t-il hurlé, tout pâle.

Aussitôt dit, aussitôt fait. Saturninus a demandé à la foule de rentrer chez elle, et les gens sont repartis en portant Equitius en triomphe.

Le Porcelet était en triste état. Et furieux! Il est tombé sur Caprarius et lui a fait mille reproches. L'autre était en larmes.

— Des crapauds! Tous des crapauds! ne cessait de répéter le Porcelet, tandis que nous tentions de le panser.

Il avait plusieurs côtes cassées. Tout cela était risible, mais j'ai quand même admiré son courage!

Marius leva les yeux, fronçant les sourcils.

— Je me demande à quoi peut bien jouer Saturninus!
Puis il reprit sa lecture à voix haute à l'intention de Sylla:

Nous passons maintenant du Forum à la Sicile, où il se produit toutes sortes de choses, dont certaines sont assez amusantes, et certaines franchement incroyables.

Comme tu le sais, Lucius Licinius Lucullus, à la fin de l'année dernière, est venu mettre le siège devant Triocala, la place forte des esclaves révoltés, et a entrepris de les affamer. Il a hérissé son camp de fortifications, puis s'est installé pour l'hiver, après avoir pris soin de faire proroger son commandement.

En janvier, Caius Servilius l'Augure est devenu gouverneur de Sicile. Caius Marius, tu ne connais pas très bien Lucius Licinius, moi si. Comme tous ses pareils, il est extérieurement très froid, très lointain, d'une morgue insupportable. Derrière cette façade, toutefois, il est très différent: facilement irritable, passionné. Il a accueilli la nouvelle avec une résignation et un calme parfaits. Puis il a entrepris de détruire toutes les installations militaires qu'il avait édifiées pour le siège, a brûlé tout ce qu'il a pu et ordonné de raser son propre camp.

Et Lucullus ne faisait que commencer! Il a également anéanti tous les documents officiels relatifs à son administration de la Sicile, et emmené ses dix-sept mille hommes jusqu'au port d'Agrigentum.

Son questeur lui était resté fidèle: la solde de son armée était arrivée, et il ne manquait pas d'argent à Syracuse, grâce au butin de la bataille d'Heraclea Minoa. Lucullus a également mis à l'amende tous ceux qui, dans l'île, n'étaient pas citoyens romains, et fait usage d'une partie des sommes grâce auxquelles Servilius l'Augure devait financer le transport par mer de ses troupes.

Il a ensuite distribué le tout, jusqu'au dernier sesterce, à ses hommes, sur la plage d'Agrigentum, où ils ont été officiellement démobilisés. C'étaient des gens d'origine et de valeur très diverses, ce qui montre que les *capite censi* sont, aujourd'hui, aussi épuisés que les autres classes. Des vétérans italiques et romains, et une légion dont les membres venaient de Bithynie, de Grèce et de Thessalie. Ils ont été renvoyés chez eux, tandis que les autres regagnaient la péninsule. Lucullus a fait de même, après avoir détruit jusqu'à la moindre trace de son gouvernorat en Sicile.

Dès son départ, le roi Tryphon et Athenion sont sortis de Triocala, et se sont remis à écumer la campagne sicilienne.

Ils sont convaincus de pouvoir gagner la guerre; les labours, n'ont pas été faits et les villes croulent sous le poids des réfugiés. Arrivé sur place, Servilius l'Augure n'a pu en croire ses yeux, et a épanché sa bile en écrivant lettre sur lettre à Ahenobarbus, dont il est le client.

Quand ce dernier, en plein Sénat, a accusé Lucullus d'avoir abandonné son poste et détruit du matériel militaire, Lucius Licinius s'est contenté de le regarder de haut, et de répondre qu'il avait pensé que le nouveau gouverneur voudrait sans doute procéder selon ses propres conceptions. Lui-même aimait laisser les choses dans l'état où il les avait trouvées, et c'est bien ce qu'il avait fait lors de son départ. N'ayant reçu de Servilius aucun message lui demandant explicitement de lui céder les troupes, il lui revenait de décider seul de ce qu'elles deviendraient. Il avait choisi de les démobiliser.

Bien entendu, sans armée, Servilius l'Augure ne pourra pas faire grand-chose. Et il est peu probable qu'il puisse en lever une en Italie, puisque Catulus César, en ce moment même, s'efforce déjà de mettre la main sur les rares recrues encore disponibles. Quant aux vétérans de Lucullus, ils ont disparu dans la nature, les poches pleines.

Lucius Licinius sait parfaitement qu'il risque fort d'être poursuivi en justice, mais je ne crois pas que cela le préoccupe beaucoup. Il s'est donné le bonheur sans mélange d'empêcher Servilius l'Augure de s'attribuer le mérite de son action, et cela a bien plus d'importance, à ses yeux. Il ne doute guère qu'Ahenobarbus et Servilius recourront à la nouvelle loi de Saturninus pour essayer de le faire juger par un de ces tribunaux spécialisés dans les affaires de trahison. Il cherche avant tout à protéger ses fils; aussi a-t-il mis la plus grande part de sa fortune au nom de son aîné, Lucius, et fait adopter l'autre, âgé de treize ans, par les Terentius Varrones, qui sont extrêmement riches.

Scaurus m'a dit que le Porcelet — fort embarrassé par toute cette affaire, car si Lucullus est condamné, il va devoir reprendre Metella Calva chez lui — affirme que les deux garçons ont fait le vœu, une fois arrivés à l'âge adulte, de se venger de Servilius. L'aîné, Lucius Lucullus le jeune, est très amer, ce qui ne me surprend pas. Etre plongé dans l'infamie par un Homme Nouveau!

C'est tout pour le moment. Je te tiendrai informé de tout ce qui se passe. Si seulement je pouvais être à ton côté pour lutter contre les Germains! Je sais que tu n'as pas besoin de moi, mais j'ai l'impression d'être inutile.

En avril, Marius et Sylla apprirent enfin que les Germains se mettaient en route, et quittaient peu à peu les terres des Aduates : un mois plus tard, Sertorius lui-même fit son apparition pour les avertir que Boiorix avait maintenu parmi ses troupes une unité suffisante pour mettre à exécution ses projets. Les Teutons descendaient vers le sud-est en suivant la Meuse, les Cimbres et les Tigures remontaient la vallée du Rhin.

— Nous devrons partir du principe qu'en automne ils arriveront aux frontières de la Gaule Cisalpine, en trois groupes séparés, dit Marius. J'aimerais accueillir Boiorix moi-même, mais c'est à peu près impossible. Je devrai d'abord m'occuper des Teutons. Ils devraient être les plus rapides, au moins jusqu'à la Durance, car ils n'auront pas de montagnes à franchir. Si nous les écrasons ici, nous devrions avoir le temps de passer les Alpes et d'intercepter Boiorix et les Cimbres avant qu'ils aient pénétré dans la péninsule.

— Tu ne crois pas Catulus César capable de l'arrêter tout seul ? demanda Manius Aquilius.

— Non.

Plus tard, seul avec Sylla, Marius précisa ses idées à ce sujet :

— Il aura près de six légions, et il a le printemps et l'été pour les former. Mais ce n'est pas un vrai chef militaire ! Il nous faut espérer que Teutobod arrivera le premier, que nous le battrons, et que nous pourrons traverser les Alpes assez vite pour nous joindre à Catulus César avant que Boiorix n'ait atteint le lac Benacus.

— Jamais ça ne se passera comme ça, répondit Sylla d'un ton très assuré.

— Je savais que tu allais me dire cela ! soupira Marius.

— Le problème, c'est qu'il va t'être très difficile d'être en deux endroits en même temps.

— Alors, je resterai là à attendre Teutobod. Les hommes connaissent la région par cœur, maintenant, et ils ont bien besoin d'une victoire, après deux ans d'inaction ! Il me faut donc demeurer sur place.

— Caius Marius, je note que tu dis « je ». As-tu prévu quelque chose en ce qui me concerne ?

— En effet. Lucius Cornelius, je suis navré de devoir te priver du plaisir bien mérité de te mesurer aux Teutons, mais je crois qu'il vaut mieux que je t'envoie auprès de Catulus César, dont tu seras le légat principal. Tu es patricien comme lui, il s'y fera.

— Et comment puis-je espérer me rendre vraiment utile, si je ne suis pas dans la bonne armée ? demanda Sylla, amer.

— Catulus César ne connaît rien à la tactique ni à la stratégie. Il croit que, en raison de sa haute naissance, les dieux l'en ont pourvu, et qu'elles ne lui manqueront pas quand le besoin s'en fera sentir. Mais c'est faux, et tu le sais.

— En effet.

— S'il affronte Boiorix avant que je puisse franchir les Alpes, Catulus César commettra erreur sur erreur et y perdra son armée. Dans ce cas, je ne vois pas comment nous pourrions vaincre. De tous les Germains, les Cimbres sont les plus nombreux, et les mieux commandés. De plus, je ne sais pas à quoi ressemble le territoire qui s'étend au nord du Pô. Si je puis, ici, espérer battre les Teutons avec moins de quarante mille hommes, c'est que je connais parfaitement la région.

— Mais que suis-je censé faire ? C'est Catulus César qui commande à son armée, et non Lucius Cornelius Sylla ! Que veux-tu de moi ?

Marius tendit la main pour le prendre par l'épaule.

— Si je le savais, je pourrais contrôler Catulus César d'ici. Lucius Cornelius, tu as vécu de longs mois chez les Barbares en te faisant passer pour l'un d'eux, et tu en es sorti vivant. Tu te sers aussi bien de ta cervelle que de ton épée. Je suis persuadé que tu feras tout ce qui est en ton pouvoir pour sauver Catulus César de lui-même.

— Mes ordres sont donc de sauver son armée à tout prix ?

— A n'importe quel prix.

— Y compris la disparition de Catulus César ?

— Y compris la disparition de Catulus César.

Le printemps fut ensoleillé, l'été chaud et très sec. Teutobod et ses hommes traversèrent les terres des Eduéens sans perdre de temps, puis entrèrent sur celles des Allobroges, entre le Rhône et l'Isère. Ces derniers, fort belliqueux, détestaient les Romains : mais ils avaient déjà vu passer les Germains trois ans auparavant, et n'en voulaient pas pour maîtres. De vifs affrontements eurent lieu, qui retardèrent quelque peu l'avancée des Teutons.

Fin juin, Catulus César avait remonté la Via Flaminia à la tête de six nouvelles légions, aux effectifs d'ailleurs incomplets : la pénurie d'hommes était telle qu'il n'avait pu en recruter davantage. Arrivé à Patavium, il marcha jusqu'à Vérone, où il établit son camp de base.

Jusque-là, il n'avait commis aucune erreur grave : pourtant, Sylla comprenait mieux, désormais, pourquoi Marius l'avait dépêché en Gaule Cisalpine. Aristocrate jusqu'au bout des ongles, arrogant, n'ayant confiance qu'en lui-même, Catulus César lui rappelait le Porcelet. Mais celui-ci avait eu à affronter un ennemi autrement moins dangereux. Le malheur du nouveau général était de n'avoir jamais croisé un Caius Marius sur son chemin; il ne pouvait se targuer que d'avoir été tribun des soldats sur des théâtres d'opérations de peu d'importance, en Ibérie et en Macédoine.

Ayant désigné ses légats avant de quitter Rome, il n'avait guère apprécié, en atteignant Bononia, d'y trouver Sylla qui l'attendait, porteur de directives de Caius Marius selon lesquelles il serait son légat principal, et commandant en second. Catulus César lui réserva un accueil glacial, et fit preuve d'une mauvaise volonté à toute épreuve. Seule la naissance de Sylla lui valut d'échapper à son mépris. De plus, le nouveau consul l'enviait un peu; Sylla avait joué un rôle important dans la guerre en Afrique, et magistralement réussi à espionner les Germains.

C'était, de la part de Marius, un coup de génie que de l'avoir envoyé là: après tout, Manius Aquilius aurait pu tenir le même rôle. Mais Sylla portait sur les nerfs de Catulus César. Jamais aucun légat n'avait été aussi actif, aussi prêt à décharger son chef de toutes les tâches subalternes. Et pourtant, et pourtant... Catulus César était certain que quelque chose n'allait pas. Pourquoi diable Caius Marius aurait-il pris la peine de lui imposer ce nouveau venu, s'il n'avait pas une idée derrière la tête?

Sylla n'avait aucune intention de le rassurer, d'apaiser ses peurs et ses craintes; bien au contraire, il était décidé à les aviver, et à prendre ainsi sur lui un ascendant qui se révélerait utile si les circonstances l'exigeaient. En attendant, il veilla à se lier avec tous les tribuns militaires, et le moindre centurion, sans compter un certain nombre d'hommes de troupe. Tout le monde finit par le connaître, le respecter, lui faire confiance. C'était indispensable, au cas où il serait contraint d'éliminer Catulus César.

Il n'avait d'ailleurs aucune intention de le tuer; Sylla était suffisamment patricien pour vouloir protéger les membres de la noblesse, y compris d'eux-mêmes. Il n'aimait pas son chef, mais tous deux appartenaient à la même classe. Et il ne pouvait oublier cette communauté de... naissance.

Boiorix avait mené les Cimbres, ainsi que les troupes de Gétorix, jusqu'au confluent du Danube et de l'Inn. Arrivés là, ils se séparèrent, et tandis que Gétorix poursuivait sa route, Boiorix suivit l'Inn en direction du sud. Lui et ses hommes traversèrent les terres d'une tribu celtique, les Brennes, qui contrôlaient le col du Brenner, le moins élevé des cols menant en Gaule Cisalpine, mais qui ne purent opposer une résistance sérieuse.

A la fin de Sextilis, les Cimbres atteignirent l'Adige, à l'endroit où il rencontrait l'Isarco, qu'ils suivaient depuis les Alpes, et débouchèrent dans des prairies verdoyantes, sous un ciel sans nuages. C'est là que les éclaireurs envoyés par Sylla les découvrirent.

Sylla s'était préparé à faire face à toute éventualité; mais il ne connaissait pas suffisamment Catulus César pour savoir comment celui-ci réagirait en apprenant la nouvelle.

— Aussi longtemps que je vivrai, aucun Germain ne viendra souiller le sol de l'Italie! déclara solennellement le commandant en chef de l'armée.

Puis, se levant avec majesté, et dévisageant successivement chacun des membres de son état-major, il déclara:

— Nous nous mettons en marche.

— En marche? demanda Sylla, interloqué. Et pour où?

Catulus César lui jeta un regard montrant clairement qu'il le prenait pour un imbécile:

— Nous remontons la vallée de l'Adige, évidemment! Je repousserai les Romains de l'autre côté des Alpes avant que cela soit rendu impossible par les premières neiges.

— Et nous remontons jusqu'où?

— Jusqu'à ce que nous les rencontrions.

— Dans une vallée aussi étroite?

— Mais certainement. Nous sommes en bien meilleure position que les Germains, parce que nous sommes une armée civilisée, et eux une foule désorganisée. C'est notre grande force.

— Il faut quand même que les légions aient assez d'espace pour se déployer!

— Il n'en manquera pas dans la vallée, répondit Catulus César, qui ne voulut pas en entendre davantage.

Sylla quitta le conseil, la tête bourdonnante. Tous les plans qu'il avait envisagés pour affronter les Cimbres se révélaient inutiles. Il avait prévu de les présenter discrètement à Catulus César, de telle sorte que celui-ci eût l'impression d'y avoir pensé lui-même. C'était désormais impossible, et Sylla n'avait pas de plan de rechange — du moins tant qu'il n'aurait pas persuadé son chef de changer d'avis.

Et Catulus César n'en avait nullement l'intention. Il fit remonter l'Adige à son armée. Et plus celle-ci — vingt-deux mille fantassins, deux mille cavaliers, et près de huit mille non-combattants — s'avançait vers le nord, plus la vallée se faisait étroite.

Catulus César finit par atteindre une bourgade appelée Tridentum. L'Adige, à cet endroit, était très profond, et ses eaux tumultueuses. Au-delà, la vallée se rétrécissait encore, et le chemin qui les avait menés jusque-là prenait fin, juste après un pont de bois édifié sur des piliers de pierre.

Catulus César s'avança à cheval, regarda tout autour de lui, et hocha la tête, satisfait :

— Cela me rappelle les Thermopyles. C'est l'endroit idéal pour contenir les Germains jusqu'à ce qu'ils se lassent et rebroussent chemin vers le nord.

— Les Spartiates qui défendaient les Thermopyles ont tous péri, dit Sylla.

— Quelle importance, si les Germains sont repoussés ?

— Quintus Lutatius, ils ne peuvent faire demi-tour ! Pas à cette époque de l'année, alors que les neiges vont tomber, qu'ils sont à court de provisions, et que l'herbe et le grain de la Gaule Cisalpine sont à portée de la main ! Il sera impossible de les arrêter ici !

Les autres officiers s'agitaient ; tous avaient remarqué la nervosité de Sylla depuis que l'armée était entrée dans la vallée de l'Adige, et le bon sens leur disait que les décisions de Catulus César étaient absurdes. Sylla s'était d'ailleurs bien gardé de dissimuler ses sentiments ; il aurait besoin de l'appui de l'état-major, s'il était contraint d'empêcher Catulus César de perdre son armée.

— Nous combattrons ici ! lança celui-ci, qui ne voulut pas en démordre. En effet, Léonidas et la poignée de Spartiates qu'il commandait ont péri jusqu'au dernier ; mais quelle importance, si cela vous vaut une gloire aussi immortelle que la sienne ?

Les Cimbres étaient tout près, et il aurait été impossible à l'armée romaine d'avancer davantage en direction du Nord, même si Catulus César l'avait voulu. Il tint cependant à franchir le pont avec toutes ses troupes, qu'il fit camper au bord de la rivière, sur une berge si étroite que le camp s'étirait sur des lieues du nord au sud.

— J'ai eu beaucoup de chance, dit Sylla au centurion primipile de la légion installée tout près du pont de bois. Elle était composée de prolétaires samnites.

— Comment cela ? demanda l'autre, qui s'appelait Cnaeius Petreius.

Il contemplait les eaux bouillonnantes qui s'engouffraient sous le pont — lequel était dépourvu de parapet.

— J'ai servi sous les ordres de Caius Marius, répondit Sylla.

— Quel bonheur ! Si seulement nous pouvions en dire autant !

Ils étaient en compagnie de celui qui commandait la légion, et qui n'était autre que Marcus Aemilius le jeune, fils du Princeps Senatus et élu tribun des soldats. Le jeune homme s'arracha à la contemplation des eaux :

— Que veux-tu dire ?

— Tribun, nous allons tous mourir ici !

— Mourir ? Tous ? Pourquoi ?

— Marcus Aemilius, intervint Sylla, Cnaeus Petreius veut dire que nous avons été placés dans une situation impossible par un de ces incompétents de haute naissance.

— Non, Lucius Cornelius, non ! J'ai remarqué que tu ne semblais pas tout à fait suivre la stratégie de Quintus Lutatius quand il nous l'a présentée.

Sylla lança un clin d'œil au centurion :

— Dans ce cas, tribun, explique-nous ! Je meurs d'impatience !

— Eh bien, les Germains sont près de quatre cent mille, et nous vingt-quatre mille. Il nous est donc impossible de les affronter en rase campagne. Le seul moyen de les vaincre est de leur imposer un front très étroit, et de tirer profit de notre supériorité militaire. Quand les Germains comprendront qu'il est impossible de nous déloger, ils feront demi-tour, comme d'habitude.

— C'est ainsi que tu vois les choses ? demanda Cnaeius Petreius.

— C'est ainsi qu'elles sont ! lança Scaurus le jeune, agacé.

— C'est ainsi qu'elles sont ! pouffa Sylla.

— C'est ainsi qu'elles sont ! répéta Cnaieus Petreius, éclatant de rire.

Scaurus le jeune les regarda, ahuri : leur hilarité le remplissait d'inquiétude.

— Qu'y a-t-il de si drôle ?

Sylla s'essuya les yeux et tenta de reprendre son sérieux :

— Marcus Aemilius, c'est surtout d'une insondable naïveté. Regarde là-haut ! ajouta-t-il en tendant la main vers le paysage qui les entourait. Que vois-tu ?

— Des montagnes, répondit l'autre, qui n'y comprenait plus rien.

— Des sentiers, des pistes suivies par les cavaliers, ou les troupeaux ! N'as-tu pas remarqué toutes ces petites terrasses sur les flancs des montagnes ? Il suffira aux Germains de s'emparer des hauteurs, et ils nous prendront à revers sur trois côtés. Tu te retrouveras pris entre le marteau et l'enclume, Marcus Aemilius, et tu seras écrasé.

Scaurus le jeune devint si blême que Sylla et Petreius s'avancèrent, craignant qu'il ne tombât à l'eau — où il n'aurait aucune chance de survivre.

— Notre général a choisi un plan d'action déplorable, dit Sylla d'un ton âpre. Il aurait dû attendre les Cimbres entre Vérone et le lac Benacus, où nous aurions eu toutes sortes d'occasions de les prendre au piège, et suffisamment d'espace !

— Mais pourquoi quelqu'un ne va-t-il pas le dire à Quintus Lutatius ?

— Parce que c'est un prétentieux arrogant ! Il ne veut rien entendre ! Si c'était un Caius Marius, il consentirait à écouter — mais il est vrai que jamais Caius Marius n'aurait besoin qu'on lui explique quoi que ce soit en matière de stratégie ! Non, Marcus Aemilius, Quintus Lutatius Catulus César pense qu'il faut livrer bataille comme Léonidas aux Thermopyles ! Et tu te souviens sans doute qu'un petit sentier de montagne a suffi à l'ennemi pour défaire les Spartiates !

Scaurus le jeune eut un violent hoquet.

— Excusez-moi ! lança-t-il en se dirigeant à toute allure vers sa tente, main crispée sur la bouche.

— Ce n'est pas une armée, c'est un désastre ! dit Cnaeius Petreius.

— Non, non, protesta Sylla. Elle est excellente, mais tout est la faute de ses chefs.

— Toi excepté, Lucius Cornelius.

— Moi excepté.

— Tu as quelque chose en tête !

— En effet, répondit Sylla avec un sourire qui révéla ses longues dents pointues.

— Et puis-je te demander de quoi il s'agit ?

— Je le crois, Cnaeius Petreius. Mais je préfére t'en parler... disons au crépuscule, dans le camp de ta légion ? Toi et moi allons passer le reste de l'après-midi à rassembler tous les primipiles et les centurions commandant les cohortes, nous nous réunirons là-bas. Cela représente environ soixante-dix personnes. Mets-toi au travail ! Tu t'occupes des trois légions à ce bout de la vallée, je grimpe sur ma mule et je me charge des trois autres !

Le même jour, les Cimbres étaient arrivés juste au nord du camp de Catulus César, et s'étaient heurtés à ses fortifications. Du haut de celles-ci, les guetteurs aperçurent ce spectacle terrifiant : une masse innombrable d'hommes — ou plutôt de géants.

La réunion convoquée par Sylla dans le camp de la légion samnite ne demanda que fort peu de temps. Quand elle prit fin, il faisait encore jour. Ceux qui y avaient participé accompagnèrent Sylla qui, franchissant le pont de bois, gagna le village où Catulus César avait établi son quartier général dans la demeure d'un notable de l'endroit. Le commandant en chef avait, quant à lui, organisé une réunion de travail pour discuter de la situation, et se plaignait amèrement de l'absence de son second quand Sylla entra dans la pièce pleine de monde.

— Lucius Cornelius, dit Catulus César d'un ton glacial, je n'apprécie rien tant que la ponctualité. Assieds-toi, que nous puissions préparer l'attaque de demain.

— Désolé, mais je n'en ai pas le temps, répondit Sylla, vêtu de son seul justaucorps de cuir, et armé de sa dague et de son épée.

— Si tu as des choses plus importantes à faire, je ne te retiens pas ! s'écria l'autre, écarlate.

— Je n'ai pas l'intention de m'en aller, dit Sylla avec un grand sourire. Il n'y aura pas de bataille demain, Quintus Lutatius.

— Comment ? s'exclama Catulus César en se levant.

— Non. Tu vas devoir faire face à une mutinerie dont je suis l'instigateur.

Sylla tira son épée et lança :

— Entrez, centurions !

Aucun de ceux qui se trouvaient dans la pièce ne dit mot ; Catulus César parce qu'il était fou de rage, les autres parce qu'ils étaient soulagés — c'était le cas des membres de l'état-major — ou trop stupéfaits pour réagir. Soixante-dix centurions entrèrent et vinrent se placer autour de Sylla.

— Je te ferai jeter de la roche Tarpéienne pour cela ! s'écria le commandant en chef.

— S'il le faut, tant pis ! répondit Sylla, qui remit son épée dans son fourreau. Quintus Lutatius, pourquoi un soldat devrait-il toujours obéir aveuglément, et marcher à la mort, simplement parce qu'il est commandé par un imbécile ?

De toute évidence, Catulus César n'avait rien à répondre à cela. Il était par ailleurs trop fier, trop sûr de lui, pour s'abaisser à fournir des explications. Il se borna donc à répondre, avec une dignité glaciale :

— Lucius Cornelius, tout cela est insupportable !

— J'en suis bien d'accord — mais pas plus que notre présence ici. Dès demain, les Cimbres découvriront les centaines de petits sentiers qui leur permettront de franchir la montagne ! Quintus Lutatius, tu n'es pas spartiate, mais romain ! Oublie les Thermopyles ! Les hommes de Léonidas sont morts jusqu'au dernier, dans le seul but de retarder suffisamment les Perses pour que la flotte grecque d'Artemisium ait le temps de se préparer — ce qui ne s'est pas produit ! Elle a été anéantie, et Léonidas est mort pour rien !

— Tu ne comprends rien à la situation, répondit Catulus César d'un ton cassant, furieux de voir cet Ulysse à cheveux roux piétiner son orgueil : car la vérité était que le commandant en chef songeait infiniment plus à sortir de là sans que sa *dignitas* en souffrît, qu'à réfléchir au sort de son armée.

— Quintus Lutatius, je crains fort que toi non plus. Ton armée est désormais la mienne. Quand Caius Marius m'a envoyé ici, poursuivit-il au milieu d'un profond silence, il ne m'a donné qu'un seul ordre : sauver tes troupes à tout prix, jusqu'à ce qu'il puisse en assurer le commandement — ce qu'il ne pourra faire qu'une fois les Teutons vaincus. Il est le commandant en chef, Quintus Lutatius, et en ce moment même je me borne à obéir à ses directives. Quand elles entrent en conflit avec les tiennes, c'est à elles que je choisis de me conformer. Si je te laisse poursuivre cette stupide escapade militaire, toute ton armée périra sur le champ de bataille. Il n'en est pas question. Elle va battre en retraite cette nuit même, d'un bloc, et elle attendra un jour plus favorable, où elle aura des chances de victoire infiniment supérieures.

— J'ai juré qu'aucun Germain ne foulerait le sol de l'Italie, et je ne me parjurerai pas !

— Quintus Lutatius, la décision n'est plus de ton ressort, et en conséquence, tu n'es pas parjure.

— Laissez-nous ! lança Catulus César à l'adresse de ceux qui les entouraient. Attendez dehors ! Je veux discuter seul à seul avec Lucius Cornelius.

Tous obéirent. Une fois qu'ils furent sortis, Catulus César se dirigea vers son fauteuil et s'y assit lourdement.

Il était pris au piège et ne l'ignorait pas. C'est l'orgueil qui l'avait poussé à remonter la vallée. Plus il s'y était avancé, plus il avait eu le sentiment de commettre une erreur ; mais la vanité lui avait interdit de le reconnaître. Quand il était arrivé à Tridentum, il avait aussitôt songé aux Thermopyles. Ce serait, pour tous, une mort glorieuse — qui aurait de surcroît l'avantage de sauver son honneur. Une poignée d'hommes courageux aurait, comme autrefois Léonidas et les Spartiates, succombé face à un ennemi cent fois plus nombreux. *Passant, va-t'en dire à Rome que nous sommes morts pour obéir à ses lois !* Il y aurait un magnifique monument, des pèlerinages, des poèmes épiques.

Voir les Cimbres déferler à l'autre bout de la vallée l'avait ramené à la raison, et l'intervention de Sylla tombait en fait à point nommé. Car Catulus César avait de bons yeux, et une vive intelligence — du moins quand le souci de sa propre *dignitas* ne l'aveuglait pas trop. Tridentum n'était pas une gorge étroite, bordée de falaises des deux côtés ; c'était tout au plus une vallée alpine très encaissée, où il lui serait impossible de déployer son armée.

Pour autant, il ne voyait pas comment se sortir de là sans perdre la face. L'intervention de Sylla lui avait d'abord paru constituer une excellente réponse ; il pourrait rendre les mutins responsables de tout, tempêter au Sénat, et exiger que tous passent en jugement pour trahison. Mais il avait vite changé d'opinion. Certes, il n'y avait pas de crime plus grave que la mutinerie. Mais que ses officiers s'y soient ralliés, ou s'y apprêtent, le laissait seul contre tous. Il risquait fort de s'en voir accuser, et même de passer en jugement devant ce tribunal créé par Saturninus. Il respira donc profondément, et choisit de se montrer conciliant :

— Lucius Cornelius, avant toute chose, ne parlons plus de mutinerie. Il était inutile de faire état publiquement, avec tant de chaleur, de tes sentiments. Tu aurais dû demander à me voir en privé ; nous aurions pu régler la question entre nous.

— Je crains que non, Quintus Lutatius. Tu m'aurais renvoyé à mes occupations. Il te fallait une bonne leçon.

— Tu as servi Caius Marius trop longtemps ! Une telle conduite n'est pas digne d'un patricien !

— Quintus Lutatius, pour l'amour du ciel, épargne-moi ces jérémiades ! J'en suis lassé ! Et avant que tu ne t'en prennes à Caius Marius, qui est notre supérieur commun, laisse-moi te dire que personne ne lui arrive à la cheville ! Je ne suis pas plus militaire que toi, mais j'ai eu la chance d'apprendre sous ses ordres !

— Je suis surpris que tu lui témoignes tant de vénération. Je ne l'oublierai pas, Lucius Cornelius, sois-en sûr.

— J'en suis persuadé.

— Je ne saurais trop te conseiller de virer de bord au cours des années qui viennent. Sinon, tu ne deviendras jamais préteur, et encore moins consul !

— J'adore les menaces, répondit Sylla d'un ton suave. Qui espères-tu duper ? Ma naissance m'en donne le droit. Un jour, Quintus Lutatius, dit-il en le regardant bien en face, je serai le Premier des Romains. L'arbre le plus haut de tous. De ceux qu'on ne peut abattre, et qui ne tombent que s'ils pourrissent de l'intérieur.

Catulus César ne répondit rien. Sylla se laissa tomber sur un fauteuil et se versa du vin.

— S'agissant de notre mutinerie, Quintus Lutatius, j'espère que tu ne me crois pas incapable d'en assumer les conséquences, fussent-elles pénibles pour certains.

— Je te connais peu, Lucius Cornelius, mais j'ai eu suffisamment de preuves de ta détermination, ces derniers mois, pour savoir que tu ne reculeras devant rien. Je l'ai dit et je le répète : il est inutile de parler de mutinerie. C'est à cette seule condition que je consentirai à donner l'ordre de nous replier.

— J'accepte au nom de l'armée.

— Dans ce cas, l'affaire est réglée. Je suppose qu'ensuite tu as déjà songé à une stratégie ?

— En effet. Elle est très simple, au demeurant. L'armée lèvera le camp à l'aube, et se retirera aussi vite que possible. Tout le monde devra avoir retraversé le pont avant la tombée de la nuit. Les auxiliaires samnites sont installés juste à côté, ils pourront donc le défendre jusqu'à ce que tous soient passés, et le franchir ensuite. Dès qu'ils l'auront fait, nos ingénieurs le détruiront. Il est malheureusement bâti sur des piles de pierre que nous n'aurons pas le temps d'abattre, ce qui signifie que les Germains pourront le reconstruire. Mais ils n'ont pas de spécialistes, et cela leur prendra beaucoup plus de temps qu'à nous. Si Boiorix veut s'avancer vers le sud, il est obligé de passer par ici. Il faut donc le ralentir.

Catulus César se leva.

— Cette farce a assez duré ; mettons-y un terme.

Il sortit et, d'un ton très calme, dit aux autres :

— La position que nous occupons est intenable, et j'ai donc décidé d'ordonner la retraite. J'ai donné à ce sujet toutes les instructions nécessaires à Lucius Cornelius, auprès de qui vous prendrez vos ordres.

Puis il fit demi-tour et lança à Sylla :

— Je ne te retiens pas.

Cnaeus Petreius accompagna Sylla jusqu'au pont.

— Tout s'est bien passé, finalement, Lucius Cornelius ! Il a mieux réagi que je ne l'aurais cru.

— Ah, il y a quand même une cervelle derrière ces manières arrogantes.

Il faisait noir, mais le pont était éclairé par des torches, et ils le franchirent sans difficulté. Une fois qu'ils furent arrivés sur l'autre rive, Sylla se tourna vers les centurions et les tribuns qui le suivaient :

— Toutes les troupes doivent être prêtes à lever le camp dès l'aube. Le corps des ingénieurs et tous les centurions viendront me faire leur rapport une heure avant. Que les tribuns des soldats me suivent.

— Quelle chance qu'il soit là ! dit Cnaeus Petreius à son centurion en second.

— En effet, répondit l'autre, mais je n'en dirais pas autant de celui-là !

Il montra du doigt Marcus Aemilius Scaurus le jeune, qui courait rejoindre Sylla et les tribuns.

— C'est un poids mort, j'en suis bien d'accord, soupira Petreius. Je garderai l'œil sur lui demain. Il ne sera pas dit que nous autres Samnites avons été victimes d'un imbécile romain, quel que soit son père !

Les légions se mirent en marche à l'aube. La retraite — comme toujours chez les Romains, supérieurement entraînés — se déroula dans un silence parfait, et sans la moindre confusion. Fort heureusement, le train de bagages, avec les bêtes de somme, était resté de l'autre côté. Sylla le fit partir en premier, bien avant les troupes : la moitié de celles-ci devrait, en arrivant à sa hauteur, le dépasser, les autres se contentant de le suivre jusqu'à Vérone. Les Cimbres étaient si occupés à reconnaître les sentiers de montagne des environs, que ce n'est qu'une heure après le lever du soleil qu'ils se rendirent compte que les Romains se repliaient. Cela provoqua chez eux une profonde confusion à laquelle seule l'arrivée de Boiorix mit un terme ; et quand les Germains se rassemblèrent enfin pour donner l'assaut, la légion la plus éloignée du pont, et qui s'était ébranlée la première, le traversait déjà à vive allure.

Le corps des ingénieurs, quant à lui, s'était mis à l'œuvre en dessous, bien avant l'aube.

— C'est toujours pareil ! geignit leur chef quand Sylla vint inspecter l'avancement des travaux. Chaque fois que j'ai à détruire un pont, il faut que ce soit un vrai pont romain, trop solidement construit !

— Tu y arriveras ?

— Je l'espère ! Je crains fort que la grue dont nous disposons ne suffise pas à le faire tomber, alors il va falloir procéder à la main, pour ainsi dire ! Ce qui veut dire qu'il sera un peu branlant quand les dernières troupes le traverseront !

— A la main ?

— Nous en sommes réduits à scier les poutres de soutènement.

— Alors, ne perds pas de temps ! Une centaine de bœufs vont arriver. Cela suffira ?

— Il faudra bien !

La cavalerie cimbre déferla dans la vallée, pénétrant sans peine dans les cinq camps désertés ; les Romains n'avaient pas eu le temps de bâtir des fortifications dignes de ce nom. La légion samnite était la seule qui n'eût pas encore franchi le pont, à hauteur duquel arrivèrent les cavaliers ennemis, leur coupant la route. Les Samnites formèrent les rangs et s'apprêtèrent à faire face à leur charge, lances pointées, visages durs.

Sylla observa la scène depuis l'autre rive, impuissant, en se demandant ce qu'allait faire le commandant de la légion, qui n'était autre que Scaurus le jeune, ce qui lui fit regretter de ne pas en avoir pris le commandement. Mais il était trop tard, et Sylla avait trop peu d'hommes avec lui pour traverser le pont en sens inverse ; au demeurant, mieux valait ne pas se fier à Catulus César pour tout ce qui touchait à l'organisation de la retraite, et il préférait s'en occuper lui-même. Enfin, il ne voulait pas attirer l'attention des Cimbres sur le pont. Si nécessaire, il donnerait l'ordre de le faire abattre, grâce aux bœufs qui tireraient sur les chaînes ; mais ce serait condamner la légion samnite. Il était si bouleversé qu'il en vint à s'écrier :

— Marcus Aemilius, charge, charge! Repousse-les, et fais traverser tes hommes!

Les premiers rangs de la cavalerie cimbre, emportés par leur élan, avaient dépassé le camp samnite; certains des Germains avaient sauté à bas de leur monture, pour se battre au corps à corps avec les légionnaires, et donner ainsi à leurs camarades le temps de lancer une nouvelle charge, qui couperait définitivement leurs adversaires des troupes massées de l'autre côté. Les Samnites n'avaient qu'une chance de s'en sortir: enfoncer les rangs de l'ennemi à coups de lance, puis se précipiter vers le pont. Mais où donc était le jeune Scaurus? Il serait bientôt trop tard!

Les acclamations des trois centuries qui accompagnaient Sylla le prirent au dépourvu; il cherchait un tribun des soldats à cheval, et la charge était menée par un homme à pied, qui n'était autre que Cnaeus Petreius, le centurion primipile.

Hurlant de joie, comme ses hommes, Sylla sauta d'un pied sur l'autre tandis que les Samnites qui ne prenaient pas part à l'affrontement s'engageaient sur le pont à toute allure, en serrant étroitement les rangs pour que les Cimbres ne puissent leur couper la route une nouvelle fois. Les premiers rangs de la cavalerie germaine, quant à eux, succombaient déjà par centaines sous une pluie de lances, à tel point que le chaos d'hommes et de chevaux tombés empêcha leurs camarades d'avancer. Cnaeus Petreius traversa le pont le dernier, sans qu'aucun Germain se lançât à sa poursuite.

La centaine de bœufs, attelés deux par deux, s'était déjà mise à l'ouvrage. Comme tous les ponts romains, celui-là était particulièrement solide; il fallut plus de temps que ne l'aurait cru le chef des ingénieurs — pourtant porté au pessimisme, comme tous ses confrères; mais l'ouvrage finit par céder, et s'effondra au milieu de craquements sinistres et de hurlements d'enthousiasme. Les poutres tombèrent dans le torrent, et se mirent à y tournoyer comme des fétus dans une fontaine.

Cnaeus avait été blessé au côté, mais sans gravité; quand Sylla le trouva, les infirmiers de la légion s'affairaient à lui ôter sa cotte de mailles. Il avait le visage souillé d'un mélange de boue, de sang et de sueur, mais paraissait en pleine forme.

— Ne touchez pas à sa blessure avant de l'avoir nettoyé! s'écria Sylla. Lavez-le! Il n'est pas question que tu saignes à mort, Cnaeus Petreius, n'est-ce pas?

— Oh que non! répondit le centurion en souriant. Nous y sommes arrivés, Lucius Cornelius! Nous sommes tous passés, et n'avons perdu que peu d'hommes de l'autre côté!

Sylla s'assit et se pencha très près de lui, pour que personne ne pût les entendre:

— Et le jeune Scaurus?

Le sourire de Cnaeus Petreius s'effaça d'un coup.

— Il était si paniqué qu'il a fait sous lui, avant de s'évanouir. Il est indemne, le pauvre; quelqu'un lui a fait traverser le pont. C'est lamentable, mais c'est ainsi. Il n'a pas le courage de son père. Il aurait dû être bibliothécaire.

— Je ne peux te dire à quel point je suis heureux que tu te sois trouvé là! Je n'ai pas réfléchi! Je me serais giflé à la pensée que je ne l'avais pas relevé de son commandement!

— Ce n'est rien, Lucius Cornelius, tout s'est bien terminé.

Les infirmiers revenaient avec de l'eau et des éponges; Sylla se leva et dit:

— Tu vas avoir droit à la couronne d'herbes!

— Oh non! s'écria Cnaeus Petreius, qui parut gêné.

— Mais si! Tu as sauvé une légion entière, ce qui te la vaudra. J'y veillerai personnellement.

Etait-ce la couronne d'herbes que Julilla avait vue dans mon avenir, il y a tant d'années? songea Sylla en redescendant vers le village pour aller chercher un chariot qui emmènerait Cnaeus Petreius, le héros de Tridentum. Pauvre, pauvre Julilla... La seule de sa lignée qui n'avait pas su rendre les hommes heureux, comme le voulait la légende familiale... Puis il se mit à penser à d'autres choses plus importantes. Il n'avait aucune intention de s'accuser de tout ce qui était arrivé à la jeune femme. Après tout, elle seule avait tracé son propre destin.

L'armée de Catulus César retrouva son camp, près de Vérone, avant que Boiorix ne parvînt, en suivant des chemins peu praticables, à faire descendre ses chariots en direction de l'opulente plaine du Pô. Catulus César avait d'abord insisté pour que les Romains affrontent les Cimbres près du lac Benacus, mais Sylla, désormais véritable commandant en chef, avait refusé avec fermeté. Il fit savoir à chaque ville et village compris entre Aquileia et Mediolanum que la région devait être évacuée par tous les citoyens romains, les titulaires des droits latins, et les Celtes peu désireux de fraterniser avec les Germains. Les réfugiés devraient franchir le Pô et laisser l'autre rive aux Cimbres.

— Ils y seront comme des coqs en pâte, dit-il. Boiorix sera incapable de les tenir; ils se disperseront dans toutes les directions.

— Et se livreront au pillage avant de tout incendier, rétorqua Catulus César.

— En effet, mais ils oublieront ce pourquoi ils sont venus — à savoir, envahir l'Italie! Quintus Lutatius, remets-toi! Ils ne traverseront pas le Pô avant d'avoir nettoyé la région aussi proprement qu'un homme affamé une carcasse de poule. Les citoyens romains seront partis bien avant eux, en emportant tous leurs objets de valeur. Quant à leurs terres, ils les retrouveront dès que Caius Marius sera là.

Catulus César frémit, mais préféra se taire; il avait appris à quel point Sylla pouvait se montrer venimeux — et, plus encore, impitoyable. Froid, résolu, déterminé. Un étrange compagnon pour Caius Marius, bien que tous deux fussent beaux-frères. Ou l'avaient été? se demanda Catulus César, qui se souvenait d'une rumeur qui avait couru à l'époque où Sylla avait émergé de l'obscurité et épousé sa... Julia? Julilla? Il avait trouvé l'argent nécessaire à son entrée dans la vie publique en assassinant... sa mère? Sa belle-mère? Sa maîtresse? Son neveu? Quand le moment viendrait de rentrer à Rome, il faudrait se renseigner là-dessus. Pas pour en tirer parti tout de suite, bien entendu; afin de s'en servir plus tard, quand Lucius Cornelius poserait sa candidature pour devenir préteur. Pas édile, laissons-lui ce petit plaisir, d'ailleurs ruineux. Préteur. Oui, préteur.

Les légions à peine réinstallées dans leur camp, près de Vérone, Catulus César avait compris que la première chose à faire était d'avertir Rome de son échec sur l'Adige, et sans perdre de temps; car il redoutait que Sylla ne s'en chargeât, par l'intermédiaire de Caius Marius, et il était crucial que sa propre version des faits fût connue la première. En l'absence à Rome des deux consuls, le courrier officiel devait être adressé à Marcus Aemilius Scaurus. Ce que fit Catulus César, en joignant à son rapport une lettre privée beaucoup plus détaillée. Il confia le tout à Scaurus le jeune, et lui ordonna de partir pour Rome au grand galop.

— C'est notre meilleur cavalier, expliqua-t-il à Sylla.

— Tu sais, Quintus Lutatius, je n'ai jamais rencontré d'homme aussi délicieusement cruel que toi.

— Si tu veux annuler mon ordre, tu en as le pouvoir.

Sylla haussa les épaules et fit demi-tour:

— C'est ton armée, Quintus Lutatius! Fais comme bon te semble!

Et c'est ce qui se passa.

— Marcus Aemilius, je te confie cette mission, parce qu'il n'y a pas pire punition, pour un lâche tel que toi, que d'apprendre à ton père les nouvelles d'un double échec, à la fois militaire et personnel! avait dit Catulus César d'une voix mesurée, un peu pontifiante.

Scaurus le jeune, blême et défait, l'avait écouté en silence, en essayant de ne pas croiser son regard. Mais quand Catulus avait expliqué quelle était sa mission, il s'était écrié, désespéré:

— Quintus Lutatius, je t'en supplie! Envoie quelqu'un d'autre, et laisse-moi affronter mon père quand j'en aurai trouvé le courage !

— Tu es au service de Rome, Marcus Aemilius, avait répondu l'autre d'un ton méprisant. Pars au galop pour Rome, et remets ma lettre au Princeps Senatus. Tu es peut-être un lâche, mais tu restes un bon cavalier, et ton nom est assez fameux pour te permettre de dénicher de bonnes montures tout au long du trajet. Tu n'as rien à craindre : les Germains sont restés au nord.

Quand son fils arriva, Scaurus était au Sénat. Lorsqu'il rentra chez lui, le jeune homme s'était enfermé dans sa chambre, laissant à l'intendant un message destiné à son père.

Scaurus lut d'abord le rapport officiel, d'un air sombre, heureux de penser qu'au moins les légions avaient survécu. Puis il ouvrit la lettre de Catulus César, et à mesure qu'il en prenait connaissance, ses larmes coulèrent. Il savait à quoi s'en tenir, s'agissant de Catulus César, et s'était félicité qu'un légat tel que Sylla eût été sur les lieux pour sauver ce qui pouvait l'être.

Il avait cependant cru que son fils, le moment venu, aurait trouvé en lui-même ce courage qui, Scaurus en était persuadé, était présent en chacun — ou du moins chez tous les membres de sa lignée. Et voilà qu'elle allait s'éteindre — car c'était son unique enfant — dans la honte et l'ignominie !

Scaurus respira profondément, et prit sa décision. Pas question de feindre ou de dissimuler. Laissons ces misérables expédients à Catulus César. Son fils était un lâche, qui s'était couvert d'opprobre à l'heure du danger, et de façon plus humiliante encore que s'il avait simplement pris la fuite : faire sous lui... s'évanouir... Ses hommes l'avaient tiré de là, alors que ç'aurait dû être le contraire ! Quelle honte ! Quelle honte ! Scaurus père résolut de la porter avec le courage qui ne lui avait jamais fait défaut. Que son fils endure le mépris de la cité entière !

Il sécha ses larmes, se composa un visage, et frappa dans ses mains pour appeler son intendant. Quand celui-ci survint, son maître était assis, très droit, dans son fauteuil, mains posées sur son bureau.

— Marcus Aemilius, ton fils désire te voir, dit-il, sentant que quelque chose n'allait pas, car le jeune homme se comportait de façon extrêmement bizarre.

— Fais-lui savoir, répondit Scaurus d'un ton sec, que, bien que je le déshérite, je ne le priverai pas de notre nom. Mon fils est un lâche, mais tout Rome saura qu'il m'est apparenté. Préviens-le également que je ne veux plus jamais le revoir de ma vie, et qu'il lui sera interdit de se présenter dans cette maison, même en mendiant ! Dis-lui ! Dis-lui !

L'intendant s'en fut, frissonnant sous l'effet de la nouvelle et, pleurant pour le jeune homme, qu'il aimait bien, s'en alla lui rapporter les paroles de son père.

— Je te remercie, dit simplement Scaurus le jeune.

Quelques heures plus tard, comme l'homme était venu voir ce qu'il faisait — car Scaurus père avait demandé s'il avait enfin quitté les lieux —, il le retrouva mort: il s'était jeté sur son épée.

Marcus Aemilius Scaurus demeura pourtant fidèle à sa promesse, et refusa de voir sa dépouille. Il fit aux sénateurs un récit complet des événements survenus en Gaule Cisalpine, sans dissimuler la lâcheté de son fils, dont il annonça le suicide sans trahir le moindre chagrin.

Une fois la réunion terminée, il attendit Numidicus sur les marches du Sénat, tandis que ses collègues passaient à sa hauteur sans oser s'arrêter.

— Marcus, mon cher Marcus! s'écria le Porcelet quand ils furent seuls. Que pourrais-je te dire?

— S'agissant de mon fils, rien. S'agissant des Germains, comment allons-nous empêcher la panique de gagner Rome?

— Oh, ne t'inquiète pas. La Cité y survivra. Les Romains mourront de peur pendant trois jours, comme d'habitude, et ce sera tout. En revanche, Caius Marius attend encore les Barbares, et si lui est vaincu, mieux vaudra nous inquiéter, car s'il ne peut en venir à bout, personne n'en sera capable!

Scaurus battit des paupières, sentant que tout commentaire était superflu; de surcroît, mieux valait prendre soin d'oublier, à tout jamais, que Metellus Numidicus avait admis, même un instant, que Caius Marius était la seule chance de Rome — et son meilleur général.

— Quintus, il faut que je te dise quelque chose, à propos de mon fils, et ensuite nous en resterons là. Je pense à ta nièce, Metella Dalmatica. Ce pitoyable épisode a dû être humiliant pour elle — comme d'ailleurs pour toi. Dis-lui qu'elle a eu de la chance, et qu'elle n'aurait sans doute pas aimé être mariée à un lâche.

Scaurus s'interrompit: Numidicus s'était arrêté, et paraissait abasourdi.

— Quintus? Quintus? Que se passe-t-il?

— Cher, cher Marcus! Je viens d'avoir une idée splendide!

— Ah bon?

— Pourquoi n'épouserais-tu pas ma nièce?

— Moi? s'écria Scaurus, abasourdi.

— Oui, toi! Tu es veuf depuis longtemps, et voilà que tu n'as plus d'héritier à qui laisser ton nom et ta fortune. C'est une tragédie! Dalmatica est très gentille, et si jolie! Il faut enterrer le passé, Marcus! Au demeurant, elle est très riche.

— Quintus, j'ai cinquante-cinq ans! Je vais ressembler à Caton le Censeur, ce vieux bouc! Regarde-moi! Regarde-moi donc! Chauve, bedonnant, plus ridé qu'un éléphant carthaginois, voûté, accablé de rhumatismes et d'hémorroïdes! Non, Quintus, non!

— Dalmatica est assez jeune pour penser qu'un grand-père est exactement le type d'époux qui lui convient. Marcus, cela me ferait un tel plaisir!

— Tu crois vraiment cela possible? Tu crois que je pourrais avoir des enfants? Mais je serai mort avant qu'ils ne soient grands!

— Et pourquoi mourrais-tu jeune? Si cela t'arrivait, Marcus Aemilius, Rome serait ébranlée jusque dans ses fondations!

Ils traversèrent le Forum en direction des marches Vestales, perdus dans leur discussion.

— Regarde-les! lança Saturninus à Glaucia. Je parie qu'ils complotent encore contre les démagogues!

— Ce Scaurus, quel animal à sang froid! Comment a-t-il pu parler de son fils de cette façon?

— Une bien brillante tactique! Il a montré à tous que lui, au moins, ne manquait pas de courage! Son fils a bien failli faire perdre une légion à Rome, mais personne ne le reprochera à Marcus Aemilius, qui a sauvé l'honneur de la famille.

Vers le milieu de septembre, les Teutons, ayant dépassé Arausio, atteignirent le confluent du Rhône et de la Durance. Dans la forteresse romaine édifiée près de Glanum, le moral était au beau fixe.

— Tout va bien! dit Caius Marius à Quintus Sertorius alors qu'ils effectuaient une tournée d'inspection.

— Cela fait des années qu'ils attendent cela!

Quintus Sertorius avait, momentanément, abandonné son rôle de guerrier cimbre; il avait rencontré Sylla en secret, et apporté à Marius une lettre de lui, qui relatait succinctement les événements de Tridentum et l'avertissait que l'armée de Catulus César s'était installée dans un camp d'hiver près de Placentia. Était arrivée ensuite une missive de Publius Rutilius Rufus:

> Je suppose que tu as personnellement pris la décision d'envoyer Lucius Cornelius Sylla surveiller Quintus Lutatius, ce vieil arrogant, et je t'applaudis. Toutes sortes de rumeurs circulent à ce sujet, mais personne ne semble savoir à quoi s'en tenir vraiment. Quand toutes ces histoires de Barbares seront terminées, je réclamerai, au nom de notre vieille amitié, que tu me dises la vérité là-dessus! J'ai entendu parler de mutinerie... Quintus Lutatius a adressé au Sénat une lettre d'une brièveté et d'une honnêteté stupéfiantes. Il reconnaît s'être rendu

compte que Tridentum n'était pas un bon endroit pour livrer bataille, et qu'il a fait demi tour pour sauver son armée, après avoir détruit un pont. C'est tout? Il doit y avoir autre chose!

Rome est un endroit bien morne sans consuls. J'ai été très peiné pour Scaurus et, je suppose, toi aussi. Que faire, quand on se rend compte que votre fils unique est indigne de porter votre nom? Mais le scandale n'a pas duré, d'abord parce que tout le monde, amis ou ennemis, respecte Marcus Aemilius — et aussi parce qu'il fait l'objet de toutes les conversations: il vient d'épouser Caecilia Metella Dalmatica, la nièce du Porcelet, qui n'a que dix-sept ans! Si ce n'était pas si drôle, j'en pleurerais. J'ai entendu dire qu'elle était très douce et gentille — ce qui est un peu difficile à croire, vu la famille dont elle est issue. Tu devrais voir Scaurus, il y a de quoi glousser! Il jubile littéralement! Je songe sérieusement à me mettre en quête d'une écolière nubile qui pourrait devenir mon épouse!

Cet hiver, il nous faut faire face à une grave pénurie de grain, estimé consul: dois-je te rappeler que cela fait partie des devoirs de ta charge? J'ai entendu dire que Catulus César va sous peu laisser le commandement de son armée à Sylla, et rentrer à Rome pour l'hiver. Les événements de Tridentum, tu t'en doutes, renforcent tes chances pour une nouvelle élection *in absentia*, mais Catulus César n'organisera la consultation que quand tu auras affronté les Germains! Ce doit être bien difficile pour lui: il ne peut que souhaiter ta victoire, au nom de Rome — et ta défaite, dans son propre intérêt! Si tu l'emportes, Caius Marius, tu seras très certainement consul l'année prochaine. A propos, c'était très habile de ta part de libérer Manius Aquilius pour qu'il puisse, lui aussi, poser sa candidature. Le peuple a été très impressionné de l'entendre déclarer, quand il est arrivé, qu'il repartait combattre les Germains avec toi, même si cela voulait dire qu'il ne serait pas à Rome au moment des élections, ce qui l'empêcherait de solliciter les suffrages. Tu sais donc ce qui te reste à faire, si tu veux, l'année prochaine, avoir un collègue avec qui tu pourras collaborer, ce qui te changera un peu!

Caius Servilius Glaucia, le compère de Saturninus, ton client — mais je suis peut-être injuste? —, a annoncé qu'il se porterait candidat au tribunat de la plèbe. Le loup dans la bergerie! Servilius l'Augure se débrouille toujours aussi mal en Sicile. Le Sénat reçoit régulièrement de lui des lettres dans lesquelles il ne cesse de se plaindre, et de jurer qu'il fera accuser Lucullus dès son retour à Rome. Le chef des esclaves — celui qui se faisait appeler le roi Tryphon — est mort, et

Athenion, le Grec d'Asie, a été élu à sa place. Il est bien plus habile que son prédécesseur. Si Manius Aquilius était élu consul avec toi, ce serait peut-être une bonne idée de l'envoyer en Sicile, pour mettre un terme définitif à toute cette histoire. En ce moment, c'est Athenion qui gouverne l'île, et non Servilius l'Augure !

J'en reviens aux tribuns de la plèbe. Cette année, ils se sont montrés particulièrement médiocres — raison pour laquelle, je frémis de l'avouer, je suis presque heureux de voir Glaucia se présenter ! On s'ennuie à mourir à Rome, lorsqu'il n'y a pas d'affrontements sévères au Comitium. Il vient d'ailleurs de se produire, à ce sujet, un incident des plus bizarres, qui alimente toutes sortes de rumeurs.

Il y a un mois, est arrivé en ville un groupe d'une douzaine d'individus magnifiquement vêtus et couverts de bijoux. Ils ont demandé audience au Sénat, ce que Scaurus leur a refusé en arguant du fait qu'ils n'avaient pas de statut officiel. Ils disaient venir du sanctuaire de la Grande Déesse de Pessirius, en Galatie anatolienne, et affirmaient avoir été envoyés par elle pour soutenir Rome dans sa lutte contre les Germains ! Personne n'a compris pourquoi elle devrait s'en préoccuper, et c'est sans doute ce qui explique que Scaurus les ait éconduits.

Nul ne connaît leur véritable objectif. Tu sais à quel point les Romains se méfient des Orientaux, en qui ils voient des voleurs ! Mais ceux-ci se promènent dans Rome en prodiguant les largesses, comme si leur bourse était inépuisable. Leur chef s'appelle Battacès. Le regarder vous fait mal aux yeux, car il est vêtu des pieds à la tête d'une étoffe tissée d'or, et porte sur la tête une couronne d'or massif !

Les femmes de la cité, en tout cas, en sont devenues folles : et je me bornerai à ajouter, avec une délicatesse exquise, que ces Orientaux ne sont pas des eunuques ! Le tribun de la plèbe, Aulus Pompeius — peut-être parce que sa propre épouse faisait partie du lot des enthousiastes —, est monté sur les rostres pour accuser Battacès et ses partisans d'être des charlatans et des imposteurs, et a réclamé leur expulsion de la ville. Battacès s'en est formalisé, et est allé se plaindre au Sénat, lequel a promptement ordonné à Aulus Pompeius de se taire. Certains Pères Conscrits ont pourtant estimé que l'assemblée n'avait pas à chapitrer un tribun de la plèbe pour sa conduite au Comitium.

Aulus Pompeius, en tout cas, a continué de plus belle, accusant les Romaines de cupidité et d'atteinte à la chasteté. Et voilà qu'arrive Battacès — heureusement, j'étais là pour assister à la scène : une farce extraordinaire, comme on n'en voit qu'au théâtre. Ils se sont affrontés en une joute oratoire, puis Battacès a prononcé une malédiction — en grec, ce qui fait que tout le monde a compris.

Et voilà le plus beau, Caius Marius ! A l'instant même, Aulus Pompeius se met à tousser et à suffoquer. On le ramène chez lui, il reste au lit pendant trois jours — et il meurt ! Tu imagines l'effet, au Sénat comme chez les dames. Battacès peut aller et venir à sa convenance ; les gens s'écartent en toute hâte, comme s'il avait la peste. Les sénateurs ont en tout cas changé d'avis, et accepté de recevoir sa délégation (Scaurus est resté invisible !)

Tout cela m'inspire des sentiments très mélangés. La question est de savoir si Battacès a fait périr Aulus Pompeius par une intervention divine, ou à l'aide d'un poison quelconque ? Je pencherai pour la seconde solution, mais il vrai que, philosophiquement, je suis un vieux sceptique, pour ne pas dire un cynique !

Deux cent cinquante mille Teutons franchirent la Durance tout près de l'endroit où elle se jette dans le Rhône, et s'avancèrent vers la forteresse romaine. Le défilé s'étendait sur plusieurs lieues. Les guerriers — près de cent trente mille hommes — marchaient en tête et protégeaient les flancs. L'arrière-garde était constituée d'une énorme masse de chariots, de bétail et de chevaux dont s'occupaient les femmes et les enfants ; les vieillards étaient rares, et les vieilles plus encore. La tribu gauloise des Ambrons marchait en tête.

Les éclaireurs de Teutobod avaient découvert la citadelle édifiée par Marius, mais leur chef restait confiant. Malgré les Romains, ils marcheraient sur Massilia et, après s'être donné le plaisir de la piller et de l'incendier, obliqueraient vers l'est, le long de la côte, en direction de l'Italie. Teutobod savait que la Via Domitia, au col du Montgenèvre, était en excellent état, mais il pensait que suivre le rivage lui permettrait d'avancer plus vite. Au demeurant, les chariots étaient pleins de provisions extorquées à tous ceux qui se trouvaient sur le chemin des Germains.

Quand les Ambrons parvinrent au pied de la colline sur laquelle se dressait la forteresse romaine, il ne se passa rien. Marius ne bougea pas. Ses adversaires s'arrêtèrent, et furent bientôt rejoints par les guerriers marchant derrière eux, jusqu'à ce que les Germains fussent aussi nombreux que des fourmis. Teutobod lui-même fit son apparition. Dans un premier temps, les Teutons tentèrent d'attirer les Romains au-dehors, par des injures et des lazzi, ils exhibèrent des malheureux qu'ils avaient capturés en route et torturés. En vain. Ils lancèrent alors un assaut de front, qui vint se briser sur les redoutables fortifications du camp de Marius. Là encore, les Romains se bornèrent à quelques jets de lance, mais sans plus.

Teutobod haussa les épaules, comme ses thanes. Les Romains voulaient rester là, grand bien leur fasse ! Ils contournèrent donc le camp, et disparurent en direction du sud vers Massilia. L'interminable défilé de chariots dura sept jours.

Mais le dernier d'entre eux venait à peine de se perdre à l'horizon, que Marius fit sortir ses six légions, parfaitement entraînées, et, marchant à vive allure, suivit, sans être repéré, les Germains jusqu'à Aquae Sextiae, d'où Teutobod comptait obliquer vers la mer. Franchissant la rivière Ars, Marius s'installa sur sa rive sud, au sommet d'une crête entourée de collines , et s'y enterra.

Trente mille Ambrons arrivèrent au bord du cours d'eau, pour le passer à gué, et découvrirent un camp romain hérissé de lances. Mais c'était un camp ordinaire, qui serait une proie facile; sans attendre de renforts, ils traversèrent l'Ars en toute hâte et montèrent à l'assaut.

Les légionnaires romains enjambèrent leurs fortifications sommaires et descendirent affronter une meute de barbares hurlants, vers lesquels ils jetèrent d'abord leurs lances, non sans effets dévastateurs, avant de tirer l'épée et de se lancer dans la bataille. Aucun Ambron n'eut le temps de battre en retraite jusqu'au gué; bientôt, trente mille d'entre eux gisaient, morts, sur le terrain. Les troupes de Marius n'avaient subi pratiquement aucune perte.

Il ne leur fallut qu'une heure pour entasser les cadavres — après les avoir dépouillés de leurs épées, leurs boucliers, leurs dagues et leurs bijoux — au bord du gué, de façon à former une sorte de rempart, qui serait le premier obstacle auquel se heurterait la prochaine vague d'assaillants.

Bien entendu, il ne s'agissait là que d'un premier engagement. Le combat décisif restait à venir. Le soir même, Marius envoya trois mille de ses meilleurs hommes, sous le commandement de Manius Aquilius, franchir la rivière en aval : ils devraient attendre que la bataille commence pour de bon, puis, quand elle serait entamée, prendre les Germains à revers.

La fatigue était telle que rares furent les légionnaires qui purent dormir cette nuit-là; mais cela se révéla sans importance, l'ennemi se gardant bien d'attaquer le lendemain. Une telle inactivité préoccupait Marius, qui avait besoin d'une victoire décisive, et était bien résolu à l'obtenir. Les Teutons s'étaient installés sur l'autre rive, sans prendre la peine de fortifier leurs positions, tandis que Teutobod explorait le gué, accompagné d'une dizaine de ses thanes. Il alla ainsi d'un bout à l'autre de la berge pendant toute la journée. Même à cette distance, on pouvait lire sur son visage glabre, sous les ailes d'or de son casque, une profonde indécision.

L'aube se leva le lendemain dans un ciel sans nuage, comme la veille, annonçant une chaleur étouffante. Les cadavres entassés allaient se putréfier, et Marius n'avait aucune intention de laisser les épidémies venir à bout de son armée.

— Très bien ! dit-il à Quintus Sertorius. Nous allons prendre le risque : s'ils ne veulent pas livrer bataille, je les y pousserai en faisant une sortie. Rassemble les troupes sur-le-champ, que je m'adresse à elles !

C'était là la coutume : aucune armée romaine ne partait au combat sans que son général l'eût haranguée. Il s'agissait pour lui, bien entendu, de se montrer en grand uniforme, d'entretenir leur moral ; mais c'était aussi la seule occasion d'expliquer au moindre de ses hommes comment il entendait vaincre. Certes, et tout le monde le savait, la bataille ne se déroulait jamais selon les plans prévus ; du moins le discours de leur chef indiquait-il aux soldats ce qu'il attendait de chacun d'eux.

La défaite des Ambrons avait plongé les soldats de Marius dans l'euphorie. Ils se rassemblèrent pour l'écouter, prêts à le suivre jusqu'aux Enfers ; ils l'adoraient.

— L'heure est venue ! s'exclama Marius du haut de son estrade. Nous sommes trop forts pour eux, voilà le malheur ! Ils ne veulent plus se battre ! Alors, nous allons les rendre fous furieux ! Nous allons sortir du camp, descendre la crête, et cracher sur leurs morts, les bourrer de coups de pied, pisser dessus au besoin ! Et prenez bien garde, ils franchiront le gué par milliers et par milliers — trop nombreux en tout cas pour que vous puissiez les compter, à supposer que vous en soyez capables ! Il va falloir les affronter au corps à corps, et ce sont des géants ! Est-ce que cela vous fait peur ?

— Non ! Non ! hurlèrent-ils d'une seule voix.

— Non ! répéta Marius. Et pourquoi ? Parce que nous sommes les légions de Rome ! Nous suivons les aigles d'argent, vers la victoire ou vers la mort ! Les Romains sont les meilleurs soldats que le monde ait jamais vus ! Et vous, *capite censi*, êtes les meilleurs soldats que Rome ait jamais vus !

Ils l'acclamèrent pendant ce qui parut être une éternité, fous d'orgueil, les visages inondés de larmes.

— Très bien ! Nous allons enjamber la muraille et les affronter ! Le seul moyen de gagner cette guerre, c'est de mettre à genoux les Barbares ! Et la bataille durera jusqu'à ce qu'il n'en reste plus un seul !

Il se tourna vers les six *aquiliferi*, vêtus de peau de lion, mains crispées sur la hampe des lances au bout desquelles étaient fixés des aigles d'argent :

— Voici vos aigles ! Emblèmes du courage ! Emblèmes de Rome ! Emblèmes de nos légions ! Suivez-les, pour la gloire de Rome !

En dépit de l'exaltation générale, la discipline ne se relâchait pas ; les six légions sortirent du camp en bon ordre, sans hâte excessive, et descendirent la pente menant au gué, en tournant pour protéger leurs flancs. Les voir insulter les morts ambrons décida Teutobod ; les Germains franchirent la rivière, et se heurtèrent à la muraille des soldats romains, qui ne frémit même pas. Les Teutons des premiers rangs tombèrent, décimés par les lances.

La bataille fut longue et sans merci, mais il fut impossible aux Germains d'enfoncer les lignes romaines, ou de leur arracher les aigles d'argent. Les cadavres s'entassaient à côté de ceux des Ambrons, et pourtant de nouveaux Barbares arrivaient sans cesse pour remplacer ceux qui venaient de tomber. Jusqu'à ce que Manius Aquilius, avec ses trois mille hommes, fondît sur l'arrière-garde ennemie, qu'il anéantit.

Au milieu de l'après-midi, les Teutons avaient cessé d'exister. Trente-sept mille légionnaires romains, aguerris et bien commandés, avaient défait à Aquae Sextiae, en deux engagements successifs, plus de cent mille guerriers germains. Quatre-vingt mille d'entre eux avaient été tués et gisaient sur le champ de bataille : parmi eux, Teutobod lui-même. Rares étaient ceux qui s'étaient rendus, les Teutons préférant mourir en sauvegardant leur orgueil et leur honneur. On captura plusieurs milliers de femmes et d'enfants, et dix-sept mille combattants. Les marchands d'esclaves accoururent de Massilia pour les acheter ; cela représentait beaucoup d'argent, dont Marius fit don à ses hommes et à ses officiers, bien que traditionnellement le général gardât tout pour lui.

— Je n'en ai pas besoin, et ils l'ont bien gagné ! expliqua-t-il en souriant, se souvenant de la somme énorme extorquée, au lendemain d'Arausio, par les Massiliotes à Marcus Aurelius Cotta. Je vois que les magistrats de Massilia m'ont voté des félicitations pour avoir sauvé leur ville ! Je crois que je vais leur envoyer la facture !

Il confia à Manius Aquilius un rapport destiné au Sénat, et lui enjoignit de rejoindre Rome au grand galop.

— Tu leur apporteras les nouvelles, et tu pourras te présenter aux élections consulaires ! Mais ne traîne pas en route !

Et Manius Aquilius ne perdit pas de temps, atteignant Rome, par la route, en une semaine. Il tendit le message de Marius à Quintus Lutatius Catulus César, qui se chargea de le lire devant le Sénat :

Moi, Caius Marius, consul de Rome, juge de mon devoir d'avertir le Sénat et le Peuple de Rome qu'en ce jour, à Aquae Sextiae, en Gaule Transalpine, les légions placées sous mon commandement ont écrasé les Teutons. Cent treize mille d'entre eux ont été tués, dix-sept mille capturés, à quoi il faut ajouter cent trente mille femmes et enfants, vingt-deux mille chariots, quarante et un mille chevaux et deux cent mille têtes de bétail. J'ai décrété que ce butin serait équitablement partagé entre mes hommes. Longue vie à Rome!

Rome tout entière fut saisie par une liesse qui dura plusieurs jours les rues débordaient de gens qui pleuraient, dansaient, hurlaient. Caius Marius fut réélu consul *in absentia*, en même temps que Manius Aquilius.

— Cela me rappelle une remarque de Sylla, dit Catulus César à Metellus Numidicus.

— Oh oh! « Sylla »? Tu n'aimes guère notre Lucius Cornelius, on dirait! Qu'a-t-il dit?

— Il a fait allusion à un arbre si haut que nul ne peut l'abattre. Caius Marius a toujours eu de la chance. Je n'ai pas pu convaincre mon armée de se battre, et lui anéantit un peuple entier sans perdre un seul homme ou presque!

— Il a toujours eu la chance avec lui, convint Numidicus.

— Allons donc! intervint Publius Rutilius Rufus, qui les avait entendus. Elle n'a rien à voir là-dedans! Sachez au moins reconnaître le vrai mérite!

Il écrivit plus tard à Marius:

Ils n'ont rien trouvé à répondre! Comme tu le sais, je ne peux approuver tous ces consulats successifs, ni aimer certains de tes amis. Mais je dois dire que je suis exaspéré de voir des hommes, assez grands pour être magnanimes, faire preuve de tant de jalousie et de dépit. Comme le disait Esope, les raisins sont trop verts pour eux!

Restons-en là, je vais avoir une apoplexie. Pour en revenir à tes amis: Caius Servilius Glaucia, à peine entré en fonction comme tribun de la plèbe, a convoqué une réunion de l'Assemblée du Peuple pour discuter d'une loi qu'il veut promulguer, et qui est dirigée contre le héros de Tolosa, Quintus Servilius Caepio, dont j'espère vivement qu'il ne reviendra jamais de son exil à Smyrne. Glaucia veut rendre aux chevaliers les tribunaux spécialisés dans les affaires de détournement de fonds. De plus, à partir de maintenant — si la loi est votée, bien sûr, mais c'est très probable —, l'Etat pourra récupérer les fonds détournés aux dépens de ceux qui les ont reçus, et pas seulement des premiers coupables. Un gouverneur trop rapace ne pourra plus mettre ses biens mal acquis au nom de sa tante, du père de sa femme ou de son fils, qui seront considérés comme responsables au même titre que lui.

Il y a là-dedans une certaine équité, mais où tout cela nous mène-t-il, Caius Marius ? Cela donne à l'Etat beaucoup trop de pouvoir ! C'est encourager les démagogues et les fonctionnaires. Il est plutôt rassurant que l'on se lance dans la politique pour s'enrichir. C'est normal, c'est humain, c'est compréhensible, en un mot : pardonnable. Il y en a d'autres qui veulent changer le monde : les hommes de pouvoir et les altruistes, et ce sont eux qui causent les plus gros dégâts. Il n'est pas sain de penser aux autres avant de penser à soi.

Nous avons entendu dire que tu serais de retour à Rome pour peu de temps. Je meurs d'impatience ! Je veux voir la tête du Porcelet quand il t'apercevra ! Catulus César a été nommé proconsul de la Gaule Cisalpine, comme tu devais t'y attendre, et a déjà rejoint son armée à Placentia. Surveille-le, il va essayer de s'attribuer le mérite de ta prochaine victoire. J'espère que, maintenant que Julilla est morte, Lucius Cornelius Sylla t'est resté aussi fidèle que par le passé.

Sur le front diplomatique, Battacès et ses amis ont finalement préféré quitter Rome, et on entend soupirer diverses matrones de haute naissance jusqu'à l'autre bout de la ville. Nous avons maintenant affaire à une ambassade moins chamarrée, mais plus inquiétante, que nous envoie ce jeune homme si dangereux, qui s'est déjà emparé de presque tous les territoires qui entourent le Pont Euxin : Mithridate, roi du Pont. Il nous demande un traité d'alliance et d'amitié. Scaurus n'y est guère favorable, je me demande bien pourquoi. Parce que les agents du roi Nicomède, qui règne sur la Bithynie, se montrent très actifs ?

J'ai appris avec tristesse la mort de Martha, ta prophétesse syrienne. Tu le sais déjà : Julia t'a écrit. La vieille haridelle me manquera. Le Porcelet avait presque une attaque chaque fois qu'il croisait dans Rome son incroyable litière pourpre. Julia m'a dit qu'elle la regretterait. A propos, j'espère que tu te rends compte que tu as épousé un trésor. Peu d'épouses de ma connaissance auraient accepté à demeure une vieille femme qui n'aurait dû rester là qu'un mois, et avait pour habitude de cracher par terre et d'uriner dans la fontaine!

Je terminerai en faisant écho à une de tes phrases, même si je trouve parfois que ton orgueil dépasse certaines limites, Caius Marius ! « Longue vie à Rome » !

LA DIXIÈME ANNÉE
(101 avant J.-C.)

sous le consulat
de Caius Marius (V)
et
de Manius Aquilius

*

LA ONZIÈME ANNÉE
(100 avant J.-C.)

sous le consulat
de Caius Marius (VI)
et
de Lucius Valerius Flaccus

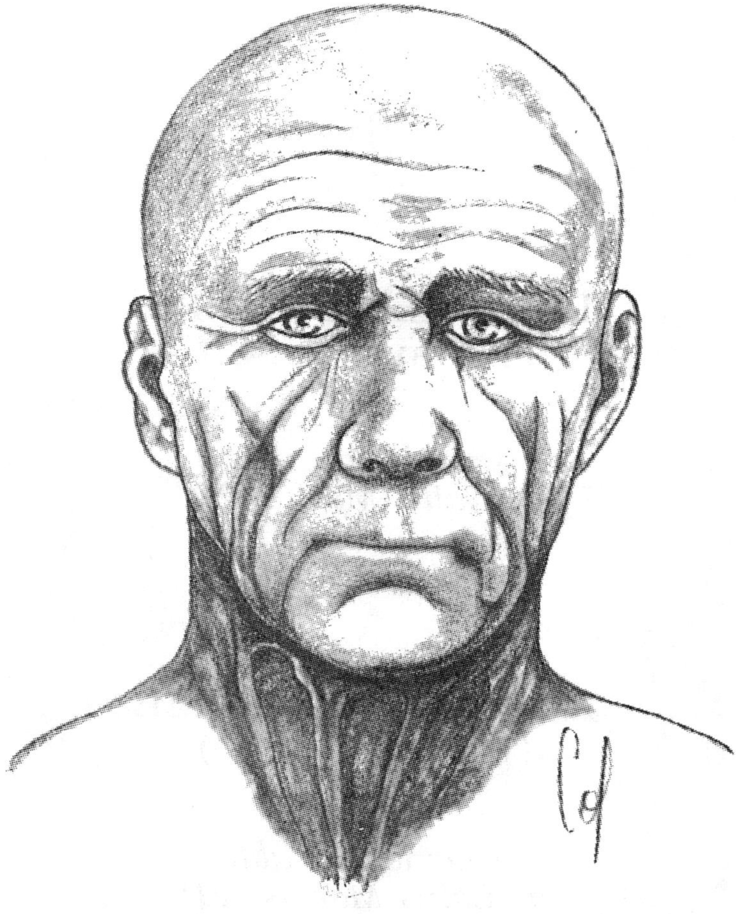

MARCUS AEMILIUS SCAURUS

Sylla avait raison : les Cimbres ne traversèrent pas le Pô. Ils se contentèrent d'arpenter en tous sens la moitié est de la Gaule Cisalpine, au milieu d'une telle abondance qu'ils ne tinrent aucun compte des exhortations de leur roi. Boiorix était le seul à s'inquiéter, et fut accablé d'apprendre la nouvelle de l'écrasement des Teutons à Aquae Sextiae. Quand il fut informé que les Tigures, les Chérusques et les Marcomans, découragés, étaient repartis vers leurs patries, il désespéra. La supériorité militaire romaine et l'inconséquence des Germains ruinaient sa stratégie — et il doutait de pouvoir encore contrôler son propre peuple, les Cimbres.

Mais ils étaient les plus nombreux du lot, et il estimait encore pouvoir conquérir seul l'Italie — à condition de pouvoir leur inculquer la discipline.

Tout au long de l'hiver qui suivit la bataille d'Aquae Sextiae, il garda ses pensées pour lui, comprenant qu'il ne parviendrait à rien tant que son peuple ne serait pas lassé de la région — ou n'en ait épuisé les richesses. Ce qui était assez probable, les Cimbres n'ayant rien de paysans ; mais jamais, au cours de ses errances, Boiorix n'avait vu des terres aussi fertiles. Si la Gaule Cisalpine appartenait aux Romains, il n'était pas surprenant que Rome fût si grande.

Boiorix était, malheureusement, trop ignorant de la géographie de la péninsule. En effet il aurait très bien pu décider d'annoncer à son peuple que la Gaule Cisalpine était la nouvelle patrie qu'ils avaient si longtemps cherchée ; et peut-être les Romains auraient-ils laissé faire, l'endroit, avant tout peuplé de Celtes, n'étant pas d'une importance vitale pour la République. Car les richesses de la région ne profitaient pas au reste de l'Italie, tous les fleuves et les rivières courant d'est en ouest, ou inversement, et les

Apennins isolant la Gaule cisalpine, et ce de la côte adriatique aux rivages ligures. En outre elle était divisée en deux par le Pô.

Boiorix reprit espoir quand, au printemps, les premiers signes de disette apparurent. Il était temps de bouger. Début juin, les Cimbres se mirent en route et remontèrent le Pô le long de sa rive nord, en direction de l'ouest, se dirigeant vers les régions plus romanisées qui entouraient Placentia.

Il s'y trouvait déjà une armée romaine forte de cinquante-cinq mille hommes. Marius avait confié deux de ses légions à Manius Aquilius, parti en Sicile au début de l'année pour mettre un terme à la révolte des esclaves; la défaite des Teutons avait été à ce point complète qu'il s'était révélé inutile de laisser des troupes en garnison en Gaule Transalpine.

La situation rappelait un peu celle d'Arausio: un Homme Nouveau, commandant en chef de l'armée, avait pour second un aristocrate. Mais Marius n'avait rien de commun avec Cnaeus Mallius: Catulus César reçut des directives très nettes. On ne lui demandait que d'obéir, et s'il s'y refusait, il savait ce qui se passerait, parce que Marius avait pris le temps de le lui expliquer.

— Disons que je trace une ligne à ton intention, Quintus Lutatius. Franchis-la, ne serait-ce que d'un orteil, et tu te retrouveras à Rome avant d'avoir compris ce qui t'arrive. De toute façon, je préférerais que Lucius Cornelius occupe ton poste, et c'est ce qui se passera si tu ne respectes pas mes ordres. Est-ce clair?

— Caius Marius, je ne suis pas un subalterne, et je n'aime guère qu'on me traite ainsi!

— Quintus Lutatius, ce que tu penses ne m'intéresse pas. Je ne me préoccupe que de ce que tu fais. Et tu ne feras que ce que je te dirai, rien de plus et rien de moins.

Catulus César, le rouge aux joues, parvint à se dominer:

— Caius Marius, je suis persuadé de pouvoir obéir à tes ordres sans difficulté: ils sont aussi précis que détaillés. Mais je le répéte, je ne vois pas pourquoi tu me parles comme à un simple centurion! Après tout, je suis commandant en second!

Marius eut un sourire mauvais.

— Quintus Lutatius, tu ne m'aimes pas; rassure-toi, moi non plus. Tu n'es qu'un de ces médiocres bien nés qui se croient investis par droit divin de la mission de gouverner Rome. Tu ne serais même pas capable de tenir une taverne! Nous collaborerons donc de la façon suivante: je donne les ordres et tu les suis à la lettre.

— Ne t'était-il pas possible de faire preuve d'un peu plus de tact? lui demanda Sylla, plus tard dans la journée: Catulus César était venu dans sa tente, et avait passé une heure à vider sa bile contre Marius en marchant de long en large.

— Et pourquoi diable? dit Marius, sincèrement surpris.

— Parce qu'il est quelqu'un à Rome! Tu as un caractère impossible! Et cela empire!

— Lucius Cornelius, je me fais vieux. J'ai cinquante-six ans, le même âge que notre estimé Princeps Senatus, en qui chacun voit un vieillard.

— Parce que Scaurus est chauve et tout ridé!

— Disons que je suis trop âgé pour supporter patiemment des imbéciles tels que Quintus Lutatius. Je n'ai pas le temps.

— Ne viens pas dire que je ne t'ai pas prévenu! soupira Sylla.

A la fin de Quinctilis, les Cimbres se massèrent au pied des Alpes, dans une plaine appelée les Campi Raudii, non loin de la petite ville de Vercellae.

— Pourquoi à cet endroit? demanda Marius à Quintus Sertorius, qui s'était mêlé aux Germains tandis qu'ils avançaient vers l'ouest.

— Si seulement je le savais, Caius Marius! Mais je n'ai jamais réussi à approcher Boiorix d'assez près. Les Cimbres semblent croire qu'ils vont rentrer en Germanie, mais quelques thanes de ma connaissance sont persuadés qu'il veut toujours descendre vers le sud.

— Il est allé bien trop loin vers l'ouest, fit remarquer Sylla.

— Les thanes pensent qu'il veut faire croire à son peuple qu'ils vont bientôt traverser les Alpes pour revenir en Gaule Chevelue, et que, l'année prochaine, ils seront de retour dans la Chersonèse Cimbrique. Mais il compte les retenir en Gaule Cisalpine juste assez longtemps pour que les cols alpins soient impraticables, ce qui ne leur laisserait que deux possibilités : passer l'hiver sur place, et mourir de faim, ou envahir l'Italie.

— C'est une manœuvre bien subtile, pour un Barbare, dit Marius d'un ton sceptique.

— Envahir la Gaule Cisalpine par trois côtés à la fois n'était pas l'idée d'un sot, lui rappela Sylla.

— Ce sont des vautours, dit soudain Sertorius. Ou plutôt, c'est comme une invasion de sauterelles, qui dévorent tout et s'en vont plus loin. Il faudra vingt ans aux Eduéens et aux Ambarres pour réparer les ravages que les Germains ont causés chez eux, et ils y sont restés quatre ans! Et les Aduates, quand je les ai quittés, étaient très abattus, crois-moi!

— En tout cas, mieux vaudrait leur imposer le combat cet été, et mettre un terme à cette affaire qui n'a que trop duré. Cela fait près de quinze ans que Rome vit sous la menace germaine. Il faut arrêter leurs errances, et je ne vois pas d'autre solution que l'épée.

Sylla et Sertorius l'approuvèrent.

— Quintus Sertorius, n'as-tu pas eu un fils, chez les Cimbres? demanda Marius.

— Oui.

— Tu sais où il est?

— Oui.

— C'est bien. Quand tout sera terminé, tu pourras l'envoyer où tu veux avec sa mère, même à Rome!

— Merci, Caius Marius. Je les mènerai en Ibérie Citérieure.

— Et pourquoi donc?

— J'ai beaucoup aimé ce pays quand je m'efforçais de passer pour un Celtibère. La tribu où j'ai séjourné saura s'occuper d'eux.

— C'est bien! Et maintenant, mes amis, voyons comment nous pouvons livrer bataille aux Cimbres.

Elle aurait lieu le dernier jour de Quinctilis. Marius en fixa la date très simplement, en conférant avec Boiorix lui-même qui, lui aussi, était lassé de toutes ces années d'incertitude, et voulait y mettre un terme.

— L'Italie ira au vainqueur! déclara le chef cimbre.

— Non: le monde! répliqua Marius.

Comme à Aquae Sextiae, ce dernier mena un combat d'infanterie, sa cavalerie, très réduite, se bornant à protéger ses deux ailes, confiées à ses troupes de Gaule Transalpine, soit trente mille hommes séparés en deux groupes, entre lesquels il plaça les vingt-quatre mille légionnaires, moins aguerris, de Catulus César. Il se réserva le commandement de l'aile gauche, Sylla recevant celui de l'aile droite.

Quinze mille cavaliers cimbres, magnifiquement armés et équipés, engagèrent les hostilités. Ils formèrent une ligne de près de deux lieues de long, précédant l'infanterie, et chargèrent, obliquant brusquement sur la droite, manœuvre destinée à distendre le front adverse, et à attirer l'aile gauche romaine, de façon que leurs propres fantassins puissent contourner l'aile droite de Sylla, et surprendre les légionnaires par-derrière.

Les troupes romaines étaient si désireuses d'en découdre, que la tactique faillit bien réussir; mais Marius parvint à retenir ses soldats, et supporta le plus gros de la charge de cavalerie. Il avait d'autre part parié sur une victoire rapide, dès avant midi, et placé ses hommes face à l'ouest. Les Cimbres avaient donc le soleil dans les yeux, et ne purent suivre le rythme. Habitués à des climats plus frais, et s'étant, comme à l'accoutumée, bourrés de viande avant de combattre, ils devaient livrer bataille le surlendemain du solstice d'été, sous un ciel sans nuages — autant dire dans un four; leurs casques étaient brûlants, leurs épées trop lourdes à porter.

A midi, quatre-vingt mille d'entre eux, dont Boiorix, gisaient sur le champ de bataille. Les autres s'enfuirent pour avertir les femmes et les enfants, et se replier en toute hâte vers les Alpes. Mais il est impossible de lancer au galop cinquante-cinq mille chariots, et de rassembler en une heure plus de cinq cent mille bœufs et chevaux. Seuls ceux qui étaient assez près des cols réussirent à s'échapper. Nombre de femmes, plutôt que d'être réduites en esclavage, préférèrent se donner la mort après avoir tué leurs enfants; certaines massacrèrent également les guerriers en fuite. Malgré tout, soixante mille d'entre elles furent vendues aux marchands d'esclaves avec leur progéniture, en même temps que vingt mille combattants.

Des Cimbres qui étaient parvenus à gagner la Gaule Transalpine, rares furent ceux qui échappèrent aux Celtes. Les Allobroges, comme les Séquanes, les attaquèrent avec une joie farouche. Deux mille personnes, au plus, purent rejoindre les six mille guerriers installés chez les Aduates, chez qui ils se fixèrent définitivement, avant de se fondre avec leurs hôtes. Seuls les énormes trésors laissés là en partant leur rappelaient qu'ils avaient appartenu, peu de temps auparavant, à un peuple fort de plusieurs centaines de milliers d'âmes. Encore ces richesses ne leur appartenaient-elles pas; ils devaient les défendre contre l'arrivée d'autres Romains.

Catulus César, arrivant au conseil convoqué par Marius après la bataille, le trouva d'excellente humeur, fort affable, et prêt à satisfaire la moindre requête. Quintus Lutatius réclamait le triomphe? Qu'à cela ne tienne! Il aurait même droit aux deux tiers du butin, les hommes de Marius ayant déjà reçu leur part à Aquae Sextiae! Peut-être Quintus Lutatius comptait-il laisser à ses troupes le produit de la vente des esclaves? Non? C'était bien compréhensible!

— Boiorix est mort, dit Sylla en souriant. C'est fini, Caius Marius, et pour de bon!

— Quintus Sertorius, que sont devenus ton fils et sa mère? demanda Marius.

— Ils sont à l'abri.

— Bien, bien!

Marius jeta un regard circulaire autour de lui:

— Qui veut aller porter à Rome la nouvelle de la victoire?

Une vingtaine de voix s'élevèrent; les autres ne dirent rien, mais leur visage parlait pour eux.

— Caius Julius, dit Marius, c'est toi qui t'en chargeras. Il nous faut rester ici tant que tout n'est pas définitivement réglé. Tu es le beau-frère de Lucius Cornelius et le mien; le sang de ta famille coule dans les veines de nos enfants. Et Quintus Lutatius, ici présent, est, de naissance, un Julius César. Il est donc normal que ce soit un Julius César qui aille annoncer notre victoire à Rome. N'est-ce pas juste? ajouta-t-il en se tournant vers l'assistance.

— Oui, oui! répondirent-ils en chœur.

— Quelle merveilleuse façon d'entrer au Sénat! s'écria Aurelia, qui ne pouvait détacher ses yeux du visage de son mari. Finalement, je suis heureuse que les censeurs ne t'aient pas admis avant que tu partes servir Caius Marius!

Caius Julius était épuisé, et revivait encore ces glorieux moments au cours desquels, après avoir donné à Scaurus la lettre de Marius, il avait vu, de ses propres yeux, le Sénat apprendre que la menace germaine avait définitivement disparu. Il y avait eu des applaudissements, des clameurs; certains sénateurs dansaient de joie, d'autres pleuraient; Caius Servilius Glaucia avait couru, en relevant sa toge, jusqu'au Comitium, pour hurler la nouvelle depuis les rostres.

— C'est un heureux présage, dit-il à sa femme, qu'il contemplait avec adoration.

Qu'elle était belle! Jamais on n'aurait cru que, depuis plus de quatre ans, elle vivait dans la Subura et gérait l'*insula* dont elle était propriétaire.

— Tu seras consul un jour, répondit-elle, la voix très assurée. Chaque fois qu'on pensera à la victoire de Vercellae, on se souviendra que c'est toi qui es venu l'annoncer à Rome.

— Non! On se souviendra de Caius Marius!

— Et de toi! Tu es son questeur, c'est toi qu'ils ont vu.

Il soupira, s'étendit sur son sofa et, de la main, tapota l'espace libre à côté de lui:

— Viens ici!

Aurelia se raidit sur sa chaise, jeta un coup d'œil furtif en direction de la porte.

— Caius Julius, voyons!

— Ma chère épouse, nous sommes seuls, et je n'ai pas l'intention, lors de ma première soirée ici, d'être séparé de toi par la largeur d'une table.

Lorsque le jeune couple s'était installé dans la Subura, leur arrivée leur avait valu la curiosité de tous ceux qui vivaient dans les rues avoisinantes. Il était courant que les propriétaires des immeubles du quartier soient des aristocrates; mais ils habitaient rarement sur place. On regarda donc avec intérêt ce Caius Julius César le jeune et son épouse; en dépit de son immensité, la Subura n'était jamais qu'un gros village bruissant de rumeurs.

Tout le monde était persuadé que les deux jeunes gens ne feraient pas long feu; la Subura, cette grande niveleuse, aurait tôt fait de leur montrer qu'ils n'étaient jamais que des prétentieux venus du Palatin. C'est ce que disaient tous les vieux habitués du lieu, qui attendirent avec allégresse que leurs prédictions se réalisent.

Mais il ne se produisit rien de tel. On se rendit compte qu'Aurelia ne dédaignait pas de faire son marché elle-même, savait remettre à sa place quiconque se montrait trop entreprenant; Caius Julius était un homme des plus courtois, qui écoutait tous ceux qui avaient quelque chose à lui dire, et se montrait toujours prêt à aider ceux qui avaient besoin de rédiger un testament, un bail ou un contrat.

Très vite ils furent respectés, et on finit par les adorer. On n'était guère habitué, dans la Subura, à des gens qui s'occupaient de leurs affaires sans se mêler de celles des autres, qui ne se plaignaient pas sans arrêt, ne critiquaient personne, et ne se jugeaient pas supérieurs aux autres. Les habitants du quartier crurent même, un moment, à une comédie. Ils finirent pourtant par comprendre que Caius et Aurelia étaient très exactement ce qu'ils paraissaient être.

Pour Aurelia, il était infiniment plus important d'être acceptée que pour Caius Julius; elle était la propriétaire officielle de leur immeuble. Au début, cela n'avait pas été facile, bien qu'elle n'ait compris pourquoi qu'après le départ de son époux. Elle avait d'abord attribué ses difficultés au manque d'expérience. Les agents qui lui avaient vendu l'*insula* avaient proposé de collecter les loyers en son nom et, Caius Julius pensant que c'était une bonne idée, Aurelia, en épouse obéissante, avait accepté. Il n'avait pourtant pas saisi le message qu'elle avait, inconsciemment, tenté de lui transmettre, un mois après leur installation :

— C'est si varié, je ne peux y croire!

— Varié? avait-il répondu.

— Les deux derniers étages sont avant tout peuplés d'affranchis, grecs pour la plupart, qui semblent gagner leur vie en faisant chanter leurs anciens maîtres, et ont plus de petits amis que d'épouses! En dessous, il y a de tout : un tisserand, un potier, un berger, tous romains! Un berger en plein Rome, tu te rends compte?

— Aurelia, je ne suis pas sûr que ce soit une bonne idée que de lier conversation avec tes locataires. Tu es la femme d'un Julius, et à ce titre tu dois observer certaines règles de conduite. Il ne faut pas se montrer cassant ou discourtois avec ces gens, ni refuser de les écouter, mais je m'en vais bientôt, et je ne veux pas que ma femme se lie d'amitié avec le premier venu. Il est indispensable que tu gardes tes distances avec les gens qui te louent des appartements. C'est pourquoi je suis heureux de savoir que des agents s'occupent de percevoir les loyers.

— Je... je suis désolée, Caius Julius! Je... je n'ai pas réfléchi, balbutia-t-elle. J'ai simplement pensé qu'il serait intéressant de savoir ce qu'ils faisaient.

— Bien sûr, bien sûr, dit-il d'un ton apaisant. Dis-m'en davantage.

— Il y a aussi un rhéteur grec, un *grammaticus* romain, tous deux avec leur famille. Le Romain aimerait louer les deux pièces à côté de son appartement, dès qu'elles seront vacantes, pour pouvoir y faire cours.

Elle se hâta d'ajouter:

— C'est ce que m'ont dit les agents.

C'était la première fois qu'elle mentait à son mari.

— Et qui d'autre encore, mon amour?

— L'étage au-dessus du nôtre est très bizarre. Il y a un marchand d'épices, qui a une femme épouvantablement hautaine, et un inventeur! Il est célibataire, et son appartement est rempli à craquer de modèles réduits de grues, de pompes, de meules...

— Aurelia, dois-je comprendre que tu t'es rendue seule dans le logement d'un célibataire!

— Non, Caius Julius, non — ce qui était un second mensonge —, mais l'agent avait pensé que ce serait bien que je l'accompagne dans sa tournée, de façon à savoir qui sont les locataires, et comment ils vivent.

— Ah, je vois! Et que fait notre inventeur?

— J'ai cru comprendre qu'il travaillait surtout à des freins et des poulies. Il m'a montré un modèle de grue, mais je n'ai pas l'esprit très porté sur la technique, et j'avoue ne pas y avoir compris grand-chose.

— En tout cas, il doit bien gagner sa vie, s'il peut se permettre de louer ici.

— Et il y a un étage entier occupé par des Juifs, Caius Julius! Ils m'ont dit qu'ils préféraient vivre entre eux, parce qu'ils observent toutes sortes de règles et d'interdits. Des gens très religieux! Ils travaillent tous à leur compte, parce qu'ils se reposent tous les sept jours, ce qui ne concorde pas avec notre calendrier.

— Extraordinaire!

— Ce sont des artisans ou des érudits, poursuivit Aurelia d'une voix qu'elle voulait neutre. L'un d'eux — je crois qu'il s'appelle Shimon — est un scribe remarquable. Mais il ne travaille qu'en grec; aucun d'entre eux ne parle très bien latin. Ses quatre fils apprennent le métier, et ils vont étudier sous la direction du *grammaticus* de notre immeuble, parce que Shimon veut qu'ils maitrisent aussi bien le latin que le grec, l'araméen et... comment dit-il ? L'hébreu ?

— Tous les Juifs sont scribes ?

— Non, non, il n'y a que Shimon. Parmi les autres, on compte un tailleur, un armurier, un maçon, et un marchand de baume !

— Ils sont heureux de vivre ici ?

— Tout le monde a l'air heureux de vivre ici.

Cette nuit-là, quand Caius Julius se fut endormi, Aurelia resta éveillée, et versa quelques larmes sur son oreiller. Il ne lui était pas venu à l'idée que son époux attendait qu'elle se conduisît dans une *insula* de la Subura comme elle aurait dû le faire sur le Palatin.

La vérité est qu'elle mourait d'envie de gérer l'immeuble elle-même, sans s'encombrer d'agents. Elle avait donc pris sur elle d'aller voir chacun des locataires, de discuter avec eux, et de découvrir qui ils étaient. Elle les avait trouvés très sympathiques, et n'avait pas compris pourquoi il lui serait interdit de traiter directement avec eux. Jusqu'à ce que son mari lui rappelle qui elle était.

Fort heureusement, une grossesse résolut momentanément ce dilemme. Son mari devait toutefois accompagner Caius Marius en Gaule Transalpine ; il ne serait donc pas là lors de la naissance de l'enfant, et s'inquiéta de laisser seule sa femme, qui paraissait si vulnérable.

— Ne te fais pas de souci, tout ira bien ! dit-elle.

— Il faudra que tu ailles t'installer chez ta mère avant le moment fatidique !

— Laisse-moi m'occuper de tout, j'y arriverai ! répondit-elle sans s'engager.

Et, bien entendu, elle n'en fit rien, préférant accoucher chez elle, assistée de la sage-femme du quartier, et de la seule Cardixa, et mit au monde, presque sans souffrances, une petite fille blonde, aux yeux bleus.

— Nous l'appellerons Lia ! dit-elle à sa mère.

— Oh non ! s'écria Rutilia, à qui ce nom semblait atrocement commun. Pourquoi pas Julilla ?

— Non, répondit Aurelia en secouant la tête. Cela lui porterait malheur. Ce sera Lia !

Mais la fillette restait souffreteuse, et elle hurla presque sans répit pendant six bonnes semaines, jusqu'à ce que Ruth, la femme de Shimon le scribe, descendît chez Aurelia, qui lui parla coliques et coups de froid.

— Elle a faim simplement ! dit Ruth dans un grec marqué d'un fort accent. Tu n'as pas de lait, pauvre fille !

— Mais où vais-je trouver une nourrice ? demanda Aurelia, qui ne voyait pas où caser une servante de plus.

— Pas besoin, pauvre fille ! L'immeuble est plein de mères qui allaitent ! Nous donnerons à boire !

La petite Lia se vit donc offrir une pleine *insula* de nourrices, but avec la même avidité du lait romain, grec, ibère, juif et syrien, et eut tôt fait de reprendre des couleurs — comme sa mère.

César étant parti, le véritable caractère d'Aurelia se fit jour peu à peu. Elle commença par éconduire tous ceux de sa parenté que son mari avait chargés de veiller sur elle.

— Père, si j'ai besoin de toi, je t'enverrai chercher, dit-elle à Marcus Aurelius Cotta.

— Oncle Publius, laisse-moi tranquille ! dit-elle à Rutilius Rufus.

— Sextus Julius, retourne en Gaule ! dit-elle à son beau-frère.

— Enfin, ma vie m'appartient ! lança-t-elle à Cardixa. Il va y avoir des changements !

Elle débuta par son propre appartement, où les esclaves achetés par le couple juste après son mariage faisaient la loi, sous la direction de l'intendant, un Grec nommé Eutychos. Ils travaillaient suffisamment bien pour qu'Aurelia n'ait pas à se plaindre auprès de son mari — qui, avait-elle remarqué, ne voyait pas les choses comme elle, et parfois ne les voyait pas du tout. En moins d'une journée, pourtant, elle leur fit comprendre que les meilleures choses avaient une fin : il lui suffit pour cela d'un petit discours très bref et sans détour.

— Ooooh ! dit Murgus, le cuisinier, à Eutychos. Et moi qui la croyais si gentille !

— Et moi ? Je pensais que peut-être, en l'absence de Caius Julius, je pourrais la consoler un peu ! Mieux vaudrait aller au lit avec un lion !

— Crois-tu vraiment qu'elle aurait le sang-froid de nous vendre avec de mauvaises références ? demanda l'autre en frissonnant à cette pensée. Cela lui ferait perdre de l'argent !

— Elle a assez de sang-froid pour nous faire crucifier !

— Oooh ! gémit Murgus.

Aurelia s'occupa ensuite du locataire de l'autre appartement du rez-de-chaussée. C'était un acteur célèbre nommé Epaphroditos, qui vivait là depuis trois ans.

— Va prévenir ton maître que sa propriétaire veut le voir ! annonça-t-elle au portier.

Tandis qu'elle attendait dans la salle de réception, elle examina l'endroit avec soin, et soupira : c'était mieux décoré que chez elle, et les murs avaient été tout récemment peints de fresques représentant des Cupidons joufflus voletant parmi des fleurs et des fruits.

— Je ne peux y croire! s'écria une voix en grec.

Aurelia fit demi-tour. Son locataire était bien plus âgé qu'elle ne l'aurait cru. C'était un homme d'une cinquantaine d'années, coiffé d'une perruque d'un jaune doré, au visage maquillé avec art, et qui était vêtu d'une robe de véritable pourpre tyrienne brodée d'étoiles d'or. Aurelia n'en avait vu qu'une fois dans sa vie, chez Cornelia, la mère des Gracques.

— A quoi? demanda-t-elle, également en grec.

— A ce que je vois! J'avais entendu dire que notre propriétaire était belle et avait des yeux violets, mais la réalité est encore plus belle que tout ce que j'avais pu imaginer en t'apercevant de loin!

La voix était fortement efféminée, mais très mélodieuse.

— Assieds-toi, assieds-toi!

— Je préfère rester debout.

Il s'arrêta net et leva deux sourcils épilés avec soin.

— Tu es venue parler affaires!

— En effet.

— Dans ce cas, que puis-je faire pour t'aider?

— Partir d'ici.

Il resta bouche bée, chancela presque tandis que son visage prenait une expression horrifiée:

— *Comment?*

— Je te laisse huit jours pour cela.

— Mais tu n'en as pas le droit! Je paie régulièrement mon loyer! Je prends soin de cet endroit comme s'il m'appartenait! Donne-moi tes raisons, maîtresse.

— Je n'aime pas ta façon de vivre.

— Ce sont mes affaires!

— Pas quand il me faut assister à des scènes qui me choquent, ou quand des prostitués des deux sexes se livrent à leurs activités dans la cour.

— Mets des rideaux à tes fenêtres!

— Il n'en est pas question.

— Je suis désolé que cela te déplaise, mais je refuse de partir.

— Dans ce cas, je serai dans l'obligation de te faire expulser.

— Ecoute-moi bien: j'ai dépensé une fortune pour que cet appartement soit à mon goût, et je n'ai aucune intention de l'abandonner. Si tu essaies de me faire expulser, je te poursuivrai en justice. D'ailleurs, dès que je t'aurai raccompagnée à ma porte, je m'en irai chez le préteur urbain.

— Ne te gêne pas! dit-elle d'une voix douce. Il s'appelle Caius Memmius, et c'est un de mes cousins. Toutefois, il est fort occupé en ce moment, et tu devras de contenter de voir son adjoint. C'est un nouveau sénateur nommé Sextus Julius César, qui se trouve être mon beau-frère.

Elle se tourna pour examiner les fresques et la coûteuse mosaïque qui ornait le sol.

— C'est très joli ! Tu as plus de goût pour la décoration d'intérieur que dans le choix de tes compagnons. Mais tu n'ignores pas, sans doute, que tous les aménagements effectués dans un appartement loué ne donnent pas droit à un sesterce de compensation de la part du propriétaire.

Huit jours plus tard, Epaphroditos était parti, maudissant toutes les femmes, et sans avoir pu mettre à exécution son projet : endommager irrémédiablement ses fresques et son sol de mosaïque. Aurelia avait en effet placé deux gladiateurs dans l'appartement.

— Très bien ! s'exclama-t-elle. Et maintenant, Cardixa, je vais me trouver un locataire convenable.

L'*insula* de la jeune femme était connue pour être très sûre, aussi les candidats furent-ils nombreux. Elle les interrogea elle-même. Certains lui parurent sympathiques, d'autres dignes de confiance ; mais aucun ne répondait à ce qu'elle attendait, et il lui fallut plus de deux mois avant de dénicher l'oiseau rare. C'était un chevalier, fils de chevalier, nommé Caius Matius, du même âge que César, qui avait une femme appelée Priscilla, une petite fille, et était fort à l'aise. Les Matius étaient courtiers et s'occupaient de contrats ; le père vivait sur le Quirinal en compagnie de sa seconde épouse et de leurs enfants. Aurelia prit soin de vérifier toutes ces informations et, s'étant assurée de leur exactitude, loua à Caius Matius l'appartement du rez-de-chaussée, pour la coquette somme de dix mille deniers par an : les fresques et le sol de mosaïque d'Epaphroditos lui donnaient en effet une valeur supplémentaire. Elle promit également qu'à l'avenir tous les baux qu'elle serait amenée à signer seraient confiés aux bons soins de Matius père et fils.

Car elle entendait désormais gérer l'*insula* elle-même. Toutes les locations donneraient lieu à des contrats écrits, comportant des clauses très précises. L'examen des livres de comptes et des documents que lui avaient laissés les agents lui apprit qu'une bonne part de ses revenus disparaissait aussitôt : l'Etat faisait payer l'eau et le système d'égouts, et prélevait un impôt sur les portes, les fenêtres, et même les escaliers ; et bien que l'immeuble eût été bâti solidement, il y avait tout le temps des réparations. Aurelia découvrit dans les papiers qu'elle dépouillait le nom d'un charpentier qu'elle envoya chercher aussitôt, pour lui demander d'enlever les écrans de bois qui aveuglaient la cour centrale.

Elle avait en effet, depuis qu'ils avaient emménagé, le vif désir de la transformer en un jardin, une oasis qui ravirait tous ceux qui vivaient là. Les écrans de bois en question, fixés aux balcons des étages supérieurs, pour qu'on ne puisse voir ce qui se passait en bas, s'ils étouffaient un peu les bruits, privaient tout le monde de lumière et d'air.

Le charpentier la regarda comme si elle était devenue folle.

— Qu'y a-t-il ? demanda-t-elle, perplexe.

— Maîtresse, tu seras dans les excréments jusqu'aux genoux en moins de trois jours. Sans compter que les gens jetteront n'importe quoi d'en haut !

Elle rougit à tel point que ses oreilles lui parurent prendre feu — non de la franchise sans détour de l'artisan, mais de sa propre naïveté. Quelle sotte ! Quelle sotte ! Pourquoi n'y avait-elle pas pensé ? Elle couvrit de ses mains ses joues brûlantes, jeta au charpentier un regard plein d'un amusement confus si adorable, qu'il rêva d'elle pendant un an, et le remercia avec ferveur.

Toutefois, le départ d'Epaphroditos lui donna l'occasion de créer son jardin dans la cour, et il apparut que Caius Matius, lui aussi, avait la même passion qu'elle. Il la supplia de le laisser l'aider — et comment dire non, alors qu'elle avait consacré tant de temps à rechercher le locataire idéal ?

Ce qui fut l'occasion d'une nouvelle leçon. Rêver était une chose, réaliser ses rêves en était une autre. Fort heureusement, Caius Matius avait le génie de l'horticulture. En moins d'un an, la cour — vaste carré de trente pieds de côté — était devenue un vrai berceau de verdure, et des plantes grimpantes, serpentant le long des murs, se dressaient déjà vers le ciel.

Un jour, Shimon le scribe vint la voir :

— Maîtresse, le quatrième étage a une faveur à te demander. Je comprendrais très bien que tu refuses, car c'est un peu envahir ton intimité. Pourrions-nous enlever les écrans de bois qui entourent nos balcons ? Je te donne ma parole que nous n'en profiterons pas pour jeter des ordures ! Mais nous pourrions respirer un peu d'air frais, et admirer ton jardin.

— Je suis ravie de t'accorder cette faveur, répondit Aurelia, rayonnante. Mais je te préviens qu'il n'est pas question de jeter tes déchets par les fenêtres donnant sur la rue ! Tu dois t'engager à les porter aux latrines publiques, de l'autre côté de la rue.

Shimon promit, enchanté. L'inventeur et le marchand d'épices du premier étage suivirent, puis ce fut le tour des autres ; pour finir, seuls les étages supérieurs conservèrent leurs écrans.

Au cours du printemps précédant la bataille d'Aquae Sextiae, Caius Julius César traversa les Alpes pour apporter au Sénat des lettres urgentes ; ce bref séjour eut pour conséquence une seconde grossesse. En février de l'année suivante, Aurelia donna le jour à une fille, toujours chez elle, toujours assistée de la sage-femme et de Cardixa. Cette fois, elle était prévenue, et la petite Julia fut immédiatement confiée aux bons soins des nombreuses mères qui, dans toute l'*insula*, allaitaient leur enfant.

« C'est bien, lui écrivit son mari en réponse à la lettre dans laquelle elle lui annonçait la nouvelle. Nous avons désormais les deux filles de rigueur chez les Julius. Lors de mon prochain séjour, nous penserons à mettre en route un garçon ! »

Peu après la naissance de sa seconde fille, Aurelia fut contrainte d'affronter enfin le problème de la taverne appartenant à la confrérie des carrefours. Elle était logée dans son *insula*, et Aurelia ne pouvait exiger aucun loyer, l'endroit étant considéré comme le lieu de rendez-vous d'une association religieuse régulièrement inscrite auprès du préteur urbain.

Mais elle causait bien des désagréments, et semblait ne jamais désemplir, même la nuit ; certains de ses habitués se montraient plus prompts à bousculer les passants qu'à enlever les ordures qui s'accumulaient sur le trottoir.

Ce fut Cardixa qui, la première, s'aperçut que la confrérie avait des activités assez louches. Elle s'était rendue dans une petite boutique voisine de la porte d'Aurelia, afin d'acheter de l'onguent ; une vieille femme originaire de Galatie y vendait remèdes et potions. La malheureuse était tenue en respect par deux hommes d'allure patibulaire, qui s'apprêtaient à briser jarres et bouteilles. Cardixa y mit bon ordre, et ils s'enfuirent, proférant des imprécations ; puis elle réussit à se faire raconter toute l'histoire par la vieille, terrifiée.

— Toutes les boutiques des rues avoisinantes doivent verser de l'argent à la confrérie si elles veulent rester ouvertes ! C'est, disent-ils, pour les protéger ! La pauvre femme vient d'enterrer son mari, comme tu le sais, maîtresse, et elle n'avait pas d'argent.

— Ça suffit ! lança Aurelia. Viens, Cardixa, nous allons régler le problème.

Elle sortit et s'arrêta dans chacune des boutiques du Vicus Patricii, ce qui lui permit d'apprendre que celles de son immeuble n'étaient pas les seules touchées, aussi décida-t-elle de se renseigner dans tout le quartier. Même les deux femmes qui tenaient les latrines publiques, de l'autre côté de la Subura Minor, devaient verser de l'argent à la confrérie. Quand son enquête prit fin, Aurelia était à ce point furieuse qu'elle préféra rentrer chez elle se calmer avant d'affronter les membres de l'association.

— Sur mon seuil ! dit-elle à Cardixa. Le seuil de ma maison ! Viens, nous allons en finir.

Il faisait très sombre à l'intérieur de la taverne quand Aurelia se présenta à l'entrée. Le silence se fit aussitôt, mais le tumulte reprit quand Cardixa fit son apparition.

— C'est le grand éléphant de ce matin! s'écria une voix.

Il y eut des bruits de bancs qu'on déplaçait. Aurelia s'avança, sa servante restant derrière elle, aux aguets.

— Quel est votre chef? demanda-t-elle.

Un petit homme maigre d'une quarantaine d'années se leva et s'avança:

— C'est moi, Lucius Decumius. A ton service!

— Tu sais qui je suis?

Il hocha la tête:

— Tu occupes — à titre gracieux! — des locaux qui m'appartiennent.

— Oh que non! Ils sont à l'Etat.

— Pas du tout, répliqua-t-elle en jetant un coup d'œil autour d'elle. Cet endroit est une porcherie! Vous ne vous en occupez pas! Je vous chasse.

Il y eut un soupir collectif. Lucius Decumius plissa les yeux.

— Tu n'en as pas le droit!

— Tu veux parier?

— Je me plaindrai au préteur urbain!

— Mais je t'en prie! C'est mon cousin.

— Alors, au Pontifex Maximus!

— Excellente idée. C'est mon cousin aussi.

— Ils ne peuvent quand même pas tous t'être apparentés!

— C'est pourtant le cas. Toi et tes voyous allez disparaître, Lucius Decumius.

Il la regarda d'un air pensif, en se grattant le menton, puis eut un geste en direction de la table à laquelle il était assis au début:

— Pourquoi ne pas discuter? dit-il avec l'onction d'un Scaurus.

— Il n'y a rien à discuter. Vous disparaissez.

— Allons, allons, on peut toujours s'entendre. Asseyons-nous!

Aurelia se rendit compte qu'il lui arrivait quelque chose d'épouvantable: elle commençait à trouver Lucius Decumius sympathique! Ce qui était ridicule. Et pourtant...

— Très bien. Cardixa, reste debout derrière moi.

Lucius Decumius s'assit à son tour.

— Veux-tu un peu de vin?

— Certainement pas!

— Ah.

— Alors? Je croyais que tu voulais discuter?

— En effet, en effet! Que nous reproches-tu, exactement?

— Votre présence sous mon toit.

— Allons, allons, c'est un peu vague ! Nous pouvons très bien nous entendre ! Dis-moi ce qui te déplaît, et je m'efforcerai d'y remédier.

— La saleté ! Le bruit ! Le fait que vous vous croyez propriétaires de la rue comme des locaux, ce qui n'est pas le cas ! Et ta petite entreprise de chantage ! Terroriser des boutiquiers pour leur extorquer de l'argent ! C'est méprisable !

Decumius se pencha en avant et répondit, avec le plus grand sérieux :

— Maîtresse, le monde se divise en moutons et en loups. C'est tout à fait naturel. Dans le cas contraire, les premiers ne seraient pas mille fois plus nombreux que les seconds ! Disons que nous sommes les loups du quartier, pas bien méchants.

— Ta métaphore me laisse froide. Disparaissez.

— Aïe, aïe, aïe ! gémit Lucius Decumius, qui lui jeta un regard de biais : ils sont vraiment tous tes cousins ?

— Mon père, Lucius Aurelius Cotta, était consul. Mon oncle est le consul Publius Rutilius Rufus. Le préteur Marcus Aurelius Cotta est également mon oncle. Mon époux est le questeur Caius Julius César. Et Caius Marius est mon beau-frère.

— Bien sûr, bien sûr ! Et la belle-sœur de Caius Marius vit dans une *insula* au fin fond de la Subura !

— Elle m'appartient : c'est ma dot, Lucius Decumius. Plus tard, nous irons nous installer ailleurs.

— Caius Marius est vraiment ton beau-frère ?

— Jusqu'à la racine des sourcils.

— Je me plais bien ici, soupira l'autre. Nous pourrions négocier.

— Je veux que vous disparaissiez.

— Ecoute, j'ai, malgré tout ce que tu dis, le droit de mon côté. Les membres de la confrérie sont les gardiens de l'autel des carrefours, et l'association est régulièrement inscrite sur les registres du préteur urbain ! Nous pouvons nous entendre : nous entretenons cet endroit, nous passons un coup de peinture sur les murs, nous marchons sur la pointe des pieds une fois qu'il fait nuit, nous mettons un terme à nos petites opérations fiduciaires dans le quartier. Qu'en dis-tu ?

Aurelia aurait voulu se retenir mais elle sourit jusqu'aux oreilles.

— Très bien, Lucius Decumius. Tu es à l'essai pour six mois. Mais ne va pas croire que j'hésiterai à me débarrasser de vous !

Elle se leva ; il fit de même et la raccompagna, marchant à son côté dans le Vicus Patricii.

— Et comment allez-vous faire pour survivre?

— Ah, dit gaiement Lucius Decumius, Rome est une grande ville. Nous nous bornerons à déplacer le siège de notre petit négoce, suffisamment loin pour que tu n'en sois pas fâchée. Le Viminal, l'Agger, les endroits ne manquent pas! Ne t'inquiète pas pour Lucius Decumius et ses frères! Nous saurons nous en sortir!

— Ça n'est pas une réponse! A quoi bon cesser de terroriser le quartier, si c'est pour recommencer ailleurs?

— Ce que l'œil ignore, le cœur n'en souffre pas.

Ils étaient arrivés devant le seuil de l'appartement d'Aurelia. Elle s'arrêta et lui lança un regard contraint:

— Fais comme tu l'entends, Lucius Decumius. Mais prends garde de ne jamais me dire dans quel endroit tu as transféré ton... petit négoce.

— Je le jure, je le jure!

Il frappa lui-même à la porte: Eutychos vint ouvrir.

— Ah, Eutychos! lança Lucius Decumius d'une voix neutre. Cela fait plusieurs jours qu'on ne t'a pas vu à la confrérie! La prochaine fois que ta maîtresse te donnera congé, j'espère que tu seras là. Nous allons nettoyer la taverne. Il faut faire plaisir à la belle-sœur de Caius Marius...

— Oui, répondit l'intendant d'un ton pitoyable.

— Pourquoi ne nous avais-tu pas dit qui était ta maîtresse? demanda Lucius Decumius d'une voix caressante.

— Lucius Decumius, comme tu as pu le constater, je suis toujours très discret.

— Fichus Grecs, tous les mêmes! Je te souhaite le bonjour, maîtresse. J'ai été très heureux de faire ta connaissance.

Une fois rentrée, Aurelia jeta à l'intendant un regard sans expression.

— Et que comptes-tu dire pour t'expliquer?

— Maîtresse, j'étais bien obligé d'appartenir à la confrérie! Je suis l'intendant des propriétaires!

— Eutychos, je suppose que tu comprends que je pourrais te faire fouetter pour cela.

— Oui, chuchota-t-il.

— C'est ce qu'on fait d'ordinaire, non?

— Oui.

— Alors tu as de la chance. Peu avant de mourir, mon beau-père Caius Julius, a dit qu'il ne comprendrait jamais comment on pouvait vivre sous le même toit que les gens qu'on avait fait fouetter. Il y a toutefois d'autres moyens de punir la déloyauté et l'insolence. Ne va pas croire que j'hésiterais à te vendre avec de mauvaises références, même si j'y perds de l'argent. Tu sais ce que cela veut dire: tu ne vaudrais plus dix mille deniers, mais mille sesterces. Et ton nouveau propriétaire, lui, n'hésiterait pas à te fouetter!

— Je comprends.

— C'est bien! Tu peux continuer d'appartenir à cette confrérie. Mais je t'ordonne de rester discret à notre sujet.

Elle s'éloigna, puis s'arrêta net.

— Que fait Lucius Decumius?

— Il est le gardien des locaux de l'association, répondit Eutychos, de plus en plus mal à l'aise.

— Tu me caches quelque chose!

— Non, non!

— Dis-moi tout ce que tu sais!

— Ce n'est qu'une rumeur. Personne ne sait vraiment. Mais on l'a entendu le raconter, peut-être pour se vanter. Ou alors c'était pour nous faire peur.

— Se vanter de quoi?

— D'être un assassin.

— Grands dieux! Et qui a-t-il tué?

— Je crois qu'il se flatte d'avoir assassiné ce prince numide qui s'est fait poignarder sur le Forum, il y a quelques années.

— Incroyable! répondit Aurelia, qui alla retrouver ses filles.

C'est peu de temps après tous ces événements que Caius Julius César revint de Gaule Cisalpine, porteur du message de Marius annonçant la victoire de Vercellae. Il s'en vint frapper à sa propre porte, que l'intendant lui ouvrit, et partit à la recherche de sa femme.

Elle était dans la cour, affairée à nouer de petits sacs de mousseline autour des grappes d'un cep planté par Caius Matius, et ne tourna pas la tête en entendant des bruits de pas.

— On ne croirait pas qu'il y a autant d'oiseaux dans la Subura! lança-t-elle par-dessus son épaule. Mais cette année, je ne les laisserai pas faire!

— J'attends avec impatience de manger du raisin! dit César.

Elle fit volte-face, le visage illuminé de joie.

— Caius Julius!

Il tendit les bras; elle s'y précipita, et lui donna un baiser, vite suivi d'une dizaine d'autres. Les applaudissements les rappelèrent à la réalité; levant les yeux, Caius Julius découvrit que tous les locataires de l'*insula* les regardaient. Il leur fit signe de la main:

— Une grande victoire! Caius Marius a anéanti les Germains!

Laissant les locataires se réjouir et répandre la nouvelle dans la Subura, il posa un bras sur l'épaule de sa femme et la conduisit dans son cabinet de travail. Il y avait des fleurs partout, ce qui était nouveau, et l'inquiéta un peu: pouvaient-ils se le permettre?

— Il va falloir que j'aille voir Marcus Aemilius Scaurus sur-le-champ, mais je voulais d'abord passer ici. Comme c'est bon d'être chez soi!

— C'est merveilleux! répondit Aurelia d'une voix qui tremblait un peu.

— Et ce sera encore plus merveilleux ce soir, mon épouse! Comme tu m'as manqué! Serait-il possible de prendre un bain?

— Je viens de voir passer Cardixa, et je suppose donc qu'il est déjà prêt.

Aurelia se serra contre lui en soupirant de plaisir.

— Tu es sûr que ce n'est pas trop pour toi? Gérer cette *insula*, t'occuper de nos filles? Je sais bien que tu m'as toujours dit que les agents prenaient une commission trop élevée, mais...

— Pas du tout, Caius Julius. C'est un endroit très calme, et nos locataires sont parfaits. J'ai même résolu les petites difficultés que j'ai eues avec la taverne de la confrérie des carrefours. Tu ne peux pas savoir à quel point ils se sont montrés coopératifs et bien élevés, dès qu'ils ont su que j'étais la belle-sœur de Caius Marius!

— Et toutes ces fleurs!

— Elles sont belles, ne trouves-tu pas? C'est un cadeau que je reçois tous les quatre ou cinq jours.

— Ah bon? Aurais-je un rival?

— Je ne crois pas que tu t'inquiéteras de cela une fois que tu l'auras rencontré. Il s'appelle Lucius Decumius, et c'est un assassin.

— Un quoi ?

— Je plaisantais. Il le dit, mais je soupçonne que c'est pour impressionner ses camarades; il est le gardien de la taverne.

— Et où trouve-t-il toutes ces fleurs?

— A cheval donné, ne regarde pas l'œil, répondit-elle. Dans la Subura, rien n'est pareil.

Ce fut Publius Rutilius Rufus qui apprit à Caius Marius les événements qui avaient suivi la remise par Caius Julius César de la lettre annonçant la victoire:

> Il règne actuellement une très mauvaise ambiance, ce qui vient du fait que tu as tenu parole, et écrasé les Germains. Le Peuple t'est si reconnaissant que, si tu te représentes aux élections consulaires, tu seras élu sans difficulté. Toute la noblesse parle déjà de dictature, et les électeurs de la Première Classe se mettent à reprendre le terme. Je sais que tu as parmi

eux beaucoup de clients et d'amis, mais il faut que tu comprennes, une fois pour toutes, que l'ensemble du système politique de Rome a pour fonction première d'empêcher quiconque de s'élever au-dessus de ses pairs. Et avec cinq consulats, dont trois *in absentia*, c'est précisément ce que tu as fait. Scaurus en est scandalisé, mais tu pourras toujours contrecarrer ses efforts s'il le faut. Non, le plus dangereux n'est autre que ton vieil ami, qui est aussi le mien, Metellus Numidicus Porcelet, assisté en ces circonstances par son fils, l'estimable Goret, qui bégaie plus que jamais.

Dès que tu es venu rejoindre Catulus César en Gaule Cisalpine, ils ont entrepris de glorifier la moindre de ses contributions à la guerre contre les Cimbres. Aussi, quand nous avons appris la victoire de Vercellae, et que le Sénat s'est réuni dans le temple de Bellone pour voter le triomphe, bien des oreilles se sont dressées pour écouter le Porcelet quand il s'est levé pour prendre la parole.

Il a déclaré qu'il fallait accorder deux triomphes, un à toi pour Aquae Sextiae, et un autre à Catulus César pour Vercellae, comme s'il ne savait pas que, dans le deuxième cas aussi, c'est à toi qu'on doit la victoire! Son point de vue était purement légaliste: dans le premier cas, tu commandais l'armée, dans le second, c'était, officiellement, Catulus César qui en était le chef.

Lucius Appuleius s'est aussitôt levé pour protester, mais on l'a fait taire. Il n'occupe, cette année, aucune fonction publique qui aurait contraint les Pères Conscrits à l'écouter. Le Sénat a donc voté les deux triomphes, ce qui est une façon de faire entendre au peuple que tu n'es pour rien dans la victoire de Vercellae, et qu'elle est due à Catulus César. Tu n'as qu'à t'en prendre à ta propre sottise: lui laisser le butin! La vérité est que, quand tu es de bonne humeur, tu donnes libre cours à ton caractère généreux, et commets les pires erreurs!

Je ne sais pas trop ce que tu peux y faire: tout est voté, et enregistré dans les archives. Je suis furieux.

Restons-en là, sinon je vais avoir une apoplexie! En Sicile, Manius Aquilius a fait du bon travail. Servilius l'Augure a tenu parole, et traîné Lucullus en justice devant le nouveau tribunal spécialisé dans les affaires de trahison. Lucullus a voulu assumer lui-même sa défense, ce qui n'était peut-être pas le plus diplomatique, tant il s'est montré hautain devant le jury. Encore un niais qui a plus d'obstination que de cervelle. Bien entendu, il a été condamné, et le verdict est d'une sévérité incroyable: il ne peut partir en exil qu'à plus de quatre cents lieues de Rome, ce qui ne lui laissait guère le choix qu'entre Antioche et Alexandrie. C'est dans cette dernière ville qu'il ira. Par ailleurs, le tribunal a confisqué tous ses biens.

Il n'a pas perdu de temps, a confié son écervelée d'épouse au Porcelet — cela lui apprendra! — et laissé son fils aîné — qui, ayant seize ans, est un adulte aux yeux de la loi — se débrouiller seul. Le cadet, qui n'en a que quatorze, a été adopté, et s'appelle désormais Marcus Terentius Varro Lucullus.

Scaurus m'a dit que les deux garçons avaient fait le vœu de se venger de Servilius l'Augure dès que le cadet revêtira la toge virile. Comme tu peux le deviner, les adieux à leur père ont été déchirants. Scaurus ajoute que Lucullus se donnera la mort une fois arrivé à Alexandrie. Ce qui fait le plus souffrir la famille, c'est que tout cela est le fait d'un moins-que-rien tel que Servilius. Vous autres, Hommes Nouveaux, ne vous êtes pas fait d'amis à cette occasion!

Quoi qu'il en soit, quand les deux fils de Lucullus porteront plainte ensemble contre lui, ce sera devant le tribunal créé par un autre Servilius, Caius Servilius Glaucia — tribunal exclusivement consacré à juger les détournements de fonds. Voilà quelqu'un qui sait rédiger les lois! Les chevaliers redeviennent maîtres des jurys, l'argent dérobé sera récupéré auprès de ceux qui l'ont reçu, et non plus seulement ceux qui l'ont volé, les possesseurs des droits latins qui poursuivent victorieusement un coupable se verront accorder la pleine citoyenneté romaine, et ainsi de suite.

Pour finir: Saturninus a de nouveau des ennuis. Caius Marius, j'ai franchement peur pour sa santé mentale — comme pour celle de son ami Glaucia. Tous deux sont très brillants, mais aussi très instables. Ou peut-être ne savent-ils pas ce qu'ils veulent. Ils détestent le Sénat, la façon dont il gouverne, mais n'ont rien à proposer à la place.

Le roi de Bithynie, Nicomède, est en bien mauvaise posture depuis l'arrivée des ambassadeurs de Mithridate. Notre jeune ami du Pont Euxin a envoyé des gens assez subtils pour découvrir la faiblesse secrète des Romains: l'argent! N'étant arrivés à rien en proposant un traité de paix et d'amitié, ils se sont mis à acheter des sénateurs. Ils payaient bien, et Nicomède avait de quoi s'inquiéter, crois-moi!

Puis Saturninus est monté sur les rostres pour dénoncer tous ceux qui, au Sénat, étaient prêts à abandonner Nicomède au profit de Mithridate. Nous avons, il y a des années, conclu un traité avec la Bithynie, qui est l'ennemie traditionnelle du

Pont. Rome allait abandonner une amie et une alliée avec laquelle elle était liée depuis près d'un demi-siècle, parce que certains s'étaient vendus.

On raconte — je n'étais pas là pour l'entendre — qu'il a ajouté quelque chose du genre : « On sait combien il est coûteux à un sénateur chenu d'épouser une écolière à peine nubile ! » Il a de même brocardé le Porcelet, et demandé à la foule : « Et nos hommes en Gaule Cisalpine ? »

Tout cela a eu pour résultat que plusieurs membres de la délégation pontique ont été roués de coups, et sont allés se plaindre au senaculum. Là-dessus, Scaurus et le Porcelet ont traîné Saturninus devant le tribunal qu'il a lui-même créé, en l'accusant d'avoir semé la discorde entre Rome et une ambassade officiellement accréditée. Le jour du procès, Glaucia a convoqué une réunion de l'Assemblée plébéienne, et accusé le Porcelet de vouloir se débarrasser de Saturninus, ce à quoi il n'était pas parvenu quand il était censeur. Et, comme par hasard, des gladiateurs ont fait leur apparition dans le prétoire, intimidé les jurés, si bien que l'affaire a été renvoyée à plus tard. Les ambassadeurs de Mithridate, quant à eux, sont repartis sans avoir eu leur traité. Sur ce point, je suis bien d'accord avec Saturninus : il serait honteux d'abandonner un vieil allié parce que son adversaire est infiniment plus riche.

Cela suffit, Caius Marius ! Je voulais simplement t'annoncer la nouvelle des triomphes avant le courrier officiel, que le Sénat ne se pressera sans doute pas de te faire parvenir. Si seulement tu pouvais faire quelque chose ! Mais j'en doute, hélas !

— Oh que si ! dit Marius d'un ton sombre quand il eut achevé sa lecture. Aussitôt après, il consacra beaucoup de temps à rédiger une missive. Ensuite, il convoqua Quintus Lutatius Catulus César.

Celui-ci arriva en pleine euphorie : il venait, par le même courrier que Marius, de recevoir un message de Numidicus, et un autre de Scaurus.

Il fut très déçu de se rendre compte que Marius était déjà au courant. Il s'était réjoui trop tôt en pensant au visage de Marius apprenant la nouvelle. Mais c'était au fond peu de chose ; un triomphe est un triomphe.

— C'est pourquoi, dit-il d'une voix traînante, j'aimerais pouvoir retourner à Rome en octobre, si tu n'y vois pas d'inconvénients. Je célébrerai mon triomphe en premier, puisque, étant consul, tu ne peux te libérer aussi tôt.

— Je t'en refuse la permission, répondit Marius avec une

affabilité pleine de gaieté. Nous rentrerons à Rome tous les deux fin novembre, comme cela était prévu. A dire vrai, je viens d'écrire au Sénat en notre nom. Je vais te lire ce que je propose :

> Caius Marius, consul pour la cinquième fois, remercie le Sénat et le Peuple de Rome pour le soin et la considération qu'ils ont mis à régler la question des triomphes accordés à lui-même et à son second, le proconsul Quintus Lutatius Catulus César. Je félicite les Pères Conscrits de n'avoir décrété qu'un triomphe pour chacun des deux généraux de Rome. Toutefois, je suis encore plus soucieux qu'eux du coût de cette longue guerre, et Quintus Lutatius est du même avis que moi. C'est pourquoi Caius Marius et Quintus Lutatius Catulus César partageront un unique triomphe. Tout Rome pourra à cette occasion constater quelle amitié et quelle solidarité les unit. J'ai le plaisir de vous faire savoir que tous deux triompheront ensemble lors des calendes de décembre. Longue vie à Rome !

Catulus César était devenu blême :

— Tu plaisantes ?

— Jamais !

— Je... je... je refuse de donner mon consentement à...

— Je crains que tu n'aies guère le choix, répliqua Marius d'un ton suave. Ils croyaient m'avoir battu, hein ? Ce brave Porcelet et ses amis — qui sont aussi les tiens ! Mais dis-toi bien qu'aucun de vous n'y parviendra jamais.

— Le Sénat a décrété deux triomphes, et il y en aura deux !

— Tu peux toujours insister en ce sens, Quintus Lutatius. Mais cela manquerait un peu d'élégance, non ? Choisis : ou toi et moi triomphons ensemble, ou tu passes pour un imbécile.

Et on en resta là. La lettre de Marius fut envoyée au Sénat, et le triomphe commun fut annoncé pour le premier jour du mois de décembre.

Catulus César ne perdit pas de temps pour prendre sa revanche. Il écrivit aux Pères Conscrits pour se plaindre : en effet, le consul Caius Marius avait usurpé, selon lui, les prérogatives du Sénat et du Peuple de Rome en accordant la pleine citoyenneté romaine à un millier d'auxiliaires venus de Camerinum, dans le Picenum, sur le champ de bataille de Vercellae. Il avait également abusé de son autorité consulaire en annonçant qu'il fondait une colonie de vétérans des légions dans la petite ville d'Eporedia, en Gaule Cisalpine. Catulus César ajoutait :

Caius Marius a créé cette colonie afin de mettre la main sur l'or que l'on extrait des alluvions de la Dora Baltea. Le proconsul Quintus Lutatius Catulus César souhaite faire remarquer que c'est lui, et non Caius Marius, qui a remporté la victoire de Vercellae. A titre de preuve, il citera les trente-cinq bannières prises à l'ennemi et placées sous sa garde, contre deux seulement à Caius Marius. Etant le vainqueur de Vercellae, je réclame tous les captifs qui doivent être vendus en esclavage. Caius Marius prétend s'en réserver un tiers.

Marius se contenta de faire circuler cette lettre parmi ses troupes et celles de Catulus César, suivie d'un bref appendice de sa main : le tiers du produit des ventes d'esclaves cimbres, qu'il aurait pu s'attribuer, serait donné aux troupes de Quintus Lutatius. Sa propre armée, ajoutait Marius, avait déjà reçu sa part au lendemain de la bataille d'Aquae Sextiae ; et il ne voulait pas que celle de Catulus César se sentît grugée si Quintus Lutatius, comme il en avait parfaitement le droit, décidait de tout garder pour lui.

Glaucia lut les deux lettres au Forum, et la Plèbe rit à s'en tenir les côtes. Chacun savait qui était le véritable vainqueur, et qui se souciait davantage de ses troupes que de lui-même.

— Tu ferais mieux d'arrêter, dit Scaurus à Metellus Numidicus, sinon, la prochaine fois que tu te montreras au Forum, tu te feras rouer de coups ! Ecris à Quintus Lutatius dans le même sens. Que cela nous plaise ou non, Caius Marius est désormais le Premier des Romains. C'est lui qui a gagné la guerre contre les Germains, et tout le monde le sait. Essaie encore de lui porter tort, et la Cité tout entière se liguera contre toi, Quintus Caecilius.

— Je pisse sur le Peuple !

— Il y a peut-être des choses plus urgentes à faire ! Pour commencer, tu pourrais te représenter aux élections consulaires. Cela fait déjà dix ans que tu as été consul ! Caius Marius va se porter candidat, une fois de plus, c'est certain, et partager le consulat avec lui, n'est-ce pas le meilleur moyen de contrer ses projets ?

— Quand serons-nous guéris de cette maladie nommée Caius Marius ? s'écria Numidicus, au bord du désespoir.

— Ce ne devrait pas être très long. Un an au plus.

— Je n'en crois rien !

— Non, non ! Quintus Caecilius, tu renonces trop facilement ! Comme Quintus Lutatius, tu te laisses emporter par ta haine pour Caius Marius ! *Réfléchis !* Au cours de ses cinq consulats, combien de temps a-t-il passé à Rome même ?

— Quelques jours au plus. Et alors ?

— Et alors, tout est là, Quintus Caecilius ! Caius Marius n'est pas un grand politique, bien que, il faut le reconnaître, il ait une cervelle remarquable. C'est un soldat et un organisateur. Il sera à l'étroit au Forum et dans le Comitium. Nous allons l'exciter, comme s'il était un taureau, lui planter nos crocs dans la chair, et ne plus le lâcher.

Numidicus sourit aux perspectives que lui présentait Scaurus :

— Tu as raison, Marcus Aemilius, je poserai ma candidature au consulat.

— Et tu seras élu ! Nous saurons trouver les arguments pour convaincre les Première et Deuxième Classes, même si elles adorent Caius Marius.

— Vivement que je sois son collègue ! Je lui rendrai la vie impossible !

— Et il y a quelqu'un dont l'aide nous sera très profitable, ajouta Scaurus, papelard.

— Qui ?

— Lucius Appuleius Saturninus, c'est évident, va faire campagne pour être élu une nouvelle fois tribun de la plèbe.

— Mauvaise nouvelle ! Je ne vois pas en quoi cela pourrait favoriser nos projets.

— Au contraire, c'est merveilleux ! Caius Marius, face à tous ses adversaires, ne résistera pas à la tentation de s'allier avec lui. Je le connais : il n'est pas difficile de pousser Caius Marius à bout, et alors il commet des erreurs. De ce point de vue, Saturninus est sans doute le pire instrument dont Caius Marius puisse faire usage. Tu verras ! Il sera victime de ses propres alliés.

L'instrument en question était déjà en route vers la Gaule Cisalpine, afin d'y rencontrer Caius Marius, avec lequel il désirait vivement s'allier. Ils se rencontrèrent au bord du lac Larius, dans la petite ville de Comum, où Marius avait loué une villa. Car il était plus las qu'il ne voulait bien le reconnaître. Il avait expédié Catulus César à l'autre bout de la province sous un prétexte quelconque, et décidé de s'accorder un peu de repos, après avoir confié le commandement de l'armée à Sylla.

Bien entendu, quand Saturninus arriva, Marius lui proposa de rester. Toutefois, il n'avait pas perdu ses vieilles habitudes ; il en vint droit au fait :

— Je ne veux pas que Metellus Numidicus soit mon collègue l'an prochain. Je pensais à Lucius Valerius Flaccus. C'est quelqu'un de malléable.

— Il te conviendrait bien, mais j'ai peur qu'il ne soit trop tard. Tous les maîtres du Sénat font campagne pour Numidicus. De toute façon, pourquoi vouloir être consul une sixième fois ? Maintenant que les Germains ont été anéantis, tu pourrais te reposer sur tes lauriers.

— Si seulement, Lucius Appuleius ! Mais la tâche n'est pas terminée. J'ai à démobiliser deux armées de *capite censi*.

— Tu comptes toujours leur donner des terres ?

— En effet. Si je ne le fais pas, Rome s'appauvrira. Tous les anciens légionnaires vont fondre sur la cité avec en poche de l'argent qui leur durera quelques jours, et ensuite ils nous causeront beaucoup d'ennuis.

— Je le suppose, en effet.

— J'avais déjà envisagé ce problème, quand j'étais en Afrique, et c'est pourquoi j'y avais fait réserver des terres pour que les vétérans de nos armées s'y installent. Tiberius Gracchus voulait faire de même avec les pauvres de Rome, mais en Campanie. Là était son erreur. Nous avons besoin de Romains d'humble origine dans nos provinces extérieures. Et surtout d'anciens soldats.

Marius se pencha en avant :

— Envoyer des armées là-bas pour écraser une rébellion ou faire respecter les lois coûte beaucoup d'argent à l'Etat. Vois la Macédoine, deux légions y sont stationnées en permanence. Pourquoi ne pas y implanter trois ou quatre colonies de vingt ou trente mille vétérans ? La Grèce est complètement dépeuplée. Le pays est aux mains de propriétaires romains qui n'y vont jamais, qui possèdent des terres immenses dont ils ne font rien, mais qui viennent pleurnicher auprès du Sénat quand les Scordisques franchissent la frontière.

— Ton projet est donc né en Afrique ?

— Oui, tandis que je distribuais de vastes étendues de terres à des Romains qui ne les verront jamais. Ils chargeront des intendants de les exploiter, y enverront des esclaves, ignoreront les populations locales et favoriseront immanquablement la naissance d'un nouveau Jugurtha. Je ne veux pas tout bouleverser, je veux seulement que nos provinces soient peuplées de gens ayant l'expérience du combat.

— Je vois où tu veux en venir, Caius Marius. C'est un projet remarquable.

— Oui, mais ils le combattront, ne serait-ce que parce que c'est moi qui le propose, soupira Marius.

Saturninus eut un petit frisson, et se hâta de détourner les yeux. Marius était las ! Marius n'était pas intéressé par la perspective d'un sixième consulat !

— Je suppose que tu as été témoin de tout le remue-ménage qu'a provoqué à Rome mon idée d'accorder la citoyenneté aux soldats de Camerinum ?

— En effet. Toute l'Italie aussi, d'ailleurs, et elle a beaucoup apprécié ton attitude ! Mais pas tes adversaires !

— Et pourquoi ne seraient-ils pas devenus citoyens ? Ils ont combattu plus vaillamment que quiconque ! Si cela ne tenait qu'à moi, Lucius Appuleius, j'accorderais la citoyenneté à toute l'Italie.

Saturninus eut un petit sifflement :

— Tu prends des risques ! Jamais les maîtres du Sénat ne se laisseront faire !

— Je le sais. Ce que j'ignore, en revanche, c'est si toi, tu as assez de courage pour t'en charger.

— Je n'ai jamais réfléchi à la question, et je ne sais pas jusqu'où il va. Mais je crois effectivement que j'ai celui nécessaire pour défendre tes projets.

— Mon élection est assurée : je ne peux pas perdre. Mais je ne vois pas pourquoi je négligerais celle de mon collègue. Je t'aiderai financièrement, Lucius Appuleius, si tu en as besoin. Ainsi que Caius Servilius Glaucia — j'ai cru comprendre qu'il était candidat au poste de préteur ?

— En effet. Nous serions ravis de bénéficier de ton aide, Caius Marius. En retour, nous ferons tout pour que tu puisses distribuer des terres.

Marius sortit de sa manche un petit rouleau.

— J'ai déjà réfléchi à la question, et esquissé le projet de loi qui me paraît nécessaire. Malheureusement, je ne suis pas un grand légiste, mais Glaucia est en ce domaine un véritable génie. A vous deux, pouvez-vous faire une bonne loi à partir de cela ?

— Aide-nous, Caius Marius, et tu auras cette loi.

— Que je l'aie, Lucius Appuleius, et je te jure que peu m'importera de ne pas devenir consul une septième fois.

— Une septième fois ?

— C'est ce qui m'a été prédit.

— Pourquoi pas ? Tu l'as déjà été à cinq reprises, tu vas être élu pour la sixième fois et cela personne ne l'aurait cru possible !

Les élections du nouveau collège des tribuns de la plèbe eurent lieu tandis que Caius Marius et Catulus César menaient leurs armées vers le sud, Rome et leur triomphe commun : elles furent chaudement contestées. Il y avait plus de trente candidats pour les dix postes disponibles, et plus de la moitié d'entre eux étaient des créatures des maîtres du Sénat, aussi la campagne fut-elle marquée par la violence.

Glaucia, président en titre du collège sortant, fut chargé d'organiser les élections, ce qui n'aurait pas été possible si celles, tenues dans les Centuries, des consuls et des préteurs, s'étaient déjà déroulées : sa candidature au poste de préteur l'en aurait empêché.

Le vote eut lieu dans le Comitium ; Glaucia présidait depuis les rostres. Beaucoup d'argent avait changé de main, une partie en faveur de Saturninus, mais bien davantage au profit de ses adversaires. Tous les riches du parti conservateur avaient puisé dans leurs coffres, et on achetait des votes pour des hommes comme Quintus Nonius, du Picenum, réactionnaire convaincu. Il était le frère du mari de Cornelia Sylla, sœur de Lucius Cornelius — lequel n'avait pourtant joué aucun rôle dans son entrée au Sénat.

Ce fut un suffrage plein de surprises. Quintus Nonius l'emporta aisément ; et Lucius Appuleius Saturninus perdit. Il arriva en onzième position.

— Je... je ne peux pas y croire ! dit-il, stupéfait, à Glaucia. Que s'est-il passé ?

Glaucia avait l'air sombre : ses chances de devenir préteur paraissaient faibles. Il donna à son ami une grande claque dans le dos, et descendit des rostres :

— Ne t'en fais pas ! Tout peut changer !

— Et comment ? Les élections ont eu lieu !

— Je te revois sous peu. Reste ici, dit Glaucia en disparaissant dans la foule.

Dès l'instant où il avait été proclamé élu, Quintus Nonius n'avait eu qu'une idée, rentrer chez lui, dans la luxueuse demeure qu'il venait d'acheter sur les Carinae. C'est là que l'attendaient sa femme, ainsi que sa belle-sœur Cornelia Sylla ; ni l'une ni l'autre n'avait cru qu'il avait la moindre chance d'être élu.

Il lui fut toutefois plus difficile qu'il n'aurait cru de quitter le Forum ; à chaque pas, on l'arrêtait pour le congratuler chaudement. Homme naturellement courtois, Caius Nonius, rayonnant, fit force courbettes et serra plusieurs centaines de mains.

Quand il emprunta la première des ruelles menant chez lui, cependant, il n'était plus accompagné que de trois de ses amis. Quand ils se heurtèrent à une dizaine d'hommes armés de gourdins, l'un d'eux parvint à s'enfuir et revint vers le Forum déjà déserté en appelant à l'aide. Heureusement, Saturninus et Glaucia étaient encore près des rostres. Ils se précipitèrent vers lui et le suivirent. Mais il était trop tard : Quintus Nonius et ses deux amis étaient déjà morts.

— Grands dieux ! s'écria Glaucia. Quintus Nonius venait d'être élu tribun, et c'est moi qui m'occupe des élections ! Lucius Appuleius, veux-tu te charger de ramener sa dépouille chez lui ? Je vais retourner au Forum et voir comment régler la question.

Tout le monde était trop bouleversé, Saturninus compris, pour remarquer à quel point le ton de Glaucia sonnait faux. Debout sur les rostres, au milieu d'un Forum presque vide, il annonça la mort de Quintus Nonius, récemment élu tribun de la plèbe, puis la nomination, pour le remplacer, du candidat arrivé onzième : Lucius Appuleius Saturninus.

— C'est fait, lui dit Glaucia un peu plus tard, alors que tous deux se trouvaient chez Saturninus. Tu es maintenant un tribun de la plèbe officiellement élu, coopté pour tenir la place de Quintus Nonius.

Depuis qu'il avait été honteusement chassé de son poste de questeur d'Ostie, Saturninus ne s'embarrassait plus de scrupules, mais il fut si scandalisé qu'il regarda fixement son ami, sidéré :

— Tu n'as quand même pas...

— Lucius Appuleius, ne me pose pas de questions et je ne te dirai pas de mensonges.

— C'était un homme très sympathique.

— En effet. Mais mourir était son lot. Il était le seul qui vivait sur les Carinae. Il aurait été difficile d'organiser quelque chose sur le Palatin.

Saturninus soupira, puis haussa les épaules.

— Tu as raison. Et je suis élu. Je te remercie, Caius Servilius.

Le scandale fut énorme, mais personne ne put apporter la moindre preuve impliquant Saturninus dans ce meurtre. Le seul survivant du drame pouvait jurer les avoir vus, Glaucia et lui, sur les rostres au moment même où l'assassinat était perpétré. Et quand Ahenobarbus Pontifex Maximus demanda que les élections aient lieu une nouvelle fois, ce fut en vain : Glaucia avait créé un précédent pour une situation qui ne s'était encore jamais produite.

— Les allégations selon lesquelles Lucius Appuleius et moi-même sommes impliqués dans la mort de Quintus Nonius sont sans aucun fondement ! déclara-t-il au Sénat. On me reproche de l'avoir remplacé par quelqu'un d'autre, mais j'ai simplement fait ce que devait faire quiconque préside à des élections : agir ! Personne ne peut nier qu'elles se sont déroulées dans la plus stricte légalité ni que Lucius Appuleius Saturninus n'est pas arrivé onzième. J'ai convoqué hier une réunion de l'Assemblée de la Plèbe, qui m'a approuvé du fond du cœur, comme chacun peut le vérifier. Pères Conscrits, ce débat est sans objet. La discussion est close !

Caius Marius et Quintus Lutatius Catulus César triomphèrent ensemble le premier jour de décembre. C'était une idée de génie, car il ne faisait de doute pour personne que Catulus César, dont le char venait après celui du consul en exercice, ne jouait que les seconds rôles ; le nom de Caius Marius était sur toutes les lèvres. Comme pour le précédent triomphe, Lucius Cornelius Sylla avait été chargé d'organiser le défilé : il avait ainsi eu l'idée d'un char représentant Marius laissant les hommes de son collègue s'emparer des trente-cinq bannières cimbriques... Il en avait déjà pris tant en Gaule...

Lors de la réunion qui suivit, dans le temple de Jupiter Optimus Maximus, Marius défendit avec passion son idée d'accorder la citoyenneté romaine aux soldats de Camerinum, ou d'implanter une colonie d'anciens légionnaires à Eporedia. L'annonce de sa candidature à un sixième consulat fut accueillie par des murmures, des grognements, des cris de protestation — et par des cris d'enthousiasme bien plus vifs. Une fois le tumulte apaisé, Marius déclara que sa propre part de butin serait consacrée à la construction d'un temple dédié au culte militaire de l'Honneur et de la Vertu, qui abriterait ses trophées et ceux de son armée, et se dresserait sur le Capitole. Il en ferait également édifier un autre à Olympie, en Grèce.

Catulus César l'écouta, accablé. Si lui-même voulait conserver quoi que ce soit de sa réputation, il devrait, bon gré mal gré, se séparer de ce qui aurait dû lui revenir et en faire don à un édifice religieux du même ordre, plutôt que d'augmenter sa fortune personnelle — importante certes, mais très inférieure à celle de Caius Marius.

Personne ne fut surpris de voir celui-ci réélu consul pour la sixième fois, après être arrivé en tête des suffrages. Non seulement il était maintenant le Premier des Romains, mais certains commençaient à l'appeler le Troisième Fondateur de Rome — après Romulus, et Marcus Furius Camillus, qui, trois siècles auparavant, avait chassé les Gaulois de la péninsule. Il y eut pourtant une surprise : Quintus Caecilius Metellus Numidicus Porcelet ne parvint pas à se faire élire, étant arrivé loin derrière Lucius Valerius Flaccus, auquel Marius avait publiquement apporté son soutien. Flaccus était un *flamen Martialis*, un prêtre du dieu Mars. Un homme paisible, accommodant : un collègue idéal pour Caius Marius.

L'élection comme prêteur de Caius Servilius Glaucia ne surprit en revanche personne : Marius avait acheté les électeurs sans regarder à la dépense. Cependant, et ce n'était pas prévu, il arriva en tête, ce qui faisait de lui le préteur urbain, c'est-à-dire le plus élevé en titre des six magistrats désignés à cette occasion.

Peu après, Quintus Lutatius Catulus César annonça publiquement qu'il faisait don de sa part de butin pour racheter le terrain où s'était dressée autrefois, sur le Palatin, la demeure de Marcus Fulvius Flaccus et y édifier un magnifique portique qui abriterait les trente-cinq étendards cimbres pris à l'ennemi à Vercellae ; il comptait également faire bâtir, sur le Champ de Mars, un temple à la déesse de la Fortune.

Quand, le dixième jour de décembre, les tribuns de la plèbe entrèrent en fonction, on commença de s'amuser. Elu pour la deuxième fois, Lucius Appuleius Saturninus dominait le collège sans difficulté ; il n'hésitait pas à exploiter les craintes qu'avait fait naître le meurtre de Quintus Nonius. Tout en niant publiquement y être impliqué, il laissait tomber en privé de petites remarques à l'intention des autres tribuns, qui en vinrent à se demander s'ils ne subiraient pas le même sort que leur confrère défunt, au cas où ils auraient la mauvaise idée de s'opposer à Saturninus. Aucun des neuf autres tribuns ne se laissa convaincre par Metellus Numidicus ou Catulus César d'opposer son *veto* au remplaçant de Quintus Nonius.

Moins de huit jours après être entré en fonction, Saturninus présenta le premier de deux projets de loi, en vue d'accorder des terres appartenant au domaine public à d'anciens légionnaires des deux armées ayant combattu les Germains. Toutes les terres en question étaient situées à l'extérieur de l'Italie, en Sicile, en Grèce, en Macédoine, en Afrique. La loi comportait également une nouveauté: Caius Marius se verrait reconnaître le droit d'accorder personnellement la citoyenneté romaine à trois colons italiques de chaque colonie.

Le Sénat explosa littéralement.

— Il se refuse même à favoriser les soldats romains! tonna Metellus Numidicus. Il veut les placer sur un pied d'égalité avec les Latins et les Italiques, sans faire la différence! Pères Conscrits, je vous le demande: que pensez-vous d'un tel homme? Songe-t-il à Rome? Bien sûr que non! Pourquoi diable? Il n'est pas romain! Il accorde la citoyenneté à mille de ses semblables, sur le champ de bataille, sans penser à récompenser les légionnaires romains qui doivent se contenter de regarder! Mais qu'attendre d'autre d'un homme tel que Caius Marius?

Quand celui-ci se leva pour répondre, il ne put se faire entendre; aussi quitta-t-il la Curia Hostilia pour monter sur les rostres et s'adresser à la foule. Certains s'indignèrent; mais tout le monde le vénérait, et chacun écouta.

— Il y a assez de terres pour tout le monde! hurla-t-il. Personne ne peut m'accuser de favoriser les Italiques! Cent jugères par soldat! Pourquoi? Parce que, Peuple de Rome, ces colons auront la tâche bien plus difficile que dans notre belle Italie. Ils devront cultiver des terres ingrates, sous des climats peu cléments; il leur faudra donc davantage de terrain.

— Et voilà ! s'écria Catulus César depuis les marches du Sénat. Et voilà ! Ecoutez-le ! L'Italie, toujours l'Italie ! On voit bien que ce n'est pas un Romain ! Il méprise Rome !

Sa voix portait loin; Marius l'entendit et répliqua :

— L'Italie, c'est Rome ! L'une ne peut exister sans l'autre ! Romains et Italiques ne donnent-ils pas leur vie pareillement dans les légions au service de Rome ? S'il en est ainsi — ce que personne ne peut nier ! —, pourquoi les distinguerait-on les uns des autres ?

— L'Italie ! hurla Catulus César. Toujours l'Italie !

— Sottises ! Les premières attributions de terres iront à des Romains, et non à des Italiques ! Et ne vaut-il pas mieux que, des milliers de vétérans qui deviendront colons, trois Italiques se voient, dans chaque colonie, attribuer la citoyenneté romaine ? J'ai bien dit trois, Peuple de Rome, pas trois cents, pas trois mille ! Trois ! Une goutte d'eau dans un océan d'hommes !

— Une goutte de poison ! s'écria Catulus César.

Metellus Numidicus vint à la rescousse :

— La loi dit que les soldats romains recevront des terres en premier, mais qui dit que ce seront les meilleures ?

Mais l'Assemblée de la Plèbe, en dépit de l'opposition sénatoriale, vota la loi.

Quintus Poppaedius Silo, devenu l'un des plus importants notables marses, malgré son jeune âge, était venu à Rome suivre les débats. Marcus Livius Drusus l'avait invité à séjourner chez lui.

— Il semble qu'on fasse beaucoup de bruit sur l'opposition entre Rome et l'Italie ? demanda-t-il à son hôte.

— En effet. Il leur faudra beaucoup de temps pour changer d'attitude. Je ne peux qu'espérer, Quintus Poppaedius.

— Et pourtant, tu n'aimes guère Caius Marius.

— Je déteste l'homme. Mais j'ai voté pour lui.

— Il ne s'est écoulé que quatre ans depuis que nous avons combattu à Arausio, dit Silo, pensif. Oui, tu as sans doute raison, les choses changeront. Je ne crois pas que Caius Marius, avant Arausio, aurait eu la moindre chance de faire passer son projet de loi.

— C'est grâce à Arausio que les Italiques condamnés à l'esclavage pour dettes ont été libérés.

— Je suis heureux de penser que les Marses ne sont pas morts pour rien. Et pourtant, regarde la Sicile ! Les esclaves italiques qui s'y trouvaient n'ont pas retrouvé la liberté; ils sont morts.

— La Sicile me fait frémir de honte, dit Drusus. Mais la faute en incombe à deux magistrats romains cupides et corrompus. Quintus Poppaedius, tu n'aimes peut-être pas Scaurus et Numidicus, mais reconnais qu'eux ne se seraient pas rendus coupables de fraude sur les grains.

— Je te l'accorde. Toutefois, Marcus Livius, ils semblent toujours croire qu'être romain, c'est appartenir à la société la plus fermée de l'univers, et qu'aucun Italique ne mérite d'y être admis. Peut-être devrons-nous nous charger d'y entrer, avec ou sans l'appui du Sénat!

Une seconde loi agraire suivit la première, relative cette fois aux terres publiques dont Rome s'était rendue maîtresse au cours des guerres contre les Germains. Elles étaient pratiquement inexploitées, et offraient bien d'autres ressources, notamment minières. Toutes étaient situées en Gaule Transalpine, en particulier autour de Narbo, Tolosa et Carcasso, à quoi venait s'ajouter une région d'Ibérie Citérieure dont les habitants s'étaient rebellés à l'époque où les Cimbres erraient dans les Pyrénées.

De nombreux chevaliers romains étaient très désireux de s'implanter dans la province, et la défaite des Germains avait été pour eux une occasion à ne pas manquer: ils s'adressèrent à tous les sénateurs dont ils étaient les clients pour qu'ils favorisent leur accès à l'*ager publicus Galliae.* Savoir que les *capite censi* de l'armée allaient en monopoliser la plus grosse part provoqua dans leurs rangs une fureur sans précédent, même à la pire époque des Gracques.

Le Sénat s'enhardissant, les chevaliers de la Première Classe firent de même, eux qui avaient été les plus fermes partisans de Marius: mais ils se sentaient trahis. Les agents de Numidicus et de Catulus César couraient partout en chuchotant:

— Il donne ce qui appartient à l'Etat, comme si l'un et l'autre étaient sa propriété personnelle!

— Il veut s'emparer définitivement du pouvoir! Sinon, pourquoi redevenir consul alors que la guerre contre les Germains est terminée?

— Les Italiques reçoivent plus qu'ils ne devraient!

— Les terres prises à l'ennemi n'appartiennent qu'aux Romains!

— Il se fait appeler le Troisième Fondateur de Rome, mais en fait il veut être roi!

Plus Marius s'époumonait, au Sénat comme sur les rostres, plus l'opposition grandissait. Lentement, de manière presque imperceptible l'opinion publique commença de tourner. Nombre de ses partisans se mirent à douter; jamais on n'avait vu un projet de loi regrouper tant d'adversaires.

— Il n'y a pas de fumée sans feu!

— L'affrontement est trop dur pour que ce ne soit qu'une de ces querelles dérisoires chères au Sénat.

— Quand un homme comme Quintus Caecilius Metellus Numidicus — qui a été non seulement consul, mais aussi censeur — gagne chaque jour des partisans, c'est qu'il doit quand même avoir raison.

— J'ai entendu dire qu'un chevalier dont Marius recherche désespérément l'appui l'a publiquement renié! Marius lui avait personnellement promis des terres autour de Tolosa, qui vont aller aux anciens légionnaires!

— C'est le sixième consulat de Caius Marius — et le cinquième d'affilée! On raconte qu'il prétend continuer jusqu'à sa mort!

— Il veut être roi!

Cette campagne de dénigrement ne tarda pas à porter ses fruits. Glaucia et Saturninus eux-mêmes se mirent à craindre que leur projet de loi agraire ne fût voué à l'échec.

— Il faut que j'aie ces terres! s'écria Marius, désespéré, à l'adresse de sa femme — laquelle attendait depuis des jours qu'il se décidât à en discuter avec elle. Non parce qu'elle pourrait lui venir en aide là-dessus, mais parce qu'elle savait être la seule personne à qui il pût se confier. Sylla était reparti en Gaule Cisalpine, et Sertorius s'était rendu en Ibérie Citérieure pour revoir sa femme et son fils.

— Caius Marius, est-ce vraiment crucial? Est-il vraiment si grave que tes soldats ne reçoivent pas de terres? Il n'y aucun précédent en ce domaine.

— Tu ne comprends pas! s'écria-t-il, agacé. La question n'est plus là. C'est ma *dignitas* qui est en jeu. Si la loi ne passe pas, je ne suis plus le Premier des Romains.

— Lucius Appuleius ne peut-il t'aider?

— Il essaie! Il essaie! Mais nous ne faisons que perdre du terrain. Julia, trop de rumeurs circulent! Et je n'ai pas les moyens de les combattre! Et pourtant, si j'avais commis le dixième de ce dont on m'accuse, je serais depuis longtemps au fin fond des Enfers!

— Cela ne peut pas durer. Il arrive un moment où les rumeurs prennent de telles proportions que tout le monde se réveille. C'est ce qui va arriver. La loi passera, Caius Marius, j'en suis certaine. Ne va pas trop vite, laisse aux gens le temps de changer d'avis.

— Oui, bien sûr, peut-être sera-t-elle votée. Mais qu'est-ce qui empêchera le Sénat de la vider de son contenu dès que Lucius Appuleius aura achevé son mandat? Et je ne peux compter sur nul autre tribun de la plèbe!

— N'y a-t-il aucun moyen de protéger ta loi?

Marius marchait de long en large; il s'arrêta net et lui jeta un regard dubitatif:

— En fait, si... Glaucia en a trouvé un, Saturninus le trouve idéal, et tous deux ne cessent de m'importuner là-dessus, mais je me demande si...

— Alors, dis-le-moi !

— Julia, je vais au Sénat en sachant que je vais devoir travailler dans une atmosphère de haine qui m'épuise avant même que j'aie commencé ! Je suis trop vieux pour les supporter davantage ! Des crétins qui détruiront la République, s'ils continuent à croire que les choses n'ont pas changé !

— Je vois, répondit Julia, dissimulant avec soin sa consternation.

Ces derniers temps, Marius paraissait bien las et, pour la première fois de sa vie, il prenait du poids ; sa chevelure virait au gris.

— La seconde loi agraire comporte une clause tout spécialement conçue par Glaucia, poursuivit Marius en reprenant ses allées et venues dans la pièce. Chaque sénateur devra faire le serment de la respecter à perpétuité, et ce dans les cinq jours qui suivront son adoption.

— Caius Marius ! Jamais ils ne te pardonneront cela ! s'écria Julia, stupéfaite.

— Crois-tu que je ne le sache pas ! lança Marius en levant les bras au ciel. Mais que puis-je faire d'autre ? Il me faut ces terres !

— Tu seras encore membre du Sénat pendant de longues années... Ne pourrais-tu pas y lutter pour que ta loi soit défendue ?

— Lutter ? Alors que je lutte déjà sans arrêt ? Je suis las d'avoir à me battre, Julia !

— Grands dieux ! dit-elle d'un ton moqueur, en espérant le réconforter un peu. Caius Marius, las d'avoir à se battre ! Et qu'as-tu fait toute ta vie ?

— Ce n'était pas le même genre de combat. Ici, tous les coups sont permis, on ne sait pas qui est votre ami, qui est votre ennemi. Le Sénat de Rome est un bordel peuplé de catins bien nées ! J'ai chaque jour l'impression de ramper dans la boue !

Julia se leva et, se dirigeant vers lui, le contraignit à s'arrêter, puis mit ses mains dans les siennes :

— L'arène politique n'est pas faite pour quelqu'un d'aussi franc que toi.

— Je m'en suis rendu compte ! dit-il d'un air sombre. Je crains d'être obligé de recourir à la maudite clause de Glaucia. Mais, comme me le répète Publius Rutilius, où tout cela nous mène-t-il ? Est-ce un bien ?

— Le temps nous le dira. Quoi qu'il arrive, Caius Marius, n'oublie jamais qu'il y a toujours des crises, que les gens s'en vont en proclamant que telle ou telle loi sera la fin de la République, que Rome n'est plus Rome! Scipion l'Africain disait déjà cela de Caton le Censeur!

Il eut l'air un peu réconforté; Julia estima qu'il était temps de changer de sujet.

— A propos, Caius Julius aimerait te voir demain, aussi ai-je saisi l'occasion de le convier à dîner avec Aurelia.

— Excellent! J'avais oublié! Il part en Afrique veiller à la création de ma première colonie d'anciens légionnaires! Grands dieux, je perds la mémoire? Que m'arrive-t-il, Julia?

— Rien du tout! Tu as simplement besoin de quelque temps de repos! Mais c'est impossible! Allons plutôt retrouver Marius le jeune!

Le petit homme, qui allait avoir neuf ans, était extrêmement beau. C'était un fils dont on pouvait être fier: grand, bien bâti, blond, avec un nez suffisamment busqué pour que son père, qui n'avait pas cette chance, en fût ravi. Il ne paraissait pas très porté sur l'aspect intellectuel des choses, mais cela ne déplaisait pas à Marius. Qu'il soit enfant unique, pesait à sa mère, elle avait, après lui, connu deux grossesses qui s'étaient mal terminées. Elle commençait à craindre de ne plus pouvoir être mère de nouveau.

La soirée fut très agréable; outre Caius Julius et Aurelia, le seul invité était Publius Rutilius Rufus. César était ravi de partir en Afrique; mais, comme il l'expliqua en souriant:

— Je ne serai pas à Rome pour la naissance de mon fils!

— Aurelia! s'écria Rutilius Rufus. *Encore?* Cela va être encore une fille! Où allez-vous trouver de quoi assurer sa dot?

— Oncle Publius! D'abord, nos filles n'auront pas besoin de dots. Le père de Caius Julius nous a fait jurer que jamais nous autres César ne les céderions à de vils ploutocrates. Nous les marierons donc à des rien du tout campagnards horriblement riches. D'ailleurs, nous avons déjà deux filles, et il est temps d'avoir deux garçons.

— En même temps?

— Des jumeaux? Ce serait magnifique! N'y en a-t-il pas chez les César?

— Il doit y en avoir chez Lucius Cornelius aussi?

— Ah bon? demanda Rutilius Rufus, frétillant à la pensée d'apprendre un ragot.

— Vous savez tous qu'il a vécu chez les Cimbres pendant de nombreux mois, avec une Chérusque nommée Hermana qui lui a donné deux garçons.

— Et qu'est-elle devenue? demanda Julia.

— Il l'a confiée à son peuple, en Germanie, avant de venir me rejoindre.

— Lucius Cornelius est quelqu'un d'étrange, dit Rutilius Rufus d'un ton rêveur. Un peu fou, je dirais.

— Publius Rutilius, pour une fois, tu te trompes ! Personne n'a jamais eu la tête mieux fixée sur les épaules que Lucius Cornelius ! J'irai même jusqu'à dire que, s'agissant de Rome, il est l'homme de l'avenir.

— Il est reparti séance tenante pour la Gaule Cisalpine dès la fin du triomphe ! gloussa Julia. Lui et mère se disputent de plus en plus souvent.

— C'est compréhensible ! intervint Marius. Ta mère est la seule personne au monde qui puisse me faire peur !

— Marcia, quelle femme délicieuse ! soupira Rutilius Rufus qui, voyant tous les yeux se tourner vers lui, ajouta en toute hâte : Enfin, autrefois, du moins !

— Elle s'est donné bien du mal pour trouver une nouvelle épouse à Lucius Cornelius ! dit Caius Julius.

— J'étais l'autre jour invité à dîner chez Marcus Aemilius Scaurus, reprit Rutilius Rufus en plaisantant, et je crois que Lucius Cornelius aurait pu s'y trouver une épouse, si elle n'avait déjà été mariée.

— Dis-nous tout, oncle Publius ! s'écria Aurelia, fascinée.

— Caecilia Metella Dalmatica elle-même !

— La femme du Princeps Senatus ? hoqueta la jeune femme.

— Elle-même. Quand elle lui a été présentée, il lui a jeté un regard, est devenu plus rouge encore que sa chevelure, et a passé tout le repas à la contempler sans dire un mot. Marcus Aemilius semble s'en être aperçu ! Il a envoyé la chère enfant se coucher juste après le plat principal. Elle a eu l'air très déçue, et elle est partie en lançant un regard plein d'admiration timide à Lucius Cornelius, qui en a renversé sa coupe de vin.

— Oh non ! s'écria Julia. Il ne peut pas se permettre un nouveau scandale ! Caius Marius, ne peux-tu lui parler ?

Marius eut l'un de ces regards gênés propres aux époux à qui leurs femmes demandent des choses impossibles :

— Certainement pas ! La vie privée d'un homme ne regarde que lui ! Il ne m'en remercierait pas, d'ailleurs !

— Ah, intervint Caius Julius, toujours prêt à apaiser les esprits, à regarder Scaurus, on se dit que, dans mille ans, il faudra l'achever à la hache ! Je crois donc que nous n'avons pas à nous inquiéter pour Lucius Cornelius et Dalmatica. Je crois d'ailleurs que mère a fait son choix, et qu'il l'a approuvé ; je crois qu'il se mariera dès son retour de Gaule Cisalpine.

— Et avec qui ? demanda Rutilius Rufus.

— Aelia, la fille unique de Quintus Aelius Tubero.

— Un peu âgée, non?

— Proche de la quarantaine, comme Lucius Cornelius. Il ne veut plus d'enfants, et mère lui a donc trouvé une veuve qui n'en avait pas. Elle est assez jolie.

— Elle est issue d'une vieille famille, ajouta Rutilius Rufus. Et riche, de surcroît!

— Alors, ce sera parfait pour Lucius Cornelius! dit Aurelia avec chaleur. Je n'y peux rien, je le trouve très sympathique!

— Comme nous tous! dit Marius qui, clignant de l'œil à l'intention de la jeune femme, ajouta: Caius Julius, une aussi franche admiration ne te rend-elle pas jaloux?

— Oh, j'ai un rival autrement sérieux qu'un simple légat d'origine patricienne, répondit César en souriant.

— Ah bon? Qui?

— Il s'appelle Lucius Decumius, c'est un petit homme d'une quarantaine d'années, aux jambes maigres, aux cheveux gras, qui empeste l'ail. Ma demeure est pleine des fleurs qu'il envoie à Aurelia tous les quatre ou cinq jours, et il rend visite à mon épouse, qu'il flatte de la manière la plus écœurante. A dire vrai, il est si heureux de la naissance de notre futur fils, que parfois j'ai les doutes les plus graves.

— Caius Julius! lança Aurelia en éclatant de rire.

— Mais qui est-ce? demanda Rutilius Rufus.

— Le gardien de je ne sais quelle confrérie qui veille sur les carrefours, et qu'Aurelia est obligée de loger sans pouvoir exiger de loyer.

— Lucius Decumius et moi avons conclu un marché, intervint-elle. Il exerce ses activités où il veut, mais pas dans le voisinage.

— Ses activités? Lesquelles?

— C'est un assassin.

Quand Saturninus présenta sa seconde loi agraire, la clause stipulant qu'un serment serait obligatoire fit sur le Forum l'effet d'un coup de tonnerre. Non seulement chaque sénateur devrait le prononcer, mais de plus il ne jurerait pas, comme c'était la coutume, dans le temple de Saturne, mais dans celui, à ciel ouvert, de Semo Sancus, en bas du Quirinal. Un dieu sans visage et sans mythologie, un des nombreux *numina*, ces déités si profondément romaines: les Pénates, les Lares, ou Vesta, déesse du foyer. Personne ne savait de quoi elles avaient l'air, d'où elles venaient; elles *étaient*, tout simplement. C'étaient les incarnations publiques des dieux les plus privés, ceux qui gouvernaient la famille, la plus sacrée des institutions romaines. Aucun Romain ne pouvait jurer en leur présence et songer ensuite à rompre son serment : ce serait amener la ruine et le malheur sur lui-même et sa lignée.

L'esprit légaliste de Glaucia ne s'était pas pour autant contenté de tirer parti de la crainte qu'elles inspiraient. Son projet de loi prévoyait également que tout sénateur ayant refusé de prêter le serment exigé se verrait refuser le feu et l'eau dans toute l'Italie, condamné à verser une amende de vingt talents d'argent, et dépouillé de sa citoyenneté.

— Nous ne sommes pas allés assez loin, ni assez vite, dit Numidicus à Catulus César, Ahenobarbus Pontifex Maximus, Metellus Goret, Scaurus, Lucius Cotta et son oncle Marcus Aurelius. La Plèbe n'est pas encore prête à rejeter Caius Marius, et la loi passera. Nous nous verrons contraints de jurer. Et si je jure, ajouta-t-il en frissonnant, il me faudra respecter mon serment.

— Et aucun tribun de la plèbe n'osera opposer son *veto* ! soupira Marcus Cotta.

— Alors, nous nous battrons sur le terrain religieux, dit Scaurus en jetant un regard entendu à Ahenobarbus.

— Je crois que je vois où tu veux en venir ! répondit celui-ci. Le jour où la loi sera mise aux votes, les augures examineront les présages pour s'assurer que la cérémonie n'est pas en contravention avec la loi divine. Nous ferons en sorte qu'ils soient défavorables. Et nous continuerons jusqu'à ce qu'un tribun de la plèbe trouve le courage d'opposer son *veto* en avançant des motifs religieux. La loi en mourra ; le Peuple se lasse vite.

Le plan fut mis en œuvre comme prévu. Malheureusement, il se trouvait que Saturninus, lui aussi, était augure : c'était une petite faveur qu'on lui avait accordée, à l'instigation de Scaurus, au moment où son honneur lui avait été rendu. Et il n'était pas du tout d'accord sur l'interprétation qu'il convenait de donner aux présages.

— C'est une ruse grossière ! tonna-t-il dans le Comitium. Une façon de s'opposer à la volonté du Peuple ! Tout le monde sait que Scaurus et Numidicus feront tout pour empêcher nos soldats de recevoir leur juste récompense ! Ils ont délibérément offensé la volonté des dieux !

La Plèbe le crut, d'autant plus que le tribun, prudent, avait pris la précaution de disperser dans la foule des gladiateurs à sa solde. Ils fondirent sur un tribun de la plèbe qui tentait d'opposer son *veto*, le traînèrent tout le long du Clivus Argentarius, et le jetèrent dans une cellule des Lautumiae, où ils le retinrent jusqu'à la fin de la réunion. La seconde loi agraire fut mise aux votes, et approuvée par les tribus, en grande partie pour la clause punissant le refus de serment. Comment réagirait le Sénat ? Qui oserait résister ? C'était trop beau pour qu'on s'en privât.

Le lendemain, Metellus Numidicus se leva au Sénat, et annonça, avec beaucoup de dignité, qu'il ne prêterait pas serment.

— Ma conscience, mes principes, ma vie même me l'interdisent ! Je paierai l'amende et partirai en exil à Rhodes. Car je ne jurerai pas. M'entendez-vous, Pères Conscrits ? Je ne peux m'engager à défendre ce que tout mon être refuse. Quel est le crime le plus grave, jurer de respecter une loi scélérate, ou s'y refuser ? Je vous laisse répondre en conscience. Quant à moi, mon choix est fait. Je te le dis, Lucius Appuleius Saturninus, je te le dis, Caius Marius : *je-ne-ju-re-rai-pas*. Mieux vaut l'exil.

Son discours fit grosse impression, car chacun savait qu'il parlait sérieusement. Il y eut des murmures qui s'enflèrent peu à peu.

— Ils vont nous faire des difficultés ! chuchota Glaucia, assis sur sa chaise curule, tout près de Marius.

— Si je ne lève pas la séance, ils refuseront tous, répondit celui-ci qui, se redressant, annonça la fin des débats :

— Je vous conseille de rentrer chez vous et de réfléchir à loisir aux graves conséquences d'un refus de serment. La chose est facile pour Quintus Caecilius : il a assez d'argent pour payer l'amende, et s'assurer un exil confortable. Mais combien d'entre vous peuvent-ils en dire autant ? L'assemblée se réunira d'ici à quatre jours, et vous devrez alors avoir pris une décision, car nous ne devons pas oublier que la *lex Appuleia agraria secunda* a expressément prévu une date limite.

Mais ce n'est pas ainsi qu'on leur parle, songea Marius en rentrant chez lui. Ce ne sont pas des soldats, ni même des officiers subalternes, bien que je sois consul et qu'ils ne soient, dans leur grande majorité, que des figurants qui n'auront jamais l'occasion de poser leurs grosses fesses sur la chaise curule. Ils se croient mes pairs ! Moi, Caius Marius, six fois consul de Rome ! Il faut que je triomphe d'eux, je ne peux pas accepter l'ignominie de la défaite. Ma *dignitas* me l'interdit. Je suis le Premier des Romains, le Troisième Fondateur de Rome. Et quand je mourrai, ils devront bien reconnaître que moi, Caius Marius, rustaud italique qui ne parlait même pas le grec, j'étais le plus grand homme de l'histoire de la République.

Pendant les trois jours du délai de grâce qu'il avait accordé aux sénateurs, ses pensées ne quittèrent jamais ce cercle étroit. A l'aube du quatrième jour, quand il partit pour la Curia Hostilia, il était bien décidé à l'emporter — sans pour autant avoir pris la peine de réfléchir à la tactique que ses adversaires utiliseraient contre lui.

La réunion commença dans le calme. Les sacrifices rituels se déroulèrent sans anicroche, et les présages furent déclarés favorables.

Marius se leva. S'il n'avait pas songé à l'attitude que pourraient adopter les autres, il avait pris soin de peaufiner sa propre tactique dans le moindre détail, et il était parfaitement confiant.

— Moi aussi, Pères Conscrits, j'ai passé ces trois derniers jours perdu dans mes pensées. Un fait est certain : si cette loi a un sens, elle nous impose de jurer de la défendre. Si cette loi est valide, nous devrons tous prêter serment. Mais l'est-elle ?

La question tomba dans un silence de mort.

— Et voilà ! chuchota Scaurus à Numidicus. Il est pris au piège ! Il vient de se suicider politiquement !

Marius, qui avait marché de long en large, était tout près des portes ; il n'entendit pas, et poursuivit :

— Certains parmi vous déclarent qu'aucune loi votée dans les circonstances qui ont été celles de la *lex Appuleia Agraria secunda* ne peut être valide. Ils avancent à cette fin deux arguments. Elle a été votée bien que les présages aient été déclarés défavorables, et tandis qu'on faisait violence à un tribun de la plèbe régulièrement élu, donc sacro-saint.

Il fit quelques pas, puis s'arrêta.

— De toute évidence, l'avenir de la loi est encore incertain. L'Assemblée de la Plèbe devra la réexaminer à la lumière des objections que je viens de vous présenter. Mais cela, Pères Conscrits, n'est pas la question dont nous avons à débattre aujourd'hui. Nos préoccupations sont d'ordre plus immédiat. La loi elle-même, nous enjoint de la défendre par serment. C'est ce dont nous allons discuter aujourd'hui même, car c'est le dernier jour dont nous disposons pour le faire. Or aujourd'hui, la loi est valide. C'est pourquoi nous devons jurer de la défendre.

Il s'avança à pas rapides, atteignit presque l'estrade, puis fit demi-tour et repartit avec lenteur vers les portes, où il se tourna pour faire face aux deux ailes de l'assemblée :

— Aujourd'hui, Pères Conscrits, nous prêterons serment. Nous y sommes tenus par les instructions que le Peuple nous a expressément données. C'est lui le véritable législateur, et nous ne sommes que ses serviteurs ! Aussi jurerons-nous. Cela ne doit pas nous poser problème, Pères Conscrits ! En effet, si l'Assemblée du Peuple, après réexamen, jugeait la loi invalide, nos serments le seraient aussi.

Scaurus hochait la tête en mesure, comme s'il approuvait chacune des paroles de Marius. Mais c'était en fait pour accompagner ce qu'il chuchotait à Metellus Numidicus :

— Nous le tenons, Quintus Caecilius ! Nous le tenons enfin ! Il bat en retraite ! Nous l'avons contraint à reconnaître publiquement que la loi de Saturninus est d'une validité douteuse !

Euphorique à la pensée que l'assemblée était de son côté, Marius revint vers l'estrade, y monta, et se tint devant sa chaise d'ivoire pour sa péroraison :

— Je serai moi-même le premier à prêter serment. Et si moi, Caius Marius, consul pour la sixième fois, suis disposé à le faire, pourquoi cela coûterait-il quoi que ce soit à ceux qui sont ici ? Les prêtres ont préparé le temple de Semo Sancus pour nous. Allons, qui m'accompagne ?

Il y eut des soupirs et de faibles murmures ; puis l'on entendit des bruits de pieds. Peu à peu les sénateurs se levaient de leurs tabourets.

— Caius Marius, une question, dit Scaurus.

L'assemblée s'immobilisa. Marius eut un signe de tête.

— Caius Marius, j'aimerais connaître, non ton opinion officielle, mais ton opinion personnelle.

— Si elle a tant de valeur pour toi, Marcus Aemilius, je serai ravi de t'en faire part. A quel sujet ?

— Selon toi, la *lex Appuleia agraria secunda* est-elle valide, au regard des événements qui ont accompagné son vote ?

Silence. Silence complet. Personne n'osait plus respirer — même pas Marius, trop occupé à chercher comment se tirer du bourbier où l'avait précipité son excès de confiance en soi.

— Veux-tu que je te répète ma question, Caius Marius ? demanda Scaurus d'une voix suave.

Marius passa une langue hésitante sur ses lèvres desséchées. Que faire, que faire ? Nous y voilà, Caius Marius. Tu es tombé dans un piège dont tu ne peux sortir. Pourquoi n'ai-je pas pensé qu'ils me poseraient cette question, par l'intermédiaire du plus intelligent d'entre eux, peut-être le seul ? Et je n'y ai pas songé une seule fois en trois jours !

Je n'ai pas le choix. Scaurus me tient. Il va falloir que je déclare à l'assemblée que de mon point de vue la loi n'est pas valide. Sinon, personne ne jurera de la défendre. Je les ai amenés à croire qu'il y avait un doute, et que c'était précisément ce qui leur permettait de prêter serment sans qu'ils se sentent piégés par cet engagement. Si je me rétracte, ils m'échapperont.

Jetant un coup d'œil en direction du banc des tribuns de la plèbe, il aperçut Lucius Appuleius Saturninus, penché en avant, poings crispés, lèvres retroussées sur des dents pointues.

Si je dis que la loi ne me paraît pas valide, je perds cet homme dont j'ai tant besoin. Ainsi que le plus grand légiste que Rome ait jamais vu. Glaucia... Ensemble nous aurions pu... Je vais les perdre à jamais. Et pourtant, il faut que je le dise. Sinon, personne ne prêtera serment, et mes soldats n'auront pas leur terre. C'est tout ce que je peux espérer sauver de la défaite : la terre. Car j'ai perdu.

Quand l'un des pieds d'ivoire de la chaise de Glaucia se mit à crisser sur le sol de marbre, la moitié de l'assemblée sursauta. Glaucia lui-même était perdu dans la contemplation de ses ongles, lèvres pincées, visage impassible. Le silence retomba.

— Caius Marius, reprit Scaurus, je crois que je ferais mieux de répéter ma question. Cette loi est-elle valide ou non ? Quelle est ton opinion personnelle ?

— Je pense, en ce qui me concerne, qu'elle n'est probablement pas valide.

— Merci beaucoup, Caius Marius ! dit Scaurus, qui se leva, rayonnant : Pères Conscrits, si notre grand Caius Marius juge que la loi n'est pas valide, je serai ravi d'être le premier à prêter serment ! Je suggère que nous nous rendions tous au temple de Semo Sancus sur-le-champ !

— Un instant !

Chacun s'immobilisa. Metellus Numidicus frappa dans ses mains. Son serviteur descendit des travées, portant dans chaque main un sac si lourd qu'il était contraint de se plier en deux. Il les déposa aux pieds de son maître et partit en chercher deux autres. Plusieurs sénateurs enjoignirent à leurs esclaves de l'aider, et le travail alla beaucoup plus vite : en tout, quarante sacs vinrent s'entasser autour du tabouret de Metellus Numidicus, qui se leva :

— Je ne prêterai pas serment, en dépit des assurances suspectes, à mon sens, de notre consul. En conséquence, je dépose ici même vingt talents d'argent au titre de l'amende qui m'est infligée, et déclare que dès demain à l'aube je partirai en exil à Rhodes.

Le tumulte éclata.

— Silence ! Silence ! hurlaient Marius et Scaurus.

Quand le calme revint, Metellus Numidicus tourna la tête vers quelqu'un placé derrière lui :

— Questeur du trésor, fais ton office.

Ce n'était autre que Quintus Caecilius Metellus Goret, fils de Metellus Numidicus.

— Questeur du Trésor, je confie à ta garde ces vingt talents d'argent, à titre de paiement de l'amende qui m'est infligée pour avoir refusé de prêter serment. Toutefois, comme l'assemblée est encore en séance, j'exige que la somme soit décomptée, pour que les Pères Conscrits soient certains qu'il ne manque pas un denier.

— Quintus Caecilius, nous sommes tous disposés à te croire sur parole, intervint Marius.

— J'insiste ! répliqua l'autre. Personne ne sortira d'ici tant que la dernière pièce n'aura pas été comptée. Je crois que le total avoisine cent trente cinq mille deniers.

Tout le monde se rassit en soupirant. Deux scribes du Sénat s'en allèrent chercher une table qu'ils installèrent près de Numidicus, ouvrirent un sac, le soulevèrent, en vidèrent le contenu sur la table, puis le Goret se mit à compter.

— Un instant, intervint son père. Compte-les à voix haute, questeur du Trésor!

Il y eut un immense soupir collectif, chacun se souvenant que, depuis Arausio, le Goret était bègue.

— Un-un... D-D-Deux... T-T-Trois... Qua-qua-tre... C-C-Cinq...

Au coucher du soleil, Marius se leva:

— Pères Conscrits, la journée s'achève. Nous avons encore bien des choses à faire mais, comme vous le savez, aucune séance ne peut se tenir ici une fois le soleil couché. Je suggère donc que nous nous rendions au temple de Semo Sancus pour y prêter serment, ce qui doit être accompli avant minuit, faute de quoi nous enfreindrions un ordre direct du Peuple. Marcus Aemilius, lança-t-il à Scaurus, c'est ton devoir de rester ici pour t'assurer que le décompte s'effectue comme il convient. Tu es le plus qualifié pour y veiller. Je te dispense également de prêter serment aujourd'hui; tu pourras toujours jurer demain, ou après-demain, si les opérations ne sont pas terminées.

Scaurus rejeta la tête en arrière et partit d'un long éclat de rire.

A la fin du printemps, Sylla revint de Gaule Cisalpine, et rendit aussitôt visite à Marius. Marius, comprit-il aussitôt, n'avait pas l'air d'aller très bien, ce qui ne le surprit guère; même au nord du pays, on était au courant des remous qui avaient accompagné au Sénat le vote de la *lex Appuleia*. Ils se regardèrent en silence, et cet échange muet suffit aux deux hommes pour comprendre, chacun, ce que l'autre avait à dire.

— Ta crédibilité a beaucoup souffert, finit par dire Sylla.

— Je sais.

— C'est la faute de Saturninus, ai-je cru comprendre.

Marius soupira:

— Oui, et peut-on lui en vouloir de me détester? Il a déjà prononcé plusieurs discours sur les rostres, et devant toutes les assemblées qu'il a pu convoquer. En m'accusant chaque fois de l'avoir trahi. C'est un excellent orateur, qui sait attirer les foules, à tel point qu'il fascine les membres des trois dernières Classes, qui ne manquent pas une occasion d'aller l'écouter.

— Et il prend la parole souvent?

— Tous les jours!

— C'est une nouveauté dans les annales du Forum ! Tous les jours ? Qu'il pleuve ou qu'il vente ?

— Tous les jours. Quand le préteur urbain — son vieil ami Glaucia —, obéissant aux ordres du Pontifex Maximus, lui a rappelé qu'il ne pouvait prendre la parole les jours de marché, ou les jours de congé, il n'en a tenu aucun compte. Et, comme il est tribun de la plèbe, personne n'a vraiment essayé de l'en empêcher. Aussi sa renommée grandit-elle sans cesse. Je crois que ses auditeurs sont sensibles à la passion qu'il met dans ce qu'il dit. Au demeurant ils se moquent éperdument de ce qu'il peut raconter. Ils restent là, bouche bée, à le regarder et à l'acclamer.

— Il va falloir garder l'œil sur lui ! dit Sylla, qui ajouta, d'un air grave : Pourquoi, Caius Marius ?

— Je n'avais pas le choix, Lucius Cornelius. La vérité est que je ne suis plus assez... vif pour voir les pièges que me tendent des gens comme Scaurus. Il m'a possédé, et je suis le premier à le reconnaître.

— Mais tu n'as quand même pas tout perdu. La seconde loi agraire est toujours à l'ordre du jour, et je ne pense pas que l'Assemblée plébéienne veuille l'invalider. Du moins, c'est ce qu'on m'a dit.

— C'est exact. Mais c'est Saturninus le vainqueur, Lucius Cornelius, pas moi. J'ai perdu l'appui de la Plèbe. Comment vais-je arriver au bout de l'année ? J'ai horreur de devoir chaque jour me rendre à la Curia Hostilia ! Je déteste le petit sourire de Scaurus, je déteste le rictus sur le visage de ce chameau de Catulus César ! La vérité, et je viens enfin de m'en rendre compte, est que je ne suis pas fait pour l'arène politique.

— Caius Marius ! Tu as quand même gravi les degrés du *cursus honorum* ! Tu as été un grand tribun de la plèbe ! C'est donc que tu aimais la politique, sinon jamais tu ne te serais mêlé de rien !

— J'étais jeune, alors, répondit Marius en haussant les épaules. Et j'avais assez de cervelle. Mais je ne suis pas un animal politique.

— Ainsi, tu vas laisser la vedette à un loup prétentieux comme Saturninus ? Ce n'est pas le Caius Marius que je connais qui parle !

— Non, dit Marius avec un faible sourire. Le nouveau est très, très fatigué. Il m'est aussi étranger qu'à toi, tu peux me croire !

— Alors, prends un peu de repos pendant l'été, je t'en conjure !

— C'est bien mon intention, dès que tu auras épousé Aelia.

Sylla éclata de rire.

— Grands dieux, j'allais oublier ! dit-il en se levant. Je ferais mieux de rentrer pour affronter notre belle-mère commune, qui doit mourir d'envie de me quitter !

— En effet, Lucius Cornelius. Je lui ai offert une jolie petite villa à Cumes, pas très loin de la nôtre.

— Prends bien soin de toi, Caius Marius. Si Aelia le désire toujours, je l'épouserai sur-le-champ.

Julia attendait à la porte du cabinet de travail, et raccompagna Sylla jusqu'au seuil de leur maison :

— Qu'en penses-tu ? demanda-t-elle.

— Tout ira bien, petite sœur. Ils l'ont vaincu, et il en souffre. Emmène-le en Campanie, fais-lui prendre des bains de mer et respirer l'odeur des roses.

— Ce sera fait dès que tu seras marié.

— Tout de suite, tout de suite ! s'écria-t-il en levant les mains comme pour se rendre.

Julia soupira :

— Il y a quelque chose qui me peine plus que tout, Lucius Cornelius. Six mois au Forum ont davantage épuisé Caius Marius que dix ans de campagne à la tête de ses armées.

Tout le monde devait avoir besoin de repos, car quand Marius partit pour Cumes, la vie publique romaine sombra dans une totale apathie. Les notables quittèrent la cité un à un, tant elle était insupportable pendant les chaleurs.

Bien que vivant dans la Subura, Aurelia ne s'en inquiétait guère. Elle habitait dans une caverne fraîche, l'épaisseur des murs de son *insula*, et la verdure de son jardin, tenant à distance les ardeurs du soleil. Priscilla, l'épouse de Caius Matius, était elle aussi enceinte : son bébé devait naître à peu près à la même époque que celui de sa propriétaire.

Les deux femmes étaient très bien entourées. Caius Matius ne savait que faire pour se rendre utile, et Lucius Decumius passait tous les jours pour s'assurer que tout allait bien, chaque fois avec des fleurs, ou de menus présents — sucreries, épices rares, tout ce qui, pensait-il, rendrait son appétit à sa chère Aurelia.

— Comme si je l'avais perdu ! dit-elle en riant à Publius Rutilius Rufus qui, lui aussi, lui rendait visite régulièrement.

Son fils, Caius Julius César, naquit le treizième jour de Quinctilis, et sa naissance fut enregistrée auprès du temple de Juno Lucina. Statut : patricien. Rang : sénatorial. Il était très grand, solidement bâti, très paisible, d'allure un peu solennelle et peu enclin à pleurnicher ; il avait des cheveux si blonds qu'ils étaient presque invisibles ; et ses yeux étaient d'un bleu-vert très pâle, avec, sur le rebord de la pupille, un anneau d'un bleu si sombre qu'il en paraissait noir.

— C'est quelqu'un ! dit Lucius Decumius en le dévisageant

avec attention. Regardez-moi ces yeux! Tu vas faire peur à ta grand-mère!

— Ne dis pas cela, horrible petite verrue! grogna Cardixa, qui était déjà folle du nouveau-né.

Sans se laisser déconcerter, Lucius Decumius palpa les couches du bébé avec des doigts un peu douteux:

— Voyons voir au sous-sol? Oh oh oh oh! C'est bien ce que je pensais! A long nez, beau vit!

— *Lucius Decumius!* s'écria Aurelia, profondément choquée.

— Ça suffit! Va-t'en! rugit Cardixa en prenant le petit homme par le cou et en le jetant dehors sans cérémonie.

Sylla rendit visite à Aurelia près d'un mois après la naissance de l'enfant, en s'excusant de la déranger.

— Mais tu ne me déranges pas! dit-elle, ravie de le voir. Tu peux rester dîner — et si tu ne peux pas ce soir, ce sera pour demain! Je manque de compagnie!

— Je peux rester. A dire vrai, je suis revenu à Rome pour voir un vieil ami: il a la fièvre.

— Est-ce quelqu'un que je connais? demanda-t-elle, par simple courtoisie.

L'espace d'un instant, Sylla donna l'impression que répondre à cette question lui était pénible; il prit un visage sombre, malheureux, presque furieux. Puis, sans transition, il se mit à sourire.

— Je crains que non. Il s'appelle Metrobios.

— L'acteur.

— Lui-même. J'ai eu l'occasion de connaître beaucoup de gens de théâtre, autrefois, avant d'épouser Julilla et d'entrer au Sénat. Un monde bien différent du nôtre! C'est drôle: tout cela me paraît maintenant être un vieux rêve.

— Tu as l'air d'en être désolé.

— Non, pas vraiment.

— Et ton ami Metrobios s'en sortira-t-il?

— Oh, oui, ce n'est qu'un accès de fièvre.

Le silence retomba. Il le rompit en allant vers le grand espace ouvert qui tenait lieu de fenêtre donnant sur la cour.

— C'est joli!

— Oui, n'est-ce pas?

— Et ton fils, comment va-t-il?

— Tu vas le voir sous peu.

— C'est bien, dit-il sans cesser de regarder dans la cour.

— Lucius Cornelius, quelque chose ne va pas?

Il se tourna vers elle en souriant. Aurelia se dit que c'était un homme attirant. Ses yeux étaient si étranges... comme bordés d'obscurité. Semblables en cela à ceux de son propre fils. Pour une raison inconnue, cette pensée la fit frissonner.

— Tout va bien, Aurelia.

— Je crois que mieux vaudrait que tu me dises la vérité.

Il ouvrait la bouche pour répondre quand Cardixa arriva, portant l'héritier de la lignée des César. A dire vrai, Sylla ne s'intéressait guère aux enfants, les siens exceptés : il dévisagea consciencieusement le nouveau-né, puis il jeta un regard en biais à Aurelia pour voir si elle s'estimait satisfaite.

— Va-t'en, Cardixa, dit-elle pour mettre un terme aux souffrances de son beau-frère. Qui est-ce, aujourd'hui ?

— Ruth ! répondit la Gauloise.

— Je n'ai pas de lait, hélas ! expliqua Aurelia à Sylla. Mon fils va dans toute l'*insula*, c'est un des avantages qu'il y a à vivre ici. Il y a toujours des femmes qui allaitent, et toutes sont assez bonnes pour se charger de lui.

— Plus tard, il aimera le monde entier ! Je suppose que tes locataires viennent de partout ?

— Oui. C'est passionnant !

Il se remit à regarder dans la cour.

— Lucius Cornelius, tu es ailleurs ! Que se passe-t-il ? Ne peux-tu pas m'en parler ? Ou bien est-ce un de ces problèmes d'hommes auxquels les femmes ne comprennent rien ?

Il revint s'asseoir face à elle.

— Je n'ai pas de chance avec les femmes, dit-il sans préambule.

— Comment cela ?

— Celles que... j'aime. Celles que j'épouse...

— Et en ce moment ?

— Un peu des deux. Amoureux de l'une, marié à une autre.

— Lucius Cornelius ! Je ne te demanderai pas de noms, parce qu'en fait je ne veux pas savoir. Pose-moi les questions, et j'essaierai de te donner les réponses.

— Il n'y a pas grand-chose à dire ! répondit-il en haussant les épaules. J'ai épousé Aelia, que notre belle-mère m'avait dénichée. Après Julilla, je voulais une vraie matrone romaine, un peu comme Julia, ou toi en plus âgée. Quand Marcia m'a présenté Aelia, elle m'a paru parfaite : calme, paisible, d'humeur égale, attirante... Et j'ai pensé : Magnifique ! Je l'ai enfin trouvée ! Je croyais ne pouvoir aimer personne, et je me suis dit qu'il serait aussi bien d'épouser quelqu'un que je trouverais sympathique.

— J'ai cru comprendre que tu aimais bien ton épouse germaine.

— Oui. Beaucoup, en fait. Mais elle n'était pas romaine. Je croyais qu'Aelia serait semblable à elle. Mais j'avais tort ! Elle est morne, terre à terre, mortellement ennuyeuse. Quelques instants auprès d'elle, et je me mets à bâiller !

— Est-elle bonne avec tes enfants ?

— Oh oui ! En ce domaine, je n'ai pas à me plaindre. J'aurais dû l'engager comme gouvernante, elle aurait fait merveille. Elle les adore et ils le lui rendent bien.

Il semblait parler comme si elle n'était pas là, comme si elle n'était qu'une présence qui lui donnait une occasion de dire à voix haute ce qu'il pensait pour lui-même depuis longtemps.

— Juste après mon retour de Gaule Cisalpine, j'ai été invité à une réception chez Scaurus. J'en ai été flatté, mais un peu inquiet. Je me suis demandé s'ils ne seraient pas tous là, le Porcelet en tête, pour essayer de m'éloigner de Caius Marius. Et elle assistait à la soirée, la pauvre. La femme de Scaurus. Qui pourrait être son arrière-grand-père ! Elle s'appelle Dalmatica. Je lui ai jeté un regard et je suis tombé amoureux d'elle. Du moins, je le crois. En tout cas, je ne cesse de penser à elle. Qui est *enceinte* ! C'est répugnant ! Metellus en a fait cadeau à Scaurus comme un gâteau qu'on donne à un enfant. Tiens, ton fils est mort, voilà de quoi le remplacer ! Répugnant ! Et pourtant, si tous savaient, ils seraient révoltés de m'entendre ! Et je ne vois pas pourquoi, Aurelia. Ils sont infiniment plus dépravés que moi ! Mais jamais je ne pourrai le leur faire comprendre.

Depuis son installation dans la Subura, Aurelia avait beaucoup appris : elle discutait avec tout le monde, des affranchis grecs du dernier étage à Lucius Decumius. Et il se passait des choses qui auraient épouvanté son mari, s'il avait su. Avortements. Sorcellerie. Meurtre. Vol. Viol. Folie. Désespoir. Suicide. Et cela était vrai pour chaque *insula*, et cela se terminait toujours de la même façon ; pas question d'aller se plaindre au préteur urbain ! Les habitants de l'immeuble rendaient justice eux-mêmes, de la façon la plus sommaire qui fût : œil pour œil, dent pour dent, vie pour vie.

C'est pourquoi, tout en écoutant, Aurelia se fit peu à peu une image de Sylla qui n'était pas très éloignée de la vérité. Elle était la seule, de tous les aristocrates qu'il fréquentait, à être en mesure de comprendre par où il avait dû passer, et les terribles difficultés auxquelles l'exposait sa nature.

Et tout en parlant, l'esprit de Sylla errait, préoccupé de choses qu'il n'osait dire à son interlocutrice. Il avait désiré avec désespoir la petite femme-enfant de Scaurus, et pas uniquement charnellement. Elle aurait servi à merveille les objectifs qu'il s'était fixés. Mais elle était mariée selon les règles de la *confarreatio*, et à lui restait la si splendidement fastidieuse Aelia. C'était une leçon qu'il avait déjà apprise. Les femmes. Jamais il n'aurait de chance avec elles. Il le savait. En raison de l'autre côté de sa propre nature ? A cause de Metrobios ? Pourtant, il ne voulait pas plus vivre avec lui qu'il n'avait voulu vivre avec Julilla. Peut-être. Il ne voulait pas se partager. C'était bien trop dangereux.

— Lucius Cornelius, demanda Aurelia, le ramenant à la réalité, est-ce que tu plais à Dalmatica?

Il n'hésita pas un instant:

— Oui! Aucun doute là-dessus!

— Alors, que vas-tu faire?

— Je suis allé trop loin et j'ai déjà trop payé! Je ne peux me permettre de m'arrêter en route, Aurelia! Même pour Dalmatica! Si j'avais une liaison avec elle, ils en profiteraient pour m'abattre. Et je n'ai pas beaucoup d'argent non plus, juste assez pour me maintenir au Sénat. J'ai eu ma part de butin pris sur les Germains, mais rien de plus. Ils me regardent comme ils regardent Caius Marius, mais pour des raisons différentes. Nous ne nous conformons, ni l'un ni l'autre, à leurs pauvres idéaux. Et ils ne comprennent pas pourquoi nous sommes plus forts qu'eux. J'ai plus de chance que Caius Marius, à cause de ma naissance. Mais il y a la Subura... les acteurs... la vie de débauche... Mais je suis le meilleur de tous les chevaux engagés dans la course.

— Et que se passe-t-il quand on se rend compte que le prix n'en vaut pas la peine?

Il écarquilla les yeux, stupéfait.

— Cela n'en vaut jamais la peine! Jamais! Nous courons contre nous-mêmes! Sinon, à qui pourrait se mesurer Caius Marius? Il est son propre adversaire. Moi aussi. Je le fais parce que je peux le faire. Mais cela n'a vraiment d'importance que pour moi.

Elle rougit, se leva et lui tendit la main:

— Bien sûr. Viens donc, Lucius Cornelius! C'est une belle journée, en dépit de la chaleur. La Subura est abandonnée à elle-même, il n'y a plus que les pauvres et les malades! Et moi! Allons nous promener, et nous dînerons en rentrant. J'enverrai un message à mon oncle Publius pour qu'il se joigne à nous, je crois qu'il est en ville. Il faut que je sois prudente, vois-tu? Mon mari me fait confiance autant qu'il m'aime, mais il n'aimerait pas que l'on cancane sur moi, et j'essaie de me comporter en matrone à l'ancienne.

— Les hommes se font des idées bien sottes sur leurs épouses! dit Sylla en lui jetant un regard attendri. Tu ne ressembles en rien à la créature céleste que Caius Julius invoque en rêvant autour des feux de camp!

— Je le sais! Mais pas lui!

Comme ils sortaient sur le Vicus Patricii, la chaleur étouffante tomba sur eux comme une couverture. Aurelia eut un hoquet et battit en retraite à l'intérieur:

— Cela règle la question ! Je n'aurais pas cru qu'il faisait aussi chaud ! J'enverrai Eutychos chez mon oncle, nous irons nous asseoir dans le jardin. Allons, Lucius Cornelius, poursuivit-elle en ouvrant la marche, remets-toi ! Tout finira par s'arranger, j'en suis sûre. Retourne à Circéi auprès de cette épouse qui t'ennuie. Avec le temps, elle te plaira davantage, sois-en persuadé. Et ce sera mieux pour toi de ne plus voir Dalmatica. Quel âge as-tu ?

— Quarante ans cette année, Aurelia, répondit-il en souriant.

— Tu n'es quand même pas un vieillard !

— D'un certain côté, si. Je n'ai même pas été préteur.

— Allons, allons, tu ne vas pas recommencer à broyer du noir. Regarde Caius Marius ! Consul pour la première fois à cinquante ans, huit ans après l'âge ! Et pourtant, c'est ensuite qu'il a accompli ses plus grandes actions.

— C'est vrai, répondit Sylla qui, en dépit de lui-même, se sentit d'humeur plus gaie. Quel dieu m'a donc poussé à venir ici aujourd'hui ? Tu es une véritable amie, Aurelia. Tu m'as beaucoup aidé.

— Peut-être un jour te demanderai-je de l'aide à mon tour.

— A ton service ! lança-t-il en jetant un coup d'œil vers les étages supérieurs. Tu es courageuse ! Pas d'écrans ? Ils n'en profitent pas ?

— Pas du tout.

Il rit.

— Je parie que tous les durs de la Subura viennent te manger dans la main !

Elle eut un signe de tête et sourit.

— J'aime la vie que je mène, Lucius Cornelius. A dire vrai, peu m'importe que Caius Julius n'ait jamais l'argent nécessaire pour nous acheter une demeure sur le Palatin. Ici, je me rends utile, je m'occupe, je suis entourée de gens passionnants. Moi aussi, je prends part à une course, à ma façon.

— Mais tu as encore bien du chemin à faire.

— Comme toi ! lança-t-elle en riant.

Bien entendu, Julia savait que jamais Marius ne passerait tout l'été à Cumes, bien qu'il ait dit qu'il ne retournerait pas à Rome avant le début de septembre; dès qu'il se sentirait mieux, il brûlerait d'envie d'y repartir. Elle préférait n'y pas penser, et se contentait de le voir redevenir ce hobereau provincial qu'il était avant tout, comme ses ancêtres. Ils nageaient dans la mer au large de la petite plage qui s'étendait devant leur villa, se gorgeaient d'huîtres, de crabes, marchaient dans les collines, recevaient peu de monde et faisaient répondre qu'ils étaient sortis chaque fois que quelqu'un venait les voir.

Mais Marius ne retourna pas à Rome. La première nuit de Sextilis, le mois de l'Etoile du Chien, il eut une attaque. Indolore, presque invisible: quand il se réveilla le matin, il constata tout au plus que son oreiller était humide. Sortant, il trouva Julia sur la terrasse donnant sur la mer et la contempla, perplexe, tandis que le visage de la jeune femme prenait une expression qu'il ne lui avait jamais vue.

— Que se passe-t-il? demanda-t-il d'une voix pâteuse.

Elle blêmit:

— Tu as l'air de...

Il porta la main gauche à sa figure. Ses doigts paraissaient aussi gourds que sa langue.

— Est-ce que...

— Ton visage... on dirait qu'il s'est affaissé du côté gauche... Caius Marius! Tu ne souffres pas?

Il ne ressentait aucune douleur, et refusa de la croire jusqu'à ce qu'elle fît apporter un grand miroir d'argent poli dans lequel il put se contempler. Une moitié intacte, aux traits fermes, encore assez peu ridée, pour un homme de son âge; mais l'autre ressemblait à un masque de cire qui se serait mis à fondre et à couler.

— Je ne ressens rien! s'écria-t-il, stupéfait. Ma langue trébuche, mais ma tête sait ce que je dois dire, tu me comprends et je te comprends! Ma main gauche paraît endormie, mais je peux la mouvoir! Et pas la moindre douleur!

Quand il refusa, tremblant de colère, qu'on appelle un médecin, Julia préféra ne pas insister, craignant d'aggraver son état; toute la journée, elle veilla sur lui elle-même, et lui dit, après avoir réussi à le convaincre de se coucher très tôt, que la paralysie ne semblait pas avoir progressé depuis le matin.

— C'est bon signe! Avec le temps, tu iras mieux. Il faut simplement que tu te reposes, que tu restes ici un peu plus longtemps.

— Je ne peux pas! Ils croiraient que je ne suis plus de taille à les affronter!

— S'ils prennent la peine de te rendre visite, ce qu'ils feront, j'en suis certaine, ils pourront constater que c'est faux, Caius Marius. Que cela te plaise ou non, il faut que tu demeures ici jusqu'à ce que tu ailles mieux, dit Julia d'un ton ferme. Et ne discute pas! J'ai raison et tu le sais! Que crois-tu pouvoir faire si tu rentres à Rome dans cet état, à part aggraver les choses?

— Rien, soupira-t-il avant de retomber sur le lit, au désespoir. Julia, Julia, comment puis-je guérir! Il le faut! Je ne peux pas les laisser l'emporter, alors que tant de choses sont en jeu!

— Ils n'y arriveront pas, Caius Marius, répondit-elle. Seule la mort pourra te vaincre, et il en faudra beaucoup plus qu'aujourd'hui pour te déraciner. Cela va s'améliorer. Et si tu te reposes, si tu prends un peu d'exercice, que tu manges et boives avec modération, sans te préoccuper de ce qui peut se passer à Rome, cela ira plus vite encore.

Le printemps fut très sec en Sicile et en Sardaigne, un peu plus humide en Afrique. Puis, alors que le blé montait tant bien que mal, il tomba des pluies torrentielles qui détruisirent presque toutes les récoltes. Seul un peu de grain africain parvint à Ostie et Puteoli. Pour la quatrième année consécutive, les prix seraient élevés; la disette menaçait.

Lucius Valerius Flaccus, consul et *flamen Martialis*, fut informé par les négociants en grain que le peu de blé disponible dans les entrepôts privés se vendrait à plus de cinquante sesterces le *modius*, soit treize livres à peine. Nombre de familles de *capite censi* étaient incapables de payer ne serait-ce que le quart de cette somme. En octobre, la populace commença de s'agiter, ce qui inquiéta fort les possédants, peu soucieux d'affronter des prolétaires affamés. Nombre de citoyens des Troisième et Quatrième Classes, qui avaient eux-mêmes bien du mal à faire face, entreprirent de s'armer pour défendre leurs maigres biens des convoitises de gens encore plus pauvres qu'eux.

Lucius Valerius Flaccus conféra avec les édiles curules, responsables de l'achat et du stockage du grain pour le compte de l'Etat, et réclama au Sénat des fonds supplémentaires pour acheter, partout où ce serait possible, des céréales de toutes sortes, faute de mieux: orge, millet. Peu de Pères Conscrits s'émurent: trop d'années les séparaient des dernières émeutes de la faim.

Pour aggraver encore les choses, les deux jeunes gens nommés questeurs du Trésor cette année-là étaient des aristocrates particulièrement hautains et indifférents. Lors de leur élection, ils avaient demandé à servir dans Rome même pour « mettre un terme aux exigences inutiles imposées au Trésor public » — façon polie de dire qu'ils n'avaient aucune intention de débourser le moindre sesterce pour les *capite censi*. Le questeur urbain — le plus élevé en titre des deux — n'était autre que Caepio le jeune, fils du voleur de Tolosa et du vaincu d'Arausio; l'autre était Metellus Goret, dont le père venait de partir en exil. Autant dire que tous deux avaient des comptes à régler avec Caius Marius.

Les sénateurs n'avaient pas pour habitude de s'opposer aux recommandations des questeurs du Trésor. Ceux-ci, questionnés par l'auguste assemblée, se bornèrent à répondre qu'il n'y avait pas d'argent pour acheter du grain. L'Etat était à court d'argent, en raison des très lourdes dépenses engagées pour payer des armées de prolétaires lors des guerres en Afrique et contre les Germains — guerres qui n'avaient d'ailleurs pas suffisamment rapporté de butin pour couvrir le déficit de façon appréciable. Afin de fournir la preuve de ce qu'ils avançaient, ils produisirent tribuns du Trésor et livres de comptes. Rome était sans un sou. Ceux qui n'avaient pas de quoi se payer du grain devraient mourir de faim. C'était navrant, mais telle était la situation.

Début novembre, tout Rome savait qu'il serait impossible de se procurer du grain auprès de l'Etat à des prix raisonnables, le Sénat ayant refusé les fonds nécessaires pour en acheter. La rumeur s'en tenait là, sans parler des récoltes médiocres et de la mauvaise volonté des questeurs.

Le Forum se remplit aussitôt de foules qu'on n'avait guère l'habitude d'y voir, entièrement composées de prolétaires et de membres de la Cinquième Classe, tous de fort méchante humeur. Les sénateurs furent d'abord sifflés, ce qui, dans un premier temps, ne les intimida guère; puis vinrent les jets de fumier, d'excréments, de détritus. Ils jugèrent alors plus prudent de suspendre leurs réunions, laissant les infortunés banquiers, négociants, avocats et tribuns du Trésor qui fréquentaient l'endroit affronter l'orage sans protection.

Flaccus, n'ayant pas l'envergure nécessaire pour agir, laissa traîner les choses, tandis que Caepio le jeune et le Goret se congratulaient mutuellement. Un hiver suffisamment rude signifierait moins de bouches à nourrir chez les *capite censi.*

C'est à ce moment que Lucius Appuleius Saturninus, tribun de la plèbe, convoqua une réunion de l'Assemblée de la Plèbe, et y proposa une loi sur le grain. Le Sénat devrait acheter sur-lechamp tout ce qu'il pourrait trouver de blé, d'orge et de millet en Italie et en Gaule Cisalpine, et le vendre au prix ridicule d'un sesterce par *modius.* Bien entendu, Saturninus savait que ce serait impossible. Il voulait s'assurer la reconnaissance de la foule, et se présenter comme son sauveur.

La pénurie affectant indistinctement tout le monde, exception faite des plus riches, Saturninus pouvait compter sur l'appui de tous, de la Troisième à la Cinquième Classe, et même d'une partie de la Deuxième. A mesure que décembre approchait, la cité tout entière bascula de son côté.

La famine, en effet, ne menaçait plus de mort les seuls *capite* censi ; c'était un désastre économique qui se préparait, parce que les citoyens médiocrement aisés n'avaient plus de quoi se nourrir. Le Sénat ne se réunissant toujours pas, il revint à Saturninus de fournir une solution, qui malheureusement partait d'une prémisse erronée : il y avait du grain à acheter. Lui-même en était sincèrement persuadé, et pensait que la crise avait été montée de toutes pièces, à l'instigation des maîtres du Sénat unis par la circonstance aux gros marchands.

Il se mit à croire à tout ce qu'il racontait, à croire qu'il y avait d'autres moyens de gouverner Rome. Quelle importance, le consulat ? Quelle importance, le Sénat, alors qu'il baissait pavillon devant des foules comme celles-ci ? Les visages qu'il y discernait seraient les seuls qui compteraient quand viendrait le moment de lancer les dés. Ils étaient le véritable pouvoir ; ceux qui s'imaginaient le détenir dépendaient d'eux.

Consuls et sénateurs exerçaient leur autorité sans jamais recourir à la force ; les lois interdisaient la présence de la moindre armée dans Rome. Mais c'était ici, au Forum, que se trouvait le véritable pouvoir. Pourquoi se faire élire consul pour devenir le Premier des Romains ? Inutile ! Caius Gracchus l'avait-il seulement compris ? Ou avait-il été contraint de se suicider politiquement avant ?

Je serai le Premier des Romains, songea Saturninus en contemplant les milliers de visages qui se tournaient vers lui. Mais pas en tant que consul. En tant que tribun de la plèbe. Si Caius Marius pouvait se faire réélire consul indéfiniment, pourquoi ne pas l'imiter ?

Il prit cependant soin de choisir un jour paisible pour faire voter sa loi, avant tout parce qu'il avait conservé assez de bon sens pour savoir que l'opposition du Sénat devait continuer à passer pour hautaine et méprisante. Par conséquent, il ne fallait pas, en convoquant des foules énormes sur le Forum, prêter le flanc à la critique et voir l'Assemblée plébéienne accusée de semer le désordre, de favoriser la violence, ou de pousser à l'émeute. Saturninus pestait encore au souvenir des événements qui avaient accompagné le vote de sa seconde loi agraire, comme de la trahison de Caius Marius. Si elle avait été finalement gravée sur les tablettes, c'était grâce à lui, non au consul ; c'est à lui que les anciens de l'armée devaient leurs terres.

Les congés étaient rares en novembre, surtout ceux pendant lesquels les Comitia pouvaient se réunir. Il trouva enfin l'occasion qu'il attendait quand mourut un chevalier fabuleusement riche, à qui ses fils assurèrent des funérailles grandioses, avec des jeux de gladiateurs qui se tiendraient au Circus Flaminius. En temps normal, ils se seraient déroulés au Forum, mais il fallait éviter les foules hargneuses qui, tous les jours, venaient s'y rassembler.

Ce fut Caepio le jeune qui bouleversa les plans de Saturninus. L'Assemblée plébéienne avait été convoquée, les présages déclarés favorables, le Forum peuplé par ceux qui le fréquentaient d'ordinaire, la foule s'étant rendue au Circus Flaminius. Les tribuns de la plèbe s'affairaient à tirer au sort l'ordre dans lequel les tribus voteraient; Saturninus lui-même était grimpé sur les rostres, et exhortait les présents à voter comme il le désirait.

Le Sénat ayant cessé de se réunir, Saturninus n'avait pas songé que certains sénateurs gardaient un œil sur les événements — et pouvaient éprouver autant de mépris que lui pour les neuf autres tribuns de la plèbe, qui ces temps-ci se bornaient à faire ce qu'on leur disait. Ces Pères Conscrits étaient jeunes — en âge d'être questeurs, ou à peu près —, et comptaient beaucoup d'alliés parmi les fils de sénateurs et de chevaliers. Ils se rencontraient chez les uns et chez les autres, menés par Caepio le jeune et le Goret, et un conseiller se chargeait, auprès d'eux, de donner forme et contenu à ce qui aurait pu se réduire à des conversations aigries après boire.

Ce conseiller était rapidement devenu leur maître à penser, car il possédait toutes ces qualités que les jeunes gens admirent tant : il était audacieux, intrépide, réfléchi, plein d'esprit, et pouvait se targuer d'impressionnants états de service dans l'armée. Il s'appelait Lucius Cornelius Sylla.

Marius étant cloîtré à Cumes depuis des mois, Sylla avait pris sur lui de suivre de près les événements à Rome. Il n'était pas motivé que par la fidélité à son chef: après avoir discuté avec Aurelia, il s'était mis à considérer avec détachement son avenir au Sénat, et à se dire qu'elle avait raison. Comme Caius Marius, il donnerait sa pleine mesure assez tard. Il était donc sans intérêt de se lier d'amitié avec des sénateurs plus âgés que lui, tel Scaurus. Ce qui l'arrangeait, en vérité! Cela lui éviterait de rencontrer la délicieuse petite femme-enfant de Marcus Aemilius, désormais mère d'une Aemilia Scaura. Apprendre que Scaurus n'avait eu qu'une fille lui avait fait profondément plaisir. Cela lui apprendrait, à ce vieux bouc!

Songeant à assurer son propre avenir politique, tout en préservant celui de Marius, Sylla entreprit donc de cajoler la jeune génération, choisissant comme cibles des gens malléables, aisément influençables, peu intelligents, mais très riches, et appartenant aux grandes familles; il s'attacha aussi à ceux trop sûrs d'eux pour ne pas être sensibles à une forme subtile de flatterie. Parmi eux, Caepio le jeune et le Goret. Le premier parce que c'était un patricien borné, lié à Marcus Livius Drusus (que Sylla se garda bien d'approcher), le second parce qu'il savait ce que préparaient les maîtres du Sénat. Personne ne sachant s'y prendre mieux que lui, Sylla ne tarda pas à être fêté parmi eux. Il prenait soin de toujours paraître amusé de leur conduite ; cependant il leur laissait croire qu'il pourrait changer d'avis et se décider à les prendre au sérieux. Ce n'étaient pourtant plus des adolescents; le plus âgé avait à peine sept ans de moins que lui. Ils étaient assez vieux pour se croire pleinement mûrs, et encore assez jeunes pour qu'il pût les déconcerter aisément. Ils formeraient ainsi le noyau d'une sorte de clientèle sénatoriale qui, le temps venu, serait d'une importance cruciale pour un homme bien résolu à devenir consul.

Pour le moment, toutefois, Sylla se préoccupait avant tout de Saturninus, qu'il suivait de près depuis que les foules avaient commencé à se rassembler sur le Forum et à brocarder les sénateurs. Que la *lex Appuleia frumentaria* fût ou non votée était loin de l'intéresser; il voulait avant tout donner une bonne leçon au tribun, et lui montrer qu'il n'était pas le maître.

Quand, la veille du jour où Saturninus devait faire voter sa loi, une cinquantaine de têtes chaudes se réunirent, le soir, chez le Goret, Sylla les écouta, faisant preuve d'une sorte d'amusement distrait, jusqu'à ce que le maître de maison, se tournant vers lui, lui demandât ce que, d'après lui, ils devraient faire.

— Je crois que vous n'êtes que des bavards, se borna-t-il à répondre.

Metellus Goret avait fini par comprendre que Sylla n'était pas que le chien de garde de Marius; au demeurant, comme tous les Romains, il ne s'offusquait nullement que quelqu'un s'attachât à une faction, et savait qu'il y a souvent moyen de l'en détacher.

— Pas du tout! lança-t-il sans bégayer le moins du monde. Mais nous ne savons quelle tactique adopter.

— Serais-tu opposé à la violence? demanda Sylla.

— Non, tant qu'il s'agit de défendre le droit du Sénat à décider de la façon dont il faut dépenser l'argent de l'Etat.

— Nous y sommes! Jamais le Peuple ne s'est vu accorder ce droit. Qu'il fasse les lois; il n'y a rien à objecter à cela. Mais il est de la prérogative du Sénat de fournir les fonds nécessaires, ou de les refuser. C'est le seul moyen dont nous disposons pour vider de leur contenu des lois qui nous déplaisent. C'est déjà ainsi que le Sénat avait procédé pour s'opposer à la loi agraire de Tiberius Gracchus.

— Nous ne pourrons empêcher le Sénat de voter l'argent quand le projet de Saturninus sera approuvé, dit le Goret sans trébucher sur un seul mot, comme chaque fois qu'il était en petit comité.

— Bien sûr! Nous ne pourrons non plus empêcher la loi de passer. Mais nous pouvons quand même montrer un peu de notre force à Lucius Appuleius.

Saturninus exhortait donc les électeurs à bien voter, et la réunion se déroulait dans un ordre parfait — les foules étant au Circus Flaminius — quand Caepio le jeune arriva sur le Forum, suivi de deux cents de ses partisans, pour la plupart armés de gourdins, et dotés de cette musculature et de ce ventre plat qui trahissent l'ancien gladiateur devenu homme de main. Ils étaient précédés des cinquante têtes chaudes qui, la veille, s'étaient réunis chez le Goret, lequel ouvrait la marche. Lucius Cornelius Sylla n'était pas du nombre.

Saturninus haussa les épaules, et suivit des yeux, impassible, le petit groupe tandis qu'il traversait le Forum avant de se diriger vers le Comitium et de disperser la réunion de force.

— Il ne sera pas dit qu'on s'est fait briser le crâne à cause de moi! lança-t-il aux électeurs. Rentrez chez vous et revenez demain! Nous ferons voter la loi!

Et c'est ce qui se passa, les hommes de main sénatoriaux s'étant cette fois fait remarquer par leur absence. Quand Saturninus rencontra Caepio le jeune dans le temple de Jupiter Optimus Maximus, où le consul Valerius Flaccus avait rassemblé les sénateurs, pour qu'ils discutent au calme des moyens de financer la loi, il se borna à lui dire:

— Je voulais simplement faire voter la loi conformément aux règles, par une assemblée régulièrement convoquée, pauvre imbécile! L'atmosphère était paisible, les présages favorables, et que se passe-t-il? Tu interviens avec les sots qui te servent d'amis pour assommer les électeurs!

Puis il se tourna vers les sénateurs qui l'entouraient:

— S'il a fallu faire voter la loi au milieu de vingt mille prolétaires, je n'y suis pour rien! C'est la faute de cet imbécile!

— Je suis en effet un imbécile de n'avoir pas fait usage de la force quand elle aurait décidé de la question! J'aurais dû te tuer, Lucius Appuleius!

— Merci infiniment de proférer de telles menaces devant des témoins impartiaux, répliqua Saturninus en souriant. Quintus Servilius Caepio, je t'accuse de vouloir empêcher un tribun de la plèbe de remplir ses devoirs, et de le menacer physiquement alors que sa personne est sacro-sainte.

— Lucius Appuleius, intervint Sylla, tu es monté sur un cheval emballé! Saute avant de te rompre le cou!

— Pères Conscrits, reprit Saturninus sans paraître prendre garde, je viens d'inculper officiellement Quintus Servilius. Toutefois, la question est du ressort du tribunal chargé des affaires de trahison. Je suis venu ici aujourd'hui pour réclamer de l'argent.

Bien que le temple fût un endroit sûr, on ne comptait guère que quatre-vingts sénateurs présents, et aucun d'importance. Saturninus leur lança un regard méprisant:

— De l'argent pour acheter du grain destiné au Peuple de Rome ! Au cas où le Trésor serait un peu à court, je vous suggère de sortir en emprunter. Car je ne partirai pas sans avoir obtenu ce que je suis venu chercher.

Et il eut son argent. Caepio le jeune, rouge de colère, se vit ordonner, en tant que préteur urbain, de procéder à une émission spéciale de monnaie, en utilisant les lingots d'argent déposés dans le temple d'Ops, et de payer le grain sans barguigner davantage. Comme la réunion se dispersait, Saturninus vint lui dire, suave :

— Je te verrai au tribunal ! J'aurai plaisir à mener l'accusation moi-même.

Mais il avait préjugé du résultat. Les jurés, choisis parmi les chevaliers, ne l'aimaient guère, et se montrèrent favorablement disposés envers Caepio le jeune ; et la Fortune elle-même ne dédaigna pas venir à son secours. Au beau milieu du procès, il reçut de Smyrne une lettre l'informant que Quintus Servilius Caepio le père venait de mourir. Il pleura en pleine audience ; le jury, ému, l'acquitta.

Des élections étaient bien prévues, mais personne ne voulait s'en charger, car chaque jour les foules se rassemblaient sur le Forum, et les entrepôts demeuraient vides. Quand le temps eut prouvé que Caius Marius était incapable de superviser les consultations électorales, Valerius Flaccus cessa de réclamer qu'elles aient lieu ; bien que prêtre de Mars, il n'avait pas assez de cran pour en assumer la responsabilité dans un climat aussi tendu.

Marcus Antonius Orator avait mené, trois ans durant, une campagne contre les pirates de Cilicie et de Pamphylie qui s'était révélée victorieuse. Il avait installé son quartier général à Athènes ; c'est là qu'il avait retrouvé son vieil ami Caius Memmius. Celui-ci, rentrant à Rome après avoir rempli son mandat de gouverneur de Macédoine, avait été traîné, en compagnie de Caius Flavius Fimbria, devant le tribunal créé par Glaucia, et chargé de punir les détournements de fonds. Il s'agissait de punir leur tentative de manipulation des cours du grain. Tous deux avaient été condamnés, Fimbria lourdement, Caius Memmius à une voix seulement de majorité. Il choisit de s'exiler à Athènes parce que Marcus Antonius y passait beaucoup de temps, et qu'il avait besoin de son soutien s'il voulait faire appel de sa condamnation auprès du Sénat. Qu'il fût en mesure d'en assurer les frais tenait du hasard : alors qu'il était en Macédoine, il était tombé, dans un village scordisque, sur une cache contenant cent talents d'or. Comme Caepio à Tolosa, Caius Memmius s'était dit qu'il n'avait aucune raison de partager avec qui que ce soit. Il avait ensuite versé un peu d'or dans les paumes grandes ouvertes de Marcus Antonius et, quelques mois plus tard, avait été rappelé à Rome, où il avait retrouvé son siège de sénateur.

La guerre contre les pirates étant terminée, Caius Memmius avait attendu à Athènes que Marcus Antonius Orator rentrât, lui aussi. Leur amitié était désormais telle qu'ils avaient décidé de se présenter tous deux aux élections consulaires.

Fin novembre, Antonius vint camper sur le Champ de Mars avec sa petite armée, et demanda au Sénat de lui accorder le triomphe, ce que l'auguste assemblée, réunie pour plus de sûreté dans le temple de Bellone, accepta sans grandes difficultés. On le prévint toutefois que la cérémonie devrait attendre le dixième jour de décembre, car les élections tribuniciennes n'avaient pas encore eu lieu, et le Forum était envahi en permanence par les *capite censi*. Le nouveau collège, espérait-on, pourrait entrer en fonction à cette date mais, étant donné le climat politique, un défilé triomphal dans la ville était hors de question.

Antonius se dit qu'il ne pourrait se présenter aux élections consulaires; tant que son triomphe n'avait pas eu lieu, il lui était interdit de franchir le *pomerium*, les limites sacrées de la ville, car il détenait l'*imperium*, et il lui était donc interdit de pénétrer dans Rome. Ce qui lui rendait impossible de déposer sa candidature.

La guerre qu'il avait menée victorieusement contre les pirates lui avait cependant valu de devenir extrêmement populaire auprès des hommes d'affaires et des marchands de grain, car le trafic maritime en Méditerranée était désormais plus sûr. S'il pouvait être candidat, il avait des chances d'arriver en tête des suffrages, même contre Caius Marius. Et celles de Caius Memmius, malgré sa complicité avec Fimbria, n'étaient pas minces non plus, car il s'était montré adversaire résolu de Jugurtha, et avait combattu Caepio sans merci quand celui-ci avait rendu au Sénat le tribunal chargé des affaires de détournement de fonds. Comme l'avait dit Catulus César à Scaurus, tous deux étaient très appréciés de la majorité des électeurs de la Première et de la Deuxième Classe — et infiniment préférables à Caius Marius.

Car tout le monde s'attendait à ce que ce dernier revînt à Rome à la dernière minute, pour se porter candidat à un septième consulat. On savait qu'il avait été malade, mais cela ne semblait pas l'avoir beaucoup diminué, et ceux qui avaient fait le voyage de Cumes pour le voir en étaient revenus convaincus qu'il ne renoncerait pas à sa carrière politique.

Les maîtres du Sénat furent sensibles à l'idée de proposer aux électeurs deux candidats qui voulaient se présenter ensemble; Antonius et Memmius, réunis, avaient de bonnes chances de barrer la route à Marius. A ceci près qu'Antonius refusait obstinément de renoncer à son triomphe pour se présenter aux élections.

— Je peux remettre mon élection à l'année prochaine, répondit-il à Catulus César et à Scaurus venus le voir sur le Champ de Mars. Mon triomphe m'importe davantage — c'est sans doute la dernière guerre que j'aurai l'occasion de mener de ma vie!

Et rien ne put le faire changer d'avis.

— Très bien! dit Scaurus à Catulus César une fois l'entretien terminé. Il va nous falloir modifier un peu les règles. Caius Marius ne voit pas d'inconvénient à les bafouer, alors pourquoi devrions-nous faire preuve de plus de scrupules quand tant de choses sont en jeu?

Ce fut toutefois Catulus César qui trouva la solution, lors d'une réunion du Sénat — il y avait assez de présents pour que le quorum fût atteint — tenue dans un endroit pourtant tranquille, le temple de Jupiter Stator, près du Circus Flaminius.

— Les temps sont difficiles! déclara-t-il. Normalement, tous les candidats à la magistrature curule doivent se présenter au Sénat et au Peuple sur le Forum pour se déclarer officiellement. Malheureusement, la pénurie de grain, et les constantes manifestations qui se tiennent sur le Forum, rendent la chose impossible. Puis-je humblement supplier les Pères Conscrits de déplacer — exceptionnellement, et pour cette année seulement — le siège des inscriptions sur le Champ de Mars? Le temps requis entre les déclarations et les élections pourrait être respecté. Ce serait également plus juste envers Marcus Antonius, qui compte se présenter au consulat, mais ne peut franchir le *pomerium* sans renoncer à son triomphe, qu'il ne peut d'ailleurs célébrer en ce moment, vu l'agitation qui règne dans la cité. Sur le Champ de Mars, il pourra faire acte de candidature. Nous nous attendons tous à ce que les foules s'apaisent une fois les tribuns de la plèbe élus et entrés en fonction. Marcus Antonius pourra donc célébrer son triomphe dès que leur collège sera en place, après quoi nous serons en mesure de tenir les élections curules.

— Qu'est-ce qui te fait croire que les foules rentreront chez elles une fois le collège des tribuns entré en fonction, Quintus Lutatius? demanda Saturninus.

— Je crois que tu es le plus qualifié pour répondre à cette question, Lucius Appuleius! répondit l'autre. C'est toi qui les attires au Forum, c'est toi qui, jour après jour, les harangues, en leur faisant des promesses que ni toi ni cette auguste assemblée ne pourra tenir. Comment acheter du grain qui n'existe pas?

— Je m'adresserai toujours à elles une fois mon mandat achevé!

— Oh non! Une fois que tu seras revenu à la vie privée, Lucius Appuleius, je trouverai bien le moyen de t'interdire de t'adresser au

Peuple depuis les rostres, ou de quelque endroit que ce soit sur le Forum !

Saturninus hurla littéralement de rire ; mais personne ne commit l'erreur de croire qu'il s'amusait.

— Cherche autant que tu veux, Quintus Lutatius ! Je n'ai pas l'intention de renoncer à ma charge une fois l'année tribunicienne terminée, car je vais y poser de nouveau ma candidature ! Et rien ne m'empêche de le faire, et de recommencer autant de fois qu'il me plaira !

— La coutume et la tradition suffisent d'ordinaire à empêcher qui que ce soit de briguer un troisième mandat, dit Scaurus, à deux exceptions près : Caius Gracchus et toi. Tu ferais mieux de te souvenir qu'il est mort dans le Bosquet de Furrina avec un esclave pour seul compagnon. Ne tente pas les dieux, Lucius Appuleius !

— Je n'ai pas peur d'eux, Marcus Aemilius ! Ils sont de mon côté ! s'écria Saturninus avant de quitter l'assemblée.

Le dernier jour de novembre, un message de Caius Marius convoqua une réunion du Sénat pour le lendemain, dans la Curia Hostilia. Pour une fois, l'agitation qui régnait au Forum ne détourna pas les Pères Conscrits de s'y rendre, tant ils étaient impatients de voir dans quel état physique Marius se présenterait. Tout le monde était là bien avant l'aube qui marquait le début des calendes de décembre, et les spéculations allaient bon train.

Il entra le dernier, aussi grand, aussi large d'épaules, aussi fier qu'il l'avait toujours été. Rien dans son allure ne laissait soupçonner qu'il avait eu une attaque ; sa main gauche maintenait, de façon tout à fait normale, les plis de sa toge bordée de pourpre. Mais chacun put voir son visage, comme fendu en deux et tout affaissé sur le côté gauche.

Scaurus se mit à applaudir ; un par un, les Pères Conscrits se joignirent à lui, si bien que, lorsque Marius atteignit sa chaise curule, un tonnerre d'applaudissements résonnait dans toute la salle. Il ne sourit pas ; ç'aurait été accentuer encore la pénible dissymétrie de ses traits. Il se contenta de rester debout et de hocher la tête jusqu'à ce que les clameurs prennent fin.

Scaurus se leva, souriant.

— Caius Marius, c'est bon de te revoir ! Le Sénat était bien morne, ces derniers mois. En tant que Princeps Senatus de cette assemblée, je suis heureux de te souhaiter la bienvenue.

— Je te remercie, Marcus Aemilius, et vous aussi, Pères Conscrits et estimés collègues, répondit Marius d'une voix claire, sans trébucher. Si c'est un plaisir pour vous que de m'accueillir ici, sachez qu'il n'est rien auprès de celui que j'éprouve !

Il reprit son souffle bruyamment, et poursuivit :

— Comme vous le voyez, j'ai été malade. J'en porte encore les cicatrices. Avant que nous passions à l'ordre du jour, j'aimerais faire une déclaration : je ne me représenterai pas au poste de consul. Et cela pour deux raisons. La première est que la période de crise qui m'a valu l'honneur sans précédent d'être élu si souvent, est désormais close. La seconde, c'est que je crains que ma santé ne me permette pas de remplir mes devoirs comme il convient. S'agissant du chaos qui règne actuellement à Rome, je dois reconnaître ma responsabilité. Si j'avais été là, les choses auraient été différentes. Il était de mon devoir, en tant que consul élu en tête des suffrages, de diriger l'Etat, ce que je n'ai pu faire. Cela m'a montré qu'il m'était impossible de chercher à être réélu. Que ma fonction passe à un homme en bonne santé.

Cette déclaration fut saluée par un silence énorme. Personne ne bougea : la perplexité qu'on lisait sur tous les visages témoignait suffisamment de l'ascendant que Marius avait pris sur les sénateurs au cours des cinq dernières années. Un Sénat sans Caius Marius assis sur la chaise du consul ? Impossible ? Scaurus et Catulus César eux-mêmes en restaient stupéfaits.

— B-b-bien ! lança bientôt le Goret, juste derrière Scaurus. Mon p-ppère va pou-pouvoir r-ren-trer !

— Je te remercie du compliment, jeune Metellus, répliqua Marius en le regardant bien en face. Tu sembles dire que c'est moi qui l'empêche de quitter son exil à Rhodes. Mais ce n'est pas le cas : c'est la loi. Et je prie instamment chaque membre de cette auguste assemblée de ne pas oublier ! Aucun décret, aucun plébiscite, aucune loi ne seront rapportés parce que je ne suis plus consul !

— Jeune crétin ! marmonna Scaurus. S'il ne s'était pas fait remarquer, Quintus Caecilius aurait pu revenir d'exil dès l'année prochaine. C'est impossible, maintenant !

Informé des modifications apportées à la cérémonie de présentation des candidats, Marius se borna à hocher la tête, puis ordonna sèchement à Saturninus de convoquer l'Assemblée de la Plèbe, pour qu'elle élût des représentants ; avant cela toute autre élection serait impossible.

Il se tourna ensuite vers Caius Servilius Glaucia, assis juste derrière lui, sur sa gauche, sur sa chaise de préteur urbain :

— Caius Servilius, j'ai entendu une rumeur selon laquelle tu comptes te présenter aux élections consulaires en arguant des illégalités que tu aurais découvertes dans la *lex Villia*. Je te conseille de n'en rien faire. La *lex Villia Annalis* déclare, sans équivoque possible, qu'il faut attendre deux ans entre la fin du prétorat et le consulat.

— C'est toi qui dis cela? répondit Glaucia. Comment peux-tu m'accuser de penser à la violer, quand tu l'as fait pendant cinq ans de suite? Si la *lex Villia* est valide, elle déclare, sans équivoque possible, qu'un ancien consul ne peut se présenter de nouveau que dix ans après la fin de son mandat!

— Je ne me suis *présenté* au consulat qu'une seule fois, répondit Marius d'un ton égal. Il m'a été accordé — dont trois fois *in absentia*! — à cause de la menace germaine. Quand on est en état d'urgence, les traditions, et même les lois, s'effondrent. Mais quand le danger est écarté, il faut mettre un terme à toutes les mesures extraordinaires qu'on a pu prendre.

Pères Conscrits, la paix est revenue. Il nous faut donc en revenir aux procédures normales. Caius Servilius, la loi t'interdit de te présenter au consulat. Etant chargé de présider aux élections, je ne permettrai pas ta candidature. Aie l'élégance de ne pas insister. Cela ne serait pas digne de toi. Rome a besoin de législateurs de ton envergure.

— Je te l'avais bien dit! lança Saturninus.

— Ni lui ni personne ne pourront m'en empêcher, répondit Glaucia, assez fort pour que toute l'assemblée entendît.

— Il saura t'arrêter!

— En ce qui te concerne, Lucius Appuleius, reprit Marius en se tournant vers le banc des tribuns de la plèbe, on m'a raconté que tu entendais solliciter un troisième mandat tribunicien. Cela n'est pas contre la loi. En conséquence, je ne peux t'en empêcher. Mais je peux te demander d'y renoncer. Ton action, au cours de ces derniers mois, s'est révélée indigne d'un sénateur romain. Exploiter la crédulité politique des humbles! Ce sont des innocents qu'il ne faut pas corrompre! C'est notre devoir de leur venir en aide, et non de les utiliser à des fins politiques.

— En as-tu terminé? rétorqua Saturninus.

— Tout à fait, Lucius Appuleius, tout à fait, dit Marius sur un ton qui donnait à sa phrase bien des significations.

Ainsi, tout est terminé, songea-t-il en rentrant chez lui de cette démarche assurée qu'il avait adoptée pour dissimuler une sorte de tendance à trébucher du pied gauche. Il avait passé à Cumes des mois horribles, à se cacher, voyant aussi peu de gens que possible, parce qu'il ne pouvait supporter l'horreur, la pitié, parfois la satisfaction, qu'il lisait dans leurs yeux. Les plus pénibles, de ce point de vue, étaient ceux qui l'aimaient vraiment, parce qu'ils souffraient, comme Publius Rutilius Rufus. Julia, qui tournait au tyran domestique, lui avait interdit, comme aux autres, de parler politique. Marius n'avait donc pas été tenu au courant de la pénurie de grain, de la campagne de Saturninus auprès des pauvres; sa vie s'était réduite à une série d'exercices, à un régime qu'il suivait strictement, et à la lecture des Classiques.

Et cela avait eu des résultats. Lentement, très lentement, il s'était mis à aller mieux. Et pourtant, plus jamais le côté gauche de son visage ne se redresserait, plus jamais il ne pourrait dissimuler qu'il était las. Son corps l'avait trahi devant le monde entier. Prendre conscience de cela le poussa à la rébellion; Julia, qui s'étonnait de le voir si docile, capitula aussitôt. Il fit appeler Publius Rutilius, et repartit pour Rome sauver ce qui pouvait l'être.

Bien entendu, il savait que Saturninus ne se soumettrait pas, bien qu'il se fût senti obligé de l'avertir solennellement. S'agissant de Glaucia, jamais son élection ne serait autorisée, aussi n'y avait-il pas de souci à se faire là-dessus. Les tribuns de la plèbe entraient en fonction la veille des nones, et les questeurs le lendemain. On pourrait donc, ensuite, tenir les autres consultations électorales. Elles promettaient d'être agitées; en effet, elles devaient se tenir dans le Comitium, où la foule se rassemblait chaque jour pour couvrir d'ordures tout passant en toge, et écouter Saturninus avec adoration.

Pour autant, elle ne le bouscula pas quand il traversa; il ne ressentit rien d'autre que la chaleur de leur affection A partir de la Troisième Classe, personne ne pouvait le détester; comme les Gracques, il était devenu un héros. Certains pleurèrent de le voir ainsi, mais personne ne tenta de le toucher, et tous s'effacèrent pour lui céder le passage.

— La foule est un phénomène impressionnant, ne trouves-tu pas? lui demanda Sylla ce soir-là, comme ils dînaient chez Marius en compagnie de Julia et de Publius Rutilius Rufus.

— Signe des temps! commenta ce dernier.

— Signe que nous n'avons pas su répondre à son attente, dit Marius en fronçant les sourcils. Rome a besoin d'un peu de repos. Depuis la période des Gracques, nous ne cessons d'affronter problème sur problème. Jugurtha! Les Germains! les Scordisques! Le mécontentement des Italiques! Les soulèvements des esclaves! Les pirates! La disette! Il nous faut un peu de répit. J'espère que nous l'aurons — du moins quand la pénurie de grain prendra fin.

— J'ai un message d'Aurelia, intervint Sylla.

Les trois autres se tournèrent vers lui et lui jetèrent un regard surpris. Il se hâta d'ajouter:

— Je la vois de temps à autre! Elle vit dans la Subura, qui est un univers où j'ai encore des amis, et elle est pour ainsi dire sur le chemin. Aurelia aime être tenue au courant des événements du Forum, et je lui rapporte tout. Elle est d'une intelligence exceptionnelle.

— Et quel est ce message? demanda Marius.

— Il vient de Lucius Decumius, un drôle de petit bonhomme qui est le gardien dans son *insula* de la confrérie des carrefours: « Si vous croyez avoir aperçu des foules sur le Forum, vous n'avez encore rien vu! Attendez le jour des élections tribuniciennes! »

Lucius Decumius avait raison. A l'aube, Caius Marius et Lucius Cornelius Sylla montèrent sur l'Arx du Capitole et, s'accoudant à la muraille basse qui donnait sur les falaises des Lautumiae, contemplèrent le Forum Romanum, qui s'étendait en dessous d'eux. Aussi loin que le regard portait, il paraissait submergé par un océan de gens. Le spectacle était à couper le souffle, et lourd de menaces.

— *Pourquoi?* s'écria Marius.

— D'après Lucius Decumius, ils veulent faire sentir leur présence. Ils ont entendu dire que Saturninus se représentait, et cela leur paraît le meilleur moyen d'avoir le ventre plein. La famine a tout juste commencé, Caius Marius. Et ils n'ont pas l'intention de la subir.

— Mais ils ne peuvent pas plus influencer le déroulement d'une élection dans les tribus, que dans les Centuries! Presque tous appartiennent à l'une des quatre tribus de la ville même.

— C'est exact. Et il n'y aura pas beaucoup d'électeurs des trente et une tribus rurales; une poignée, tout au plus. Ils le savent, ils ne sont pas venus pour voter, mais pour nous rappeler qu'ils existent.

— C'est une idée de Saturninus?

— Non. Il n'est guère suivi que par les membres des confréries de carrefours, les ex-gladiateurs, les voleurs, les mécontents, les boutiquiers crédules, et par beaucoup de ceux qui savent qu'il y a toujours un denier ou deux à gagner en votant pour lui.

— Il y en a d'autres! Lucius Appuleius, de tous ceux qui sont grimpés sur les rostres, est le seul à les prendre au sérieux. Mais les gens qui sont là aujourd'hui ne lui appartiennent pas, ils ne sont à personne. Grands dieux, Lucius Cornelius, il devait y avoir moins de Germains à Vercellae! Et je n'ai pas d'armée! Rien qu'une toge bordée de pourpre!

Marius réfléchit un instant:

— Encore que... peut-être est-ce toute la force dont j'ai besoin. Tout d'un coup, Lucius Cornelius, je vois les choses sous un jour tout nouveau. Aujourd'hui, ces gens sont venus se montrer. Mais chaque jour, ils sont dans Rome, ils travaillent... En moins d'une heure, ils peuvent revenir ici. Et nous croyons les gouverner?

— Mais c'est bien ce que nous faisons, Caius Marius. Euxmêmes en sont incapables. Ils se sont confiés à notre garde. Mais

Caius Gracchus leur a offert le pain à bon marché, et les édiles des spectacles de jeux. Et voilà que Saturninus vient leur promettre, en pleine famine, de leur trouver du grain. Bien entendu, c'est une promesse qu'il ne peut tenir, et ils commencent à s'en rendre compte. C'est d'ailleurs pourquoi ils sont venus se rappeler à son bon souvenir pendant les élections.

— Viens, Lucius Cornelius, dit Marius en s'éloignant. Allons prendre le taureau par les cornes.

La foule était gigantesque ; pourtant, personne n'empêcha les sénateurs de passer ni les citoyens qui s'en allaient voter dans le Comitium. Marius monta sur les rostres, tandis que Sylla rejoignait ses collègues patriciens sur les marches du Sénat. Les électeurs qui prenaient réellement part à la consultation n'étaient guère qu'une île perdue dans un océan de visages. On s'attendait à ce que les troupes de choc de Saturninus fissent leur apparition, ce qui avait poussé quelques bons citoyens, les amis de Caepio le jeune notamment, à cacher sous leur toge couteaux et gourdins. Ils comprirent vite que c'était une erreur : il n'y avait là que tous les humbles de Rome, unanimes, venus protester.

Un par un, les vingt candidats au tribunat vinrent se déclarer, sous l'œil attentif de Marius. Le premier d'entre eux fut Lucius Appuleius Saturninus, qui présidait. La foule l'accabla de vivats assourdissants — qui, découvrit Marius, semblaient le déconcerter. Saturninus réfléchissait, et on devinait sans peine à quoi : quel soutien populaire pour un seul homme ! Que ne pourrait-il pas faire, avec trois cent mille Romains derrière lui ? Qui aurait le courage de l'écarter du tribunat, alors que le monstre populaire lui rugissait son soutien ?

Ceux qui succédèrent à Saturninus furent accueillis par une totale indifférence : Publius Furius, Quintus Pompeius Rufus, de la lignée des Pompée du Picenum, Sextus Titius, d'origine samnite, et Marcus Porcus Cato Salonianus, aux cheveux roux, aux yeux gris, et d'allure très aristocratique, bien qu'il fût le petit-fils de Caton le Censeur, ce paysan tusculan, et arrière-petit-fils d'un esclave.

En dernier lieu apparut Lucius Equitius lui-même, le prétendu bâtard de Tiberius Gracchus. La foule retrouva son enthousiasme, et s'avança vers lui, oublieuse de son propre pouvoir. Une véritable marée humaine parut submerger les rostres : la panique commença de gagner certains électeurs, pris au piège dans le Comitium.

Marius fit un pas en avant, et tendit les mains, paume en avant, comme pour dire : Arrêtez ! La foule s'exécuta aussitôt, et des clameurs saluèrent Caius Marius, le Premier des Romains, le Troisième Fondateur de Rome, le Vainqueur des Germains.

— Vite, imbécile ! lança-t-il à Saturninus, que les hurlements semblaient plonger dans l'extase. Dis que tu as entendu le tonnerre, raconte n'importe quoi pour disperser la réunion!

Les hérauts firent résonner leurs trompettes et, dans le silence qui suivit, Saturninus leva la main et hurla:

— Le tonnerre! Le vote aura lieu demain! Rentre chez toi, peuple de Rome! Rentre chez toi!

Et la foule obéit.

Fort heureusement, tous les sénateurs ou presque avaient cherché refuge dans la Curia Hostilia, où Marius les suivit dès qu'il put se frayer un chemin. Saturninus, remarqua-t-il, était descendu des rostres et s'avançait sans crainte au milieu des manifestants, souriant et serrant des mains. Et Glaucia, le préteur urbain! Il l'observait depuis la tribune, un grand sourire aux lèvres.

Les visages qui se tournèrent vers Marius quand il entra dans la salle étaient blêmes et las.

— Rentrez chez vous! leur dit-il. La foule ne vous fera aucun mal, mais passez plutôt par l'Argiletum, même si vous vous dirigez vers le Palatin. Allez, rentrez!

Il tapa sur l'épaule de ceux qu'il voulait voir rester là: Sylla, Scaurus, Metellus Caprarius le censeur, Ahenobarbus Pontifex Maximus, Crassus Orator et son cousin Scaevola, qui étaient édiles curules. Sylla, nota-t-il avec intérêt, s'en alla retrouver Caepio le jeune et Metellus Goret, et leur murmura quelque chose à l'oreille. Il faut que je sache ce qui se passe, pensa Marius. Mais plus tard, quand j'aurai le temps. Si jamais je l'ai, vu l'ampleur du désordre.

— Nous venons de voir quelque chose que nous n'avions jamais vu, dit-il. Effrayant, non?

— Je ne pense pas qu'ils aient l'intention de faire beaucoup de mal à qui que ce soit, intervint Sylla.

— Moi non plus. Mais ils sont comme un énorme taureau qui ne connaît pas sa force.

Il se tourna vers un scribe:

— Trouve-moi quelqu'un pour aller prévenir le président du collège des licteurs que je veux le voir immédiatement!

— Que nous suggères-tu? demanda Scaurus. Repousser les élections tribuniciennes?

— Non, mieux vaut en finir. En ce moment, notre taureau est encore calme, mais qui sait s'il ne deviendra pas fou furieux si la famine empire? J'ordonnerai aux esclaves de travailler toute la nuit pour dresser une barricade d'allure inoffensive entourant le Comitium et l'espace qui s'étend jusqu'aux marches du Sénat. J'y placerai tous les licteurs de Rome, vêtus de tuniques écarlates, mais armés de simples bâtons. Et demain les élections auront lieu, même s'il n'y a que trente-cinq électeurs! Il nous faut en tout cas au moins un homme par tribu! Tout le monde a compris?

— Où donc se trouve Quintus Lutatius? demanda Sylla à Scaurus.

— Malade, je crois, et ce n'est pas une fausse excuse, Catulus n'a jamais manqué de courage.

Marius se tourna vers Caprarius le censeur:

— Caius Caecilius, demain, c'est toi qui auras la tâche la plus pénible. Quand Equitius se portera candidat, je devrai te demander si tu y consens. Que répondras-tu?

— Je dirai non, Caius Marius. Un ancien esclave, devenir tribun de la plèbe? C'est impensable!

— Très bien. Maintenant, rentrez tous chez vous, et demain, ramenez tous ceux de vos collègues qui ont préféré avoir la fièvre... Lucius Cornelius, reste ici. Je te charge de commander les licteurs, et mieux vaut que tu sois là quand leur chef arrivera.

A l'aube, la foule revint sur le Forum, et se rendit compte que l'accès au Comitium était désormais bloqué par une barrière de pieux et de cordes comme on en voyait chaque fois que se déroulaient là des jeux de gladiateurs à l'occasion d'un enterrement; à intervalles réguliers, un licteur armé d'un bâton était placé derrière. Quand Marius vint expliquer que c'était pour éviter que quiconque fût piétiné, il fut salué par des clameurs aussi vives que la veille. La foule ne pouvait voir le petit groupe que Sylla, bien avant l'aube, avait caché dans la Curia Hostilia: cinquante jeunes représentants de la Première Classe, avec casques et cuirasses, armés de dagues et d'épées, et portant le bouclier. Sylla, prudemment, en assurait le commandement, et Caepio le jeune, tout excité, n'était que son second.

— Nous ne bougeons que quand je le dirai! avertit Sylla. Et je parle sérieusement: si l'un d'entre vous veut s'avancer sans que j'en aie donné l'ordre, je le tue!

Sur les rostres, chacun s'apprêtait à commencer; le Comitium voyait arriver un nombre étonnamment élevé d'électeurs, ainsi que la moitié environ du Sénat; comme d'habitude, les sénateurs patriciens restaient sur les marches du Sénat. Parmi eux, Catulus César, qui paraissait encore si malade qu'on l'avait fait asseoir sur une chaise, et Caprarius le censeur, d'origine plébéienne, mais qui voulait se trouver là où tout le monde pourrait le voir.

Quand, une nouvelle fois, Saturninus fit acte de candidature, la foule l'interrompit par des clameurs hystériques. Les autres n'eurent droit qu'au silence, jusqu'à ce qu'arrivât, en dernière position, Lucius Equitius.

Marius fit volte-face en direction des marches du Sénat, et leva un sourcil à l'intention de Metellus Caprarius, qui hocha la tête avec emphase. Les hérauts sonnèrent de la trompette : Marius s'avança au milieu d'un grand silence.

— Lucius Equitius n'est pas éligible aux fonctions de tribun de la plèbe, s'écria-t-il à pleins poumons. Le censeur doit d'abord clarifier certaines ambiguïtés relatives à son statut de citoyen avant qu'il puisse se porter candidat à n'importe quelle fonction publique !

— Je nie toute irrégularité ! s'écria Saturninus en s'avançant tout au bord des rostres.

— Au nom du censeur, je déclare qu'elle existe ! répliqua Marius, impassible.

— Lucius Equitius est aussi romain que chacun de vous ! glapit Saturninus en se tournant vers la foule. Regardez-le ! Regardez-le ! C'est Tiberius Gracchus ressuscité !

Lucius Equitius, toutefois, regardait dans le puits du Comitium, invisible à la foule, même aux gens des premiers rangs. Sénateurs et fils de sénateurs sortaient de sous leurs toges des couteaux et des dagues, et semblaient vouloir se diriger vers lui.

Lucius Equitius, bien qu'il eût servi, selon ses propres mots, dix ans dans les légions, prit peur, se tourna vers Marius et le saisit par le bras :

— Viens-moi en aide ! geignit-il.

— Abruti ! grommela Marius. Ecoute, il faut en finir avec les élections. Tu ne peux t'y présenter, et si tu restes sur les rostres, tu risques d'être massacré. Le mieux que je puisse faire pour sauver ta peau est de te faire emmener aux Lautumiae, où tu resteras jusqu'à ce que la réunion se soit achevée.

Douze licteurs montèrent sur les rostres ; Marius les plaça autour de Lucius Equitius, qui disparut avec eux en direction des Lautumiae, tandis qu'autour d'eux la foule s'écartait pour les laisser passer.

Incroyable, songea Marius en suivant le spectacle des yeux. Ils acclament cet homme comme ils n'adoreraient aucun dieu. Ils me voient l'arrêter, ou du moins c'est ce qu'il semble. Et que font-ils ? Ils s'écartent pour laisser passer la majesté même de Rome, réduite à quelques symboles : les verges, la toge bordée de pourpre.

Les licteurs revinrent des Lautumiae, suivis peu après de Lucius Equitius lui-même, que la foule avait arraché à sa cellule et ramenait sur les rostres. Il resta là, épave frémissante, mourant d'envie de s'enfuir. Marius comprit le message de la foule : prends garde, j'ai faim, ne perds plus de temps.

Entre-temps, Saturninus avait procédé aux formalités en toute hâte. Les candidats s'avancèrent un par un, les tribus votèrent tandis que les scribes s'affairaient et que Marius et Saturninus surveillaient de près les opérations. Puis, de nouveau, en dernière position, réapparut Lucius Equitius. Marius croisa le regard du tribun de la plèbe, puis jeta un coup d'œil en direction des marches du Sénat.

— Caius Caecilius Metellus Caprarius, hurla-t-il, que dois-je dire, cette fois ? Veux-tu que je refuse encore une fois à cet homme le droit de se présenter aux électeurs, ou retires-tu tes objections ?

Caprarius, accablé, regarda Scaurus, qui regarda Catulus César, qui regarda Ahenobarbus Pontifex Maximus, lequel ne consentit pas à regarder qui que ce soit. Il y eut un long silence ; la foule suivit la scène, fascinée, sans avoir la moindre idée de ce qui se passait.

— Qu'il se présente ! s'écria Caprarius.

— Qu'il se présente ! soupira Marius à l'adresse de Saturninus.

Et Lucius Appuleius arriva en tête des suffrages, étant ainsi élu pour la troisième fois tribun de la plèbe. Il était suivi de très près par Lucius Equitius ; assez loin derrière venaient Cato Salonianus, Quintus Pompeius Rufus, Publius Furius et Sextus Titus.

— Le collège de cette année sera bien servile ! dit Catulus César d'un ton méprisant. Un Cato Salonianus, et un affranchi !

— La République est morte, dit Ahenobarbus Pontifex Maximus avec un regard haineux vers Caprarius.

— Que pouvais-je faire d'autre ? s'écria celui-ci.

D'autres sénateurs firent leur apparition, tandis que la garde armée de Sylla émergeait de la Curia Hostilia. Les marches du Sénat paraissaient sûres : la foule, sachant ses héros élus, allait sans doute se disperser.

Caepio le jeune cracha dans sa direction :

— Nous sommes débarrassés de cette tourbe pour la journée ! Regardez-les ! Des voleurs et des assassins !

— Quintus Servilius, dit Marius d'un ton sec, ce sont des Romains pauvres, qui sont lassés de se nourrir de millet et de navets ! Mieux vaut espérer que Lucius Equitius ne les agitera pas trop ! Ils se sont bien comportés, mais cela pourrait changer si les prix montent encore.

— Oh, c'est peu probable ! dit gaiement Caius Memmius, heureux de voir que les élections tribuniciennes étaient terminées, ce qui lui permettrait de se présenter enfin au consulat. Les choses vont s'améliorer d'ici à quelques jours ! Marcus Antonius m'a dit que nos agents dans la province d'Asie ont réussi à acheter du blé, quelque part au nord du Pont Euxin. Les premiers arrivages seront débarqués à Puteoli d'un jour à l'autre.

Tout le monde le regarda, bouche bée.

– Caius Memmius, dit Marius, nous savons tous que tu

sembles avoir le don de prédire l'avenir des réserves de grain, mais comment se fait-il que tu connaisses une information dont moi, qui suis consul, et Marcus Aemilius Scaurus, qui est *curator annonae*, n'avons pas eu connaissance?

Vingt paires d'yeux étaient fixées sur le visage de Caius Memmius, qui répondit, mal à l'aise:

— Caius Marius, ce n'est pas un secret! J'en avais discuté par hasard à Athènes avec Marcus Antonius, quand il est revenu de son dernier voyage à Pergame. Il y a rencontré ses agents, qui l'ont averti.

— Et pourquoi diable Marcus Antonius n'a-t-il pas jugé bon de me l'apprendre, alors que je suis censé être le curateur des réserves de grain? s'enquit Scaurus d'un ton glacial.

— Sans doute parce que, comme moi, il croyait que tu le savais. Ses agents ont dû t'écrire.

— Mais leurs lettres ne sont pas arrivées, reprit Marius en clignant de l'œil vers Scaurus. Caius Memmius, puis-je te remercier de nous apprendre ces merveilleuses nouvelles? Mieux vaut espérer que les tempêtes n'en envoient pas la moitié par le fond! Sénateurs, nous nous retrouverons ici demain pour les élections à la questure. Et après-demain, nous irons jusqu'au Champ de Mars pour que les candidats au consulat et au prétorat se déclarent. Bonne journée.

— Caius Memmius, tu n'es qu'un crétin, lança Catulus César.

L'intéressé estima qu'un affrontement avec un membre de la haute aristocratie serait inutile, et préféra partir et rendre visite à Marcus Antonius dans la villa que celui-ci avait louée sur le Champ de Mars, pour lui apprendre les événements de la journée. Tous deux allaient pouvoir s'attribuer des mérites supplémentaires auprès des électeurs. Il leur faudrait s'assurer que leurs agents remueraient les Centuries quand elles se réuniraient pour entendre les candidats aux magistratures curules se déclarer. Ils diffuseraient la nouvelle de l'arrivée prochaine de cargaisons de blé. La Première et la Deuxième Classe en déploreraient peut-être le coût élevé pour l'Etat mais, ayant constaté l'énormité de la foule rassemblée sur le Forum, Caius Memmius se dit qu'elles finiraient par leur être reconnaissantes.Le jour venu, à l'aube, il partit à pied du Palatin en direction du Champ de Mars, accompagné de clients et d'amis certains que lui et Antonius seraient élus. Tous traversèrent le Forum d'un pas décidé, en riant, sous la brise fraîche d'une belle matinée d'automne. D'autres qu'eux se dirigeaient vers le même endroit, par deux, par trois, par groupes, mais rarement seuls: un membre des classes assez importantes pour voter aux élections curules aimait s'entourer de compagnons, car cela ajoutait à sa *dignitas*.

A l'endroit où la route venue du Quirinal se raccordait à la Via Lata, Caius Memmius et ses partisans parvinrent à hauteur d'un groupe d'une cinquantaine d'hommes escortant Caius Servilius Glaucia.

Memmius s'arrêta net :

— Et où vas-tu donc ?

— Me porter candidat au consulat.

— Cela m'étonnerait.

— Et pourquoi ?

— Caius Marius te l'a interdit !

— Caius Marius me l'a interdit ! répéta Glaucia d'une voix flûtée, avant de tourner ostensiblement le dos à Caius Memmius, et de s'adresser à ses propres partisans d'un ton lourd de sous-entendus :

— Oh, Caius Marius a dit que je ne pouvais pas être candidat ! C'est un peu fort pour nous autres les vrais hommes, quand on le permet à de petites tapettes !

L'échange avait déjà provoqué un attroupement, ce qui n'était pas rare, car les Romains n'aimaient rien tant qu'une bonne algarade entre candidats. Caius Memmius ne savait plus que faire ; toute sa vie, il avait souffert du malheur d'être trop beau, ce qui lui valait bien des accusations : c'est un bellâtre sans cervelle, il aime les petits garçons... Et voilà que Glaucia l'insultait devant les électeurs.

Aussi Caius Memmius vit-il rouge. Avant que quiconque ait eu le temps de l'en empêcher, il se précipita vers Glaucia, posa la main sur son épaule et lui arracha sa toge. Puis, comme l'autre faisait demi-tour, il lui décocha un violent coup de poing qui l'envoya à terre, et se jeta sur lui pour poursuivre le combat. Mais les hommes de Glaucia avaient dissimulé des gourdins et des couteaux sous leurs vêtements ; ils fondirent sur les compagnons de Caius Memmius, qui se dispersèrent en appelant à l'aide.

Comme tous les badauds en de pareilles circonstances, ceux qui suivaient la scène ne firent rien pour y mettre un terme ; encore que, pour leur rendre justice, personne parmi eux ne crut qu'il s'agissait d'autre chose que d'une banale querelle entre candidats. Et ceux-ci ne manquaient pas de partisans armés.

Deux hommes solides relevèrent Caius Memmius et le maintinrent entre eux, non sans qu'il se débattît, tandis que Glaucia se redressait péniblement. Sans mot dire, il s'empara d'un gourdin, regarda longuement son adversaire, puis l'assomma avec violence. L'autre s'effondra ; Glaucia continua de frapper à la tête jusqu'à ce que le crâne de Caius Memmius ne fût plus qu'une bouillie sanglante. Ce n'est qu'alors qu'il s'arrêta.

Le visage de Glaucia prit une expression de fureur incrédule; il jeta au loin le gourdin ensanglanté, et regarda son ami Caius Claudius, livide.

— Me cacheras-tu jusqu'à ce que je puisse m'enfuir? demanda-t-il.

Claudius hocha la tête, incapable de dire mot.

Les spectateurs s'avançaient vers eux; d'autres gens arrivaient en courant du Champ de Mars. Glaucia fit demi-tour et partit à grandes enjambées vers le Quirinal, suivi de tous ses compagnons.

Saturninus apprit la nouvelle alors qu'il arpentait les environs du Champ de Mars, et tentait de faire pression en faveur de la candidature de Glaucia. Les regards qu'on lui jeta lui apprirent ce qu'on pensait du meurtre de Caius Memmius. Les jeunes sénateurs discutaient avec animation, tandis que certains fils des chevaliers les plus influents se rassemblaient autour de leurs pairs du Sénat. Et l'énigmatique Sylla était au centre de tout.

Saturninus se sentait de plus en plus mal à l'aise à mesure qu'augmentait la fureur autour de lui. Il préféra quitter les lieux en compagnie de deux de ses compatriotes du Picenum, Titus Labienus et Caius Saufeius. Il savait où Glaucia s'était probablement réfugié: dans la demeure de Caius Claudius, sur le Quirinal. Quand il s'y présenta, cependant, les portes en étaient fermées et clouées de planches; ce n'est qu'après bien des hurlements que Caius Claudius vint leur ouvrir.

— Où est-il? demanda Saturninus.

— Dans mon cabinet de travail, répondit l'autre, en larmes.

— Titus Labienus, reprit le tribun, va-t'en chercher Lucius Equitius, veux-tu? Nous avons besoin de lui, les foules le trouvent mignon.

— Qu'est-ce que tu prépares?

— Je te le dirai quand tu me le ramèneras.

Glaucia était assis dans le cabinet de travail de son hôte, le visage couleur de cendres; il leva les yeux en voyant entrer Saturninus, mais ne dit mot.

— Pourquoi, Caius Servilius? Pourquoi?

— Je n'en avais pas l'intention, répondit Glaucia en frissonnant. J'ai... j'ai perdu mon sang-froid.

— Et ruiné toutes nos chances de dominer Rome.

— J'ai perdu mon sang-froid.

Il avait déjà passé la nuit précédant la présentation des candidats aux magistratures curules dans la maison de Caius Claudius, qui l'admirait fort et pensait que le meilleur moyen d'en faire la preuve était de consacrer une petite part de ses importants revenus à le fêter de façon mémorable. Les cinquante hommes qui devaient par la suite accompagner Glaucia avaient d'abord été invités à la soirée ; mais comme il n'y avait aucune femme, ils avaient passé la nuit à boire. A l'aube, personne ne se sentait très bien, et pourtant il fallait accompagner le champion jusqu'au Champ de Mars ; il leur avait semblé qu'emporter gourdins et couteaux était une bonne idée. Aussi mal en point que les autres, Glaucia avais pris un bain, s'était enveloppé dans sa toge et mis en route en plissant les yeux, pour venir à bout d'un redoutable mal de tête. Rencontrer Caius Memmius, toujours aussi beau et d'excellente humeur, d'autant que tout le monde le donnait déjà gagnant, s'était révélé trop dur à supporter. Il avait perdu le contrôle de ses nerfs. Désormais le mal était fait et rien ne pouvait y remédier. Peu à peu Glaucia comprit l'énormité de son acte, et ses répercussions : il avait anéanti sa propre carrière, comme celle de son meilleur ami.

— Dis quelque chose, Lucius Appuleius ! s'écria-t-il.

— Je crois qu'il ne nous reste qu'une solution. Nous devons faire passer la foule de notre côté, et nous servir d'elle pour obtenir du Sénat ce que nous voulons — la garantie qu'aucun de nous ne sera poursuivi : il nous faut un acte qui t'accorde les circonstances atténuantes. J'ai envoyé Titus Labienus chercher Lucius Equitius, il sera plus facile d'émouvoir le peuple avec lui. Dès qu'ils seront là, nous nous dirigerons vers le Forum. Il n'y a pas de temps à perdre.

— Dois-je venir ?

— Non. Reste ici avec tes hommes, et demande à Caius Claudius d'armer ses esclaves. Et ne laisse entrer personne si tu ne reconnais pas ma voix, celle de Labienus ou celle de Saufeius. A la tombée de la nuit je contrôlerai Rome, ou je serai perdu moi aussi.

— Abandonne-moi ! Lucius Appuleius, c'est inutile ! Dis que tu es horrifié de ce que j'ai fait, réclame ma condamnation devant le Peuple ! La foule a faim, elle est lassée de la façon dont on la gouverne, elle veut la justice. Mais pas au point de faire éclater les crânes et de couper les gorges. Les gens t'acclameront jusqu'à en être enroués. Mais ils ne tueront pas pour toi.

— Tu as tort, répondit Saturninus, qui se sentait libre, léger, invulnérable, et avait un peu l'impression de marcher sur de la laine. Caius Servilius, les gens qui remplissent le Forum sont plus nombreux qu'une armée ! N'as-tu pas vu les maîtres du Sénat plier le genou ? N'as-tu pas vu Metellus Caprarius battre en retraite devant Lucius Equitius ? Et il n'y a pas eu de sang versé ! Pourtant ils étaient des centaines de mille ! Personne n'osera les défier, et il est inutile de les armer ! Leur pouvoir tient à leur masse ! Une masse que je peux *contrôler*, Caius Servilius! J'ai tout au plus besoin de mes talents d'orateur, de quelques preuves de dévouement à leur cause, et d'un ou deux signes de la main de Lucius Equitius. Qui pourrait résister à celui qui sera capable de guider cette foule, comme si elle était une gigantesque tour de siège? Les hommes de paille du Sénat?

— Caius Marius.

— Non, pas même lui. Au demeurant, il est avec nous.

— Cela m'étonnerait.

— Il pense peut-être le contraire, en effet, mais la foule l'acclame de la même façon que moi ou que Lucius Equitius, et cela suffira aux gens du Sénat pour le mettre dans le même sac que nous. Peu m'importe de partager le pouvoir avec lui — du moins pour un petit moment. Il se fait vieux, il a déjà eu une attaque, pourquoi ne mourrait-il pas d'une seconde?

Glaucia se sentait un peu mieux; il leva vers Saturninus des yeux où on lisait un mélange de doute et d'espoir:

— Tu y crois vraiment, Lucius Appuleius? Tu crois que cela pourrait se passer ainsi?

— Cela se passera ainsi, Caius Servilius! lança Saturninus avec une joie féroce. Laisse-moi m'occuper de tout!

C'est ainsi que Lucius Appuleius Saturninus s'en fut jusqu'aux rostres, accompagné de Labienus, Saufeius, Lucius Equitius et d'une dizaine de ses partisans. Il coupa par l'Arx, et aperçut le Forum depuis les marches Gémoniennes, qu'il entendait descendre avec la dignité d'un roi. Il eut un choc et s'arrêta net. La foule! Où était la foule? Rentrée chez elle après les élections questoriales de la veille, lui dit-on; et il était peu probable qu'elle revînt, aucun événement d'importance n'étant prévu ces jours-ci. Il n'y avait, non plus, aucun sénateur, toute l'assemblée s'étant transportée près du Champ de Mars.

Le Forum n'était pourtant pas complètement désert; deux ou trois mille de ses partisans parmi les moins reluisants y paradaient; ils allaient de-ci de-là en hurlant et en tendant le poing. Le tribun les contempla et se décida. Ils feraient l'affaire. Il le faudrait bien. Il s'en servirait comme fer de lance et, grâce à eux, ramènerait les foules sur le Forum.

Il descendit les marches des Gémonies et marcha à grands pas vers les rostres, tandis que ses compagnons rameutaient les manifestants pour qu'ils viennent écouter Lucius Appuleius.

— Quirites! déclara-t-il sous les acclamations, le Sénat de Rome s'apprête à signer notre arrêt de mort! Moi, Lucius Appuleius Saturninus, je vais être accusé, en compagnie de Lucius Equitius et de Caius Servilius Glaucia, du meurtre d'un valet de la noblesse, d'un pantin efféminé dont le seul objectif, en se portant candidat au consulat, était de veiller à ce que vous continuiez à mourir de faim !

Pourquoi croyez-vous que le grain manque toujours, alors que j'ai fait voter une loi pour qu'il vous soit vendu à bas prix ? Parce que la Première et la Deuxième Classe ne voient en vous que des bouches inutiles ! Vous êtes les classes inférieures, les *capite censi* ! Vous ne comptez plus, depuis que la guerre est gagnée et que le Trésor est plein ! Pourquoi le consacrer à remplir des ventres vides, dit le Sénat, qui me refuse les fonds nécessaires ? Il serait ravi, comme les deux premières Classes, de voir plusieurs centaines de milliers d'entre vous périr faute de pain ! Quel meilleur moyen d'y arriver que de provoquer la famine ?

Ils l'avaient d'abord écouté dans le plus profond silence ; peu à peu, ils se mirent à gronder d'un air menaçant, ce qui remplit le cœur de Saturninus d'un sentiment de triomphe.

— Mais moi, Lucius Appuleius Saturninus, ai lutté si fort, si longtemps, pour vous défendre, que je suis accusé d'un meurtre que je n'ai pas commis ! Avec moi périront tous mes amis, qui sont aussi les vôtres ! Lucius Equitius, ici présent, l'héritier du nom et des idéaux de Tiberius Gracchus ! Et Caius Servilius Glaucia, qui rédige si brillamment les lois que les aristocrates du Sénat ne peuvent rien y trouver à redire ! Quand nous serons morts, Quirites, qui veillera sur vous ? Qui mènera le bon combat ? Qui affrontera les privilégiés ? *Personne !*

Quirites, tout est entre vos mains ! Allez-vous rester indifférents tandis que nous, qui vous aimons, et sommes innocents de ce dont on nous accuse, sommes mis à mort ? Ou bien rentrerez-vous vous armer, avant d'aller frapper à la porte de chaque maison du voisinage, pour rameuter la foule ?

Revenez ici, par milliers ! Avant que la nuit ne soit tombée, Rome sera vôtre, parce qu'elle sera mienne ! Nous prendrons l'argent du Trésor, et achèterons du grain ! Maintenant, allez, ramenez ici le peuple entier, en plein cœur de la cité, et montrez au Sénat, comme à la Première et à la Deuxième Classe, qui en est le véritable maître !

Ses auditeurs se dispersèrent en hâte dans toutes les directions, en hurlant des paroles incohérentes.

— Merveilleux ! s'écria Saufeius.

— Nous vaincrons, Lucius Appuleius, nous vaincrons ! s'exclama Labienius.

C'est ce moment que Lucius Equitius choisit pour éclater en sanglots.

— Mais qu'allez-vous faire ? demanda-t-il en s'essuyant le visage du coin de sa toge.

— D'après toi, imbécile? Je vais prendre le pouvoir à Rome, évidemment!

— Avec ces gens-là?

— Qui peut s'opposer à eux? De toute façon, ils nous ramèneront la foule. Attends, Lucius Equitius! Personne ne pourra nous résister!

— Mais il y a deux légions sur le Champ de Mars!

— Aucune armée n'est jamais entrée dans Rome, sauf pour un triomphe, et quiconque lui en donnerait l'ordre serait un homme mort, rétorqua Saturninus, méprisant. Dès qu'il serait au pouvoir, Lucius Equitius quitterait la scène, fils de Tiberius Gracchus ou pas.

— Caius Marius en serait capable! pleurnicha Equitius.

— Il est de notre côté, imbécile!

— Lucius Appuleius, je n'aime pas ça!

— La question n'est pas là. Si tu es avec moi, tu te tais. Si tu es contre moi, je te ferai taire! lança Saturninus en se passant un doigt en travers de la gorge.

Caius Marius fut l'un des premiers à répondre aux appels au secours des amis de Caius Memmius. Il arriva sur les lieux de l'affrontement quelques instants à peine après que Glaucia et ses complices se furent enfuis vers le Quirinal, et trouva sur place une centaine de membres des Centuries, en toge, rassemblés autour de la dépouille du futur consul.

— Qui? demanda Sylla, qui était à côté de Marius.

— Caius Servilius Glaucia, répondirent plusieurs voix en même temps.

— Lui-même?

Chacun hocha la tête.

— Dans quelle direction s'est-il enfui?

Les réponses étaient contradictoires; mais Sylla finit par comprendre que Glaucia et les autres avaient couru en direction du Quirinal. Caius Claudius étant du lot, il était logique de penser qu'ils comptaient se cacher dans sa demeure.

Marius n'avait toujours pas bougé, et contemplait en silence le cadavre de Caius Memmius. Sylla posa une main sur son bras: Marius frémit, essuya ses larmes avec un pli de sa toge.

— Sur le champ de bataille, c'est chose naturelle. Ici, sur le Champ de Mars, c'est une abomination! s'écria-t-il.

D'autres sénateurs arrivaient, parmi lesquels Scaurus, qui jeta un bref regard au visage bouleversé de Marius, puis au corps qui gisait à terre, avant de s'écrier, incrédule:

— Memmius! *Caius Memmius?*

— Lui-même, dit Sylla. Assassiné de la main même de Caius Servilius Glaucia, d'après tous les témoins.

— Princeps Senatus, intervint Marius, je m'en vais convoquer sur-le-champ une réunion du Sénat au temple de Bellone. Es-tu d'accord ?

— Tout à fait !

— Lucius Cornelius, prends mes licteurs, mes hérauts, annule la présentation des candidats, et convoque le Sénat. J'irai en avant avec Marcus Aemilius.

— C'est vraiment une année épouvantable, commenta Scaurus. En dépit de tout ce que nous avons subi, je ne me souviens pas d'une époque plus horrible depuis la mort de Caius Gracchus.

— Alors, il est temps de conclure.

— Espérons au moins qu'il n'y aura plus de violences !

Mais les espoirs de Scaurus furent vains. Le Sénat se réunit et discuta du meurtre de Caius Memmius ; trop de membres de l'assemblée en avaient été témoins pour que la culpabilité de Glaucia fît le moindre doute.

— Toutefois, rappela Marius, Caius Servilius devra être jugé pour son crime. Aucun citoyen romain ne peut être condamné sans procès, à moins qu'il n'ait déclaré la guerre à Rome, et nous n'en sommes pas là.

— J'ai bien peur que si, Caius Marius, intervint Sylla, qui arrivait en toute hâte.

Tout le monde le regarda sans oser rien dire.

— Lucius Appuleius et plusieurs de ses partisans, parmi lesquels le questeur Caius Saufeius, se sont emparés du Forum, annonça Sylla. Ils ont montré Lucius Equitius à la foule, et Saturninus a déclaré qu'il allait imposer au Sénat et aux deux premières Classes la loi du Peuple lui-même. Ils ne l'ont pas encore proclamé roi de Rome, mais on le colporte déjà partout.

Scaurus demanda la parole :

— Notre cité est en crise, comme du temps de Caius Gracchus ! A l'époque, lui et Marcus Fulvius avaient eu recours à la violence pour imposer leurs vues, et le Sénat avait débattu pour savoir si Rome avait besoin d'un dictateur pour ramener le calme. L'assemblée a finalement estimé que non. Elle a voté le décret intitulé *Senatus Consultum de republica defendenda*. Il donnait aux consuls et aux magistrats tout pouvoir pour défendre la souveraineté de l'Etat, selon ce qu'ils estimeraient nécessaire, et les mettait par avance à l'abri d'un veto tribunicien comme de toute poursuite judiciaire. Je suggérerai, Pères Conscrits, que nous affrontions la crise actuelle de la même façon.

— Que tous ceux qui y sont favorables viennent à ma gauche,

et les autres à ma droite, dit Marius, qui fut le premier à se placer à gauche.

Il n'y eut personne pour se mettre à droite; et c'est ainsi que l'assemblée vota à l'unanimité — ce qui n'avait pas été le cas la première fois — un second *Senatus Consultum.*

Ainsi investi des pleins pouvoirs, Marius fit de Sylla son second, ordonna qu'on ouvrît le dépôt d'armes dissimulé dans le temple de Bellone et qu'on les distribuât à ceux qui n'en avaient pas, puis dit aux autres de rentrer chez eux et d'attendre de pouvoir avancer librement dans les rues.

Sylla envoya ses têtes chaudes dans toutes les directions. Caepio le jeune et le Goret se montrèrent les plus enthousiastes. Devant l'énormité de l'outrage — un sénateur romain prenait appui sur la populace pour se faire couronner roi! —, on avait d'ailleurs oublié les divisions politiques, et les ultra-conservateurs se mêlaient aux plus libéraux des Marianistes.

Tout en organisant sa petite armée, Sylla ne cessait pourtant de songer à Aurelia. Il avait déjà envoyé chez elle quatre licteurs porteurs d'un message lui demandant de se barricader, et fait prévenir Lucius Decumius que mieux valait que lui et ses acolytes s'abstiennent de traîner sur le Forum au cours des prochains jours.

Deux heures plus tard, tout était prêt. Tout le monde — soit près d'un millier de personnes — avait mis casque et cuirasse, chacun s'était armé d'une épée et d'une dague, et s'abritait derrière un bouclier ovale de cinq pieds de haut.

Caius Marius s'avança devant le temple de Bellone et s'adressa à sa petite armée:

— Romains, souvenez-vous que nous allons devoir entrer dans la cité de Rome! dit-il d'un air grave. Nous allons franchir le *pomerium.* C'est pour cette raison que je n'ai pas fait appel aux troupes de Marcus Antonius; nous pouvons nous en charger nous-mêmes. Je suis résolument opposé à toute violence inutile, et je vous en avertis solennellement, surtout les plus jeunes d'entre vous: il n'est pas question de lever l'épée sur un homme désarmé. Il n'y aura pas de cadavres entassés dans les rues de Rome! Cela porterait malheur à la République, qui cesserait d'exister. Notre tâche, aujourd'hui, est d'éviter la violence, et non de lui donner libre cours.

Vous êtes mes troupes, mais peu d'entre vous ont eu l'occasion de servir sous mon commandement. Prenez donc note de ce que je vais dire, car il n'y aura pas d'autre avertissement. Ceux qui désobéiront à mes ordres, ou à ceux de mes légats, seront mis à mort. L'heure n'est pas aux factions; il ne doit y avoir parmi nous que des Romains, sans distinction politique. Nombreux sont ceux qui, parmi vous, n'aiment guère les *capite censi* et la populace. Mais ne l'oubliez pas : ils sont romains, eux aussi, et leur vie est aussi sacrée et protégée par la loi que la mienne ou la vôtre. *Pas de bain de sang!* Si je vois s'amorcer quoi que ce soit qui y ressemble, je lèverai l'épée sur ceux qui lèvent l'épée, et vous savez qu'aux termes du décret pris par le Sénat je peux vous tuer sans avoir à répondre de mon acte devant les tribunaux ! Vous ne prendrez vos ordres que de moi, et de Lucius Cornelius Sylla ici présent, et non d'un magistrat curule, quel qu'il soit. Pas question de se lancer à l'assaut tant que Lucius Cornelius ou moi n'en aurons pas décidé ainsi. Est-ce clair ?

Lucius Valerius, ajouta-t-il en se tournant vers son collègue consul, prends cinquante hommes et rends-toi au Quirinal. Si Caius Servilius Glaucia se trouve chez Caius Claudius, arrête-le. S'il refuse de se rendre, restez dehors et montez la garde sans tenter d'entrer de force. Et tiens-moi au courant de ce qui se passe.

C'est en début d'après-midi que Caius Marius entra, à la tête de sa petite troupe, dans Rome même, par la porte Carmentalis. Venus du Velabrum, ils prirent par surprise la foule rassemblée en bas du Forum. Armés de bric et de broc — couteaux, gourdins, bâtons, haches, pics —, les hommes de Saturninus étaient près de quatre cents ; ils ne pouvaient espérer se mesurer à ceux qui vinrent se ranger en bon ordre devant la Basilica Sempronia. Un seul regard aux cuirasses, aux casques et aux épées des nouveaux venus suffit à la moitié d'entre eux, qui s'enfuit aussitôt vers l'Esquilin.

— Lucius Appuleius, s'écria Marius, tu ferais mieux de renoncer !

Saturninus, debout sur les rostres avec une dizaine d'autres, le regarda, bouche bée ; puis, rejetant la tête en arrière, il partit d'un grand éclat de rire qui sonnait creux.

— Caius Marius, quels sont tes ordres ? demanda Sylla.

— Nous chargeons. Une charge soudaine, très brutale, boucliers en avant ; pas question de tirer l'épée. Lucius Cornelius, je n'aurais jamais cru avoir affaire à des adversaires aussi médiocres ! Ils plieront sans difficulté.

La troupe forma une ligne de près de deux cents mètres, sur cinq rangs.

— Chargez ! hurla Marius.

Une véritable muraille de boucliers déferla comme une énorme vague, sur les hommes de Saturninus, qui s'égaillèrent en tous sens sans même chercher à se battre. Le tribun et ses compagnons descendirent des rostres en brandissant leurs épées, en vain. Les hommes de Marius revenaient périodiquement à la charge, en piétinant au passage quelques-uns de leurs adversaires. Ce ne fut pas une bataille, mais une débâcle.Les maigres troupes de Saturninus furent très vites défaites; l'occupation du Forum prenait fin, quasiment sans effusion de sang. Lucius Appuleius, Labienus, Saufeius, Lucius Equitius, une dizaine de Romains et près de trente esclaves en armes s'enfuirent par le Clivus Capitolinus pour chercher asile dans le temple de Jupiter Optimus Maximus où ils se barricadèrent.

— Le sang va couler! hurla Saturninus depuis les marches de l'édifice. Tu seras contraint de tuer des Romains avant d'en finir avec moi, Caius Marius! Je veux voir ce temple souillé de leur sang!

— Il se pourrait bien qu'il ait raison, dit Scaurus.

— Oh non! répliqua Marius avec un grand rire. Il prend la pose, Marcus Aemilius! La réponse est simple, crois-moi. Nous allons les faire sortir de là sans lever le petit doigt. Lucius Cornelius, poursuivit-il en se tournant vers Sylla, trouve-moi les ingénieurs responsables de l'alimentation en eau de la ville, et demande-leur de couper tout de suite les canalisations qui desservent le Palatin!

— Merveilleux! s'exclama Scaurus. C'est si simple et si évident que je n'y aurais jamais pensé. Combien de temps nous faudra-t-il attendre que Saturninus se rende?

— Pas longtemps. Demain, je pense. Prendre le pouvoir donne soif. Je vais faire encercler la colline, en attendant.

— Il ne faut pas pousser Saturninus au désespoir.

— Marcus Aemilius, c'est un politicien et non un soldat. Il ne comprend rien à la force des armes, et sera incapable de mettre une stratégie au point. Si j'étais à sa place, certes, tu aurais des raisons de t'inquiéter! Car à cette heure-ci, je serais roi de Rome, et vous seriez tous morts.

— Je sais, Caius Marius, je sais!

— Enfin, je ne suis pas le roi Tarquin, fort heureusement. Une nuit en compagnie du Grand Dieu fera réfléchir Saturninus.

Tous ceux qu'on avait capturés lors des affrontements sur le Forum furent rassemblés et conduits, sous bonne garde, jusqu'aux Lautumiae, où les scribes des censeurs firent le tri. Les non-Romains furent exécutés sur-le-champ; les autres seraient jugés sommairement le lendemain, et jetés du haut de la roche Tarpéienne aussitôt après.

Sylla revint alors que Marius et Scaurus s'apprêtaient à quitter le Forum.

— Je viens de recevoir un message de Lucius Valerius. Il dit que Glaucia est bien réfugié dans la demeure de Caius Claudius, mais qu'il refuse d'en sortir.

— Qu'en penses-tu, Marcus Aemilius? demanda Marius.

— Cela peut attendre demain, comme pour le temple de Jupiter! Entre-temps, que Lucius Valerius monte la garde. Une fois que Saturninus se sera rendu, nous leur crierons la nouvelle par-dessus le mur de Caius Claudius, et nous verrons bien ce qui se passera alors.

— Excellent projet, Marcus Aemilius.

Scaurus éclata de rire.

— Caius Marius, une aussi amicale coopération avec toi va porter grand tort à ma réputation auprès de mes amis! dit-il en le prenant par le bras. Je suis pourtant bien heureux que tu aies été là aujourd'hui — et crois-moi, je ne pourrais pas être plus sincère!

Lucius Appuleius fut le premier à se rendre, et Caius Saufeius le dernier. Le petit groupe d'émeutiers qui s'était réfugié avec eux comptait une poignée de citoyens romains, qui furent exhibés sur les rostres, sous le regard de ceux, d'ailleurs assez rares, venus s'aventurer sur le Forum. Ceux-ci furent jugés immédiatement par un tribunal d'exception qui les condamna à mort. Pour les chefs de cette rébellion contre le Sénat, justice serait rendue plus tard.

La roche Tarpéienne, qui faisait saillie sur le flanc sud-ouest du Capitole, surplombait un précipice qui ne dépassait pas quatre-vingts pieds de profondeur; mais, juste en dessous d'elle, se dressaient des aiguilles rocheuses acérées. Les condamnés furent conduits là-bas, près des murs Serviens, devant le temple de Jupiter Optimus Maximus. En bas, dans la partie inférieure du Forum, les foules semblaient s'être rassemblées pour voir mourir les partisans de Lucius Appuleius Saturninus. Des foules au ventre vide, mais qui ne songeaient guère à manifester leur mécontentement; elles voulaient voir des hommes jetés du haut de la roche Tarpéienne, car cela ne s'était pas produit depuis fort longtemps, et la rumeur voulait qu'ils fussent près d'une centaine. On disait également que des bateaux chargés de grain allaient arriver d'Asie, grâce à Caius Marius. C'est donc lui que les foules acclamèrent, mais de manière un peu mécanique; le spectacle les intéressait bien davantage. La mort à bonne distance, des cadavres ensanglantés, un peu de nouveauté.

— Il est impossible d'ouvrir le procès de Saturninus et d'Equitius tant que les esprits ne seront pas un peu calmés, dit Scaurus à Marius et Sylla.

Tous trois se tenaient sur les marches du Sénat. Les deux hommes comprirent ce qu'il voulait dire; Scaurus ne redoutait pas la colère des foules du Forum, mais le désir de vengeance de ses pairs. A côté du Comitium, de jeunes sénateurs, entourant Caepio le jeune et Metellus Goret, jetaient à Saturninus et à ses compagnons, toujours juchés sur les rostres, des regards meurtriers.

— Et ce sera encore pire quand Glaucia se sera rendu, dit Marius, pensif.

— Quelle bande de misérables! siffla Scaurus. On aurait pu croire que certains se seraient jetés sur leur épée! Même un lâche comme mon fils en a été capable!

— J'en suis d'accord, mais nous nous retrouvons avec quinze personnes — seize, quand Glaucia se sera rendu — une petite troupe furieuse qui me fait penser à une meute de loups.

— Nous allons devoir les emprisonner pendant quelques jours, mais où? Nous ne pouvons nous permettre de les voir massacrés.

— Et pourquoi pas? intervint Sylla.

— Pour éviter les troubles, Lucius Cornelius, répondit Marius. Nous avons réussi à empêcher un bain de sang sur le Forum, mais la foule va faire son apparition en masse pour voir ces gens jugés pour trahison. Aujourd'hui, elle est partie se distraire en assistant à l'exécution du menu fretin. Mais qui nous prouve, par exemple, qu'elle ne tentera pas quelque chose quand nous jugerons Lucius Equitius? C'est une situation très épineuse.

— Pourquoi diable ne se sont-ils pas jetés sur leur épées? répéta Scaurus. Ils nous auraient épargné bien des tracas! Pas de procès, pas d'étrangleurs — car il n'est pas question de les jeter, eux, du haut de la roche Tarpéienne!

Sylla écoutait avec attention, mais sans dire mot, tout en suivant des yeux Caepio le jeune et le Goret.

— Ah, dit Marius, nous nous inquiéterons du procès quand le temps sera venu. Entre-temps, nous devons les mettre à l'abri.

— Pas aux Lautumiae, en tout cas! intervint Scaurus. Ce n'est pas Saturninus qui m'inquiète le plus, c'est Equitius. Qu'une femme se mette à gémir parce qu'on exécute le fils de Tiberius Gracchus, et nous aurons de gros ennuis. Et comme si ça ne suffisait pas, regardez-moi nos têtes chaudes! Mettre Saturninus à mort ne les gênerait aucunement.

— Dans ce cas, dit Marius gaiement, je suggère que nous enfermions nos prisonniers dans la Curia Hostilia!

— Caius Marius, c'est impossible! s'écria Scaurus, stupéfait. Des traîtres emprisonnés dans le Sénat! C'est une offense aux dieux!

— Ils ont déjà souillé le temple de Jupiter, il faudra donc procéder à des purifications, de toute façon. La Curia Hostilia a les portes les plus solides de Rome, et aucune fenêtre. Bien entendu, quelques-uns d'entre nous peuvent toujours se proposer pour garder chez eux certains des accusés: aimerais-tu Saturninus? Je prendrai Equitius, et donnerai Glaucia à Quintus Lutatius.

— La Curia Hostilia est une excellente idée, dit Sylla, sans quitter Caepio le jeune et le Goret du regard.

— Tu as raison, soupira Scaurus. J'ai bien peur que ce ne soit inévitable.

— Très bien! dit Marius. Marcus Aemilius, pendant que je m'occupe des détails, je te laisserai le soin d'expliquer à tes collègues pourquoi notre vénérable lieu de réunion va servir de prison.

— Je te remercie!

— De rien!

Quand ils furent seuls, Marius demanda à Sylla:

— Que prépares-tu?

— Je ne suis pas sûr de pouvoir te le dire, Caius Marius.

— Prends garde; je ne voudrais pas que tu sois jugé pour trahison.

— Je ferai attention, Caius Marius.

Saturninus et ses compagnons s'étaient rendus le huitième jour de décembre; le lendemain, Marius convoqua une nouvelle assemblée centuriate, et procéda à l'audition des candidatures aux magistratures curules.

Lucius Cornelius Sylla ne prit pas la peine d'y assister; il était occupé à bien d'autres choses, notamment à de longs conciliabules avec Caepio le jeune et Metellus Goret. Entre-temps, il avait rendu une brève visite à Aurelia, même s'il avait été informé par Publius Rutilius Rufus qu'elle allait bien, et que Lucius Decumius et ses ruffians s'étaient bien gardés d'apparaître sur le Forum.

Le dixième jour du mois, les tribuns de la plèbe devaient entrer en fonction; mais deux d'entre eux — Saturninus et Equitius — étaient enfermés au Sénat. Et chacun craignait que la foule ne fît sa réapparition.

Bien que Marius n'eût pas permis à sa petite armée d'arpenter le Forum en casque et cuirasse, épée au côté, il prit cependant soin d'interdire la Basilica Porcia à ceux, banquiers et marchands, qui la fréquentaient habituellement. Il y fit stocker des armes. Au rez-de-chaussée des bâtiments du Sénat se trouvaient les bureaux des tribuns de la plèbe; c'est là que ceux d'entre eux qui n'avaient pas pris part à l'équipée de Saturninus devaient se rassembler à l'aube. Ensuite, la réunion de l'Assemblée plébéienne se tiendrait aussi rapidement que possible, sans qu'on fasse la moindre allusion à l'absence de deux des tribuns.

Mais l'aube n'était pas encore levée, et le Forum était entièrement désert, lorsque Caepio le jeune et Metellus Goret, traversant l'Argiletum, se dirigèrent vers la Curia Hostilia à la tête d'un petit groupe d'hommes. Ils avaient fait de larges détours pour s'assurer qu'aucun garde ne les avait repérés ; mais en arrivant à destination, ils se rendirent compte que tout l'endroit leur appartenait.

Ils portaient de longues échelles qu'ils dressèrent des deux côtés du bâtiment, pour atteindre le toit, aux vieilles tuiles en éventail, couvertes de lichen.

— Souvenez-vous, dit Caepio le jeune à ses troupes, que sous aucun prétexte il ne nous faut tirer l'épée ; Lucius Cornelius nous a bien prévenus. Il convient de respecter à la lettre les ordres de Caius Marius.

Un à un ils grimpèrent, jusqu'à ce que tous fussent installés sur le toit, qui était à pente faible, et où on pouvait se tenir sans grande difficulté. Puis ils attendirent que la pâle lumière venue de l'est vire du gris perle au doré, et que les premiers rayons du soleil tombent de l'Esquilin pour baigner le toit du Sénat. On y avait déposé les échelles après que tout le monde fut monté ; ainsi personne en bas — il commençait à arriver des gens — ne put remarquer quoi que ce soit d'anormal.

— Maintenant ! s'écria Caepio le jeune.

A toute allure — Lucius Cornelius les avait bien avertis qu'ils n'auraient pas beaucoup de temps —, les membres du petit groupe se mirent à arracher les tuiles du toit. La lumière fit irruption dans la salle en dessous ; quinze visages blêmes levèrent les yeux, plus surpris qu'apeurés. En haut, chaque homme entassait les tuiles qu'il détachait, avant de les projeter sur les prisonniers. Saturninus tomba aussitôt, en même temps que Lucius Equitius. Certains de leurs compagnons tentèrent de se cacher, mais sur le toit les jeunes gens visaient avec une précision mortelle. De plus, en l'absence de tout mobilier, il était impossible de se mettre à l'abri, et rien ne protégeait les émeutiers de la véritable pluie de tuiles qui tombait sur eux. Chacune d'entre elles pesait dix livres et éclatait en arrivant à destination...

Le temps que Marius et ses légats — parmi lesquels Sylla — surviennent, tout était terminé. Le petit groupe redescendit à terre par les échelles, et resta là sans chercher à s'échapper.

— Dois-je les arrêter ? demanda Sylla.

— Non ! Pour le moment, qu'ils ne bougent pas.

Marius jeta à Sylla un regard en biais dans lequel il y avait une question. A laquelle Sylla répondit par ce qui ressemblait à un clin d'œil.

— Ouvrez les portes ! lança Marius à ses licteurs.

A l'intérieur, le soleil jetait ses premiers rayons à travers un épais nuage de poussière qui se dissipa peu à peu. Il y avait partout des entassements de tuiles couvertes de lichen, dont les bords brisés avaient une couleur rouge sombre, presque pareille à celle du sang. Quinze corps gisaient sur le sol, bras étendus, jambes tordues, à demi enterrés sous les tuiles.

— Toi et moi, Princeps Senatus, dit Marius. Personne d'autre.

Ils entrèrent dans la salle et allèrent d'un corps à l'autre, pour voir si l'un ou l'autre vivait encore. Saturninus avait été atteint avant d'avoir eu le temps de se protéger. Son visage disparaissait sous les tuiles; quand ils l'eurent dégagé, les yeux du tribun paraissaient regarder le ciel sans le voir, et les cils étaient frangés de poussière de plâtre. Les autres ne valaient guère mieux.

— Que vais-je faire des idiots qui attendent dehors? demanda Marius.

— Que peux-tu faire, exactement?

— Princeps Senatus! N'espère pas qu'une part des responsabilités ne retombera pas sur ta vieille carcasse! Tu ne t'en tireras pas comme ça cette fois-ci, c'est Caius Marius qui te le dit. Soutiens-moi, ou prépare-toi à une bataille à côté de laquelle les événements d'aujourd'hui feront sourire!

— D'accord, d'accord! Je ne voulais pas dire que je ne te soutiendrais pas! Je voulais simplement savoir quelles sont les possibilités qui te sont offertes.

— Selon les pouvoirs qui m'ont été conférés par le Sénat, je peux agir comme je l'entends: arrêter tous les courageux assassins, ou les renvoyer chez eux sans même leur tirer les oreilles. Qu'est-ce qui te paraît s'imposer?

— Il y a ce qu'il faudrait faire et ce qu'il faut faire. Ce qu'il faudrait, c'est les arrêter et les inculper de meurtre sur la personne de citoyens romains, les prisonniers n'ayant pas encore été jugés. Ce qu'il faut, malheureusement, c'est les renvoyer chez eux, et tu le sais aussi bien que moi.

Ils ressortirent et allèrent jusqu'aux marches du Sénat, dévisageant les gens qui les entouraient — soit quelques centaines. Au-delà, il n'y avait personne; le Forum était vide sous le soleil de l'aube.

— Je proclame une amnistie générale! lança Marius. Rentrez chez vous, jeunes gens! Où sont les tribuns de la plèbe? Déjà ici? C'est bien. Réunissez-vous, il n'y a personne. Il faudra d'abord élire deux autres tribuns, Lucius Appuleius Saturninus et Lucius Equitius sont morts. Licteur en chef, envoie quelques-uns de tes collègues et les esclaves de l'Etat nettoyer le désastre à l'intérieur. Rends les corps des victimes à leurs familles, qu'ils soient enterrés décemment ; ils n'avaient pas encore été jugés pour leurs crimes, et sont donc restés des citoyens romains.

Descendant les marches, il se dirigea vers les rostres car, en tant que consul, il allait présider aux cérémonies d'intronisation des nouveaux tribuns de la plèbe. S'il avait été patricien, son collègue l'aurait remplacé : c'est précisément pour cela que des deux consuls, l'un devait obligatoirement être un plébéien.

Puis — sans doute parce que, comme d'habitude, la rumeur avait couru aussitôt après les événements —, le Forum se remplit peu à peu de milliers de gens descendus de toutes les collines de Rome. C'était la même foule qui, Marius le comprit, était venue se rassembler durant les élections des tribuns de la plèbe.

Il contempla cet océan de visages et y vit ce que Saturninus y avait vu : une source de pouvoir, dépourvu de cette fourberie propre à ce qu'on appelle l'expérience et l'éducation ; des gens prêts à croire à l'éloquence d'un démagogue ambitieux et à se donner de nouveaux maîtres. Pas question, songea Marius, que je devienne jamais Premier des Romains en obéissant aux caprices d'une populace crédule. J'y suis parvenu comme autrefois, à la dure, en combattant les préjugés et les monstruosités du *cursus honorum*.

Toutefois, se dit-il avec allégresse, je vais faire un dernier geste pour montrer à Scaurus et aux autres que si j'avais voulu suivre l'exemple de Saturninus, ils seraient étendus dans la Curia Hostilia, ensevelis sous les tuiles, tandis que je serais seul maître de Rome.

Il se dirigea vers un coin des rostres qui faisait face, non au Comitium, mais à la partie inférieure du Forum :

— Peuple de Rome, rentre chez toi ! tonna-t-il. La crise est surmontée. Rome est sauvée . Et moi, Caius Marius, j'ai le bonheur de t'annoncer que des bateaux chargés de grain sont arrivés hier dans le port d'Ostie. Les péniches vont remonter le fleuve toute la journée, et dès demain vous pourrez acheter du grain dans les entrepôts de l'Etat, sur l'Aventin, à raison d'un sesterce par *modius*, le prix que Lucius Appuleius Saturninus avait fixé dans sa loi. Mais il est mort, et sa loi est invalide. C'est moi, Caius Marius, consul de Rome, qui vous donne votre grain ! Ce prix sera maintenu jusqu'à ce que je quitte mes fonctions, dans dix-neuf jours. Après cela, les nouveaux magistrats décideront de ce qu'il vous faudra payer. L'unique sesterce que je vous demande sera mon adieu, Quirites ! Car je vous aime, j'ai combattu pour vous, j'ai vaincu pour vous. Ne l'oubliez jamais ! Longue vie à Rome !

Il descendit des rostres sous les acclamations, bras levés au-dessus de sa tête.

— Tu as entendu ? dit Catulus César, interloqué, à Scaurus. Il vient de donner dix-neuf jours de grain en son nom ! Cela va coûter des milliers de talents au Trésor ! Comment ose-t-il ?

— Quintus Lutatius, intervint Sylla avec un immense sourire, pourquoi ne montes-tu pas sur les rostres pour lui porter la contradiction ?

— Qu'il soit maudit ! s'écria Catulus César, au bord des larmes.

Scaurus avait été pris par un énorme fou rire :

— Il nous a encore possédés, Quintus Lutatius ! bégaya-t-il quand il eut un peu repris son sérieux. Quel homme ! Et c'est nous qui devrons payer la note ! Je le déteste, et pourtant je l'aime !

Et il fut pris d'une nouvelle crise d'hilarité.

— Marcus Aemilius, il y a vraiment des moments où je ne te comprends pas ! répliqua Catulus César qui s'éloigna, l'allure très digne.

— Et moi, Marcus Aemilius, je te comprends parfaitement ! dit Sylla, qui riait encore plus fort que Scaurus.

Glaucia se jeta sur son épée ; Marius étendit son amnistie à la maison de Caius Claudius, et Rome respira, libérée de ses démons ; les émeutes du Forum paraissaient terminées. Mais il n'en était rien. Les frères Lucullus, fidèles à leur serment, traînèrent Caius Servilius l'Augure devant le tribunal, et de nouveau la violence se déchaîna. L'affaire divisait les sénateurs : Catulus César, Scaurus et leurs partisans étaient pour les deux jeunes gens, Ahenobarbus Pontifex Maximus et Crassus Orator, en faveur de Servilius l'Augure, chacun prenant parti pour des raisons de clientélisme et d'amitié.

Les foules énormes qui avaient rempli le Forum pour entendre Saturninus ne se déplacèrent plus ; mais l'endroit était peuplé de curieux venus assister au procès, attirés par la jeunesse des frères Lucullus — qui ne l'ignoraient pas et entendaient bien en tirer profit. Leurs agents, placés avec soin dans la foule, murmuraient aux passants que les deux malheureux garçons venaient d'apprendre que leur père était mort : ils étaient donc les seuls à pouvoir encore défendre la *dignitas* des Licinius Lucullus.

Le jury, composé de chevaliers, avait, longtemps à l'avance, décidé qu'il se rangerait du côté de Servilius l'Augure, lui-même membre de leur classe, et élevé au Sénat par Ahenobarbus Pontifex Maximus, dont il était le client. On vit de nouveau des gladiateurs qui tentèrent d'empêcher la tenue du procès. Mais le petit groupe de jeunes nobles dirigé par Quintus Servilius Caepio le jeune les chassa, non sans en tuer un au passage. Le jury comprit le message, et se résigna à écouter les frères Lucullus avec plus de sympathie qu'il n'aurait voulu.

— Ils vont condamner l'Augure, dit Marius à Sylla, avec qui il était venu écouter les débats.

— C'est certain, répondit Sylla, fasciné par Lucius Lucullus, qui terminait son discours. Il est très brillant ! Il me plaît, Caius Marius !

— Il est aussi hautain que son père ! répliqua Marius, peu impressionné. Mais je suis d'accord avec toi, Servilius va perdre.

Cette prédiction, d'ailleurs assez simple, se vérifia quand le jury (qui ne quittait pas des yeux Caepio le jeune et ses amis) rendit son verdict. Il était unanime : *Coupable.*

Le procès prit fin, comme souvent, par une querelle que Marius et Sylla eurent soin de suivre de loin, avec une allégresse non dissimulée, surtout quand Ahenobarbus Pontifex Maximus décocha un coup de poing en plein visage à Catulus César, qui rayonnait. Celui-ci répondit avec les mêmes arguments, couvrant de sang la noble barbe d'Ahenobarbus.

— Espérons, dit Marius tandis qu'ils s'éloignaient, que cela marquera la fin des événements pour cette année.

— Il y a encore les élections consulaires, Caius Marius !

— Elles ne se tiennent pas ici. Heureusement, d'ailleurs !

Deux jours plus tard, Marcus Antonius eut droit à son triomphe, et le surlendemain, il fut élu consul pour l'année à venir ; son collègue n'était autre qu'Aulus Postumius Albinus qui, dix ans plus tôt, avait provoqué la guerre contre Jugurtha en envahissant la Numidie.

— Ils sont capables de n'importe quoi ! s'écria Marius ! Les électeurs sont vraiment des ânes ! Ils élisent un imbécile chez qui l'ambition se mêle au manque de talent ! Ils n'ont aucune mémoire !

Sylla sourit, en dépit de ses craintes intérieures. Il comptait se présenter aux élections de préteur l'année suivante, mais il sentait depuis peu, chez les électeurs de l'Assemblée centuriate, de vives réticences envers tout candidat marianiste. Mais comment me dissocier d'un homme qui a été si bon pour moi ? se demandait-il.

— Fort heureusement, je sens que c'est une année où il ne se passera rien, et Aulus Albinus n'aura pas l'occasion de tout gâcher, poursuivit Marius. Pour la première fois depuis longtemps, Rome n'a plus d'ennemis de poids. Nous pouvons nous reposer un peu.

— Et la prophétie ? Martha avait prédit que tu serais consul de Rome à sept reprises.

— Et c'est bien ce qui se passera, Lucius Cornelius.

— Tu y crois toujours ?

— En effet.

— J'aurai de la chance si je réussis à devenir préteur ! soupira Sylla.

— Sottises ! dit Marius fermement. Tu es digne d'être consul, Lucius Cornelius. En fait, un jour, tu seras Premier des Romains.

— Je te remercie de croire en moi, Caius Marius. Toutefois, vu notre différence d'âge, je me garderai de lutter contre toi à qui remportera le titre !

— Quelle bataille de Titans ce serait ! dit Marius en riant. Mais cela n'a aucune chance de se produire.

— Maintenant que tu vas quitter la chaise curule, tu ne seras plus le Premier des Romains.

— C'est vrai. Mais je me suis bien amusé ! Et je reviendrai dès que cette abominable maladie sera guérie.

— Et en attendant, qui te remplacera ? Scaurus ? Catulus César ?

— Personne ! hurla Marius, qui éclata de rire. Personne ! C'est cela qui me fait rire ! Personne ne peut me remplacer !

Riant aussi, Sylla posa le bras sur l'épaule de Marius, et le serra contre lui. Devant eux se dressait le Capitole : un soleil glacé jetait un rayon de lumière sur les dorures du char à quatre chevaux de la Victoire, au sommet du temple de Jupiter Optimus Maximus, et semblait verser une poudre d'or sur le reste de la ville.

— Cela me fait mal aux yeux ! s'exclama Sylla avec un cri de douleur. Mais il ne put en détacher son regard.

NOTE DE L'AUTEUR

Cet ouvrage est une œuvre entièrement personnelle. J'ai moi-même effectué le travail de recherche, dessiné cartes et portraits, et rédigé le glossaire. J'aimerais toutefois remercier deux personnes tout spécialement. La première est le Dr Alanna Dobbs, Macquarie University, Sydney, Australie, qui a été mon éditrice et m'a apporté une aide précieuse dans le domaine de l'histoire ancienne. La seconde est Sheelah Hidden, qui a parcouru le monde entier à la recherche de livres de référence, s'est entretenue avec de nombreux spécialistes, recherché des éléments iconographiques, etc. Ceux qui m'ont aidée ont été trop nombreux pour que j'aie la place de les remercier nominalement, mais qu'ils sachent que je leur adresse un merci chaleureux et sincère. Je remercie également mon mari, mon agent littéraire, Fred Mason, mon éditrice, Carolyn Reidy ; Joe Nobbs, et toute l'équipe.

L'ouvrage ne comporte aucune bibliographie, d'abord parce que ce n'est pas d'usage, s'agissant d'un roman, mais surtout parce qu'elle couvrirait trop de pages. Les 180 volumes de la Loeb Classical Library qui sont en ma possession n'en représenteraient qu'une partie infime. Je préciserai simplement que, chaque fois que c'était possible, je me suis reportée aux sources classiques, et que j'ai tenu le plus grand compte des ouvrages d'historiens tels que Pauly-Wissowa, Broughton, Syme, Mommsen, Munzer, Scullard, et bien d'autres. Mais je me ferai un plaisir d'adresser cette bibliographie à tout lecteur ou toute lectrice que cela intéresse : il suffit de m'écrire : Colleen McCullough, Norflok Island 2899. Pacifique Sud.

Un mot concernant les portraits. Je suis lasse des gens qui pensent que Cléopâtre ressemblait à Elizabeth Taylor et Marc Antoine à Richard Burton. C'est pourquoi j'ai décidé de proposer à mes lecteurs des portraits vraisemblables des personnages de la République romaine. Lorsque cela est possible, j'ai bien sûr choisi des portraits authentifiés comme étant ceux de certains des héros de ce livre. Lorsque cela n'était pas possible, je me suis inspirée de représentations anonymes de la même époque. Dans ce livre, il y a neuf portraits. Deux ont été dessinés d'après des bustes de Caius Marius et de Lucius Cornelius Sylla. Pour Quintus Lutatius Catulus César, je me suis inspirée d'un buste de Jules César le vainqueur d'Alésia ; pour Caius Julius César le père, j'ai emprunté les traits de Marcus Aemilius Lepidus. Metellus Numidicus, Marcus Aemilius Scaurus, Publius Rutilius Rufus et le jeune Quintus Sertorius sont dessinés d'après des bustes anonymes de l'époque républicaine. Il en va de même pour Aurelia. Pourquoi avoir redessiné ces visages plutôt que de se contenter de reproductions photographiques des bustes ? Simplement parce que les sculptures sont *aveugles*. Les yeux donnent une personnalité et une dimension réelles aux personnages alors qu'un buste, dont le regard est vide, restitue une image sans... vie. Je n'ai dessiné qu'un seul portrait de femme. Il y a une raison à cela : les bustes ou les représentations de femmes de l'époque n'existent qu'en petit nombre. Et j'ai dû être économe de ceux dont je disposais : « Les maîtres de Rome » ne s'arrêteront pas à *L'Amour et le Pouvoir*.

GLOSSAIRE

AGER PUBLICUS : « Domaine public », ensemble de tous les biens immeubles placé sous la garde de l'État. Une bonne part de l'*ager publicus* était le fruit de conquêtes militaires, ou avait été confisquée à ses possesseurs d'origine pour les punir de leur déloyauté, notamment dans la péninsule Italique. L'État, par l'intermédiaire des censeurs, louait ces terres selon un système favorisant les grands domaines. Les plus célèbres des nombreuses terres faisant partie de l'*ager publicus* en Italie formaient l'*ager Campanus* ; elles avaient appartenu à la ville de Capoue, à qui elles furent prises, à la suite de plusieurs insurrections dans la région.

ALLIÉS : Très tôt dans l'histoire, les magistrats de la République romaine se mirent à accorder le titre d'« Allié et ami du Peuple Romain » à des peuples ou des nations qui avaient aidé Rome en des heures difficiles. Toutes les régions de la péninsule qui ne possédaient pas la pleine citoyenneté romaine, ou les droits latins, étaient considérées comme des « Alliés ». Rome assurait leur protection militaire et leur accordait certaines concessions commerciales. En retour, les Alliés lui fournissaient des troupes chaque fois que la cité en avait besoin. Hors des frontières, certaines peuplades, certains États, reçurent le même titre, ainsi les Eduéens de Gaule Chevelue, ou le royaume de Bithynie.

ALLIÉS ITALIQUES : Peuples, tribus ou nations qui vivaient dans la péninsule sans posséder ni la citoyenneté romaine ni les Droits Latins. En échange d'une protection militaire, ils devaient fournir des troupes aux armées romaines, et assurer leur entretien financier. Ils étaient soumis à des taxes assez lourdes, et dans bien des cas avaient dû céder une part de leurs terres, qui étaient venues gonfler l'*ager publicus*. Certains s'étaient soulevés contre Rome (ainsi les Samnites), ou s'étaient rangés au côté d'Hannibal (ainsi en Campanie). Les Romains s'assuraient une certaine tranquillité en implantant chez tous ces peuples des « colonies » formées d'un noyau de citoyens romains et d'une communauté possédant, au minimum, les Droits Latins. Jusqu'au dernier siècle de la République, Rome fut en tout cas assez subtile pour agir avant que le mécontentement des Alliés italiques, toujours sous-jacent, ne devînt trop grave. En ce domaine, la dernière concession romaine avant les événements qui devaient mener à la Guerre Sociale fut une loi, votée en 123 av. J.-C., qui offrait la pleine citoyenneté aux magistrats des communautés détentrices des Droits Latins.

ASSEMBLÉE : Toute réunion du Peuple Romain convoquée pour traiter de questions électorales, législatives ou exécutives. Du temps de Caius Marius, il y avait trois assemblées authentiques : celle des Centuries, celle du Peuple, celle de la Plèbe. L'**Assemblée centuriate** répartissait les citoyens dans leurs différentes classes, selon leurs moyens économiques. Comme il s'agissait, à l'origine, de répondre à des préoccupations militaires, chaque Classe se rassemblait dans ses Centuries. On appelait cela les comices centuriates, qui se réunissaient pour élire les consuls, les préteurs et, tous les cinq ans, les censeurs, ainsi que pour juger les inculpés accusés de trahison.
Les deux autres assemblées étaient de nature tribale, et non économique. L'**Assemblée du Peuple**, où patriciens et plébéiens étaient admis, se réunissait dans les trente-cinq tribus entre lesquelles tous les citoyens romains étaient répartis. Elle était convoquée par un consul ou un préteur, pouvait présenter des lois, et élisait les édiles curules, les questeurs, et les tribuns des soldats. Elle pouvait aussi conduire des procès. L'**Assemblée de la Plèbe** ou **Assemblée plébéienne** ne permettait pas aux patriciens de prendre part à ses débats ; elle était convoquée par un tribun de la plèbe. Elle avait le droit de voter des lois (d'où le nom de plébiscite) et de conduire des procès. Elle élisait les édiles plébéiens et les tribuns de la plèbe.
Le vote n'était pas, à proprement parler, individuel, dans la mesure où les résultats ne prenaient en compte que l'organisation à laquelle appartenait l'électeur (dans l'Assemblée centuriate, la Centurie, etc. ; dans les deux autres, la tribu, le résultat final dépendant de la majorité par rapport à l'ensemble des tribus, et non du nombre de voix pour tel ou tel).

AUCTORITAS : Terme difficile à traduire, dans la mesure où il ne se réduit pas à la simple « autorité ». Il est chargé de sous-entendus de prééminence, de puissance politique, d'importance publique ou privée — et surtout de la capacité pour celui qui la détient à influencer les événements par la seule force de sa réputation personnelle ou publique. Tous les magistrats, de par la nature même de leur fonction, détenaient une certaine *auctoritas*, mais elle ne se limitait pas à eux : le Pontifex Maximus, le Princeps Senatus, les consulaires en étaient investis.

CALENDRIER : Il était divisé en jours fastes et néfastes, et affiché sur les murs des édifices publics. Il précisait aux Romains quels jours se prêtaient aux affaires, quels jours étaient fériés, ou peu propices, quels jours les Comitia pouvaient se réunir, etc. L'année romaine ne comptant que 355 jours, il était rare que le calendrier coïncidât avec les saisons — à moins que le collège des pontifes ne prît ses devoirs au sérieux, ce qui était rarement le cas, et n'ajoutât un mois supplémentaire de vingt jours, tous les deux ans, généralement à la fin de février. Les jours de chaque mois n'étaient pas définis, comme actuellement, par une simple numérotation, mais considérés par rapport à des journées particulières, les Calendes, les Nones et les Ides ; en fait Calendes, Nones et Ides correspondaient à une phase de la lune : respectivement à la nouvelle lune, au premier quartier et à la pleine lune. On ne disait pas le 3 mars, mais « Quatre jours avant les nones de Mars », et non le 28 mars, mais « Quatre jours avant les calendes d'avril ».

Mois	*Nombre de jours*	*Date des Calendes*	*Date des Nones*	*Date des Ides*
Janvier	29	1	5	13
Février	28	1	5	13
Mars	31	1	7	15
Avril	29	1	5	13
Mai	31	1	7	15
Juin	30	1	5	13
Juillet (Quinctilis)	31	1	7	15
Août (Sextilis)	29	1	5	13
Septembre	29	1	5	13
Octobre	31	1	7	15
Novembre	29	1	5	13
Décembre	29	1	5	13

CAPITE CENSI. Littéralement, « ceux qui n'ont que leur tête pour répondre à l'impôt ». Tous les citoyens romains trop pauvres pour appartenir à l'une des Cinq Classes, et qui ne pouvaient donc voter à l'Assemblée centuriate. Habitant pour l'essentiel à Rome même, ils étaient membres d'une des quatre tribus urbaines, sur un total de trente-cinq. Leur influence sur l'Assemblée du Peuple ou celle de la Plèbe était très limitée.

CENSEUR : Le plus important des magistrats romains, bien que dépourvu d'*imperium,* ce qui lui interdisait de se faire escorter par des licteurs. Pour être élu censeur, il était nécessaire d'avoir été consul. C'était le couronnement d'une carrière politique, car le censeur était l'un des hommes les plus importants de Rome. Deux censeurs se voyaient élus en même temps, pour cinq ans. Ils enquêtaient sur les membres du Sénat, ceux de l'ordre équestre, et dirigeaient un recensement général des citoyens romains, non seulement à Rome, mais dans toute l'Italie et les provinces. Ils se chargeaient aussi de vérifier les moyens financiers de tel ou tel, de surveiller l'exécution des contrats passés par l'État, et de lancer certains travaux publics.

CENTURION : Officier des légions, qu'elles soient romaines ou composées d'auxiliaires. Il est inexact d'y voir une sorte d'équivalent antique du sous-officier ; les centurions étaient d'authentiques professionnels et un général vaincu se préoccupait peu de perdre des tribuns militaires, mais s'arrachait les cheveux s'il perdait ses centurions. L'appellation même de centurion regroupait divers grades : en bas de l'échelle, il commandait quatre-vingts soldats et vingt non-combattants, soit une centurie. Dans l'armée républicaine, telle que la réorganisa Marius, chaque cohorte comptait six centurions ; le plus gradé d'entre eux, le *pilus prior,* commandait à la fois la cohorte et une centurie de celle-ci. Les dix hommes commandant les dix cohortes composant une légion étaient classés par importance, le centurion primipile, le plus élevé en grade, ne répondant qu'au commandant de sa légion (qui était soit un tribun des soldats élu, soit l'un des légats du commandant en chef).

CHAISE CURULE : Chaise d'ivoire réservée aux plus hauts magistrats : un édile curule en occupait une, mais pas un édile plébéien. Préteur et consul y avaient également droit. Elles étaient réservées à ceux qui possédaient l'*imperium.* Elles avaient des pieds en X, des bras très bas, mais pas de dossier.

CHEVALIERS : Les *Equites,* membres de l'*Ordo Equester.* Leurs origines remontent au temps où les rois de Rome avaient enrôlé les citoyens les plus importants de la ville au sein d'une unité de cavalerie dont les montures étaient prises en charge par le Trésor public : à cette époque, les chevaux de qualité étaient, en Italie, aussi rares que coûteux. Lors de l'avènement de la République, cette unité comptait dix-huit cents hommes, répartis en dix-huit centuries. Leur nombre s'accrut peu à peu, les nouveaux venus, quant à eux, assurant eux-mêmes leurs frais d'équipement et d'entretien. Au IIe siècle avant J.-C., toutefois, l'ordre équestre devient une structure économique et sociale, et cesse d'avoir une signification militaire réelle. Les chevaliers étaient désormais définis par les censeurs selon des critères purement économiques, et si les dix-huit centuries d'origine conservent les mêmes effectifs, les autres (au nombre de soixante et onze) voient les leurs gonfler peu à peu ; tous ceux reconnus chevaliers constituent la Première Classe des citoyens. Les sénateurs firent officiellement partie de l'*ordo equester* jusqu'en 123 av. J.-C. : Caius Gracchus en fit alors un ordre à part, limité à trois cents personnes.
Pour être reconnu chevalier lors des opérations de recensement (organisées par un tribunal spécial installé sur le Forum), il fallait avoir des biens, ou des revenus, de plus de 400 000 sesterces. De l'époque de Caius Gracchus jusqu'à la fin de la République, les chevaliers ne cessèrent de s'opposer au Sénat, notamment pour le contrôle des tribunaux qui jugeaient les affaires de trahison ou de détournements de fonds. Rien ne les empêchait, du moment qu'ils avaient les moyens financiers requis, de devenir sénateurs ; qu'ils en soient peu tentés s'expliquait avant tout par le fait que les opérations financières et commerciales étaient, officiellement, interdites aux membres du Sénat. La classe des chevaliers était plus intéressée par les affaires que par la politique.

CITOYENNETÉ : Il n'est question dans ce livre que de la citoyenneté romaine. La posséder permettait à tout homme de voter dans sa tribu et dans sa classe (s'il avait les moyens économiques indispensables) lors de toutes les élections. Il ne pouvait être fouetté, pouvait recourir aux tribunaux, et faire appel. Parfois ses parents devaient tous deux être romains, parfois il suffisait que son père le fût. Le citoyen était également soumis au service militaire, mais, avant Caius Marius, uniquement s'il avait de quoi acheter ses armes et son équipement. Il lui fallait aussi posséder des revenus suffisants pour assurer son propre entretien pendant la campagne, qui ne lui rapportait généralement qu'une somme très faible, versée par l'État.

CLIENT : Homme libre, ou affranchi (mais il n'était pas indispensable d'être citoyen romain) qui se mettait au service d'un patron. Le client s'engageait, dans les termes les plus solennels et les plus contraignants, à servir les intérêts de son patron et à lui obéir, contre diverses faveurs (sommes d'argent, sinécures, assistance légale). Un esclave affranchi par son maître devenait automatiquement son client. Être client n'empêchait nullement d'être soi-même patron ; mais les clients que l'on pouvait s'attacher étaient considérés comme étant ceux de son propre patron. Certaines lois régissaient les relations avec les rois ou les États étrangers qui s'étaient faits les clients de Rome. Certaines villes pouvaient obtenir ce statut.

COGNOMEN : Dernier des noms portés par un Romain soucieux de se distinguer de tous ceux portant le même prénom et le même nom gentilice que lui. Le *cognomen* faisait généralement allusion à une caractéristique physique, ou un trait de caractère, propre à l'individu concerné. Nombre de *cognomina* étaient très sarcastiques.

COHORTE : Unité tactique de la légion romaine, composée de six centuries de troupes ; en temps normal, une légion en comportait dix.

CONFARREATIO : La plus ancienne, et la plus stricte, des diverses formes de mariage en usage chez les Romains. Du temps de Caius Marius, elle n'existait plus que chez les patriciens — et encore, pas toujours, car elle n'avait rien d'obligatoire. La nouvelle épouse passait des mains de son père à celles de son mari, ce qui l'empêchait de jouir de la moindre indépendance. C'est bien pourquoi la *confarreatio* n'était pas très en faveur, les autres formes de mariage garantissant à la femme plus de liberté quant à la défense de sa dot et à ses affaires. Autre raison de son impopularité, la difficulté de divorcer : c'était une entreprise épuisante, qui posait des problèmes religieux et légaux d'une grande complexité.

CONSUL : Le plus élevé des magistrats détenant l'*imperium,* le dernier degré du *cursus honorum.* Chaque année, l'Assemblée centuriate élisait deux consuls qui assumaient leur charge pendant un an. Celui qui était arrivé en tête des suffrages avait droit aux *fasces* pendant le mois de janvier, ce qui signifie qu'il officiait tandis que son collègue se contentait de regarder. Tous deux entraient en fonction le jour de l'an. Du temps de Caius Marius, patriciens et plébéiens pouvaient également accéder au consulat, à ceci près qu'il était impossible à deux patriciens d'être consuls en même temps. L'âge minimum requis était de quarante-deux ans, douze ans après l'entrée au Sénat à trente ans. L'*imperium* d'un consul s'étendait non seulement à Rome, mais aussi à toute l'Italie et aux provinces. Il pouvait également commander une armée.

CURSUS HONORUM : Le « chemin des honneurs ». Quiconque voulait devenir consul devait d'abord être admis au Sénat ; puis il devait ensuite accéder à la questure, ensuite au prétorat, et enfin il avait le droit de se présenter aux élections consulaires. Le *cursus honorum* est exclusivement constitué par ces quatre étapes successives (sénateur, questeur, préteur, consul). Ni les édilats (curule ou plébéien) ni le tribunat de la plèbe n'en faisaient partie. Toutefois, pour un futur candidat au consulat, être édile ou tribun était un bon moyen de se faire connaître des électeurs.

DIGNITAS : Concept typiquement romain, qu'il ne faut pas réduire à la « dignité » La *dignitas* est en quelque sorte un signe extérieur de la position de tel ou tel individu au sein de la communauté ; elle met en jeu des notions de valeur morale ou éthique, de réputation, de droit au respect. De tous les atouts dont disposait un noble romain, sa *dignitas* était sans doute celui qu'il défendait avec le plus d'acharnement : pour cela, il devait être prêt à partir en guerre ou en exil, à mettre fin à ses jours ou à exécuter sa femme ou son fils.

DROITS LATINS : Statut intermédiaire entre la pleine citoyenneté romaine et le simple titre d'Allié. Les possesseurs des Droits Latins jouissaient de nombreux droits réservés aux citoyens romains : partage équitable du butin lors des guerres, signatures de contrats garanties par la loi, droit de faire appel en cas de condamnation à mort, etc. Pour autant, il leur était interdit de prendre part aux élections romaines, ou de siéger dans un jury. En 125 av. J.-C., après la révolte de Fregellae, les magistrats des villes et des régions jouissant des Droits Latins reçurent le droit d'accéder à la citoyenneté romaine, eux et leurs descendants directs.

EDILE : Magistrat romain dont les fonctions se limitaient à Rome même. On distinguait deux édiles plébéiens, et deux édiles curules. Les premiers sont les plus anciens, chronologiquement parlant (493 av. J.-C.) : ils eurent d'abord pour tâche d'assister les tribuns de la plèbe. Bientôt, ils furent chargés de veiller sur l'ensemble des bâtiments de la cité, puis de procéder à l'archivage des plébiscites votés au sein de l'Assemblée plébéienne, et des décrets sénatoriaux s'y rapportant. C'était cette Assemblée qui les élisait. Les postes d'édiles curules furent créés en 367 avant J.-C. : il s'agissait sans doute d'associer les patriciens à la gestion des édiles plébéiens, mais leurs fonctions furent bientôt accessibles aux plébéiens. Les quatre magistrats, à partir du IIIe siècle avant J.-C., deviennent responsables de l'entretien des rues, de l'approvisionnement en eau, des égouts, de la circulation, des bâtiments publics, des marchés, des poids et mesures des jeux et de l'approvisionnement public en grain. Ils pouvaient condamner à des amendes tout citoyen ayant enfreint les réglementations qu'ils édictaient, et l'argent ainsi obtenu était mis de côté pour financer les jeux. Bien que l'édilat, plébéien ou curule, ne fît pas partie du *cursus honorum,* c'était un bon moyen d'accroître sa popularité, grâce à l'organisation des jeux.

FASCES : Faisceaux de verges d'osier nouées par des cordons de cuir rouge. Les *fasces,* à l'origine emblème des rois étrusques, furent d'usage constant dans la vie publique romaine pendant toute la République et sous l'Empire. Ils étaient portés par des licteurs précédant un magistrat curule : c'était un symbole de l'*imperium* dont il était détenteur. A l'extérieur du *pomerium,* on y glissait des haches, pour montrer que le magistrat disposait du pouvoir exécutif (et non plus seulement, comme dans les limites sacrées de Rome, de celui de punir). Le nombre de *fasces* était proportionnel à l'*imperium* : vingt-quatre pour un dictateur, douze pour un consul ou un proconsul, six pour un préteur ou un propréteur, deux pour un édile curule.

FLAMINES : Prêtres qui servaient les dieux romains les plus anciens. Ils étaient quinze. Les *flamines maiores,* au nombre de trois, servaient Jupiter, Mars et Quirinus. A l'exception du *flamen Dialis,* qui servait Jupiter — ce qui lui imposait de respecter d'innombrables tabous —, ce n'était pas une charge très absorbante ; toutefois, les trois *flamines maiores* étaient logés aux frais de l'État, sans doute parce que les *flamines* étaient les prêtres les plus anciens de Rome.

GAULE CISALPINE : Toutes les terres situées au nord de l'Arno et du Rubicon, sur le versant italien des chaînes alpines. Le Pô coupait la région en deux, d'ouest en est, et les terres, des deux côtés du fleuve, étaient très différentes. Au sud, populations et villes étaient fortement romanisées, et souvent détentrices des Droits Latins. Au nord, elles étaient beaucoup plus celtes que latines. Politiquement, la Gaule Cisalpine n'existait pas ; ce n'était ni une véritable province, ni une Alliée, au sens propre du terme. Du temps de Caius Marius, ses habitants ne pouvaient faire partie de l'armée romaine, même à titre d'auxiliaires.

GAULE TRANSALPINE : Province romaine correspondant en gros à ce qui est la côte méditerranéenne française. Cnaeus Domitius Ahenobarbus l'avait soumise en 120 av. J.-C. Rome disposa ainsi d'une route terrestre sûre entre la Ligurie et l'Espagne. La province s'étendait jusqu'à Tolosa (Toulouse), et, dans la vallée du Rhône, jusqu'au comptoir commercial de Lugdunum (Lyon).

GOUVERNEUR : Consul ou prêteur, proconsul ou propréteur, qui gouvernait, généralement pour un an, une province romaine au nom du Sénat et du Peuple de Rome. Il en était virtuellement le roi, responsable de sa défense, de son administration, de la perception des impôts, etc.

IMPERIUM : Degré d'autorité dont disposait un magistrat ou promagistrat curule. Il était ainsi maître de sa charge et ne pouvait être contredit (pourvu, évidemment, qu'il respectât les lois et les limites de ses fonctions). L'*imperium* lui était conféré par une *lex curiata,* et ne durait qu'un an ; le Sénat et/ou le Peuple pouvaient le proroger, si passé cette date le magistrat n'était pas venu à bout de la tâche dont on l'avait chargé. Des licteurs portant des *fasces* étaient l'emblème de la possession de l'*imperium.*

INSULA : Littéralement, « île », sans doute parce que les immeubles collectifs que désigne ce terme étaient perdus au milieu des rues et des ruelles comme des îles dans l'océan. Les *insulae* atteignaient jusqu'à trente mètres de hauteur.

JUGÈRE : Unité de superficie romaine, correspondant à peu près à un quart d'hectare.

LÉGAT : Adjoint direct du général commandant une armée. Pour être *legatus,* il fallait être de rang sénatorial ; les anciens consuls — les consulaires — ne dédaignaient pas cette fonction. Les légats n'étaient responsables que devant leur chef, et avaient la préséance sur les tribuns militaires.

LÉGION : La plus petite unité militaire romaine capable de faire la guerre par ses propres moyens, c'est-à-dire de façon autonome. Du temps de Caius Marius, une armée romaine en campagne comptait entre quatre et six légions. Chacune d'elles se composait de près de cinq mille hommes, répartis en dix cohortes de six centuries, auxquels venaient s'ajouter près d'un millier de non-combattants, et souvent une petite unité de cavalerie. S'il s'agissait d'une légion faisant partie d'une armée commandée par un consul en exercice, elle était commandée par des tribuns de soldats (six au maximum) ; dans le cas contraire, elle était commandée par un légat, ou le général lui-même. Soixante-six centurions y tenaient le rôle d'officiers.

LICTEUR : Un des rares authentiques fonctionnaires au service du Sénat et du Peuple de Rome. Ils avaient pour tâche d'escorter tous les détenteurs de l'*imperium*, et étaient regroupés au sein du Collège des Licteurs, qui devait compter deux ou trois cents personnes. Pour être licteur, il était nécessaire d'être citoyen romain ; mais le salaire versé par l'État était minime, et il leur fallait souvent compter sur les largesses de ceux qu'ils escortaient. Au sein du Collège, les licteurs étaient divisés en décuries, ou groupes de dix personnes, dont chacun était dirigé par un préfet ; celui-ci obéissait aux injonctions des présidents. A Rome même, ils étaient vêtus d'une toge blanche ; en dehors de la cité, d'une tunique écarlate, avec une large ceinture noire aux ornements de laiton : ils paraissaient en noir lors des funérailles.

LUSTRUM : Terme latin désignant le mandat de cinq ans des censeurs, ainsi que la cérémonie que ceux-ci organisaient sur le Champ de Mars pour marquer la fin des opérations de recensement.

MAGISTRATS : Représentants élus du Sénat et du Peuple de Rome. Dès le milieu de la période républicaine, ils étaient tous sénateurs (les questeurs élus étant généralement admis parmi eux par les censeurs), ce qui donnait au Sénat un avantage sur le Peuple, jusqu'à ce que celui-ci, par l'intermédiaire de la Plèbe, reprenne l'initiative des lois.
Les magistrats constituaient l'exécutif de l'État romain. Par ordre d'importance croissante, on distingue le tribun des soldats

(trop jeune pour être admis au Sénat), le questeur, le tribun de la plèbe et l'édile plébéien. Ensuite, on passe aux détenteurs de l'*imperium* : l'édile curule, le préteur, et enfin le consul. Le censeur était à part ; bien que dépourvu d'*imperium,* c'était toujours un ancien consul. En cas de crise grave, le Sénat avait le pouvoir de nommer un dictateur ; celui-ci ne pouvait rester en fonction que six mois, mais n'avait pas, ensuite, à répondre de son action devant la loi.

PATRICIENS : Membres de la plus ancienne aristocratie romaine. Citoyens distingués, ils gardaient, des temps antérieurs à la République, un prestige qu'aucun plébéien ne pouvait espérer atteindre. Toutefois, les membres de la plèbe, et surtout les plus riches, jouirent peu à peu d'un pouvoir toujours plus grand, et les patriciens se virent lentement dépouillés de leurs droits et de leurs privilèges. Du temps de Caius Marius, ils étaient souvent, comparativement, moins riches que les familles de la noblesse plébéienne — car il faut se souvenir que les « nobles », à Rome, ne se réduisaient pas à l'« aristocratie », et comptaient aussi bien des patriciens que des plébéiens.

PLÈBE, PLÉBÉIENS : Tous les citoyens romains qui n'étaient pas patriciens étaient considérés comme plébéiens. Au tout début de la République, il leur était interdit de remplir les fonctions de prêtre, de magistrat curule et même de sénateur. Cela ne dura guère ; la Plèbe s'empara peu à peu des institutions réservées aux patriciens, qui du temps de Caius Marius ne dominaient plus guère que quelques secteurs sans grande importance réelle. Les plébéiens eurent même leur propre noblesse, celles des anciens consuls et de leurs descendants directs.

POMERIUM : Limites sacrées de la ville de Rome, marquées par des pierres nommées *cippi.* On pense qu'elles furent établies par le roi Servius Tullius ; elles restèrent intangibles jusqu'à l'époque où Sylla devint dictateur. Le *pomerium* ne suivait pas exactement les murs Serviens ; il englobait toute la vieille cité de Romulus, sur le Palatin, mais pas l'Aventin ni le Capitole. En termes religieux, Rome même n'existait qu'au sein du *pomerium* ; tout ce qui se trouvait à l'extérieur était simple territoire romain.

PONTIFEX MAXIMUS : Le plus important de tous les prêtres, placé à la tête de la religion d'État. La fonction semble avoir été créée aux débuts de la République, dans le dessein, cher aux Romains, de contourner une difficulté sans offenser trop de sensibilités ; elle était alors occupée, en effet, par le Rex Sacrorum, titre détenu par les rois de Rome, et l'on créa simplement une nouvelle charge au rôle et au statut supérieurs. Au début, sans doute dut-il être patricien, mais dès le milieu de l'époque républicaine, il était le plus souvent plébéien. Il surveillait l'activité de tous les prêtres, des augures et des vestales — avec lesquelles il partageait un logement offert par l'État.

PRÉTEUR : Le prétorat était, par ordre d'importance, le deuxième des degrés du *cursus honorum*. Il n'y eut d'abord qu'un préteur urbain, dont les fonctions se limitaient à Rome même ; en 242 av. J.-C., il en fut créé un autre, le préteur pérégrin. Vingt ans plus tard, deux nouveaux préteurs apparurent, chargés de gouverner la Sicile et la Sardaigne. Leur nombre passa à six en 197 av. J.-C., afin de pouvoir diriger les deux provinces d'Espagne.
Le préteur urbain s'occupait de toutes les questions relatives à la justice et aux tribunaux. Son *imperium* ne s'étendait que jusqu'à cinq lieues de Rome, qu'il ne pouvait quitter plus de dix jours de suite. En cas d'absence des deux consuls, il avait le droit de convoquer le Sénat, ainsi que d'organiser la défense de la ville en cas d'attaque.
Le préteur pérégrin était chargé de tous les problèmes légaux, et des inculpations, dans les affaires impliquant des non-citoyens romains. Du temps de Caius Marius, ses devoirs l'obligeaient parfois à parcourir toute l'Italie.

PRINCEPS SENATUS : Titre qui correspond à ce qu'on appelle aujourd'hui le président de l'Assemblée. Les censeurs désignaient un sénateur patricien, à l'intégrité et à la morale irréprochables, et pourvu d'une *auctoritas* et d'une *dignitas* très fortes. Apparemment, il ne s'agissait pas d'un titre à vie, puisqu'il était décerné tous les cinq ans, lors de l'entrée en fonction des deux censeurs. Marcus Aemilius le reçut assez jeune, puisqu'il semble lui avoir été accordé en 115 av. J.-C. alors qu'il était consul Comme il était assez rare que cette distinction honore un homme qui n'avait pas encore été élu censeur (ce qui n'arriva à Scaurus qu'en 109 av. J.-C.), ce fut, soit un moyen d'honorer un homme exceptionnel, soit (comme l'ont suggéré certains érudits) par simple élimination, Scaurus étant alors le mieux placé des candidats disponibles. Il conserva en tout cas ce titre jusqu'à sa mort, sans jamais, pour autant qu'on sache, avoir couru le risque de le perdre.

PROCONSUL · Magistrat doté du statut de consul. Cet *imperium* était généralement accordé à un consul en fin de fonction, pour qu'il puisse continuer à gouverner une province ou à mener une campagne au nom du Sénat et du Peuple de Rome, et ce au cas où il lui faudrait poursuivre son action (son mandat primitif ne durant qu'un an). Si aucun consulaire ne pouvait s'en aller gouverner une province assez agitée pour qu'on désigne un proconsul, un préteur s'en chargeait, doté d'un *imperium* de proconsul. Cet *imperium* se limitait à la province, ou à la tâche, en question, et son possesseur le perdait dès qu'il franchissait le *pomerium* pour entrer dans Rome.

QUESTEUR : L'échelon inférieur du *cursus honorum*. Du temps de Caius Marius, il ne suffisait plus d'avoir été élu questeur pour devenir automatiquement membre du Sénat ; c'était pourtant, dans les faits, la pratique courante. On élisait, tous les ans, de douze à seize questeurs (le nombre exact n'est pas connu). Pour se présenter, il fallait avoir atteint trente ans. Les fonctions de questeur étaient essentiellement d'ordre fiscal : il était fonctionnaire du Trésor, se chargeait de collecter les droits de douane, ou de gérer les finances d'une province. Il pouvait, dans ce dernier cas, se le voir demander par le nouveau gouverneur, ce qui était un grand signe de distinction. Il était cependant obligé de rester à son côté jusqu'à ce que le mandat du gouverneur eût pris fin. Les questeurs entraient en fonction le cinquième jour de décembre.

SÉNAT : La légende veut que ce soit Romulus lui-même qui ait créé le Sénat, qu'il peupla d'une centaine de membres, tous patriciens. Ce fut sans doute, en réalité, une initiative des rois de Rome. A la naissance de la République, le Sénat fut maintenu en tant qu'organisme consultatif, après qu'on eut triplé le nombre de ses membres, toujours patriciens. Il ne fallut toutefois que quelques années pour que les plébéiens s'y introduisent.
Vu ses origines vénérables, la définition des pouvoirs du Sénat est toujours restée vague. On en était membre à vie, ce qui en fit très vite une oligarchie, les sénateurs luttant pied à pied pour conserver leurs prérogatives. Sous la République, les censeurs admettaient les nouveaux membres, qu'ils pouvaient toujours chasser si nécessaire. Du temps de Caius Marius, il fallait avoir des biens d'une valeur d'au moins un million de sesterces — bien que, là encore, cela n'ait rien eu d'une loi intangible.
Seuls les sénateurs avaient droit à la tunique portant une large bande pourpre, ainsi qu'à des chaussures de cuir rouge sombre, et à un anneau (d'abord de fer, puis d'or).

Ceux qui prenaient la parole lors des réunions du Sénat étaient classés selon une hiérarchie très stricte, dont le *Princeps Senatus* occupait le sommet ; les patriciens passaient toujours avant les plébéiens. Certains sénateurs n'avaient même que le droit de voter, sans pouvoir intervenir dans la discussion. En revanche rien ne limitait le droit de parole d'un orateur, ou le choix des sujets qu'il abordait : d'où le recours fréquent à l'obstructionnisme pur et simple. Une séance ne pouvait se tenir qu'entre le lever et le coucher du soleil. Corps plus consultatif que législatif, le Sénat votait des décrets qu'il présentait aux diverses assemblées comme autant de requêtes. S'il s'agissait d'une question d'importance, le vote n'était acquis que lorsque le quorum était atteint. Il ne fait aucun doute que les séances aient été peu fréquentées, aucune règle ne spécifiant que les sénateurs étaient astreints à s'y rendre régulièrement.
Certains domaines étaient, de tradition, le champ réservé du Sénat : les affaires fiscales, les affaires étrangères, la guerre. Après Caius Gracchus, il reçut également le droit de voter, en temps de crise, un *Senatus Consultum de republica defendenda*, sorte d'équivalent des pleins pouvoirs.

TOGE CANDIDE : La toge portée par les candidats aux magistratures lorsqu'ils venaient s'inscrire. Elle était d'une parfaite blancheur : pour ce faire, on la laissait au soleil pendant une longue période, avant de la saupoudrer de craie finement broyée.

TOGE PRÉTEXTE : La toge bordée de pourpre du magistrat curule. Elle était également portée par les anciens titulaires de ces fonctions, ainsi que par les enfants des deux sexes.

TRIBUN DE LA PLÈBE : Cette fonction apparut peu après l'avènement de la République, à une époque où la Plèbe était à couteaux tirés avec les patriciens. Élus par l'Assemblée plébéienne, les tribuns juraient de défendre la vie et les biens des membres de leur ordre. Ils étaient dix. Du temps de Caius Marius, ils rendaient la vie dure au Sénat, dont ils étaient membres de droit. Comme ils n'avaient pas été élus par l'Assemblée du Peuple (patriciens et plébéiens mêlés), ils n'avaient officiellement aucun pouvoir réel. Mais ils étaient sacro-saints dans l'exercice de leurs fonctions, et disposaient d'un droit de veto leur permettant de s'opposer à tout acte, législatif ou exécutif, qui leur déplaisait, qu'il vienne des sénateurs, des magistrats, ou de leurs propres collègues. Seul un dictateur pouvait échapper au pouvoir tribunicien. Le tribun de la plèbe était tout-puissant au sein de l'Assemblée plébéienne,

qu'il convoquait pour discuter de tel ou tel projet de loi, et avait le droit d'organiser des plébiscites.
La *lex Atinia* de 149 av. J.-C. donna aux tribuns de la plèbe l'accès au Sénat dès qu'ils avaient été élus. Pour autant, si du temps de Caius Marius le tribunat était considéré comme une véritable magistrature, il ne donnait pas droit à l'*imperium.*
La coutume voulait qu'on ne remplît qu'un mandat, commencé le dixième jour de décembre. Mais elle n'avait rien d'une obligation, comme le montra Caius Gracchus, qui se fit réélire. Le véritable pouvoir du tribun de la plèbe reposant sur son droit de veto, il adoptait souvent une attitude de pure obstruction.

TRIBUNS DES SOLDATS : Vingt-quatre jeunes gens âgés de vingt-quatre à vingt-neuf ans étaient élus chaque année par l'Assemblée du Peuple, pour servir dans les quatre légions de l'armée du consul, à raison de six par légion, dans laquelle ils assuraient des fonctions de commandement. Élus par le Peuple, ils étaient, de plein droit, d'authentiques magistrats.

TRIBUS : Les tribus, dès le début de la République, n'ont jamais répondu à des préoccupations ethniques, mais à des exigences de répartition des citoyens. Il y en avait trente-cinq, dont seulement quatre dans Rome même, les autres étant rurales. Les seize tribus les plus anciennes portaient des noms de diverses *gens* patriciennes, ce qui indique, soit que leurs membres en faisaient partie, soit qu'ils avaient, à l'origine, vécu sur des terres leur appartenant. D'autres tribus apparurent ensuite lorsque s'accrut dans la péninsule le territoire contrôlé par les Romains. Chaque membre de tribu pouvait y voter lors d'une assemblée, mais les votes étaient d'abord décomptés par rapport à la tribu en question, puis les résultats proclamés en fonction de l'équilibre des votes au sein de l'ensemble des tribus. Les quatre tribus urbaines, bien que comportant un nombre énorme de citoyens, ne pouvaient donc espérer influencer les votes, qui dépendaient toujours des trente et une tribus rurales. Il suffisait d'ailleurs, dans chacune de celles-ci, que deux électeurs se présentent... On pouvait en être membre tout en habitant en ville ; c'était le cas de nombre de sénateurs et de chevaliers.

TRIOMPHE : Jour de gloire d'un général victorieux. Du temps de Caius Marius, il lui fallait d'abord avoir été proclamé *imperator* par ses troupes, ce qui l'obligeait légalement à réclamer au Sénat le droit au triomphe. Seuls les sénateurs pouvaient le lui accorder ; il arriva plusieurs fois qu'ils le refusent. Le triomphe lui-même était un somptueux défilé qui suivait un trajet immuable allant du Champ de Mars au temple de Jupiter Optimus Maximus, sur le Capitole. Le général triomphant et ses licteurs y entraient pour offrir au dieu leurs lauriers. La cérémonie était suivie d'une grande fête.

REPÈRES GÉOGRAPHIQUES

Aquae Sextiae : Aix-en-Provence
Arausio : Orange
Arelate : Arles
Burdigala : Bordeaux
Capsa : Gafsa
Carcasso : Carcassonne
Cercina : Kerkenna
Cirta : Constantine
Gadès : Cadix
Genua : Gênes
Glanum : Saint-Rémy-de-Provence
Icosium : Alger
Mauretanie : territoire équivalant au Maroc actuel
Massilia : Marseille
Mediolanum : Milan
Narbo : Narbonne
Neapolis : Naples
Nemausus : Nîmes
Patavium : Padoue
Patrae : Patras
Pisae : Pise
Placentia : Plaisance
Puteoli : Pouzzoles
Ruscino : Castel-Roussillon
Taurasia : Turin
Tergeste : Trieste
Tibur : Tivoli
Tingis : Tanger
Tolosa : Toulouse

TABLE DES CARTES ET DES ILLUSTRATIONS

CARTES

ILLUSTRATIONS

TABLE

A PORTES

I	CARMENTALIS	à l'intérieur des murs serviens
II	TRIUMPHALIS	
III	FONTINALIS	
IV	MUGONIA	à l'intérieur des anciens murs du Palatin Cité de Romulus
V	ROMULANA	
VI	CACANA	

B - TRADUCTION DES TERMES LATINS

ASYLUM	Emplacement sacré
BASILICA	Hall couvert réservé au commerce et aux affaires d'État
CAMPUS	Étendue de terrain plat
CIRCUS	Enceinte réservée aux courses de char et aux jeux
CLIVUS	Rue en pente
DOMUS	Maison de ville occupée par une seule famille
DOMUS PUBLICA	Propriété de l'État habitée par le Major Pontifex ou par un Flamen
FORUM	Lieu de rassemblement à ciel ouvert
HORREA	Entrepôt
INSULA	Immeuble destiné à plusieurs occupants
MACELLUM	Marché à ciel ouvert
MURUS	Enceinte défensive
PODIUM	Plate-forme surélevée, supportant un temple et contenant un local
PORTA	Porte dans une enceinte défensive
PORTICUS	Enceinte à colonnades
SCALAE	Escalier
VALLIS	Dépression de terrain
VIA	Rue ou route principale
VICUS	Allée ou petite rue
VILLA	Résidence de campagne

C - TEMPLES, AUTRES MONUMENTS ET LIEUX NOTABLES DANS LE CENTRE DE ROME

1 Maison de Caius Marius
2 T. JUNO MONETA
3 T. VENUS ERUCINA
4 T. MENS
5 Prison LAUTUMIAE
6 TULLIANUM ou CARCER
7 T. CONCORDIA
8 SENACULUM
9 TABULARIUM
10 T. VEDIOVIS
11. PORTICUS DEORUM CONSENTIUM
12 T. JUPITER FERETRIUS
13 T. JUPITER OPTIMUS MAXIMUS
14 T. FORTUNA PRIMIGENIA
15 T. HONOS ET VIRTUS
16 T. OPS
17 Roche tarpéienne
18 T. FIDES
19 T. BELLONA
20 « Territoire ennemi »
21 T. APOLLO SOSIANUS
22 T. MATER MATUTA
23 T. FORTUNA
24 T. JANUS
25 Lieu de culte du GENIUS LOCI
26 Grotte de LUPERCAL
27 Maison de LUCIUS SERGIUS CATILINA
28 Maison de QUINTUS HORTENSIUS HORTALUS
29 Hutte ronde de ROMULUS
30 T. MAGNA MATER
31 MUNDUS
32 Maison de 1-MARCUS LIVIUS DRUSUS 2-MARCUS LICINIUS CRASSUS 3-MARCUS TULLIUS CICERO
33 Maison de 1-CNAEUS 2-LUCIUS DOMITIUS AHENOBARBUS
34 T. JUPITER STATOR
35 Thermes (privés) ? Thermes séniens
36 T. PENATES (Pénates du peuple romain)
37 Statue équestre de CLOELIA
38 DOMUS PUBLICA du REX SACRORUM
39 Auberge
40 T. LARES PRAESTITES (Lares publics)
41/42/43 DOMUS PUBLICAE des trois MAJOR FLAMINES - FLAMEN DIALIS, FLAMEN MARTIALIS, FLAMEN QUIRINALIS
44 BASILICA AEMILIA ou BASILICA FULVIA
45 T. VENUS CLOACINA
46 T. JANUS
47 Puits du COMITIUM et de LAPIS NIGER et ROSTRA
48 Dépendances du Sénat
49 CURIA HOSTILIA (Sénat)
50 BASILICA PORCIA
51 T. SATURNUS
52 Autel de VULCAIN
53 BASILICA OPIMIA
54 Tribunal de divers magistrats
55 Arbres sacrés et statue du satyre Marsyas
56 LACUS CURTIUS
57 BASILICA SEMPRONIA
58 Autel de VOLUPIA et statue de DIVA ANGERONA
59 Tombeau (sacré) de LARENTIA
60 Tribunal du PRAETOR URBANUS
61 T. CASTOR ET POLLUX
62 FONS JUTURNA
63 Lieu de culte de JUTURNA
64 Salles des adorateurs de JUTURNA
65 T. VESTA (foyer de l'État)
66 REGIA (résidence du PONTIFEX MAXIMUS)
67 Lieu de culte de VESTA
68 ATRIUM VESTAE de la DOMUS PUBLICA
69 DOMUS PUBLICA du PONTIFEX MAXIMUS
70 PORTICUS MARGARITARIA

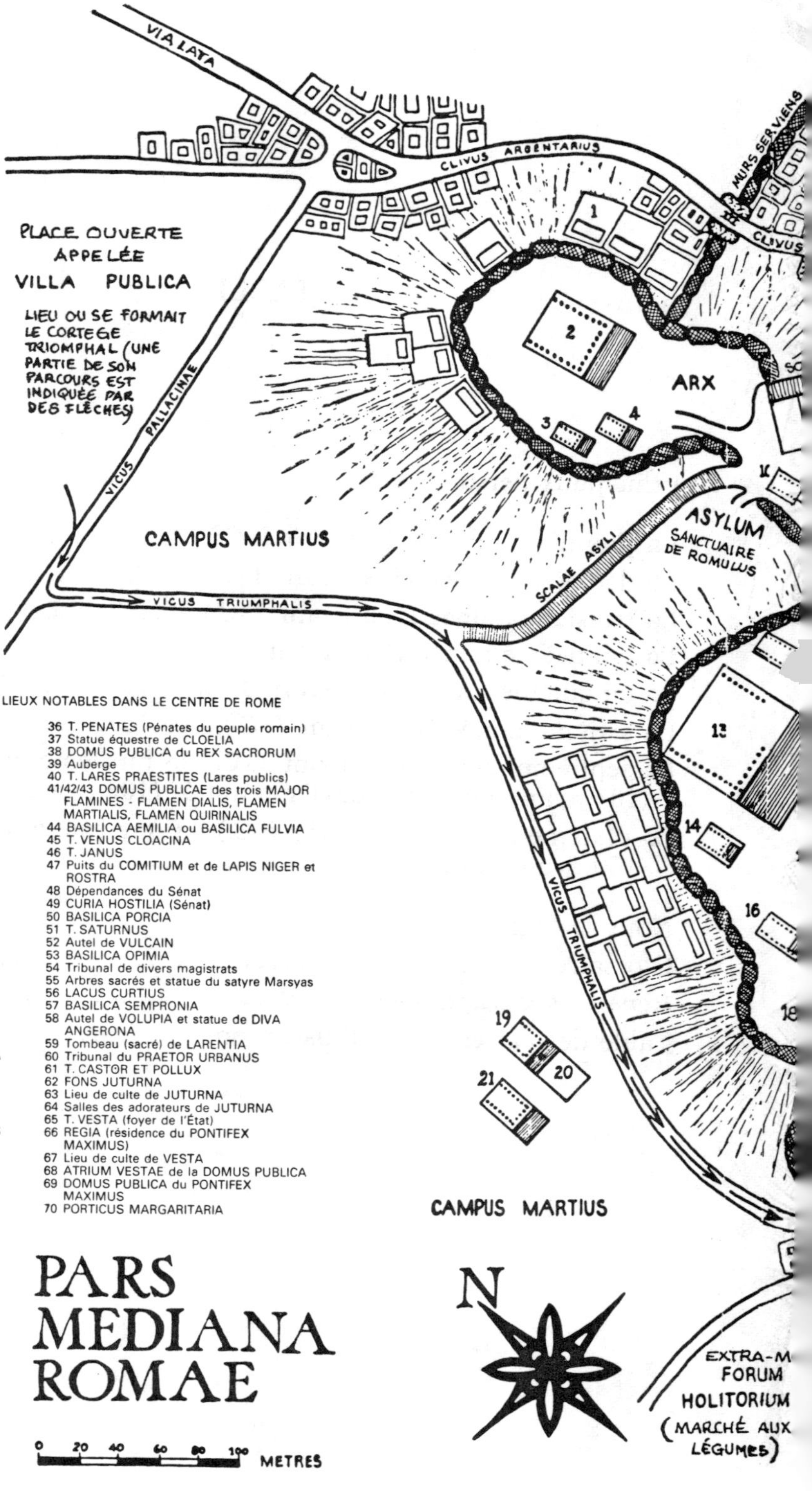

PARS MEDIANA ROMAE

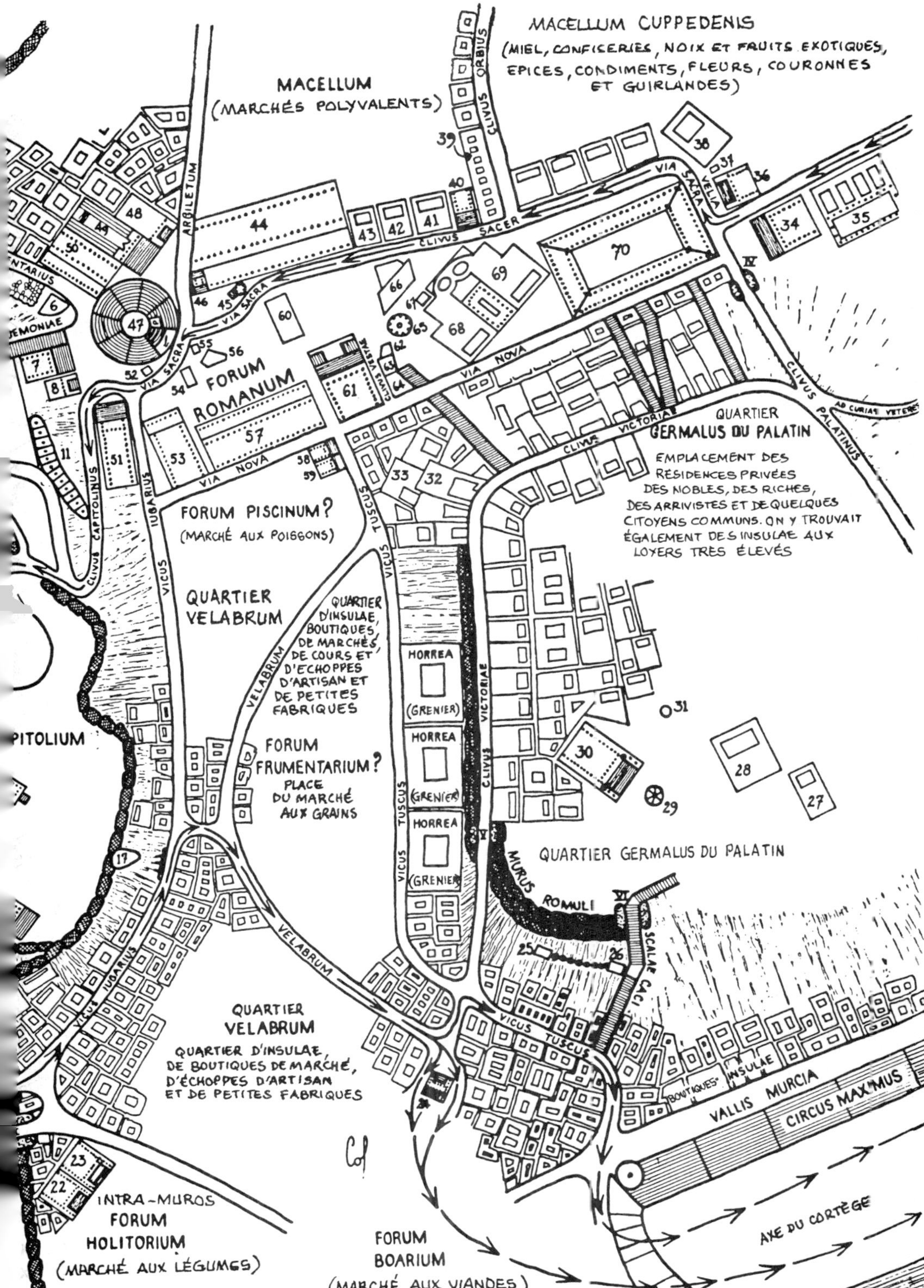
MACELLUM CUPPEDENIS
(MIEL, CONFISERIES, NOIX ET FRUITS EXOTIQUES, EPICES, CONDIMENTS, FLEURS, COURONNES ET GUIRLANDES)
MACELLUM
(MARCHÉS POLYVALENTS)
CLIVUS ORBIUS
ARGILETUM
VIA SACRA
CLIVUS SACER
VIA SACRA
VELIA
CLIVUS PALATINUS
AD CURIAS VETERES
FORUM ROMANUM
VIA NOVA
VIA NOVA
CLIVUS VICTORIAE
QUARTIER GERMALUS DU PALATIN
EMPLACEMENT DES RÉSIDENCES PRIVÉES DES NOBLES, DES RICHES, DES ARRIVISTES ET DE QUELQUES CITOYENS COMMUNS. ON Y TROUVAIT ÉGALEMENT DES INSULAE AUX LOYERS TRÈS ÉLEVÉS
CLIVUS CAPITOLINUS
VICUS IUGARIUS
FORUM PISCINUM?
(MARCHÉ AUX POISSONS)
VICUS TUSCUS
QUARTIER VELABRUM
QUARTIER D'INSULAE, BOUTIQUES, DE MARCHÉS, DE COURS ET D'ÉCHOPPES D'ARTISAN ET DE PETITES FABRIQUES
VELABRUM
FORUM FRUMENTARIUM?
PLACE DU MARCHÉ AUX GRAINS
HORREA (GRENIER)
HORREA (GRENIER)
HORREA (GRENIER)
CLIVUS VICTORIAE
PITOLIUM
QUARTIER GERMALUS DU PALATIN
MURUS ROMULI
SCALAE CACI
VELABRUM
QUARTIER VELABRUM
QUARTIER D'INSULAE, DE BOUTIQUES DE MARCHÉ, D'ÉCHOPPES D'ARTISAN ET DE PETITES FABRIQUES
VICUS IUGARIUS
VICUS TUSCUS
BOUTIQUES
INSULAE
VALLIS MURCIA
CIRCUS MAXIMUS
AXE DU CORTÈGE
INTRA-MUROS
FORUM HOLITORIUM
(MARCHÉ AUX LÉGUMES)
FORUM BOARIUM
(MARCHÉ AUX VIANDES)

Achevé d'imprimer en octobre 1990
sur presse CAMERON,
dans les ateliers de la S.E.P.C.
à Saint-Amand-Montrond (Cher)
pour le compte des éditions Belfond

— N° d'édit. 2608 — N° d'imp. 2301. —
Dépôt légal : octobre 1990
Imprimé en France